위기미디어

Crisis Media
Expanded Media in the Precarious Twenty-First-Century Society

by Jihoon Kim

ACANET, PAJU KOREA 2025

대우학술총서 652

위기미디어

위태로운 21세기 사회와 미디어의 확장

김지훈 지음

아카넷

차례

서론

위기미디어의 정의

기술과학으로 말미암아 세계가 쓰레기장으로 변해버린 현실은
과거에도 그랬고 앞으로도 그럴 수 있는 예외적인 상황이 아니라,
초토화 자본주의(scorched earth capitalism)의 작동에 내재적이다.[1]
— 조너선 크레리

매개가 없이는 위험의 지각도 없다. 반면 미디어와 매개는
종종 새로운 위험을 도입하거나 이미 존재하는 위험을 강화한다.[2]
— 비슈누프리야 고시·바스카 사르카

위기 커뮤니케이션에서 '근본적 매개'로

나는 위기라는 말이 장소와 지역을 가로지르며 다중적인 규모
로 발생한 위태로운 세계 속에서 이 책을 제안했고 쓰기 시작했다.
2020년 미국 대선은 물론 2022년 대한민국 대선에서도 의제로 부
상한 기후위기, 러시아의 우크라이나 침공으로 인한 지역적 규모
의 전쟁과 같은 위기, 이 두 위기의 연쇄반응으로 야기된 식량과 자
원의 글로벌 공급망(supply chain) 위기와 관련된 뉴스가 연일 지상파
로 전송되고 유튜브의 섬네일 이미지로 확산하던 시기였다. 무엇보
다도 코로나19로 인한 전 지구적 규모의 위기가 있었다. 위기의 규
모는 감염에 따른 건강의 상실이나 봉쇄에 따른 사회적 기능과 시
설의 일시적인 유예 상태에만 한정되지 않는다. 코로나19는 물리
적 대상이나 인공적 환경의 파괴, 교통과 통신의 제한과 같은 가시

적인 위기를 넘어선 인식론적인 위기, 문화적인 위기 또한 야기했기 때문이다. 육 후이가 요약하듯 "코로나바이러스에 대항한 전쟁은 포스트–진실(post-truth)을 특징짓는 역정보와 탈정보의 전쟁"[3]이기도 했다. 코로나19의 확산과 더불어 북미와 유럽에서 벌어진 아시아인에 대한 언어적, 물리적 폭력은 팬데믹 이전에 뿌리 깊게 자리한 구조적 인종차별의 증거이자 팬데믹이 야기한 불확실성과 불안의 정동이 바람직하지 못한 방식으로 전염된 결과였다. 소셜 미디어 속에서 전염적(viral)으로 전파되는 역정보와 가짜 뉴스 사이에는 위기를 매개하고 공유하는 다른 정보의 흐름이 있었다. 코로나19가 의료계 종사자 등 필수 노동(essential work) 종사자는 물론 환자, 격리된 시민 등 개인의 신체와 정서에 미치는 환경과 사회의 다양한 범주의 영향을 기록한 포스팅과 멘션, 비디오, 블로그, 움짤(GIFs)이 있었다. 이와 같은 다양한 주체의 다양한 미디어 인공물은 바이러스의 전파 및 통제와 관련된 정보가 국가의 전통적인 주권과 통치 경계를 넘어서는 수단들을 동원했음을, 그리고 국가 내부에도 상이한 정보의 흐름으로 채워진 다양한 긴장과 갈등의 전선을 형성했음을 입증했다. 즉, 코로나19로 인한 위기는 물리적 공간을 넘어 정보권(infosphere)에서 생성되고 유통되었던 것이다. 이때 정보권은 개별 시민과 독립 미디어, 레거시 미디어와 같은 행위자들이 다양한 정보를 생산하면서 경합하는 끊임없이 불안정한 공간이다. 위기로서의 코로나19, 즉 코로나19를 전례 없는 공동의 위기로 정립한 최근의 국면은 바로 이 정보권의 역학이었다.

『위기미디어: 위태로운 21세기 사회와 미디어의 확장(*Crisis Media: Expanded Media in the Precarious Twenty-First-Century Society*)』(이하

『위기미디어』로 줄임)은 기후위기, 팬데믹, 전 지구적 내전과 시민봉기, 빅데이터 감시사회의 형성 등 21세기에 동시적으로 촉발된 일련의 정치적, 기술적, 생태학적 위기에 반응하고 참여하는 동시대 문화 및 예술에서의 미디어 형태, 그리고 이와 같은 위기와 연관된 사회기술적 시스템을 '위기미디어'라는 관점에서 정의하고 분석하는 것을 목표로 한다. 이를 위해 이 책은 영화 및 디지털 미디어 연구, 환경인문학 및 생태미디어(ecomedia) 연구, 신유물론 및 기술철학, 동시대 미술 비평을 결합한 학제 간 연구의 방법론을 통해 불안정성과 비가시성, 지속 불가능성의 위기에 직면한 21세기적 삶의 다양한 양상을 조명한다.

이를 통해 이 책은 이와 같은 복합위기(polycrisis)와 미디어 사이의 관계를 설명하는 것을 넘어 위기미디어를 하나의 개념으로 제시하고 심화한다.[4] 이 개념을 구성하는 두 단어인 '위기'와 '미디어'는 서로를 지시하면서 결부된다. 통상적으로 위기는 긴급한 조치와 행동이 필요한 비상사태로 파악되지만, 기존에 인정되던 정상적인 상태를 교란하는 일정한 균열 또는 단절 또한 뜻하기 때문에 전환의 계기 또한 암시한다. 이 책에서 관심을 갖는 위기의 본성은 비상사태로서의 위기 못지않게 전환의 계기로서의 위기이기도 하다. 위기의 이 두 면모 모두를 고려할 필요성은 오늘날 인류가 직면한 복합위기가 미디어의 개념 자체에도 중대한 시사점을 제공하기 때문이다. 전통적으로 미디어는 다수의 사용자에게 메시지나 콘텐츠를 전송하는 기술적 장치 또는 사회적 제도라는 관점에서 파악되어 왔다. 그러나 이와 같은 관습적 미디어 개념은 가용할 수 있는 모든 장치와 기법을 동원하여 다양한 채널과 흐름으로 위기의 상황을 기록하고 전달하는 동시대 미디어 생태계를 설명하는 데 충분하지 않다. 나아가 오늘날 인간과 지구를 위태롭게 하는 불안정한 영향들을 초래하는 기술적 시스템과 인공물 또한 표준적 미디어의 그물망을 벗어난다. 화석연료 기반의 생산, 교통, 통신 시설이 야기하는 기후위기와 환경오염의 영향은 매스미디어의 규칙화된 메시지를 넘어 인간의 호흡과 체온, 생태계의 변화로 지각된다. 소셜 미디어에 폭증하는 다양한 역정보와 음모론을 포함한 온라인 비디오로 인한 진실 감각의 약화는 그 비디오의 메시지뿐 아니라 비디오의 순환과 사용자 경험에 관여하는 알고리듬과 플랫폼의 작동에서 기인한다. 즉, 오늘날의 다양한 위기는 표준적 미디어 개념의 전환을 촉발하는 방식으로 미디어와 긴밀히 관련된다.

따라서 위기와 미디어를 결합한 '위기미디어' 개념은 표준적 미디어, 특히 19세기 말과 20세기를 지배했던 매스미디어 패러다임이 더 이상 충분한 설득력을 가지지 못하게 된 상황을 야기한 사회기술적 시스템을 가리킨다. 이러한 상황은 다수 사용자의 참여를 촉진하는 디지털 및 네트워크 미디어에도 적용되지만, 위기미디어 개념은 이와 같은 미디어가 사회 및 주체성을 결정하는 방식을 사용자의 자율성이나 특정 집단의 의도성이라는 관점에서 바라보는 견해에도 도전한다. 이 과정에서 위기미디어 개념은 미디어 개념이 인간의 주체성과 존재 양식 및 인간과 세계와의 관계를 근본적으로 재구성하는 비인간적(nonhuman) 요소들인 인공물이자 환경을 포함하는 방식으로 전환되어야 함을 주장한다. 이때 비인간적 요소들이란 주체성과 의도성, 자율성을 가진 근대적 인간에게 타자이거나 대상으로 자리했던 지구의 생물학적, 지질학적, 기상학적, 해양적 요소와 더불어 생산과 발견, 개량을 위한 도구적 합리성의 산물인 기술적 요소를 포함한다. 따라서 비인간적 요소들을 포함한다는 것은 이와 같은 요소들을 근대적 인간의 인식론적, 존재론적 전제인 인간의 의지, 의식, 초월성 등과는 다른 방식으로 파악해야 함을 뜻한다.[5]

비인간적 요소에 대한 관심은 21세기 들어 인문학 내 여러 학제에 퍼진 포스트휴먼 개념과도 구별된다. 포스트휴머니즘이 "인간에서 포스트휴먼으로, 또는 인간 이후 또는 너머로의 변동"을 식별하는 "목적론 또는 진보에 대한 주장"을 함축한 반면, 비인간 개념은 "인간이 항상 비인간 [존재들]과 공진화하고 함께 존재해 왔음"[6]을 강조한다. 이런 관점을 연장할 때, 위기미디어 개념은 미디어를 '인간의 확장(extensions of man)'으로 보는 마셜 매클루언의 견해와는 다른 방식으로 설명할 것을 지향한다. 즉, 위기미디어 개념은 기술적 시스템과 인공물이 인간의 의식과 감각, 나아가 인간이 거주하는 지구의 조건을 규정하는 방식을 설명하는 이론적 시도의 산물이다. 이와 같은 지향성을 가진 위기미디어 개념은 전통적인 미디어 연구가 특정 미디어의 이용 주체로 간주하는 대중 또는 관객 개념으로는 설명되지 않는 동시대 인간의 불안정한 조건, 그리고 인간이 기술 및 자연적, 인공적 환경과 맺는 복잡한 관계를 조명한다.

위기미디어 개념은 또한 위기와 미디어 사이의 모순적인 관계에도 주목한다. 사물과 기계, 자연적 또는 인공적 환경을 포함하는 미디어 개념은 위기의 관점에서 볼 때 미디어가 오늘날 인간이 직면한 위기의 원천임을 뜻한다. 그러나 이와 같은 위기를 감각하고 가시화하며 그 위기에 대한 지식과 정서, 주장을 생산하고 유통하기 위해 배치되고 활용되는 다양한 디지털 기술의 실천 및 새로운 예술적 기획 또한 위기미디어의 또 다른 한 축을 이룬다. 이와 같은 양가성의 국면을 밝힘으로써 『위기미디어』는 21세기 사회의 인간과 문화를 기존의 인간적인 것을 넘어서는 방식으로 이해할 것을 촉구하는 동시대의 다양한 인문사회과학적, 예술적 전환에 기여한다.

먼저 이 책이 배치하고 전개하는 위기미디어 개념이 위기와 미디어, 또는 위기와 커뮤니케이션과의 관계에 대한 기존 연구와 어떻게 구별되고 기존 연구의 어떤 측면을 보완하는가를 살펴보자. 서구의 사회과학 기반 미디어학에서 위기 커뮤니케이션(crisis communication)이라 부를 수 있는 개념은 2001년의 9·11 테러와 같은 정치군사적 격변과 2005년 허리케인 카트리나와 같은 대재난의 증가에 대응하는 커뮤니케이션의 역할을 이론화하면서 구체화되었다. 이에 따라 위기 커뮤니케이션 이론은 폭넓게는 "위협적이고도 고도로 불확실한 사건을 둘러싼 모든 형태의 인간 상호작용과 조정 속에서 메시지와 의미가 구축되는 과정"[7]을 설명한다. 이처럼 위기와 커뮤니케이션의 관계에 대한 이론적 설명을 21세기에야 시도하게 된 이유는 위기로 지칭되는 사건들 자체의 동시대적 긴급함 때문이기도 하지만, 위기를 야기하는 사건들 자체의 독특성, 비정상성, 불규칙성, 우연성이 이론이 지향하는 체계적인 설명을 곤경에 빠뜨리는 경향 때문이기도 했다. 따라서 위기 커뮤니케이션 연구는 위기에 해당하면서 그 원인과 영향, 대처 과정에서 일정한 패턴을 식별할 수 있는 사건들의 분류를 지향했다. 이에 따라 자연재해, 테러리스트 공격, 산업 위기, 환경 위기, 제품과 서비스의 위기, 기술적 고장, 조직의 기능 마비 등이 위

기의 유형으로 분류되었다.[8]

이와 같은 위기의 분류학은 위기 커뮤니케이션의 두 가지 커다란 유형으로 이어진다. 첫째는 조직 커뮤니케이션(organizational communication)의 관점에서 기업과 기관, 국가 등의 조직이 위험(risk)의 발전 과정에 반응하여 실행하는 모든 종류의 커뮤니케이션 행위와 그 효과다. 이는 위험 요인 및 외부 위협의 사전 인지와 경고, 위기의 발생에 따른 내부 의사 결정과 구성원들의 의사소통 및 담론 생산 행위, 위험 관리 활동을 포함한다.[9] 둘째는 미디어를 통해 전파되는 위기 또는 매개되는 위기(mediated crisis)다. 이와 같은 유형의 위기 커뮤니케이션과 관련하여 기존 연구에서는 뉴스를 제작하는 매스미디어가 특정한 사건을 위기로서 프레이밍하는 방식,[10] 수용자가 위기를 인지하고 위기에 대한 의미를 생산하며 위기를 공유하기 위해 이용과 충족(uses and gratification)의 관점에서 미디어를 활용하는 방식에 관심을 기울여 왔다. 사실 미디어가 매개하는 위기의 중요성은 위기 커뮤니케이션 연구의 발전 이전에 20세기 매스미디어의 역사에서 손쉽게 찾을 수 있다. 1938년 10월 30일 오슨 웰스가 미국 CBS 라디오를 통해 송출하여 피난 소동까지 일으켰던 가상 라디오 드라마 〈우주 전쟁(War of the Worlds)〉은 그 고전적 사례 중 하나다. 양차 대전을 비롯한 20세기의 주요 전쟁에서 여론 조성과 선전을 위해 적극적으로 활용된 라디오와 뉴스릴, 텔레비전 프로그램의 사례 또한 이와 같은 역사에 속한다.

위기 커뮤니케이션의 이와 같은 두 유형은 오늘날 많은 조직과 사회에서 위기를 다루는 방식을 설명하는 데 일정 부분 유효하다. 하지만 이 두 유형 모두에서 미디어 기술은 위기에 외재적으로 취급되거나 위기와 존재론적으로 분리된다. 다시 말해 미디어는 발생할 것으로 예측되거나 이미 발생 중인 위기의 양상을 담아내고 전달하는 수동적인 용기(container)로 간주될 위험이 있다. 즉, 사회과학적 미디어학에서의 위기 커뮤니케이션 접근 방식은 미디어의 기술적 형태와 효과가 위기의 감각과 의미에 관여하는 방식, 나아가 그 미디어가 고유한 인공물로 구성하는 위기의 특정한 면모를 심도 있게 질의하고 설명하지 않는다. 문화 연구에서 미디어와 위기의 관계에 대한 탐구는 미디어를 수동적인 용기나 이용과 충족을 위한 도구가 아니라 주체와 사회의 위기를 초래하는 적극적이고도 중요한 행위자로 간주함으로써 이와 같은 난점을 보완하는 데 기여해 왔다. 프랑크푸르트학파가 간파하고 비판한 '문화산업'으로서의 매스미디어의 작동 방식, 불균등하고 모순적인 사회적 관계를 가상적으로 전환하고 감각적 대상으로 물화한 형식을 가리키는 기 드보르의 '스펙터클 사회' 테제, 그리고 알튀세르의 '이데올로기적 국가 기구' 개념과 정신분석학을 개작하여 자본주의 사회 내에서 영화가 관객의 특정한 지각 및 심리 성향을 구축하는 방식을 이론적으로 설명하고자 했던 '스크린 이론(Screen Theory)' 또는 '장치 이론(apparatus theory)'이 이와 같은 전통의 선례를 이룬다.[11]

이와 같은 전통에서 영화와 텔레비전 등의 매스미디어는 비일상적인 사건 및 잠재적 또는 진행 중인 위험의 전파만을 실행하지 않는다. 이와 같은 연구가 식별한 위기는 매스미디어가 메시지 차원에서 대중의 여론을 호도하거나 대중의 의식을 특정한 이데올로기에 맞게 조작하는 것보다 더욱 심원하다. 스펙터클을 "이미지의 단순한 집합이 아니라 이미지가 매개하는… 사회적 관계"이자, "매스미디어가 생산한 단순한 시각적 과잉"을 넘어선 "세계관"이자 "객관적 현실"[12]로 파악한 드보르의 견해는 매스미디어가 구성하는 심원한 위기를 시사한다. 그 위기는 매스미디어가 주체의 인식론적 조건 및 세계의 문화적, 이데올로기적 조건을 이전과는 다른 방식으로 마련한다는 것이다.[13] 텔레비전은 미디어와 위기의 이와 같은 내재적 친연성을 입증하는 기술적 미디어가 되었다. 다니엘 다이언과 엘리후 카츠가 제시한 미디어 이벤트(media event) 개념은 텔레비전으로 생중계되는 장례식, 기념식, 스포츠 행사 및 전쟁과 테러의 상황이 전자 기념비(electronic monument)로서 대중의 집단적 기억을 넘어 역사에 대한 특정한 감각의 형성을 말한다. "미디어 이벤트는 시간 내의 단절을 표시하는 중단으로 종종 한 '시대'의 시작과 종언을 알린다. … 미디어 이벤트는 한 작은 위기에서 다른 작은 위기로의 규칙적 진행보다는 '파국적 시간(catastrophic time)', 즉 역사에서 결정적이고도 의미 있는 개입으로 여겨질 수도 있다."[14] 1980년대 레이건 행정부 시대와 1991년 걸프전을 경유하며 영화와 텔레비전이 구축해 온 파국의 스펙터클은 9·11 테러 이후 미디어로 침윤된 환경 속에서 증강되는 동시에 또 다른 도약을 이루었다. 더글러스 켈너가 상세하게 밝히듯 9·11 테러는 그 자체로 생중계된 미디어 스펙터클이 되었고, 군사주의적인 우파 성향의 조지 W. 부시 체제는 테러와 관련된 미디어 스펙터클을 뉴스와 인터넷을 통해 이를 반복 재생산함으로써 물리적 위험을 넘어선 민주주의의 위기를 초래했다.[15] 이 시기에 위기의 미디어 이미지는 그 자체로 사회적 현실이 되었고, 주체 간의 관계와 세계의 모습을 항구적인 불안과 도래할 파국의 감각으로 구성했다는 점에서 드보르적이었다.[16]

미디어를 위기의 전파를 넘어 위기의 원인이자 위기를 구성하는 사회문화적 행위자로 보는 비판적 문화 연구의 전제는 이 책이 제시하는 위기미디어의 국면과도 분명히 관련된다. 그러나 이와 같은 연구의 관심과 방법론은 여전히 매스미디어 중심의 패러다임에 고착될 뿐 아니라 위기의 매개를 발신자 중심의 하향식 모델로 설정하고 위기의 속성을 미디어의 재현물 또는 메시지에만 한정한다는 한계가 있다. 21세기 초 켈너는 "미디어 스펙터클의 확장과 기술적 발전은 오랜 공포에 새로운 삶을, 그리고 인터넷과 사이버공간이 낳을 수도 있는 점증하는 불안을 제공한다"[17]고 말한 바 있다. 이 말은 인터넷과 사이버공간으로 대표되는 정보 기술 미디어가 기존의 위기를 표현하고 전송하는 방식을 바꾼다는 점을, 또한 그 미디어가 새로운 종류의 위기를 야기한다는 점을 시사한다. 켈너가 21세기 초에 제기했던 이와 같은 전망은 오늘날 분명하게 현실이 된 것처럼 보인다. 코로나19, 러시아-우크라이나 전쟁, 이스라엘-팔레스타인 전쟁과 같은 위기에서 틱톡(TikTok)과 같은 새로운 사용자 영상 제작 및 유통 플랫폼은 20세기 매스미디어의 위기 전파 모델을 벗어나는 방식으로 위기의 공통 감각 구성에 기여해 왔다. 그러나 바로 그 동일한 플랫폼을 중심으로 전파되는 역정보 영상 콘텐츠는 정보전(infowar)을 넘어선 정치의 위기를 야기했고 진실과 증거의 인식론적 지평에 심원한 균열을 일으켜 왔다.

그러나 이것이 위기와 미디어와의 관계를 21세기의 맥락에서 성찰해야 할 유일한 이유는 아니다. 정보 기술 미디어가 21세기의 위기에 내재적인 이유는 그러한 미디어가 생성하고 확산하는 메시지의 내용에만 국한되지 않기 때문이다. 즉, 정보 기술 미디어의 위기는 딥페이크와 같은 특정한 미디어 산물로만 한정할 수 없다. 이와 같은 미디어의 심원한 위기는 텍스트 및 시각 미디어와 같은 기존의 미디어가 제작되고 수용되는 방식에 커다란 영향을 미치면서도 그 미디어의 존재와 작동 방식이 기존의 매스미디어 장치로 설명되지 않는다는 데서 비롯된다. 소셜 미디어의 위기로 자주 지목되는 알고리듬에 따른 확증편향을 생각해보면 알 수 있다. 알고리듬으로 인해 우리는 특정한 정치적 내용과 메시지를 가진 텍스트 및 이미지 콘텐츠에 자주 노출된다. 하지만 이와 같이 작동하는 알고리듬은 유튜브의 특정한 영상 콘텐츠의 내용으로 환원되지 않는다. 우리는 알고리듬에 의해 특정한 종류의 영상에 이끌린다는 것을 알지만, 알고리듬을 어떤 미디어 객체로 설명할 수 있을지 알지 못한다. 그럼에도 불구하고 우리는 오늘날 알고리듬으로 지탱되는 소셜 미디어가 우리가 존재하는 세계이자 그 세계에 대한 인식의 필터를 이룬다는 점을 부정할 수 없다.

이와 같은 사정들은 위기와 미디어의 관계를 매스미디어의 틀에서 벗어나 사유하고 정립할 필요를 제기한다. 주체성, 정치, 경제, 사회, 문화 전반에 걸쳐 알고리듬화가 낳는 복합적 위기는 매스미디어 패러다임이 가정하는 하향식 전파 모델은 물론 위기를 메시지로 취급하는 중립적인 용기 또는 채널이라는 가정 또한 기각하기 때문이다. 알고리듬을 미디어로 가정한다면 이는 알고리듬이 미디어의 내용을 담아내는 용기가 아니라 그 자체로 미디어의 내용이 되었고 우리의 세계를 근본적으로 재구성하는 환경이 되었기 때문이다. 따라서 "매스의 거추장스러운 모자를 벗을 수 있게" 하고 "매스미디어가 아니라 '미디어' 그 자체"[18]를 연구 대상으로 삼는 미디어 이론(media theory)의 관점이 21세기의 위기와 미디어와의 관계를 고찰하는 데 긴요하다.

해럴드 이니스, 마셜 매클루언 등의 선구적인 연구에서 미디어는 인쇄매체, 라디오, 영화, 텔레비전과 같은 매스미디어를 넘어 진흙 및 돌과 같은 재료, 건축과 같은 인공적 환경 모두를 포괄했다. 이른바 미디어 생태학(media ecology)이라는 연구 경향으로도 분류되는 이와 같은 미디어 이론은, 미디어를 메시지를 담아내고 전송하는 기술적인 도구를 넘어 주체의 감각과 인식을 결정하고 세계의 조직과 작동을 근본적으로 구성하는 환경으로 간주했다. 그런 점에서 이니스, 매클루언 등의 연구는 테크닉(technics)의 변동을 인간의 감각과 인식 체계에 일어난 변화 및 사회경제적 시스템의 변화와 연동하여 역사화한 루이스 멈퍼드의 작업과 연동된다. 이니스 및 매클루언과 마찬가지로 멈퍼드 또한 읽기와 쓰기 등의 기록 실천뿐 아니라 건축물과 기념물 등의 인공적 산물을 커뮤니케이션 과정의 일부로 취급했다. 이때 커뮤니케이션 과정은 인간의 감각과 인식뿐 아니라 자연의 통제 및 환경의 재편을 위한 기술적, 문화적, 제도적 실천을 포함한다. 이와 같은 실천은 모두 연결되는 방식으로 개인과 집단, 사회의 커다란 변동을 추동해 왔다. "테크닉의 세계는 고립되거나 자족적인 것이 아니다. 그 세계는 환경의 명백히 떨어진 부분에서 오는 힘들과 충동들에 반응한다."[19] 이니스, 매클루언, 멈퍼드의 연구에서 하나의 미디어 또는 테크닉에서 다른 미디어 또는 테크닉으로의 이행은 그러기에 복합적인 중대한 전환, 즉 위기를 낳는다. 물론 20세기의 매스미디어 또한 이와 같은 복합적 위기의 핵심에 있었다. 매스미디어는 시간과 공간의 감각을 속도와 동시성, 가변성과 덧없음으로 재편했고, 가정을 비롯한 공동체의 전통적인 존재 방식을 바꾸었고, 도시화와 세계화를 통해 환경 자체를 근본적으로 재구성했기 때문이다. 장 보드리야르가 많은 저작에서 강조하듯 텔레비전 이후의 미디어는 전통적인 미디어 개념이 상정했던 메시지와 채널의 분리를 무력화함으로써, 선행하는 세계를 사후적으로 재현하는 틀이 아니라 현실 자체로 자리한다. 이와 같은 맥락에서 볼 때 이니스와 매클루언 이후의 미디어 이론은 위기와 미디어의 관계에 대한 이론이기도 하다. 매클루언은 이 점을 다음과 같이 시사한 바 있다. "우리의 연장된 감각, 도구, 기술, 정신적 구성물은 오랜 시간에 걸쳐 상호작용이나 집단적 인식이 불가능한 닫힌 체계였다. 전자 시대인 지금, 우리의 기술적 도구들 사이에 공존한다는 매우 즉각적인 본성은 인간의 역사에서 매우 새로운 위기를 낳았다."[20]

미디어 이론이라는 전통의 관점에서 보았을 때 디지털 미디어의 특성으로 자주 거론되는 개인화, 연결성, 가상성 등이 낳는 위기에 대해서는 많은 논의가 축적되었고 그 논의들은 현재 진행형이다. 또한 이처럼 디지털 이전 미디어와 구별되는 특성들이 기존의 매스미디어와는 다른 방식으로 위기에 대한 감각과 인식을 형성하고 위기를 전파하는 방식은 이 책의 1부에서 상세히 논의된다. 그럼에도 불구하고 이 책의 에필로그에서 결론적으로 제시하는 미디어의 확장 또는 '확장미디어(expanded media)' 개념은 미디어 이론의 전통이 제시했던 미디어와 위기의 관계에 대한 성찰을 갱신하는 것을 지향한다.

이와 같은 작업은 미디어의 이해를 매개(mediation)를 통해 재고하고 재구성하는 것에서 출발한다. 사회적 현실과 의식 사이에서 매스미디어의 정치적, 이데올로기적 매개 작용에 주목하는 비판적 문화 연구의 전통에도 불구하고,[21] 존 길로리가 말하듯 "매개 개념은 문화 연구에서 덜 이론화되었고 미디어 연구 속에 미약하게 통합된 채 머물러 있다."[22] 사실 '미디어'의 단수형이기도 하고 '매체'로도 번역되는 'medium'은 '가운데', '중심', '중간'을 뜻하는 라틴어 어원에서 비롯된다는 점에서 매개의 뜻을 이미 포함하고 있다. 물론 매개라는 개념은 매스 커뮤니케이션에서의 채널, 이미지와 사운드 등 감각적 데이터의 저장 및 재생을 위한 물리적 재료, 예술적 표현을 위한 재료 등 기존의 미디어 연구가 포괄하는 의미들에 내재되어 있다. 하지만 21세기 학제 간 인문학의 맥락에서 매개는 이와 같은 전통적인 미디어 연구의 범위만으로 한정되지 않는다. 여기서 문제가 되는 매개는 존재가 기능하기 위한 환경, 또는 특정 존재가 특정한 작용을 실행하면서 다른 존재에게 영향을 미치는 행위성(agency)의 뜻 또한 포용한다.[23] 이때 행위성 개념은 근대적 인간 주체의 의도성 및 합리성과 결부된 행위성이 아니라, "우리와 공통의 세계를 공유하고 함께 구성하는 다수의 비인간 행위자(actant)들",[24] 즉 근대적 세계관에서는 인간을 위한 도구이자 인간의 목적을 위한 길들임 또는 대상화의 대상이었던 기술적, 자연적 요소를 포함한 인간-이외의(other-than-human) 행위성 개념을 뜻한다. 이런 맥락에서 볼 때 매개를 미디어 연구의 관점에서 다시 사유한다는 것은 미디어를 환경과 행위성의 관점에서 바라본다는 것을 뜻한다. 리처드 그루신에 따르면 이와 같은 의미에서의 매개는 "특정 미디어 기술 이전에, 그리고 궁극적으로는 그러한 기술로 환원되지 않는 과정이나 사건으로서 존재론적으로 이해되어야 한다."[25]

과정 또는 사건으로서의 매개를 미디어의 관점에서 사유한다는 것은 어떤 의미이며 그것은 오늘날의 다양한 위기들과 어떻게 관련되는가? 이와 같은 질문에 답하면서 이 책은 과정 또는 사건으로서의 매개 개념이 미디어를 환경이자 행위성의 관점으로 재정립할 것을 요청함을, 이는 기존에 매스미디어를 비롯하여 이미 제도적으로 정립된 미디어 기기와 장치를 넘어서는 방식으로 미디어의 존재론적, 인식적, 수행적 대역폭을 넓힐 것을 주장한다. 이와 같은 의미에서 오늘날의 다양한 위기는 행위성을 통해 환경을 능동적으로 구성하는 다양한 존재들을 미디어의 정의와 구성, 기능에 포함할 필요를 제기한다.

이와 같은 존재들은 브뤼노 라투르의 의미에서 매개자(mediator)로 볼 수 있다. 오늘날 과학기술학을 넘어 다양한 학제에서 활용되어 온 라투르의 행위자-연결망 이론(Actor-Network Theory)에서 매개자는 중개자(intermediary)와 구별된다. 커뮤니케이션 과정에서 중개자는 입력이 출력을 규정하는 방식으로, 즉 어떤 변화 과정을 수반하지 않은 채 의미를 전송한다. 반면 매개자는 자신이 운반하는 의미나 요소들을 변형하거나 변경한다. 라투르에게 있어 하나의 기술적 인공물이나 철도, 도로망 등의 인프라구조(infrastructure)는 중개자와 매개자의 양면성을 갖는다. 이와 같은 인공물 또는 인프라구조를 이루는 다수의 구성 요소(재료, 기법, 지침, 담론, 법, 제도)는 각각의 행위성을 가진 매개자로서 서로 엮이면서 중개 작용을 실행한다. 따라서 이와 같은 매개자의 역할은 그 중개가 적절히 기능하지 않거나 또는 그 중개로부터 파생된 위기 상황에서 분명하게 노출된다. "정상적으로 기능하는 컴퓨터는 복잡한 중개의 좋은 사례로 여길 수 있다. … 그러나 컴퓨터는 그것이 고장 날 때 끔찍하게 복잡한 매개자로 변모될 수 있다."[26]

라투르는 매개자 개념을 본격적인 미디어 이론으로 연장하지는 않았다. 그럼에도 불구하고 그는 한 인터뷰에서 매개자 개념이 근대가 설정한 자연과 문화, 주체와 객체의 이분법을 해체함을 넘어 매스미디어에 속박되어 온 미디어 개념의 갱신에도 활용될 수 있음을 다음과 같이 암시한 바 있다. "[미디어가] 신문, 텔레비전, 인터넷 등을 의미한다면 행위자 네트워크와 존재 양식의 경관에서 미디어는 나에게 우선순위가 높지 않다. 그러나 '미디어'를 매개로 간주한다면, 그리고 무엇보다도 중개자 개념과 매개자 개념의 결정적인 차이를 고려한다면, 미디어는 직접적으로 등장한다. … 영어권에서의 [매클루언 등의] 미디어 연구와 독일의 미디어학(Mediastudien)은 매스미디어(신문, 라디오, 텔레비전 등)보다 훨씬 더 미디어에 가까운 무언가를 가지고 있다."[27] 이때 라투르가 말하는 매개자들을 포괄하는 미디어는 두 가지 방식으로 확장될 수 있다. 첫째는 컴퓨터로 대표되는 오늘날의 기술적 미디어의 경우, 물리적으로 안정된 도구나 사회적으로 인증된 제도로만 파악될 수 없는 많은 매개자들의 결합으로 파악해야 한다는 것이다. 둘째는 이처럼 도구와 제도로서의 미디어에 포함되지 않았던 자연적 요소와 인공적 객체들이 문자 언어와 같은 약호화된 메시지를 넘어서는 방식으로 인간의 인식과 정서에 영향을 미치고 환경을 변경하는 매개의 작용을 실행한다는 의미에서 미디어의 관점으로 볼 수 있다는 것이다.

라투르의 저작 전체를 포괄하면서 그가 진단했던 기후위기와 같은 위기들을 논의하는 것은 나의 의도가 아니다. 하지만 이 책은 라투르의 매개자 개념이 갖는 두 가지 함의가 위기와 미디어와의 관계를 재정립하고 21세기의 다양한 위기를 이해하는 데 핵심적임을 주장한다. 즉, 기후위기를 비롯한 생태적 위기, 소셜 미디어에서 파생된 인간 주체성·노동·사회성의 위기, 지구 전체에서 다양한 규모로 진행되는 내전과 같은 위기는 매스미디어 중심의 관점이나 조직 및 사회의 위기관리라는 관점에서 상정하는 방식으로 감각되거나 매개되지 않는다. 또한 매개자 개념을 포함하는 방식으로 미디어의 존재와 작동 방식을 재구성할 때, 이와 같은 위기의 대부분이 단일한 원인과 결과에 종속되지 않는 복합적인 면모를 갖는다는 점을 입체적으로 파악할 수 있다. 따라서 미디어 경관의 지도를 새로운 컴퓨터, 네트워크, 데이터 기반 기술과 오늘날의 불안정한 자연적, 인공적 구성 요소라는 매개자들을 포함하는 방식으로 새로이 제작하는 이 책은 인식론적인 동시에 존재론적인 기획이기도 하다.

라투르가 말하는 매개자의 관점에서 미디어를 다시 생각하는 기획은 최근의 학제 간 인문학적 미디어 연구와도 호응한다. 조안나 질린스카와 사라 켐버는 디지털 기술의 연구에 적용되어 온 '뉴 미디어'라는 범주가 더 이상 유용하지 않다고 단언하면서 매개 개념의 중요성을 세계와 생명의 존재론과 연결한다. "미디어와 기술이 우리의 생물학적, 사회적 삶에 더욱 육체적이고 더욱 친밀하게 분산됨에 따라 우리의 관계성과 비인간적 존재와의 얽힘이 계속 심화되고 있다. … 매개는 기술적 세계, 우리의 출현 및 우리가 그 세계와 내부-작용(intra-act)하는 방식, 그리고 세계를 미디어, 행위자, 관계 및 네트워크로 일시적으로 안정화하는 작용과 과정을 이해하고 표현하는 핵심적인 비유가 된다."[28] 질린스카와 켐버의 매개 개념을 심화하여 그루신이 제시하는 '근본적 매개(radical mediation)' 개념은 지구의 모든 곳에 다양한 양상으로 분산적으로 존재하는 디지털 미디어뿐 아니라 식물과 동물, 인간의 감각 행위, 대기와 해양의 변화, 교통과 통신 모두를 포괄한다. 이때 매개 개념이 근본적인 이유는 이 모든 행위자들의 매개가 전통적인 미디어 개념을 지탱하는 인식론적, 존재론적 전제 모두를 교란하기 때문이다. 한편으로 기후위기는 "더 작고 큰, 더 단순하고 복잡한, 더 간결하고 확장된 결합체들과 실체들 사이를 이동하면서 규모를 극적으로 변경하는 매개 능력"을 입증하고, 다른 한편으로 데이터를 매개하며 주체성과 사회를 조율하는 새로운 기술적 미디어는 "미리 존재하는 주체와 객체, 문화와 자연, 신체와 환경, 인간과 비인간 사이에 있거나 이들을 연결하는 부차적인 개념, 행위자 또는 장치가 아니다."[29]

이처럼 다양한 기술적, 환경적 존재자들의 매개가 오늘날의 위기를 심도 있게 이해함은 물론 그 위기들에 호응하는 미디어 개념의 재구성에 긴요하다는 점을 강조하면서 이 책은 위기미디어 개념의 특징을 이어지는 세 개의 절에서 제시한다. 그 특징은 21세기에 인류가 직면한 위기들을 미디어의 관점에서 사유할 때 제기될 수 있는 다음 세 가지 질문과 호응한다. 첫째, 어떤 새로운 종류의 기술적 미디어 형태가 위기를 매개하고 이는 기존의 매스미디어 또는 표준적인 미디어 형태(예를 들어 표준적인 다큐멘터리 영화)의 존재 및 작동 방식과 어떻게 구별되는가? 둘째, 기술적 미디어 또는 기술과학적인 복합체가 오늘날의 위기와 맺는 관계는 어떻게 설명해야 하는가? 셋째, 그 위기들은 기존의 미디어 개념에 어떤 방식으로 도전하고, 기존 미디어 개념의 확장을 어떤 방식으로 추동하는가?

위기미디어, Take 1: 위기의 새로운 매개

첫 번째 질문과 관련하여 이 책에서 규정하는 위기미디어의 첫 번째 특징은 위기를 매개하고 감각하게 하는 모든 미디어 형태와 실천이라는 점이다. 이와 같은 의미의 위기미디어 개념은 영화미디어학자 리사 파크스와 재닛 워커가 2020년 제안한 개념인 '재난미디어(disaster media)'를 발전적으로 확장한다. 재난미디어란 지구 온난화 등의 생태학적 위기에 반응하고 이에 대한 정보와 주장을 생산하고 유통하는 데 관여하는 다양한 형태의 미디어 실천을 뜻한다. 파크스와 워커에 따르면 재난미디어 개념은 다음과 같은 세 가지 주장을 함축한다. 첫째, 재난으로 인해 우리는 미디어가 무엇인지를 다시 생각하게 되고, 미디어가 재난의 형성과 추이에 따라 지속적으로 변화하고 갱신되는 것임을 깨닫게 된다. 둘째, 재난미디어는 재난의 발생과 더불어 내재된 구조적 불평등과 모순을 드러내는 동시에 이의 해결을 위해 필요한 치유와 돌봄의 정치를 활성화하는 데 도움을 준다. 셋째, 지구 온난화가 지구의 현재를 넘어선 빙하기에 대한 사유를 이끌고 국가적 경계를 넘어선 행성으로서의 지구를 환기시키듯, 재난미디어는 미디어가 매개하는 시간과 공간의 기존 테두리를 넘어서는 시간성 및 공간적 차원에 대한 재고를 유도한다. 재난미디어 개념을 통해 파크스와 워커는 재난에 영향을 받은 주체들의 고통을 공정하게 경감하기 위해, 그리고 재난이 노출하거나 재난을 통해 심화되는 사회적, 환경적 문제를 해결할 정의를 촉진하기 위해 미디어를 활용하도록 요청한다. 이와 같은 행동주의적인 요청 이외에도 재난미디어 개념은 위기를 매개하고 위기를 감각할 수 있는 것으로 구축하는 데 미디어가 가진 근본적인 역할을 강조한다. 즉, 위기를 매개하고 전파하는 미디어의 역할에 대한 기존 논의에도 불구하고 재난미디어라는 또 다른 개념이 필요한 이유는 오늘날의 미디어 기술이 기존의 매스미디어에 의한 위기의 전파와 경각심 고취, 정보 전달로 환원되지 않는 형태와 실천을 도입하기 때문이다. 오늘날의 기후위기에 대한 대중적인 인식의 형성에 카메라에 의한 시각적 기록으로 환원되지 않는 차트 및 그래프 등을 포함한 데이터 시각화(data visualization)의 폭넓은 활용이 기여했다는 점이 한 가지 사례가 될 수 있다. 이것이 거시적이고 과학적인 차원이라면 주변 수질 오염이나 대기 오염을 기록한 시민들의 온라인 비디오는 보다 미시적이고 정동적인 차원에서의 재난미디어 실천 사례일 것이다. 이와 같은 맥락을 고려할 때 재난미디어 개념의 가장 중요한 함의는 '모든 미디어를 준비한다(all media are on deck)'다. "재난은 수많은 형태로 여러 시간에 걸쳐 다양한 장소에서 물질화되기 때문에 이에 대한 효과적이고도 정당한 반응을 이해하고 형성하기 위해서 우리는 모든 미디어를 준비할 필요가 있다."[30]

코로나19 팬데믹은 파크스와 워커가 제안한 재난미디어를 보다 넓은 차원에서의 위기미디어로 확장하여 개념화하고 문화와 예술의 영역에서 이것이 다양하게 실천되는 방식을 규명할 필요성을 전 세계 인문사회학자들에게 제기했다. 이에 따라 2020년 가을 출간된 연구서 『팬데믹 미디어(*Pandemic Media*)』에 참여한 학자들은 확진자 수와 바이러스 분포에 대한 실시간 데이터, 줌(Zoom)을 비롯한 원격 화상회의 플랫폼, 봉쇄 이후 공백의 도시를 촬영한 드론 이미지 등 코로나19 이후에 출현한 여러 미디어 실천 양식을 다룬다. 코로나19의 전 지구적이고도 국지적인 유행으로 인해 영화 제작 및 영화관 운영과 같은 기존 매스미디어의 표준적 작동은 중단되었다. 이로 인해 기존 미디어의 존재 양식은 물론 이러한 미디어의 정의와 본성(예를 들어 미디어가 구성하는 공간과 시간)마저도 리부팅을 겪었다. 예를 들어 도시의 봉쇄는 가정을 업무와 여가, 정보의 모니터링을 위한 컴퓨터 및 모바일 스크린들로 들어찬 미디어 공간으로 전환함으로써 사적 공간과 공적 공간 간의 전통적 분리를 재구성했다. 실시간으로 업데이트되는 유행 상황과 이에 따른 사회의 긴박한 대처는 전례 없는 가속성의 감각을 촉진했다. 봉쇄 이후 인적이 드문 유령과도 같은 도시를 고공에서 촬영한 드론 영상은 봉쇄 이전의 문명을 이룬 물질적, 문화적, 사회경제적 조건에 대한 성찰적 노스탤지어를 자아냈다. 즉, 실시간 데이터, 화상회의, 스트리밍 미디어 등을 포함하는 이른바 '팬데믹 미디어'는 코로나19를 인식하고 이에 대한 개인적·집단적 반응을 매개하고, 정상적인 사회의 중단 속에서도 사회적 기능을 가능하게 한다는 점에서 위기의 핵심에 있었다. 위 책의 편집자들이 서문에서 요약하듯 팬데믹 미디어는 표준적인 미디어 활동 및 사회적 운영이 불가능한 상황에서 비롯된 임시적인 실천을 넘어선다. 즉, 팬데믹 미디어는 팬데믹 자체를 "고도로 매개된 사건(highly mediated event)"[31]으로 만들어왔다는 점에서 중요하다. 폴 프로시와 미리아 조르지우가 강조하듯 팬데믹이 문화적 위기로 구축되어 온 방식은 "지역적인 동시에 전 지구적으로 다양한 규모로(개인적인 것에서 거시-사회적, 인프라구조적인 것에 이르기까지) 작동하면서 팬데믹의 어떤 요소들을 가시화하고 다른 요소들을 비가시적인 것으로 만드는 미디어의 수행적이고 재현적인 작업을 통해"[32] 서였다. 이와 같은 통찰을 연장하여 『위기미디어』는 오늘날의 새로운 미디어 기술 및 이에 근거한 미디어 형태와 실천이 팬데믹을 넘어선 21세기의 정치적, 군사적, 생태적, 문화적 위기를 매개하고 전파하는 방식을 폭넓게 조망하고 규명한다.

팬데믹 미디어의 사례는 위기의 발생 및 그 위기의 지각과 인식, 대처 등에 있어서 미디어가 갖는 근본적인 역할을 강조하는 것에만 그치지 않는다. 줌을 비롯한 화상회의 서비스가 대면 기반의 활동을 대체하듯, 모바일 기술로 상용화된 가상현실이 물리적인 미술관에서의 전시를 대체하듯, 팬데믹 미디어를 포함한 위기미디어가 위기를 구성하고 매개하는 방식의 또 다른 중요한 함의는 기존의 표준적인 미디어를 구성하는 형태, 기법, 이용 방식을 넘어서는 확장미디어 개념의 필요성이다. 이와 같은 필요성은 21세기 영화와 미디어문화 및 이를 다루는 영화미디어학의 최전선에서 다양하게 제기되었다. 알렉산드라 주하즈와 알리사 레보우가 다큐멘터리 영화의 맥락에서 2019년 발표한 「이야기를 넘어서: 온라인, 공동체-기반 선언(Beyond Story: An Online, Community-based Manifesto)」은 이와 같은 필요성을 제기하는 한 사례다. 이 선언문에서 이들은 21세기의 다큐멘터리 영화가 전통적인 다큐멘터리의 스토리텔링, 즉 사건을 논리적으로 설명하고 그 사건의 경과와 쟁점 등을 특정한 주인공을 통해 인식하게끔 하는 서사 구성에서 해방되어야 함을 주장한다. 대신 이들은 온라인 비디오를 비롯하여 소셜 미디어와 인터랙티브 플랫폼에서 유통되는 다양한 디지털 기록물들을 극장과 텔레비전의 기존 다큐멘터리를 넘어서는 21세기의 확장된 다큐멘터리 형태들로 옹호한다. 이들에 따르면 이와 같은 형태들은 "플랫폼, 장소, 단독적 실체나 시스템 사이에서 그리고 이를 가로질러 출현하고 흐르며"[33] 기후위기, 난민을 비롯한 대규모 이주, 권위주의, 전 지구적 금융자본주의 등이 야기하는 파국적 상황에 직면하여 불안정해지는 세계에 대응하는 과정에서 대중화되고, 기존 다큐멘터리 영화의 시공간적 경계를 넘어 네트워크에서 다양한 사용자에게 전파되고 공유된다는 것이다.

　나는 이 책의 1부에서 주하즈와 레보우의 선언이 제시한 확장된 다큐멘터리의 가능성을, 위기를 인식하고 감각 가능하게 하는 데이터 시각화, 드론 비디오 및 시민 제작 온라인 비디오 등의 다양한 미디어 인공물, 그리고 이들의 실천과 순환을 가능하게 하는 디지털 미디어 결합체의 전반적인 영역으로 연장한다. 21세기의 위기미디어는 기존의 내러티브, 카메라로 기록된 사진적인 이미지, 또는 인간의 시각을 연장한 카메라로 기록된 이미지 중심의 다큐멘터리 영화에 정박되지 않는 현실의 기록 및 시각화 형태로 이루어진다. 디지털 네트워크 미디어 생태계는 전통적인 매스미디어의 생산자-사용자 관계에 귀속되지 않는 방식으로 이와 같은 형태의 미디어 객체 및 데이터를 순환시키면서 위기를 문화적, 정치적으로 구축한다. 이 두 가지 양상으로 인해 21세기의 위기미디어는 위기의 사건을 하향식으로 중계함으로써 위기의 의미를 형성하는 매스미디어와는 구별된다.

위기미디어, Take 2:
행성적 위기의 구조적 양가성

위기의 매개와 시각화를 통한 문화적 현상으로서의 위기의 구축이 위기미디어의 유일한 특징은 아니다. 오늘날 지역적으로 불균등하게 인식되고 감각되지만 세계 전체를 포괄하는 규모로 전개된 위기는 기술적 미디어와 양면적으로 연계된다. **이것이 위기미디어의 두 번째 특징이다. 한편으로 기술적 미디어의 작동 및 효과는 기후위기와 정보자본주의의 위기 등 오늘날 우리가 직면한 여러 위기의 원인으로 작용한다. 그러나 다른 한편으로 바로 그 동일한 미디어가 기후위기와 코로나19에 따른 위기 등을 매개하는 것을 넘어 바로 그 위기에 과학적, 행정적, 정치적으로 대처하기 위해 배치되고 활용되기도 한다.**

이처럼 위기에 대한 대처이자 위기의 원인 모두로 작용하는 위기미디어의 본성을 나는 **구조적 양가성**(structural ambivalence)으로 규정한다. 구조적 양가성이란 미디어의 긍정적, 부정적 효과 모두가 미디어의 기술적, 물질적 요소는 물론 그 요소가 내장된 사회적 관계들에 내재적으로 결부되어 있음을 뜻한다. 이와 같은 이중성은 양가성의 어원적인 기원과도 호응한다. 양가성을 뜻하는 'ambivalence'는 '둘'을 뜻하는 라틴어의 'ambo'와 '힘/강함'을 뜻하는 라틴어의 'valentia'가 합성된 단어로, 서로 모순적일 수도 있는 두 개의 상태가 동시에 뚜렷한 강세를 띠며 공존함을 뜻한다. 이와 같은 어원적 기원에 비추어 21세기 복합위기와 미디어 기술과의 관계를 진단한다면, 위기에 대한 대처와 위기의 발생은 한편으로는 그 기술 및 물질과 기법에서 파생되지만 다른 한편으로는 그 기술을 지탱하고 도입하는 복잡한 사회적 기반에서도 비롯된다. 즉, 기술의 효과에 대한 두 가지 전통적인 입장인 기술결정론과 사회적 구성주의가 공존하고 경합하는 것이 복합위기의 다층적인 파장, 그리고 이에 직면한 오늘날 인류의 곤경 모두를 특징짓는다. 그 곤경 속에서 많은 학자와 논객은 본성상 '좋은 기술'과 '나쁜 기술'을 구분하거나, 기술 자체의 가치중립성을 손쉽게 상정하면서 이를 활용하는 '좋은 주체'와 '나쁜 주체'를 판정하는 이중적인 흑백논리의 경연장에 입장하도록 초대된다.

이와 같은 상황에서 이 책은 구조적 양가성을 일종의 방법론으로 설정한다. 방법론으로서의 양가성은 20세기 비판적 미디어 문화 연구의 전통을 발전적으로 계승하는 것이기도 하다. 현대성의 새로운 경험을 견인하고 구축했던 교통 및 통신 기술과 도시화에 구조적으로 연동된 기계적 미디어(사진 및 영화) 및 문화에 대한 발터 베냐민과 지크프리트 크라카우어의 입장이 이와 같은 전통을 대표한다. 사진과 영화를 비롯한 기술적 미디어가 전통적 예술 작품의 위상과 경험을 '아우라의 파괴'를 통해 동요시킨다는 점을 지적한 발터 베냐민은 한편으로는 영화가 기계적 자본주의가 가져온 급격한 감각의 변화와 주체의 소외를 집단적으로 경험하고 훈련할 수 있는 유희적 가능성의 공간을 촬영과 몽타주를 통해 개방하고 전통적 예술이 상정한 관객과는 다른 대중을 위한 민주적인 예술로 기능할 수 있다고 전망했다. 다른 한편으로 베냐민은 감각적, 정서적으로 강력한 영화의 집단적 수용이 당대에 부상했던 파시즘의 선전을 위해 활용되고 있음에 대한 우려를 동시에 표명했다.[34] 이와 같은 양가적 입장은 산업자본주의와 파시즘으로 이어지는 정치적, 경제적, 문화적 현대성이 기계적 미디어의 형태와 경험, 효과에 미치는 영향뿐 아니라 그 미디어의 물질과 기법이 관객의 지각 및 의식을 변동시키는 방식 또한 고려한 결과였다. 양가성의 방법론은 바이마르 공화국의 미디어 문화를 비평했던 크라카우어에게도 나타난다. 크라카우어에게 사진과 영화, 틸러 걸즈(Tiller Girls)로 대표되는 무희들의 질서화된 군무로 가득 찬 역동적인 도시 문화를 포괄하는 집단 장식(mass ornament)은 자본주의적 합리성의 기계적 질서, 속도, 상품화의 효과가 기입되는 표면이었다.[35] 그 화려한 표면은 테일러주의의 확산에 따른 노동자의 신체 및 정서의 소외와 같은 부정적 효과를 치환하지만, 현대성 이전의 주체와 사회 시스템을 지탱했던 초월성에서 해방된 새로운 미적 경험과 감각을 낳기도 했다. 미리암 한센이 적절하게 요약하듯 크라카우어에게 집단 장식은 다음과 같은 이유로 모호하고도 양가적인 것이었다. "집단 장식은 인류를 자연의 힘으로부터 해방시키는 '탈신화화 과정'에 참여하며… 다른 한편으로… 자본주의 발전은 '인간을 포괄하지 않는' 사회경제적 관계를 영속화함으로써 이러한 관계를 역사적이고 정치적인 것이 아니라 주어진 불변의 자연스러운 것으로 재생산한다. 따라서 합리성 자체가 현대 사회의 지배적인 신화가 되어버렸다."[36] 앞으로의 논의에서 보다 상세히 밝혀지듯 미디어의 기술적, 사회문화적, 자연적 구성 요소들이 더욱 많아지고 이들 간의 관계는 물론 그 관계로 인해 형성된 결합체의 존재와 작동 방식 또한 전통적인 매스미디어 패러다임으로는 설명되기 어려운 상황 속에서 21세기 복합위기에 작용하는 미디어 기술의 효과는 구조적 양가성을 통해 더욱 분명하게 설명될 수 있다.

방법론으로서의 구조적 양가성이 갖는 또 다른 정당성은 21세기 복합위기의 행성적(planetary) 성격 때문이다. 4장에서 더 상세히 논의하겠지만, 21세기 들어 세계를 가리키는 범주로 부상한 행성(planet) 개념은 지역과 주체 간의 불균형 및 차이를 포함한 인류의 공통적인 조건을 시사하고, 그 세계를 구성하는 범주에 인류의 문화적, 물리적, 제도적, 기술적 산물뿐 아니라 지구의 지질학적, 생물학적, 자연적 요소를 포함한다. 기후위기, 식량위기, 생태계 위기와 같은 서로 긴밀히 결부되고 동시적으로 출현한 오늘날의 위기들은 중심과 주변의 구분, 문명 또는 문화와 자연의 경계를 상정했던 근대적 '지구(globe)' 개념과는 구별되는 세계관의 필요성을 제기해 왔다. 이와 같은 필요성에 화답하는 행성 개념은 그 위기들의 기원이자 이들의 매개 또는 해결을 위해서도 배치되는 기술적 복합체들의 이중적인 면모를 드러내는 데 적합하다. 이를 입증하기 위해 육 후이와 벤저민 H. 브래턴의 사유를 살펴보자.

자신의 선언적인 짧은 글 「행성적 사유를 위하여(For a Planetary Thinking)」에서 육 후이는 오늘날의 다양한 위기를 당대의 철학이 개입해야 할 '행성적 조건(planetary condition)'으로 규정한다. "파괴적(disruptive) 기술들이 지구 전역에 걸쳐 가속화되는" 상황을 말하는 이와 같은 조건은 "물질과 에너지의 총동원"이 야기해 온 환경 위기, 그리고 "보편적 계산 가능성(calculability)에 기반한 모든 수준에서 [개인과 사회, 육체와 노동의] 보다 효율적인 통치"[37]를 추구하는 플랫폼 경제의 위기 등을 포함한다. 세계화(globalization)가 추동하고 심화해 온 이와 같은 위기의 근원에 "과학과 문화의 분리", 또는 "기술과 자연의 분리"가 놓여 있다고 진단하는 육 후이는 이와 같은 분리를 넘어서기 위한 형이상학적 대안으로 '행성적 사유'를 주장하면서 '생명-다양성(biodiversity)', '정신-다양성(noodiversity)', '기술-다양성(techno-diversity)'을 그 세 가지 구성 요소로 제시한다. '생명-다양성'은 인간과 비인간(자연, 동물) 간의 전통적인 구분을 넘어서고 이들 간의 관계를 갱신하고자 하는 다양성이며, '정신-다양성'은 도구적 합리성과 역사적 진보에 대한 신념을 넘어서는 지성의 다양성이다. 가장 중요한 차원으로 이 두 종류의 다양성을 가능하게 하는 '기술-다양성'은 "기술을 중립적이고 보편적인 것으로 간주하는" 근대성의 인식론적 전제를 넘어, 세계의 보편적인 기술화가 가진 다양한 가능성(즉, 자본과 권력에 의한 예속적 통치 또한 파괴를 가속화하는 가능성 이외의 가능성)을 창조하는 것을 뜻한다.

육 후이의 '행성적 사유' 개념은 "행성적 연산(planetary computation)"을 비롯한 "기술의 행성화"가 다양한 위기의 핵심에 있다는 점, 그리고 이와 같은 위기에 대처하기 위한 철학적, 문화적 기획이 기술을 거부하는 것이 아니라 기술과 새로운 관계를 수립하고 그 가능성을 추구하는 것임을 제안한다는 점에서 이 책의 주장과 공명한다. 그런데 '행성적 사유'가 "포스트-형이상학적 세계에서의 새로운 형태의 삶을 감당할 수 있는 다른 방식들"을 모색하기 위한 철학적 기획을 넘어 21세기 미디어 연구에 생산적으로 적용되기 위해서는 유의해야 할 사항이 있다. 육 후이가 오늘날 위기의 근원으로 지적하는 '파괴적 기술', 자연과 인간의 역량을 채취하는 기술의 '보편적 계산 가능성'을 다양성에 대립하는 일차원적인 것으로 이해해서는 안된다. 같은 글에서 육 후이는 21세기 권력의 원천으로 바로 이러한 기술의 일부인 인프라구조를 지적하며 다음과 같이 그 속성을 설명한다.

> 인프라구조는 유물론적 개념인 것만이 아니다. 경제적, 작동적(operational), 정치적 목적에 덧붙여 인프라구조 또한 즉각적으로 보이지는 않을 수도 있는 일군의 복잡한 가치론적, 인식론적, 존재론적 가정을 내장하고 있다. 행성적 사유에 중심적인 다양성이라는 개념이 아직 제대로 사유되지 않은 것은 이 때문이다. 행성적 사유가 어떠해야 하는지를 한층 더 자세히 묘사하기 위해… 무엇이 행성적 사유가 아닌지로부터 출발할 수 있을 것이다. 그런 식으로 행성적 사유의 윤곽을 제시할 수 있을 것이다.[38]

즉, 여기에서 인프라구조는 "행성적 사유에 중심적인 다양성"과 대조되지만 그 구성과 작동은 복합적인 것으로 파악된다. 그렇다면 행성적 사유가 추구하는 다양성은 인프라구조부터 배제되는 것이 아니라 오히려 그 핵심에 있다고 할 수 있을 것이다. 따라서 다양성의 모색은 인프라구조의 설립과 운영에 관여하는 경제적, 정치적 목적은 물론 이를 뒷받침하는 여러 가정들을 이해하는 것에서 출발한다. 이 책의 7장에서 상세히 논의하듯, 인프라구조를 미디어의 관점에서 살펴본다는 것은 인프라구조의 행성적 영향력은 물론 그것을 구성하거나 그것의 작동에 연루되는 이질적인 요소, 즉 인간적, 기계적, 환경적, 제도적 요소들의 다층적인 접합과 이들 간의 다면적인 상호작용을 파악한다는 것을 뜻한다.

육 후이는 행성적인 규모로 인간과 자연 모두에 스며든 기술로 인한 위기를 지적하면서도 그 기술의 효과가 다르게 사용될 수 있는 가능성을 열어둔다는 점에서 양가성의 기술철학을 전개해 왔다. 이 점은 질베르 시몽동과 질 들뢰즈가 제시한 변조(modulation) 개념을 다시 고찰하는 그의 작업에서 드러난다. 들뢰즈는 규율사회 이후의 패러다임인 통제사회를 관할하는 전자 정보 기술의 작동 방식으로 변조 개념을 사용한다. 이때 변조는 개인의 주체성과 사회적 집단 및 조직의 활동을 정보의 흐름으로 변환하고 코드의 자동화된 작동을 통해 이 흐름을 조율하는 것을 뜻한다. 변조를 통해 개인의 주체성은 유동적인 정보의 단위로 환원되는 가운데 탈개체화(disindividuation)된다. 정치적, 경제적, 사회적 영역이 이 정보의 흐름 속에 수렴되지만 디지털 기계와 네트워크의 변조는 정보의 다양한 흐름을 스스로 조율하고 규제함으로써 기존의 규율사회 패러다임으로 환원될 수 없는 분산적인 권력을 미시적인 동시에 거시적인 규모로 실행한다.[39] 들뢰즈의 통찰이 오늘날의 정보자본주의를 이해하는 데 긴요함을 인정하면서도 육 후이는 들뢰즈에게 영감을 준 시몽동의 변조 개념을 확장함으로써 통제사회가 변조 개념의 유일한 귀결이 아니라 단지 하나의 결과임을 강조한다.[40] "한편으로 그 구성적인 과정이 사회적 통제가 출현하는 모델과 유사한 기술적 메커니즘이 있다. 다른 한편으로 변조 관념에 근거한 존재발생(ontogenesis) 이론이 있는데, 이는 변조를 생성(becoming)으로서의 존재(being) 원리로 이해하는 것이다. … 우리는 후자가 전자에 의해 소진될 수 없으며 전자를 통해 다른 방식으로 실현될 수 있음을 염두에 두어야 한다."[41] 여기서 육 후이가 '행성적 위기'의 극복을 위해 강조하는 다양성이 디지털 기술을 배제하는 것이 아님을 다시 한번 알 수 있다. 정보자본주의의 효율성 및 합리성의 성취에 기여하는 방식과는 다른 방식으로 기술의 변조 가능성을 개인과 집단의 창발적인 개체화 또는 사회적인 것의 재구성을 위해 활용하는 것이 중요하다. 그러나 이와 같은 기획은 통제사회의 변조를 실행하는 네트워크 및 데이터 기술이 인프라구조와 마찬가지로 결코 단순한 것이 아니라 다층적인 요소들을 포함하고 있음을 이해하는 것에서 시작해야 한다.

인프라구조와 변조에 대한 육 후이의 양가적인 견해는 오늘날 국내외에서 급증한 신자유주의적 자본주의의 기술문화에 대한 비판적 진단의 어떤 경향과 구별된다. 이 경향에 속하는 연구 및 비평은 분명 오늘날의 다양한 위기들을 진단하는 데 유용하며 이 책이 추구하는 목표인 위기미디어의 개념화 및 위기미디어 국면의 지도 그리기를 위한 중요한 선행적 사유의 계열을 이룬다. 그럼에도 불구하고 이와 같은 견해들의 일부는 기술에 내재된 전례 없는 복잡성과 그 복잡성을 이루는 구성 요소들 간의 다면적인 관계들이 형성하는 역학에 주의를 충분히 기울이지 않는다. 따라서 이와 같은 주장은 근대성이 단언하는 자율적 개인과 그 개인의 이상적인 성향인 비판적 거리를 재확인하는 경향이 있다. 이는 디지털 시대에 기술과 미디어가 세계의 재현을 넘어 우리의 감각적, 심리적, 인지적, 문화적 주체성 및 우리의 세계 자체를 근본적으로 구성하는 다양한 방식을 충분히 고려하지 않는 결과로 이어진다. 만약 기술과 인간, 문명과 자연 간의 관계 및 미디어 기술의 내재적 복잡성에서 비롯된 여러 방향과 강도의 역학에 주목한다면, 위기와 기술적 미디어와의 관계에 대한 진단은 단지 부정적인 역할에 대한 경고음을 울리는 것만으로 한정될 수 없다. 여기에서 양가성의 방법론이 요구된다. 위기는 자연과 문명, 인간과 기계, 유기체와 비유기체, 이곳과 저곳, 과거와 현재 간의 새로운 관계를 구축할 수 있는 인식론적, 존재론적, 사회문화적 계기를 제공한다. 이를 통해 위기는 이전에는 가시적이지 않았던, 이 두 항들 간의 긴밀한 얽힘을 가시화하고 지각할 수 있는 결정적인 무대가 된다.

코로나바이러스 위기가 이러한 무대로 작용했던 방식을 알아보기 위해 벤저민 브래턴의 견해를 살펴보는 것이 도움이 된다. 코로나바이러스 확산이 사회가 삶과 죽음을 관리하는 방식에 미친 영향을 성찰하는 많은 담론 중 주목할 만한 저작인 『실재의 복수(*The Revenge of the Real*)』(2021)에서 브래턴은 긍정적인 행성적–규모의 생명정치(positive and planetary-scale biopolitics)를 포스트–팬데믹 사회의 정치적 기획으로 요청한다. 포스트–팬데믹 정치는 기후변화와 마찬가지로 인간 사회가 지역적, 국가적 경계를 넘어선 지구 전체 차원의 사회라는 인식에서 출발한다. 이러한 인식을 토대로 행성적 규모의 사회는 "공적, 개인적, 사적, 과학적인 것을 포함한 다양한 메커니즘을 통해 어떻게 스스로를 알고, 모델링하고, 스스로를 구성하고 조직하고 돌보는가"[42]를 다루어야 한다. 이와 같은 과제는 팬데믹이 사회적인 것을 어떻게 재편하는가, 또한 그렇게 재편된 사회를 어떤 관점으로 포착할 수 있는가라는 질문과 연동된다. 푸코적인 용어인 '생명정치' 개념을 응용하고 개작하면서 브래턴이 제안하는 관점은 역학적(epidemiological) 관점이다. 바이러스를 비롯한 불확실한 자연적, 인공적 요인들의 전파와 확산, 대응에 주목하는 이와 같은 관점은 사회를 자율적인 개인들의 계약적인 관계를 구성되는 근대적 관점 대신, "감염 연결점(node)과 벡터들의 인구"[43]로 간주하는 것을 뜻한다. 이에 따라 사회를 이루는 인간 주체성도 개인을 넘어 우리 모두를 둘러싼 생물학적, 화학적, 환경적인 실재들에 대한 공통의 인식과 감각, 책임이라는 차원에서 사유되어야 한다. 이런 관점에서 볼 때 브래턴이 말하는 '긍정적 생명정치'는 푸코와 아감벤, 그리고 이들의 교훈을 계승한 많은 연구자들이 분석한 생명정치의 통제적인 활용, 즉 주체의 생물학적, 사회적, 정치적 실존을 위계적이고 정상화하는 방식으로 관할하고 제어하는 근대의 과학적-기술적-제도적-담론적인 장치에 근거한 생명정치와는 구별된다(브래턴은 이를 '부정적 생명정치(negative biopolitics)'라 부른다).[44] 긍정적 생명정치는 생명의 조사와 관리를 위한 과학적 합리성과 기술적 도구성을 거부하지 않는다. 대신 이들을 우리가 공통으로 거주하는 복잡하고 불가해하며 예측을 벗어나는 현실 국면을 파악하는 데 활용해야 한다. 이를 통해 과학과 기술은 주체성의 상호주관적인 차원, 그리고 인간을 넘어서면서도 인간의 삶과 죽음에 긴밀히 관여하는 비인간 행위자들에 대한 인식과 행동을 이끌어내야 한다. 브래턴이 강조하듯 "긍정적 생명정치는 생화학적인 배치체(assemblage)로서의 인간 신체 및 제휴하여 작용하는 피조물들의 협력으로 간주되는 인간의 집단 지성에 대한 실재론적, 유물론적 개념을 포용해야 한다."[45]

이와 같은 포용주의적인 생명정치를 뒷받침하는 과학적 합리성은 팬데믹과 같은 위기에 대항하여 대중의 감정에 호소하고 공포를 조장하며 전문가를 불신하고 역정보의 확산을 부추기는 정치적 포퓰리즘, 예를 들어 중국을 외부의 위협으로 타자화하고 바이러스의 과학적 분석과 대응에 대한 불신을 조장하면서 책임을 개인의 영역으로 환원한 트럼프의 위기 대응 퍼포먼스에 맞서는 대안으로 제시된다.[46] 또한 이는 코로나바이러스의 유행과 더불어 서구에서 확산되었던 '5G 음모 이론(5G conspiracy theories)'과 관련해서도 설득력이 있다. 5G 음모 이론이란 5G 통신기술이 활용하는 밀리미터 전자파 스펙트럼이 코로나바이러스의 원인이라는 가설이다. 이 가설은 중국 우한이 코로나바이러스의 초기 발원 전에 5G 송전탑을 세웠다는 주장 등으로 연장되었고, 바이러스가 우한 바이러스 연구소에서 우연히 전파되었다거나 생화학 무기로 의도적으로 개발되었다는 가설로 변주되기도 했다.[47] 비록 많은 과학자가 구체적 근거를 들어 이 이론의 오류를 지적했으나, 이는 미국과 영국 등 선진국에서 바이러스를 인간의 의도적 창조물로 믿는 많은 대중의 심리를 반영했으며, 볼리비아와 나이지리아에서는 포퓰리즘적 정치가에 의해 설득력 있는 견해로 받아들여지기도 했고 구체적 행동(볼리비아에서는 5G 기술이 코로나바이러스 유행 당시 도입되지 않았음에도 불구하고 일부 시민들이 통신 안테나를 철거하기도 했다)으로 이어지기도 했다.[48] 브래턴은 이와 같은 음모 이론이 이성과 비이성, 과학과 맹신의 혼합물임을 지적하는 것을 넘어, "순종하지 않는 분자들과 전염적인 유기체에 대한 주권적 권력을 회복하려는 포퓰리즘적 우파 정치가들의 방어 기제"[49]라고 진단한다.

브래턴의 '긍정적 생명정치' 개념이 이 책의 맥락에 도움이 되는 지점은 사회에 대한 역학적 관점이 적용되는 방식, 다시 말해 데이터의 수집과 분석 및 시각화와 관련된 기술적 요소들의 결합체가 작동하는 방식이다. "대시보드 인터페이스와 감염의 통계적 모델은 사태의 시각적 프로필이 되었다. 이와 같은 설명에서 보이는 상호 연결된 우리의 이미지는 데이터 피로와 즉각적 위기가 지나간 이후 에도 오랫동안 우리 곁에 머물러야 한다."[50] 차트와 그래프, 다이어 그램과 커브를 포함한 데이터 시각화는 검사와 추적을 동반한 바이 러스 데이터의 감지(sensing)와 수집을 가능하게 하는 센서와 온도 측정기를 비롯한 기술적 장치, 그리고 행성적 차원에서 바이러스 의 발생 및 확산에 대한 데이터의 연산과 순환을 담당하는 컴퓨터 와 네트워크를 포함하는 감지층(sensing layer)에서 비롯된다. 그 결과 데이터 시각화는 바이러스 유행의 패턴과 예측을 포함하는 모델 시 뮬레이션으로 연장되고 이는 레거시 미디어와 개인 사용자들의 앱 (app)을 통해 전달되며 바이러스의 대응과 관련된 의학적, 과학적, 정치적 의사 결정에 사용된다. 이 시뮬레이션은 "기저 현실의 유효 한 재현물"로서 "사회적 자기-구성(self-composition)을 위해 작용하 기" 때문에 "우리가 스스로를 역학적 전체 내에서 보는 법을 배우는 수단"[51]이 된다. 유비쿼터스 컴퓨팅이라는 인프라구조를 갖춘 지각 하는 도시(sentient city)에서 작동하는 '긍정적 생명정치'는 매스미디 어 중심의 커뮤니케이션 연구에서는 미디어로 여겨지지 않았던 감 지층과 모델 시뮬레이션의 중요성을 강조한다. 또한 감지와 모델링 에 관여하는 데이터의 공적 유통과 접근에 필요한 프로그래밍의 차 원, 그리고 이를 뒷받침하는 인터넷 연결망의 차원 또한 고려할 것 을 요청한다. 아울러 인간 신체의 가장 육체적이고 생리학적인 차 원을 그 이면의 비가시적인 생물학적 차원, 그리고 네트워크 및 컴 퓨터의 연산적인 차원과 연결함으로써 미디어에 대한 확장적이고도 복합체적인 이해를 유도한다.

궁극적으로 브래턴은 포스트-팬데믹 생명정치를 위해 "'감시 대 비-감시'와 같은 순환론적인 추론과 악순환을 보다 다색적인 (polychromatic) 용어로 대체"[52]할 것을 주장한다. 여기서 '다색적인' 이라는 용어는 육 후이가 말하는 '다양성'과 공명한다. 또한 '긍정적 생명정치'를 제안하기 전 브래턴의 중요한 작업이 "새로운 주권 및 거버넌스의 형태"를 도입하는 "행성적-규모의 컴퓨팅 인프라구조", 즉 "모든 다른 기계들이 하나의 더 커다란 기계의 일부"인 '메가구조'로서의 스택(stack)을 이론화하고 분석하는 것이었음을 고려한다면,[53] 그 또한 육 후이와 마찬가지로 기술과 위기와의 관계에 대한 양가성의 사유를 전개했음을 알 수 있다. 이와 같은 공통점에도 불구하고 브래턴이 육 후이와 구별되는 한 가지 중요한 지점이 있다. 포스트-팬데믹 조건 속의 '역학적' 정치에 대한 브래턴의 통찰은 위기의 대처와 세계의 재구성을 위해 활용되는 컴퓨터 기반 미디어의 복합적이고 연결적인 면모가 기존의 미디어 객체와 구성을 넘어선다는 점을 지적한다.

21세기 복합위기에 대한 육 후이와 브래턴의 성찰은 양가성이 단순한 정신적, 정서적 반응이 아닌 "사회적 사실(social fact)"[54]임을, 즉 미디어 기술의 긍정적이고 부정적인 면 모두가 사회 체계와 지구의 환경에 복잡하고 모순적인 방식으로 긴밀히 스며들었음을 시사한다. 따라서 알고리듬의 영향력을 비롯하여 오늘날 미디어 기술이 인간과 사회에 미치는 영향에 대한 진단을 유토피아적인 전망과 디스토피아적인 비판 중의 양자택일로 환원하는 것은 사회적 사실로서의 양가성을 은폐한다. 구조적 양가성은 이와 같은 은폐를 벗어나기 위해 필요한 방법론이다. 양극화의 함정을 피하는 이와 같은 방법론은 물질적 효과와 사회적 활용이 복잡하게 결부되는 기술적 미디어의 입체성을 보존하면서 그 미디어가 야기하는 "지속적인 긴장과 협상한다는 것"을 뜻하고, 그 미디어를 지탱하는 "기본적 가정들을 질문하는"[55] 방식으로 곤경과 동행한다는 것을 뜻한다. 이런 점에서 볼 때 위기미디어의 구조적 양가성은 20세기를 지배했던 매스미디어의 기본 가정들에 대한 심문을 수반하며, 이를 통해 위기미디어의 마지막 세 번째 국면이 드러난다.

위기미디어, Take 3: 미디어-크리티컬 또는 미디어를 넘어선 미디어

육 후이와 벤저민 브래턴의 진단은 기술의 효과가 기술의 내재적인 본성보다는 이를 활용하는 행위자의 의도에 따라 결정된다는 결론으로 손쉽게 이어질 수 있다. 그러나 위기의 원천이자 위기의 대처를 위한 '긍정적 생명정치'의 토대 모두이기도 한 기술의 양가적인 작동 방식은 위기 개념이 가리키는 바이기도 하다. 어원학적으로 볼 때 'crisis'에 해당하는 그리스어 명사 'krisis'는 질병에서의 결정적인 상태 전환, 즉 치료와 포기 또는 삶과 죽음을 결정하는 의학적 용어였고, 동사 'krinein'은 한 사태와 다른 사태를 분리하거나 특정 사태에 대한 판단을 내리는 것을 뜻했다.[56] 육 후이와 브래턴의 논의를 함께 두고 보았을 때 위기라는 단어의 이와 같은 어원은 치료를 위한 분석과 평가를 요하는 상황, 그와 같은 판단의 필요성을 제기하는 사태의 화급하고도 결정적인(critical) 면모에 대한 인식을 함축한다.

라인하르트 코젤렉은 위기의 의학적, 법적인 어원이 최후의 심판 (Last Judgment) 및 대재앙(Apocalypse)과 같은 신학적 함의로 파생되었던 고대와 중세를 거쳐 근대와 현대에 정치적, 경제적, 철학적인 용법으로 확장되어 온 방식을 세밀하게 추적한다. 18세기와 프랑스 혁명을 거쳐 위기는 정부 혹은 정치 체제를 뒤흔드는 (전쟁이나 혁명과 같은) 중대한 사건을 뜻하게 되었고, 독일 관념론은 이를 종말론적인 국면을 포함하는 역사의 변곡점으로 다루었다. 19세기 산업 자본주의의 수립과 함께 위기는 생산, 금융, 무역 등의 비정상적 작동을 가리키게 되었다. 코젤렉은 이와 같은 위기의 역사적 용례에서 찾을 수 있는 복합적인 해석 가능성을 다음 네 가지로 정리하면서 위기가 현대성의 경험적, 시간적 지평을 근본적으로 구성한다고 주장한다. ① "행동이 요구되는 궁극의, 결정적인 지점으로 이끄는 사건들의 연쇄" ② "그 이후에 역사의 특질이 영원히 변화할 고유한 최후의 지점" ③ "지속적으로 되풀이되는 결정적인 상황을 가리키는 영속적 또는 조건적 범주" ④ "역사적으로 내재적인 전환기 (transitional phase)."[57]

이와 같이 서로 얽힌 의미의 그물망에서 먼저 눈에 띄는 위기의 의미는 근대성의 경제적, 사회적, 철학적 지평을 구성하는 영속적 위기다. 물론 이와 같은 의미의 위기는 결정적인 지점으로 유도하는 사건들의 연쇄라는 의미의 위기와 무관하지 않다. 자본주의가 자동적으로 혁명에 진입하게 되는 계기를 자본의 축적 과정에서 발생하는 모순적인 위기로 파악했던 마르크스의 고전적인 설명이 이점을 입증한다. 시카고학파의 신자유주의 경제 이론에서 위기는 정부와 시장 참여자의 신속한 대응, 그리고 불안정한 상황에 대한 선제적인 예측을 요구함으로써 자유 시장의 갱신에 연료를 공급한다. 밀턴 프리드먼이 말하듯 "현행적인 것이든 지각된 것이든 오직 위기만이 실제 변화를 낳는다. 위기가 발생할 때 취하게 되는 행동은 주변에 놓여 있는 아이디어에 달려 있다. 기존 정책에 대한 대안을 개발하고, 정치적으로 불가능한 것이 정치적으로 불가피하게 되기까지 그 정책을 계속해서 사용할 수 있게 유지하는 것이 우리의 기본적인 기능이라고 나는 믿는다."[58] 프리드먼의 이 진술을 연장하여 나오미 클라인은 실업, 고용불안, 부채 증가 등의 경제적 변수는 물론 국제질서의 동요(9·11 테러) 및 기후 재난(허리케인 카트리나) 등을 기회로 자신의 축적과 착취를 갱신하는 자본주의를 '재난자본주의(disaster capitalism)'라 명명한다.[59] 이탈리아 정치철학자 다리오 젠틸리가 말하듯 신자유주의 시대에 위기는 정치가 해결을 위해 개입할 대상으로 한정되지 않는다. 신자유주의 시대에 경제적 위기는 정치적 결정에 영향을 미치고 이를 조직한다는 점에서 '통치술(art of government)'로 보아야 한다. 이는 '예외상태'를 낳는 것이 아니라 "예외를 규칙으로 바꾸는"[60] 것을 뜻한다. 이런 관점에서 보면 신자유주의는 자본주의에 내재적인 지속적인 위기 자체를 개인과 사회를 관리하기 위한 생명정치로 연장하는 통치술이다. 판단은 수립되지만 종결적인 의미에서의 판단은 유예된다. 위기를 자본주의에 항구적인 것으로 보는 이러한 관점은 울리히 벡의 유명한 위험사회(risk society) 개념과 공명한다. 벡이 말하는 위험, 예를 들어 고도의 산업화가 인간은 물론 생태계에 미치는 위험은 근대성의 기초인 과학 및 진보에 대한 신념을 동요시키지만 이는 단순히 근대성의 몰락이 아니다. 오히려 위험사회로의 이행, 다시 말하면 근대성을 지탱하는 요소들의 와해는 근대성이 자신에게 반하는 방식으로 스스로를 갱신하는 계기가 된다. "산업사회는 자신의 수립 자체를 통해 스스로를 불안정하게 한다. 연속성은 불연속성의 '원인'이 된다. 사람들은 산업 시대 생활의 확실성과 양식에서 자유로워진다."[61]

이와 같은 영속성으로서의 위기는 분명 지금 이 순간 혹은 최근에 우리에게 뚜렷이 체감된 위기들, 예를 들어 공급망 위기나 기후 위기와 같은 것들이 근대성의 본원적인 모순과 관련된다는 인식을 강화한다. 그럼에도 불구하고 코로나19 및 기후변화와 같은 위기는 이와 같은 영속적 위기 관념으로 환원될 수 없는 위기다. 이 위기들은 사고와 행동의 전환을 요구하는 결정적인 순간이라는 감각, 그리고 그 감각을 역설적으로 강화하는 결정 불가능성과 통제 불가능성의 감각, 그리고 이로부터 오는 불안과 불확실성의 정동을 수반하기 때문이다. 위기미디어의 첫 번째 특징, 즉 위기를 매개하고 위기를 감각하고 인식할 수 있게 하는 모든 종류의 미디어 형태와 실천이라는 특징은 사태의 긴급성과 중대성을 구성하고 결정적인 행동을 요청하는 상황을 함축한다. 또한 위기미디어의 두 번째 특징, 즉 위기미디어가 위기의 원천인 동시에 위기의 대처와 해결을 위해 배치되는 기술적 복합체라는 특징은 위기의 의학적인 어원이 함축하는 분석적인 차원의 중요성은 물론 삶과 죽음, 좋음과 나쁨이 서로 얽힌 모습으로 공존하고 경합하는 국면과도 연결된다.

이 지점에서 코젤렉이 정리한 위기의 또 다른 의미, 즉 '전환기'로서의 위기라는 의미를 더하여 **위기미디어의 세 번째 특징을 다음과 같이 제시한다. 즉, 위기미디어란 미디어 자체의 중요한 변동에**

서 파생된 동시에 이와 같은 변동을 단언하는 기술-인간-자연의 복합적인 얽힘(entanglement)으로 오늘날 미디어의 존재와 기능을 고려해야 함을 뜻한다. 이는 곧 위기미디어를 '미디어를 넘어선 미디어', 더 정확히 말하면 19세기와 20세기 미디어 체제를 지배한 매스미디어를 넘어선 미디어 구성체로 정의하고 다룬다는 뜻이다. 프레드릭 제임슨이 포스트모더니즘을 후기 자본주의의 문화논리로 규정하면서 역사의식의 종언 및 분열증적 주체성의 형성을 텔레비전과 비디오 이후의 전자 미디어와 연계하듯 사회정치적, 역사적 차원에서의 전환은 미디어 체제의 변화로 대표되는 동시에 그런 변화로 추동된다.[62] 비록 체계적인 미디어 이론으로 진전하지는 않지만 지그문트 바우만은 근대성을 지탱한 모든 사회적 관계가 용해되고 권력이 국민국가 중심의 국지적 단위를 넘어 전 지구적인 차원으로 이행하는 액체근대(liquid modernity)가 미디어의 변화와 연계된다는 점을 여러 곳에서 밝힌 바 있다.[63] 산업사회에서 정보사회로의 이행을 이끄는 네트워크화된 디지털 미디어는 실질적인 위기들은 물론 이로부터 생성되고 전파되는 불확실성의 정동도 확산한다. 바우만은 인터넷이 모두가 참여하지만 정해진 규칙이나 심판이 없는 게임의 공간과 같으며 동시대의 현실 세계 또한 이와 같은 논리를 따른다고 말한 바 있다. "웹과 마찬가지로 세계는 단지 통제를 벗어난 것만이 아니다. 세계 자체가 통제 불가능하다. … 동시대 사회의 무서운 특징은 행동이 더욱더 많은 지식을 얻을수록 그 행동은 전반적인 혼돈에 더 많이 추가된다는 것이다."[64] 인터넷은 액체근대의 한 중요한 결과인 공동체성의 해체를 야기하면서 사회적인 것 자체를 근본적으로 재구성한다. "'사회'는 '구조'보다는 (견고한 '총체성'은 말할 것도 없이) 점점 더 '네트워크'로 보이고 다뤄진다. 즉, 사회는 무작위한 연결과 탈연결의 모체(matrix), 본질적으로 무한한 양의 가능한 순열들로 지각되고 다뤄진다."[65]

이 이외에도 바우만은 감시 연구(surveillance studies)의 대가인 데이비드 라이언과 함께 드론을 비롯한 원격 시각 기계와 데이터화(datafication)가 기존의 감시 체제를 뛰어넘는 포스트-패놉티콘 체제로의 전환을 야기하는 방식에 주목한다.[66] 원격 시각 기계의 발달로 감시의 눈은 중앙 집중적인 조망을 뛰어넘어 수직적으로 어디에나 존재하고 관찰하고 포착할 수 있게 된다. 또한 소셜 미디어에서의 개인 프로필은 물론 개인화된 데이터 기록 장치와 사회적으로 도처에 편재하는 데이터 수집 장치를 통해 어디에서나 포착되고 분석되고 유통될 수 있는 개인 데이터는 개인의 자유와 정체성, 프라이버시 개념을 근본적으로 불안정하게 재구성한다. 유동적인 흐름으로 구성되고 인식되고 분석되는 개인 데이터는 사용자의 참여를 포함하기 때문에 전통적인 감시 패러다임(혹은 감시 미디어)을 상정했던 공적/사적, 감시자/피감시자의 구별을 넘어선다. "오늘날 우리 모두는 이미 착수했거나 의도한 움직임과 행동에 대한 모든 세부 정보를 자체적으로 그리고 자체 비용으로 제공하기를 열망한다. 이 정보는 용량이 무한히 큰 '클라우드 인터넷' 서버의 콘텐츠에 즉시 추가된다."[67]

바우만의 통찰을 확장한다면 자본주의적 근대성의 전환을 의미하는 신자유주의로의 이행은 산업자본주의 체제를 구성했던 미디어를 넘어서는 미디어 구성체로의 전환과 연동된다고 생각할 수 있다. 웬디 희경 전은 텔레비전이 사건을 제시하는 세 가지 양식으로 영화미디어학자 메리 앤 도앤이 제시한 정보, 위기, 파국 개념을 확장한다. 정보는 텔레비전의 실시간 흐름을 구성하는 것으로 정규 뉴스와 여타 프로그램을 포괄하며 계속 변하지만 항상 거기에 존재하는 것처럼 지각된다. 반면 위기는 제한된 시간 내의 해결책을 요하는 중대한 사건이고, 위기의 특별한 양상인 파국은 죽음이나 기계의 오작동으로 인한 재난과 같은 일시적, 찰나적인 것으로 관찰자를 무력하게 하는 사건이다. 도앤에 따르면 텔레비전은 이 세 개의 사건 중 파국을 가장 특권적으로 취급하는 미디어다. 텔레비전이 파국적 사건 자체의 현장과 가정의 시청자 모두를 동시에 점유하고 그 사건 자체를 현실로서 지시하는 역량을 가장 잘 드러낼 수 있기 때문이다. 즉, 파국은 "일시적인 것, 불연속적인 것, 현실적인 것에 텔레비전이 접근할 수 있음을 확증한다. 파국은 관객이 앵커와 직접 접촉하고 있다는 환영을 낳는다. … 파국과 연관된 죽음은 텔레비전이 그 자체로 완전히 다루기 힘든 현실—위기에 빠진 신체, 잘못된 기술—과의 직접적인 충돌처럼 느껴짐을 보증한다."[68] 반면 웬디 희경 전은 인터넷 이후의 뉴 미디어를 텔레비전과 구별되는 '위기 기계(crisis machine)'로 규정하고 그 차이를 카우치 포테이토(couch potato)로서의 시청자와 인터넷의 사용 권한이 부여된 사용자(empowered user)의 차이에서 찾는다. "위기는 뉴 미디어 행위성(agency)의 경험에, 권력으로서의 정보에 핵심적이다. 이때 위기란 실시간 반응을 요구하는 순간들로 특정 정보를 개인적 또는 정치적 결정과 묶음으로써 뉴 미디어를 가치 있는 동시에 힘을 부여하는 것으로 만든다."[69] 1990년대 중반 월드와이드웹의 등장과 2000년대 중반 웹 2.0 체제의 확산을 포함하여 인터넷은 현실에서의 계급적,

경제적, 정치적 모순으로부터 사용자를 해방시킬 수 있는 결정적인 (critical) 전환을 약속해 왔다는 점에서 '위기 기계'다(1990년대 사이버 스페이스 담론에서 지배적이었던 자유로운 해방 공간의 신화를 떠올릴 수 있다). 이때 인터넷은 사용자의 자율성과 선택을 배가하는 기능을 제공함으로써 신자유주의의 이상적인 주체화에 봉사한다.

웬디 전이 말하는 위기와 뉴 미디어의 근본적인 친연성은 이 책의 맥락에서 매우 중요하다. 위기가 뉴 미디어의 정치적, 사회적 활용뿐 아니라 이를 구성하는 요소의 내재적인 특정성에서 파생된다는 점, 즉 뉴 미디어의 가시적인 객체 또는 재현 이면에서 작동하는 코드의 차원에서 비롯된다는 점을 강조하기 때문이다. 코드의 존재와 행위, 코드와의 상호작용을 통해 구성되고 호명되는 사용자 주체는 텔레비전으로 대표되는 매스미디어가 구성하고 호응하는 시청자로서의 주체와 구별된다. 따라서 코젤렉이 정리한 위기 개념을 다시 한번 소환하자면, 뉴 미디어는 결정을 요구하는 중대한 사건들로 이루어지는 '영속적이고 조건적인 범주'뿐 아니라 매스미디어와 구별되는 결정적인 전환을 표시하는 것으로 파악될 수 있다. **이 전환을 강조하기 위해 이 책이 제안하는 용어가 '미디어-크리티컬(media-critical)'이다. 이 용어는 오늘날 우리가 직면한 많은 위기의 양상들이 미디어의 기술적, 사회문화적 작동 방식에 근거한다는 점, 그리고 그 작동 방식은 산업자본주의 시기의 매스미디어와 근본적으로 구별되는 인식론적, 존재론적 전환을 나타낸다는 점을 뜻한다.**

이 전환을 강조하면서 오늘날 디지털/네트워크 미디어의 물질적이고 기법적인 특정성을 단언하기 위해 이 책에서는 주로 '뉴 미디어' 대신 '연산미디어(computational media)'라는 용어를 쓸 것이다. 연산미디어의 '미디어-크리티컬'한 국면은 마크 B. N. 핸슨이 '21세기 미디어(twenty-first-century media)'라는 용어로 시사한 바 있다. 핸슨에 따르면 소셜 미디어, 데이터 마이닝(data mining), 마이크로센서, 클라우드 컴퓨팅(cloud computing) 등을 포함하는 21세기 미디어는 우리 세계에 심층적으로 스며들어 우리의 의식과 행동을 규정하면서도 인간의 지각을 넘어서는 방식으로 작동한다는 점에서 이전 미디어와 구별되는 체제를 구성한다. 즉, 네트워크로 연결된 이와 같은 미디어 객체 또는 구성체는 인간의 의도성 속으로 동화되지 않고 인간의 능력을 연장하는 방식으로 작동하지도 않는다. 이와 같은 객체와 구성체 속에서 인간은 환경으로부터 초월적이고 자율적인 행위자가 아니라, 네트워크로 연결된 요소들을 포함한 환경의 내부로부터 출현한다. 핸슨은 이와 같이 환경적, 대기적(atmospheric)인 방식으로 존재하는 21세기 미디어의 인간 행위성이 이전 미디어와 구별되는 양상을 다음과 같이 설명한다. "21세기 미디어가 인간 경험을 향상시키는 확장된 감수성(sensibility)의 영역을 개방한다면, 이는 또한 절대적으로 비-인공기관적인(non-prosthetic) 기술적 매개의 새로운 형식을 부과한다. 단순히 말하면 감수성의 이와 같은 영역에 접근하기 위해 인간은 반드시 기술에 의존해야 한다. 인간이 절대적으로 직접 접근할 수도 없고 이미 존재하는 인간의 능력 또는 역량과 상관적이지도 않은 것들에 대한 작동을 수행하기 위해 기술에 의존해야 하는 것이다."[70]

핸슨의 '21세기 미디어' 개념이 가리키는 연산미디어는 매스미디어, 나아가 사진 및 영화처럼 미디어 객체의 존재와 관람성

(spectatorship)을 현상학적인 관점으로 설명할 수 있었던 기계적 미디어와 구별된다. 바로 이 구별의 양상을 이 책에서는 **'미디어를 넘어선 미디어**(media beyond media)'라 부른다. 이 개념의 함의는 21세기 미디어가 인간 지각의 연장이나 인간 의식의 의도성을 벗어나는 미디어라는 뜻이다. 이와 관련하여 핸슨의 21세기 미디어 개념이 강조하는 또 다른 중요한 측면은 미디어의 환경적인(environmental) 면모, 그리고 미디어가 존재하는 양식이다. 핸슨의 21세기 미디어 개념에 영향을 준 알렉산더 갤러웨이와 유진 새커의 네트워크 연구가 바로 이 점을 입증한다. "네트워크는 인간 주체의 '위'와 '아래' 수준 모두에서 역동적으로 작동한다는 의미에서 원소적(elemental)이다. 원소적인 것은 네트워크의 대기적(ambient)인 측면, 즉 환경적인 측면으로 이는 개체화된 인간 주체 또는 집단으로서의 우리가 직접적으로 통제하거나 조작할 수 없는 모든 것이다."[71]

네트워크의 이와 같은 존재론에 대한 갤러웨이와 새커의 통찰에 공감하면서도 나는 이 책에서 미디어의 환경적인 면모, 즉 21세기 미디어가 기존의 미디어를 넘어서는 면모를 포괄적으로 점검하기 위해 '자연'과 '인프라구조'라는 두 가지 차원을 함께 다룰 것이다. 오늘날 가장 영향력 있는 미디어철학 서적인 『자연과 미디어』에서 존 더럼 피터스는 "신문과 라디오와 텔레비전과 인터넷처럼 메시지를 담은 제도(institution)들을 의미한다는 생각"을 벗어나 미디어를 "선박이자 환경, 즉 우리의 존재를 정착시키고 우리가 하는 일을 가능하게 하는 컨테이너"[72]로 이해할 것을 요청한다. 즉, 이러한 관점에서 볼 때 미디어는 자연적 요소와 인간의 기교(craft) 모두를 포함한 결합체(ensemble)다.[73] 사회의 유지에 긴요한 인력과 물자, 정보의 순환을 관할하는 물질적이고 비물질적인 환경으로서의 인프라구조는 매스미디어 중심의 미디어 개념을 넘어서는 미디어 개념, 결합체로서의 미디어 개념, 즉 확장된 미디어 개념에 적합하다. 피터스는 유비쿼터스 컴퓨터 체제, 즉 자연적이고 물질적인 요소들마저도 행위자로 활성화하는 네트워크 시스템이 자연과 물질적 요소를 모두 포함하는 미디어 개념으로의 전환을 요청한 중요한 계기라고 생각한다. "오존층, 극지방의 빙하, 고래 개체 수가 모두 오늘날과 같은 상태가 된 것은, 기자들이 이들을 뉴스로 그렇게 다루어서가 아니라 데이터와 통제의 인프라구조 역할을 하는 미디어가 그들을 그런 식으로 변화시켰기 때문이다."[74]

피터스가 결합체로서의 미디어로 집중적으로 논의하는 선박에 대한 서술은 왜 미디어를 넘어선 미디어, 확장된 미디어가 위기 개념을 포함하는가를 입증한다. 피터스는 선박을 "적대적인 요소들 속에서 인공적인 거주지에서 생존할 수 있는 방식을… 가리키는 은유"이자 "매체와 세계의 존재론적 구별 불가능성을 드러내는 가장-중요한-매체(arch-medium)"[75]로 정의한다. 호머의 『오디세이』부터 허먼 멜빌의 『모비 딕』에 이르기까지 은유로서의 선박에 대한 이야기의 전통은 역사적으로 풍부하다.[76] 이와 같은 전통에서 선박은 해양 환경의 다양한 위기에 대처하는 미디어로 형상화되지만, 더욱 중요한 것은 위기 상황에서 비로소 인식되는 선박과 환경의 구별 불가능성이다. "화물이라는 개념은 바로 그 자체가 탈것을 그것이 실어 나르는 것과 구별할 수 있음을 함축하지만, 위기 시에 이러한 대조는 유지될 수 없다. 극단적인 상황에서 배에 실린 것이라고는 배 자체를 포함하여 화물밖에 없을 수도 있다."[77] 이와 같은 맥락에서 볼 때 오늘날의 다양한 위기를 그 자체로 중대한 것으로 간주하는 것, 나아가 그 위기를 미디어 자체 개념에 중대한 전환으로 인식하는 것은 그 위기의 징후와 확산 방식을 이해함은 물론 그 위기에 대처하기 위해서도 긴요하다. 자연과 인공, 기술과 인간 모두의 결합체로 여겨질 수 있는 21세기 미디어의 상태와 움직임을 선박이라는 은유로 설명한다면, 이는 선박이 언제든지 직면할 수 있는 위기의 관리에 필수적인 과학적, 인식적 절차 때문이기도 하다. 즉, 선박으로서의 미디어는 "위기라는 용어가 판단을 내리고, 상황을 평가하고, '기호를 해독하고', 징후들을 진단하는 능력과 항상 연결되어 왔음"[78]을 다시금 일깨운다.

　'미디어를 넘어선 미디어' 또는 '미디어-크리티컬'이라는 용어는 미디어와 세계의 분리, 또는 세계로부터 초월적인 미디어의 존재를 상정하지 않는다. 오히려 이 용어는 오늘날 우리의 세계가 폭넓은 의미에서 근본적으로 미디어로 여겨질 수 있고, 위기의 판단과 진단 또한 미디어로서의 세계를 다루어야 한다는 점을 함축한다. 이와 관련하여 닉 콜드리와 안드레아스 헵이 제안하는 미디어화(mediatization), 그중에서도 '심층 미디어화(deep mediatization)' 개념이 이 책의 접근에 일정 부분 영감을 주었다. 미디어화란 사회적 세계의 사건이 미디어를 통해 매개된다는 것을 넘어, 그 세계의 구성과 작동 방식이 미디어를 통해 결정되고 변화한다는 것을 뜻한다. 이때 심층 미디어화란 사진과 영화, 신문의 기계화(mechanization), 그리고 라디오와 텔레비전의 전자화(electrification)를 넘어선 디지털화와 데이터화(datafication)가 이끄는 미디어화다. 이는 변별적인 제도와 기술적 포맷으로 존재했던 기존 미디어를 포함한 모든 미디어 객체와 구성체가 네트워크를 통해 서로 긴밀히 연결되고, 사회적 세계의 시공간, 개인과 집단의 행위자성 모두가 데이터의 흐름을 통해 구성되고 변동된다는 점을 뜻한다. 콜드리와 헵은 21세기의 심층 미디어화를 미디어의 인프라구조 차원에서 일어난 변화로, 나아가 소셜 미디어와 빅데이터 수집 및 분석이 사회의 인프라구조로 설치되어 온 과정으로 이해할 것을 요청한다. 이들은 "사회적인 것의 의미가 구성되는 바로 그 원소와 구성 요소 그 자체가 기술적인 것의 매개 과정에 근거하게 되는 시기"[79]로 심층 미디어화 시기를 규정하기 때문이다. 헵이 한 인터뷰에서 밝히듯 코로나19는 심층 미디어화는 물론 이를 이끌었던 미디어 인프라구조 변동의 다양한 양상들을 입증했다. 코로나19 위기 상황 속에서 네트워크화된 디지털 플랫폼과 장치들의 인프라구조는 위기를 매개하고 시각화하는 차원을 넘어 사람들의 이동 경로 데이터 수집, 데이터 기반 예측 모델의 개발, 그리고 개인 보건 상황을 관리하는 앱의 확산이 입증하듯 "미디어가 매개하는 분석"과 "미디어 기반 해결"[80]을 가능하게 했기 때문이다. 이 연산화된 미디어 인프라구조 속에서 위기의 다층적인 의미는 분명 매스미디어를 통해 매개되고 전파되는 위기를 넘어서는 것이고, 이 구조와 상호작용하거나 이 구조를 함께 구성하는 행위자는 데이터, 장치, 네트워크뿐 아니라 보이지 않는 생물학적 행위자로서의 바이러스, 그리고 봉쇄 상황 속에서 영향을 받는 자연 환경도 포함한다. 따라서 이 책에서 전개하는 위기미디어 개념은 자연과 사물, 인공적 및 자연적 환경 모두를 포괄하는 확장된 네트워크의 관점에서 미디어 개념을 재구성하고, 이를 통해 환경, 대기, 객체로서의 미디어가 위기의 기원인 동시에 또한 위기의 인식과 대처를 위해 활용되는 양가적 면모를 갖는다는 점을 주장한다.

주체성을 미디어 객체로부터 분리된 자율적 존재로 보는 기존의 통념을 넘어 기계적이고 물질적인 과정들 속에서 불안정하게 구성되고 역동적으로 변화하는 것으로 수정을 요청하는 '미디어를 넘어선 미디어' 또는 '미디어-크리티컬' 개념은 이른바 인문사회학의 '비인간적 전환(nonhuman turn)'을 반영한다. 미네소타대학교 21세기연구소(Center for 21st Century Studies) 소장 리처드 그루신에 따르면, 비인간적 전환은 동물, 정동(affect), 신체, 환경, 물질성, 기술 등을 포괄하는 비인간적 행위자의 역할을 조명한다. 이를 통해 비인간적 전환은 근대성을 지탱해 온 인간(즉, 초월적이고 이성적인 의식하는 개인)과 세계(그 개인으로서의 인간이 대상화하는 자연 혹은 그 인간의 도구적 이성에 봉사하는 인공적인 구성체로서의 기계) 개념을 문제시하고 재구성하는 것을 목표로 하는 오늘날 인문사회학 내 다양한 학제의 지향성을 가리킨다. 이는 라투르의 행위자-연결망 이론, 정동 이론(affect theory), 동물 연구(animal studies), 생태비평 및 환경인문학(ecocriticism and environmental humanities), 환경영화 및 미디어(ecocinema and media) 연구, 인공지능 연구, 신유물론(new materialism), 체계 이론(systems theory), 그리고 디지털 미디어의 기술적, 물질적, 연산적 차원에 주목하는 미디어 연구를 포함한다.[81]

이와 같은 비인간적 전환의 지형 속에서 핸슨의 21세기 미디어 개념과 공명하는 위기미디어의 미디어-크리티컬한 특징은 분명 객체지향 철학(object-oriented philosophy) 및 신유물론의 슬로건 속에 소환되는 여러 철학자 및 사상가의 목소리와 공명한다. 질 들뢰즈의 펠릭스 가타리의 사유를 연장하여 사물 권력을 인간과 비인간 행위자 모두를 포함하는 이질적인 요소들의 배치체(assemblage)로 파악한 제인 베넷의 생기적 유물론(vital materialism)은 이 책의 2부에서 인용된다.[82] 라투르는 행위자-연결망 이론 이외에도 『판도라의 희망』 6장 「인간과 비인간의 집합체」에서 연산미디어의 존재론과 작동 방식을 이해할 수 있는 흥미로운 설명을 제시한다. 기술적 매개를 인간과 제도, 그리고 인공물과 기계의 결합체라는 관점에서 접근하는 라투르는 기술의 효과를 일차적으로 그 기술에 내재적인 성질에 근거한 것으로 판단하는 유물론자와 그 기술의 활용을 결정하는 개인적, 집단적, 제도적 요인에 따른 것으로 판단하는 사회학자의 딜레마를 넘어선다. 대신 그가 제시하는 혼종적 행위자(hybrid actor) 개념을 따르자면, 사람이 총을 가질 때 여기서의 행위자는 사람 주체와 총이라는 객체로 분리될 수 없고, 총을 가진 자의 행위 가능성은 총의 본질이나 그 사회의 본질만으로 판단할 수 없으며 '총을 가진다'라는 상황과 이를 둘러싼 사회적, 제도적 요인들의 다면적인 상호작용으로 합성(composition)된다. 라투르에 따르면 이와 같은 행위자들을 포함하며 실행되는 기술적 매개를 포착하기 힘든 이유는 "우리가 측정하고자 하는 행위가 블랙박스화(blackboxed)되기 때문, 즉 행위자와 인공물의 공동 생산을 완전히 불투명하게 만드는 과정 때문이다."[83] 혼종적 행위자와 블랙박스화 개념은 5장과 6장에서 살펴볼 연산미디어를 구성하는 데이터, 알고리듬, 플랫폼이라는 개별 매개체와 이들의 불투명한 존재 양상은 물론 인간이 이들과 결부되는 방식을 파악하는 데 도움이 된다. 행위자-연결망 또는 혼종적 행위자 개념은 캐런 바라드가 물리적 현상은 물론 신체, 정체성,

주체성의 생산을 이해하는 데 근본적이라고 주장한 물질과 의미, 다양한 행위자들의 얽힘(entanglement), 그리고 도나 해러웨이와 주디스 버틀러의 사유를 연장하여 근대적인 재현 패러다임에서 벗어나 물질적 현상을 담론적인 수행성과 결부지어 이해하는 행위자적 실재론(agential realism)과 호응하고,[84] 이는 4장 중 특히 지구와 미디어와의 관계에 대한 성찰과 접속한다.

무엇보다도 객체-지향 철학 또는 신유물론의 지형 내에서 연산미디어를 비롯한 오늘날의 미디어를 다양한 행위자들을 포함하는 관계적(relational)이고 연결적인(connective) 결합체로 파악하는 데 도움이 되는 철학자는 레비 브라이언트다. 인간은 물론 비인간 존재자들도 행위 능력을 가진 것으로 파악하는 존재지도(onto-cartography)를 제작하는 과정에서 브라이언트는 여전히 주체에 의해 상정된 것이라는 함의를 가진 객체(object) 대신 기계라는 용어를 이 존재자들을 가리키기 위해 채용한다. 여기서의 기계는 기계적 미디어와 연산미디어를 구성하는 장치와 같은 인공적인 것은 물론 나무와 같은 자연적 요소, 그리고 사용 설명서나 법률과 같은 비물체적인 것 또한 포함된다. 이 다양한 종류의 기계들은 존재론적으로 동등하며, 이들을 기계로서 여길 수 있게끔 하는 것은 각 기계들의 내재적인 속성보다는 그 기계들의 작동(operation)이다. 즉, 기계는 "입력에 변형을 수행하여 이로부터 출력을 낳는 작동들의 체계"[85]로 정의된다. 이렇게 볼 때 세계의 존재지도는 "어떤 생태계 내에서 다른 기계들의 매개를 통해 서로 상호작용하는 기계들의 느슨하게 연결된 배치체"[86]를 포함한다. 이와 같은 존재지도의 제작은 미디어 연구의 갱신을 수반한다는 점에서 시사적이다. "미디어를 연구한다는 것은 단순히 기술, 도구, 인공물, 커뮤니케이션 형태만이 아니라, 인간이 관여되든 그렇지 않든 간에 기계들이 서로 구조적으로 연결되고 서로를 변경하는 방식을 탐구하는 것이다. 이런 점에서 미디어에 대한 조사는 우리가 말하는 통상의 '매스미디어'보다 생태학에 더 가깝다."[87] 존재지도는 컴퓨터 미디어로 변형되고 구성되는 세계를 이루는 비인간적 행위자인 데이터, 소프트웨어, 코드, 알고리듬, 플랫폼, 그리고 네트워크화된 사물 및 장치들의 복합적인 연결을 파악하고 이들이 결부되는 논리인 상호작동성(interoperatability)을 설명하는 데 일차적으로 유용하다. 하지만 브라이언트는 존재지도가 사회적인 것과 자연적인 것을 구성하는 기계들의 배치들을 이해하는 데도 유용하다고 생각한다. 교육 및 경제 시스템과 같은 비물질적 기계(incorporeal machine)는 "사람들과 이들 간의 사회적 관계를 특정한 방식으로 형성하여 사회적 분화를 재생산하는 작동을 실행하는 것만이 아니다. 이들에게는 규제적인 기능 또한 있다."[88] 이와 같은 사회적 기계(물론 이와 같은 시스템 또는 테크닉으로서의 비물질적 기계는 오늘날 데이터화와 플랫폼화를 통해 '심층 미디어화'되었다)의 이데올로기적인 역효과는 기후위기와 같은 사례에도 적용될 수도 있는데, 브라이언트는 이와 같은 위기들이 기계들에 외재적인 관계들에서 비롯된다고 여긴다. "기후 파국과 같은 것이 가능하다면 이는 사라지는 벌들의 경우에서처럼 생태 내에서 다른 기계들의 기능에 필요한 기계가 파괴되거나 탄소 방출과 같은 새롭지만 해로운 기계들이 생태계에 소개되어 세계에 거주하는 다른 기계들이 살기 힘든(inhospitable) 생태를 창조하기 때문이다."[89]

이와 같이 신유물론, 객체-지향 철학, 포스트휴머니즘 등의 철학적 조류가 오늘날 위기미디어의 '미디어를 넘어선' 생태적인 면모를 파악하는 데 유용하지만, 나는 이 책에서 '비인간적 전환'을 이루는 조류 중 연산미디어를 중심으로 미디어의 물질적·기술적 측면에 주목하는 21세기의 미디어 연구, 환경인문학 중 미디어와 자연 및 미디어와 환경 간의 관계를 탐구하는 연구, 그리고 미디어 인프라구조 연구(media infrastructure studies)를 주로 활용할 것이다. 여기에는 두 가지 이유가 있다. 첫째는 최근 미디어 연구의 이 세 조류가 신유물론, 포스트휴먼 철학, 객체-지향 철학 개념을 기계적으로 적용하지 않아도 오늘날 우리를 둘러싸고 우리의 세계와 주체성을 구성하는 미디어 형태 및 장치 등을 구체적으로 논의하고 분석하면서 그 개념을 함축하고 있기 때문이다. 둘째는 오늘날의 기후위기, 디지털 차별과 감시 등의 위기가 브라이언트가 생각하듯 해로운 관계가 기계로서의 자연 또는 미디어 장치에 외재적으로 삽입된 것이 아니라 미디어 구성체에 내재적인 것으로 볼 수 있기 때문이다. 즉, 브라이언트가 '외재적 관계'라고 말한 부정적인 작동 및 그 효과는 객체-지향 철학을 이끄는 일부 철학자(그레이엄 하먼과 같은)들이 생각하듯, 존재론적으로는 동등한 객체 또는 기계의 '평평한(flat)' 군집, 또는 역사와 문화로부터의 '물러남(withdrawal)'을 전제로 한 사물들의 네트워크라는 관점으로는 온전히 파악될 수 없다. 즉, 자연과 기술, 인간이 복합적으로 관계하고 분화하면서 형성된 오늘날의 미디어 생태계는 특정한 기계 혹은 객체들이 특정한 방식으로 연결되며 작동한 결과로 보아야 하며, 여기에는 미디어의 물질적이고 기술적인 차원뿐 아니라 이와 결부되는 사회정치적인 역학의 차원도 포함된다. 그리고 이 차원은 상호적으로 그 미디어의 효과를 결

정하고 변모시킨다.[90]

이 책의 2부 '미디어를 넘어선 미디어'에서 활용할 세 가지 방법론은 바로 이 상호적인 결정의 양상을 드러내면서 미디어가 자연, 환경, 주체성, 세계 모두에 있어서 일종의 원소들로 이루어져 있음을, 그리고 그 원소들은 물질적이면서도 사회문화적으로 이해되어야 함을 제안한다. 니콜 스타로시엘스키가 말하듯 "미디어의 원소적인 것 되기는(becoming-elemental) 미디어를 구성하는 부분 내부로의 전환과 다른 분야 및 영역을 향한 외부로의 전환 모두를 포함한다."[91] 이는 기존의 미디어라는 관점을 넘어서는 자연적, 환경적 요소와 인공적인 환경으로서의 인프라구조를 구성하는 내부(구성 요소)와 외부(사회문화적, 제도적 힘)를 모두를 조사해야 함을 요청한다. 연산미디어 또한 데이터, 코드, 알고리듬, 플랫폼이라는 내부의 요소, 이를 통해 변형되고 이를 활용하는 사회적 관계라는 요소, 그리고 그 미디어의 작동을 뒷받침하는 하드웨어 및 전선, 중계기와 같은 물질적 요소 모두를 아우른다. 이와 같은 요소들의 상호적인 작동이 기계들의 존재지도로 파악되더라도, 그 기계들이 맞물리고 효과를 발생시키는 방식은 결코 평평하거나 물러나 있지 않으며 불균형과 불안정, 비대칭성을 수반한다. 위기미디어의 구성과 작동이 객체들의 자율성을 포함하더라도 이에 대한 설명이 유물론적으로 보충되어야 하는 이유 또한 여기에 있다.

이 책의 구성

지금까지 제시한 위기미디어의 세 가지 국면을 다양한 사례를 통해 설명하고 이론화하면서 이 책은 다음의 두 가지 방식으로 미디어 연구에 기여한다. 첫째, 위기미디어 개념은 매클루언, 이니스 등이 선도한 미디어 생태학을 21세기의 관점에서 수정하고 갱신한다. 이는 위기미디어 개념이 미디어를 인간이 만든 매스미디어 장치 또는 제도, 그리고 인간이 만든 환경으로 국한했던 20세기의 미디어 생태학을 넘어섬을 뜻한다. 미디어 생태학의 주장을 압축한 매클루언의 말인 "미디어가 환경으로서 작동하는 방식에 대한 지식 없이는 사회적 및 문화적 변화에 대한 이해가 불가능하다"[92]라는 입장은 미디어가 인간과 자연, 사회의 모든 곳에 존재하고 작용하는 21세기의 위태로운 상황을 이해하는 데 긴요하다. 하지만 "인간이 만든 사회적 환경이 물리적 신체의 연장"[93]임을 전제하는 매클루언의 미디어 생태학은 오늘날의 복합위기에 직면하여 인간을 탈중심화, 상대화하는 행위자로서의 기술과 지구 내 활동적 존재를 포용하는 방식으로 다시 정립될 필요가 있다. 탈식민주의 연구에서 출발하여 오늘날 인류세 연구의 가장 중심적인 담론을 주도해 온 디페시 차크라바르티는 "지구는 인간중심주의적 구축물이며 행성, 즉 지구 시스템은 인간을 탈중심화한다"[94]고 주장한다. 이 책은 차크라바르티를 비롯한 여러 학자가 제시한 이와 같은 견해가 미디어의 개념 및 미디어와 위기의 관계에 미치는 영향을 성찰함으로써 환경으로서의 미디어를 기술, 인간, 자연의 요소들이 얽힌 포괄적이고 관계적인 시스템들로 정의한다. 둘째, 이 책의 에필로그에서 강조하듯 위기미디어는 메시지와 콘텐츠 중심으로 간주되던 미디어, 그리고 표준적인 형태와 장르, 제도적 실천으로 규정되는 매스미디어의 경계를 넘어선 비표준적 미디어이자 21세기를 포함한 현재와 미래 사회의 인간 지각과 의식, 세계를 반영한다는 두 가지 의미에서 '확장미디어' 개념으로 이어진다. 이때 인간의 지각과 의식이 확장된다는 것은 자연적, 물질적, 기술적 비인간 행위자들과 동등한 존재론적 지평을 갖고 이들과의 연결 속에서 세계를 파악하고 그 세계와 상호작용한다는 것을 의미한다. 이 책은 위기에 직면한 시민들의 일상적인 미디어 활용은 물론 영화 및 동시대 미술에도 이와 같은 의미가 투영되는 양상을 분석함으로써 확장미디어 개념의 유효성을 입증한다.

 총 3부로 이루어진 이 책의 구성은 위기미디어의 세 가지 국면과 연결된다. 1부는 첫 번째 국면인 '위기의 새로운 매개'를 중점적으로 다루고, 2부는 세 번째 국면인 '미디어 크리티컬, 또는 미디어를 넘어선 미디어'를 상세하게 정의하고 분석한다. 1부와 2부 모두에는 위기미디어의 두 번째 국면인 '행성적 위기의 구조적 양가성'에 대한 성찰 또한 전개된다. 1부에서는 데이터 시각화, 드론 카메라, 버내큘러 온라인 비디오가 야기하는 복합적 위기의 양상을 밝힐 뿐 아니라 이것들이 기존의 매스미디어 또는 인간과 제도적 제작자 중심의 시각 미디어와는 다른 방식으로 위기를 매개하는가를 설명한다. 2부에서는 '미디어를 넘어선 미디어'의 세 구성체가 야기하는 위기의 구조적 양가성을 이루는 사회기술적, 물질적 차원에 주목한다. 마지막 3부 '위기미디어와 예술'에서는 2부에서 밝힌 '미디어를 넘어선 미디어'의 위기들에 대응하는 영화 및 미디어 설치 작품 등 동시대 예술의 전략을 식별하고 평가함으로써 '위기의 새로운 매개'라는 위기미디어의 첫 번째 국면을 변주한다. 이 과정에서 영화를 포함한 오늘날의 예술 또한 기존 예술의 매체 특정성을 넘어서는 방식으로 위기들을 성찰하고 이를 미적 경험으로 번역한다는 점에서 '미디어를 넘어선 미디어'의 양상에 합류한다는 점도 드러낸다. 위기와 미디어 사이의 관계들에 대한 이와 같은 사유의 전개에 대한 인식적 지도를 제시하기 위해 이 책의 3부 각각에는 별도의 서론이 포함된다. 이를 통해 1부의 결론이 무엇이고, 어떤 문제를 제기하며, 이것이 2부와 어떻게 연결되는가, 그리고 2부에서 규명한 위기들이 3부의 예술적 실천에서 실험되고 모색되는 미디어의 양상과 어떻게 연결되는가를 더욱 명료하게 파악할 수 있을 것이다.

1부 '위기의 새로운 매개'에서는 위기를 매개하고 시각화하는 21세기 미디어의 세 가지 형태를 논의한다. 1장에서 다루게 될 데이터 시각화는 자연적 변화와 사회적 현상을 도표, 그래프, 기하학적 형태 등의 추상화된 시각 기호를 통해 가시화하고 재현하는 일련의 미디어 형태를 말한다. 데이터 시각화는 근대 이전에서도 찾을 수 있지만 과학적, 기술적 진보에 근거한 19세기 자연과학 및 사회과학의 발전에 힘입어 본격적으로 미디어 형태로 정착되었다. 20세기 들어 데이터 시각화는 영화와 텔레비전, 신문에 통합되어 지식을 전달하고 여론을 환기하며 사회적, 정치적 의사 결정의 근거를 마련하는 데 활용되었다. 이와 같은 계보에 속하면서도 21세기 디지털 기반 데이터 시각화는 세 가지 면에서 차별성을 갖는다. 첫째, 21세기 데이터 시각화가 분석하고 가시화하는 지구 온난화, 인구의 대규모 이주, 빅데이터, 팬데믹 등은 기존 데이터 시각화가 전제하는 인식론적 합리성('보는 것이 아는 것이다')을 초과하는 불확실성과 불가지성의 현상들을 다루고 이 현상들을 위기로서 구축하는 데 기여한다. 둘째, 기존의 데이터 시각화가 기호의 단순성과 합리성을 지향한다면, 복합위기의 특성에 반응하여 21세기 데이터 시각화는 복잡성과 불투명성을 기입하고 이를 통해 대중에게 위기의 감각을 강화한다. 셋째, 기존의 데이터 시각화가 영화나 텔레비전, 신문의 보조 자료로 활용된 것과 달리 21세기 데이터 시각화는 카메라에 근거한 세계의 과학적 기록과 인식, 그리고 표준적인 영화 또는 텔레비전 다큐멘터리의 제작이 불가능한 상황에서 지식 및 주장의 전달을 위해 기능한다는 점에서 확장된 다큐멘터리 미디어 형태라 볼 수 있다. 이 장은 이와 같은 세 가지 주장을 '인류세 프로젝트(Anthropocene Project)'에서 제작한 데이터 시각화 애니메이션 비디오, 코로나19와 관련하여 대중적으로 접근 가능한 데이터 시각화 사례 등을 통해 입증한다.

2장에서는 무인 항공기(Unmanned Aerial Vehicle: UAV) 또는 드론 촬영 장비 및 센서의 시각성, 그리고 이것이 생산하는 항공 촬영 영상 이미지를 다룬다. 오늘날 드론은 영화, 텔레비전 프로그램 및 뮤직비디오의 항공 촬영 장비로, 그리고 실시간 데이터 수집 및 인공지능 기반의 자율비행 기능을 갖추고 있다는 점에서 4차 산업혁명 시대의 핵심 기술로 여겨진다. 그러나 이와 같은 면모 이상으로 21세기 미국의 대테러 전쟁 및 전 지구적 규모의 내전 속에서 드론은 전쟁의 개념을 근본적으로 바꾼 기술이 되어 왔다. 2장에서는 병참학과 전쟁 기술이라는 차원을 포괄하면서 드론을 전장의 광학과 시공간적 위상을 바꾼 미디어, 전통적 전쟁의 심리적, 정치적, 법적, 윤리적 차원을 동요시켜 온 미디어라는 관점에서 이론화한다. 드론은 멀리 떨어진 대상을 모든 방향에서, 그리고 육안을 넘어선 원격 카메라와 센서를 통해 관찰하고 그 대상의 추이를 분석하며 그 대상의 변화에 선제적으로 대응한다. 이와 같은 비인간적 응시와 조망을 통해 드론은 모든 것을 비대칭적(드론 조작자는 드론이 요격하는 목표물에 의해 지각되지 않는다) 공격의 목표물로 환원하고, 군인과 무기, 적과 자아의 엄밀한 구분에 근거했던 전통적인 전쟁법과 윤리의 차원 또한 교란한다. 이와 같은 양상들에 수복하면서도 이 장은 드론 카메라가 수평적인 조망에 근거한 전통적인 시각성을 교란할 때 야기하는 복합적인 위기의 국면을 양가성의 관점으로 설명한다. 한편으로 21세기 다큐멘터리 영화는 드론의 탈인격적 시각성에 개입하고 이와 같은 시각성이 전장을 넘어 세계의 존재론적, 인식론적 조건을 근본적으로 와해하는 양상에 대한 비평을 실천해 왔다. 다른 한편으로 드론 카메라의 탈인격적 응시는 수평적이고 안정적인 조망에서는 감각하고 포착하기 어려운 위태로운 세계의 변동을 감각적으로 구축한다. 또한 코로나19에 따른 세계 주요 도시의 봉쇄 상황 이후 제작되고 확산된 드론 비디오 이미지가 예시하듯, 이와 같은 응시는 21세기의 위기 및 그 위기를 겪는 사회의 경관을 인간과 비인간(동물, 자연 환경, 인프라구조)과의 긴밀한 연결이라는 관점으로 조망한다.

3장에서는 디지털/네트워크 참여 미디어로 제작되고 유튜브를 비롯한 소셜 미디어를 통해 유통되는 시민들의 아마추어 비디오를 다루면서, 이를 수집하고 재편집하여 제작된 다큐멘터리 형태인 '온라인 민족지 컴필레이션(online ethnographic compilation)'을 논의하고 분석한다. 스마트폰을 비롯한 저가 촬영장비 및 소프트웨어/앱의 대중화, 소셜 미디어의 폭넓은 접근성 및 유통 가능성을 기반으로 21세기부터 확산된 아마추어 온라인 비디오는 다음과 같은 위기

상황에서 전 지구적인 규모로 폭발적으로 증식했다. 첫째는 아랍의 봄(Arab Spring), 월가 점령(Occupy Wall Street). 흑인의 생명은 소중하다(Black Lives Matter) 운동, 그리고 2014년과 2019년 이후 두 번에 걸친 홍콩 민주화 운동 등 정치적 권위주의와 인종주의, 신자유주의적 불평등 등에 대항하여 전 지구적으로 확산되어 온 참여문화 기반 시민운동이며. 둘째는 코로나19의 위기 상황이다. 첫 번째 유형의 위기에서 아마추어 온라인 비디오는 대중의 대규모 시위와 참가자들의 몸짓 및 목소리, 이에 맞선 공권력의 폭력, 그리고 시위를 촉발한 정치 사회 체제의 모순을 기록한다. 두 번째 유형의 위기에서는 봉쇄 이후의 제한된 삶, 감염 이후의 긴박한 공공의료 상황 및 환자들의 목소리 등을 기록한다. 3장에서는 이와 같은 두 유형의 위기에서 제작되고 확산된 버내큘러 온라인 비디오를 분석하고, 그리고 이러한 비디오에 기술적, 문화적, 윤리적으로 내재된 불안정성을 온라인 민족지 컴필레이션 작품을 통해 밝힌다. 디지털 네트워크 미디어의 이동적, 탈중심적, 확산적 속성을 통해 제작되고 순환하는 버내큘러 온라인 비디오는 기존의 매스미디어를 지탱하던 제작자와 소비자 간의 구별 및 하향적인 배급과 수용 모델을 벗어나는 방식으로 개인 및 집단의 위기를 표현하고 전파하는 데 기여했다. 이와 같은 비디오가 재현하는 위기는 다양한 대규모 시위와 코로나19뿐 아니라 정리해고, 장시간 노동, 약물중독, 비관주의 등 동시대의 경제적, 심리적 불안정성이 초래한 위기 또한 포함한다. 이와 같은 위기들의 면모를 밝히면서도, 이 장에서는 버내큘러 온라인 비디오의 위태로움이 그것이 재현하는 주체와 삶뿐 아니라 온라인 비디오의 제작과 유포 과정, 그리고 이를 가능하게 하는 네트워크 자체에 내재되어 있음을 밝힌다. 이와 같은 구조적 위태로움은 버내큘러 온라인 비디오의 커뮤니케이션 형태에 내재된 역설 때문이다. 소셜 미디어가 자신의 연결성으로 전시하는 사회성은 실제로는 파편적 개인화를 포함한 사회성이고, 이는 사회운동의 맥락에서 제작되고 순환되는 버내큘러 온라인 비디오가 집단성과 연대를 구축하는 정치적 다큐멘터리의 기능을 수행하면서도 폭력적인 현실의 재현과 관련된 인식론적, 윤리적 차원을 교란시켜 온 상황과도 관련된다. 이 장에서 살펴보는 온라인 민족지 컴필레이션 작품들은 버내큘러 온라인 비디오의 이와 같은 양가성을 의식하면서, 비디오들의 수집과 분석, 편집을 통해 사용자 비디오의 개별화된 목소리와 표현을 의미 있게 다시 연결함으로써 집단성을 다시 상상한다.

네 장으로 구성된 2부 '미디어를 넘어선 미디어'는 위기미디어의 미디어-크리티컬한 면모를 심화하면서 표준적 매스미디어를 벗어나는 기술적-물질적-환경적 결합체들을 다룬다. 4장에서는 지구의 생물학적, 지질학적, 환경적 차원에 인류가 미친 중대하고도 심원한 영향을 가리키는 시대구분 개념인 인류세(Anthropocene)가 인간중심적인 미디어 개념에 도전하는 방식을 설명하고 인류세의 위기에 따른 지구의 변화를 인식할 수 있는 확장된 미디어 개념을 모색한다. 이를 위해 이 장에서는 그루신이 21세기 인문사회학의 '비인간적 전환'에 속하는 것으로 분류한 객체-지향 철학 및 신유물론을 검토한다. 이를 통해 이 장에서는 지구 내 물질적, 환경적, 지질학적 존재들의 행위성 및 이러한 존재가 과학기술과 맺는 관계를 미디어 개념의 재정립이라는 견지에서 설명하는 데 적합하다고 판단되는 두 개념을 중점적으로 살펴본다. 존 더럼 피터스가 제안하고 발전시킨 원소미디어(elemental media) 개념은 우리의 환경 및 이를 구성하는 물·불·하늘·땅 등의 유기적, 비유기적 원소를 우리의 존재 양식 및 지구의 변화에 관여하는 미디어로 간주할 것을 제안한다. 이와 같은 원소가 디지털 시기 이후에 중요한 미디어로 취급되는 방식에 대한 피터스의 분석은 미네랄 및 희토류, 폐기물을 미디어에 근본적인 것으로 가정하면서 자연과 미디어 기술 간의 근대적 분리를 재고하기를 요청하는 유시 파리카의 미디어자연(medianature) 개념으로 보충될 수 있다. 이 두 개념을 점검하고 종합하면서 이 장은 위기미디어 구성체의 한 가지 양식으로, 인류세가 가져온 세계관의 전환인 지구(globe)에서 행성(planet)으로의 전환이 미디어의 존재와 작동에 미치는 영향을 설명하는 행성적 미디어(planetary media) 개념을 제시한다. 지구 전체 규모의 연산화 기술이 환경 관찰과 환경 변화의 예측을 위해 자연과 얽히면서 이루는 다양한 복합체를 가리키는 행성적 미디어 개념은 지구의 지질학적 힘이 가진 인간을 넘어서는 시공간적 파장, 그리고 인간이 산업자본주의 이후 기술과학을 통해 지구에 미친 심원한 영향을 가리킨다. 따라서 이 개념은 인간의 미디어 기술이 지구와 대면하는 과정에서 야기하는 효과들의 양가성, 즉 위기의 기원인 동시에 위기에의 대처라는 의미에서의 양가성을 시사한다. 이 장의 마지막 절에서 논의할 '디지털 지구(digital earth)'는 바로 그와 같은 양가성을 예시하는 행성적 미디어의 한 종류다.

　5장과 6장에서는 21세기의 첨단 미디어 형태인 연산미디어를 위기미디어의 관점에서 조명한다. 여기서의 연산미디어는 손쉽게 말하자면 컴퓨터나 스마트폰과 같은 개별 미디어 기기를 포함하면서도 이들 자체로 환원되지 않는 네트워크와 데이터 처리 기반의 미디어 결합체를 뜻한다. 따라서 연산미디어는 21세기 미디어 환경 내의 유비쿼터스 컴퓨팅, 빅데이터, 알고리듬, 센서, 인공지능 등과 긴밀히 결부되어 있고, 이것들이 20세기의 매스미디어는 물론 이들을 가능하게 한 디지털화(digitization)와도 단절하는 방식을 함축한다. 5장에서는 연산미디어를 정치적, 경제적, 문화적 요인들에 긴밀히 결부되어 있는 사회기술적 복합체로 정식화하면서 그 구성 요소인 데이터, 알고리듬, 기계학습, 플랫폼을 식별하고 설명한다. 그리고 6장에서는 이와 같은 구성 요소들의 복합적이고 긴밀한 결합을 특징으로 하는 연산미디어가 초래하는 위기의 양상을 인식론적, 존재론적, 사회정치적 차원에서 고찰한다. 이와 같은 방법론은 데이터 감시, 자원과 노동의 추출, 자동화된 의사 결정 등 오늘날 우리가 직면한 위기들이 연산미디어를 내재적으로 구성하는 물질적이고 수학적인 층위와 긴밀히 결부된다는 점을 밝히기 위한 것이다. 또한 이를 통해 연산미디어가 인식론적, 존재론적, 사회정치적 차원에서 인간과 세계에 제기하는 위기를 자본주의 논리의 확장과 업데이트라는 결과에 국한되지 않는 서로 연결된 결과들로 파악할 수 있다. 연산미디어와 위기들을 상세하게 논의하고 분석하는 5장과 6장은 한편으로는 정치경제학적, 기술사회학적 관점을 결합한 비판적 기술문화 연구를 업데이트한다. 다른 한편으로는 디지털 기술이 가져온 주체화의 복잡성과 세계의 다양한 재구성이라는 결과, 그리고 인간/기계의 경계를 근본적으로 재구성하고 이 둘을 접속시키는 결과에도 불구하고 비판적 기술문화 연구가 디지털 기술을 기계화 이후 자본의 논리를 실현하는 첨단 도구로서 발전론적으로 물화해 왔다는 한계에 대처하는 것이기도 하다. 이처럼 비판적 기술문화 연구를 연장하는 동시에 극복함으로써 5장과 6장은 연산미디어가 낳는 위기들에 적절하게 대처하기 위해서는 그 미디어의 배치를 인식론적, 사회정치적으로 결정하는 외부에 대한 조사와 기계학습 내부에 대한 조사가 함께 요구됨을 주장한다.

7장에서는 인프라구조로서의 미디어, 또는 미디어 인프라구조를 정의하고 이것이 위기미디어로 간주될 수 있는 방식을 규명한다. 인프라구조는 근대 이후의 사회 시스템을 지탱하는 에너지, 재화, 메시지의 전송에 필요한 거대 규모의 기반시설로 전통적으로 이해되어 왔다. 따라서 방송과 무선통신을 포함한 커뮤니케이션 미디어 또한 이와 같은 전통적인 인프라구조 개념에 호응한다. 그러나 이와 같은 전통적인 개념을 넘어서 생각해 보면 방송, 위성, 인터넷, 휴대폰 등 오늘날 우리의 미디어스케이프를 구성하는 주요 미디어들이 이를 뒷받침하는 인프라구조 없이는 정보와 이미지를 전송할 수 없음을 알게 된다. 인프라구조에는 해저 케이블 및 송전탑과 같은 매스미디어의 구성 요소는 물론 데이터센터처럼 21세기 무선 및 인터넷 통신에 필수적인 구성 요소 또한 포함된다. 이와 같은 구성 요소는 하나의 장소와 다른 장소 간의 신호를 전송 또는 중계하기 위해 특정한 지리적 장소를 점유하고, 반도체를 포함한 무수히 많은 물질과 다양한 규모의 기기를 포함한다. 따라서 인프라구조는 4장에서 살펴볼 행성적 미디어, 그리고 5장과 6장에서 살펴볼 연산미디어를 모두 포함하는 동시에 이 둘을 연결하는 일종의 매개체가 된다. 또한 인프라구조는 그것이 자리하는 구체적 장소, 여기에 포함된 많은 장치를 운영하는 인력, 이러한 인력과 시설 자체의 건설 및 유지 보수에 소요되는 자본, 그리고 이러한 자본의 운영에 관여하는 법적, 제도적 차원을 포함하기 때문에 비인간과 인간의 네트워크, 정치-경제-지리-담론(법과 규정) 네트워크의 관점에서 21세기의 미디어 문화를 사유하도록 요청한다. 즉, 미디어로서의 인프라구조 또는 미디어 인프라구조라는 개념은 좁은 의미의 통신시설을 넘어 다양한 규모로 작동하고 물질적인 요소와 비물질적인 요소가 복합적으로 관계하는 결합체라는 관점에서 이해될 필요가 있다. 이 장에서는 이와 같은 이해를 바탕으로 국경과 항만, 물류센터, 데이터센터를 위기미디어의 사례로 논의함으로써 미디어를 지탱하는 인프라구조라는 관점뿐 아니라 미디어로서의 인프라구조라는 새로운 관점을 전개한다. 오늘날 연산미디어를 적극적으로 수용한 국경과 항만은 인력과 물자의 흐름을 제어하는 물류 미디어(logistical media)의 관점에서 접근할 수 있다. 물류 미디어로서의 국경과 항만은 금융 및 추출과 더불어 공급망 자본주의를 구성하는 기본적인 작동을 관할하면서 여행자와 노동자들의 신체를 통제한다. 아마존은 물론 국내 대규모 유통기업이 운영하는 물류센터는 대규모의 부지가 필요하며 컨베이어 벨트, 물류 식별 및 분류를 위한 자동화 시스템, 다수의 모니터를 비롯한 시각 장치, 지리적 거리를 넘어서는 운송 시스템이 결합된 미디어 복합체라는 차원을 가지면서도 국내 물류센터에서의 일련의 화재가 입증하듯 플랫폼 노동이라는 새로운 형태의 노동에서 파생된 새로운 위기를 구성한다는 점에서 중요하다. 끝으로 구글 및 넷플릭스와 같은 글로벌 IT기업이 세계 곳곳에 구축해 온 데이터센터는 스트리밍을 시청각적 정보 및 콘텐츠의 배포와 접근을 위한 동시대의 중요한 형태로 정착시키고 클라우드

시장의 확산에도 기여했지만, 막대한 전력 소모로 인해 에너지 위기를 심화한다는 비판 또한 받아 왔다.[95]

세 장으로 이루어진 3부 '위기미디어와 예술'에서는 영화 및 무빙 이미지 미술을 포함한 21세기의 예술적 실천이 위기미디어, 특히 2부에서 다루는 세 개의 미디어 복합체가 발생시키는 위기의 기술적, 문화적 국면에 비판적으로 개입하는 방식을 다룬다. 이 책에서 다루는 예술은 고대부터 현대에 이르기까지 인간의 심미적 창조 행위와 기법으로 특정한 재료를 가공한 작품으로서의 결과물 일반보다는 사진과 영화를 거쳐 컴퓨터를 망라하는 기술적 미디어에 근거한 예술적 실천으로 한정된다. 이는 그 예술이 성찰하고 시공간적, 감각적 경험으로 번역하는 위기가 기술과 인간, 기술과 자연과의 복잡한 얽힘을 다루기 때문이기도 하다. 21세기의 다양한 위기들은 예술적 개입의 필요성을 넘어, 기존의 예술적 형태가 가진 미학적, 인식론적 전제를 근본적으로 질의하고 새로운 예술적 형태를 모색할 필요성 또한 제기해 왔다. 예를 들어 엘리자베스 드러그리는 "인류세는 무엇을 측정하고 경험할 수 있는가에 관심을 가진다는 점에서 물질적이며, 시스템으로서의 행성을 어떻게 의미화할 것인가에 대한 긴요한 질문을 제기한다는 점에서 재현적"[96]이라고 말한 바 있다. 드러그리의 이와 같은 인식은 아미타브 고시 및 롭 닉슨의 인식과 합류한다. 고시는 기후위기가 서구의 인간중심적 세계관에 근거한 근대적 서사로는 자연의 힘을 충분히 재현할 수 없음을 일깨웠다는 점에서 문화의 위기이자 상상력의 위기를 뜻한다고 말한 바 있다.[97] 닉슨 또한 기후변화, 삼림 파괴, 해양 산성화, 방사능 잔여물 등이 야기하는 '느린 폭력'이 "우리가 스스로를 동원하고 결정적으로 행동하는 것을 가로막을 수 있는 가공할 만한 재현적 장애물을 제시한다"[98]고 주장한다.

예술이 위기에 반응해 왔고 그와 같은 위기가 예술적 미디어의 형태 및 기법과 연동되어 왔음은 기술적 미디어에 근거한 여러 예술에서 찾을 수 있다. 미디어 기술의 변동과 긴밀히 결부된 영화에서 위기의 매개와 위기에의 반응이 가장 두드러지게 나타났다. 특히 역사와 현실의 위기를 매개하는 데 가장 직접적으로 기여해 온 영화적 실천 양식인 다큐멘터리 영화 및 비디오는 위기와 미디어 기술, 미디어 형태 간의 긴밀한 관계를 가장 생생하게 입증해 왔다. 화면 밖 해설자의 담화를 중심으로 이미지와 음향, 영상 자료를 배치하여 역사와 현실에 대한 폭넓은 정보와 관점을 제시하는 설명적 양식의 다큐멘터리는 양차 세계대전을 거치며 기술적, 미학적으로 성숙했다. 카메라가 기록한 현실의 흔적을 다큐멘터리의 정치적 진정성을 구성하는 핵심적인 요소로 재정립한 다이렉트 시네마와 비디오 액티비즘은 동시녹음 장비와 경량화된 카메라의 보급, 그리고 1960년대와 1970년대 북미 사회의 정치적, 문화적 격변에 대처하는 과정에서 발달한 경향이었다.

1990년대를 거쳐 21세기에 이르러 다큐멘터리 미디어는 한편으로는 근본적인 위기에 직면했고, 다른 한편으로는 다양한 위기들을 매개하기 위한 예술적 실천으로 활발하게 연장되어 왔다. 재현의 객관주의적 가정을 전복하고 조작을 이미지 제작의 근본적인 절차로 재정립하는 데 기여한 이미지의 디지털화는 진실과 사실 개념의 급속한 상대화를 촉진했고, 파편적인 이미지의 가속화된 순환을 관할하는 글로벌 미디어 복합체는 "이미지의 위치와 관련된 불확실성의 일상화"[99]를 초래했다. 다큐멘터리 미디어에 제기된 이와 같은 위기는 흥미롭게도 영화관과 텔레비전을 넘어 다큐멘터리 이미지와 형태를 적극적으로 성찰하고 갱신하는 21세기 미술의 경향으로 이어졌다. 미술의 '다큐멘터리 전환(documentary turn)'이라고 불리는 이와 같은 경향은 오늘날 많은 작가와 창작 집단이 세계화, 인권 문제, 정체성의 정치, 미디어화되는 현실 등 당대적인 사회적 문제에 개입하기 위해 다큐멘터리 이미지와 미디어의 갱신에 참여해왔다는 점을 시사한다. 이러한 전환을 가장 명백하게 대변한 실천가는 각각 작가와 큐레이터인 히토 슈타이얼과 마리아 린드다. 이들은 "1989년 이후의 신자유주의적 세계화와 이에 수반된 거대한 변동" 및 "사회적인 것의 최근 파편화"가 "그 나름의 일련의 다큐멘터리 양식을 낳았다"고 말하면서도, 이러한 양식의 효과가 다큐멘터리의 현실 기록과 진실의 가치 등에 대한 "영속적인 의심(perpetual doubt)" 또는 "확실성의 가장을 성취하는 다큐멘터리의 실패"[100]를 전제한다는 점을 지적한다. 결국 다큐멘터리 전환을 뒷받침하는 주제적, 인식론적 요소들은 미술에서의 다큐멘터리 실천이 "특정한 장르로 프레임되지도 않고 하나의 특정한 매체와 연결되지도 않으며" 이에 대한 담론 또한 "서로 다른 미디어에서 발전한 다수의 실천을 망라"[101]함을 입증한다. 이와 같은 경향을 염두에 두면서 3부에서는 2부에서 살펴볼 '미디어를 넘어선 미디어'의 세 가지 형태들을 조사하거나 이들이 낳는 위기들에 개입하는 다큐멘터리 성향의 동시대 미술 작품들, 영화관에서의 실험적 또는 에세이적인 작품들, 그리고 일부 사진 및 혼합미디어 설치 작품을 조사한다.

8장에서는 지구의 원소적 차원과 물질적, 환경적, 지질학적 행위성을 탐구하는 영화 및 무빙 이미지 작품들을 생태영화 개념, 그 중에서도 티아고 드 루카가 제안한 개념인 '행성적 영화(planetary cinema)'라는 용어를 응용하여 정의하고 그 형식적, 미학적 경향들을 살펴본다. 이 장에서 다루게 될 우르줄라 비에만, 니콜라우스 가이어할터, 사샤 리트빈체바, 에밀리아 스카눌리터, 오톨리스 그룹 (Otolith Group), 최찬숙, 데보라 스트라트맨의 작품들은 인간중심적 응시를 벗어나는 조망과 미적 경험을 촬영 및 편집에 핵심적인 것으로 취급하고 이를 지구의 대기와 물질에 대해 적용함으로써, 4장에서 살펴볼 행성적인 것으로서의 지구가 가진 양면성 또는 행성적 미디어의 양가성에 개입한다. 실험영화, 실험 다큐멘터리, 에세이 영화 등 극영화와 구별되는 영화적 실천 양식을 활용하는 이 작품들은 촬영, 몽타주, 시청각적 담화의 기술적, 형식적, 미학적 요소들을 통해 대기권, 수권, 암석권으로서의 지구를 탐사한다는 점에서 지질형태적(geomorphic) 무빙 이미지를 예시한다. 이 작품들에 대한 분석은 행성적 영화 및 무빙 이미지 작업이 지구의 물질적 행위성에 대한 감각을 갱신하고 대지와 광물, 암석과 자원에 얽힌 기술적, 지정학적, 사회적 힘을 드러내면서 그러한 행위성을 포착해 온 표준적인 인간중심적 응시와 지식 구성 방식에 대한 대안을 모색한다는 점을 입증한다.

9장과 10장은 연산미디어 및 미디어 인프라구조와 관련된 예술적 시도를 논의한다. 9장에서는 연산미디어가 생성하는 인식론적, 존재론적, 사회정치적 위기의 양상을 디지털 시각효과, 컴퓨터 비전, 기계학습을 통해 조명하고 예술적으로 비평해 온 히토 슈타이얼, 트레버 패글렌, 그리고 연산미디어의 예측 기반 데이터 통제로 인한 인종과 섹슈얼리티의 위기에 개입하면서 이 미디어를 대안적 정체성 또는 진실의 수립을 위해 다른 방식으로 전용하는 잭 블라스, 포렌식 아키텍처(Forensic Architecture) 등의 작업을 고찰한다. 이 과정에서 계산 사진(computational photography), 그리고 2010년대 초 합성곱 신경망(Convolutional Neural Network)과 적대적 신경망 네트워크(Generative Adversarial Network) 등에서 발달한 생성형 AI(generative AI)에서의 컴퓨터 비전이 이전의 시각 미디어와 구별되는 포스트-재현 체제를 도입한다는 점을 주장하고, 이와 같은 체제가 낳는 이미지의 존재론적 위기 및 시각성의 인식론적 위기를 성찰한다. 10장에서는 국경, 항만, 데이터센터 등 미디어 인프라구조의 구성 요소와 이것들이 낳는 존재론적, 환경적 위기들에 반응하는 영화와 미술 프로젝트를 다룬다. 4장에서 다룰 '디지털 지구'의 지정학적, 인프라구조적 차원을 조사하는 아시아 바즈드리예바와 솔베이 수스의 〈지구 만들기(Making of Earths)〉(2020), 글로벌 물류 시스템과 공급망 자본주의의 역사 및 현재를 인프라구조의 미학적인 차원을 포함하여 탐구한 앨런 세쿨라와 노엘 버치의 〈잊혀진 공간(The Forgotten Space)〉(2010), 스웨덴에서 중국 선전에 이르는 물류의 흐름을 37일간 기록한 비디오 설치 작품인 〈로지스틱스(Logistics)〉(2010), 그리고 미디어 인프라구조로서의 데이터센터가 가진 복합적인 구성과 그 환경적, 지정학적 위기에 대해 비판적으로 개입하는 예술적 시도들이 논의의 대상이 될 것이다.

에필로그에서는 위기미디어가 미디어 이론에서 갖는 함의를 확장미디어라는 개념으로 다시 한번 정리한다. 그리고 이 개념이 위기에 대응하는 철학적 사유 및 사회정치 비평에 미치는 영향을 넓은 시각에서 제시하고 21세기의 인간과 문화라는 관점에서 전망하기 위해 펠릭스 가타리가 제시한 세 개의 생태학(three ecologies), 즉 환경적 생태계, 사회관계의 생태계, 그리고 인간 주체성의 생태계를 재해석한다. 가타리는 이 세 생태계의 변질에 매스미디어가 결정적으로 작용한다는 점에 주목하면서도("젊은이들은… 집단적인 매스미디어 주체성의 생산을 통해 정신적으로 조작된다"[102]), 매스미디어 이후의 기술적 발전으로 도래하는 포스트-미디어 시대(post-media age)가 인간 정신의 재-개체화, 환경적인 요소와 기술적인 요소의 생산적인 연합, 탈-자본주의적인 사회적 관계의 모색을 가능하게 할 수 있다고 전망한다. 이 책은 이와 같은 전망이 21세기에 들어서 실현되었다고 말하지 않는다. 오히려 포스트-미디어라 말할 수 있는 행성적 규모의 연산미디어는 이 세 영역 각각에서의 위기를 도입하고 심화해 왔다. 그럼에도 불구하고 가타리의 전망이 유효한 이유는 매스미디어를 넘어서는 미디어 실천 및 결합체에 대한 성찰이 이 세 생태계를 긴밀히 연결되어 서로 영향을 주고받는 것으로 파악하고 사유하는 데 긴요함을 강조하기 때문이다. 즉, 확장미디어, 미디어를 넘어선 미디어로서의 위기미디어는 자연, 사회, 정신 각각의 영역을 불안정하게 하는 힘들의 중요한 원천인 동시에 그 불안정성을 파악하고 극복할 수 있는 기술적 실천의 가능성 또한 기존의 매스미디어를 넘어서는 방식으로 개방한다. 위기미디어 개념과 그 예술적 변주는 이 세 영역에서의 위기와 이들 간의 관계를 지각하고 인식하기 위한 공통의 스크린을, 이로부터 벗어나거나 이를 해결하기 위한 방안을 사유할 수 있는 공통의 지평을 우리에게 마련한다.

1부

1950

위기의
새로운 매개

21세기 지구촌 곳곳에서, 그리고 전 세계적인 규모로 발생해 온 다양한 복합위기를 기록하고 전파하고 감각할 수 있게 하는 새로운 미디어 실천들이 확산되어 왔다. 코로나19 위기는 기관과 개인을 포괄하는 다양한 행위자들이 이 실천들을 동시적으로 긴급하게 압축적으로 전개한 전례 없는 비상사태였다. 봉쇄령(lockdown)과 마스크 착용 조치 등이 야기한 보건적, 육체적, 정서적 불안에 직면하여, 그리고 이 모든 조치들의 근원이었던 바이러스의 알려지지 않음과 비가시성에 직면하여 대중은 매스미디어뿐 아니라 앱을 통해 접근 가능한 도표, 그래프, 차트에 의존했다. 확진자와 사망자에 대한 정보뿐 아니라 봉쇄령에 직면하여 주류 언론사는 물론 일반 시민들도 드론을 띄웠다. 한편으로는 표준화된 물류 체계의 오작동 또는 중지에 따른 긴급한 재화 및 상품을 송수신하기 위해서였고, 다른 한편으로는 지상의 시점으로는 포착할 수 없는 봉쇄령 상황 속의 유령처럼 텅 빈 도시를 조망하고 기록하기 위해서였다. 드론 이외에도 시민들은 스마트폰 카메라를 비롯한 개인용 촬영 장비를 동원하여 코로나19가 가져온 삶과 경관, 문화를 기록하고 유튜브 등의 소셜 미디어를 통해 공유했으며, 그중 일부는 바이럴(viral)이 되었다. 그 기록의 형태인 브이로그(vlog)는 공적 세계의 다면적인 위기에 대면한 사적 자아의 표현 형태가 되었고, 그 형태는 코로나19에 대한 공통의 지식과 감각을 구축했다.

도표, 그래프, 차트를 포함하는 데이터 시각화, 드론 비디오, 그리고 브이로그를 포함하여 시민들이 아마추어로서 제작하고 유통한 온라인 비디오는 코로나바이러스로 대표되는 21세기 위기의 새로운 양상에 대한 반응이었다. 이전에는 피부와 인식에 표면화되지 않은 비인간 생명-인간-기술-환경 간의 결연이 드러났고, 이들 간의 관계를 재구성하기 위한 실천들이 모색되었다. 미디어에 대한 질문은 이 두 가지 국면을 이해하기 위해 긴요하다. 즉, 코로나19 위기가 글로벌 보건 영역을 넘어선 위기, 즉 "다른 살아 있는 사물, 장소, 공간, 객체, 담화 및 문화와 사람들의 복잡하고도 점점 두터워지는 얽힘"[1]이라면, 이와 같은 상황 속에서 미디어는 어떻게 기존의 통념적인 미디어 장치 또는 제도와 다른 방식으로 존재하고 기능하는가라는 질문이 제기된다.

이와 같은 질문을 염두에 두면서 1부를 이루는 세 장에서는 데이터 시각화, 드론 비디오, 그리고 버내큘러 온라인 비디오(vernacular online video)라는 21세기의 세 미디어 형태에 주목한다. 디지털 및 네트워크 기술에 근거한 이 실천들은 팬데믹 이전에 부상했던 21세기의 다양한 위기들과 관련하여 활성화되었다. 데이터 시각화는 날씨 및 기후 예보를 넘어 앨 고어가 지구 온난화 위기를 예측하고 그 위기에 대처하기 위한 모델로 디지털 지구(digital earth)를 제안한 이후,[2] 과학적 발견의 예시를 위한 보조 자료를 넘어 대중의 지식 및 여론 형성과 정치적 의사 결정에도 중요한 기능을 수행해 왔다. 민간 드론(civilian drone) 또한 데이터 시각화와 더불어 이와 같은 위기의 매개에 합류해 왔다. J.D. 슈네프가 에코-드론(eco-drone)이라고 불렀던 환경적인 드론의 수직적인 조망은 빙하 형성, 물줄기, 침식 패턴, 야생동물 보호에 대한 정보를 제공해 왔고, 2016년 미국 노스캐롤라이나 및 루이지애나를 강타한 홍수의 폭넓은 피해를 감지하고 관리하기 위한 인도주의적 활동을 위해서도 활용되어 왔다.[3] 3장에서 상세히 논의하겠지만, 버내큘러 온라인 비디오는 2000년대 후반부터 지금까지 여러 정치적, 경제적 위기에 대한 반응으로 조직되어 온 다양한 시위를 기록하고 공유하기 위한 미디어를 넘어, 그 시위 자체를 촉발하고 조직하는 행위자로 기능해 왔다. 이와 같은 사례들을 염두에 두면서 1부에서는 데이터 시각화, 드론 비디오, 버내큘러 온라인 비디오가 위기미디어의 첫 번째 특징, 즉 표준적인 미디어 인공물을 넘어 위기를 매개하는 모든 미디어 형태와 실천에 속한다는 점을 주장한다. 이 세 미디어 형태는 위기에 대한 의식 및 감각의 형성과 위기 상황의 전파에 전통적으로 기여해 온 매스미디어의 위기 상황에서 특히 발달해 왔다. 기후위기, 바이러스 등을 다루는 데이터 시각화는 전통적인 다큐멘터리 영화 및 텔레비전 프로그램의 가장 긴요한 구성 요소인 카메라-기반 기록의 불가능성에 직면한 21세기 이후 본격적으로 확산되어 왔다. 민간 영역으로까지 확장된 드론은 대규모 장비를 동원한 공중 촬영에 의존했던 매스미디어의 한계를 벗어나는 방식으로, 그리고 특정 장소에 대한 인간 카메라 조작자의 현전에 정박되지 않는 방식으로 포괄적, 수직적 조망을 구축해 왔다. 수많은 버내큘러 온라인 비디오를 포함한 디지털 네트워크 미디어 생태계는 특정 국가의 검열처럼 전통적인 매스미디어가 정상적으로 공론장으로서 기능하지 못할 때 위기를 문화적, 정치적으로 구축해 왔고 매스미디어의 제작자-사용자 관계에 귀속되지 않는 방식으로 그 위기에 대한 시민들의 개별적 또는 집단적 대응을 이끌어 왔다.

이와 같은 위기의 새로운 매개가 긍정적인 효과만으로 귀결되지는 점 또한 이 책의 1부를 이루는 세 개의 장에서 조명할 부분이다. 이는 위기미디어의 두 번째 국면인 구조적 양가성을 입증한다. 데이터 시각화는 복잡하거나 육안으로 관찰되지 않거나 인간의 생애 주기보다 훨씬 큰 시공간적 변화를 포괄하는 자연적, 인공적 현상에 대한 지식을 도표, 차트, 그래픽을 통해 제시한다. 이와 같은 도표, 차트, 그래픽은 문제가 되는 그 현상에 대한 데이터를 근간으로 하고, 그 데이터를 직관적으로 파악할 수 있는 시각적 기호로 환원한 결과다. 따라서 데이터 시각화는 현상 그 자체가 아니라 일종의 대리체(proxy)다. 대리체는 충분히 재현될 수 없는 현상 그 자체에 대한 감각 및 지식의 형성을 위해 필수적이지만, 데이터 시각화로서의 대리체는 추상화와 환원을 수반하고 전문가에 의한 추가적인 설명을 소환하기 때문에 사태의 과장과 왜곡, 또는 편향적 이해를 촉발할 수도 있다. 데이터 시각화의 이와 같은 구조적 양가성은 20세기 말과 21세기 초 기후위기와 관련된 담론에서 논쟁의 대상이 된 이른바 '하키 스틱 곡선(hockey stick curve)'에서 찾을 수 있다. 마이클 만 펜실베이니아주립대학교 교수가 전 세계 나무에서 표본을 추출하고 그 나이테를 분석하여 지구의 과거 기온을 추정한 연구를 뒷받침한 그래프는 서기 1000년 이후 조금씩 떨어지던 기온이 1900년대 이후, 특히 1980년대에 가파르게 치솟는 모양을 띠었다는 이유로 하키 스틱 곡선이라 불리게 되었다.[4] 이 그래프는 2001년 유엔 기후변화에 관한 정부 간 협의체(IPCC)의 3차 보고서에 수록되는 등 지구 온난화의 심각성에 대한 여론 형성 및 이에 대한 국제적 대응의 필요성을 설득하기 위한 자료로 널리 활용되었으나, 한편으로는 기후위기를 부정하는 과학자들과 정치가들의 공격 대상이 되었다. 비판자들은 한편으로는 20세기 기온 데이터를 바탕으로 과거의 기후 변동성을 재구성하고 미래의 기후변화를 예측한 만 교수를 비롯한 연구진의 통계학적 방법론에 내재된 편향을 문제 삼았지만, 다른 한편으로는 하키 스틱 곡선 자체의 급격한 경사도라는 시각적 기호에 예민하게 반응했다. 웬디 희경 전이 말하듯 하키 스틱 곡선은 대리체로서의 데이터 시각화에 내재된 "근본적 양가성"을 입증한다. 이러한 양가성에도 불구하고 데이터 시각화가 오늘날의 정치와 문화에서 광범위하게 활용되고 확산되어 온 이유는 그것이 "존재하지 않는 것을 포착하거나 '동기화'하여 아는 것을 확장함으로써 미지의 것과 접촉하기"[5] 때문이다.

위기미디어의 구조적 양가성은 드론 카메라와 버내큘러 온라인 비디오에도 적용된다. 2장에서 논의하게 될 팬데믹 상황하의 드론 비디오는 정상적인 도시를 구성하는 필수적인 인프라구조와 노동을 지상의 육안적인 시각을 벗어나는 낯설고 새로운 시각으로 조망한다. 그러나 이와 같은 비디오는 캐런 캐플런이 온당하게 지적하듯 21세기 드론의 전방위적 확산을 추동한 일상적 군사주의(everyday militarism)의 결과이기도 하다. 즉, 취미와 배달, 농업과 과학, 시민 저항 운동에 이르기까지 적용되어 온 드론의 역량인 원격성과 근접성의 결합은 전장과 민간인 구역 간의 분리에 근거한 전쟁 커뮤니케이션의 전통적인 관행을 무력화해 온 드론의 효과이기도 했다.[6] 드론의 이와 같은 양가성은 오늘날 유튜브와 틱톡에 증식해 온 버내큘러 온라인 비디오에도 적용된다. 러시아-우크라이나 전쟁, 이스라엘-팔레스타인 전쟁은 물론 튀르키예 등의 선거에서도 문제가 된 딥페이크 비디오는 인간의 의도성을 넘어서는 방식으로 역정보를 전파해 왔다. 일정한 기술을 가진 아마추어 사용자들이 손쉽게 제작할 수 있는 이와 같은 비디오는 사회적, 정치적 위기를 호소하고 전파하기 위해 다양한 사회적 주체가 제작하여 소셜 미디어에 유통해 온 비디오들과 동일한 네트워크 생태계에 공존한다.

1부는 이 세 미디어 형태의 구조적인 양가성을 밝히면서 위기의 새로운 매개가 가진 이중적 효과, 즉 위기에 대한 새로운 지식과 감각을 형성하면서 새로운 위기의 원인이 되기도 하는 효과 또한 드러낸다. 좋은 데이터 시각화와 나쁜 데이터 시각화, 좋은 드론과 나쁜 드론과의 선험적인 구별이란 존재하지 않는다. 버내큘러 온라인 비디오가 극단적인 개체화와 집단적인 동일화의 촉매제 모두가 될 수 있고 대안적인 공통성의 형성과 진실 개념의 약화 모두에 열려 있다면, 이는 이와 같은 비디오가 소셜 미디어에서 개인의 유통을 넘어 추천 알고리듬의 매개를 통해 확산하는 구조적인 특성을 띠기 때문이다. 오늘날 드론의 편재성을 '드론 문화(drone culture)'로 규정하면서 그 특징을 "기술, 관행, 담론, 정동의 양가적이고도 친밀하며 불안정한 합류(confluence)"[7]로 설명한 마이클 리처드슨의 견해는 데이터 시각화와 버내큘러 온라인 비디오에도 적용될 수 있다. 즉, 데이터 시각화와 버내큘러 온라인 비디오 모두 시각 기호와 무빙 이미지 자체로만 환원될 수 없는 요소들과의 관계라는 관점에서 설명될 필요가 있다. 데이터 시각화에는 데이터의 분류와 분석을 위한 복합적인 장치와 프로세스, 시각화의 결과를 제시하기 위한 온라인 인터랙티브 플랫폼 등이 요구된다. 버내큘러 온라인 비디오의 존재론 또한 이의 유통을 위한 소셜 미디어와 긴밀하게 얽혀 있다. 데이터 시각화, 드론 카메라, 버내큘러 온라인 비디오가 오늘날 복합위기의 매개에 본격적으로 활용되어 왔다면, 이들 모두가 전통적 매스미디어의 위기 매개 방식(카메라-기록 기반 자료, 인간 카메라 조작자의 응시를 연장한 기록, 전문가 제작자 또는 미디어 기관에 의한 하향식 전파)을 넘어서기 때문뿐만 아니라 다양한 기술적, 문화적, 환경적인 요소들이 긴밀하게 얽힌 결합체로 기능하기 때문이다. 이 점을 입증함으로써 1부를 이루는 세 개의 장은 2부에서 상세히 논의될 '미디어를 넘어선 미디어'들의 존재를 예고한다.

1장

데이터 시각화

표, 그래프, 숫자, 차트

코로나19의 예기치 않은 유행에 따른 전 지구적 위기는 개인의 보건과 사회의 작동을 실질적으로 위협한 위기만이 아니었다. 위기의 감각과 인식이 미디어를 통해 구성된다는 점을 상기한다면, 팬데믹은 위기를 인식하고 재현하는 방식의 위기이기도 했다. 보이지 않는 바이러스는 카메라의 포착으로 구축되는 가시성의 프레임을 벗어났고, 바이러스로 영향을 받는 개인과 장소에 대한 카메라의 접근은 지구 도처에서 실행된 봉쇄 정책으로 인해 용이하지 않았기 때문이다. 이와 같은 상황에서 코로나19에 대한 감각과 인식의 매개에 결정적으로 기여한 형태는 다양한 형태로 제작되고 시시각각으로 업데이트되는 표, 그래프, 숫자, 차트였다. 미국 질병통제예방센터 및 대한민국 보건복지부와 같은 공공 기관은 물론 대학과 의료기관에 소속된 다양한 연구소, 유력 신문을 비롯한 언론 기관, 그리고 컴퓨터공학을 전공한 대학원생이 개발하여 2억 이상의 누적 조회 수를 기록한 '코로나라이브'의 사례가 입증하듯 개인 또한 코로나19로 인한 사망자와 확진자 데이터를 직선과 곡선, 원형의 형태로 시각화하고 바이러스의 변형과 확산에 대한 지도를 제작했다. 이와 같은 상황은 팬데믹이 단지 역학적 위기만이 아님을 가리킨다. 팬데믹은 지구의 생물학적이고 환경적인 차원이 오늘날 인간의 사회적, 문화적, 감각적 삶과 긴밀히 연루되어 있으며, 그 연루의 대상에는 시각적 재현과 인식 또한 포함되어 있음을 우리에게 일깨웠다.

사실에 대한 데이터를 시각적 지식으로 변환하는 표와 그래프, 숫자, 차트를 포함한 일련의 기하학적, 추상적, 구상적 형태들을 가리키는 데이터 시각화의 힘은 단지 팬데믹 상황에만 적용되지 않는다. 코로나19로 도처에서 폭발적으로 생산되고 유통된 이와 같은 형식은 사실 21세기에 전 지구적인 규모로 전개되면서 지역적으로 불균등한 효과를 낳은 다양한 위기에 맞추어 확산되어 왔다. 오늘날 데이터 시각화가 가장 폭넓게 쓰이는 종류의 위기인 기후위기와 생태계 위기는 바로 다양한 표와 그래프, 숫자, 차트를 통해 시각화되었다. 이 점을 고려할 때 데이터 시각화는 위기를 매개하는 동시대의 중요한 미디어 형태로 고찰할 가치가 충분하다.

이 장에서는 데이터 시각화를 확장다큐멘터리(expanded documentary)의 관점에서 살펴본다. 확장다큐멘터리라 함은 데이터 시각화가 한편으로는 다큐멘터리 영화의 현실 기록과 증거를 구성하는 가장 일차적인 요소인 카메라 기반 이미지, 즉 카메라와 현실과의 접촉으로 생성되는 이미지와는 구별되는 일종의 도상적이고 그래픽적인 이미지임을 뜻한다. 달리 말하면 확장된 다큐멘터리 형태로서의 데이터 시각화는 렌즈 기반으로 포착된 이미지의 우월성과 그런 이미지가 구성하는 현실의 증거가 갖는 특별함이라는 전통적인 다큐멘터리 영화의 인식론적, 존재론적 가정을 넘어선다. 그러나 다른 관점에서 보면 오늘날의 데이터 시각화는 완전히 새롭게 등장한 미디어 형태가 아니라 사진과 영화를 포함한 다큐멘터리 미디어의 역사적 정립 과정에서 공존했고 다큐멘터리 영화에서 특정한 방식으로 활용되었다. 따라서 여기에서의 확장은 다큐멘터리 영화의 전통에서 일정 부분 주변적인 것으로 머물렀던 특정 요소가 오늘날의 기술적, 사회문화적, 인식론적 맥락에 호응하여 중심적인 것으로 이동했음을 뜻하기도 한다

두 번째 관점에서 볼 때 데이터 시각화는 19세기 이후의 과학적 실천, 그리고 다큐멘터리 영화의 하위 장르인 과학 다큐멘터리와 연결된다. 데이터 시각화는 브뤼노 라투르가 스티브 울가와의 공동 연구에서 과학적 사실의 구축을 위해 실험실에서 다양한 도구를 통해 생산하는 표, 그래프, 차트와 연결된다. "여러 가지 장치(apparatus), 즉 '기록 기기(inscription device)'라고 불리는 장치들은 물질을 문서로 변환한다. 더 정확히 말하면, 이 기기는 사무 공간의 구성원 중 한 명이 직접 사용할 수 있는 그림이나 도표로 물질을 변환할 수 있는 모든 장치 또는 그러한 항목의 특정 구성을 뜻한다."[1] 이와 같은 전통을 지적하면서도 라투르는 또한 데이터 시각화에 해당되는 표, 그래프, 차트가 실험실에만 머무르지 않고 담화와 접속할 때 세계에 대한 지식의 구성을 넘어 정치적,

이데올로기적 효과를 발휘할 수 있음을 지적함으로써 데이터 시각화를 다큐멘터리 영화의 관점에서 볼 수 있는 실마리를 제공한다. "우리가 도구를 마주할 때 우리는 '시청각적' 스펙터클에 참석한다. 도구가 만들어내는 시각적 기입과 과학자가 들려주는 언어적 해설이 있다. 우리는 두 가지를 함께 얻는다. 그것들이 신념에 미치는 영향은 놀랍지만, 그 신념의 원인은 기입된 것에서 나오는 것과 저자로부터 나오는 것을 구분할 수 없기 때문에 혼합되어 있다."[2]

과학 다큐멘터리는 자연과 인간의 현실에 대한 정보를 제공하고 증강하며 설득력 있는 주장을 뒷받침하기 위해 모방적이든 추상적이든 다양한 비–사진적(non-photographic) 이미지를 활용해 왔다. 조슈아 말리츠키에 따르면 과학 다큐멘터리에서 그래픽 이미지는 인간의 눈이나 카메라로 볼 수 없는 현실 세계의 특정 측면을 보여줌으로써 지표성(indexicality)의 흔적(trace) 기능을, 그리고 자신의 움직임을 통해 시청자의 주의를 세계의 세부 사항으로 끌어당김으로써 지표성의 직시(deixis) 기능을 수행한다.[3] 컴퓨터 그래픽의 발달에 힘입어 디지털 시대의 데이터 시각화는 이제 사실적 이미지와 추상적 기호를 혼합하고 하나에서 다른 하나로 손쉽게 전환할 수 있게 되었다. 이와 같은 기술적 변화 덕택에 동시대의 과학 다큐멘터리에서 디지털 애니메이션과 CGI를 포함한 데이터 시각화는 다큐멘터리의 다양한 수사적 방식에 적용할 수 있게 되었다. 조제 반데이크는 전통적으로 추상적인 시각화는 과학적 지식을 전달하고 그 과정을 설명하는 데 사용되지만, 디지털로 제작된 이미지의 사실적인 효과는 "전통적으로 시각화에 저항하는 영역"에 적용되는 "재구성적 양식(reconstructive mode)" 또는 "조건적이거나 심지어 추정적인 과학적 주장을 시각적으로 입증"할 수 있는 "추정적 양식(speculative mode)"[4]에 사용될 수 있다고 주장한다. 이에 착안하여 이 장에서는 동시대의 디지털 데이터 시각화가 종종 사실적인 디지털 이미지로 변환되거나 사실적인 디지털 이미지와 병치되어 이러한 재구성적, 추정적인 양식을 포함한 다큐멘터리 영화의 수사학적 기능을 수행함을 밝힌다. 이를 통해 이 장은 동시대의 디지털 데이터 시각화가 과학적 지식, 가설, 주장 이상의 것, 즉 접근이 불가능하고 불확실한 것으로 인식되는 현실로 참조 대상을 연장함으로써 확장다큐멘터리 형식으로 정착했음을, 그리고 그와 같은 현실은 21세기의 다양한 위기들이라는 점을 주장한다.

데이터 시각화와 다큐멘터리 영화

PBS 디지털 스튜디오에서 제작한 단편 다큐멘터리 〈데이터 시각화의 기술(The Art of Data Visualization)〉(2013)은 데이터 시각화의 선구자인 에드워드 터프티의 말로 시작된다. "모든 픽셀은 콘텐츠를 직접적으로 증명해야 합니다." 시각적 기호와 그 기호가 참조하는 지시체 간의 직접적인 일치에 대한 이와 같은 주장은 터프티의 과학적 경험주의를 디지털 시대에 업데이트하는 것처럼 보인다. 터프티에 따르면 픽셀 기반 시각화는 다양한 그래픽 형태로 세계에 대한 사실이나 정보를 현재의 상태와 시간에 따른 변화를 설명하거나 가능한 미래를 선제적으로 예측하는 담론으로 변환할 수 있다. 터프티는 지도화된 그림, 선, 곡선, 다이어그램 등의 형태를 포괄하는 데이터 시각화가 "분석적 사고의 보편적 원리"에서 파생되었다는 점에서 "경험적 관찰이 어떻게 설명과 증거로 전환되는지"[5]를 보여주는 역할을 한다고 주장했다. 보는 것과 생각하는 것 사이의 일치에 대한 터프티의 믿음은 1980년대와 1990년대에 대규모 정보 및 과학 데이터를 시각화하는 도구와 방법을 발전시킨 벤 슈나이더먼과 그의 동료들이 제안한 다음의 견해와 공명한다. "인지 과정을 설명하는 데 시각적 은유가 보편화되어 있다는 것은 우리가 보는 것과 생각하는 것 사이의 관계를 암시한다."[6]

데이터 시각화의 기초가 되는 이러한 과학적 경험주의는 시각화의 그래픽 형식이 카메라가 닿지 않는 현실에 대한 정보와 지식을 제공하는 방식을 입증한다. 또한 이와 같은 가정은 데이터 시각화가 다큐멘터리 영화의 전통과 어떻게 관련되고 어떤 다큐멘터리 제작 양식에서 이것이 더욱 잘 활용되어 왔는가를 시사한다. 증거나 사실을 숫자와 도표, 지도 등의 추상적이거나 상징적인 형태로 시각화하는 작업은 자연 현상의 설명을 시도했던 현대 과학 이전의 실천까지 거슬러 올라간다. 19세기 초 물리학, 화학, 생물학, 사회학, 인구학 등의 인식론적 환원주의 패러다임은 그래프, 차트, 도표와 같은 단순화된 시각적 요소로 과학적 발견과 통계 데이터를 설명하는 다양한 인포그래픽 방법의 성장과 성숙을 촉진했다.[7] 또한 이 세기에 걸쳐 사진 및 영화와 같은 광화학 매체와 데이터 시각화는 매체와 시각성에서 각자의 차이를 유지하면서도 세상을 기록하고 드러내는 공통 기능을 공유했다는 점에 주목할 필요가 있다. 크리스 팰런이 지적하듯 19세기 인포그래픽 형태에서 세계는 "단순히 계산 가능한 것이 아니라 점점 더 정량화되고 측정 가능한 것이 되고 있었다. 즉, 텍스트와 회화적 이미지를 넘어선 수단으로 재현 가능하게 되고 재현되고 있었다."[8] 브라이언 윈스턴은 현실을 객관적으로 기록하는 다큐멘터리 영화의 가정을 뒷받침하는 인식론적-기술적 전제를 과학적 기록(scientific inscription)으로 명명하면서, 이러한 전제는 카메라를 과학적 도구로 정립한 19세기의 실증적 과학에서 비롯된다고 말한 바 있다. 즉, 이 시기에 카메라가 과학적 도구로 자리한 이유는 "카메라와 작동이 유사한 기록 도구들을 통해 데이터를 생산하는 현대 과학의 경향"[9] 때문이었다. 과학적 도구로서의 카메라는 브뤼노 라투르가 말하는 기록 기기, 즉 "그 크기와 본성, 비용이 어떻든 과학적 텍스트 내에서 모든 종류의 시각적 디스플레이를 제공하는 모든 장비(setup)"[10]에 속했고, 온도계와 지진파측정기 등을 포함하는 이와 같은 기기는 렌즈-기반 기록뿐 아니라 숫자, 그래프, 차트, 데이터시트 등을 자연과 현상에 대한 시각적 데이터로 생산했다. 이는 다큐멘터리 영화와 데이터 시각화가 세계의 기록과 설명을 중심으로 동일한 인식론적, 기술적 지평을 공유했음을 입증한다.

과학적 기록 장치로서의 카메라를 사회적으로 정착하는 데 기여한 객관주의적이고 경험적인 인식론은 다큐멘터리 영화를 여론 형성과 교육을 위한 사회적 장치로 확립하려 했던 존 그리어슨의 충동과 결합하여, 1930년대에 정보를 전달하고 관점을 제안하거나 현실과 역사에 대한 논쟁을 발전시키는 것을 목표로 하는 다큐멘터리 실천 방식인 설명적 양식(expository mode)의 토대를 마련했다. 빌 니콜스는 설명적 양식이 구성하는 지식이 "푸코가 말하는 의미의 인식적 지식으로, 이는 특정 시간과 장소에서 주어진 것으로 받아들여지거나 진실로 받아들여지는 범주와 개념, 또는 우리 자신의 진지함의 담화(discourse of sobriety)가 지지하는 것과 같은 지배적인 상식 이데올로기에 부합하는 형태의 초개인적 확실성이다"[11]라고 말한 바 있다. 뉴딜 정책과 제2차 세계대전 중 미디어 선전의 맥락에서 활발히 적용되고 전파된 설명적 다큐멘터리는 권위적이고 객관주의적인 보이스오버가 전달하는 정보 또는 설득의 논리를 뒷받침하기 위해 지도, 그래프, 숫자, 그래픽 기호를 활용했다.[12] 예를 들어 프랭크 카프라의 선전 다큐멘터리인 〈왜 우리는 싸우는가(Why We Fight)〉(1943~1945) 시리즈에서 유럽의 지정학적, 이념적 변화와 미국에 대한 위협에 대한 다양한 정보를 전달하기 위해 애니메이션 지도를 자주 사용한 것이 이를 입증한다.

《뉴욕 타임스》, 《가디언》 등 유력 언론이 '데이터 저널리즘'이라는 이름으로 별도의 섹션을 마련할 만큼 정보 시각화는 21세기에 보편화된 미디어 실천 양식이 되었다. 정부 기관과 교육 기관, 비영리 단체 또한 데이터 시각화를 포함한 단편 비디오와 이미지 자료를 다수 생산하고 있다. 이와 같은 확산에 기여한 것은 대규모 데이터의 생산과 처리를 위한 컴퓨터 기반 연산 절차의 발달, 그리고 이와 같은 데이터의 시각화를 다양화하는 컴퓨터 그래픽 기법의 향상이다. 과학 데이터를 시각화하는 방법이 컴퓨터의 정보 처리로 이전됨에 따라 데이터를 집단적 지식, 대중의 인식, 정치적 의사 결정에 활용하기 위해서는 축소, 단순성, 그래픽의 생생함을 추구하는 것이 요구되었다. 이것은 물론 19세기 과학적 경험주의의 연장이기도 하지만, 데이터 시각화가 렌즈 기반 이미지의 부재에도 불구하고 다큐멘터리 영화의 표현적 다양성과 그에 따른 상이한 수사학적 효과라는 관점에서 논의될 수 있음을 시사한다. 즉, 데이터 시각화에서 데이터는 생성과 선별 과정은 물론 그것을 시각화하는 방식과 시각화 자체의 미적 차원 모두에 있어서도 결코 중립적이지 않다. 리사 기텔만과 버지니아 잭슨이 말하듯 "데이터 시각화는 데이터의 수사적 기능을 증폭시키는데, 이는 시각화마다 효과가 다르고 모든 데이터 집합이 여러 가지로 시각화될 수 있는 관계로 설득력이 달라지기 때문이다."[13]

이처럼 제작자와 플랫폼, 형태를 가로지르는 데이터 시각화는 일반 대중의 관심을 끌 수 있는 이슈에 대한 인식을 제고하기 위해 설명 방식을 기반으로 하는 극장용 및 텔레비전 다큐멘터리의 핵심 구성 요소로 점점 더 정착되어 왔다. 이와 같은 경향을 촉진하는 데 결정적으로 기여한 영화 〈불편한 진실: 전 지구적 경고(An Inconvenient Truth: A Global Warning)〉(2006)는 이산화탄소 수치의 지속적인 상승과 이로 인한 극심한 폭염, 홍수, 가뭄, 허리케인 등의 환경 위기를 설명하는 앨 고어의 강연을 다양한 데이터 시각화를 사용하여 설명하는 상징적인 작품이다. 이 영화는 주로 지구 관측 위성 및 기타 궤도 장치에서 수집한 기후 데이터(CO_2 농도, 관측된 해수 온도, 허리케인 강도 등)를 시각적 기호와 수치로 변환하는 다양한 그래프와 차트에 의존한다. 동시에 이러한 유형의 데이터를 디지털 방식으로 색상으로 변환하고 지리 정보 시스템(GIS)에 기반한 세계 지도 또는 지구의 3D 모델에 그 스펙트럼을 중첩시키는 시각화 방법을 적용했다. 지구 내 여러 지역의 이상 고온을 나타내는 다양한 색조의 빨간색으로 칠해진 유럽 지도와 남미 지도를 보면, 유럽 지역의 강한 빨간색 영역은 기온이 급격히 상승하고 빙하가 현저히 감소하고 있음을 나타낸다(그림 1-1). 이러한 유형의 수치 데

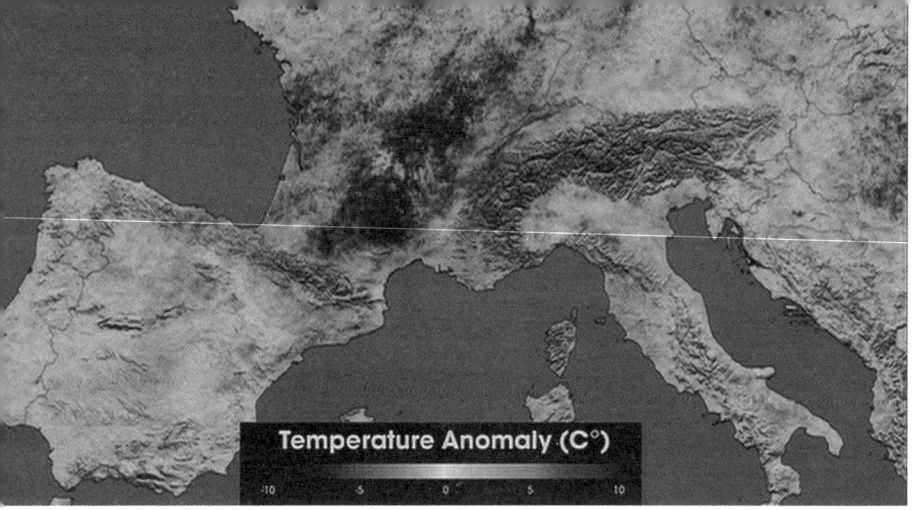

그림 1-1 〈불편한 진실〉에서 기온의 이례적 상승을 나타내는 데이터 시각화. 스크린 캡처.

이터를 직관적으로 읽을 수 있는 기호로 이미지화하여 지도 위에 배치하는 전략은 보는 것을 지식과 동일시하는 데이터 시각화의 과학적 경험주의를 충족시킬 뿐만 아니라 기후변화를 지표적으로 제시하는 데이터의 효과를 증폭한다. 고어의 강연에서 데이터 시각화의 활용은 지구적 위기에 대한 대책을 촉구하는 환경 정치를 추구하는 과학적 합리주의를 드러내는 데 그치지 않고, CGI의 회화적 효과를 활용하여 '만약 ○○이 일어난다면'이라는 과학적 가설을 입증하는 '추정적 양식'[14]을 활성화한다. 이 효과는 과학적으로 계산된 네덜란드, 상하이, 베이징, 샌프란시스코 및 맨해튼의 지도를 연속적으로 보여주면서 강화된다. 이 지역의 지도에서 파란색 영역의 확대는 빙하가 빠르게 녹아 해수면이 상승하여 해당 도시나 국가의 일부가 물에 잠길 것임을 나타낸다. 이런 의미에서 미래 예측을 시각화할 수 있는 디지털 애니메이션은 "전문가의 경험적 데이터를 대중이 시각적으로 알아볼 수 있는 기호로 변환하여 표면적으로는 이성을 통해 설득하지만 실제로는 정서적 차원에서 대중의 요구를 동원한다.”[15] 시청자의 이성과 감성에 호소하기 위해 추상과 회화적 시각화를 혼합하는 동시대 데이터 시각화의 면모는 중국판 〈불편한 진실〉에 해당하는 〈언더 더 돔(Under the Dome)〉(2015)에서도 찾아볼 수 있다. 이 영화에서 중국중앙텔레비전(CCTV)의 기자 출신인 차이징은 중국 대기 오염의 위험성에 대한 강연과 인터뷰, 공장 및 오염된 도시의 영상, 그래프·차트·플래시 기반의 애니메이션 시퀀스 등 다양한 데이터 시각화를 결합하여 대기 오염 물질이 인체 건강에 미치는 해로운 영향에 대한 과학적, 의학적 지식을 전달한다.[16]

21세기 데이터 시각화: 대규모의 현실을 다루기

19세기 데이터 시각화에서 현대의 데이터 시각화로 이어지는 계보와 투명성과 객관성을 추구하는 공통점에도 불구하고, 후자를 전자와 구분 짓는 두 가지 요소도 있다. 첫 번째 요소는 데이터 시각화의 인식론적, 지시적 가치, 즉 우리가 데이터 시각화를 통해 어떤 종류의 지식을 얻고 현실의 어떤 측면과 관련되는가라는 점이다. 19세기에 지도, 그래프, 차트가 적용되었던 인간 사회와 생활에 대한 통계적 또는 경험적 데이터의 설명은 물론, 기후 및 동물 생태계의 변화와 같은 자연 현상이 현재 다양한 디지털 플랫폼의 시각화 프로젝트를 통해 다루어지고 그 결과물은 생태 위기와 지구 온난화를 다룬 텔레비전과 영화관용 다큐멘터리의 정보와 주장을 뒷받침하기 위해 활발하게 배치되고 있다. 〈불편한 진실〉과 〈언더 더 돔〉에서 데이터 시각화가 광범위하게 사용된 것은 자연 현상의 시각화가 19세기의 과학적 경험주의와는 구별되는 인식론적 기반을 시사한다. 자연 현상에 대한 인식과 감각이 너무나 불확실해서 자연의 대상화와 경험적 지식 산출을 뒷받침했던 근대적 이성의 중심성이 와해되고 있다는 인식이 그것이다. 물론 오늘날의 데이터 시각화는 대도시의 일일 또는 연간 교통량, 대륙 간에 이동하는 이주노농자의 수처럼 19세기의 경험적, 실증적 사회과학이 지식으로 구성하고 관리했던 주제를 다루기도 한다. 하지만 오늘날 인구의 이동과 정보의 순환 규모는 점점 더 광학적 관찰이나 인간의 인지적 이해 범위를 넘어서는 것으로 여겨질 만큼 광대하다. 이러한 측면에서 주목할 만한 사례는 유비쿼터스 컴퓨팅, 네트워크 감시 기술, 집중적인 데이터 마이닝, 처리 및 분석의 확산으로 재편된 일상생활에서 전통적인 인간 기반의 지식 생산과 통제로 처리하기에는 너무 크거나 복잡한 빅데이터의 처리다.

다큐멘터리의 설명적 양식은 일반적 정보와 논증을 설파하는 '신의 목소리'라는 전통과 함께 광범위한 시공간과 세계를 아우르는 이러한 현실의 주제를 다루기 위해 지금까지도 채택되고 있다. 그러나 이러한 연속성에도 불구하고 니콜스의 '대규모(magnitude)' 개념은 동시대 데이터 시각화의 지시체는 물론 그것이 제기하는 근본적인 인식론적 역설과 위기를 이해하는 데 있어 매우 시사적이다. 니콜스는 재현에 저항하거나 재현할 수 없는 경향이 있는 특정 역사적 사건을 이해하기 위해 대규모라는 개념을 고안한다. 다큐멘터리의 재현과 재현 대상, 증거와 진술, 사건과 논평의 분리에서 비롯된 이 개념은 "텍스트와 시각적 세계 사이의 지표적 일치뿐만 아니라 텍스트와 역사적 세계 사이의 이념적 일치에 대해 의문을 제기한다."[17] 니콜스는 다큐멘터리 재현의 투명하고 객관주의적인 지식에 저항할 수밖에 없는 신체와 외상으로 대규모 개념의 적용을 한정한다. 그러나 이 개념은 기호와 대상 사이의 틈새뿐만 아니라 세계의 복잡성, 불안정성, 비가시성, 광대함 등 현실 자체의 측정 불가능성을 암시하기도 한다.

이와 같은 현실을 다룰 때 데이터 시각화에는 인식론적 딜레마가 내장된다. 광대하고 보이지 않으며 알 수 없는 것으로 인식되는 세계에 대한 객관적인 증거를 가리키거나 그에 대한 경험적 지식을 설명하기 위해 상징적 환원과 투명성을 추구하다 보면 불가피하게 현실의 세부 사항을 생략하고 일부 데이터를 과장되게 강조하거나 다른 데이터를 그래픽으로 경시하는 표현의 한계에 직면한다. 테스 타카하시의 '디지털 대규모의 웅성거림(murmur of digital magnitude)'이라는 개념은 니콜스의 대규모 개념을 명시적으로 인용하지는 않았지만 데이터 시각화의 이러한 인식론적 딜레마를 드러낸다. 타카하시는 디지털 데이터 시각화를 설명적 다큐멘터리에서의 권위 있는 내레이터를 대신하는 지배적인 수사 형식으로 이해할 것을 촉구하면서, 데이터 시각화의 추상화 능력으로 인해 주체의 신체가 관찰되지 않고 목소리가 침묵하게 되는 방식을 지적한다. "빅데이터에 기반한 권위적인 다큐멘터리 데이터 시각화의 수사적 형식에 의문을 제기하고 균열과 틈새, 그리고 그것이 남기는 것에 대해 질문해야 한다."[18] 나는 타카하시의 인식론적, 윤리적 통찰에 동의하면서도, 데이터 시각화가 인간 현실에 대한 지식, 정보, 논증을 일반화하려는 수사적 제스처를 경고할 뿐만 아니라 현실을 완전히 재현할 수 없거나 현실과 관련된 심오한 불확실성을 암시한다는 점을 강조한다.

'디지털 대규모'를 평면화하는 경향이 있는 현대 데이터 시각화의 권위적 수사에 대한 타카하시의 비판은 컴퓨터 미디어의 데이터와 네트워크를 재현할 수 있는 가능성에 대한 알렉산더 R. 갤러웨이의 부정적인 견해를 두 가지 측면에서 빈영한다. 첫째, 데이터의 "순수한 형태는 수학적 값, 즉 숫자"이기 때문에 "데이터의 일차적인 존재 방식은 시각적인 것이 아니다."[19] 둘째, 허브, 구름, 다이어그램, 차트, 콜리플라워 같은 도형 등 어떤 시각적 형태를 취하든 모든 네트워크 시각화는 "일군의 보편적 미학"[20]을 반복하는 것에 지나지 않는다. 원데이터(raw data)의 숫자적 존재론과 네트워크의 일원론적 존재로 인해 "오늘날의 정보 미학은 상징들의 단조로운 (monochromatic) 다양성이 다른 모든 것을 집어삼킨 일종의 신상징주의(neo-symbolism)"[21]로 볼 수 있다고 갤러웨이는 주장한다. 컴퓨터의 연산적 요소와 프로세스는 근본적으로 사진이나 영화적 표현 방식을 뛰어넘어 작동한다. 따라서 갤러웨이에게 시각적 형식은 데이터와 네트워크에 대한 정보나 증거적 가치는 말할 것도 없고 데이터와 네트워크 자체를 나타내지 않는다.

컴퓨터가 다른 시각 매체와 존재론적으로 구별된다는 갤러웨이의 주장은 컴퓨터의 계시적 힘에 대한 터프티와 슈나이더먼의 찬사가 근거하고 있는 투명성과 명확성에 대한 인식론적 추구의 한계를 가리킨다는 점에서 온당하다. 그러나 다른 한편으로 갤러웨이는 기후변화, 환경 위기, 빅데이터 및 대규모 감시 등 눈에 보이지 않고, 알 수 없고, 표현할 수 없는 것으로 간주되는 새로운 사회적, 자연적, 계산적 현실에 대한 정보와 진실을 전달하는 데 오늘날 데이터 시각화가 점점 더 널리 사용되는 이유를 간과한다. 갤러웨이는 숫자 데이터와 컴퓨터 네트워크 그 자체의 시각화를 현실의 시각화와 혼동할 뿐만 아니라, 오늘날까지 계승된 상징적이고 정량화된 추상화, 즉 그가 "획일적인 미학"이라고 부르는 형식 이상을 포함하는 현대의 데이터 시각화를 충분히 고려하지 않는다. 여기에서 각각 미학적이고 인식론적인 두 가지 질문을 제기할 수 있다. 동시대의 컴퓨터 기반 데이터 시각화는 18세기 말과 19세기의 데이터 시각화와 어떤 미학적 차이가 있는가? 그리고 이러한 시각화는 터프티와 슈나이더먼의 과학적 경험주의(즉, '보는 것이 곧 아는 것'이라는 믿음)를 맹종하지 않으면서도 갤러웨이와 타카하시의 불신을 극복하는 방식으로 '대규모'로서의 현실을 재현할 수 있는가? 레프 마노비치는 이 두 가지 질문에 대한 유용한 통찰을 제공하는 동시에 19세기 및 20세기의 데이터 시각화와 구별되는 21세기 디지털 데이터 시각화의 두 번째 특징을 제안한다. 마노비치는 18세기 후반부터 20세기까지의 정량적 데이터의 그래픽 표현과 컴퓨터의 역동적 대용량 데이터 처리로 가능해진 다양한 새로운 시각화 기법을 비교하면서 다음과 같이 말한다.

> 모더니즘 추상화가 어떤 의미에서 익숙한 일상의 시각적 경험의 다양성을 매우 미니멀하고 반복적인 구조로 축소하는 반(反)시각적인 것이었다면, 데이터 시각화는 종종 그 반대의 전략을 사용한다. 동일한 데이터 집합이 무한한 이미지의 변형을 유도하는 것이다. … 따라서 데이터 시각화는 구체적인 것에서 추상적인 것으로, 그리고 다시 구체적인 것으로 이동한다. 정량적 데이터는 패턴과 구조로 환원된 다

음, 풍부하고 구체적인 시각적 이미지로 폭발적으로 확장된다.[22]

　다시 말해 동시대의 디지털 데이터 시각화는 모더니즘 예술과 현대적 과학에서 발전한 선구자들과는 미학적으로 현저한 차이를 보인다. 한편으로 동시대의 시각화는 "점, 직선, 곡선, 단순한 기하학적 도형과 같은 그래픽 기본 요소"를 사용하여 "데이터 개체의 패턴과 구조"를 드러내는 "환원(reduction)"[23]의 원리를 계승한다. 그러나 1990년대 이후 하드웨어와 소프트웨어를 포함한 2D 및 3D 컴퓨터 그래픽의 발전에 힘입어 데이터집합은 그래픽의 기본 요소(추상적이든 모방적이든)로 환원할 수 없는 역동적이고 복잡한 시각적 표현으로 매핑될 수 있게 되었다. 토마스 엘새서는 디지털의 논리가 전통적인 시각 미디어의 표현 체계와 어느 정도 차이가 있는가를 사유하는 가운데 이 점을 시사한다. "디지털은 우선 알고리듬의 연산적 논리, 즉 미리 정의된 작업을 수행하기 위한 공식화된 루틴 또는 명령어[만약 … 그렇다면(if … then)]를 따르며 반복, 교대, 증폭을 통해 단순한 구조에서 복잡한 구조를 구축한다."[24]

　앤서니 매코스커와 로언 윌켄은 디지털 그래픽 데이터 시각화에서 복잡성과 구체성의 미학에 대한 마노비치의 관점을 확장한다. 이들은 이러한 시각화가 단순히 정보나 지식을 상징적으로 표현하는 데 그치지 않고 "톤, 밀도와 희소성, 속도와 느림과 같은 [쉽게 나누거나 측정할 수 없는] 강도를 띤(intensive) 속성"[25]을 소개하고 강조하는 역할을 한다고 주장한다. 이러한 속성에 프랙털 및 벡터 그래픽, 유체 역학, 입자 시스템과 같이 컴퓨터 그래픽 영역에서 개발된 다른 역동적이고 복잡한 시각 형태를 추가하는 것이 가능하다. 매코스커와 월켄에게 현대 데이터 시각화의 이러한 강도를 띤 또는 비재현적 속성에 대한 추구는 미학적 측면뿐만 아니라 증거와 지식의 그래픽적인 생산에 대한 인식론적 전환을 뜻한다. 이들은 시각적 복잡성과 강렬함의 경험을 칸트적 숭고와 연관시켜 "빅 데이터 프로젝트의 시각화를 포함하여 특정 현상에 직면했을 때 우리가 경험하는 때때로 동시적이고 상충되는 것처럼 보이는 감정과 반응의 범위를 끌어낸다"[26]고 주장한다. 이는 마노비치가 2000년대 초에 데이터 시각화가 직면한 과제로 식별했던 것과 호응한다. "몽타주, 초현실주의 등 이미 익숙하고 '정상화된' 모더니즘 기법을 넘어 뉴 미디어가 어떻게 우리 경험의 모호성, 타자성, 다차원성을 재현할 수 있는가?"[27] 이와 같은 과제는 그래픽 표현 미학의 패러다임 전환이 인식론적 전제의 패러다임 전환을 수반한다는 것을 암시한다. 이렇게 볼 때, 동시대의 많은 시각화 프로젝트에 사용되는 선, 곡선, 점, 기하학적 도형은 한때 현대 예술과 과학의 그래픽 일러스트레이션이 보장했던 명확성, 투명성, 객관성을 증명하는 것 이상의 역할을 한다. 그것들 역시 매우 복잡하고 역동적이며 다차원적인 것이 되어 자연적 현실과 인간 사회의 광대함, 헤아릴 수 없음, 보이지 않는 경험을 가리키고 상징한다. 니콜스와 타카하시가 공통적으로 '대규모'라는 용어로 환기시킨 그것들 말이다.

현실에 대한 주장을 펼치는 이 두 가지 방향을 고려할 때, 동시대의 디지털 데이터 시각화를 확장다큐멘터리 형태로 볼 수 있는 이유는 거기에 카메라의 지표적인 기록이 부재함에도 불구하고 다큐멘터리 실천의 주요 기능을 수행하기 때문이다. 마이클 레노프가 다큐멘터리 실천의 기능으로 식별했던 기록, 폭로 또는 보존

(to record, reveal, or to preserve), 설득 또는 홍보(to persuade or promote), 분석 또는 심문(to analyze or interrogate), 표현(to express) 말이다.[28] 다른 관점에서 보면 디지털 데이터 시각화는 전통적인 설명적 양식의 다큐멘터리가 구축하고 전개하는 '진지함의 담론'뿐 아니라 존 코너가 '다큐멘터리 전환(documentary diversion)'이라고 부르는 현대 다큐멘터리의 기능, 즉 홍보와 선전, 저널리즘적 탐구, 대안적 심문 이외의 '수행적(performative)' 요소를 통합하여 관찰자의 "광범위한 인지적, 정서적 투자를 촉발하는"[29] 기능 또한 떠맡는다. 코너가 '다큐멘터리 전환'이라는 개념을 정의하면서 강조했던 유희적이거나 유머러스한 요소를 제외한다면, 성찰적 전략이나 시청각적 스펙터클을 포함한 '수행적' 요소는 "고전적으로 객관적인 담론의 주관적인 측면을 강조하는"[30] 니콜스의 수행적 다큐멘터리(performative documentary) 양식과도 연결될 수 있다. 또한 코너의 '수행적 요소' 개념은 "우리 경험의 모호성, 타자성, 다차원성"을 표현하는 데이터 시각화의 역할에 대한 마노비치의 견해와도 일치한다. 이러한 방식으로 데이터 시각화의 표현적, 수행적 잠재력을 인정함으로써 나는 데이터 시각화를 다큐멘터리 이미지의 기호학적 기능뿐만 아니라 다큐멘터리 텍스트의 수사학적 기능의 측면에서도 여러 양식을 취할 수 있는 것으로 본다. 즉, 카메라가 세계를 관찰하고 기록하는 방식과는 다른 방식으로 세상에 대한 지표적 기록을 제공하거나 가리킬 수 있으며, 동시에 눈에 보이지 않는 광활하고 거대한 현실에 대한 지식과 경험을 낯설게 표현할 수도 있다. 데이터 시각화에 활용되는 디지털 기술은 구상과 추상, 단순화와 복잡화, 정적인 것과 움직이는 것, 2차원과 3차원, 심지어 그래픽과 사진 사이를 넘

나들며 이들을 융합한다. 이러한 기능을 통해 이른바 예술적 시각화는 카메라의 범위를 넘어선 세계를 표현하고 그 '대규모'를 표현할 수 있다. 이때 예술적 시각화는 과학적 발견을 추구하면서도 때로는 데이터 시각화 자체의 인식론적, 미학적 한계를 인정한다. 이와 같은 한계는 예술적 시각화가 세계에 대한 정서와 구체화된 경험을 불러일으키는 방식의 토대를 마련하기 때문에 비난의 대상보다는 위기를 매개하는 미디어 실천의 출발점으로 볼 필요가 있다.

위기와 21세기 데이터 시각화

페르난다 비에가스와 마틴 와텐버그의 〈바람 지도(Wind Map)〉(2013)는 미국 상공에 흐르는 바람의 복잡한 흐름을 어두운 회색 지도 위에 시각화한다. 바람의 흐름은 자바스크립트로 생성된 다양한 소용돌이 모양의 선으로 표시되고, 그 선의 굵기와 밀도는 점을 클릭하면 나타나는 특정 도시의 바람의 방향 및 속도를 가리킨다. 혜성의 궤적을 연상시키는 이와 같은 시각화의 활용은 1686년 무역풍과 몬순의 방향을 표시한 에드먼드 핼리의 세계지도에서 영감을 받았다. 하지만 〈바람 지도〉의 시각화는 핼리의 세계지도가 대표하는 19세기의 과학적 시각화 방식과는 구별된다. 〈바람 지도〉의 복잡한 소용돌이는 핼리의 세계지도처럼 단순한 선으로 바람의 흐름을 상징적으로 축소한 것이 아니다. 대신 이는 미국 국가 다이제스트 예보 데이터베이스(National Digest Forecast Database)에서 전송된 지표면 바람 데이터를 바탕으로 기류의 흔적, 방향, 속도를 나타낸다. 타카하시가 말하듯 이 소용돌이 모양은 "보이지 않는 힘의 실시간 지표적 상관관계"를 가리키지만, 나는 이 프로젝트에 "분명한 모더니즘적 매력이 있다"는 그의 견해에는 의문을 제기한다. 바람의 속도와 힘에 따라 길이와 폭이 달라지는 선은 보기만큼 "단순한"[31] 것이 아니기 때문이다. 〈바람 지도〉는 추상적일 뿐 아니라 매우 구체적이기도 하다. 실제로 바르가스와 와텐버그는 이 프로젝트를 통해 눈에 보이지 않는 바람을 경험적으로 시각화하는 것 이상의 목표를 추구했다. "현실 세계를 반영하는 예술 작품으로서 〈바람 지도〉의 정서적 의미는 날마다 달라진다."[32] 이와 같은 진술은 주관적이고 구체화된 바람의 느낌을 전달하는 어느 정도의 수행성이 선의 복잡하고도 역동적인 움직임에 있음을 시사한다. 실제로 이와 같은 효과는 데이터 시각화를 매체로 간주하는 이들의 진술에서도 반영된다. "우리는 시각화가 감정을 불러일으키는 표현적 매체라고 믿는다. … 우리는 시각화의 실용적인 기술을 기능을 넘어 사회적 참여, 즐거움, 계시의 대상으로 확장하기 위해 노력한다."[33] 이와 같은 노력은 2012년 9월 허리케인 아이작의 영향을 받은 전 지역을 극적으로 은폐하는 매우 조밀한 선의 배열을 보여주는 이미지에도 반영된다. 따라서 〈바람 지도〉에 대한 타카하시의 견해보다는 이 프로젝트가 "픽션과 논픽션, 또는 환상과 현실 사이에 놓여 있다"[34]는 팰런의 독해가 더 설득력 있다. 이는 이 프로젝트에서 찾을 수 있는 추상성과 복잡성의 상호작용이 데이터 시각화의 오래된 아이템인 선의 연상적인 힘을 증폭하고 이를 통해 데이터 시각화의 객관주의적 인식론을 넘어설 수 있는 잠재력을 실현하기 때문이다.

추상성과 복잡성의 긴장감은 마드리드 대기의 미세한 오염 물질을 가시화하는 것을 목표로 하는 프로젝트인 네레아 칼비요의 〈공

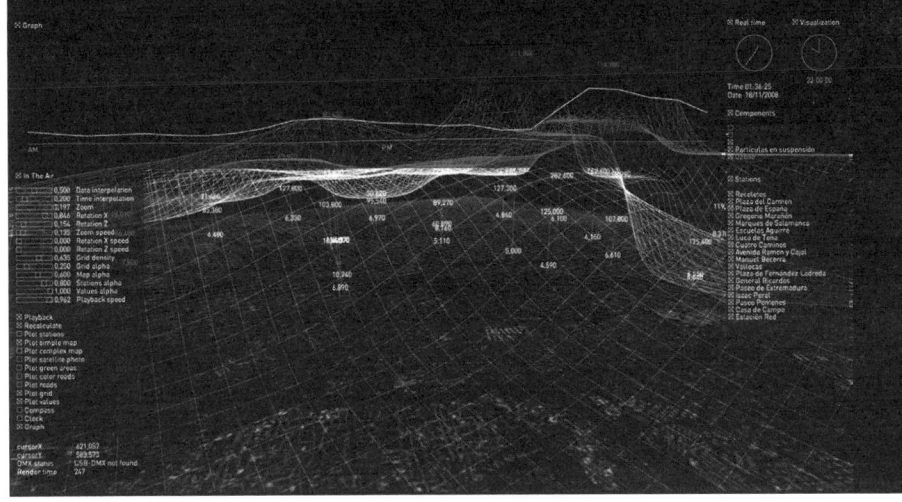

그림 1-2 〈공기 속에서〉 스크린샷. 작가 제공.

기 속에서(In the Air)〉(2008, 그림 1-2)에도 적용된다. 칼비요와 연구
진은 오존(O_3), 일산화탄소(CO), 질소산화물(NO_x) 등 다섯 가지 주
요 오염 물질의 실시간 데이터를 수집하고 시간에 따른 확산과 변
화를 나타내는 프로토타입을 개발했다. 〈바람 지도〉와 마찬가지로
〈공기 속에서〉 또한 과학적 사실의 구축을 넘어 그 구축이 가진 한
계의 인정을 수사학적 표현의 근거로 삼는다. 이 프로젝트가 제시
하는 마드리드의 지도는 다섯 개의 3차원 격자로 구성되어 있으며,
각 격자는 서로 다른 색상으로 각각의 오염 물질을 나타낸다. 이 격
자들은 도시의 2차원 단색 항공사진과 중첩되는데, 이 사진은 대
기 오염을 나타내는 데 자주 사용되는 위성 이미지와 동일하다. 이
와 같은 공간 디자인을 통해 사용자는 컴퓨터 인터페이스 내 제어
판을 활용하여 먼지, 스모그, 연무와 같은 대기 내 에어로졸을 감지
할 수 있고, 이를 통해 대기 오염의 시간과 규모를 선택하고 격자의
흐름을 자동으로 재생할 수 있다. 또한 사용자는 조감도(2차원)와
수평적(3차원) 보기로 모드를 전환할 수 있다. 수평적 보기를 선택

하면 격자는 높이가 다른 색상으로 구분된 그물망으로 바뀐다. 이를 통해 사용자는 육안으로는 보이지 않는 대기 공간에 대한 지식을 경험할 수 있다. 팰런이 지적하듯 〈공기 속에서〉에서 "여러 가지 색상의 그물망은 공기의 일반적인 투명성을 낯설게 하는 역할을 한다."[35] 그가 말하는 '낯설게 하기'는 마드리드 지도 위에서 역동적으로 움직이는 기하학적 형태들의 생생한 표현력을 가리킨다. 즉, 그 물망 자체는 도시의 사진 기록과 거리를 두는 시각적 복잡성을 강조함으로써 역설적으로 오염된 공기의 생동감과 밀도에 대한 사용자의 체화된 경험을 불러일으킨다. 사용자가 2차원과 3차원 뷰 사이를 오갈 수 있는 이 프로젝트의 인터랙티브 모드는 칼비요가 의도한 대로 도시의 대기에 대한 가상의 탐구심을 증폭시키는 데 활용된다 "공간을 탐색하고 가상 환경 내에서 관객을 초언어적 규모로 배치하는 이러한 기능은 데이터 통신의 물리적 경험을 강화한다."[36]

　디지털 데이터 시각화의 표현적 복잡성과 다양성이 가진 수사학적 잠재력은 예술적 시각화를 넘어 데이터 저널리즘, 사회조사 연구, 민간 및 국제기관에서의 의사 결정 및 여론 조성을 위해 점점 폭넓게 활용되고 있다. 매사추세츠공과대학교(MIT) 시민 데이터 디자인 연구소(Civic Data Design Lab)가 유엔세계식량계획(United Nations World Food Program: WFP) 등과 협력하여 개최한 〈알려지지 않은 거리: 아메리카 대륙에서 이민의 위험과 기회(Distance Unknown: Risks and Opportunities of Migration in Americas)〉(2022, 그림 1-3)는 엘살바도르, 과테말라, 온두라스의 약 5,000가구와 파나마의 다리엔 지협(Darién Gap) 등 네 곳의 접경 지역을 횡단한 2,100여 명에 대해 2021년 WFP가 수집한 데이터를 바탕으로 한 전시였다.[37]

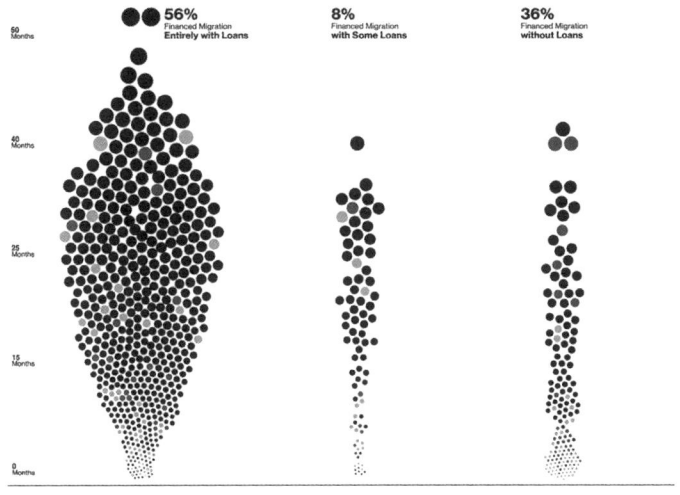

그림 1-3 〈알려지지 않은 거리〉의 디지털 데이터 시각화(https://migration.mit.edu/ distanceunknown.html), 스크린 캡처.

이 전시에 포함된 디지털 데이터 시각화 비디오는 이 네 곳의 접경 지역을 횡단한 이민자가 중남미는 물론 아프리카를 비롯한 다른 대륙에서도 온다는 점을 나타내는 세계 지도의 경로를, 뒤이어 추상적 선과 인간, 배, 자동차 등의 도상을 결합하여 다리엔 지협 등 각 접경 지역의 지형적, 지정학적 위험성을 표현한다. 오프라인 전시와 함께 공개된 온라인 플랫폼은 온두라스와 과테말라 등의 가구 구성원이 이주를 택하는 경제, 가족 재회, 치안 안전 등의 동기와 이들의 소득 수준을 밀집된 사각형 그래프로 표현하는 추상적 시각화는 물론, 조사 대상 온두라스 가구의 82퍼센트가 미국으로 이주를 희망했음을 나타내는 3차원 지도와 같은 구체적, 역동적 시각화도 포함한다.[38]

지구의 지리적, 환경적 변화에 미친 인류의 막대한 영향을 강조하는 인류세를 묘사하는 데이터 시각화를 살펴보자. 예술과 과학을 통해 지구에 대한 인식을 증진하는 비영리단체인 글로바이아

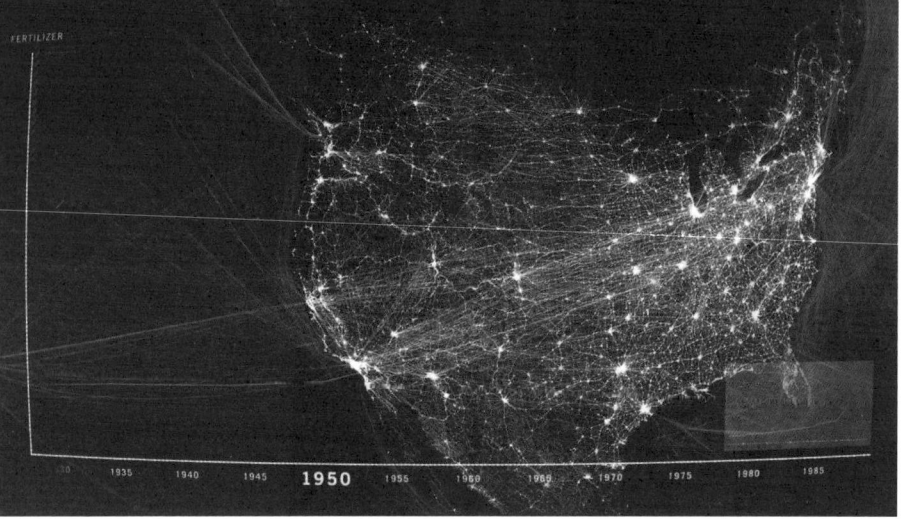

그림 1-4 〈인류세에 오신 것을 환영합니다〉 스틸. 글로바이아 제공.

(Globaïa)의 설립자인 캐나다 인류학자 펠릭스 파랑-데셴이 작가 오
언 개프니와 공동 제작한 3분 길이의 애니메이션 〈인류세에 오신
것을 환영합니다(Welcome to the Anthropocene)〉(2012, 그림 1-4)는 지
구의 자연과 인간 환경의 획기적인 변화에 대한 증거와 지식을 제
공하기 위한 디지털 데이터 시각화의 스펙터클한 경향을 대표한다.
이 애니메이션은 오픈스트리트맵(Open Street Map), 내추럴어스데이
터(Natural Earth Data), 미국항공우주국, 미 국가지리정보국에서 수
집한 도시, 도로, 철도, 파이프라인, 케이블, 항로를 나타내는 수백
개의 데이터세트를 매핑하는 수많은 위성 이미지로 구성된다. 이를
통해 이 작품은 산업혁명의 시작부터 1950년 이후 글로벌 자본의
가속화를 거쳐 오늘날 우리의 일상을 특징짓는 상호 연결 사회에
이르기까지 지구상의 인구와 인프라구조의 기하급수적인 성장을 가
리키는 역동적인 시각을 구축한다. 관객의 시점을 영국 지도를 향해
안내하는 코스믹 줌(cosmic zoom)으로 시작하는 이 작품은 두 개의
수직선이 있는 좌표 격자 안에 지구 전체를 배치한다. 격자의 X축

은 1725년부터 2020년까지 5와 0으로 끝나는 연도(예: 1900, 1905)를 나타내고, Y축은 특정 연도의 인구, 자동차, 관광, 에너지 사용, 물 사용, 경작지, 이산화탄소, 삼림 벌채, 기온 및 생물 다양성 손실에 대한 정보를 제공한다. 결과적으로 이 좌표 격자는 1950년 이후 직선의 기울기가 극적으로 증가하는 것을 보여주는데, 이는 Y축의 모든 매개변수가 기하급수적으로 증가하는 것과 일치한다. 이른바 대가속(Great Acceleration)을 나타내는 이 그래프는 지구의 합성 위성 이미지와 겹쳐진다. 대륙의 선과 그 사이의 곡선이 점점 더 촘촘해져 교통과 인프라구조의 발전이 가속화되었음을 표현하고, 눈부신 빛을 내는 점과 영역은 인구, 에너지 사용 등의 급격한 증가를 나타낸다.

모방과 추상의 이러한 조합은 육지, 해양, 대기 전반에 걸친 데이터 집합의 컴퓨터 기반 수집 및 처리를 기반으로 하는 지구 기후 시스템의 과학적 모델링, 이른바 폴 에드워즈가 '거대한 기계(vast machine)'라고 부르는 것에 대한 설명과 일맥상통한다. "글로벌 데이터를 원한다면 직접 만들어야 한다. 인프라구조를 뒤집고, 메타데이터를 복구하고, 모델과 알고리듬을 사용하여 시공간에 고르지 않게 분산된 다양하고 이질적인 데이터를 혼합하고 매끄럽게 처리해야 한다."[39] 이 애니메이션이 다루는 인류세의 시간 범위는 시청자에게 방대한 역사를 아우르는 일반화된 지식과 정보를 제공하는 설명적 모드에 부합하지만, 그래픽 형식과 역동적인 움직임은 사실적인 정보를 제공하는 것 이상의 역할을 수행한다. 즉, 인간이 지구에 미치는 영향의 크기에 대한 공통된 인식으로 특징지어지는 새로운 시대인 인류세를 표현하는 스펙터클로 기능한다. 〈인류세에 오신 것을 환영합니다〉가 인간의 지각에는 감지되지 않는 데이터 집합을 나타내는 선의 복잡성과 밀도를 강조하는 것은 T. J. 데모스의 견해를 반영하는 것처럼 보인다. 그는 "지질학의 확장된 공간적, 시간적 규모가 인간의 이해를 뛰어넘어 표현 체계에 중대한 도전을 제기하고 있다"[40]는 인류세의 테제를 이 작품이 압축하는 것으로 읽는다. 한편으로는 지구의 곳곳을 자유롭게 축소하고 확대하면서 인류의 거대하고도 압축적인 영향력은 물론 그에 따른 위기를 극복하기 위한 보편적인 인식을 강조하는 이 작품의 시각성은 니컬러스 미르조에프가 '인류세 시각성'이라는 이름으로 비판했던 효과에서 자유롭지 않다. "인류세 시각성은 서구 사회가 수 세기 동안 벌여온 자연과의 전쟁이 옳을 뿐만 아니라 아름답고 승리할 수 있다고 믿게 만든다."[41] 이와 같은 비판이 일정 부분 타당하더라도, 이 작품의 지배적인 시각성을 구성하는 다양한 선들의 복잡성과 밀도가 단일하고 초월적이며 보편적인 구도에서 나온 것이 아님을 염두에 둘 필요가 있다. 즉, 이 선들은 인류세의 지구를 구성하는 다양한 시간 축과 이에 관여하는 지질학적, 대기적, 인프라구조적 힘들과 연관되고, 이와 같은 힘들의 변화를 측정하는 다양한 기술적, 과학적 도구들에서 파생된다. 이 점은 〈인류세에 오신 것을 환영합니다〉와 유사한 복잡하고 밀도 있는 선들을 활용하면서도 지구 내 주요 연안과 심해의 생태계 및 자원 환경 변화에 작용해 온 산업적, 군사적, 지정학적 영향력을 원격 감지 위성, 부표, 레이더, GPS, 선박 자동 감지 시스템, 수학적 모델 등에서 파생된 다양한 데이터를 처리하여 탐구한 테리토리얼 에이전시(Territorial Agency)의 〈변동하는 바다(Oceans in Transformation)〉(2020)를 통해 드러난다.[42]

이와 같은 사례가 예시하는 것은 데이터 시각화가 동시대의 위기를 매개하고 재현하는 또 다른 양가적 국면이다. 이는 곧 디지털 이전의 데이터 시각화를 확장된 다큐멘터리 형식으로 간주할 때, 그러한 형식이 정보와 지식, 주장을 구축하는 과정에 내재하는 양가적 효과다. 팰런은 "한편으로 시각화는 방대한 양의 정보를 한데 모아 세상의 숨겨진 차원을 드러낼 수 있는 잠재력을 제공"하는 반면 "현실을 왜곡하고 관찰자를 오도하기 위해 조작될 수도 있다"[43]라는 점을 지적한다. 이를 확장하여 코로나19를 다룬 특정 데이터 시각화가 바이러스가 확산되는 세계에 대한 지식과 여론, 의사 결정에 도움을 주지만 다른 한편으로는 관찰자를 오도하고 충실도를 떨어뜨리는 두 가지 방식을 식별할 수 있다. 이는 수사적 편향과 단순화로, 다큐멘터리 영화 제작 일반에도 적용된다. 2020년 3월 20일에 《뉴욕 타임스》에 게재된 데이터 저널리즘 기사 「바이러스는 어떻게 퍼졌는가」(그림 1-5)[44]는 코로나19 관련 데이터 시각화가 다큐멘터리 영화와 유사한 방식으로 객관성과 주관성을 어떻게 혼합하는가를 예시한다. 이 기사는 휴대폰 데이터에서 추출한 중국 전역의 여행 패턴, 우한발 항공 여행 패턴, 존스홉킨스대학교와 세계보건기구의 사례 보고서를 바탕으로 수억 명의 감염자 이동을 시각화하여 우한에서의 초기 발생, 아시아와 유럽으로의 확산, 3월 초 미국 전역으로의 지역 확산을 기록한다. 바이러스의 첫 확진자가 보고된 화난 해산물 시장의 지도를 시작으로, 이 기사는 중국 전역과 중국을 오가는 환자 수와 인구수를 각각 빨간색과 초록색 점으로 표시하여 방대한 발병 규모와 빠른 전염성에 대한 정보를 시각화하는 데 성공한다. 점의 밀도와 규모는 확진자가 지역적, 국제적으로

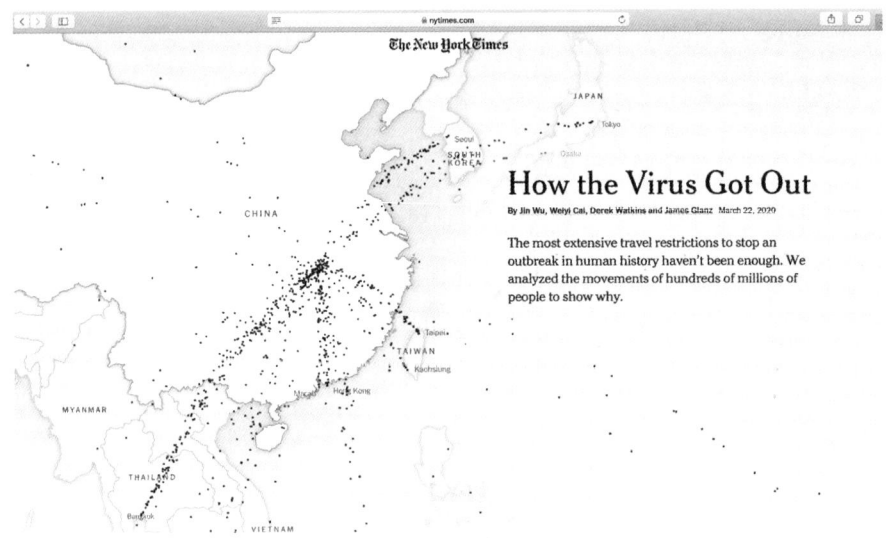

그림 1-5 《뉴욕 타임스》의 데이터 시각화 기사 「바이러스는 어떻게 퍼졌는가」
(2020년 3월 22일), 스크린 캡처.

빠르게 증가하는 상황을 극적으로 표현하고, 중국 지도에서 동아시아, 동남아시아, 중동, 유럽의 주요 도시로 채워진 지하철 지도로의 전환은 2D 및 3D 그래픽으로 렌더링되어 바이러스가 국경을 넘는 이동을 역동적으로 표현한다. 이 기사의 정보 전달력은 보는 것과 믿는 것, 또는 시각과 사고 사이의 오랜 상관관계를 전제로 한 근대적 시각문화의 시각적 요소에서 비롯된다. 그러나 데이터 시각화의 진실성 주장과 설득력 측면에서 볼 때, 이 기사의 시각적 요소는 팬데믹에 대한 중국의 책임을 평가하는 방법과 관련하여 정치적 편견을 조장한다는 비난을 받을 수 있다. 이 기사는 우한을 지하철 지도의 중앙에 배치하고 그 경로에 있는 수많은 녹색과 빨간색 점(중국인 여행자를 나타냄)의 움직임을 표현함으로써, 중국 정부가 환자 검사 및 추적을 지연하고 여행 제한 조치를 적시에 시행하지 않아 지도에 표시된 다른 국가에서도 지역 감염이 발생할 수 있다는 인상을 독자들에게 심어준다. 또한 이 기사는 미국 전역의 발병 원인을 트럼프 정부의 늑장 검사로 명시하고 있지만, 지하철 노선도에서 미국 영토로의 비약은 독자들에게 미국에서 바이러스가 처음 발생한 곳을 알려주지 않음으로써 이와 같은 인상을 강화한다.

「바이러스는 어떻게 퍼졌는가」 기사의 수사학적 편향은 그 자체로 불확실성을 내포하고 있는 바이러스의 진화와 확산을 어떻게 시각화할 것인가라는 데이터 시각화 전문가들의 문제와 연결되었다. 이는 데이터 시각화의 근본적인 딜레마, 즉 너무 방대하거나 보이지 않거나 알 수 없는 현실의 측면을 추상화, 축소, 단순화의 논리로 시각화하여 보는 사람의 직관적인 데이터 이해를 보장해야 한다는 점을 시사한다. 스티븐 고셋이 요약하듯 "시각화의 가독성과 불확실성을 전달하는 것 사이의 긴장은 데이터 시각화에서 오랫동안 지속되어 왔지만, 코로나19는 이러한 긴장을 두드러지게 했다."[45] 《워싱턴 포스트》에 실린 해리 스티븐스의 기사[46]와 그랜트 샌더슨의 유튜브 동영상인 〈전염병 시뮬레이션(Simulating an Epidemic)〉 (2020)[47]은 곡선 차트와 점도표(dot plot)를 사용하여 감염 사례 수의 '곡선을 평평하게 만드는(flattening the curve)' 사회적 거리두기의 효과를 보여준다. 튀어 오르는 공이나 움직이는 점과 같은 단순한 도형을 사용하여 특정 지역 사회에서 사람들의 움직임을 나타내고 확진자, 건강한 사람, 회복된 사람의 수 변화를 차등 곡선으로 시각화함으로써 이 두 시각화는 통제가 없는 상황, 격리 시도, 적당한 사회적 거리두기, 봉쇄의 결과를 서로 다른 시뮬레이션으로 제시한다. 이를 통해 이 두 시각화는 인적 네트워크를 통한 코로나19의 은밀하고 빠른 확산에 대한 집단적 인식을 제고했다. 그러나 스티븐스가 인정한 것처럼, 차트와 점으로 이루어진 이러한 시뮬레이션은 질병의 영향을 받는 사람들의 경제적, 인종적, 성별 차이 등 실제 생활의 복잡성을 지나치게 단순화한다. 즉, 팬데믹이 인종적, 성적 소수자와 경제적 하위 계급의 생명과 사회적 주체성에 보다 심대한 영향을 미쳤다는 또 다른 위기의 국면이 지워질 수 있는 것이다. 이러한 의미에서 두 프로젝트는 소외된 주체의 신체를 관찰하지 않은 채 방기하고 그들의 목소리를 침묵시키는 현대 데이터 시각화의 추상화 능력에 대한 타카하시의 우려를 입증하기도 한다. 광대하고 보이지 않으며 알 수 없는 것으로 인식되는 세계의 객관적 증거를 가리키거나 경험적 지식을 설명하기 위해 상징적 축소와 투명성을 추구하는 데이터 시각화는 현실의 세부 사항을 불가피하게 누락하는 등 표현의 한계에 직면한다. 이것은 데이터 시각화에 내재된 위기이자 그것이 다루는 위기의 난해한 양상이다.

그렇다면 코로나19의 불확실성을 다루는 데이터 시각화의 기록적 가치는 무엇인가? 이러한 시각화가 현실을 표현하고 알 수 있게 만드는 능력에 대한 과학적 경험주의의 나이브한 신뢰와 이와 같은 능력에 대한 타카하시의 불신 중 어느 쪽도 선택하지 않아도 되는 방식으로 질병의 영향을 재현할 수 있는가? 데이터 시각화의 그래픽 집약적 특성은 그 규모와 영향력이 너무 방대하고 눈에 보이지 않으며 헤아릴 수 없는 특정 현상에 직면한 세계의 정서적이고 구체화된 경험을 불러일으킬 수 있다. 이러한 의미에서 코로나19의 불확실성을 다루는 데이터 시각화는 그 변이와 확산 가능성에 대한 과학적 실체를 밝히는 동시에 전 세계에 미치는 영향에 대한 다양한 지적, 정서적 반응을 유발한다. 카메라의 범위를 넘어 팬데믹의 영향을 받은 세계를 표현하기 위한 유사-다큐멘터리 제작의 한 유형

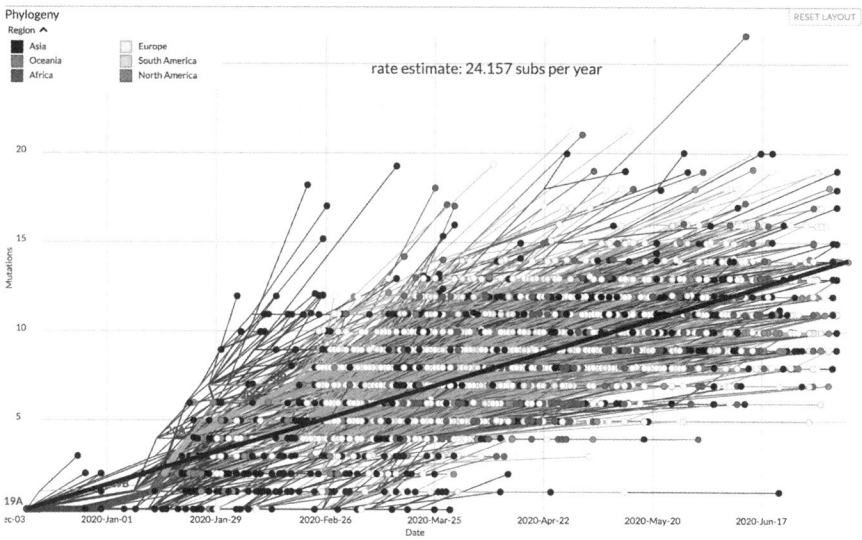

그림 1-6 넥스트스트레인(nextstrain.org)에 출간된 "신종 코로나바이러스의 게놈 역학: 글로벌 하위 샘플" 데이터 시각화. 스크린 캡처.

으로서 데이터 시각화가 제작되고 유통되어 온 한 가지 이유가 여기에 있다. 병원체 게놈 데이터의 과학적, 공중보건적 잠재력을 활용하기 위한 다국적 연구기관 넥스트스트레인(nextstrain.org)의 오픈소스 프로젝트가 이를 잘 보여준다(그림 1-6).[48] 이 프로젝트는 2019년 12월부터 약 300개의 게놈을 샘플링하여 코로나19의 확산을 추적하고 계통 발생과 전 세계 여러 확산 지역에 대한 시각 데이터를 게시했다. 한편으로는 각 계통수(직사각형, 방사형, 비뿌리형, 시계형)를 채우고 있는 작은 원들이 바이러스의 뉴클레오티드(nucleotide) 변이에 대한 과학적 정보를 제공하여 과학자들이 백신을 개발하고 의사 결정자들이 관련 공중 보건 정책을 시행하는 데 도움을 주었다. 반면에 바이러스의 기하급수적인 확산을 시각화한 별도의 세계지도에 나타나는 극도의 밀도는 단순성과 투명성이라는 데이터 시각화의 과학적 경험주의를 초과한다. 직관적인 가독성을 위협하는 요소에도 불구하고 넥스트스트레인의 시각화 프로젝트가 위기를 매개하는 다큐멘터리 인공물로서 의미 있는 이유는 코로나19에 대한 우리의 정서적이고 체화된 반응과 일치하는 복잡성의 미학을 수용했기 때문이다. 게놈 샘플을 나타내는 수많은 원, 유사한 변이를 공유하는 국가 그룹을 묶는 선, 팬데믹의 지리적 표시는 직관적으로 파악하기에는 너무 복잡하고 집중적인 방식으로 표현되었다. 이는 바이러스가 얼마나 통제할 수 없는 상태인지, 전 세계에 미치는 영향이 어느 정도인지에 대한 인식을 높였다.

혹자는 넥스트스트레인의 데이터 시각화가 전통적인 다큐멘터리 영화에서 일종의 설명적이고 논증적인 보이스오버 역할을 하는 캡션과 결합된 「바이러스는 어떻게 퍼졌는가」와 달리 주로 의학자와 바이러스학자가 분석하고 이용할 수 있는 게놈 정보를 역동적으로 표현한다는 점에서 다큐멘터리 영화의 형식에 맞지 않는다고 주장할 수도 있다. 그러나 이러한 명백한 차이를 염두에 두면서도 나는 이 시각화를 두 가지 이유로 확장다큐멘터리 형태로 볼 수 있다고 주장한다. 첫째, 과학 및 의학 전문가뿐만 아니라 일반 대중도 바이러스의 확산과 변종에 대해 알고 싶어 했고, 이에 압도되어 그 영향에 대한 개인적, 집단적 대응책을 요구했다는 점이다. 바이러스에 대한 과학적 기록과 분석에 의해 촉발된 지식에서 공감, 행동으로의 전환은 실제로 전통적인 다큐멘터리 영화가 해왔던 일이지만, 이 경우에는 오랫동안 다큐멘터리의 특권적인 미적, 인식론적 요소였던 렌즈 기반 촬영 이미지가 아닌 다른 수단을 통해 이루어졌다. 둘째로 더 중요한 것은 이러한 시각화가 카메라의 범위를 넘어선 세계를 표현하고 그 규모를 표현할 수 있는 이른바 예술적 시각화와 병행한다는 점이었다.

결론

지금까지 살펴보았듯 디지털 시대의 데이터 시각화는 '대규모'라는 용어가 집약하는 21세기의 환경적, 지질학적, 정치적 위기에 반응하면서 그 위기가 야기하는 불확실성과 광대함의 감각을 인식론적, 미학적으로 구성한다는 점에서 위기를 매개하는 위기미디어의 한 형태다. 이와 같은 형태가 위기와 관련될 때의 양가적 면모는 분명하다. 19세기의 과학적 실증주의가 가정했던 시각적 기호의 투명성과 명료함을 계승할 때 디지털 데이터 시각화는 한편으로는 "문화 형식의 즉각성, 대중적 호소력, 시청자의 의식을 변화시킬 수 있는 잠재력에 대한 주장에 기여"하지만 다른 한편으로는 "보편주의의 수사학"[49]에 기댐으로써 타카하시가 우려했던 점, 즉 '디지털 대규모의 웅성거림'을 소거하면서 위기에 대한 편향적 지식과 믿음을 강화할 수 있다. 그러나 이 장에서 살펴본 예술적 디지털 시각화는 이러한 위험에서 온전히 자유롭지 않으면서도 대규모의 위기에 대한 정서적 반응을 낳으면서 위기의 감각을 집단적으로 구축하는 데 기여한다. 이와 같은 시각화는 인문학적, 해석적, 구축주의적인 그래픽 표현이 사실주의적 통계 그래픽과 구별되는 가장 분명한 특징으로 "곡선, 막대, 세로줄, 퍼센트 가치 등이 항상 별개의 유한한 실체로 재현되는 것이 아니라 해석적 변수의 조건적 표현, 일종의 시각적 퍼지 논리나 그래픽적 복잡성으로 재현되는 데 있다"[50]라고 주장한 조해나 드러커의 견해에 부합하는 것처럼 보인다, 세계는 물론 그 세계에 촉발하는 다양한 위기를 가시화하는 시각적-정보적인 미디어 형태로서의 데이터 시각화는 그것이 어떻게 정보와 시각성을 매개하는가에 대한 성찰을 수반할 때, 그것이 그 위기에 내재된 알 수 없음과 비가시성을 어떻게 인정하는 동시에 극복하는가에 대한 미학적 대처를 포함할 때 더욱 긴요하고도 진보적일 것이다.

이와 같은 데이터 시각화가 미디어 개념을 확장하는 방식은 비단 다큐멘터리 영화에만 적용되지 않는다. 데이터 시각화에서 시각화의 대상인 데이터는 다양한 과학적 관찰 및 분석 도구와 컴퓨터 프로세스를 통해 처리된다. 코로나19의 유행은 이와 관련된 시각화가 바이러스의 유행과 관련된 인체의 다양한 샘플부터 사회적 거리두기의 측정을 위한 공공 영역의 감시 카메라에 이르는 다양한 의학적, 과학적, 생명정치적 기술들과 결부되어 있음을, 비슈누프리야 고시의 개념을 빌리자면 '전염병 미디어(epidemic media)'의 일부임을 일깨운다.[51] 토니 P. 샘슨과 유시 파리카가 밝히듯, 팬데믹 시기의 데이터 시각화가 전염병을 재현하는 지배적 이미지로 기능했던 이유는 그것이 바이러스와 관련된 데이터를 처리하는 서로 연결된 기술적 장치들의 동시적인 작동(operation)에서 생성되고 업데이트되었기 때문이다. "실제 또는 예상되는 바이러스와 그 영향은 미디어 재현, 과학적 도표, 데이터 시각화, 통계 그래픽 등 이미지로 구체화되는 경우가 많지만, 이러한 이미지가 의미를 갖기 시작하는 것은 반복되는 작동성(operationality)의 고리 속에서만 가능하다."[52] 즉, 데이터 시각화는 미디어를 확장한 기술들의 복합체라는 관점에서, 그 복합체를 가능하게 하는 동시에 그 복합체를 통해 변모하는 환경의 관점에서 바라보게 한다. 다음 장에서 살펴보듯, 이와 같은 면모를 확인할 수 있는 21세기의 또 다른 미디어 형태는 렌즈를 통한 관찰과 기록을 공중에서 수행하지만 인간의 의도성과 인간 지각의 연장만으로는 그 작동과 지각의 구축을 설명할 수 없기 때문에 시각성의 위기를 야기해 온 장치, 드론이다.

2장

드론

새로운 시각 미디어: 드론

무인 항공기(unmanned aerial vehicle: UAV)라는 정식 명칭을 가진 드론은 21세기 들어 영화와 텔레비전, 시각 저널리즘으로 영역을 확장해 왔다. 드론에 장착된 카메라는 그 장소에 대한 전지적이고 총체적인 조망을 제공한다. 할리우드는 〈007 스카이폴(Skyfall)〉(2012), 〈쥬라기 월드(Jurassic World)〉(2015), 〈캡틴 아메리카: 시빌 워(Captain America: Civil War)〉(2016) 등에서 드론을 활용한 촬영 장면을 포함시켰다. 그러나 드론 카메라를 최근 가장 활발히 활용하고 있는 영역은 시각 저널리즘을 포함한 다큐멘터리다. BBC에서 2016년 제작, 방영한 자연 다큐멘터리 〈행성 지구 II(Planet Earth II)〉(2016)에서 제작진은 인간이 직접 육체적으로 도달하기 힘든 생물체와 경관을 포착하기 위해 드론을 적극적으로 활용했다.[1] 드론 장

비가 군사적 활용이나 전문가의 손을 넘어 보편화되면서 이 기록 장치들을 활용한 다큐멘터리와 시각 저널리즘 영상이 최근 몇 년간 활발하게 제작되어 왔고, 여행 리얼리티 텔레비전 프로그램을 비롯한 방송 제작물에서도 드론으로 포착한 조감도는 지상에서는 불가능한 광대한 풍경의 이미지로 관객의 시야를 확장해 왔다. 드론 장치 자체의 기능성을 기록한 다큐멘터리는 물론 드론 카메라를 활용한 뉴스 리포트, 풍경과 건축물을 관찰한 다큐멘터리들이 뉴욕시 드론영화제(New York City Drone Film Festival)를 비롯한 플랫폼에 지속적으로 소개되고 있다.[2]

시각 미디어는 물론 원격 물류 수송도 포함하는 민간 영역에서 드론의 이와 같은 활용 이면에는 21세기 세계 곳곳의 전장에 배치되면서 전쟁의 성격을 재편해 온 군사용 드론이 있다. 9·11 이후 미국이 '테러와의 전쟁'을 수행하면서 집중적으로 개발한 드론은 아프가니스탄과 이라크 등의 영공을 선회하면서 군인은 물론 다양한 민간인과 거주 지역 또한 목표물로 삼아 왔다. 드론은 원거리 전쟁, 원격 전쟁, 정보전의 패러다임을 증강하면서도 기존의 전투기나 폭격기, 정찰기가 수행하지 못했던 다양한 고도의 비행 능력과 기동성, 감지 능력으로 전쟁의 시각 장을 근본적으로 재구성해 왔다. 2020년대 들어 드론의 형태는 다양해졌고, 이들은 이제 군집(swarm)을 이루며 전장과 민간인 거주 지역을 넘나들어 왔다. 드론 군집은 "다양한 유형의 탄약과 센서를 통합하여 긴밀하게 통합된 다중 영역 공격을 가능하게 하고, 새로운 유형의 정보 소스를 추가하며, 개별 드론이 서로 다른 환경적 위험에 따라 서로 다른 속도로 움직일 때 조정의 문제를 제기한다."[3] 이와 같은 드론 군집의 성격이 여실히 발휘된 사례가 러시아-우크라이나 전쟁이었다면, 2023년 발발한 이스라엘-하마스 교전은 드론의 존재와 작동 방식을 한층 업그레이드해 왔다. 이스라엘군은 연금술사(The Alchemist), 복음(The Gospel), 지혜의 깊이(Depth of Wisdom) 등의 코드명을 가진 인동지능 기반 드론 프로그램에 의존하여 하마스의 군사 시설과 조직원들의 개인 주택은 물론 민간인 거주 지역도 공격했다. 이스라엘 군의 드론 군집은 빅데이터 애널리틱스에 근거하여 잠재적인 적을 예측하는 알고리듬적인 목표물 설정 및 공격 시스템과 연동되었고, 그 결과는 가자지구를 '대규모 암살 공장(mass assassination factory)'으로 만들어 왔다. "정보 소식통에 따르면 합소라(Habsora, Gospel의 히브리어)는 무엇보다도 하마스나 이슬람 지하드 요원으로 의심되는 사람들이 살고 있는 개인 주택을 공격하라는 자동 추천을 생성한다. 그런 다음 이스라엘은 이러한 민가에 대한 대대적인 포격을 통해 대규모 암살 작전을 수행한다. 한 소식통은 합소라가 수만 명의 정보 요원도 처리할 수 없는 방대한 양의 데이터를 처리하여 실시간으로 폭격 장소를 추천한다고 설명한다."[4] 이와 같은 사례들은 드론의 병참화와 드론 중심의 전쟁 수행이 집적해 온 법적, 윤리적, 지정학적 위기를 대변한다.

　드론 카메라의 이와 같은 양가성을 어떻게 설명할 수 있는가? 이 질문에 답하기 위해 이 장은 우선 디지털 기술이 도입한 새로운 카메라 장치인 드론 카메라가 다큐멘터리 카메라의 개념적, 미학적 차원과 다큐멘터리의 관람 경험에 미친 영향을 논의한다. 다큐멘터리가 현실을 재현하고 시각을 향상시키기 위해 카메라 테크놀로지의 발전을 활용했고, 새로운 촬영 테크놀로지가 다큐멘터리의 양식과 현실의 기록 및 구성을 변화하는 데 기여할 것이라는 신념은 지가 베르토프의 이론 및 실천, 그리고 제2차 세계대전 이후 다큐멘터리의 역사를 통해 입증되어 왔다. 이 장은 우선 다큐멘터리 카메라의 이러한 역사적 발전을 개괄하면서 카메라 테크놀로지의 경량화와 가동성이 촬영기사의 지각을 연장하는 의인화된(anthropomorphic) 카메라의 모델, 또는 인간의 감각을 확장하는 체화된(embodied) 카메라의 모델을 정립하고 강화했음을 밝힌다. 궁극적으로 이러한 역사적 고찰은 드론 카메라의 기술적 특성들이 기존의 인간중심적 카메라 모델과는 변별적인 카메라 개념, 즉 카메라 조작자의 의도성과 신체적 지각을 넘어서는 탈체화된(disembodied) 카메라 개념을 활성화한다는 주장으로 이어진다. 원격으로 제어되고 수직적인 항공 조망과 목표물에 대한 초점화를 가능하게 하는 드론 카메라는 조작자의 의도에 온전히 귀속되지 않는 디지털 장치의 유동적, 초월적 응시를 활성화한다. 또한 드론 카메라는 그 자체로 독립적으로 작동하는 미디어 객체일 뿐 아니라 조작자, 네트워크, 스크린 기반 장치, 통제실 등과 연결되어 객체를 감지하고 이를 목표물로 설정하는 복합체라는 점에서 미디어 존재론의 관점에서도 전통적인 다큐멘터리 미디어와 구별된다. 이를 분명히 밝힘으로써 이 장은 드론 시각이 제기하는 위기는 지평선에 근거한 전통적인 시각 장을 교란하고 재편하는 지각의 위기이고, 이는 드론이 영토와 타자를 항구적인 감시 대상이자 목표물로 설정하는 인식론적 위기, 그리고 세계를 잠재적 위협의 시간성으로 재편하는 존재론적 위기와 접속한다는 점을 주장한다.

이어 이 장은 드론의 탈체화된 응시가 위기와 관련될 때의 양가적인 면모 또한 주장한다. 즉, 한편으로 드론의 유동적인 원거리 응시는 지각적, 인식론적, 존재론적인 위기를 야기하지만, 다른 한편으로는 지평선에 근거한 전통적인 시각 장을 낯설게 하고 이러한 시각 장에서는 담아낼 수 없는 세계의 규모와 디테일을 포착함으로써 대규모 이주, 지정학적 분쟁, 인류세 등의 위기를 매개하는 미디어 형태로 이어지고 이는 다큐멘터리 형태의 확장에 기여한다. 후자의 측면을 고려할 때 드론 영상은 21세기의 다양한 위기가 제기하는 재현의 문제로 1장에서 살펴본 대규모의 세계에 참여한다는 점에서 데이터 시각화와 합류한다. 코로나19 봉쇄령 당시 전 세계적인 주목을 끌었던 일련의 드론 영상이 이와 같은 합류의 양상을 입증한다.

의인화되고 체화된 다큐멘터리 카메라

전통적 다큐멘터리는 출발점부터 카메라를 인간의 시각을 연장하는 가능성과 육안의 지각을 넘어선 응시와 기록의 가능성이라는 양가성 모두를 제공하는 장치로 규정했다. 존 그리어슨은 다큐멘터리의 미학과 인식론을 담론적으로 정립하면서 카메라의 이러한 양가성에 주목했다. 즉, 그리어슨은 다큐멘터리에서 카메라의 역량이 감독이 의도한 현실을 조명하고 그 현실에 대한 시각적 증거를 제공하는 것 이상의 능력에 달려 있다고 보았다. "카메라의 마법적 사실은 감독이 전혀 보지 못하는 것을 선별하는 것, 그리고 감독이 강조점이 있다고 생각하지 않은 곳에 강조점을 둔다는 것이다. 카메라는 알려지지 않은 세계의 발견자이자 잃어버린 세계의 재-발견자다."[5] '알려지지 않은 세계' 또는 '감독이 전혀 보지 못하는 것'을 발견하게끔 하는 카메라의 역량에 대한 신뢰는 베르토프의 신념과 공명한다. 베르토프는 키노-아이(Kino-eye)로 대표되는 카메라의 응시가 육안의 지각을 단순히 연장하는 시각이 아니라 그러한 지각의 한계를 넘어선 시각, 세계와 인간을 새롭게 매개하는 기계적 시각을 제공한다고 주장하고 이를 〈카메라를 든 사나이(Man with a Movie Camera)〉(1929)에서 다양한 카메라 앵글과 가동성으로 실천했다. 즉, 이 영화에서 카메라 촬영기사가 사회주의 모스크바 곳곳을 누비며 기계적 리듬에 따라 역동적으로 변화하는 도시의 일상적 디테일을 기록한다 하더라도, 이 영화를 구성하는 모든 쇼트가 그 촬영기사의 육체적 활동 범위에 국한되지는 않았다. 그 결과 〈카메라를 든 사나이〉에서 다양한 카메라 앵글과 거리, 촬영 속도로 구현되는 키노-아이의 이념은 이미 존재하는 영화-이전(profilmic)의 진실을 수동적으로 기록하는 응시를 지향하기보다는 기계적 시각의 매개자인 카메라가 형성하는 새로운 종류의 진실을 지향했다. "가장 주요하고 근본적인 것은 영화를 통한 세계의 감각적 탐구다. … [키노-아이의] 카메라는 공간을 채우는 시각적 현상의 혼돈을 탐구하는 데 인간의 눈보다 더욱 완벽하다. 키노-아이는 시공간 내에서 살고 움직인다. 키노-아이는 인간의 눈과는 전혀 다른 방식으로 인상들을 수집하고 기록한다."[6]

1960년대 경량화된 16mm 필름 카메라와 동시녹음 장비라는 기술적 조건들로 촉발된 다이렉트 시네마(Direct Cinema)와 시네마 베리테(Cinéma vérité)는 육안의 시야를 넘어서는 카메라의 역량을 감독의 인식과 지각으로 전유하고자 하는 움직임이었다. 이 두 역사적 운동의 차이는 촬영 당시에 진행 중인 현실을 살아 있는 경험 (lived experience)으로서 기록하는 카메라의 가동성을 감독과 현실과의 관계라는 축에 어떻게 배치하는가라는 질문에서 비롯되었다. 빌 니콜스가 관찰자적 다큐멘터리(observational documentary)라는 양식으로 분류하는 다이렉트 시네마에서 감독은 기록되는 현실에 비가시적이고 비개입적인(non-obstrusive) 것으로 상정되고 카메라는 그 현실을 비추는 투명한 창으로 현전한다.[7] 브라이언 윈스턴이 요약하듯 다이렉트 시네마에서 "테크놀로지는 객관성을 암묵적으로 '보증했다.' 현실을 객관적으로 재현하는 사진의 문화적 주장은 과학적으로 볼 때 감독의 주체성을 사실상 보기 어렵다는 점을 뜻했다. 관객은 촬영자의 주체성을 무시하고 사진적 이미지를 (통상) 문제없는 증거로서 '신뢰하도록' 상정되었다."[8] 그러나 다이렉트 시네마의 비개입적 자세가 촬영기사의 시선과 운동을 체현하는 카메라의 기술적 가능성과 협상한다는 점을 지적할 필요가 있다. 애나 그림쇼와 어맨다 라베츠(Amanda Ravetz)의 다이렉트 시네마에 대한 수정주의적 연구는 관찰자적 다큐멘터리를 "관음증, 객관화, 가정된 투명성(assumed transparency)"[9]으로 간주하는 고정관념에서 벗어나 카메라가 감독의 응시를 의인화하고 관람자의 체화된(embodied) 지각을 활성화하는 국면을 식별한다. 프레더릭 와이즈먼의 〈티티컷 폴리(Titicut Follies)〉(1967)는 주로 피사체로부터 떨어진 카메라의 위치가 피사체를 비인간적 응시의 권위와 냉정함에 종속시킨다는 관점에서 논의되었지만, 그림쇼와 라베츠는 다른 관점을 제시한다. "이 영화의 관람을 불편하게 만드는 거리와 근접성 사이의 갈등은 감독으로서의 와이즈먼이 취하는 거리와 [촬영기사의] 체화된 카메라가 가진 육감적(visceral) 특질 사이의 불일치에서 나타난다."[10]

　다이렉트 시네마의 비개입적 자세에 대항하여 현실에 스스로를 드러내면서 그 현실을 매개하는 감독의 적극적인 역할을 강조한 시네마 베리테에서 카메라의 체현적 의인화는 보다 분명히 명시된다. 윌리엄 로스먼은 "시네마 베리테의 카메라가 감독 신체의 연장으로 지각되기 때문에, 카메라의 현전은 무엇보다도 감독이라는 인물과 동일시된다"고 지적한다."[11] 참여적 다큐멘터리(participatory documentary)에서 카메라를 감독의 신체와 지각을 의인화하는 장치로 여겼던 이는 시네마 베리테를 실천한 장 루슈 자신이었다. 루슈는 민족지 영화 제작자가 자신 앞에 전개되는 현실 속으로 침투할 수 있게끔 한다는 점을 핸드헬드 카메라의 유용함으로 지적하면서 이러한 카메라를 '살아 있는 카메라(living camera)'라고 지칭한다. "오늘날 다이렉트 시네마를 촬영하는 모든 촬영기사는 어떻게 자신의 카메라를 지니고 걸어야 하는지를 안다. 그 결과 그들은 자신의 카메라를 베르토프가 전망했던 키노-아이, 즉 '살아 있는 카메라'로 바꿀 수 있다."[12] 이와 같은 은유는 시네마 베리테의 잘 알려진 이상과 호응한다. "루슈는 카메라의 현전이 민족지 제작자의 현전과 마찬가지로 자극하고, 수정하고, 가속하고, 촉매를 일으키고, 창을 열어야 한다는 점을 고수했다."[13] 16mm 카메라와 동시녹음 장비와 같은 기술적 발전은 감독 또는 촬영기사의 현전이라는 인본주의적 관점, 또는 이들의 지각이 연장된다는 관점에서 평가되었다. 루슈는 이를 입증하듯 "촬영기사와 녹음기사를 더 이상 비가시적으로 만들지 않고 진행되는 사건에 참여자로 만드는 것"이 "새로운 장비"와 그 장비로 가능해진 영화 제작자의 "새로운 행동 방식"[14]이라고 주장한 바 있다. 이러한 주장은 키노-아이와 감독을 인본주의적으로 동일시하는 루슈의 등식으로 연장된다. "내 눈과 접촉한 카메라와 더불어 나는 베르토프가 말한 기계적 눈이 된다. 영화-눈과 영화-귀와 더불어 나는 영화-촬영 과정에서 '영화-환각(ciné-trance)'에 빠진 영화-루슈(ciné-Rouch)가 된다."[15]

핸드헬드 촬영기법을 포함한 체현적 카메라의 기술적, 미학적 가능성, 즉 루슈가 말한 '살아 있는 카메라'의 가능성은 다이렉트 시네마의 객관주의적 접근과 대비되는 1970년대 이후의 다큐멘터리에서 본격적으로 탐구되었다. 실험영화의 맥락에서는 일기 영화(diary film)로 분류되는 요나스 메카스의 자서전적 다큐멘터리(autobiographical documentary) 그리고 여성, 게이, 레즈비언 등 정체성의 정치와 연관된 다큐멘터리 작품들은 특정 상황에 놓인 공동체에 대한 생생한 기록을 인간과 사회에 대한 일반적인 진실로 제시하는 다이렉트 시네마의 작업과는 대조적으로, 현실에 대한 감독의 참여와 개인적 관점으로 구성되는 진실을 추구했다. 마이클 레노프는 이러한 일련의 다큐멘터리 작품들을 포스트-베리테(post-vérité)로 명명하면서 이 작품들에서 "주체성은 더 이상 '부끄러워할 만한 그 무엇'으로 여겨지지 않는다. 주체성은 오히려 현실이 담론으로 진입하는 필터이자 체현적 지식으로서의 자신의 목적을 향한 작업을 이끄는 일종의 경험적 컴패스다"[16]라고 서술한다. 이러한 작품들에서 핸드헬드 카메라는 감독이 카메라를 직접적으로 마주하는 자기-기록(self-inscription)의 기법과 더불어 감독의 주체성을 이미지에 감각적으로 반영한다. 즉, 핸드헬드 카메라의 불안정한 운동이 발산하는 촉각적 감각은 "촬영기사의 자기-성찰성을 함축하는데, 그의 오프스크린 현전은 카메라의 운동에 의해 화면 안에 체현된다."[17]

경량화된 디지털 비디오(digital video: DV) 카메라와 스마트폰 빌트 인 카메라의 기술적 향상 덕택에 의인화된 체현적 카메라는 다큐멘 터리의 여러 양식으로 확산되어 왔다. 2000년대 이후의 자서전적 다 큐멘터리 또는 에세이 영화에서 체현적인 디지털 카메라의 사용은 아녜스 바르다의 〈이삭 줍는 사람들과 나(The Gleaners and I)〉(2000), 〈필름맨(Le filmeur)〉(2005)을 비롯한 알랭 카발리에의 작품들, 샹탈 아커만의 〈노 홈 무비(No Home Movie)〉(2015), 그리고 스마트폰 빌트 인 카메라로 촬영된 자파르 파나히의 〈이것은 영화가 아니다(This is Not a Film)〉(2011)에서 발견된다. 이 작품들에서 경량화된 무게와 작 은 사이즈를 갖춘 디지털 촬영 장치는 "오프스크린에서 온스크린 공 간으로 움직이며 손쉽게 스스로를 노출하면서, 객관성의 환영과 장 치의 비가시성으로부터 장치의 불가피하고도 스스로를 시인하는 노 출로 자연스럽게 이행한다."[18] 그러나 촬영기사 또는 감독의 체현적 지각을 활성화하는 디지털 카메라의 의인화된 활용은 자서전적 다 큐멘터리와 에세이 영화의 범위를 넘어선다. 2000년대 중반 이후 유 행한 일련의 전쟁 다큐멘터리인 〈전쟁 테이프(The War Tapes)〉(2006), 〈전쟁 일기(Combat Diary)〉(2006), 〈아르마딜로(Armadillo)〉(2010), 〈레 스트레포(Restrepo)〉(2010) 등의 작품들은 이라크전 또는 아프가니스 탄전에 참전한 군인들에게 제공되거나 그들의 신체에 설치된 카메라 [예를 들어 헬멧−캠(helmet-cam)]로 촬영된 기록 장면을 텍스트의 중심 에 배치한다. 이 작품들에서 군인들의 카메라가 구축하는 1인칭 시 점은 전장 한가운데 던져진 군인들의 행위자는 물론 카메라 자체의 수행적 역할을 적극적으로 노출하면서 관객이 군인들의 전장 체험을

감각적으로 체화하는 과정을 활성화한다.[19]

드론의 탈체화된 비인간적 응시와 위기

이와 같은 다양한 영화들을 고려할 때, 체화된 관람성과 의인화된 카메라의 강화를 디지털 촬영 장치가 다큐멘터리 카메라의 개념적, 미학적 차원에 미친 영향으로 규정할 수도 있다. 그러나 드론 카메라에는 의인화된 카메라라는 패러다임을 넘어서는 기술적, 미학적 특성들이 존재한다. 즉, 이러한 카메라가 현실에 자리하고 설치되고 가동하는 방식은 DV나 스마트폰 빌트인 카메라가 촬영기사와 맺는 관계와 동일하지 않으며, 이러한 차이가 시각적으로 표명될 때 관람자의 관계는 촬영기사 또는 감독의 시점과 지각을 체현하는 관람성만으로 환원될 수 없는 복잡성을 띠게 된다.

이 점을 밝히기 위해 다큐멘터리 카메라가 구축하는 체현적 관람성에 대한 비비언 솝책의 현상학적 이론을 잠시 살펴보자. 자신의 현상학적 이론을 최초로 정립했던 1990년대에 솝책은 베르토프의 '키노-아이'를 인용하면서 "그 기계가 명백히 '불가능한' 인간 지각, 즉 그 기계의 체화 없이는 실현되지 않았을 지각을 활성화한다 하더라도 세계를 지각하는 인간의 의도적 행위로 체화된다"[20]고 주장한 바 있다. 그런데 이로부터 20여 년 이후의 논문에서 솝책은 카메라의 운동과 이미지 내의 운동이 결합하면서 이루어지는 관람자-영화적 신체(film body) 간의 상호주관적 관계가 감시 카메라에서는 표준적 영화와 다르게 형성된다는 점을 언급한다. "[감시 카메라의 보기]는 그것이 응시하는 세계로부터 지속적으로 거리를 둔 채 무관심한 것처럼 보인다. 따라서 세계를 향한 그 카메라의 변하지 않는 자세는 의도적이라기보다는 기계적이고, 지각하는 주체가 아니라 '장치'로서의 카메라를 가리키는 경향이 있다."[21] 물론 솝책은 카메라 장치의 기술적 차이와 그에 따른 시각적, 운동학적 차이에도 불구하고(즉, 감시 카메라의 경우처럼 카메라가 의인화되시 않너라도) 관람자가 다양한 시각적 기록을 체화한다는 점에는 변함이 없다는 결론에 도달한다. "우리는 관람하는 조망(viewing view)의 동역학에 지각적으로 동일화하고 스스로를 그 조망의 비-인간중심적 시각과 비-의인화적인 내적 리듬들에 '따라' 지각된 세계에 스스로의 위치를 지정하는 데 아무런 문제가 없다."[22] 이러한 결론에도 불구하고 솝책은 관객이 '비-인간중심적 시각'을 제공하고 '비-의인화적인 내적 리듬'에 따라 움직이는 카메라와 어떤 관계를 맺는가, 그리고 이러한 카메라가 어떻게 세계 내에 존재하며 어떤 시각적 조망을 제공하는가에 대한 답을 제공하지는 않는다. 드론 카메라는 바로 이러한 질문을 탐구하는 데 유용한 사례를 제공한다.

드론에 부착된 카메라는 전쟁에서 활용될 경우 목표물의 포착과 조준, 항구적 감시를 가능하게 하며 목표물과는 떨어진 통제실에서 혹은 원격 조정 장치에 의해 움직인다. 따라서 조작자가 어떤 목표물을 겨냥하더라도 그 목표물을 포착하는 조망은 조작자의 육안을 통한 지각과 동일하지 않다. 즉, 드론 카메라는 인간의 부분적 시각을 넘어선 조망을 제공하는데, 그레고와르 샤마유는 이러한 조망을 시점의 총체화 또는 동시감시 조망(synoptic viewing)으로 명명한다. "드론은 단지 하나가 아니라 마치 파리의 눈이 가진 수많은 면처럼 전방향으로 직면할 수 있는 여러 개의 고화질 소형 카메라를 원하는 대로 활용할 수 있다. … 이와 같은 시스템을 갖춘 단일한 공중 정지 기계는 모든 마을에 걸쳐 자리하는 비디오 감시 카메라 네트워크의 등가물이 될 것이다. 드론은 '모든 것을 보게(all-seeing)' 될 것이다."[23] 즉, 드론 조작자가 드론 카메라의 응시와 동일시하더라도 이는 의인화된 카메라의 모델처럼 그 조작자의 지각과 운동이 연장된 결과가 아니다. 오히려 조작자는 항공기의 운동과 카메라가 제공하는 시각 데이터의 흐름으로 구성되는 총체적 또는 동시감시 조망에 자신의 응시를 동일화한다. 따라서 드론의 조망은 폴 비릴리오가 여러 책을 통틀어 변주한 주장, 즉 사진과 영화를 포함한 시각 기계(vision machine)의 가속화와 자동화가 육안의 지각을 기계의 탈인간적 지각으로 대체함으로써 전장은 물론 세계 일반에 대한 현상학적 경험의 지평을 붕괴시킨다는 주장을 현실화한다.[24] 드론 카메라로 기록된 푸티지가 제공하는 위로부터의 조망은 의인화의 모델을 벗어난 탈인간적 시선과 호응하는데, 이는 히토 슈타이얼이 말한 '수직성의 지배', 즉 오늘날 구글맵과 감시 파노라마 등을 통해 보편화된 조감도의 응시가 선형 원근법의 안정된 지평선과 그 지평선이 구축한 인간중심적 세계관을 근본적으로 와해시키고 있다는 통찰과 호응한다. "관점의 변위는 기계와 여타 객체로 위탁되어 탈체화되고 원격 조종된 응시를 창출한다. … 동떨어진 관찰자의 응시는 신기술에 힘입어 막대하게 침입적인 수준으로 더욱 포괄적이고 전지적이게 되었다. 그 응시는 군사적인 만큼이나 도색적이고, 강렬한 만큼 광범위하며, 미시적이자 거시적이다."[25]

목표물에 대한 지속적인 감시와 조준을 가능하게 하는 '시점의 총체화'와 '수직성의 지배' 이외에도 드론 카메라의 탈인격적 국면은 슈타이얼이 말한 '시점이 기계와 여타 객체로 위탁'된다는 점과 연결된다. 드론 카메라는 현실의 기록과 전송이 카메라는 물론 무인 항공기와 원격 제어 장치, 데이터 송수신 장치의 조합에 근거한다는 점에서 근대적 시각 기계와 결별한다. 파시 발리아호가 말하듯 드론 카메라가 기록하는 푸티지는 "조종사와 군사 정보 분석가, 컴퓨터 알고리듬이 특정 지역에 사는 사람들에 대한 지속적인 리듬 분석에 참여함으로써 그들의 일상적 행위와 습관에 대한 유형을 수립하게끔 한다."[26] 따라서 드론 카메라의 총체화된 동시감시 조망은 존 존스턴이 말한 '기계적 시각(machinic vision)'을 체화한다고 말할 수도 있다. "기계적 시각은 상호작용하는 기계와 인간-기계 시스템의 환경은 물론, 그 기계로부터 산출되거나 제공되는지의 여부와 무관하게 그 기계와 관련해서만 완전한 이해도를 가정하는 해독된 지각의 장을 상정한다."[27] 중요한 것은 드론 카메라의 이러한 기계적 시각이 모든 것을 한눈에 실시간으로 관찰하는 전지적 조망, 그리고 원격 조종자의 비가시성 속에서 은폐되기 쉽다는 것이다. 즉, 드론의 총체적인 가시성은 기계적 시각과 조종자 모두의 비가시성을 수반한다는 점에서 역설적일 뿐 아니라 전통적인 가시성/비가시성의 이분법을 교란한다. 로저 스탈이 지적하듯 "드론 카메라를 통해 재현되는 조망은 다른 곳에서는 숨겨진 것에 근접한다. 어떤 의미에서 드론의 시각은 특별한 종류의 보기, 즉 자신의 노출을 명백하게 금지하면서 감시적 응시를 투사할 수 있는 보기를 대표한다."[28]

정리하자면 드론의 시각이 기존의 기술적 시각성과 구별되는 위기의 양상은 전통적 시각 장의 지평을 교란하고 수직성의 지배를 행사하는 다음과 같은 역설들에서 비롯된다. 시공간의 한계를 초월하는 총체적인 조망과 이를 뒷받침하는 원격 응시의 기이한 공존, 목표물로부터의 거리와 목표물에 대한 근접성의 공존, 표면을 스캔하는 듯한 2차원적인 조감도와 공중을 다양한 각도로 비행하면서 산출하는 입체적이고 부피를 띤 3차원적인 경관의 공존이다. 카트린 마우러가 전장에서 드론의 폭력적인 시각 체제가 도입하는 세 가지 차원을 하이퍼가시성(hypervisibility), 시각적 몰입(visual immersion), 비가시성(invisibility)으로 식별하는 이유 또한 드론의 이와 같은 역설적 국면들 때문이다.[29] 이와 같은 역설들이 가진 비인간적, 탈인격적 면모에 대한 일련의 비판적 견해는 드론이 제기하는 시지각의 동요 및 위기가 인식론적, 존재론적, 정동적(affective) 위기이기도 함을 입증한다. 드론의 군사적, 정치적 함의에 대한 탁월한 비평들을 발표해 온 데릭 그레고리는 드론에서 인간과 기계의 구별이 무화되고 드론의 감시 및 목표 타격 기능이 인간과 기계의 복합체라는 수준에서 작동한다는 점을 다음과 같이 묘사한다. "킬 체인은 분산되고 분배된 장치로 생각될 수 있다. 이는 자신의 일부를 형성하는 사람들을 견인하고 그들을 특정한 종류의 주체로 구성하는 행위자, 사물, 실천, 담론, 정동의 집적체다."[30] 즉, 미디어의 존재 및 기능의 차원에서 볼 때, 세계를 관찰하고 목표물을 설정하는 드론의 자동화된 시각은 통제실의 수많은 기기, 정보를 분석하고 처리하는 연산적 시스템, 정보를 전송하는 네트워크를 포함한다는 점에서 "인간과 미디어, 기계의 수행적인 얽힘(performative entanglement)에 의해 움직인다."[31] 드론이 20세기 이후 군사적 영역에서 추진된 영공의 시각적 지배 및 이를 위한 항공 정찰 및 관찰

기술과 단절하는 지점은 비인간적 응시 자체의 성질뿐 아니라 그 응시의 결합체적인 존재와 작동 논리다.

　이와 같은 변별점은 비단 미디어의 존재론 및 기능 자체에만 그치는 것이 아니다. 드론의 전방위적 배치와 활용은 전장의 감시를 통해 적을 식별하고 목표물로 설정하는 적의 인식론(enemy epistemology)을 가동해 온 20세기 미디어 기술의 역사로 거슬러 올라간다. 그러나 중요한 것은 드론이 적을 산출하는 방식에 내재된 변별적인 인식론적, 존재론적 효과다. 즉, 드론과 이에 부속된 스크린 및 감지 장치는 육안은 물론 기존의 관찰 도구로 감지가 불가능했던 인간과 객체를 적으로 인식하고 공격하게 만드는 데 결정적인 역할을 담당한다. 이는 "우리의 환경과 우리 자신을 지각하는 새로운 방식을 창출함으로써 뉴 미디어는 새로운 적들을 세계에 소개한다"[32]라는 제러미 파커와 조슈아 리브스의 주장을 뒷받침한다. 적의 새로운 인식론을 실현하는 드론의 권력이 갖는 존재론적 위기는 브라이언 마수미가 9·11 테러 이후 미국이 군사적 영역은 물론 지정학적, 문화적 영역에 이르기까지 전방위적으로 실행해 온 '테러와의 전쟁'의 핵심으로 단언한 선제(preemption)의 논리로 설명 가능하다. 선제는 객관적으로 파악 가능한 세계를 상정하지 않는다는 점에서 예방(prevention)과 다르며, 민간 영역과 군사 영역의 경계를 지우면서 모든 것을 잠재적 위협으로 상정한다는 점에서 시간의 권력이자 존재권력(ontopower)이 된다. 즉, "선제란 불특정한 위협의 미래성이 잠재적 출현/비상이라는 영구적 상태로 현재에 정동적으로 전개"[33]되는 때다. 시간의 장악을 뜻하는 선제는 지속적인 감지와 목표 설정, 타격을 위한 지각의 활성화를 요구한다. "선제는 사전 행동, 즉 행동이 실제로 형성되기 전에 행동의 조건에 조처하는 것이다. … 행동과 반응을 위해 신체를 점화하는 것은 바로 지각이다."[34] 시각 기계로서의 드론은 선제를 위한 말단부에 설치되어 선제의 영토적인 지배를 실행하는 기술적-군사적-인식론적 시스템으로 수렴된다.

드론이 제기하는 이와 같은 복합적 위기의 양상은 최근의 국지적 전장에서도 입증된다. 2022년 발발한 러시아-우크라이나 전쟁은 《워싱턴 포스트》의 표현을 빌리자면 '최초의 본격적 드론 전쟁'이기도 하다. 전쟁의 이와 같은 성격 규정에 대한 근거를 다음의 리포트에서 찾을 수 있다. "오치 팀(Ochi team: 우크라이나의 기동 드론 부대로 '오치'는 우크라이나어로 '눈'을 뜻한다)은 장갑차를 몰고 전선 근처의 한 지점을 선정한 후, 백업용 드론 배터리를 발전기에 연결하고 스타링크 인터넷 연결을 가동하여 그들이 보는 모든 것을 인근 여단에 스트리밍할 수 있다."[35] 이 전쟁에 이르러 드론은 더 이상 멀리 떨어진 통제실에서만 제어되지 않는다. 우크라이나 남부 전선에 투입된 드론 부대를 취재한 PBS 리포트가 예시하듯, 대원들의 무기는 실시간 정찰을 가능하게 하는 맥북 프로와 태블릿이고, 여기에 연결된 드론은 수백 달러 정도의 가치를 지닌 저가 모델이지만 수백만 달러의 러시아군 무기를 관측, 요격, 파괴할 수 있다(그림 2-1).[36] 이와 같은 드론의 역량은 탱크나 미사일에만 적용되지 않는다. 이른바 FPV(First-Person View) 드론으로 알려진 소형 드론은 무리를 지어 전선에 투입되었고 개별 군인을 식별하고 겨냥하여 살상해 왔다. "소형 드론은 지상 전투에서 유용성이 입증되어 소대급 이하 부대에 자체 공중 정찰 능력을 부여하고 실시간 영상 정찰을 할

그림 2-1 우크라이나 드론 부대원들의 드론 조종.
출처: https://www.youtube.com/watch?v=uuQwjbCAFIE.

수 있다."[37] 우크라이나군이 먼저 활용한 드론은 중국의 부품 조립으로 생산된 것이었고, 이에 자극을 받은 러시아는 푸틴의 명령으로 자체적으로 저가형 소형 드론을 생산하기 시작했다.[38] 이와 같은 드론과 함께 목표 지대 위에서 선회하는 배회형(loitering) 드론, 목표물을 향한 정확도를 높인 카미카제(kamikaze) 드론 등이 함께 배치되고, 군인은 물론 민간인들도 방어를 위해 소형 드론을 활용하면서 러시아-우크라이나 전쟁은 전면적이고도 복합적인 드론 응시들의 각축장이 되었다.

여러 드론 중에서도 특히 FPV 드론은 기존의 드론을 업데이트하는 방식으로 시각적 장과 경험의 인식론적, 윤리적 위기를 증폭한다. 개별 군인이 랩톱으로 드론을 쉽게 제어하게 되면서 군인의 지각과 정동은 항구적인 선제의 논리에 맞게 재편된다. 이와 같은 제어 방식은 드론 응시의 역설적 친밀성(intimacy)을 강화한다. 유튜브에서 찾을 수 있는 러시아-우크라이나 전쟁 관련 드론 비디오 중 일부는 저고도에서 투하되는 폭탄을 고화질로 보여준다(그림 2-2). 드

그림 2-2 러시아 군인을 겨냥하여 저고도 투하된 '드론 폭탄'.
출처: https://www.youtube.com/watch?v=1X9bcyw3NJQ.

론의 저고도 비행은 영공이 지표면에 영향을 미치는 드론의 직접적인 응시의 지평이 된다는 점을 입증한다. 이와 같은 비디오에 등장하는 목표물로서의 군인은 공중에서의 표적으로 대상화된다. 드론 조작자의 1인칭 응시와 연결되지만 목표물을 위에서, 즉 조작자의 인간적 응시로 환원될 수 없는 높이에서 겨냥하는 FPV 드론의 비인간적 응시는 원격 요격 미사일과는 다른 방식으로, 즉 가까이서 즉시적으로 목표물을 겨냥하고 타격한다.

그러나 FPV 드론의 함의는 전장 자체에만 머무르지 않는다. 《워싱턴 포스트》의 기사가 또한 이 점을 예시한다.

FPV 카메라는 병사들의 마지막 순간, 불타는 전쟁 장비, 열린 창문으로 뛰어내리는 트릭 샷과 같은 암울한 이미지를 만들어내어 바이럴이 된다. 이 영상은 VHS를 연상시키는 저화질 비디오로 촬영되는데, 군인들은 아날로그 신호가 디지털 피드보다 전자 전파 방해에 더 잘 견디기 때문에 이점이 있다고 말한다.[39]

이는 드론이 동시대 미디어의 생태계와 긴밀하게 연결되어 있으며 그런 이유로 미디어 생태계를 교란한다는 또 다른 위기와 연결된다. 유튜브, 틱톡, X(구 트위터) 등을 통해 업데이트되고 공유되는 드론 비디오는 적의 인식론과 선제의 권력을 항구적인 감시를 연상시키는 장시간의 지속적인 보기로 연상하거나 수십 초의 짧은 러닝 타임(유튜브 쇼츠)을 차지하는 찰나적인 스펙터클로 환원된다. 지각의 전쟁은 정보전의 한 형태이고, 이와 같은 전쟁은 소셜 미디어 공간으로 연장되면서 전장과 비-전장의 경계를 지워 왔다. 이로부터 파생되는 폭력적 이미지의 무감각한 일상화가 입증하듯, 위기의 매개는 또 다른 위기를 야기해 온 것이다. 이미 2010년대 후반부터 세계 각국의 전장은 로보틱스, 인공지능, 스마트폰 앱 등을 통해 제어되고 매개되었으며, 드론은 이처럼 다층적으로 연결된 미디어 생태계 내에서 순환한다. 러시아-우크라이나 전쟁은 전장과 일상적 미디어의 지속적인 상호 침투가 본격화되었고, 적어도 지각의 영역에서 군인과 민간인의 경계를 엄밀하고 뚜렷하게 설정할 수 없음을 입증한다. 윌리엄 메린과 앤드루 호스킨스의 표현을 빌리자면 그 전쟁은 참여적 전쟁(participative war)이며, 드론 영상의 제작과 유통은 바로 이와 같은 전쟁의 성격을 예시한다. "우리는 모든 전장 정보의 '전 범위적 지배(full spectrum dominance)'에 대한 1990년대 미군의 희망에서 전 범위적 접근(access)이라는 새로운 군사적 현실로 이행했다. 이는 정부와 군대, 비정부 조직 행위자에서 전장의 민간인은 물론 관심을 갖고 참여하는 전 세계 대중 전체에 이르는 모두가 분쟁을 경험하고 참여할 수 있는 '참여적 전쟁'의 양식이다."[40]

드론 시각의 잠재력과 위기의 매개

군사적, 문화적 맥락에서의 드론 시각에 대한 지금까지의 논의는 이 시각의 두 가지 탈인간중심적 측면을 식별했다. 첫째는 근접성을 띠게 되는 원격 응시이며 둘째는 인간중심적 시각의 규모와 범위를 초과하는 원거리 응시다. 이 두 가지 응시는 세계를 낯설게 포착하고 가시화하는 드론 시각의 역량이기도 하다. 그 역량은 드론의 이동성과 자동화된 작동에서 비롯된다. 공중을 다양한 높이와 각도에서 무인으로 비행하는 드론의 운동은 비인간 신체의 운동으로 지각된다. 따라서 드론의 시각은 인간 시각의 인공기관적인 연장이라는 카메라의 관념에서 이탈한다. 드론의 현실 감지 및 기록, 그리고 드론이 획득한 정보의 전송은 다양한 기계와 센서를 통해 실행되고 다른 기계 및 미디어와 연결된 역동적 네트워크 안에 놓인다. 그렇기 때문에 드론의 작동에서 시지각은 안정적인 지각 주체를 넘어서 놓인다. 이때 중요한 것은 동시대 다큐멘터리가 드론 시각의 이러한 비인간중심적 측면을 어떻게 통합하고, 그 시각의 미학적 효과가 다큐멘터리 카메라 및 카메라로 매개되는 세계에 대한 인간중심적 가정을 재구성하는 데 어떻게 기여하는가를 살펴보는 것이다. 이와 같은 질문에 답함으로써 드론 시각이 위기와 맺는 관계는 양가적인 면모를 띠게 된다.

이를 위해 이 절에서는 두 가지 유형의 동시대 다큐멘터리를 식별하고 논의한다. 첫째 유형으로 오메르 파스트의 싱글 채널 비디오 작품인 〈5,000피트가 최적이다(5000 Feet is the Best)〉(2011), 토니에 헤센 세이의 〈드론(Drone)〉(2014), 소니아 케네벡의 〈내셔널 버드

〈National Bird〉〉(2016)는 미국의 글로벌 드론 공습과 감시의 비인간
적이고 섬뜩한 효과를 활성화한 비밀 프로그램의 숨겨진 진실을 밝
히는 것을 추구한다. 이 세 작품에서 드론의 응시는 단순히 새로운
형태의 촬영 방식을 제공하는 데 그치지 않고 조사의 대상이 된다.
여기에서 드론 조종사는 드론의 원격 관찰과 감지를 비인간적인 방
식으로 체화하는 경향을 띠게 된다. 드론 카메라의 응시가 인간의
지각과 정신에 역설적인 방식으로 영향을 미친다는 점을 예시하기
위해 이 세 작품은 드론의 원격 감지 렌즈를 통해 "위에서 촬영한"
풍경 장면과 "드론 공격의 피해자를 알고 있고 현장의 문화적 관행
을 증언할 수 있는 사람들의 인터뷰"를 결합한다.[41] 두 번째 유형은
드론 촬영을 사용하여 세계에 대한 우리의 시각적 경험을 낯설고
특별한 방식으로 변화시키는 다큐멘터리로 여기에는 〈유랑하는 사
람들(Human Flow)〉(2017), 〈우로보로스(Ouroboros)〉(2017) 및 〈인류
세: 인간의 시대(Anthropocene: The Human Epoch)〉(2018)가 속한다.
이 세 작품에서 사용된 항공 조망은 인간이 아닌 원격의 기계적 눈
을 통해 자연 또는 건축물의 풍경을 볼 수 있는 드론 촬영의 능력에
근거한다. 에릭 하인즈가 설명하듯, 이러한 유형의 다큐멘터리에서
드론 카메라의 원거리 응시는 지상에 근거한 우리의 시각을 벗어나
는 분리되고 자동화된 움직임과 관찰을 통해 풍경을 지각하는 새로
운 관계를 수립하며, 그럼에도 불구하고 우리의 체화된 관찰을 유
도한다. "카메라가 지면을 향하거나 지면에 더 가까이 다가갈 때,
사물은 분명히 우리와 분리되어 있음에도 불구하고 우리와 흥미롭
게 관계를 맺을 수 있으며, 우리의 궤도에 진입하여 참여와 성찰로
우리를 초대한다."[42] 이와 같은 다큐멘터리에서 드론 촬영은 미묘

한 원거리의 응시로 풍경을 낯설게 함으로써 인간의 시간과 공간 측정을 넘어서는 장소의 지정학적, 환경적 변화를 드러낸다. 숀 커빗이 말하듯 기후변화와 같은 전 지구적 사건은 "인간이 감지할 수 있는 규모나 시간대에 일어나지 않기 때문에… 거대하지만 느린 변화를 포착할 수 있는 재현 방식을 요구한다."[43] 〈유랑하는 사람들〉, 〈우로보로스〉, 〈인류세: 인간의 시대〉는 인류의 이동, 지정학적 갈등, 인류 문명이 지구에 미친 막대한 영향에 대한 지각을 갱신함으로써 이러한 요구에 부응한다.

〈5,000피트가 최적이다〉는 전쟁에 참여했던 드론 조종사의 외상 후 스트레스 장애(post-traumatic stress disorder: PTSD)를 탐구한다. 첫 번째 조종사는 파스트가 인터뷰한 다른 드론 조종사의 역할을 재연하는 전문 배우로, 그가 들려주는 이야기 중 하나는 고향을 떠나 미국 내의 한적한 비포장도로에서 무장 민병대원을 만나고 이들의 검문이 끝난 직후 어디선가 날아온 미사일의 요격 속에서 간신히 살아남은 한 가족의 사연이다. 두 번째 인터뷰 대상자는 실제 드론 조종사 브랜던으로 얼굴이 흐려진 채로만 화면에 드러나며 보이스오버로 현전한다. 드론 카메라의 비인간화되고 탈체화된 응시는 브랜던의 보이스오버와 나란히 세 번 등장하는 수직 항공 조망의 풍경에서 정점에 달한다. 이 세 풍경은 네바다 사막 인근의 교외, 뉴잉글랜드의 작은 마을, 그리고 네온사인 가득한 라스베이거스의 야경이다. 그는 5,000피트가 목표물을 추적하고 그 목표물의 디테일에 대한 데이터까지도 추출할 수 있는 최적의 고도라고 말하면서 드론 카메라가 충분한 해상도를 갖고 있고 적외선 센서가 목표물의 열 감지까지도 가능하다고 자랑한다. 이 증언은 네바다 사막의 교외 풍경과 나란히 놓였을 때 더 큰 반향을 일으킨다. 드론의 응시는 비포장도로에서 자전거를 타고 있는 소년을 상공에서 바라본다. 드론이 교외의 건물 전체를 보기 위해 공중으로 올라가는 동안 소년은 점처럼 작아지지만 동일한 초점과 해상도를 유지한다(그림 2-3). 즉, 소년은 전장에서와 마찬가지로 표적으로 재구성된다.

파스트는 네바다 사막과 뉴잉글랜드, 라스베이거스의 항공 조망을 통해 드론 비전의 탈체화되고 비인간적인 측면을 드러내는 동시에 드론 시각이 동시대의 시각 경제 및 관람 경험과 어떻게 관련되어 있는지에 대한 두 가지 성찰을 제시한다. 첫 번째 성찰은 상공에서 바라보는 시각이 지배의 환상에 부합한다는 관점, 즉 슈타이얼이 말하는 "안전하게 공중 부유하는 멀리 떨어진, 우월한 관람자를 위한 오버뷰와 감시의 관점"[44]에 해당함을 강조한다. 슈타이얼은 동시대 시각 문화에서 조감도가 활성화되면서 탈체화되고 원격 제어되는 응시가 만들어졌음에도 불구하고 이는 또 다른 안정적인 지평을 확립한다고 주장한다. 이러한 맥락에서 볼 때, 〈5,000피트가 최적이다〉의 항공 풍경은 상공에서 바라본 수직적 높이뿐만 아니라 지상에서 바라본 수평적 폭을 강조함으로써 상상의 안정된 지평을 시각화한다. 따라서 드론 카메라의 전방위적인 움직임은 "신의 눈의 관점에서 수직축을 제어함으로써 (사람들의 지각과 행동에 대한) 시각 경제를 관리"[45]한다는 점과 공명한다. 라스베이거스의 야경과 병치되는 브랜던의 증언은 위에서 땅을 관찰한 경험을 "하나님의 빛(light of God)"과의 만남에 비유함으로써 이 점을 입증한다. 두 번째 성찰은 파스트가 드론 카메라의 대상으로 교외 마을과 라스베이거스를 선택한 데서 비롯된다. 이를 통해 파스트는 카메라의 의인화되지 않

그림 2-3 〈5,000피트가 최적이다〉(오메르 파스트, 2011) 스틸 사진. 작가 제공.

은 시각이 군사적 구현을 넘어 현대인의 시야에 폭넓게 확장되어 왔음을 시사한다. 스탈은 〈콜 오브 듀티: 모던 워페어 2(Call of Duty: Modern Warfare 2)〉(2009), 〈콜 오브 듀티: 모던 워페어 3(Call of Duty: Modern Warfare 3)〉(2011) 등의 비디오게임과 CBS 〈60분(60 Minutes)〉 등의 텔레비전 프로그램에 사용된 드론 영상은 무기화된 시각이 가정 공간에서 점점 더 자연스럽게 받아들여지고 있음을 입증한다고 주장한다.[46] 〈5,000피트가 최적이다〉에서 브랜던의 주관적인 증언에서 해방되어 자유로이 공중에 뜬 원거리 응시는 교외와 라스베이거스의 풍경이 가정에서 텔레비전이나 디지털 미디어에서와 같은 방식으로 소비되고 있음을 시사한다. 이런 의미에서 이 작품에 등장하는 평범한 풍경의 항공 조망은 드론 카메라와 구글맵, 위성 이미지가 수직의 3차원 조망을 새로운 시각적 표준으로 확립하는 군사-엔터테인먼트 복합체의 작동과 연결된다. 이와 같은 연결을 제시함으로써 파스트의 작품은 드론 카메라의 낯선 비인간 시각으로 다큐멘터리 카메라의 개념을 확장하는 다큐멘터리 인공물로 기능한다. 이를 통해 파스트는 드론 시각이 구성하는 인식과 지식에 대한 자기 성찰적 탐구 또한 추구한다. 이런 점에서 〈5,000피트가 최적이다〉는 군사적, 문화적 맥락에서 드론의 확산에 비판적으로 참여해야 한다는 캐런 캐플런의 요청에 부응하는 것으로 보인다. "우리는 '집'과 구별되는 장소에 무기화된 드론을 배치하는 것과 '가정에서' 제한적으로 사용되고 있거나 용도가 제안된 드론 사이의 구분을 교란해야 한다."[47]

뉴욕의 그라운드 제로(Ground Zero)를 항공 촬영한 장면에서 시작하여 미확인된 하늘과 구름 위를 비행하는 무인 항공기의 장면으로 넘어가며 시작되는 다큐멘터리 〈드론〉은 〈5,000피트가 최적이다〉에서도 다루어진 미 공군 전직 드론 조종사 브랜던 브라이언트와의 인터뷰를 포함한다. 브라이언트의 모습은 여러 명의 군사 작전 요원과 이미지 분석가들이 비행 중인 드론과 목표 지역의 정보, 지리, 시각적 데이터를 표시하는 다양한 컴퓨터 화면을 모니터링하는 드론 통제실의 하이앵글 숏과 나란히 배치된다. 브라이언트의 증언에 따르면, 야간 근무 중에 결혼식을 즐기고 있던 이름 모를 마을 주민들을 포함해 드론 카메라에 포착된 사람들의 모습이 실시간으로 모니터에 표시되는 것을 보는 일이 얼마나 기이했는가를 알린다. 그가 '기이하다(weird)'라고 표현한 것은 바로 무심한 느낌과 죄책감 사이의 정서적 동요로, 이 감정은 인간의 눈을 넘어선 시각적 근접성과 원거리성이 역설적으로 공존하는 데서 비롯된다. 움직이는 점들의 영상은 적외선 드론 이미지에서의 또 다른 역설적인 공존, 즉 모호함과 선명함의 공존을 압축한다. 관객은 이 점들이 무엇인지 식별하기 어렵지만, 브라이언트의 고백은 그가 사람을 죽일 때 드론의 적외선 센서로 희생자들의 체온을 감지할 수 있었음을 폭로한다. 그의 증언을 요약한 리사 파크스의 말에 따르면, "열화상 미디어에서는 죽음이 다르게 보인다. 시체가 죽으면 움직임이 멈추고 온도가 떨어진다."[48] 이는 드론 카메라의 침투하는 시선이 가진 비인간적인 효과가 역설적으로 브라이언트의 인식과 행동으로 피드백 되었음을 암시한다. 감독은 미 공군, 록히드 마틴(Lockheed Martin), 제너럴 아토믹스(General Atomics)의 군사 광고에서 가져온 드론의 알고리듬적 작동을 보여주는 CGI, 그리고 드론에서 드론 전쟁의 지정학적 위치를 나타내는 가상 지도로 이어지는 디지털 코스믹 줌인(cosmic zoom-in)을 광범위하게 사용하면서 드론 카메라의 비인간적인 측면을 더욱 강조한다. "광학 이미지와 합성 이미지의 혼합"을 파키스탄과 아프가니스탄 주민들의 목소리 및 일상적인 풍경과 병치함으로써 감독은 "드론 전쟁에 대한 서구 미디어의 만연한 시각에 대한 일종의 '반시각성' 또는 '반시각적 비판'을 연출"[49]하려 시도한다.

내부 고발자인 미 공군 참전 용사들을 대상으로 미국 드론 전쟁의 폐해를 조사한 다큐멘터리 〈내셔널 버드〉는 드론의 원거리이면서도 침입적인 응시로 관객의 주목을 모은다. 드론의 침입적인 응시에서 원격성과 근접성의 역설적인 공존은 "당신은 사람들의 삶에서 전지전능했고, 말 그대로 그들의 주변을 맴돌았다"는 전직 드론 이미지 분석가 헤더의 증언에서 드러난다. 원격 관찰에 대한 이러한 설명은 헤더의 통제실로 실시간으로 전송되는 몇 장의 저해상도 드론 이미지가 뒷받침한다. 드론의 자동화된 움직임을 알 수 있는 첫 번째 이미지는 농장의 고랑에서 사람이 움직이는 모습을 보여주는데, 뒤이어 이 사람이 화면 중앙의 직사각형 모양으로 축소되고 (이는 드론이 목표물에 초점을 맞추고 있다는 신호다) 공격 미사일이 폭발하는 장면이 이어진다. 드론은 가까이는 물론 멀리서도 응시하고 관찰할 수 있는 자신이 보유한 두 가지 능력으로 어떤 실체든 목표물로 대상화할 수 있는 힘은 2010년 2월 21일 네바다주 크리치 공군기지에서 운용하는 프레더터 드론이 아프가니스탄 우루즈간주 계곡에서 차량을 몰고 가던 가족들을 폭격한 사건을 재연하는 장면에서 다시 한번 입증된다. 이 사건의 재연은 여러 흑백 드론 영상과 임무 통제 코디네이터, 조종사 등 드론 승무원의 원본 무전 교신 기록으로 구성된다. 여기서 드론 영상의 정적인 수직 시점은 시선의 초월적이면서도 침입적인 힘을 드러내는 역할을 한다(그림 2-4). 교신 기록은 크리스 폴슨이 요약한 원격 조망의 미학적, 윤리적 결과를 보여준다. 프레더터 드론의 작동에 관여하는 스태프들은 "개인적인 중요성이나 위험 없이 전쟁을 일종의 연극이나 놀이로 경험"하고, 같은 맥락에서 목표물에 대한 윤리적 무관심의 원인은 "여기와 저기, 체화된 것과 탈체화된 것의 이상한 모호함"[50]에 있다고 말한다. 원거리 응시의 비인간적인 측면은 드론 감시 시스템에 대한 전직 부사관 리사의 증언에서 잘 드러난다. 그는 자신의 작업장으로, 드론이 비행하는 장소와 시간에 관계없이 정보를 수집하고 처리하는 중앙 집중식 제어 시스템인 분산 지상 시스템(Distribution Ground System)에 대해 이야기한다. 네트워크로 연결된 수많은 컴퓨터, 센서, 프로세서로 연결된 이 시스템의 끊임없는 감시 시선은 미국 교외 지역의 일상적인 풍경을 내려다보는 일련의 고해상도 항공 조망으로 설명된다. 이 조망 속 집, 자동차, 축구장 등은 평화롭고

그림 2-4 〈내셔널 버드〉(소니아 케네벡, 2016) 스틸 사진. 스크린 캡처.

일상적인 분위기를 자아내는 목가적인 풍경을 이룬다. 그러나 리사의 설명과 나란히 배치될 때, 드론의 수직적 위치와 지면 위를 부드럽게 움직이는 모습은 센서, 프로세서, 네트워크와 같은 비인간적 행위자의 작동을 미학적으로 표현한다. 이러한 행위자는 육안으로는 보이지 않지만 인간의 통제와 시야를 넘어서는 거대한 거리에서 지구 전체를 모니터링하고 지구에서 정보를 자동으로 추출하는 데 결정적인 역할을 한다.

세계적인 중국 출신 작가 아이 웨이웨이가 감독한 장편 다큐멘터리 〈유랑하는 사람들〉은 드론 카메라의 의인화되지 않은 응시가 고정 카메라 촬영의 뷰파인더를 초과하는 현대 세계를 어떻게 포착할 수 있는지, 그리고 이 응시가 권리를 박탈당한 피사체에 참여하고 그들의 위태로운 삶을 기록하려는 다큐멘터리 영화 제작의 인도주의적 충동을 어떻게 갱신하는지를 보여준다. 작가는 수많은 난민들의 전 세계적 이동을 추적하기 위해 이라크, 케냐, 아프가니스탄, 시리아와 요르단, 미국과 멕시코 사이의 국경지대, 그리스 북부, 튀르키예, 레바논, 독일의 대규모 난민 캠프 등 23개 지역을 방문했다. 그는 비디오카메라와 아이폰에 내장된 카메라를 사용하여 난민들의 움직임과 얼굴을 포착하고 현장의 목소리를 전달한다. 이 두 장치와 함께 고화질 카메라가 장착된 드론 촬영을 광범위하게 활용하여 그는 난민 캠프의 광활한 임시 전막이나 쉼터, 낡은 난민들이 목숨을 걸고 건너려고 시도하는 지중해 등 난민을 둘러싼 자연 및 건축 환경을 조감도 또는 하이 앵글 시점으로 담아냈다. 집과 안전이 박탈된 사람들이 이동하는 모습을 드론의 응시로 포착한 작가의 기술적, 미학적 선택은 이 영화에 대한 일부 부정적인 비평으로 이어졌다. 예를 들어, T. J. 데모스는 이 영화가 시청자에게 주는 강력한 정서적 효과를 "아름다운 영화적 이미지를 통해 전해지는 비참한 인간 고통의 이야기가 어색하게 섞여 있기 때문에 발생하는 매혹과 혐오의 역설적 감각"[51]으로 단언했다. 인간의 비참한 모습을 안전한 거리에서 지켜보도록 유도하는 드론 촬영에 대한 데모스의 윤리적 우려는 이 영화에서의 항공 이미지에 대한 조르주 디디-위베르만의 비판과 공명한다. "이 공중 기계의 높은 유리한 지점은… 촬영하는 모든 것을 물화하거나 대상화하는 효과가 있다. … [이 영화는] 비인간화하는 이미지의 과도하고도 용인된 사용을 통해 휴머니즘 담론을 구축한다."[52]

나는 데모스와 디디-위베르만의 비판에 일정 부분 동의하면서도, 드론 카메라의 원거리 응시, 즉 디디-위베르만의 표현을 빌리자면 "비인간화하는" 응시로 구현된 규모와 고도(高度)의 미학이 이주민과 난민에 대한 익숙한 시각을 낯설게 만들기도 한다고 주장한다. 영화의 큰 구조상 난민 개개인의 크기를 개미와 같은 작은 생명체의 크기로 축소하는 드론의 응시는 작가 자신이 직접 조작하는 휴대폰 카메라를 비롯한 지상의 카메라와 연결되는데, 이 카메라는 인간 개개인과 그 집단에 대한 작가의 관점을 사실적인 촬영으로 구현한다. 이런 점에서 드론 촬영은 이주를 바라보는 작가의 눈높이와 휴머니즘적 관점을 보완하는 동시에 난민과 세계를 바라보는 우리의 시각을 확장하고 갱신하는 효과도 거둔 것으로 볼 수 있다. 이러한 효과는 특히 수직적 조망으로 바라본 두 개의 이미지에서 두드러진다. 시리아 난민 캠프 상공에서 한 무리의 아이들을 약간 빠른 속도로 줌인하는 항공 촬영 장면(그림 2-5)과 영화 마지막에 버려진 구명조끼 더미가 언덕을 이룰 만큼 거대한 규모로 드러나는 수직 줌아웃 장면(그림 2-6)이 여기에 해당된다. 이 두 장면은 (난민 개개인의 화신인) 어린이와 구명조끼가 너무 작게 보여서 그 집단이 디디-위베르만의 표현대로 "개미 떼(swarm of ants)" 또는 다양한 색상의 점들로 이루어진 비인간 실체들의 집합으로 축소되었다는 인상을 준다. 먼 거리에서 대규모 피사체를 촬영할 수 있는 드론 카메라의 능력으로 가능해진 이러한 변화 덕분에 관객은 위기에 처한 난민들의 공동체를 거대한 대피소 군락 및 그 위에 세워진 황무지의 광활한 풍경과 연관지어 볼 수 있다. 구명조끼를 촬영하는 장면에서 지상에서 고공으로 전환되는 장면 또한 이주와 난민의 위기에 대한 이중적인 관점의 인식을 일깨운다. 즉, 구명조끼 하나하나가 난민 개개인의 근본적인 삶의 조건이 뿌리째 뽑히는 것을 상징하고, 모든 구명조끼가 쌓여 있는 모습은 우리가 공유하는 지구에 분산된 난민 위기의 행성적인 분포를 암시한다. 작가가 드론 촬영을 통해 의도한 것이 바로 이 두 효과, 즉 비인간적인 관점에서 인

간을 바라보는 것과 세계라는 하나의 그림 안에 다양한 난민을 배치하는 것이다. 작가는 이와 관련하여 다음과 같이 말한 바 있다. "인간을 이런 식으로 바라보는 것은 너무 무심할 수 있다. 그리고 인간의 흐름을 물이 흐르거나 얼음이 녹는 것과 같은 자연의 일부로 간주한다. 어떤 관점에서는 누가 누구인지 구분할 수 없다. 모두 똑같다. 다른 어떤 것도 아닌 바로 인류다."[53]

팔레스타인의 끊임없는 파괴와 재생의 순환을 다룬 실험 다큐멘터리인 바스마 알샤리프 감독의 〈우로보로스〉에서도 드론 촬영의 낯설게 하는 효과를 볼 수 있다. 이 영화의 오프닝 시퀀스는 드론 촬영의 비인간적 시각이 폭력에 대한 시선을 드러내는 것 이상으로 세계에 대한 지상의 지각을 뒤흔드는 기능을 통해 어떻게 그 이상의 역할을 하는가를 예시한다. "깨끗하고 위생적이며 냉정하고 감정 없는 응시"[54]를 원했던 알샤리프가 사용한 고화질 드론 카메라는 처음부터 원격 관찰의 에토스를 확립한다. 카메라는 지중해 수백 미터 상공에 잠시 올랐다가 가자 지구의 멀어져 가는 해안선, 건

그림 2-5, 6 〈유랑하는 사람들〉(아이 웨이웨이, 2017) 스틸 사진. 스크린 캡처.

물 옥상, 그 옆 도로로 내려간다. 해안선에서 부서지는 파도의 움직임은 항공 촬영이 슬로우 모션과 리버스 모션으로 진행되었음을 드러냄으로써 풍경에 대한 관객의 습관적인 지각을 유예시킨다. 카메라의 극단적인 오버헤드 시점과 휴대용 풍금의 거친 소리는 이러한 감각적 소외를 더욱 강화하여 관객이 세계를 관조할 수 있는 공간을 확보한다. 또한 카메라의 초점 영역을 극대화하는 능력은 가자 지구뿐만 아니라 우리가 공유하는 세계에 영향을 미친 일련의 현대적 위기를 중첩적으로 환기한다. 가장 눈에 띄는 것은 드론의 무기화된 시선이지만, 알샤리프가 설명하듯 드론의 무관심한 원거리 응시는 세계를 바라보는 다른 방식 또한 제시한다. "내가 사용한 이미지는 이 공간에 대한 일종의 감시, 조감도를 재현한 것으로, 이 공간에 접근할 수 없고 단지 표면을 통해 이 공간을 학습하고 있음을 명확히 하기 위해 사용했다."[55] 여기서 알샤리프는 드론 응시의 폭력적인 특징을 강조할 뿐만 아니라 이 시선의 시적 사용이 역설적으로 과거와 현재의 연대기적 순서에서 벗어난 방식으로 지역 분쟁의 세계를 새롭게 성찰하는 데 기여할 수 있음을 보여준다. 이렇게 〈우로보로스〉의 드론 촬영은 가자 지구의 지평선을 해체함으로써 끝없는 분쟁의 보이지 않는 과거와 불확실한 미래에 의해 점령된 현재를 관객이 지각할 수 있게 한다.

사진작가로 살 알려진 에드워드 버틴스키가 공동 감독한 〈인류세: 인간의 시대〉에서 드론 카메라는 중국의 콘크리트 방조제, 리튬 생산으로 오염된 칠레 아타카마 사막의 푸른 수로, 이탈리아 카라라의 대리석 채석장, 캐나다 브리티시컬럼비아와 나이지리아 라고스의 벌목, 사우디아라비아와 캘리포니아의 사막 한가운데에 관개 수로를 설치한 농장, 플로리다의 인산염 광산 등 인간이 지구를 지배하면서 영향을 받은 일련의 자연 경관을 고화질 드론 카메라로 생생하게 기록했다. 항공 이미지의 낯설게 하는 측면은 아타카마 사막과 같은 농업 및 광업의 일부 풍경이 색면, 선, 기하학적 모양을 특징으로 하는 일종의 추상화처럼 보이는 그림 같은 쇼트에서 분명하게 드러난다(그림 2-7). 이러한 풍경의 환경적인 변화를 묘사하는 데 드론 촬영을 일관되게 사용함으로써 두 가지 미적 효과를 얻을 수 있었다. 한편으로는 조감도를 통해 인간이 원거리 시선의 도움 없이는 지각할 수 없는 변화의 거대한 규모가 강조된다. 버틴스키는 "드론 덕분에 우리는 사물의 규모에 걸맞은 관점을 가질 수 있는 자유를 얻게 되었다"[56]고 말한 바 있다. 멕시코시티, 카라치, 파리 및 기타 도시의 인구 과밀, 건물, 교통수단을 촬영한 일련의 항공 이미지는 이러한 규모에 대한 관객의 지각을 다시 한번 강조한다. 한편 드론 카메라가 풍경 위를 활공하는 모습을 통해 관객은 지구 풍경의 물질적 표면을 스캔할 수 있으며, 관객의 체화된

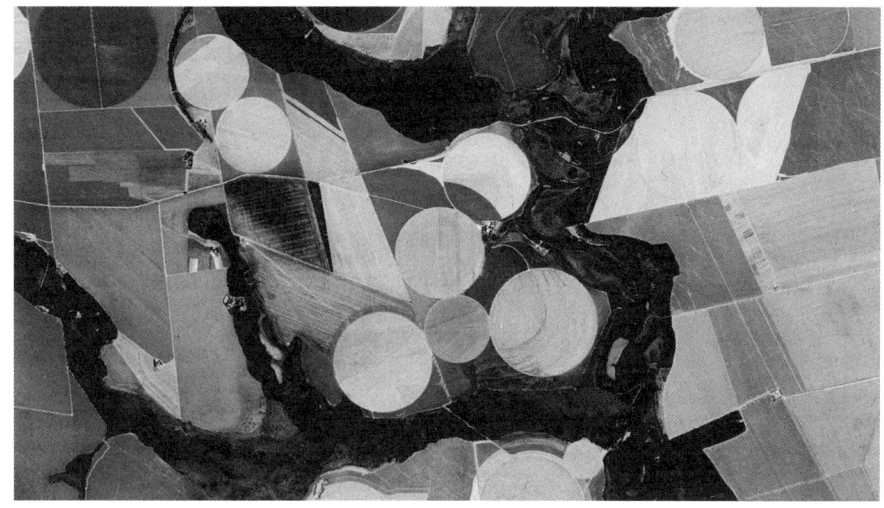

그림 2-7 〈인류세: 인간의 시대〉(에드워드 버틴스키 외, 2018) 스틸 사진. 스크린 캡처.

지각은 표면에는 보이지 않지만 자연 생태계에서 점진적으로 발생해 온 변화를 형성한 시간의 규모를 향하게 된다. 러시아 노릴스크에서 가장 큰 유색 금속 광산의 표면이 그 형성과 변화를 결정한 지질학적 심층시간(deep time)으로 관객을 안내하는 시퀀스에서 특히 이 점이 잘 드러난다. 드론 카메라의 비인간적 규모와 거리에 기반한 이 두 가지 미적 효과를 통해 이 다큐멘터리는 일종의 '인류세영화(Anthropocinema)'가 된다. 이때 인류세영화는 "심층적 과거, 광활한 미래, 이전에는 매핑할 수 없었던 지형에 걸쳐 영화적 시공간 경계를 확장하여 현재 우리보다 규모가 크고 오래 지속될 '하이퍼객체(hyperobject)'를 포함하는 인간 스스로 만든 요인에 의해 끊임없이 위협받는 인류의 비전을 투영하는 영화들"[57]을 포함한다.

팬데믹에 휩싸인 세계의 모습을 가시적인 증거로 제공하고자 하는 다큐멘터리 영화의 열망은 지상에서 바라본 풍경뿐만 아니라 상공에서 바라본 풍경에서도 드러났다. 중국, 이탈리아, 스페인, 미국의 주요 도시가 봉쇄된 2020년 3월과 4월에 전문 저널리스트와 아마추어 시민이 촬영한 텅 빈 풍경을 담은 드론 카메라 영상이 소셜 미디어에 잇달아 게시되어 대중의 관심을 받았다. 이러한 영상은 다양한 높이에서 도시의 표면을 부드럽게 미끄러지듯 비행하는 드론 카메라가 낮은 고도에서 빈 건물과 거리 위를 날아다니며 이들을 수직적 조감도로 촬영한 이미지로 구성되었다. 코로나19 봉쇄 기간 동안 뉴욕, 시애틀, 샌프란시스코, 로스앤젤레스의 상공 촬영 영상을 편집한 동영상인 바이스(Vice)의 〈유령 도시(Ghost Town)〉(2020, 그림 2-8)에서 보듯이,[58] 도로와 고속도로에서도 일부 차량이 움직이는 것을 제외하고는 다른 많은 차량은 정지한 채로 있다. 이 영상에서 드론 카메라가 포착한 비인간적인 공허의 이미지는 캐플런의 표현을 빌리자면 "잃어버린 것에 대한 잊혀지지 않는 우울한 향수"[59]를 자아낸다. 광활한 공허의 영상이 만들어내는 이러한 정서는 서정적이거나 으스스한 분위기를 띤 느리거나 중간 템포의 애수를 띤 음악으로 더욱 고조되며, 일부 드론 영상에는 아무런 소리도 들리지 않아 야외 인구가 거의 사라진 도시의 신비롭고 기이한 분위기를 감쇄시킨다.

코로나19 드론 영상은 마이클 레노프가 설명한 다큐멘터리 영화의 두 가지 경향, 즉 "기록하기, 드러내기, 보존하기"와 다큐멘터리 영화가 현실의 기록을 미학화하여 "형식적 수단으로 관객의 정서적 반응을 환기하거나 즐거움을 유발하고 [사운드와 이미지의 음영을 통해] 서정성을 생산"하는 "표현하기"[60]를 수행한다. 코로나19 드론 영상이 주요 도시의 인간과 활동이 물질적 공간에서 휘발된 후 벌어진 일의 흔적을 기록하고 보존하는 한, 이 영상의 증거적 가치는 결코 부정할 수 없다. 이와 같은 증거 주장 기능은 니콜스가 "일

그림 2-8 〈유령 도시〉(바이스, 2020) 스틸 사진.
출처: https://www.youtube.com/watch?v=3PttvhYlV2Q.

련의 파편, 주관적 인상, 일관성 없는 행위, 느슨한 연상을 통해 현실을 표현하는 방식"으로 정의했던 다큐멘터리의 "시적 양식(poetic mode)"[61]으로도 확장된다. 코로나19의 원인에 대한 지식이나 담론을 제시하고 이에 대처하는 방법에 대한 설득력 있는 논리를 전개하기보다는, 황폐해진 도시에서 내려다본 항공 촬영의 축적된 몽타주를 통해 애도(우리 문명은 이전과 같지 않을 것이다)와 종말 이후의 우울함 같은 감정을 강조하는 것이다. 이런 의미에서 코로나19 드론 영상은 엘리자베스 코위가 다큐멘터리 영화를 과거의 사건과 그 상실에 얽힌 다양한 감정과 마주하는 작업, 즉 "과거를 현재로 기념하는 애도의 과정이 될 수 있는"[62] 기억의 작업이라고 정의한 것에 부합한다. 드론 카메라의 원거리 시선은 지상의 카메라보다 훨씬 더 넓은 규모와 먼 거리에서 이러한 작업을 수행하므로, 봉쇄 조치 이후 도시가 극적으로 변화한 모습에 대한 우리의 체화된 반응을 불러일으킨다. 이러한 의미에서 상공에서 풍경을 바라보는 것은,

1장에서 살펴본 넥스트스트레인의 데이터 시각화를 탐색하는 것과 비교할 만한 미적 경험을 제공한다.

캐플런과 퍼트리샤 R. 짐머만은 코로나19 드론 영상을 "새로운 시각적 어휘"를 증언하는 것으로 특징짓고, "코로나19의 급격한 변화와 이로 인한 공중보건 및 경제적 재난이 연쇄적으로 발생하면서 스크린과 기계에 대한 비판적 작업에 대해 새로운 방식으로 사고해야 한다"[63]는 인식과 함께 그 정치적, 미학적 함의를 논의한다. 드론 영상이 불러일으키는 향수나 우울함과 같은 감정을 설명하면서 이들은 팬데믹 상황에서 드론의 활용이 증가하는 두 가지 중요한 측면에 대한 경고를 잊지 않는다. 첫째, 이들은 주민들이 거의 보이지 않는 도시의 항공 이미지가 현대의 전장과 일상적인 도시 환경에 이미 전파된 원격 감지의 한 형태라는 점을 강조한다. 이런 점에서 팬데믹의 영향을 받은 도시에 대한 드론 응시의 구현은 보는 것에 대한 군사적-기술적 지배를 의미하는 분리된 원거리의 수직적 관점을 연장한다. 둘째, 캐플런과 짐머만은 드론의 응시가 일망감시적인 전지전능성을 전제로 하고 있음에도 불구하고 드론이 보여주지 못하는 것에 주목해야 한다고 말한다. 예를 들어 캐플런은 "노숙자, 실업자, 너무 많은 일을 하고 있거나, 보험에 가입하지 않았거나, 걱정하거나, 슬퍼하거나, 길을 잃었을 수도 있는" 사람들을 드러내지 않는다는 점에서 "이 '익숙하지만 낯선' 우아한 풍경이 후기 자본주의의 불평등의 연속성을 가리고 있다"고 주장한다. 마찬가지로 짐머만은 이러한 풍경을 담은 영상이 "바이러스가 어디에 있는지 보지도, 알지도 못하는 심오한 사회적 공포와 히스테리를 대체한다"고 주장한다.

코로나19로 인한 봉쇄 상황을 포착한 드론 이미지의 이와 같은 두 가지 한계에 대한 캐플런과 짐머만의 경고에 동의하면서도, 나는 두 가지 측면에서 이와 같은 드론 이미지를 옹호한다. 첫째, 다양한 기술적 어포던스(affordance)와 플랫폼이 얽혀 있는 네트워크화된 미디어 환경에서 원거리에서 바라본 이미지는 단독으로 존재하는 것이 아니라 코로나19 비상사태에 개입하기 위한 다른 논픽션 미디어 관행과 병행하여 제작되고 유포되고 경험된다. 3장에서 살펴볼 코로나19 브이로그를 통해 알 수 있듯이, 바이러스로 인해 심화된 "후기 자본주의의 불평등"과 그로 인해 유발된 "공포와 히스테리"와 씨름하는 주체의 얼굴, 몸, 목소리를 기록하고 우리에게 보여주는 것은 그들이 자신을 위해, 그리고 자신을 향해 들고 있는 카메라다. 이런 의미에서 브이로그가 지상에서 바라본 풍경과 드론이 상공에서 촬영한 장면은 서로를 보완하는 것으로 볼 수 있다. 관객은 이 두 가지를 결합하여 팬데믹 상황의 세계를 이중적으로 바라볼 수 있었고, 데이터 시각화를 통해 두 카메라가 제공하지 못하는 방식으로 팬데믹에 대한 정보와 지식을 얻을 수 있었다.

둘째, 드론의 무인 이동성, 비인간적일 정도로 부드러운 움직임, 육안과 분리된 자동화된 시각은 모두 도시의 현실에 대한 우리의 습관적인 인식을 낯설게 하는 역할을 한다. 드론 영상이 불러일으키는 우울, 슬픔, 고독과 같은 정서적 반응은 단순히 팬데믹의 현실을 보여주는 것 이상으로 현재와 과거를 연결해 주는 그것의 표현력 덕택이다. 또한 드론 카메라의 낯설게 하기 효과는 텅 빈 도시를 배경으로 도시 주민들을 새롭게 바라볼 수 있게 한다. 도로 위를 달리는 일부 차량은 행정적, 경제적 기능 부재에도 불구하고 도시의

공중 보건, 치안, 지속가능성을 유지해야 하는 음식 배달원과 공중
보건 종사자 등 인간 요원들의 노동을 대신했다. 〈유령 도시〉의 샌
프란시스코 영상에 포착된 갈매기처럼 인간의 빈자리를 채우는 동
물들의 작은 흔적은 인간과 자연, 인간과 기계가 지구에 살고 영향
을 주고받는 상호 의존적인 존재라는 인식을 낳는다. 짐머만이 말
하듯, 도시 풍경의 비현실적인 공허함 속에서도 생명체의 끈질긴
생명력은 시청자들에게 "환경을 바라보는 시선이 인공적인 것과 자
연적인 것의 얽힘이라는 것을 상기시킨다."[64]

이 두 번째 측면으로 인해 코로나19 관련 드론 영상은 다른 동시
대 미디어에서 이미 사용되어 온 다른 드론 영상과 구별된다. 에이
다 애커먼이 적절하게 지적하듯, 봉쇄령하에서 드론 이미지의 특이
한 점은 "가시성의 생산 과정에서 인간 존재의 추방과 비인간적 행
위성의 증가 사이의 수수께끼 같은 상관관계", 즉 평소에는 붐비지
만 지금은 텅 비워진 공간과 "인간 신체에서 분리된 기계적인 눈을
장착한" 무인 항공기라는 "두 가지 수준의 무인화"[65]가 눈에 띄게
공존하는 데서 기인한다. 이러한 관점에서 볼 때, 코로나19 드론 영
상은 지구에 대한 광학적 지배에 대한 환상을 강화하는 다른 진부
한 드론 영상에서 동시대 관객이 동일시하는 비의인화된 응시, 즉
우리의 시각에 점점 더 침투하여 그 시각을 재구성해 온 응시의 두
드러진 표현이다. 이러한 응시는 관객에게 팬데믹 이전의 도시뿐만
아니라 도시의 신진대사를 지탱해 온 물질적, 환경적 인프라구조
에 대해 새로운 관심을 이끌고, 미래의 멸종 가능성을 상상할 수 있
는 기회를 제공한다. 이러한 이유로 코로나19 드론 이미지는 앞서
살펴본 〈유랑하는 사람들〉 및 〈인류세: 인간의 시대〉와 일맥상통한

다. 이 두 편의 영화에 등장하는 항공 촬영 영상은 인류의 이동, 인류 문명이 지구에 미친 막대한 영향에 대한 새로운 지각을 구축한다. 코로나19 드론 이미지와 이 영화들의 연관성을 고려할 때 드론의 응시는 기존의 인간중심적인 카메라와는 구별되는 방식으로, 즉 멀리서 도시를 조망함은 물론 빌딩 사이를 가로지르고 텅 빈 지면을 접촉할 정도로 근접하는 방식으로 위기를 기록함으로써 위기에 대한 복합적 감각을 구축하는 기능을 수행하는 것으로 볼 수 있다. 올레 B. 젠센의 표현을 빌리자면 이 감각은 도시에 대한 부피적 사유(volumetric thinking), 즉 수직적, 수평적 운동과 대각선 운동을 통해 도시를 3차원적인 부피를 가진 다감각적인 공간으로 인식하는 사유를 활성화한다. "인식론적 엔진으로서의 작업을 통해 드론은 건축된 환경을 우리가 이해하는 방식을 잠재적으로 바꾼다. 이 새로운 항공 시각과 결부된 부피적 사유는 도시의 공간적 조건에 대한 우리의 비판적 이해를 증진한다."[66] 드론 카메라가 위기의 매개에 있어서 지상의 응시에 부착된 기존 시각 미디어와 구별되는 지점이 바로 여기에 있다.

결론

지금까지 살펴보았듯 드론은 두 가지 차원에서 기존 시각 미디어에서 새로운 시각 미디어 체제로의 전환을 이끈다. 지각과 인식의 차원에서는 거리와 근접성, 떨어져 보기와 가까이 보기, 평면화된 조망과 입체적 조망 간의 구별을 상정한 지평선에 근거한 기존의 시각 장에 근본적인 동요를 일으킨다. 미디어 존재론의 차원에서 드론 시각은 카메라라는 단일한 기술적 객체와 이를 조작하는 인간의 의도성으로 환원되지 않고, 대신 광학적 감지와 비물질적 정보, 인간 작동자와 목표물로서의 인간 및 비인간 객체, 공중과 영토 모두가 연결되는 거대하고도 다층적인 작동의 네트워크를 통해 실현된다.

드론을 '미디어-크리티컬'하다고 말할 수 있게 하는 이 두 가지 전환의 양상이 초래해 온 위기의 양상은 어떤 객체와 영토건 적과 목표물로 구축하는 인식론적 위기, 선제의 대상으로 재편되는 세계라는 존재론적 위기, 시각적 몰입을 거리를 둔 관람 위치와 역설적으로 뒤섞는 관람성에서 파생되는 윤리적 위기 등을 고려할 때 전장의 수준을 넘어선다. 즉, 드론이 한편으로 강화하는 수직적 지배의 환상은 전장과 일상적 공간의 구별을 무화하는 수준으로 나아가고 있다. 그러나 이와 같은 무화의 국면은 곧 "민간 커뮤니케이션 매체와 표적화 시스템 모두로 기능하는 [드론의] 능력이 사실상 일상적 매체성의 바로 그 조건을 이룬다"[67]는 점 또한 입증한다. 지상의 시각을 지탱했던 기존의 이분법을 교란하고 지우는 드론 시각의 역량은 평면적인 조망과 부피적인 조망으로 세계를 낯설게 매개함으로써 현재 우리가 직면한 다양한 위기의 양상에 대한 갱신된 감각을 조성한다.

드론 시각이 구축하는 갱신된 감각은 공동체에 대한 감각과도 직결된다. 토마스 판하우트리버의 단채널 비디오 설치 작품 〈분할된(Divided)〉(2018)은 멕시코와 미국의 접경 지역인 바하칼리포르니아에서 아마추어 드론을 활용한 카메라로 촬영한 작품이다. 파도가 치는 바다 표면에 세워진 경계선을 수직으로 조망하며 시작되는 이 작품은 바다에 접한 멕시코 지역과 미국 지역, 그리고 이 둘을 나누는 육지의 경계선으로 조망의 영역을 확대하며 마무리된다. 이 작품에서 드론 시각이 구축하는 감각은 멕시코와 미국을 구별하는 지정학적 경계에 대한 감각뿐 아니라, 그 경계를 이루는 물질적 요소인 땅과 바다의 감각, 나아가 지상의 경계를 무화시키는 파도의 전체적인 힘이다. 궁극적으로 이 작품에서 드론 조망은 "인공적으로 분리된 영토들을 융합함으로써 풍경, 표면, 지구의 연속성을 드러내는"[68] 방식으로 공동체를 다시금 감각하고 상상하도록 초대한다. 이그나시오 아코스타의 2채널 비디오 설치 작품 〈드론과 북(Drones and Drums)〉(2018)은 스웨덴 노르보텐 자치주 내 토착 유목민 사미(Sami)족의 구리 광산에 대한 저항의 움직임을 기록한다. 여기에서 아마추어 드론 촬영이 포착하는 순록들의 풍경은 자연 및 동물과 어우러진 유목민 공동체의 비전을 압축하고, 영토의 이윤적인 착취에 대한 비판적 관점을 수립한다. 따라서 이 작품에서의 드론 이미지는 단순히 지배의 환상을 충족하는 것만으로 단정할 수는 없다. 이 이미지는 "행성적인 것(the planetary)의 차원을 전근대성의 요청으로서가 아니라 오히려 드론의 하이테크 감지 양식과 얽힌 것으로 소개한다."[69]

이 두 작품은 드론 시각의 잠재력 중 하나가 인간과 비인간 행위자들(기계, 생명체, 지구)의 긴밀한 얽힘으로 공동체를 재창안할 수 있게 하는 것임을 입증한다. 그와 같은 공동체를 감각하고 상상하게 함으로써 드론 시각은 오늘날 복합위기를 야기하는 도구적 폭력에 결부되는 구조적, 인프라구조적, 환경적, 기술적, 정동적 형태들을 감각하고 인식할 수 있게 한다. 이와 같은 감각과 인식은 마이클 리처드슨이 말하는 비인간 목격(nonhuman witnessing), 즉 "인간 행위자를 포함하지만 반드시 그 행위자를 요구하거나 특권화하지 않는 방식으로 윤리정치적 지식, 책임, 형태들을 생산하는 다양한 기술적, 미디어-특정적, 상황적 관계들"[70]과 연결된다. 드론은 폭력의 수직적인 매개를 통해 정치직, 윤리적, 인식적 위기의 원인이 되지만 다른 한편으로 그 위기의 목격자가 되고, 그 위기에 연루되는 다양한 인간 및 비인간 행위자들의 관계를 기록하기도 한다. 이와 같은 양가적 역량을 가진 드론의 존재와 작동 양식을 파악하기 위해서는 "미디어 형태에 대한 확장적 이해, 즉 클라우드에서 USB 드라이브를 거쳐 행성 자체에 이르는 모든 것을 미디어로 보는 이해"[71]가 요청된다.

드론이 새롭게 구축하는 공동체의 감각은 비인간 행위자들의 공동체에만 적용되지 않는다. 2014년 9월, 네로 챈이라는 이름의 홍콩 시민은 〈홍콩 거리를 메운 수천의 시민들을 보여주는 드론(Drone Shows Thousands Filling Hong Kong Streets)〉(그림 2-9)이라는 제목의 3분 영상을 자신의 페이스북 계정에 게시했다. 다양한 높이에서 촬영된 17개의 공중 쇼트를 모은 이 기록 영상은 소셜 미디어를 통해 활발하게 공유되면서 홍콩 우산혁명(Umbrella Movement) 초기에 큰 주목을 받았다.[72] 홍콩을 넘어 세계 곳곳의 대규모 시위에서 활발하게 활용되어 온 시민 드론 촬영으로 생성된 영상은 지상에서는 불가능한 방식으로 공동체의 전체적인 모습을 포착한다. 그러나 이처럼 전체를 보여주는 수직적 조망은 그 전체를 구성하는 개별 시민들의 다양한 군집과 이들과 얽힌 건물 및 도로, 시위를 제어하는 공권력의 상태 모두를 포함한다는 점에서 등질적인 조망만으로 볼 수 없

그림 2-9 〈홍콩 거리를 메운 수천의 시민들을 보여주는 드론〉(네로 챈, 2014) 스틸 사진.
출처: https://www.youtube.com/watch?v=Q919bQOThvM.

다. 앤서니 매코스커가 말하듯 이러한 영상에서의 드론 시각은 "기술적 대상의 배열, 카메라의 이동성, 제정된 소셜 네트워크, 분산된 미디어 형태 및 플랫폼을 통해 시위를 분산시키면서 행동과 결부되어 시각을 분열시키는 불안한 결합체"[73]를 가리킨다. 즉, 대규모 시위에서 활용되는 시민 드론 영상은 집중과 분산, 전체와 부분을 뚜렷이 구별할 수 없고 지상과 공중에서의 다양한 시각 기계가 다수의 움직임을 띠며 경합하는 거대한 네트워크에 속한다. 정치적, 사회적 위기에 따른 시민운동의 매개에 기여하는 이와 같은 영상은 다음 장에서 살펴볼 버내큘러 아마추어 비디오의 일부다.

3장

버내큘러 온라인 비디오,
온라인 민족지 컴필레이션

디지털 참여문화의 '매스 셀프-커뮤니케이션'과 위기

온라인 비디오와 디지털 참여 문화에 관한 선구적 저서인『유튜브, 온라인 매체와 참여 문화』에서 조슈아 그린과 진 버지스는 "이전에는 사적이었던 '버내큘러 창의성(vernacular creativity)'이 공공 문화의 일부로서 기하급수적으로 성장하고 있다"[1]고 말한 바 있다. 이 책이 유튜브가 초기 발전 단계이던 2009년에 출간된 이후, 버내큘러 창의성에 근거한 개인 비디오는 무수히 늘어났을 뿐만 아니라 브이로그, 사용자 제작 리뷰, 리액션 비디오, 리믹스 비디오, 라이브 스트리밍 방송 등 그 종류 또한 다양화되었다. 이는 웹 2.0 플랫폼과 소셜 미디어 네트워크의 확산, 일반 시민이 콘텐츠를 제작, 편집, 게시, 공유할 수 있게 하는 디지털 어포던스(스마트폰, 비디오카메라, 상용화된 드론 또는 DIY 드론, 오픈소스 소프트웨어 애플리케이션)

의 발달 덕택이다. 이러한 상황에서 버내큘러 온라인 비디오는 전문가와 비전문가, 공적인 것과 사적인 것, 정치적인 것과 개인적인 것 사이의 기존 경계를 역동적으로 재구성해 왔다. 그 비디오의 제작 주체는 다양한 인종적, 민족적, 문화적, 성적 정체성을 가진 개인들의 쪽넓은 스펙트럼을 포괄히고, 참어와 연대를 추구하는 정치적 사건의 목격, 기록, 옹호부터 감정과 의견의 표현, 일상에서 정체성과 신체의 표현 등에 이르는 다양한 콘텐츠를 포함한다.

버내큘러 온라인 비디오에 속하는 브이로그는 코로나19라는 전례 없는 위기에 직면한 사용자 주체 자신과 주변의 모습을 기록하는 가장 대중적인 글로벌 미디어 형태였다. 코로나19의 초기 발원지인 우한에서 한국에 이르는 다양한 브이로그를 간단히 살펴보면 제작, 주제, 배포에 있어 공통적인 패턴을 발견할 수 있다. 우한에서 영국인 교사로 근무하던 벤 카바나는 우한이 봉쇄된 기간과 영국으로 돌아온 후 자가 격리 기간 동안 채널 4와 협력하여 일련의 브이로그 시리즈를 게시했다. 휴대폰과 노트북에 내장된 웹캠으로 촬영한 이 브이로그에는 자가격리 중인 그의 집과 주변 환경, 일상을 촬영하고, 변화하는 상황과 그에 따른 감정을 직접적으로 고백하는 내용이 담겼다. [2] 우한에 거주하는 일부 용감한 중국인들도 중국 정부의 권위주의적인 언론 통제 속에서 소셜 미디어 플랫폼을 활용해 위기의 경험을 기록하고 공유했다. 팬데믹 상황에서의 일상을 1인칭 시점으로 촬영하여 공개한 사람들은 일반 시민뿐만 아니라 코로나19에 감염된 환자와 이들을 치료한 의료 전문가들이었다. 2020년 3월 26일 《뉴욕 타임스》가 유튜브에 공개한 영상 보도는 뉴욕 퀸즈의 한 병원 응급실 의사인 콜린 스미스가 촬영한 1인칭 시점의 영상을 활용하여 병원 내부의 긴박했던 상황을 생생하게 보여주었다.[3] 이스탄불에서 귀국한 후 2020년 4월 5일 코로나19 확진 판정을 받고 입원했던 한국인 유학생 이정환(당시 25세)은 5월 3일부터 병실에서 코로나19의 위험성을 알리고 코로나19 환자의 일상을 공개하는 브이로그 시리즈를 촬영하기 시작했다. 그는 자신의 모습을 직접 말하거나 음성으로 해설하는 형식으로 자신의 질병 증상, 임상 검사가 신체와 건강에 미치는 영향, 검사 양성 판정에 대한 우울증, 이를 극복하는 과정 등을 솔직하게 고백했다.[4]

　이처럼 다양한 시민들이 직접 제작하여 소셜 미디어에 업로드한 브이로그는 1980년대 비디오카메라와 VHS 플레이어의 등장 및 상용화에 힘입어 정착된 비디오 일기(video diary)의 동시대적 버전이다. 이와 같은 비디오를 통해 시민 주체는 자신의 신체와 발언을 친밀하게 기록하고 유포하며 자기 치료와 분석을 매개할 수 있었다. 마이클 레노프는 이처럼 제작자와 소비자 간의 위계가 부재한 아마추어적이고 주변적인 비디오 고백이 "자기 이해뿐만 아니라 양방향 커뮤니케이션, 인간적 유대감 형성, 정서적 회복을 위한 강력한 도구"[5]라고 말한 바 있다. 이러한 목적 때문에 비디오 고백은 "데카르트적 화자의 자율성에 고착되기보다는 다른 주체성의 방식과 모델"[6]을 복잡하게 하고 탐구하는 1인칭 다큐멘터리 영화의 전통과 연결된다. 소셜 미디어에 게시되거나 주류 뉴스 보도에 포함된 수많은 브이로그는 이와 같은 전통을 동시대적으로 계승한다. 이와 같은 비디오는 촬영 주체의 주변 세계에 대한 관점 이상의 것을 전시한다. 제작자 자신이 애착하는 기록 장치는 변화하는 세계와의 만남 속에서 덧없고 불안정한 자아의 주관성을 기입한다.

그러나 위태로운 21세기 사회 내에서 소셜 미디어 비디오의 가장 보편적 형태 중 하나인 브이로그는 비디오 일기와 1인칭 다큐멘터리의 전통을 계승하는 것 이상의 정치적 효과를 발휘해 왔다. 브이로그의 근간을 이루는 사적인 것과 공적인 것 사이의 다층적 협상은 브이로그가 내항권력(counterpower)을 생산하는 시민의 역량을 반영해 온 이유를 입증한다. 이와 같은 권력의 생산은 코로나19 상황에서 제작된 일련의 브이로그에서도 마찬가지였다. 예를 들어 독일 매체가 제작한 온라인 다큐멘터리 〈중국의 코로나바이러스(Coronavirus in China)〉(2020)에 등장하는 남성 브이로거 팡 빙은 병원의 넘치는 대기실과 죽어가는 환자를 촬영하고 소셜 미디어에 영상을 공유하여 중국 정부의 무능을 고발했다.[7] 이는 참여형 디지털 미디어를 통해 대중화된 코로나19 브이로그가 사회적 모순과 부조리를 반영하고, 소외된 목소리를 전달하며, 공감과 연대를 촉진하고, 사회 변화의 매개체 역할을 하는 다큐멘터리 영화의 정치적 기능을 수행했음을 뜻한다. 이런 의미에서 코로나19 비상사태 속에서 제작되고 유포된 버내큘러 온라인 비디오는 사회적 거리두기, 돌봄, 친밀감의 필요성에 대한 여론과 인식을 형성함으로써, 봉쇄령으로 인해 일시적으로 중단된 전문적 다큐멘터리 영화 제작의 역할을 대신했다.

　2010년대 초반부터 정치적 민주화, 반폭력, 사회 정의, 인권을 옹호하는 일련의 글로벌 시위는 정치적, 경제적, 문화적 위기를 매개하는 버내큘러 온라인 비디오의 위상을 입증해 왔다. 튀니지, 이집트, 리비아 등에서 일어난 아랍의 봄(2010~2013), 월가 점령(Occupy Wall Street, 2011), 시리아 내전(2011~현재), 튀르키예의 게지 공원 시위(Gezi Park Protests, 2013), 홍콩의 우산혁명(Umbrella Movement, 2014) 및 송환법 반대 시위(Anti-Extradition Bill Protests, 2019~2020), 그리고 2014년 마이클 브라운(미주리주 퍼거슨)과 에릭 가너(뉴욕시)의 죽음과 2020년 조지 플로이드(미네소타주 미니애폴리스)의 죽음으로 촉발된 두 차례의 '흑인의 생명은 소중하다' 운동 등이 중요한 글로벌 시위의 리스트에 포함된다. 시민 불복종과 사회 변화를 선언하는 이 사건들에서 스마트폰으로 무장하고 소셜 미디어에 연결된 수많은 일반 시민들은 수많은 비디오를 제작하여 업로드하고, 이를 공유했으며 이에 대한 댓글을 달았다. 정치 커뮤니케이션 분야의 학자들은 소셜 미디어가 다양한 시민, 활동가, 단체를 분산된 일련의 정치적 행동으로 조직하는 새로운 방식을 가능하게 하는 데 중요한 역할을 한다고 강조해 왔다. 이를 통해 이들은 시위 과정에서 생산되고 유포된 동영상, 사진, 텍스트가 참여적 시민 의식을 촉진하고 활성화하는 데 얼마나 큰 역할을 했는지 주목했다.[8] 이러한 관점에서 소셜 미디어 플랫폼은 매스미디어, 정치 지도자, 활동가 그룹의 하향식 동원에 전적으로 의존하지 않는 방식으로 민주적 참여와 협업을 위한 정치적이고 창의적인 가능성을 실현하는 새로운 형태의 사회적 커뮤니케이션을 구축해 왔다. 마누엘 카스텔은 이 새로운 형태의 부상을 나타내기 위해 '매스 셀프-커뮤니케이션(mass self-communication)'이라는 용어를 제안했으며, 이를 "많은 사람들과 소통하는 많은 [사람들]"이 수행하는 것으로 정의했다. 아랍의 봄과 월가 점령에서 대중의 소셜 미디어 활용을 지켜보며 카스텔은 매스 셀프-커뮤니케이션이 "사회 운동과 저항적인 개인이 자신의 방식과 자신의 프로젝트를 중심으로 자율성을 구축하고 사회 제도에 맞설 수 있는 특별한 매체"[9]를 제공한다고 주장했다. "인터넷이 제공하는 소통의 자율성 덕분에 분노를 불러일으키고 희망을 주는 동영상, 메시지, 노래의 바이럴 확산이 가능했다."[10] 카스텔을 비롯한 다른 많은 학자들은 이러한 새로운 형태의 커뮤니케이션이 가상 공간과 물리적 공간 사이의 간극을 메우는 새로운 형태의 사회운동, 즉 제한된 수의 조직과 지도자들로부터 덜 조직화된 활동가와 시민들에게로 정치권력이 이동하는 운동을 마련했다고 간주한다. W. 랜스 베넷과 알렉산드라 세게르베리는 이러한 형태의 권력을 강력한 조직적 통제나 대중 동원이 필요하지 않고, 대신 디지털 미디어를 조직화의 행위자로 여기는 시민들의 인식에서 출발하는 '연결적 행동(connective action)'으로 규정했다. "연결적 행동의 출발점은 이미 내면화되거나 개인화된 아이디어, 계획, 이미지, 자원을 스스로의 동기에 의해… 타인들의 네트워크와 공유하는 것이다."[11] 파올로 제르바우도가 월가 점령을 분석하면서 밝히듯, 연결적 행동의 원동력은 물리적 공간과 가상 공간의 근본적인 중첩이다. "점유자들이 경험한 몰입적인 대면 환경 주변에는 트윗, 페이스북 메시지, 라이브 스트림이 교차하는 공간인 확산적인 감정 공간이 존재했다."[12]

이러한 맥락에서 2010년경부터 다양한 규모의 글로벌 시위에서 참여 미디어(participatory media: 디지털 기술과 네트워크에 기반한 미디어의 일종으로, 시청자가 콘텐츠 수집, 보도, 주석 달기 과정에서 적극적인 역할을 할 수 있는 미디어)의 폭넓은 활용과 이로부터 산출되어 온 버내큘러 온라인 비디오는 액티비즘 및 사회 변화 다큐멘터리 영화가 정치적 동원, 논쟁, 옹호에 관여하고 이들을 촉진하는 방식, 더

넓게는 다큐멘터리의 의미와 그 정치적 효과를 확장할 필요성을 제기한다. 이러한 운동을 위해 만들어진 아마추어 시민들의 온라인 비디오와 기타 미디어 실천은 다큐멘터리의 정치적 기능을 수행하는 미디어 형태임이 입증되었기 때문이다. 즉, 이와 같은 미디어 실천은 사회적 모순과 불의를 반영하고, 소외된 목소리를 전달하며, 사람들 간의 또는 사람들과 활동가 간의 협력을 촉진하고, 집단적 조직화를 위한 매개체 역할을 하는 위기미디어에 속한다.

이와 같은 논의의 맥락을 염두에 두면서 이 장에서는 버내큘러 온라인 비디오의 다양한 형태들이 글로벌 시위를 포함하여 21세기의 경제적, 심리적, 문화적 위기를 매개하는 양상을 살펴보고, 이와 같은 비디오의 조사와 수집, 편집을 통해 제작된 다큐멘터리 영화 형태인 온라인 민족지 컴필레이션(online ethnographic compilation)을 분석한다. 온라인 민족지 컴필레이션이 버내큘러 온라인 비디오가 기록하고 소통하는 위기와 긴밀히 연관되는 방식은 다음의 대표적인 몇 가지 사례로 입증된다. 미디어 아티스트 내털리 북친이 2009년 선보인 설치 작품 〈집단 장식(Mass Ornament)〉은 비욘세의 〈싱글 레이디즈[Single Ladies(Put a Ring on It)]〉에 맞춰 춤을 추는 사용자들이 스스로를 촬영하고 유튜브에 업로드한 영상을 검색, 수집, 재편집함으로써 이들이 이루는 집단적 군무의 스펙터클을 창조한다. 웬디 희경 전은 〈집단 장식〉에 대해 "'우리'들 모두가 이른바 개체(individual)가 되고 사적인 것(기업, 개인의 권리 등)이 공적인 것 또는 사회적인 것을 이겨낸 것처럼 보이는 '우리의' 신자유주의적 조건을 포착한다"[13]고 평가한다. 이 작품은 유튜브에서 찾을 수 있는 사용자 제작 영상 및 유튜브와 같은 웹 2.0 플랫폼의 기술적, 문화적 조건에 대한 북친의 지속적인 탐구에서 비롯되었다. 〈집단 장식〉 이외에도 그는 다양한 작업장에서 해고된 노동자들이 자신의 사연을 고백하는 영상을 모은 〈일시해고(Laid Off)〉(2009), 다양한 병에 시달리는 환자들의 약물 처방 경험을 고백하는 영상을 편집한 〈나의 약(My Meds)〉(2008), 주거와 빈곤에 대해 토로히는 시민들의 영상을 결합한 〈간단히 말하자면(Long Story Short)〉(2016) 등을 제작해 왔다. 즉, 〈집단 장식〉에서 개별 사용자들의 안무는 개인의 병리적, 심리적 위기를 고백하고 공적으로 표현하는 사용자들의 발화 및 신체와 무관하지 않다.

북친의 이와 같은 작업은 그만의 예외적인 사례가 아니다. 온라인에 업로드되거나 라이브 스트리밍 방송되는 영상을 수집하고 재편집한 온라인 민족지 컴필레이션 영화는 2000년대 후반부터 꾸준히 제작되어 왔다. 〈은빛 수면: 시리아 자화상(Silvered Water: Syria Self-Portrait)〉(2012)은 프랑스에 망명한 시리아 감독 오사마 무함마드가 감독 지망생인 쿠르드인 여성 위암 시마브 베디르산이 시리아 현지에서 촬영한 영상 및 익명의 시리아 주민들이 스마트폰으로 기록하고 유튜브에 업로드한 시리아 내전 관련 1,001개의 동영상을 작품의 주요 재료로 삼는다. 피터 스노든은 이집트를 중심으로 시리아, 튀니지, 리비아, 예멘 등의 시민권자 또는 영주권자가 2010년 12월부터 2011년 11월까지 촬영 및 배포한 아랍의 봄과 관련된 영상을 결합한 〈봉기(The Uprising)〉(2013)를 제작했다. 사용자가 제작하고 시청자와 공유하는 영상은 유튜브라는 플랫폼에만 한정되지는 않는다. 2019년 로테르담국제영화제 타이거상을 수상한 주성저의 〈프레젠트, 퍼펙트(Present, Perfect)〉(2019)는 중국에서 2010년대부터 한국과 유사한 방식으로 대중화된 스트리밍 방송 영상을 캡처하여 동시대 중국의 소셜 미디어 활용과 이를 활용하는 다양한 주체에 대한 입체적인 초상을 구성한다.

퀘벡 출신의 감독 도미닉 가뇽은 북친처럼 유튜브 등의 소셜 미디어 생태계에서 검색하고 수집한 영상을 재편집한 작품을 꾸준히 제작해 왔다. 이 영상의 대부분은 21세기의 다양한 위기에 대한 사용자들의 반응을 담았다. 〈조각난 미국이여 고이 잠들라(RIP Pieces in America)〉(2009)와 〈조각난 사랑이여 지옥으로(Pieces and Love All to Hell)〉(2011)는 동시대 미국 사회에 대한 불만에서 파생된 음모론, 광신주의, 행동주의를 설파하는 시민들의 노골적인 발언들을 한데 모은다. 〈속임수(Hoax Canular)〉(2013)는 미국을 중심으로 세계 곳곳에서 다양한 종말론 또는 세계 종말의 감각을 고백하거나 이러한 감각을 표현하는 퍼포먼스 또는 의상놀이를 행하는 10대 주체들의 영상을 수집하고 편집한 결과다. 〈고잉 사우스(Going South)〉(2018)에서 가뇽은 자연 재해 기록 영상, 남반구 원주민을 기록한 영상, 우주비행사들이 고프로(GoPro)로 스스로를 촬영한 영상, 트랜스젠더 사용자의 자기 고백 영상, 평면 지구 이론을 설파하는 사용자의 영상 등을 결합하여 유튜브에서의 이미지 제작 및 소비 경험을 오늘날의 세계상(world picture)으로 제시한다.

레오 골드스미스는 이와 같은 작품을 '온라인 민족지(online ethnography)'라 부르면서 이를 다큐멘터리와 실험영화의 생산적인 상호 작용에 따른 결과로 규정한 바 있다. "이러한 작품들은 '원래 텍스트'로 소환되는 '다큐멘터리' 이미지, 즉 민족지와 관찰자적 다큐멘터리 실천과 유사한 방식으로 직접적 맥락을 탐구하는 듯한 이미지로 구성되어 있지만, 그럼에도 불구하고 이것들은 구조주의와 같은 실험영화와 아방가르드 전통의 조직적인 원칙을 끌어들인다."[14] 나는 '온라인 민족지'라는 골드스미스의 용어에 호응하면서도 여기에 '컴필레이션(compilation)'이라는 용어를 더하여 '온라인 민족지 컴필레이션'이라는 용어를 쓰고자 한다. 이는 이러한 작품의 최종적인 결과물 및 작업 과정이 속하는 컴필레이션 영화의 전통, 즉 제이 레이다가 "편집 테이블에서 시작되는 작업"[15]이라고 말한 전통을 고려하기 때문이다. 온라인 민족지 컴필레이션을 제작하는 작가는 자신이 수집하고 편집하는 사용자 제작 온라인 비디오의 생산 및 유통과 관련된 기술적, 문화적 층위와 개인적, 집단적 주체성의 구성 양상을 드러낸다. 이를 토대로 작가는 오늘날 소셜 미디어가 이항대립을 넘어 복잡한 뒤얽힘으로 재현하고 있는 아마추어와 전문적 제작자, 사적인 것과 공적인 것, 개인적인 것과 집단적인 것 간의 긴장에 개입한다. 골드스미스에 따르면 온라인 민족지 작품은 소셜 미디어의 시각적 코드 및 이를 지탱하는 '신화와 이데올로기'에 대한 비평을 수행함으로써 "산재되고 탈중심화되었을 뿐 아니라 위태롭고도 주변화된 정동적 공동체를 매핑하는 데"[16]관심을 둔다.

이 장에서는 버내큘러 온라인 비디오가 포착하고 매개하는 다양한 위기의 양상들, 그리고 이러한 비디오에 기술적, 문화적, 윤리적으로 내재된 불안정성을 온라인 민족지 컴필레이션 작품에 대한 분석을 통해 밝힌다. 디지털 네트워크 미디어의 이동적, 탈중심적, 확산적 속성을 통해 제작되고 순환하는 버내큘러 온라인 비디오는 기존의 매스미디어를 지탱했던 제작자와 소비자 간의 구별 및 하향적인 배급과 수용 모델을 벗어나는 방식으로 개인 및 집단의 위기를 표현하고 전파하는 데 기여했다. 이와 같은 비디오가 재현하는 위기는 다양한 규모의 시위를 이끈 정치적, 문화적, 이데올로기적인 위기에 국한되지 않는다. 코로나19에 따른 건강과 실존의 위기는 물론 정리해고, 장시간 노동, 약물중독, 비관주의 등 동시대의 경제적, 심리적 불안정성이 초래한 위기의 면모 또한 브이로그를 비롯한 버내큘러 온라인 비디오가 매개하는 위기의 폭넓은 스펙트럼에 속한다.

이러한 면모를 밝히면서도 이 장에서는 버내큘러 온라인 비디오가 디지털 참여문화의 유토피아적인 전망, 즉 2010년대 이후 글로벌 시위가 입증하듯 새로운 탈중심적인 사회운동의 결정적 행위자로 기능할 수 있다는 전망만을 실현한 것만이 아님을 밝힌다. 즉, 버내큘러 온라인 비디오가 위태로움(precariousness)과 연관되는 이유는 단순히 그 비디오가 재현하는 주체와 삶의 위태로움만이 아니다. 위태로움은 온라인 비디오의 제작과 유포 과정, 그리고 이를 가능하게 하는 네트워크 자체에 내재되어 있다. 이와 같은 구조적 위태로움은 '매스 셀프-커뮤니케이션' 자체에 내재한 역설 때문이다. 유튜브를 비롯한 소셜 미디어가 자신의 연결성으로 전시하는 사회성은 실제로는 파편적 개인화를 포함한 사회성이고, 이는 사회운동의 맥락에서 제작되고 순환되는 버내큘러 온라인 비디오가 집단성과 연대를 구축하는 정치적 다큐멘터리의 기능을 수행하면서도 폭력적인 현실의 재현과 관련된 인식론적, 윤리적 차원을 교란시켜온 상황과도 관련된다. 이 장에서 다루는 온라인 민족지 컴필레이션 작품들은 버내큘러 온라인 비디오의 이와 같은 양가성을 의식하면서, 비디오들의 수집과 분석, 편집을 통해 사용자 비디오의 개별화된 목소리와 표현을 의미 있게 다시 연결함으로써 집단성을 다시 상상한다.

네트워크(화된 수제)의 위태로운 삶

온라인 민족지 컴필레이션은 사용자와 제작자 간의 경계가 재편되고 시민이 아마추어 제작자로 구성되는 또 다른 중요한 맥락인 글로벌 시위에서 생산되고 업로드되는 비디오를 포함한다. 스노든의 〈봉기〉는 웹 2.0 시대의 미디어 행동주의를 특징짓는 온라인 비디오의 다양한 형식적, 미학적, 감각적 특질들을 드러내면서 아랍의 봄을 국가적인 동시에 초국적인 시민 저항 운동으로 표상한다. 스노든이 이 작품을 제작한 동기는 아랍의 봄 당시 시민들이 제작한 버내큘러 온라인 비디오가 온라인과 오프라인 공간을 넘나들며 순환하고 이를 통해 사회운동의 미디어 생태계를 재구성한 방식 때문이었다. "[이 비디오들은] 훨씬 더 큰 역동적인 과정의 일부이자 일부분이며, 가장 중요한 것은 특정 동영상보다는 이 비디오들이 복잡한 온라인-오프라인 생태계를 이동하면서 수집하고 전달하는 정서적 에너지다."[17] '시민 저널리즘(citizen journalism)' 또는 카리안덴-파파도풀로스가 '시민 카메라-목격(citizen camera-witnessing)'으로 규정한 이러한 영상은 시위 장면 또는 경찰과 군대의 폭력적 진압을 즉시적으로 기록하는 목격 영상(witness video, 그림 3-1), 시위 중이나 이후에 개진되는 시민들의 목소리 또는 행진, 점거, 공연 등의 저항적 행위를 기입하는 도큐멘테이션 영상을 포함한다. 이 두

그림 3-1 〈봉기〉(피터 스노든, 2013) 스틸 사진.
출처: https://vimeo.com/84677890.

유형의 영상은 "설득을 목적으로 정치적 반대의 체화된 행동을 공
개적으로 기록하기 위해 모바일 카메라를 개인적인 목격 장치로 의
식적으로 사용"[18]할 때 제작된다. 안덴-파파도풀로스에게 있어 시
민들의 목격과 기록 실천은 새로운 연결 커뮤니케이션 공간의 출현
과 목격자 기록을 생산하고 유통하는 글로벌 시각 경제의 작동으
로 인해 전문가와 아마추어, 언론인과 시민 사이의 구분이 점점 모
호해지고 있음을 보여준다. 더 흥미로운 것은 '시민 카메라-목격'이
가진 기록의 이중적 측면이다. 이와 같은 영상은 저항과 폭력의 현
장에 시민이 직접 참여하여 촬영하고, 사건에 대한 시민 제작자의
"체화되고 정서적인 경험"을 기입하는 자기-지시적인 영상이기 때
문에 전문 뉴스나 다큐멘터리 영화에 요구되는 객관성과 거리두기
의 의무에서 벗어나기도 한다. 안덴-파파도풀로스는 "객관성과 공
정성이라는 저널리즘의 오랜 규범과는 달리, 참여적 시민이 촬영한
영상은… 사건의 '내부'에서 즉각적이고 체화된 경험을 소환한다"[19]
고 말한다. 그럼에도 불구하고 이와 같은 영상은 폭력적이거나 터

무늬없는 사건의 가시적 증거를 진정성 있게 제공하고, 시민들의 증언을 수집하고, 대중의 문제 인식을 높이고, 사람들의 공감과 도덕적 동일시를 형성하며, 정치적 행동에 대한 집단적 요구를 촉발하는 액티비즘 영화 및 비디오 또는 정치 다큐멘터리의 특정 효과를 만들어 낸다. 휴대폰이나 가정용 캠코더로 촬영한 시민들의 카메라 목격 영상은 1970년대 당시 새로운 유형의 보도를 기록하는 데 사용된 핸드헬드 비디오 장비를 기반으로 한 액티비즘 비디오의 기술적, 미학적 계보를 보여준다. "저화질의 거칠고 흔들리는 영상은 대개 흑백으로 편집되지 않았으며, 추정된 객관성에 도전하는 새로운 유형의 직접적인 현장 진정성을 제공했다."[20] 시민-카메라 목격 영상이 20세기 액티비즘 미디어를 계승하면서도 이와 구별되는 방식으로 정치적 위기를 매개하는 양상은 다큐멘터리 영화를 대신하는 바로 이러한 정치적, 미학적 효과에 있다.

〈은빛 수면〉은 글로벌 시위의 맥락에서 제작되고 유통되는 버내큘러 온라인 비디오가 이미지의 기술적, 형식적 차원은 물론 재현의 윤리적 차원에서도 위기를 기입한다는 점을 입증한다. 이 작품의 전반부는 감독인 무함마드가 유튜브와 라이브리크(LiveLeak)와 같은 온라인 비디오 플랫폼에서 수집한 수백 시간의 푸티지 중 선별된 이미지로, 후반부는 시리아에 체류 중인 베디르산이 현지에서 촬영한 영상 및 그와 무함마드가 온라인을 통해 교신하는 대화로 이루어져 있다. 이 작품에서 수집된 비디오는 화면비율의 유동성, 픽셀화되거나 흐릿한 시각성, 휴대폰 비디오의 기술적·형식적 특성들을 체화한 것들이다. 공권력의 폭력적 진압 이미지, 이로 인해 죽은 시신들의 이미지, 거리에서 탈출하기 위해 분투하는 한 장애인의 모습을 아파트 발코니에서 촬영한 이미지(그림 3-2), 한쪽 앞다리를 잃고 내전의 폐허 사이를 배회하는 고양이를 기록한 이미지 등이 이 작품에 포함된다. 심지어 영화 초반과 중반에 걸쳐 두 번 등장하는, 휴대폰으로 수직 촬영된 극단적인 저화질의 시각성에도 불구하고 관찰할 수 있는 벌거벗은 한 소년의 성적 고문과 학대 기록영상은 폭력의 재현을 두고 제기되는 가해자의 시점이라는 윤리적 문제를 제기하며, 디지털 테크놀로지가 어떻게 참을 수 없는 삶의 실존을 매개하고 목격하게 하는가와 관련된 무거운 질문을 던진다(그림 3-3). 휴대폰으로 촬영된 저화질, 저해상도로 인해 〈은빛 수면〉을 구성하는 비디오는 슈타이얼이 말하는 '빈곤한 이미지(poor image)'에 부합할 수 있다. 슈타이얼이 가속화된 디지털 이미지의 순환계 내에서 이미지가 "업로드되고 다운로드되고 공유되고 재포맷되고 재편집"[21]되는 과정에서 발생하는 시각적, 물질적 열화에 주목한다면, 〈은빛 수면〉을 구성하는 저화질, 저해상도의 사용자 비디오는 촬영 과정에서의 위태로움 및 피사체의 신체적 위태로움을 반영한다. 슈타이얼이 빈곤한 이미지에 기입된 열화의 흔적을 "자신의 자글자글한 글리치(glitch)와 픽셀화된 아티팩트"이자 "리핑과 전송의 흔적"[22]으로 보았다면, 〈은빛 수면〉의 저화질 이미지는 폭력의 희생양이 되고 대표될 수 없는 생명들의 훼손됨과 불안정성을 미학적으로 담보한다.

온라인 민족지 컴필레이션이 탐구하고 재편집하는 버내큘러 온라인 비디오의 유형은 사용자를 능동적인 자기-표현(self-presentation)과 콘텐츠 제작의 주체로 구성하는 형태적 다양성을 보인다. 북친과 가눙의 작품에 포함된 영상은 "웹캠과 기본적인 편집

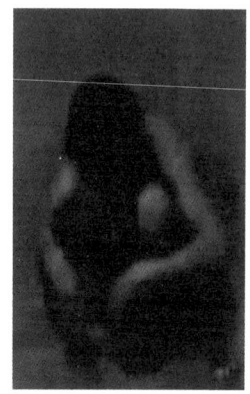

그림 3-2, 3 〈은빛 수면: 시리아 자화상〉(오사마 무함마드 · 위암 시마브 베디르산, 2012)
스틸 사진. 스크린 캡처.

기술만을 요구하고 관객에게 직접 말을 걸어 피드백을 촉진하는"[23] 브이로그, 또는 헨리 젠킨스의 표현을 빌리자면 짧은 지속 시간과 최소한의 세팅으로 관객을 향해 직접적으로 자신의 퍼포먼스를 전시하는 '보드빌 미학(vaudeville aesthetic)'을 예시하는 영상들이다.[24] 이러한 영상은 기존 매스미디어의 배급(distribution)이 아닌 웹 2.0 플랫폼의 순환(circulation) 패러다임에 근거한 일종의 '확산 가능한 이미지(spreadable image)'다. 틱톡의 전 지구적인 유행으로 정착된 주요 플랫폼에서의 쇼츠 영상이 입증하듯, 확산 가능한 이미지 형태는 대중을 "미리 구성된 메시지의 소비자를 넘어 이전에는 상상할 수 없던 방식으로 미디어 콘텐츠를 형성하고 공유하고 재구성하고 리믹스하는 사람들"[25]로 재구성한다. 이와 같은 버내큘러 온라인 비디오는 정치적 시위와 사회운동에 국한되지 않는 글로벌 동시대의 다양한 위태로운 삶(precarious life)을 포착한다는 점에서 위기미디어의 두드러진 한 형태다.

〈프레젠트, 퍼펙트〉에서 주성저는 중국에서 보편화된 온라인 라이브 방송을 주름잡는 인기 방송인이나 인플루언서 대신 자신의 표현과 타자와의 소통을 위해 방송을 활용하는 주변적 주체들의 쇼룸(showroom)에 주목한다. 이들은 거리를 떠돌아다니며 기이하고 어색한 춤을 추는 청년, 속옷 제조 공장에서 미싱을 조작하며 동시에 방송을 하는 미혼모, 휠체어를 탄 소녀, 거리에서 구걸하며 생계를 유지하는 발달장애인, 성별이 모호하고 재개발을 앞둔 마을에 사는 어느 소년, 자신의 작업을 생중계하는 크레인 기사, 화상으로 얼굴이 흉측하게 변한 사용자 등이다(그림 3-4, 5). 이들은 사용자들과 소통하면서 피드백을 구하거나 이에 반응하고 사이버머니와 같은 보상을 거부하지 않는다. 한편으로는 적극적인 자기 고백을 포함한 이들의 실시간 방송은 유튜브를 자기 정체성의 변형이나 재구성을 위해 활용하는 수행적인 차원으로 이해할 수도 있다. 그러나 다른 한편으로 이들은 자신이 신체적, 성적, 정서적, 경제적 이유 등으로 취약한 존재들임에도 불구하고 고립된 상태를 벗어나기 위해 소셜 미디어의 사회적 연결성에 의존하고 이 미디어가 자발성의 이름으로 구축하는 노동으로 자신의 삶 또는 유희를 규정하는 불안정한 주체다. 특히 단순하고 노동 집약적인 속옷 제조 작업을 장시간 수행하면서도 자신의 채널을 통해 사용자들과 소통하는 미혼모는 앤드루 로스가 동시대 노동의 조건을 체현한 주체들로 식별한 "자발적이고 기업가적이고 위태로움에 익숙한 작가, 디자이너, 다른 창조 노동자"[26]와 크게 다르지 않다. 즉, 〈프레젠트, 퍼펙트〉의 방송 주체들인 앵커(anchor)들의 모습은 북친과 가뇽의 작품에서 수집된 영상 제작자들의 정서적, 물질적 취약함, 예를 들면 〈일시해고〉

You earn ¥160 yuan a day. You also live-stream while working, but you don't speak. Why not?

에서 뚜렷한 해고 이유를 알려 주지 않은 채 고용감축과 아웃소싱 (oursourcing)을 이야기하는 사용자들, 그리고 〈속임수〉에서 과장된 톤으로 세상의 종말을 다양하게 설파하는 10대들과 공명한다. 이 다양한 불안정한 주체들의 신체는 그 신체가 가진 취약함과 상실을 오늘날 공동체의 가능성을 다시 상상하기 위한 전제 조건으로 지적한 주디스 버틀러의 언급을 환기시킨다. "우리들 각각은 우리 신체의 사회적인 취약함 덕택에 정치적으로 구성된다. 욕망과 물리적 취약성의 장소이자, 적극적인 동시에 노출된 공개성(publicity)의 장소로서의 신체 말이다."[27]

그러나 위태로움의 감각은 이러한 동영상에 스스로를 노출하고 이를 제작한 신체의 차원에만 머무르지 않는다. 온라인 민족지 컴필레이션은 이러한 동영상을 업로드하고 소비하는 소셜 미디어 플랫폼, 그리고 이러한 플랫폼이 촉진하는 사용자 참여 행위에 내재된 위태로움을 반영한다. 웹 2.0 시대의 유토피아적 에토스는 소비

그림 3-4, 5 〈프레젠트, 퍼펙트〉(주성저, 2019) 스틸 사진. 작가 제공.

와 제작 사이의 경계 붕괴, 참여적 민주주의의 가능성, 기존에는 산
업의 주도권하에 있었던 미디어 사용 권력의 사용자로의 이전 등
을 포함했고, 소셜 미디어의 연결성과 웹 2.0 플랫폼의 사용자 접근
및 아카이빙 가능성은 이러한 에토스를 실현하는 기술적 조건으로
부각되어 왔다. 이와 같은 기술적 조건을 바탕으로 소셜 미디어 플
랫폼은 마르크 되저가 말하는 '미디어 삶(media life)',[28] 또는 레프 마
노비치가 말하는 '일상적 미디어 삶(everyday media life)'으로의 패러
다임 전환을 가능하게 했다. 그런데 마노비치가 지적하듯 이와 같
은 패러다임 전환은 소셜 미디어 플랫폼이 삶을 이루는 모든 부분
을 통합하는 과정에서 비롯된다. "소셜 미디어 플랫폼을 창조한 회
사들이 최대한 많은 사용자들이 이 플랫폼을 방문하게 하는 것으로
부터 돈을 벌기 때문에[그래서 그들은 광고를 유치하고 사용자 데이터
를 다른 회사에 팔고 애드온(add-on) 서비스를 판다], 그들은 사용자가
이 플랫폼에 자신의 생활을 최대한 많이 쏟아놓게 하는 데 직접적

인 흥미가 있다."[29] 이는 소셜 미디어가 자기 주체성의 형성과 유희와 같은 활동은 물론 노동마저도 자신의 콘텐츠와 플랫폼으로 '무료 노동(free labor)'이라는 이름으로 흡수하고 사용자의 콘텐츠 제작 및 경험 행위를 노동과 구별 불가능하게 만들어 온 상황과 관계된다. 마크 안드레예비치는 유튜브와 같은 플랫폼이 촉진하는 사용자 행위(검색, 관람, 피드백, 캡처, 개인 홈페이지 또는 채널 구축 등)를 사용자-제작 노동(user-generated labor)으로 규정하면서 마우리치오 랏자라또의 비물질노동(immaterial labor) 개념을 확장적으로 적용한다. 그는 사용자-제작 노동이 플랫폼이 통제하는 상호작용적 경제 논리, 그리고 이러한 논리를 뒷받침하는 교환의 알고리듬(예를 들어 사용자는 콘텐츠를 창조하고 보고 공유하는 대가로 자신의 사용자 데이터를 무의식적으로 플랫폼에 제공한다)에의 종속을 의미한다는 점을 밝힌다. "유튜브와 같은 상호작용적 사이트들을 특징짓는 교환의 형식은 노동력의 강요된 전용의 2차적 결과로 이해될 수 있다. 사용자는 그 대가로 온라인 커뮤니티와 사회성을 사유적으로 통제되는 네트워크 인프라구조 위에서 구축하는 데 그들이 수행하는 노동에 대한 대가로 그들의 창조적 행위가 낳는 산물에 대한 최소의 통제를 받는다."[30]

이러한 관점에서 볼 때 웹 2.0 플랫폼이 제공하는 새로운 주체성으로 일컬어지는 프로슈머(prosumer), 생산사용자(produser: produce + user의 합성어)와 같은 용어는 이러한 플랫폼이 노동과 유희 간의 전통적 구별을 넘어 사용자의 상호작용적 행위를 대가로 노동과 유희, 개인성과 사회성 모두를 흡수한 상황을 시사한다. 온라인 민족지 컴필레이션 작업이 방대한 양의 다양한 사용자 제작 영상을 수집하고 편집함으로써 가시화하는 상황이 바로 그것이다. 북친, 가농, 주성저의 작업에서 사용자들은 단순히 웹캠이 설치된 사적 공간에서만 자신을 표현하지는 않는다. 일부 사용자들은 운전을 하면서, 카메라를 들고 걸어가면서, 혹은 어떤 행위를 시연하면서 자신을 기록하고 자신의 생각을 표현한다. 그리고 이들의 행위 및 표현은 한편으로는 유희적이고 자기-치료적이지만 다른 한편으로는 연장된 노동처럼 보이기도 한다. 〈속임수〉에서 종말론을 설파하는 10대들 다수는 시청자를 의식하면서 '좋아요'를 누르거나 '공유'를 유도하고 '코멘트를 남기기를' 초대한다. 〈프레젠트, 퍼펙트〉에서 몇몇 앵커들의 스트리밍 생방송 클립에서 스크롤로 나타나는 자막과 아이콘은 이러한 포맷이 상정하는 대화성과 사회성 못지않게 사용자가 기부하는 선물 경제 아이템을 나타낸다. 그리고 일부 사용자는 대화를 통해 이러한 아이템의 기부를 요청하는 태도를 숨기지 않는다. 그래서 이 작품에 포함된 몇몇 앵커들의 태도는 브이로그라는 다른 사용자의 직접적인 코멘트와 피드백을 촉진하는 유튜브 비디오의 주요 포맷이 아마추어 사용자와 기업가적(entrepreneurial) 사용자 모두에게 적용되고 이들 간의 구별이 분명하지 않다는 점과 호응한다.[31]

다른 한편으로 온라인 민족지 컴필레이션에 수집되고 저장된 다양한 '일상적 미디어 삶'의 파노라마는 기업화된 소셜 미디어 플랫폼의 경제적, 문화적, 기술적 통제라는 배경에서 볼 때도 위태로운 삶이다. 이러한 통제는 몇 가지 층위에서 살펴볼 수 있다. 먼저 저작권 및 부적절한 콘텐츠 규제의 차원이 있다. 시바 바이디야나단이 적절히 요약하듯 "구글은 자신의 웹 일반보다 유튜브를 더욱 엄중하게 규제하는데, 거기에는 구글의 평판에 더 많은 직접적 위협이 존재하고 수백만 명의 사용자를 폭력적, 혐오적, 성적으로 노골적인 비디오로 불쾌하게 하는 잠재력이 있기 때문이다."[32] 또한 조제 반 데이크가 적절히 밝히듯 최초에는 아마추어 제작자들의 동영상 공유 및 이를 통한 취향 공동체의 구축을 촉진했던 유튜브는 구글의 인수 이후 전문가 및 기업 채널을 포용하게 되었다. 이와 같은 변화는 주목 경제(attention economy) 모델에 따라 소비자와 제작자, 스타와 팬을 위계적으로 분류하는 결과를 낳았다. '가장 많이 본(most viewed)', '가장 대중적인(most popular)' 비디오의 자동화된 제시 알고리듬과 같은 네트워크 인프라구조의 구축은 이 결과를 뒷받침했다.[33] 유튜브를 둘러싼 이와 같은 다중적인 통제 및 상업화의 국면은 플랫폼이라는 관념이 "일반 사용자와 풀뿌리 창조성에 평등주의적이고 포퓰리즘적으로 호소할" 뿐 아니라 "광고주와 상업적 미디어 제작자들의 비즈니스를 추구하는 용어"이기도 하다는 탈턴 길레스피의 주장을 뒷받침한다.[34] 플랫폼이라는 용어의 정의를 둘러싼 이러한 긴장에 착안한다면 플랫폼이 구성하는 상호작용적이고 권한 부여된(empowered) 사용자라는 행위자는 "시민적 참여의 촉진자뿐 아니라 제작자, 소비자, 데이터 제공자로서의 경제적 역할, 그리고 노동 시장에서의 불안한 위치를 포함한 복잡한 개념"[35]일 것이다.

이와 같은 복합적 통제의 양상은 소셜 미디어 플랫폼에 업로드되는 비디오의 생태, 그리고 그것이 접합하는 퍼포먼스 및 발화가 그만큼 불안정함을 드러낸다. 북친의 비디오 설치 작품은 스크린 인터페이스와 분할화면의 활용을 통해 유튜브의 불안정한 네트워크 인프라구조를 암시한다. 〈일시해고〉, 〈나의 약〉에서 순간적으로 동시에 제시되는 개별 사용자 영상은 다른 사용자의 주목과 관람을 동시에 요청하는 유튜브 비디오의 생존 조건을 환기시킨다. 이러한 경쟁적인 면모는 특히 〈집단 장식〉에서 두드러지는데, 다채로운 수와 화면 비율로 분할되는 개별 사용자들의 안무 영상에는 '조회수(view)'가 붙어 있고 이들 간의 차이가 유튜브에서의 비디오 검색 및 관람의 경험으로 연장된다. 이처럼 유튜브의 기술적, 관람적인 생태계를 반영하는 것 이외에도 온라인 민족지 컴필레이션 영화는 기업화된 플랫폼의 콘텐츠 및 저작권 규제 과정을 드러낸다. 예를 들어 〈집단 장식〉에서 관객은 춤을 추는 사용자 자신이 업로드한 동영상 일부가 이 작품의 제작 이후 그 사용자에 의해 삭제되었음을 알리는 자막과 마주하게 된다. 가능은 〈조각난 미국이여 고이 잠들라〉의 오프닝 클립에서 다른 사용자가 가정에서 제작한 영상 중 부적절한 내용 때문에 제한(flag)이 걸리고 유튜브와 같은 무료 호스팅 사이트에서 사라지는 영상을 자신이 저장하고 편집하게 되었음을, 그리고 자신의 작업 영역은 저작권에 대한 회색지대에서 이루어졌음을 간자막으로 설명한다. 〈프레젠트, 퍼펙트〉의 주성저는 중국 스트리밍 사이트에서 검열이 작동되는 방식에 대해 말한 바 있다. "스트리밍 사이트들은 검열 법안을 부과하고 수정하는 당국에 의해 종종 폐쇄된다. 이 영화에서 우리는 앵커들이 담배를 피는 동안 화면 밖으로 나가고 화장실에 가기 위해 사라지는 동안 자신의 전화 녹음을 남겨놓는 것을 볼 수 있는데, 이런 행동들을 보여주는 것이 지금은 금지되어 있기 때문이다. 복장을 바꿔 입거나 대중 앞에서 춤을 추는 앵커들은 이후에 벌금을 부과 받았다."[36]

개체화와 집단성

　버내큘러 온라인 비디오는 웹 2.0 이후에 일상화된 사용자 행위, 그리고 기존의 미디어 제작물 배급 관행을 넘어서는 네트워크에서의 가속적이고도 바이럴한 이미지 순환 시스템으로 인해 기존의 액티비즘 미디어 실천 및 사회 변화 다큐멘터리와 구별된다. 이와 같은 두 가지 구별을 근거로 버내큘러 온라인 비디오는 정상적인 미디어 제작 및 배급이 용이하지 않은 정치적 비상사태하에서 액티비즘 실천과 공진화하는 방식으로 정치적 다큐멘터리의 의식 고양 및 연대 형성 기능을 담당하고, 네트워크와 오프라인 공간의 구별을 넘어서는 새로운 사회운동의 행위자가 되어 왔다. 버내큘러 온라인 비디오가 정치적, 사회적 불안정성과 불의에 반응하여 글로벌 시위를 매개하고 조직하는 위기미디어로 기능해 온 이유가 바로 여기에 있다.

　그럼에도 불구하고 버내큘러 온라인 비디오에는 표준적인 다큐멘터리에서 기록을 정보와 주장으로 형성하는 데 기여하는 맥락화(contextualization)와 조직화(organization)의 논리가 부족하다는 것은 부인할 수 없다. 이러한 맥락에서 유튜브의 민주적 미디어 가능성에 대한 알렉산드라 주하즈의 회의론을 참고할 수 있다. 주하즈에게 유튜브는 비디오들의 "의식 없는 충돌"을 초래할 뿐인데, 그 이유는 "비정치적 검색엔진"이 사용자들을 어떤 집단의식으로 묶을 수 없고 대신 "개별적인 다큐멘터리들의 집적"[37]만을 낳기 때문이다. 유튜브에 대한 주하즈의 회의론은 버내큘러 온라인 비디오 자체와 이를 호스팅하고 배포하는 플랫폼에서 조직화와 맥락화가 부족하다는 점을 시사한다. 이와 같은 부재가 버내큘러 온라인 비디오와 다큐멘터리 영화를 구별짓는 결정적 요인임에는 분명하다. 그러나 튀니지, 이집트, 튀르키예 등의 시위에서 시민들이 영상을 수집하고, 공유하고, 주석을 달고, 댓글을 다는 행위가 주류 뉴스 미디어의 정부 통제와 게이트키핑에 맞서 영상이 빠르게 유통될 수 있도록 조직화와 맥락화의 역할을 한 것 또한 사실이다.[38] 시리아의 시민 저널리스트들 또한 자신의 유튜브 채널에 자신이 휴대전화나 비디오카메라로 촬영한 영상을 업로드했을 뿐 아니라, 정부군의 공격과 공습에 대한 보도부터 시위의 희생자를 추모하는 동원 영상 및 정치적 매시업(mash-up) 영상에 이르는 다양한 영상을 자신의 채널에 큐레이션해 왔다.[39] 니컬러스 미르조에프는 2014년 퍼거슨을 비롯한 여러 도시에서 벌어진 '흑인의 생명은 소중하다' 시위가 '출현의 공간(space of appearance)'을 창조하는 소셜 미디어의 능력에서 비롯되었다고 주장한다. 이와 같은 공간에서 사망과 폭력의 구체화된 증거는 시민들이 그 의미를 만들고 감정을 집단적 저항과 불복종 행위로 확장하도록 자극했다. "시위와 집회가 만들어낸 출현의 공간은 휴대전화 동영상, 페이스북, 인스타그램, 스냅챗(Snapchat), 트위터, 바인(Vine)을 통해 새롭게 가시화되거나 더 정확하게는 네트워크로 연결되면서 일련의 상호작용적이고 감각적인 릴레이를 통해 물리적 공간과 디지털 공간의 공존을 만들어낸다."[40] 미르조에프는 램지 오르타가 촬영한 에릭 가너의 "숨 쉴 수 없어(I Can't Breathe)" 동영상과 다이아몬드 레이놀즈가 필란도 카스틸의 죽음을 페이스북을 통해 생중계한 영상을 유포하고 댓글을 달고 공유하는 전략을 통해 아프리카계 미국 시민들이 백인 우월주의와 경찰의 폭력에 대한 인식을 높이고 연대감을 형성할 수 있었다고 말한다. 자이넵 투페키가 말하듯, 트위터 사용자들이 "원하는 대로 콘텐츠를 증폭"시킬 수 있었던 퍼거슨 관련 동영상의 300만 건 트윗이 없었다면 경찰의 폭력과 백인 우월주의에 반대하는 시위 소식은 "국가적 의제로 떠오르지 못했을 것"[41]이었다. 이는 트위터의 시간 역순 스트림과 사용자들이 동영상에 댓글을 달고 리트윗하는 행위의 상호작용이 페이스북 뉴스피드에서 다른 콘텐츠(예를 들면 아이스버킷 챌린지)에 비해 우선순위가 낮았던 퍼거슨 사건에 대한 집단적 인식을 형성하는 데 중추적인 역할을 했음을 시사한다.

물론 대중의 이와 같은 '매스 셀프-커뮤니케이션'이 카스텔의 유토피아적 견해처럼 시민들의 정치적 의식을 고양하고 이전의 사회운동에는 부재하는 방식의 조직화와 연대를 가능하게 하는 것만은 아니었다. 글로벌 시위의 맥락에서 버내큘러 온라인 비디오의 제작과 유통은 전문적인 미디어 활동가와 감독들이 제작하는 사회 변화 다큐멘터리 및 주류 저널리즘과도 공유하는 몇 가지 문제를 야기해 왔다. 첫 번째 문제는 아랍의 봄과 시리아 시위에서 시민 동영상과 서구 주류 언론의 보도가 교차하는 지점을 다룬 학자들이 제기한 것으로, 이들은 민주화 운동에 대한 전문 다큐멘터리와 텔레비전 보도가 소수의 아마추어 비디오 클립을 촬영하여 희생자나 순교자와 같은 혁명가에 대한 고정관념을 재생산하고 강화한다는 점을 강조했다.[42] 이러한 고정관념의 레퍼토리는 시위를 신화화하고 근본적인 구조적 문제를 모호하게 만들며 시위에 참여한 이름 없는 대다수 시민의 힘을 상쇄할 위험이 있다. 두 번째는 폭력의 목격 및 재현과 결부된 윤리의 문제다. 크리스 로베는 월가 점령을 기록한 액티비즘 비디오의 맥락에서 이를 예리하게 지적한다. "자신만의 독립적인 미디어를 제작한다고 해서 그것이 웹을 통해 배포될 때 더욱 선정적인 측면이 왜곡되고 지나치게 강조되는 것을 막을 수는 없다."[43] 세계 각국 시민들의 인권 보호를 위한 비디오 기술의 활용에 주력해 온 비영리 단체 위트니스(WITNESS)를 이끌어 온 샘 그레고리는 인권 침해의 증거를 기록하는 카메라의 보편화와 그 이미지의 참여적 유통에 대해 양가적인 견해를 피력한다. 한편으로 그는 웹 2.0과 디지털 어포던스로 인해 시민들이 누구나 사회의 불의와 불평등에 대한 목격자, 감시자, 기록자가 될 수 있는 상황을 '참여적 패놉티콘(participatory panopticon)'이라 규정한 바 있다. "관심 있는 모든 시민의 손에 카메라가 있다는 것은 인권 영상과 인권 옹호의 미래를 위한 강력한 기회를 창출한다." 하지만 다른 한편으로 그는 참여적 패놉티콘과 이미지의 참여적 유통이 제기할 수 있는 윤리적 문제 또한 경고한다. "가장 노골적인 침해, 즉 폭력적인 공격이나 심지어 성폭행은 존엄성, 프라이버시, 주체성의 상실로 가장 쉽게 해석될 수 있는 자료로 간주되며, 이는 실제 재-희생자화(re-victimization) 가능성을 수반한다."[44] 폭력을 선정적으로 묘사하고 피해자를 대상화하는 문제는 시리아 시위에서 노골적인 폭력을 고발한 시민 기자의 영상을 주류 언론이 악용한 사례에서 특히 두드러지게 드러난 바 있다.[45]

마지막 쟁점은 시민 카메라 목격 동영상의 진실 가치다. 앞서 말했듯 이와 같은 영상은 정치적 사건의 현장을 실시간으로 목격하고 있지만, 여기에는 시각적 기록의 가독성을 결정하는 카메라의 안정성과 그 의미를 규정하는 맥락의 부족 등 기술적, 미학적 결함이 있다. 아디 쿤츠만과 레베카 L. 스타인은 주류 뉴스 미디어와 사용자들의 소셜 미디어 계정이 아랍의 봄 당시 폭력성을 기록한 아마추어 동영상을 재활용하고 재생하는 방식으로 움직인 상황에 주목하며, 버내큘러 온라인 비디오에 내재된 이 두 가지 결함이 "확실성의 상실"과 "디지털로 된 모든 것의 진실 가치를 검증할 수 없는"[46] 결과를 낳았다고 말한 바 있다. 도나텔라 델라 라타는 이러한 견해를 확장하여 시리아의 디지털 운동이 불안과 불확실성에 대한 공포를 유발하는 폭력 이미지에 지나치게 의존하기 때문에 "사람들이 외국의 음모가 국가의 안정을 위협하고 있다는 정권의 주장에 의문을 제기할 만큼 강력한 반론을 만들어내는 데 실패했다"[47]고 주장하기도 했다. 쿤츠만과 스타인이 아랍의 봄 당시 목격한 상황은 버내큘러 온라인 비디오가 정치적 위기와 더불어 양가적일 수 있음을 시사한다. 즉, 그것은 위기의 매개이지만 새로운 종류의 인식론적, 정치적 위기를 증폭시키기도 했다. '확실성의 상실'과 '검증 불가능성'이라는 버내큘러 온라인 비디오의 기술적, 미학적 한계는 러시아-우크라이나전과 이스라엘-하마스전을 계기로 소셜 미디어 공간에 가속적으로 유통되어 온 폭력적이고 선정적인 동영상과 딥페이크 동영상이 입증해 왔다.

이와 같은 양가적 면모는 9장에서 살펴볼 '포스트-재현' 체제가 제기하는 위기이기도 하지만, 앞 절에서 살펴보았듯 네트워크 공간의 가속적인 이미지 순환 경제에 내재된 불안정성에서 비롯되기도 한다. 이를 고려할 때 카스텔이 말한 매스-셀프 커뮤니케이션의 해방적, 참여적 가능성은 이와 같은 커뮤니케이션 패턴을 이루는 '다수'와 '자아'의 역설적인 공존, 또는 이 패턴을 가능케 하는 연결성과 사회성에 내재된 주체들의 개별성을 포함하는 방식으로 이해되어야 한다. 셰리 터클은 게임에서의 아바타와 소셜 미디어에서의 타자를 향한 자기 정체성 구축 과정에서 드러나는 사용자들의 상태를 '홀로 함께 있음(alone together)'이라는 유명한 표현으로 요약하면서 이를 "점점 서로에게 연결되지만 기이하게도 보다 외로워지는 친밀성과 새로운 고독"[48]으로 설명한 바 있다. 이와 같은 상태는 퍼트리샤 랭이 10대 유튜브 사용자의 비디오 시청 및 공유가 형성하는 사회적 관계의 양상을 설명하면서 이를 제작자의 신분이 드러나지만 콘텐츠는 사적으로 제한된 '공적으로 사적인(publicly private)' 국면과 자신의 신분 노출을 제한하지만 콘텐츠는 대중과 공유하는 '사적으로 공적인(privately public)'[49] 국면으로 분류한 점을 환기시킨다.

이와 같은 역설은 비판적 디지털 미디어 연구가 웹 2.0 플랫폼의 사회성과 참여 가능성 이면에 가속화되는 개별 주체들의 원자화를 지적해 온 양상과도 호응한다. 앤드루 킨은 "디지털 공리주의자들의 의사소통적 낙관론 이면에… 점점 약해지는 공동체라는 탈산업적 진실과 초-노드 및 초-연결체의 만연한 개인주의"[50]라는 진실이 있음을 주장한다. 헤이르트 로빙크는 소셜 미디어 플랫폼이 구축하는 '사회적인 것(the social)'이 전통적인 공동체와 이의 전통적인 구성원(시민, 계급 구성원)을 사용자로 변환하는 것을 의미한다고 진단하면서, 이것이 "상호-개인적인 잔해를 닮은 무엇인가를 위한 자리(placeholder), '사회'의 신자유주의적 파괴 이후의 잔여물, '연약한 유대'의 느슨한 무리가 된다"[51]고 덧붙인다. 소셜 미디어가 촉진하는 행동과 참여, 그리고 사용자들의 연결성으로 형성되는 글로벌한 통일성을 기술적 페티시즘으로 매개되는 '커뮤니케이션 자본주의(communicative capitalism)'의 환상으로 비판해 온 조디 딘은 공동체의 가능성에 대해서 가장 비판적인 견해를 개진한다.[52] 딘에게 있어 블로그와 트위터, 유튜브를 통해 생산되는 정동은 "재귀적(reflexive) 커뮤니케이션, 커뮤니케이션 자체를 위한 커뮤니케이션으로부터 축적되는 것"[53]이다. 이러한 정동의 순환으로 이루어지는 정동적 네트워크(affective network)가 공동체의 감각을 형성하더라도 이는 사실상 "'공동체 없는 공동체(community without community)'라 부를 수 있을 뿐"[54]이다. 즉, 딘의 관점에서 볼 때 소셜 미디어가 표현하고 공유하기를 자극하는 정동의 네트워크는 소통을 향한 충동의 초개인적이고 순환적인 운동이면서도, 그 운동이 현실 정치의 실질적 변화나 공통의 사회성을 창조하는 것과는 무관하며 오히려 접속과 피드백을 행동 방식으로 체화한 주체들의 파편적 현존으로 귀결된다는 것이다.

베르나르 스티글레르는 조르주 시몽동의 개념을 연장하여 소셜 미디어의 사회적인 것이 함축하는 이러한 역설에 대해 논의한다. 그는 "본래 집단적 개체화(collective individuation)를 성취하기 위한 것으로 구상된 심리적 개체화(psychic individuation)의 기술을 활용하여 초개체화(transindividuation)를 공식화하는 것"[55]으로 소셜 네트워크의 본성을 설명한다. 즉, 딘과 유사하게도 스티글레르는 소셜 미디어가 구성하는 자기 정체성 연출, 상태 업데이트, 공유하기, 좋아하기 등의 행위가 한편으로는 기존의 공동체를 대체하는 공동체성을 생산하지만, 다른 한편으로는 이러한 미디어의 매개 없이는 행동할 능력을 상실해 가는 원자화된 개인을 구성하는 것으로 본다. 개별화되어 있지만 연결성으로 인해 개별화된 차원을 넘어서는 개인인 것이다. 그런데 스티글레르의 이러한 견해를 인용하면서도 육후이와 해리 할핀은 집단적 개체화를 심리적 개체화를 수반하는 것으로만 간주하는 데 머무르지 않고 이를 원자화된 개인의 한계를 극복하는 집단성을 가능하게 하는 방식으로 사유한다. "집단적인 것은 정적이기보다는 역동적이어야 하고, 집단은 어느 때라도 더 커다란 프로젝트를 형성하기 위해 함께 뭉쳐질 수 있고, 하나의 프로젝트 또한 보다 작은 집단으로 나뉠 수 있다."[56] 육 후이와 할핀은 기존 소셜 미디어와는 다른 네트워킹 플랫폼, 기존 플랫폼 자본주의 인프라구조의 통제와는 다른 열리고 역동적인 디지털 기술을 활용하는 행동주의적 플랫폼을 집단적 개체화의 인프라구조로 간주한다. 그리고 이러한 대안적 플랫폼이 개인적인 것과 집단적인 것 간의 관계를 재편하는 데 활용되어야 한다고 주장한다. "원자화된 개인이 어떻게 집단을 형성하는가를 질문하는 대신, 우리는 하나의 집단적인 사회적 네트워크가 개인을 어떻게 변화하고 형성하는가를 발견해야 한다."[57]

육 후이와 할핀의 주장에 비추어볼 때, 온라인 민족지 컴필레이션, 특히 북친과 가눙의 작품들은 개별 온라인 비디오를 심리적 개체화의 대상으로 상정하고 이들 간의 차이를 보존하면서도 개별 비디오를 가로지르고 통합하는 집단적 개체화의 가능성을 모색하고 꾸며낸다. 〈집단 장식〉에서 춤을 추는 개별 사용자들의 모습은 유튜브 개인 채널을 연상시키는 다양한 수의 작은 화면들로 분산되고, 이들은 인종과 복장, 성별, 나이, 조회 수의 차이를 보존한다. 비욘세의 특정 안무를 모방하는 개별 안무의 제스처와 숙련도 또한 서로 다르다. 그럼에도 불구하고 각각의 개별적 화면들이 모여 수평의 격자 구조를 이룸으로써 이들의 개별성을 구성하는 공통성의 면모들이 드러난다(그림 3-6). 그 면모들은 웹캠 앞에서 수행되는 퍼포먼스의 전시라는 어트랙션(attraction)의 원시적 형태이자 온라인 비디오 하위 장르인 브이로그의 관습, 비욘세라는 팝 아이콘의 안무를 체화함으로써 즐거움을 추구하는 대중의 모방적 욕망, 그리고 소셜 미디어에서의 자기-표현에 내재된 사적인 것과 공적인 것 간의 긴장 등이다. 북친의 시청각적 편집 전략은 개별 안무 비디오의 차이를 보존하면서도 이 공통성의 면모들을 효과적으로 드러낸다. 격자 모양으로 확산되는 수평적인 스크린 활용은 이 작품이 직접적으로 참조하는, 지크프리트 크라카우어가 '집단 장식'의 결정체로 지적했던 틸러 걸즈(Tiller Girls)의 21세기적 유산을 환기시키듯 개별 사용자의 신체와 제스처를 집단적인 신체로 변환한다. 이를 뒷받침하기 위해 북친은 비욘세의 원곡 대신 레니 리펜슈탈의 〈의지의 승리(Triumph of the Will)〉(1935)와 버스비 버클리의 〈황금광 1935(Gold Diggers of 1935)〉(1935)에 쓰인 음악을 활용하여 개별적 안무의 차이를 가로지르는 시청각적 동시성(synchronicity)을 부여한다. 또한 이들 음악 사이에 탭댄스풍의 발자국 소리, 타자기 소리, 군중들의 음성 등의 사운드 효과를 삽입한다. 이는 한편으로는 "공간에서 움직이는 신체들의 소리"라는 공통성을, 다른 한편으로는 "군중들로 가득한 도시 가구부터 교외에 이르는 지리적 차이"[58]를 강조하기 위한 것이다. 결국 작품의 인터페이스 및 시청각적 요소 모두를 고려할 때 〈집단 장식〉은 소셜 미디어 사용자 주체들 간의 공통성을 지향하면서도, 개체성 또는 단독성을 대체하는 일반화된 공통성과는 다른 집단적인 신체와 정동적인 표현을 상상하게끔

그림 3-6 〈집단 장식〉(내털리 북친, 2009)에서 서로 다른 사용자 안무 영상의 공통성을 구축하는 수평 격자 인터페이스. 작가 제공.

한다. 이는 북친의 작품을 논의하면서 에이프릴 더럼이 사용한 '트랜스-주체성(trans-subjectivity)'과도 호응한다. "트랜스-주체성은 단순히 집단적 진공 속에서 자아를 상실하는 것이 아니다. … 오히려 이는 개체화와 포함의 다른 조류들과 나란히, 그리고 이를 가로지르며 움직이는 것이다."[59]

〈일시해고〉, 〈나의 약〉, 그리고 '게이(gay)'라는 단어를 두고 표현되는 다양한 성 정체성과 관련된 발언들을 수집한 〈나는 아냐(I Am Not)〉(2009)에서 북친은 서로 다른 브이로그를 통한 집단적 개체화의 구축을 육체성에서 발화의 차원으로 연장한다.[60] 개별성의 차원은 〈집단 장식〉과 유사한 분할화면과 수평적 격자 인터페이스의 활용, 그리고 실업이나 병리 상태, 성 정체성을 고백하는 다양한 주체들의 인종, 나이, 성별 차이로 보존된다. 그리고 다수의 화면이 동시에 제시되면서 코러스를 이루어가는 〈집단 장식〉과는 달리 이 세 비디오 설치 작품에서 북친은 한 스크린 속의 자아가 발언을 하고 그의 발언이 멈추거나 그가 화면에서 일시적으로 사라진 후 다른 스크린의 자아가 발언하는 것을 보여주는 식으로 편집함으로써 자기-표현의 개별성을 강화한다. 그럼에도 불구하고 서로 다른 비디오의 주체들이 특정 단어(예를 들어 〈나의 약〉에서 특정 약의 이름)나 표현(예를 들어 〈일시해고〉에서의 "회사가 폐업했어요")을 함께 말할 때 일종의 불협화음, 즉 서로 다른 목소리의 개별성에도 불구하고 형성되는 공통성의 감각이 형성된다(그림 3-7). 또한 다양한 리듬으로 나타났다 사라짐을 반복하는 화면들, 그리고 하나의 화면 속 주체가 말할 때 침묵하면서 화면에 존재하는 다른 비디오 속 주체들의 존재는 각각 불협화음과 시각적으로 조응하면서 개별적인 발화들의 집합을 넘는 대화성과 다성성(polyvocality)을 띠게 된다. 이러한 시청각적 특징, 그리고 수평적인 격자 구조를 유지하면서 여러 브이로그 비디오들의 연결과 연결 끊기를 조율하는 북친의 편집은 사용자 자기-표현의 개별성을 유지하면서도 이를 지워버리는 일반성과는 다른 방식으로 경험과 이야기의 집단성을 구축한다. 그 경험과 이야기의 공통성은 신자유주의가 촉진하는 노동의 유연화, 다양한 약물에 빠져들게 하는 정신적·육체적 불안과 취약함, 커뮤니케이션 자본주의가 촉진하는 접속과 자기-연출의 충동에 대한 것이다. 이러한 공통성을 근거로 조이 드루익은 북친의 작업이 "원자화된 형식으로 현재 존재하는 정치적 표현의 잠재력을 발견하면서 신자유주의적 주목 경제 속에서 침묵되거나 회피되는 일상적 트라우마를 들을 수 있는 공간을 제공한다"[61]고 평가한다.[62] 이 공통성의 감각은 비단 이야기와 경험의 차원에서만 환기되지는 않는다. 이 세 작품에서의 분할화면과 격자 구조는 유튜브의 인터페이스를 환기시킨다. 그러면서도 북친의 브이로그 수집 및 편집은 유튜브가 자동화된 알고리즘으로 구축하는 '추천 영상' 또는 '많이 본 영상'과 같은 비디오들의 모자이크, 또는 해시태그(hashtag)의 일치에 따라

그림 3-7 〈나의 약〉(내털리 북친, 2008)에서 동일한 종류의 약을 복용하는
다수 사용자들의 영상이 이루는 다성성. 작가 제공.

주제적으로 유사한 영상을 자동적으로 사용자에게 보여주는 유튜
브의 데이터 조작과는 다른 방식으로 브이로그들의 다성적 공통성
을 만들어낸다. 이 공통성의 대안적인 면모는 이야기들의 주제적인
측면에서도 발견된다. 즉, 이 세 작품에서 공통적으로 수렴되는 표
현은 신자유주의의 정리 해고에도 불구하고 새로운 직업을 찾을 것
이며 자신의 경험을 공유하기 위해서 브이로그 제작을 한다는 발언
(《일시해고》), 그리고 규범화된 성 정체성의 호명을 넘어서는 성 정
체성의 유동적인 표현 가능성(《나는 아냐》)과 같은 것들이다. 이러한
표현의 정치적 잠재력은 커뮤니케이션 자본주의의 부정적인 효과
를 넘어선, 버내큘러 비디오들의 수집과 재연결을 통해 만들어지는
집단성이다.

　개별성을 보존한 집단성의 구축은 가뇽의 온라인 민족지 컴필레
이션 실천에서도 다양한 방식으로 나타난다. 〈조각난 미국이여 고
이 잠들라〉에서 동시대 미국 사회에 대해 발언하는 주체들의 브이

로그 클립은 연령, 성별, 직업, 인종은 물론 웹캠 앞에서의 자세와 웹캠과의 거리에 있어서도 다양한 스펙트럼을 보인다. 후드 티를 입고 선글라스를 쓴 흑인 청년은 '미국 정부에 신물과 구역질이 난다'고 하면서 정부의 관타나모 수용소 정책을 비난한다. 그 뒤에 등장하는 성조기가 프린트된 셔츠를 입은 백인 중년 남성은 자신의 고향에서 작은 컴퓨터 가게를 하며 어머니를 기쁘게 하기를 꿈꿨으나 그런 '아메리칸 드림'은 실현되지 않았다고 말한다. 바로 그 뒤에 등장하는 백인 청년은 미국 경제의 붕괴가 악몽을 낳았다고 말한다. 이처럼 동시대 미국 사회의 병폐와 모순을 지적하는 다양한 주체들 중 상당 비율의 사용자가 선글라스, 복면, 가면, 분장 등의 연출을 한 채 웹캠 앞에서 발언하고 스스로를 기록하는 모습을 보게 된다. 이와 같은 다양한 자기-퍼포먼스는 한편으로는 자신의 신념과 의견을 다른 사용자와 정서적으로 소통하고자 하는 연결성에의 욕망을 드러내고, 다른 한편으로는 자신의 정체성을 일정 부분 은폐함으로써 소셜 미디어가 전통적인 프라이버시를 잠식한다는 점을 시사한다.

〈속임수〉에서 가뇽은 10대들의 공통성을 구축하면서 이들의 소셜 미디어 활용에 대한 민족지적 탐구를 동시에 수행한다. 이 작품에서 세계의 종말에 대한 다양한 의견을 개진하는 10대들의 범위는 북미권을 벗어나 아시아와 호주를 포함한 글로벌한 영역으로 확장된다. 표현의 내용 또한 두려움, 흥분, 불안, 의연함, 편집증(적의 침입에 대비하여 자신을 무장하는 무기들을 시연하는 10대), 음모론 등으로 분류될 수 있으면서도 어조와 악센트, 자세 등에 있어서 개별성과 다양성을 보존한다. 이와 같은 개별성과 다양성을 한데 모음으로써 가농은 오늘날 10대들이 자아 정체성의 구성과 사회성의 표현을 위해 소셜 미디어에 얼마나 의존하는가, 그리고 그에 의존하는 10대들이 누구인가에 대한 인류학적 관심을 드러낸다. 이들의 서로 다른 비디오를 추출하고 연쇄시킴으로써 가농은 사적인 공간과 자아를 드러내는 10대들의 공통적인 정동을 포착하고 그 정동이 진동하는 얼굴들의 관상학(physiognomy)을 구성한다.[63] 이 공통의 정동을 뒷받침하기 위해 가농은 카펜터스(The Carpenters)의 〈세계의 종말(The End of the World)〉을 테마 음악으로 삼아 이 노래를 부르는 여러 개의 브이로그 영상을 삽입하거나, 이 음악의 전자음악 편곡 버전에 서로 다른 10대들의 얼굴을 한데 모으는 몽타주를 수행한다(그림 3-8). 브이로그 표현의 방식 또한 웹캠 앞에서의 자기 고백을 넘어선 다양한 분장 퍼포먼스의 연출을 포괄한다. 또한 브이로그를 넘어 세계의 종말에 대한 상상력을 할리우드 영화 및 텔레비전 클립을 아마추어 기법으로 재편집한 매시업(mash-up) 비디오, 그리고 1인칭 슈팅 게임을 포함한 비디오게임 라이브 중계 비디오도 포함함으로써 유튜브에 업로드되고 축적되어 온 온라인 비디오의 장르적, 스타일적 진화를 반영한다(그림 3-9). 이를 반영함으로써 〈속임수〉는 유튜브 사용자 비디오들의 모음을 넘어 점점 더 이질적인 아카이브로서의 유튜브 클립이 구성하는 생태계에 가까워진다. 가농은 이를 반영하듯 사용자 클립들 사이에 콘텐츠 삭제를 나타내는 아이콘을 삽입하거나, 액션 비디오 게임 장면, 저화질로 열화된 뮤직 비디오와 뉴스 클립, 〈2012〉(롤랜드 에머리히, 2009)와 같은 종말론과 관련된 영화 클립을 삽입한다. 이를 통해 10대 사용자들의 버내큘러 창조성에 근거한 비디오들이 비록 사용자 자신에 의해 또는

저작권 및 콘텐츠 규제에 의해 사라질 위기에 처하더라도 유튜브라는 플랫폼의 표현적 가능성을 구성한다는 점을 암시한다.

〈고잉 사우스〉에서 온라인 비디오의 수집과 편집을 유튜브의 생태계와 가깝게 만들려는 가뇽의 기획은 보다 분명하게 구체화된다. 이 작품에서 클립들의 개별성은 전작들보다 더욱 확대된다. 즉, 이전 작품들이 종말론 또는 미국 사회에 대한 비판이라는 일정한 주제에 따라 분류되는 반면, 〈고잉 사우스〉에 모인 클립들은 그러한 주제적 공통성을 일차적으로 벗어난다. 다리를 가로지르는 크루즈 배에서 시점 쇼트로 촬영된 비디오, 태풍과 쓰나미가 몰아치는 광경을 익명의 사용자가 포착한 비디오, 비행 중의 기내에서 촬영된 비디오, 불타는 야자수를 촬영한 비디오, 휴양지에서 자신의 신체를 노출하는 다양한 피서객들을 촬영한 비디오, 클럽 파티에서 춤을 추는 군중들을 기록한 비디오, 자신의 정체성에 대해 고백하는

그림 3-8, 9 〈속임수〉(도미닉 가뇽, 2013) 스틸 사진. 작가 제공.

트랜스젠더 10대의 브이로그, 알코올중독을 벗어나려는 중년 남자의 브이로그, 영적인 깨달음의 교리를 설파하는 사용자의 강의 비디오, 평면 지구 이론을 설파하는 사용자의 비디오, 우주탐사선에서 대기권 또는 탐사선 내부의 생활을 촬영한 비디오 등이 이 작품에 한데 모인다. 이와 같은 다양성은 웹캠을 넘어 고프로와 같은 촬영 장비가 보편화되면서 온라인 비디오의 스타일 및 자기-기록의 형태가 다양해졌음을 반영하기도 한다. 이와 같은 미학적, 주제적 다양성의 유지는 가뇽이 이 작품에서 적용한 방법론 때문이다. 그는 "내 이전 작품에서 했던 방식으로 인터넷을 서핑하는 대신… 모두가 자신의 진실을 노출하게끔 했다"[64]고 말한 바 있다. 따라서 〈고잉 사우스〉는 포스트-진실 패러다임을 구성하는 개별적 진실(담론으로 설파하는 진실과 카메라로 기록한 진실 모두의) 판본의 다양성을 보존하지만, 그 속에서 드러나는 공통성은 이러한 판본들이 업로드되고 순환되고 경험되는 플랫폼으로서의 유튜브(그림 3-10)라는 지

그림 3-10 가뇽의 〈고잉 사우스〉의 프로모션 이미지.
작품에 삽입된 다양한 클립의 모자이크가 유튜브의 온라인 비디오 생태계를 직접적으로 시각화한다.
출처: https://dafilms.com/film/10666-going-south.

평이다(그리고 이 작품에는 각 영상의 제목이 엔딩크레디트에 표기된다).
그리고 그가 관객과의 대화에서 밝혔듯, 이 지평에서 찾을 수 있는
또 다른 공통성은 "모두가 카메라를 가지고 각자가 제작한 것을 보
며 이미지로 소통하는"[65] 국면이다. 이것은 한편으로는 미디어의
민주화라는 소셜 미디어와 네트워크화된 디지털 장치의 유토피아
적 가능성을 환기시키지만, 다른 한편으로는 카메라를 인간 감각의
연장이자 그 한계의 극복을 위한 매체로 간주했던 지가 베르토프의
믿음보다는 "기계를 움직이는 인간에서 인간을 움직이는 기계로의
이행"[66]을 암시하기도 한다. 이 작품에 기술적 유토피아의 이미지
뿐 아니라 그 실패를 환기시키는 이미지들(재난의 이미지들)이 삽입
된 이유 또한 이 때문이다.

결론

　지금까지 살펴본 온라인 민족지 컴필레이션은 디지털 미디어의 참여적 조건이 다큐멘터리의 전통적 가정에 미친 중대한 변화에서 파생했고 또한 그런 변화를 반영한다. 소셜 미디어, 그리고 휴대폰 및 웹캠과 같은 다양한 기록 장치의 대중화는 시민들을 관객으로서의 전통적인 위치를 넘어, 그리고 아마추어/전문가의 구별을 넘어 다큐멘터리 텍스트와 실천의 잠재적인 또는 실질적인 개별 또는 공동 창작자로 재구성하고 있고, 이 과정에서 다큐멘터리 제작자는 이들과의 협력을 촉진하는 매개자, 또는 이들의 다양한 현실 기록을 수집하고 모으는 편집자로서의 역할을 함께 포용하게 되었다. 온라인 민족지 컴필레이션은 이와 같은 맥락에서 발달한 버내큘러 온라인 비디오가 동시대의 다양한 위기들을 매개하는 새로운 종류의 미디어 형태임을 인식하고 이를 원재료로 활용함으로써 다큐멘터리의 영화의 정치적, 미학적 가능성을 확장한다.

　온라인 민족지 컴필레이션의 정치적 가능성은 디지털 미디어가 가져온 이와 같은 변화의 일부를 이루면서도 집단성의 구성이라는 점에서 특별하게 고려될 필요가 있다. 한편으로 온라인 민족지 컴필레이션은 한편으로는 자기-표현과 사회성을 가능하게 하는 소셜 미디어의 위태로움, 그리고 그 미디어에 접속한 삶의 위태로움을 반영함으로써 참여적 조건의 해방적 가능성을 넘어선 이면에 대한 정치적 인식을 촉발한다. 그리고 이러한 실천을 작동시키는 수집과 편집의 작동은 소셜 미디어가 촉진하는 사회성이 전제하는 주체들의 개별화를 온라인 비디오의 토대로 인식하면서도 그러한 개별성을 보존하는 가운데 공통성의 국면들을 추출하고 접합한다. 그럼으로써 오늘날 세계상과 주체를 구성하는 소셜 미디어(그리고 이러한 미디어를 작동시키는 신자유주의 또는 커뮤니케이션 자본주의)의 위상에 대한 비판적 시선을 마련하면서도 그 미디어에 산재되어 있는 정치적 표현의 집단성을 보존하는 아카이브를 구성한다.

　물론 온라인 민족지 컴필레이션이 구성하는 아카이브는 이중적으로 이해되어야 한다. 이 아카이브는 유튜브와 같은 플랫폼이 클립 문화를 확산시키고 다양한 사용자들의 콘텐츠 제작과 저장, 열린 접근을 가능하게 함으로써 기존의 물리적 아카이브 개념이 전제하는 질서와 보존의 안정성에 도전하는 아카이브다. 그러나 이는 그러한 플랫폼이 구성하는 디지털 아카이브에도 법적, 문화적, 기술적 선별의 작용이 수행된다는 점에 반응하는 아카이브, 따라서 그러한 선별로부터 배제되거나 잔여적인 것으로 남을 수 있는 기록들을 모은 대안적 아카이브이기도 하다. 슈타이얼의 표현을 빌리자면 온라인 민족지 컴필레이션은 "조각난 신체 부위들을 재편집하여… 잉여적이고 불편하거나 과도하다고 여겨지는 사지를 합성한 신체"[67]를 합성함으로써 이러한 대안적 아카이브를 구축한다. 온라인 민족지 컴필레이션은 '선별을 넘어선 선별'을 전제로 한 작업이며, 그 선별이 수행되는 포스트프로덕션의 결과는 저화질의 이미지, 주변적이거나 항거하는 주체, 파괴되거나 과도한 몸, 불편한 발화 등을 접합한 '시각적 유대(visual bond)'를 촉진하는 아카이브다. 저화질을 비롯한 기술적 한계, 전문적인 비디오 콘텐츠에서 기대할 수 있는 논리적·미학적 완성도의 부족, 선정적이거나 과도한 표현, 네트워크의 알고리듬적·제도적 규제로 인한 소멸의 항구적인 가능성, 진지한 성찰과 담론 구축의 가능성을 교란하는 플랫폼 내 주목 경제의 압력에도 불구하고 버내큘러 온라인 비디오가 동시대의 위기를 개인적, 집단적 차원 모두에서 표명하는 의미 있는 미디어 형태가 될 수 있는 이유는 온라인 민족지 컴필레이션이 재구성하는 바로 이와 같은 시각적 유대의 가능성에 있다.

三元煤业4306工作面 5G+全景视频远控

2부

실时数据

미디어-크리티컬:

미디어를
넘어선
미디어

1부에서 나는 데이터 시각화, 드론 비디오, 버내큘러 온라인 비디오가 내전, 기후변화, 정치적 시위 등의 위기를 매개하는 방식을 분석했다. 이 과정에서 위기의 매개는 이중적인 의미를 갖는다는 점을 밝혔다. 즉, 이 세 미디어 형태는 위기의 감각과 지식을 형성할 뿐 아니라 위기의 원인이사 촉매제가 된다는 깃이었다. 이외 같은 양가성을 초래하는 구조적 면모를 조명함으로써 나는 이 세 미디어 형태가 위기미디어의 세 번째 특징, 즉 미디어-크리티컬한 면모를 보인다는 점 또한 시사했다. 즉, 이 세 미디어 형태는 다큐멘터리 미디어를 구성했던 미학적, 형식적, 인식론적, 존재론적 가정을 넘어선다. 데이터 시각화에는 다큐멘터리 미디어의 진실 주장(truth claim)을 구성하는 가장 일차적인 재료로 간주되었던 렌즈 기반의 기록 이미지가 부재한다. 드론은 인간 지각의 연장으로 간주되었던 다큐멘터리 카메라의 개념에 도전한다. 그리고 온라인 민족지 컴필레이션을 구성하는 시민 제작 버내큘러 온라인 비디오 다수에는 다큐멘터리 영화를 구성하는 데 요구되는 자료의 맥락화와 조직화 과정이 결여되어 있다. 이처럼 전통적인 미디어 객체 및 장치와 구별됨에도 불구하고 이 세 미디어 형태는 21세기에 인류가 직면한 정치적, 생태적, 문화적 사건을 위기로서 구축하고 그 사건에 대응하기 위해 동시적으로 곳곳에서 동원되며 서로 연결적인 방식으로 위기의 미디어스케이프를 구성한다.

2부에서는 위기미디어의 미디어-크리티컬한 면모, 즉 미디어를 넘어선 미디어라는 면모에 대한 탐구를 더 심화하고 확장한다. 1부에서 다룬 세 미디어 형태 또한 이와 같은 탐사의 필요성을 제기한다. 데이터 시각화의 유사-다큐멘터리적인 기능은 도표, 그래프,

차트와 같은 시각적 기호로만 이루어지지 않는다. 즉, 기후위기, 인류의 대규모 이주 등에 대한 시각 자료는 이처럼 거대한 규모로 장기간에 전개되는 현상에 대한 데이터의 포괄적인 수집과 분석을 전제로 구성된다. 이때 데이터의 수집 및 분석에 적용되는 컴퓨터 기반 모델링과 연산 기법은 영화, 텔레비전, 라디오 등과 같은 전통적인 매스미디어 장치의 전제로 파악되지 않는다. 데이터의 존재 또한 그 자체로는 영화의 셀룰로이드 기반 무빙 이미지, 텔레비전의 전자 신호 기반 이미지 등의 미디어 객체로 환원될 수 없다. 이와 같은 사정은 드론 카메라와 버내큘러 온라인 비디오에도 적용된다. 전장에서의 감시와 요격, 또는 자연 환경의 포괄적인 모니터링을 위해 배치되는 드론의 수직적 조망은 비행 및 감지 장치 자체만으로는 작동하지 않는다. 드론의 활동을 제어하고 영공 및 영토의 데이터를 수집하고 분석하는 네트워크로 연결된 다수의 컴퓨터를 구비한 통제실이 필요하다. 다양한 아마추어 사용자들이 정치와 사회에 대한 견해 또는 정동을 표현하는 비디오들의 온라인 유통은 그 사용자들의 업로드 행위를 넘어 소셜 미디어에 설치된 추천 알고리듬과 필터를 경유한다. 이때 드론 통제실, 추천 알고리듬 및 필터는 모두 전통적인 매스미디어 장치와 객체의 범위를 벗어난다. 즉, 데이터 시각화, 드론 비디오, 버내큘러 온라인 미디어 모두는 이들의 제작, 유통, 활용에 관여하는 기술적, 사회문화적, 이데올로기적 요소들의 결합체에서 파생된다.

즉, 오늘날의 다양한 복합위기는 사용자가 최종적으로 접하는 미디어 형태만으로 파악될 수 없는 보다 심층적이고 비가시적인 매개의 수준에서 구성된다. 그 매개를 실행하는 구성 요소들은 무엇이고, 이들은 어떻게 서로 결합되거나 얽히는가? 이와 같은 결합 또는 얽힘은 미디어에 대한 우리의 통념적 이해에 어떻게 도전하는가? 이와 같은 질문들에 답하면서 2부에서는 행성적 미디어, 연산 미디어, 미디어 인프라구조라는 세 가지 개념을 탐구한다. 이 세 개념 각각에 해당하는 결합제는 기존의 매스미디어에 속하는 어떤 특정한 미디어 장치와 형태만으로 설명될 수 없다. 즉, 존재와 작동의 수준에서 기존의 매스미디어와 상당 부분 단절한다. 그러면서도 이들은 자연 자원, 생태계, 인지적 행위와 신체, 노동, 사회성을 근본적으로 구성하고 변형하면서 위기에의 대처와 위기의 초래라는 양가적 효과를 낳아 왔다.

4장에서는 인류세라는 지구의 새로운 시대 구분이 강조하는 지질학적, 환경적 위기라는 맥락에서 지구 내의 자연적 요소와 기술 간의 복합적인 관계를 행성적 미디어(planetary media) 개념을 통해 살펴본다. 행성적 미디어 개념은 서론에서 살펴보았던 육 후이의 '행성적 조건'에 대한 사유, 즉 '행성적 연산화'를 비롯한 '기술의 행성화'가 오늘날 인류가 직면한 다양한 위기의 핵심에 있다는 사유를 심화하는 것이기도 하다. 이 개념은 제니퍼 가브리스가 지구의 생물학적, 지질학적, 지구물리적 영역의 변화를 관찰하고 예측하기 위해 작동하는 인간적, 기술적 요소들의 결합체를 가리키기 위해 제안한 바 있다. 가브리스에 따르면 20세기 후반 이후 컴퓨터에 의한 지구 모델링의 급속한 발전, 사물인터넷(Internet of Things: IoT)에서 파생된 다양한 지능형 감지 장치의 개발, 센서에 의해 해저와 대기를 포함한 지구 전역에서 실행되는 대규모 데이터 수집 및 분석이 행성적 미디어를 구성한다. 즉, 행성적 미디어는 한편으로는 지구가 컴퓨터에 의해 프로그래밍 가능한 방식으로 재구성된다는 점을 뜻한다. 그러나 가브리스에게 행성적 미디어는 환경이 연산 가능한 대상이 될 뿐만 아니라, 연산을 위해 작동하는 기술적 객체와 프로그램들이 환경 속으로 스며들어 환경 내 자연적, 생물학적 요소들과 결부된다는 것을 뜻한다.[1] 지구의 대기 및 해양 변화를 예측하는 디지털 모델은 물리적 지구의 변화를 반영한 데이터를 토대로 구축되고 수정된다. 그 데이터를 수집하는 지능형 감지 장치는 때로는 생물체에 부착되거나 습지와 같은 자연 환경 내에 다양한 방식으로 설치된다. 4장에서는 물리적 지구와 디지털 기술의 상호적인 연결을 특징으로 하는 행성적 미디어가 기존의 근대적 매스미디어를 넘어서는 방식을 신유물론의 사유, 그리고 미디어의 원소적(elemental) 차원에 대한 최근의 논의를 통해 심화한다. 이를 통해 이 장은 행성적 미디어의 미디어-크리티컬함이 근대적 매스미디어의 시공간적 규모를 초과하여 지질학적 지구의 심층시간(deep time)과 디지털 기술의 가속화된 미시시간(microtime)을 포괄한다는 점,[2] 그리고 대기, 해양, 광물과 같은 자연적 요소들의 행위성을 미디어의 구성적인 차원으로 포함한다는 점을 주장한다.

그러나 4장에서 내가 논의하는 행성적 미디어는 디지털 지구 모델과 센서가 지구를 인간, 생물학적, 지질학적 시스템의 상호 연결된 총합으로 이해할 것을 촉진한다는 가브리스의 유토피아적 관점만을 수용하지는 않는다. 디지털 지구를 사례로 한 행성 미디어에 대한 논의는 지구 시스템 과학(Earth System Science)에서 활용되는 디지털 지구 모델뿐만 아니라 지구의 인간 및 지구물리학적 요소에 특정한 인식론적, 경제적 질서를 부과하기 위한 사회기술적 복합체도 포함한다. 즉, 오늘날 디지털 지구는 기후위기의 해결을 위한 지식 형성을 넘어 광물 및 화석연료의 탐사 및 채굴을 자동적·원격적으로 실행하기 위한 기술로 활용되고 있으며, 무수한 디지털 기기 및 컴퓨터 장치의 조립 및 작동에 필수적인 재료의 획득 및 유통을 돕거나 은폐하는 방식으로 기능하기도 한다. 그런 점에서 볼 때 행성적 미디어로서의 디지털 지구는 근대의 인간중심주의적인 인식론에서 정복 또는 길들임의 대상으로 구획된 자연을 넘어선 지질학적·생물학적 시스템으로서의 지구에 대한 이해를 증진한다는 효과, 그리고 대기와 해양 등의 자연적 요소를 인간의 지정학적·사회경제적 기획에 맞게 제어하려는 기술적 시스템의 전통을 계승한다는 효과 모두를 낳는다는 점에서 양가적이다.

5장과 6장에서는 서론에서 언급한 마크 핸슨의 '21세기 미디어'에 해당하는 연산미디어를 정의하고 탐구한다. 여기서 나는 연산미디어를 디지털 미디어라는 20세기 후반부터의 미디어 시스템에서 연장되면서도 디지털과는 미디어의 구성과 작동 방식에서 구별되는 별도의 미디어로 정의한다. 즉, 여기서의 연산은 알고리듬과 컴퓨터 기반 연산 장치 및 이를 뒷받침하는 클라우드 컴퓨팅과 서버에 의한 데이터의 연산을 뜻한다. 데이터 자체는 물론 이를 처리하는 연산 장치의 데이터 처리 과정 또한 규모나 속도에 있어 인간의 감각과 의식을 초과한다. 또한 연산미디어는 가시적인 하나의 미디어 장치나 객체로 파악되지 않는다. 컴퓨터의 일정한 행위 또는 과제 실행을 위한 일련의 지침을 뜻하는 알고리듬은 물론 오늘날 사회경제적 시스템과 예술적 창작 모두에 빠르게 스며들고 있는 인공지능 또한 그런 점에서 매스미디어의 패러다임을 벗어난다. 연산미디어는 데이터, 알고리듬, 플랫폼 등 다수의 요소들이 복합적으로 얽힌 방식으로 작동한다는 점에서 결합체다. 인공지능 또한 결합체로 파악되어야 한다면 이는 그것이 "기술(그 도구와 기계 들)뿐 아니라 인공지능 시스템의 입력과 출력을 형성하는 행동을 하는 인간, 그리고 그 시스템에 영향을 받는 공동체, 조직, 디자인, 아키텍처의 유형을 포함한 물질적, 상징적 인공물을 포함"[3]하기 때문이다. 따라서 연산미디어의 위상과 효과를 한눈에 파악할 수 있는 단일한 포괄적인 시점은 존재하지 않는다. 정치적, 행정적 의사 결정과 노동 및 업무의 자동화를 포함하여 세계에 대한 인식을 수립하고 세계의 질서를 조직하는 21세기의 새로운 방식을 뜻하는 알고리듬은 사회문화적 시스템으로 결정되는 의도성을 넘어, 특정한 인간 또는 집단의 아래와 위에서 존재하고 작동하며 데이터의 분류와 예측을 위한 수학적 절차, 추천 알고리듬과 같은 자동화된 커뮤니케이션 방식, 얼굴 인식과 같은 사회적 통제의 기법 등 다면적인 얼굴을 갖는다. 따라서 알고리듬은 "단순한 단수형의 체계가 아니라 여러 부분을 가진 복잡한 것"[4]이다. 5장에서는 알고리듬의 이와 같은 다면성을 이루는 구성 요소들을 세밀하게 분석하고, 6장에서는 그 구성 요소들의 얽힘과 결합이 초래하는 인식론적, 존재론적, 사회정치적 위기의 양상들을 살펴본다.

7장에서는 미디어를 넘어선 미디어의 마지막 형성체인 미디어 인프라구조를 다룬다. 2010년대 중반부터 북미 미디어 연구에서 활발히 다루어지고 있는 미디어 인프라구조란 매스미디어와 전자 및 디지털 미디어 모두를 포함하여 우리가 감각하는 미디어 객체와 장치 이면에서 그 객체와 장치의 유통 및 소비를 뒷받침하는 재료(광케이블) 및 기반시설(송전탑, 기지국)을 통칭한다. 텍스트나 이미지와 같은 메시지의 수준을 넘어 미디어를 물질과 기술, 프로토콜, 다양한 이해관계자들이 얽힌 시스템으로, 미디어의 효과를 메시지에 의한 정치적 효과를 넘어선 환경과 삶의 효과까지 포괄하는 것으로 파악할 것을 요청하는 미디어 인프라구조 연구는 위기미디어의 양상을 정의하고 분석하는 이 책에서 적극적으로 포용하고 연장하는 방법론이기도 하다. 나아가 이 장에서는 미디어 인프라구조의 범위를 플랫폼과 인공지능의 작동에 필수적인 것으로 인정된 데이터센터와 같은 기반시설의 범위를 넘어 국경, 항만, 물류센터 수준까지 확장한다. 그 이유는 서론에서 살펴본 리처드 그루신이 말하는 '근본적 매개'의 관점을 생산적으로 적용하고자 하기 때문이다. 그루신은 자신이 제시하는 근본적 매개 개념이 레이먼드 윌리엄스 등 마르크스주의적인 비판적 미디어 연구가 상정하는 매개 개념의 기저에 깔린 이원론인 사회적, 이데올로기적 현실과 이를 기저에서 구성하는 물질적 현실 사이의 대립을 넘어서는 것임을 밝힌 바 있다.[5] 이와 같은 견해를 적용한다면 국경, 항만, 물류센터는 인간의 신체와 정체성, 그리고 사물과 자원의 흐름에 관여한다는 점에서 사회적 현실과 물질적 현실 사이의 구별을 넘어서며, 그 자체로 세계의 조직을 결정하고 사건과 행동을 일으키는 매개적인 역할을 수행한다. 이와 같은 역할은 국경, 항만, 물류센터가 공통적으로 알고리듬과 인공지능에 근거한 의사 결정 및 분류 체계를 적용함으로써 신체와 사물의 흐름을 제어하고 있는 오늘날의 상황을 고려할 때 더욱 분명히 드러난다. 또한 이처럼 전통적인 근대적 기반시설이라 할 수 있는 제도적-기술적 복합체를 미디어 인프라구조의 관점에서 고려함으로써 4장에서 살펴볼 행성적 미디어와 5장 및 6장에서 탐사할 연산미디어 간의 포괄적인 연관관계를 파악할 수 있다. 즉, 4장에서 살펴볼 디지털 기술의 지구 환경에 대한 위기와 5장 및 6장에서 살펴볼 알고리듬 기반의 불평등 및 모순은 광업, 빅테크 산업, 물류산업 등을 서로 긴밀히 얽힌 연결망으로 파악하는 인공지능 공급망 자본주의(AI supply chain capitalism)의 관점을 요구하며,[6] 미디어 인프라구조에 대한 확장된 고려는 이와 같은 관점의 유효성을 입증할 것이다.

이처럼 매스미디어의 가정들을 넘어서고 미디어에 대한 확장적인 이해를 촉발하는 행성적 미디어, 연산미디어, 미디어 인프라구조 모두는 위기미디어의 두 번째 국면인 행성적 위기의 구조적 양가성을 갖는다. 이들 모두는 산업자본주의의 위기에 따른 4차 산업혁명을 이끄는 기술로, 생산성의 향상과 노동 및 제작의 자동화를 위한 기술로, 그리고 기후위기 및 식량위기를 비롯한 지구의 지속가능성 위기에 대응하는 지구공학(geoengineering)·녹색자본주의·생명공학의 기술로 21세기에 활발히 활용되고 사회의 모든 영역에 빠른 속도로 정착해 왔다. 그러나 이와 같은 기술적 시스템 모두에 내재된 구조적인 양가성은 이 모든 것들이 문제-해결(problem-solving)이 아니라 문제-전환(problem-shifting)의 효과, 즉 하나의 문제를 해결하는 과정에서 다른 문제들을 낳거나 악화시키는 효과로 귀결될 수 있음을 뜻한다. 또한 이 다른 문제들이 하나의 기술적 시스템을 중심으로 서로 긴밀히 얽혀 있기 때문에 그 시스템의 부정적인 효과들은 상호의존적 폭력(violence-interdependence)의 모습으로 부상해 왔다.[7] 인공지능으로 상징되는 연산미디어의 위기가 필수 광물을 비롯한 자연자원의 가속화된 추출, 데이터 라벨링과 콘텐츠 검사를 포함한 남반구 노동자와 북반구 이민자 중심의 저임금 미세노동(microwork), 데이터센터에 의한 수자원의 고갈, 편향된 의사 결정에 따른 소수 인종 및 성소수자들의 소외 등을 한꺼번에 낳는 것처럼 말이다. 이처럼 서로 떨어져 있으나 사실상 긴밀히 결부된 복합위기의 물질적, 기술적, 사회문화적 양상들을 파악하기 위해서는 '위기의 원인으로서의 미디어'라는 관념 못지않게 '미디어 개념 자체의 위기', 즉 매스미디어 개념으로 수렴되었던 통념적인 미디어 개념의 불가능성과 이와 구별되는 미디어 개념으로의 전환을 견인하는 사유가 필수적이다. 2부에서 탐사하게 될 세 개의 사회기술적 복합체를 '미디어를 넘어선 미디어'라는 관점에서 논의하는 이유는 그와 같은 사유의 필요성 때문이다.

4장

행성적 미디어: 지구, 자연, 미디어

> 자연의 폭풍이나 신기술로 인한 격렬한 변화 등
> 환경을 고강도로 변화시키는 모든 것은 환경을 관심의 대상으로 만든다.[1]
> – 마셜 매클루언

인류세, 지구, 행성적 미디어

1장에서 논의한 디지털 데이터 시각화의 적용 사례가 입증하듯, 지구의 지질학적 변화에서 인간이 미친 결정적이고 중대한 역할을 가리키는 시대구분 용어인 인류세는 통제 불가능한 기후변화를 포함하는 지구 시스템의 생태적 위기와 관련하여 반복적으로 소환되면서 보편적으로 정착되었다. 산업혁명과 1950년대 이후 대가속의 시대를 관통하며 화석연료로 지탱하는 기계류와 교통 및 통신 수단의 급격한 확장을 가리키는 인류세라는 용어는 역설적으로 지구의 대기권과 생물권, 암석권을 구성하는 비인간 행위자의 중요성에 대한 인식 또한 소환해 왔다. 이와 같은 두 가지 인식은 온전히 공약 불가능하지만 서로 긴밀히 얽힌 두 개의 시간과 호응한다. 자연사(natural history)와 인간사(human history)라 부를 수 있는 이 두 시간은 지금은 고전적 텍스트로 수용되는「역사의 기후: 네 개의 테제」(2009) 이후 디페시 차크라바르티가 지구적인 위기로서의 기후변화가 인문학적 사유에 미치는 함의를 성찰하면서 정식화한 범주다. 차크라바르티는 인간이 지구의 환경적, 생태적 차원에 미친 막대하고도 심원한 변화를 가리키는 인류세 패러다임이 근내 이후의 인본주의가 유지해 온 구분인 자연사와 인간사 간의 구분을 무력화한다는 점을 지적한다. 나아가 차크라바르티는 인간을 지질학적 변동의 행위자로 인증하는 인류세가 자본의 세계적 역사들을 종(species)으로서의 인간의 역사와 대화하도록 추동하는 과제를 부여한다는 점을 강조한다. "지구 시스템 과학자들이 제시하는 명제에 관여하지 않고서는 위기로서의 지구 온난화를 이해하기는 불가능하다. 반면 종의 관념에 의존하는 것만으로는 자본의 이야기, 인류세로 떨어진 우리의 우발적 역사를 부인할 수 없다. 산업화의 역사 없이는 인류세란 심지어 이론으로서도 불가능하기 때문이다."[2] 차크라바르티는 이와 같은 대화를 위한 노력, 즉 지질학적 과거의 영역을 근대 이후 인간의 역사 속으로 변위(displacement)시키기 위한 노력이 또다른 변위를 수반한다고 말한다. 그 변위는 "한 물질적 신체가 다른 신체에 가하는 물리적 인력"을 가리키는 "힘(force)"이라는 범주를 "권력(power)이라는 인간-실존적 범주와 그 사회적-제도적 상관관계로 변위시키는 것"[3]이다.

이와 같은 변위의 국면은 인류세라는 범주가 함축하는 심원한 위기와 결부된다. 이때의 위기란 폭염과 한파, 집중 호우와 산불이 인간 세계에 야기하는 재난적인 상황이나 유독성 화학 물질이 인간의 건강과 생태계에 미치는 피해만을 가리키는 것이 아니다. 인류세가 제기하는 또 다른 위기는 인식론적, 존재론적 위기다. 티머시 클라크가 강조하듯 인류세는 지구 전체에 축적되고 발생 중인 거대한 변동을 가리키고 그 변동이 인간의 지각과 인식으로 측정할 수 있는 범위를 넘어선다는 두 가지 의미 모두에서 일종의 "규모 효과 (scale effect)"로 파악된다.[4] 석탄과 석유를 포함한 화석 연료의 생성 과정이 입증하듯, 시간적인 관점에서의 규모 효과는 가속화된 현재뿐 아니라 인류의 출현 이전의 지구까지 거슬러 올라가는 심층시간과 인류의 소멸 이후까지도 포괄하는 미래를 포함한다. 공간적인 관점에서의 규모 효과는 서로 공존 불가능한 것처럼 보이고 인과적 연결성을 수립하기 힘든 상이한 규모의 변화들을 가리킨다. 즉, 개인적이거나 국가적인 차원에서의 재생에너지 활용이나 탄소중립 실천이 지구 전체의 지속가능성과 어떻게 연결될 수 있는지 온전히 파악할 수 없지만, 이와 같은 실천을 촉구하는 자연과 생태계의 변화가 전 지구적인 범위에서 거대한 현상들로 도처에서 일어난다는 식이다. 이와 같은 시공간의 혼란은 인간 주체성과 세계관을 포함한 인식론적, 존재론적 동요와 연결된다. 자연과 문화의 분리, 문명에 의한 자연의 통제에 근거한 근대적 인식론의 붕괴를 인류세의 귀결로 제시하는 에바 호른과 한네스 베르그탈러의 다음 서술이 이 점을 여실히 압축한다. "인간은 더 이상 객체들(objects)의 세계 위에 서 있는 존재가 아니라 기후변화, 공존하는 생명 형태, 기술 및 기술적 결과 등을 포함한 사물들(things) 사이에 끼어 있으며, 동시에 인간 존재의 경제적, 생태적 조건을 끊임없이 그리고 통제할 수 없이 변화시키는 자본의 흐름과 물질적 자원의 순환에 의존하고 있는 존재가 되었다."[5]

이와 같은 인식론적, 존재론적 위기는 미디어의 개념 및 기능에 대한 문제와 연결된다. 이와 같은 연결의 첫 번째 양상은 인류세가 미디어 자체에 제기하는 위기다. 생태비평의 입장에서 아미타브 고시는 인류세의 가장 익숙하고도 낯선 효과가 "인간이 다른 수많은 존재, 심지어 지구 행성 자체와 행위성 및 의식을 공유하고 있음을 새삼스럽게 일깨워주는 것"[6]이라고 말한 바 있다. 동식물과 자연 환경, 광물과 연료를 포함한 비인간 존재의 행위성은 한편으로는 너무나 미세하고도 광대하기 때문에 근대의 인간중심적 서사를 초과하고, 다른 한편으로는 지나치게 물질적이면서도 지나치게 비가시적이기에 언어를 무력화한다. 이와 같은 상상력의 위기와 재현의 위기에 대한 고시의 해결책은 근대적 서사 전통이 억압한 비서구 토착 문학이나 그 전통에서 비주류로 취급되어 온 과학소설에서 비인간 존재의 행위성, 또는 자연-문화 혼종(nature-culture hybrid)을 찾는 것이다. 그러나 고시의 다음과 같은 서술은 지구의 비인간 행위자를 어떻게 재현해야 하는가라는 문제를 넘어선다. "예술의 입장에서 볼 때 석유는 종잡을 수가 없다. 휘발유가 만들어내는 에너지는 도로와 자동차에 관한 서사나 이미지에서처럼 미학화(aestheticize)하기 쉽지만 그 실체(substance)는 그렇지 않다. 석유의 원천은 본래 시야에서 숨겨져 있고 기술에 의해 가려져 있다. 그리고 석유 관련 노동자들은 대체로 눈에 보이지 않으므로 신화화하기도 어렵다."[7] 즉, 석유는 전통적인 의미의 미디어 객체가 아님에도 불구하고 그 자체로 감각과 정동을 촉발하고 운반하는 매개적인 역할을 수행하며 다른 물질 및 기술과 다양한 방식으로 연결된다는 점에서 미디어의 존재와 기능, 관계에 대한 정의를 확장할 필요성을 제기한다.

두 번째 양상은 미디어 기술이 지구의 위기에 미치는 양가적 영향이다. 한편으로 인류세 개념을 최초로 제안하고 이를 지질학의 영역을 넘어 사회와 문화, 정치의 영역으로 전파하는 데 기여한 지구 시스템 과학은 적외선과 자외선 탐지기, 지진파 측정기, 위성통신, 3차원 컴퓨터 모델링 등 육안의 가시성을 넘어서는 디지털 감지, 시각화, 예측 모델링 기술을 적극적으로 활용해 왔다. 세계를 표상하고 세계를 매개하는 방식의 전환을 유도한다는 점에서 인식론적 도약을, 나아가 지구와 인간의 존재 양태를 변화시킨다는 점에서 존재론적 전환을 이뤄 왔다. 클라이브 해밀턴이 말하듯 "지구 시스템 과학은 우리에게 지구를 새로운 방식으로 사유하도록 요청하고, 지구를 변화시키는 힘으로서 우리의 물질적 기술 능력이라는 측면에서, 그러나 필연적으로 지구와의 본질적인 관계라는 측면에서 인간을 새롭게 생각하도록 자극한다."[8] 그러나 지구 시스템 과학에서 활용되는 동일한 종류의 디지털 기술은 인류세의 또 다른 얼굴인 인위적이고도 거대한 생태계 변화와 연결되고 자연 자원의 막대한 소비에 의존적이다. 기욤 피트롱이 말하듯 "한 번의 '좋아요'를 보내기 위해서는 지금까지 인간이 세운 것들 가운데 아마도 가장 거대한 규모일 것으로 여겨지는 엄청난 인프라구조를 설치하고 가동해야 한다. 우리는 말하자면 콘크리트와 광섬유·강철로 이루어진 왕국, 항상 대기 중이며 지시가 떨어지면 백만분의 일 초 만에 복종하는 굉장한 왕국을 건설한 것이다."[9] 이와 같은 양가성은 인류세가 지시하는 지구의 위기에 미디어가 어떤 역할을 수행하며, 이때의 미디어는 지구와 어떻게 관계하면서 존재하고 어떤 방식으로 기능하는가라는 문제를 탐구할 때 더욱 입체적으로 설명될 수 있다.

'미디어의 위기'와 '미디어와 위기와의 관계'로 설명될 수 있는 이 두 가지 양상을 살펴보기 위해 이 장에서는 인류세 패러다임의 부상이 미디어 개념의 재고와 확장을 요청해 온 방식을 서로 긴밀히 연관된 두 가지 경향으로 나누어 살펴본다. 이 두 경향은 21세기 학제 간 인문예술학이 수용하고 결합하고 다듬어 온 접근 방식인 환경인문학, 객체지향 존재론, 신유물론(new materialism), 물질주의적(materialist) 미디어 연구에 근거한다. 첫 번째 경향은 폭넓게 비인간 객체에 속한다고 볼 수 있는 지구의 물질, 생명체, 환경적 요소, 예를 들어 대기, 물, 바다, 토지, 광물 등을 미디어의 관점에서 보는 경향이다. 객체지향 존재론에 참여해 온 레비 브라이언트는 미디어를 인간 감각의 연장으로 보는 견해에 도전하고 기계 개념을 인간의 산물을 넘어선 유기체와 비유기체 전체로 확장함으로써 매클루언의 미디어 이론을 포스트휴먼 생태학으로 수정한다. "미디어를 연구한다는 것은 기술, 도구, 인공물, 커뮤니케이션 형태만이 아니라 인간이 관여하든 그렇지 않든 간에 기계들이 구조적으로 서로 얽히고 서로를 개조하는 방식을 조사하는 것이다. 이런 점에서 미디어 연구는 우리가 일상적으로 '매스미디어'로 여기는 것의 연구보다 생태학에 가깝다."[10] 이와 같은 제안이 정작 객체지향 존재론 진영에서는 충분히 확장되지 못한 반면, 존 더럼 피터스가 제안한 원소미디어(elemental media) 개념이 그와 같은 확장을 예시한다. 원소미디어의 관점에서 보았을 때 지구의 지질학적, 물질적 요소들은 인간적 지각 및 의식의 한계를 넘어 존재하고 변화하고 작용하는 동시에, 인간/비인간의 경계가 갖는 임의적이고 취약한 특성을 드러내는 방식으로 인간에게 영향을 주는 것으로 파악된다. 즉, 각자

나름대로 어떤 종류의 신호 또는 메시지를 산출하고 유통하며 이를 통해 자신은 물론 자신을 둘러싼 환경의 변화에도 참여한다는 점에서 그 자체로 행위성을 가진 미디어이자 환경으로서의 미디어를 합성하는 요소가 된다. 이와 관련되면서도 보다 미디어 이론에 적합한 두 번째 경향은 미디어의 기술적 요소를 다른 비인간적 행위자와 존재 및 작동 양식의 관점에서 구별되는 일종의 특별한 행위자로 간주한다. 하지만 여기에서 비인간 행위자의 특정성은 세계를 제어하는 초월적인 행위자로서의 미디어를 뜻하지 않는다. 오히려 이 두 번째 경향에서 상정되는 기술적 미디어의 존재론적 특질은 지구 및 이를 구성하는 요소들과의 긴밀한 얽힘이다. 유시 파리카의 미디어자연(medianature) 개념이 대표하는 21세기 미디어 연구는 이 얽힘의 국면을 서로 연관된 크게 두 가지 방향으로 식별해 왔다. 첫 번째 방향은 미디어 기술의 내적 구성과 외적 작동 양식 모두에 긴요한 자연적, 물질적 요소들의 존재다. 두 번째 방향은 바로 그 의존성으로 인해 미디어 기술은 지구의 생태계와 환경에 영향을 미칠뿐더러 지구 자체의 지속가능성을 위협할 정도의 추출(extraction)을 심화해 왔다는 비판이다.

이 두 방향을 점검하고 종합하면서 이 장은 위기미디어 구성체의 한 가지 양식으로 행성적 미디어(planetary media) 개념을 제시한다. 이 개념은 인류세가 가져온 세계관의 전환인 지구(globe)에서 행성(planet)으로의 전환이 미디어의 존재와 작동에 미치는 영향을 설명한다. '행성적(planetary)'이란 키워드는 존재론적인 관점에서는 지구가 지질학적, 생물학적 행위성을 가져왔음을, 그 행위성이 발휘하는 힘과 이로 인한 지구 온난화와 같은 지구 생태계의 변동이 인간의 시대 이전까지 거슬러 올라가고 인간이 근거하는 영토 기저와 너머를 포괄함을 뜻하는 것을 뜻한다. 인식론적 관점에서 이 키워 드는 세계화(globalization)의 자본주의적, 군사적, 식민적 등질화 효 과에 환원되지 않는 세계상을 구축하는 것을, 지구를 점유한 비인 간 행위자들의 활동과 관계를 인식하고 포용하는 방식으로 세계를 해석함을 뜻한다. 스피박에 따르면 '행성적'이란 개념을 통해 대지 는 "우리와 연속적이지 않지만" 그렇다고 "특별하게 불연속적"[11]인 것만은 아님을 알게 된다. 차크라바르티 또한 자본주의적 세계화와 이로 인한 지구 온난화의 위기가 지구 시스템으로서의 행성을 "새 로운 역사-철학적 실체"로 인식할 필요성을 제기했다고 주장하면 서도, 행성은 "인간을 탈중심화한다"라는 점에서 "인간중심적 구축 물"[12]인 지구(globe)와 구분된다는 점을 덧붙인다. 이와 같은 맥락에 서 볼 때 행성적 미디어 개념은 다음의 두 가지 의미를 갖는다. 첫 째는 지구의 문화적, 생태적 환경을 구축하고 변동시키는 데 관여 하면서 그 환경을 함께 구성하는 유기적, 비유기적 비인간 행위자 들의 매개적인 역할을 가리킨다. 이와 관련하여 둘째는 지구의 생 물권과 대기권, 암석권을 구성하는 그와 같은 비인간 행위자들의 존재와 힘을 조사하고 감지하는 데 배치되어 지구에 대한 감각과 인식을 구성하는 다양한 기술적 미디어와 이를 작동하는 물질 및 기법을 가리킨다.

그러나 이 두 가지 의미만으로는 행성적 미디어 개념의 적실성을 온전히 뒷받침하기 힘들다. 인류세의 맥락에서 '행성적'이라는 키워 드의 의미는 지구의 지질학적 힘이 가진 시간적, 공간적 규모도 있 지만 '지질학적 행위자(geological force)'로서의 인간이 지구에 미친 영향 또한 포함하기 때문이다. "행성적 관점은 인류를 지구 시스템을 잠재적으로 불안정하게 하는 새로운 영향력으로 여긴다. 이는… 전체로서의 지구를 아우르는 조망과 관련된다."[13] 지구 온난화와 기후위기, 생태계 내 대규모 멸종의 인위적(anthropogenic) 국면은 차크라바르티가 지구적(global)인 것으로 간주하는 인간의 역사를 지질학적 시간 속으로 소환한다. 산업자본주의와 제국주의를 넘어 동시대 정보-물류-금융 자본주의에 이르는 자연의 식민화, 개발, 전용의 역사가 그것이다. 이런 맥락에서 차크라바르티는 최근 저서에서 "지구(globe)와 행성(planet)이 상호 배타적인 이항대립과 같은 것을 구성하지 않았고… 항상 서로 연관된 실체"[14]였음을 강조하는데, 이는 사실 『행성 시대 역사의 기후』에도 명시되어 있다. "우리는 심층 역사와 기록된 역사를 연결하고 지질학적 시간과 진화의 생물학적 시간이 인간 역사와 경험의 시간과 대화하도록 할 필요가 있다. 그리고 이는 식민적, 인종적, 젠더적 억압을 해온 인간 제국의 이야기를 하나의 특별한 생물학적 종인 호모 사피엔스, 기술권(technosphere), 호모 사피엔스에 의존했고 그와 함께 진화한 다른 종들이 이 행성의 생물권, 암석권, 대기를 어떻게 지배하게 되었는가라는 더 커다란 이야기와 나란히 말하는 것을 뜻한다."[15] 여기서 차크라바르티는 "기술이 지구적인 것과 행성적인 것을 연결한다"[16]는 점을 암시하는데, 행성적 미디어 개념은 이와 같은 연결의 두 가지 방식을 강조한다. 첫째는 행성적 미디어가 지구 전체의 포괄적인 차원에서 수행되는 자연의 감지와 인식, 변형과 개조를 가리키면서도 이는 하나의 보편성으로만 귀결되지 않으며 전 지구적 식민주의와 자본주의의 지역적, 인종적인 비대칭성을 포함한다는 것이다. 니컬러스 미르조에프가 단언하듯 "행성을 가로지르는 기후의 효과는 대기의 탈식민화를 요구할 만큼 매우 불균등하다."[17] 둘째는 인간의 미디어 기술이 지구와 대면하는 과정에서 야기하는 효과들의 양가성, 즉 위기의 기원인 동시에 위기에의 대처라는 의미에서의 양가성이다. 한편으로 그 기술은 행성적인 규모로 지구의 공중을 감싸고 지하에 결착되어 행성적인 차원에서의 물질적, 생태적, 환경적 위기를 낳지만 다른 한편으로는 인간 중심의 세계관을 초과하는 지구의 행성적인 힘과 다중의 비인간 행위자를 감지하고 포용하는 미적, 인식적 실천에도 활용될 수 있다. 이 장의 마지막 절에서 논의할 '디지털 지구(digital earth)'는 바로 그와 같은 양가성을 예시하는 행성적 미디어의 한 종류다.

미디어로서의 지구, 지구를 매개하는 미디어: 원소미디어

지구를 이루는 비인간 존재와 요소들을 미디어의 관점에서 고려할 필요성을 제기한 21세기의 철학적, 인문학적 조류인 사변적 실재론, 객체지향 존재론, 신유물론은 각각의 출발점과 개념적 차이에도 불구하고 모두 세계의 존재와 변화를 인간의 의식과 지각의 범위 내에서 파악하는 근대 이후의 상관주의적(correlationist) 인식론, 그리고 후기구조주의와 포스트모더니즘이 직조한 언어와 담화의 그물망을 벗어나고자 하는 의도를 공유한다. 인류세의 위기에 대한 인식은 의식과 지각, 언어를 초과하는 절대적인 실재에 주목할 필요성을 촉발했다. 그레이엄 하먼 등은 대륙철학의 사변적 전환(speculative turn)을 이끈 계기를 다음과 같이 분명히 밝힌다. "생태적 위기, 신경과학의 진전, 기초 물리학에 대한 점점 더 분열된 해석, 인간과 기계 사이의 지속적인 경계 붕괴에 직면하여 이전의 철학으로는 이러한 사건에 맞설 수 없다는 인식이 커지고 있다."[18] "물질의 본성 및 물질적 세계와 결부된 인간의 체화된 장소에 관한 근본적인 질문으로의 회귀"를 주창하는 21세기 초 신유물론은 "기후변화 또는 전 세계적 자본과 인구의 흐름, 유전적으로 조작된 유기체의 생명기술 공학, 또는 우리의 친밀하고도 물리적인 삶에 침윤된 디지털, 무선, 가상 테크놀로지와 같은 복잡한 이슈들을 탐구해야 할 필요성"[19]에 호응하여 부상했다.

객체지향 존재론을 생태적 사유의 기획 속에서 발전시켜 온 티머시 모턴은 미디어와 위기의 복합적 관계, 그리고 생태적 위기가 미디어의 존재와 작동을 다시 규정하도록 추동하는 이유를 여실히 드러낸다. 지금은 비교적 널리 알려진 하이퍼객체(hyperobject) 개념은 지구 온난화와 방사선처럼 근대적 사유에서 상정한 객체의 안정성과 경계를 벗어난 객체를 가리킨다. 하이퍼객체는 세계상에 있어 근대의 인식론과 제도가 설정한 대문자로서의 자연(Nature)을 기각한다. 지구는 하나의 구체와 같은 단일한 세계가 아니라 "풀, 철광석, 아이스크림, 햇빛, 궁수자리 은하, 버섯 포자로 이루어진 열린 그물망(mesh)"[20]과 같기 때문이다. 하이퍼객체는 근대적 자연의 보존을 지향하는 환경주의에 포획되지 않는 비인간적 객체다. 하이퍼객체는 인간이 제조한 산물일 수도 있지만, 근대적 자연을 구성하는 지식과 감각을 벗어나는 방식으로 자신의 힘을 발휘하는 지구와 그 바깥의 세계일 수도 있다.[21] "하이퍼객체는 생물권 또는 태양계

일 수도, 지구상의 모든 핵물질 총합일 수도, 또는 단지 플루토늄이나 우라늄일 수도 있다. 하이퍼객체는 스티로폼, 플라스틱 가방, 또는 윙윙거리며 돌아가는 자본주의의 기계류 모두와 같이 인간이 직접 제조한 매우 오래 지속되는 산물일 수도 있다."[22]

어기서 알 수 있는 것은 하이퍼객체가 제기하는 위기가 방사선과 유독 화학 물질의 비가시적이고도 장기적인 효과와 같은 위기만이 아니라는 점이다. 모턴은 점성(viscosity), 비국지성(nonlocality), 시간적 기복(temporal undulation) 등을 하이퍼객체의 특징으로 식별하는데, 이들은 곧 하이퍼객체의 위기가 인간중심적 인식과 지각을 동요시킨다는 점, 후기구조주의가 중심적인 것으로 정립했던 언어의 사슬을 빠져 나간다는 점, 나아가 전통적인 미디어의 존재와 작용 범위를 규정하는 시간적·공간적 경계를 벗어남을 가리킨다. "하이퍼객체는 우리가 익숙한 인간 규모의 시간성과는 심원하게 다른 시간성을 포함[하고]… 고차원의 위상 공간을 차지하기 때문에 오랜 시간 동안 인간의 눈에 보이지 않는다."[23] 여기서 알 수 있듯 하이퍼객체 개념은 인류세 범주의 부상을 이끈 지구의 지질학적 변화 및 이와 결부된 인간의 기술적·제도적 개입에 대한 철학적 반응이며, 그와 같은 반응의 산물인 공간성·시간성·가시성의 혼란을 응축한다.

따라서 하이퍼객체 개념은 근대적인 재현의 인식론적, 기술적 토대 위에 구축된 미디어 개념의 변경과 확장을 두 가지 방식으로 요구한다. 첫째, 하이퍼객체는 미디어가 수신자-발신자-채널의 경계와 이들 간의 기계적 인과성으로만 존재하지 않음을 시사한다. 미세먼지가 그렇듯 하이퍼객체는 인간의 분위기, 감각적, 정서적 요소에 영향을 미치고 이들을 매개하지만 미디어 객체로서의 안정된 외양과 분포, 경계를 벗어난다. 또한 지구 온난화의 사례가 입증하듯 하이퍼객체의 효과마저도 온전히 국지적이거나 총체적이지도 않다. 모턴에 따르면 하이퍼객체는 다른 객체들을 통해 매개된다. 이와 같은 특징을 설명하는 상호객체성(interobjectivity) 개념은 "어떤 것도 직접적으로 경험되지 않고 대신 몇몇 공유되는 감각적 공간 내의 다른 실체들을 통해서만 매개됨"[24]을 뜻한다. 둘째, 하이퍼객체는 언어로 묘사하거나 이미지로 재현하기 힘들기 때문에 기존의 미디어를 지탱한 전제들, 예를 들어 비가시성과 가시성, 전경과 후경 등의 구별을 와해시킨다. 이는 단지 인식론적 위기만을 뜻하지 않는다. 모턴에 따르면 하이퍼객체는 "단지 정신적 (또는 달리 말하자면 이상적) 구성물만이 아니라 그 원초적 실재가 인간으로부터 물러난(withdrawn) 실제적 실체"[25]다. 이와 같은 하이퍼객체의 속성이 미디어 개념을 불안정하게 만드는 방식을 사진을 통해 생각해볼 수 있다. 예를 들어 사진과 영화는 이미지가 카메라 앞에 존재했던 현실의 가시적이고 해독 가능한 흔적을 기입하는 것으로 상정된다. 그러나 미세먼지, 방사선, 적외선 등은 표준적 사진과 영화의 가시성으로 포착되지 않는다. 그럼에도 불구하고 하이퍼객체의 효과에 영향을 받는 객체는 하이퍼객체의 존재와 인과적으로 연결된 지표(index)로 기능한다. 이와 같은 사정은 미디어의 기록과 흔적을 근대적 재현 패러다임과 다른 방식으로 이해할 필요성을 제기한다. 첫째로 이는 미디어를 비인간적인 관점에서 파악하는 것을, 사진의 경우라면 "인간이 객체를 아는 것이 아니라 광자(photon)가 감광성의 분자와 어떻게 상호작용하는가"[26]를 고려함을 뜻한다. 사진을 인간중심적으로 설정된 광학적 기록 장치의 촬영보다는 지구를 이루는 하이퍼객체로서의 광자가 스스로를 기입하는 비인간적 과정의 관점에서 보는 것이다. 사운드 미디어의 경우라면 멜로디와 조성으로 재현되는 사운드가 아니라 하이퍼객체가 방출하는 파동의 변화와 간섭을 기록하고 감지하는 기술적, 미학적 작업이 중요하다. "전체 시스템을 조사할 때 우리는 광자와 음파를 전자 또는 전자화학적 신호로 변환하거나 그렇지 않으면 변경하면서 서로에 대해 작용하는 일군의 기기들을 찾는다."[27] 둘째로는 유기체와 비유기체 모두를 포함하는 비인간 객체가 그들 나름대로 하이퍼객체의 흔적을 기입하는 미디어로 간주될 수 있는 가능성이다. 각각의 객체가 그 흔적을 포함하고 감각 가능한 효과로 변환하는 방식이 다르고 그 변환 과정에는 굴절, 압축, 추상화 또한 존재하기 때문에 근대적인 의미에서의 실재-외양 구분은 충분히 유효하지 않다. "호수 위의 새떼는 독특한 실체지만 생물권, 진화, 지구 온난화를 망라하는 일련의 하이퍼객체의 일부이기도 하다. 하이퍼객체와 그 지표적 기호 간에는 불가피한 변위가 있다."[28]

따라서 하이퍼객체 개념의 함의는 인류세가 전통적인 미디어의 인식론적, 존재론적 지반을 균열시키는 사건임을 확인하는 것 이상이다. 하이퍼객체는 인류세로 인식되는 지구의 행성적인 힘과 공간적 확산, 시간적 깊이와 여파를 포용할 수 있는 갱신된 미디어 개념과 실천을 요청한다. 모턴은 지구의 비인간 존재가 가진 행위성이 근대의 기계론적 인과성이 아니라 미적 인과성에 근거한다는 점을 강조함으로써 이와 같은 개념과 실천의 필요성을 제기한다. "미적 사건은 인간과 인간, 인간과 칠해진 캔버스, 또는 인간과 드라마 속

문장 사이의 상호작용에만 국한되지 않는다. 미적 사건은 톱이 새 합판에 물릴 때, 젖은 흙에서 벌레가 튀어나올 때… 거대한 물체가 중력파를 방출할 때 발생한다."[29] 이와 같은 사건의 근원인 하이퍼 객체는 인간의 의식과 지각에서 물러나 있기 때문에, 하이퍼객체의 행위성은 단일한 지배적 미디어의 재현이 아니라 존재하는 다양한 유기적, 비유기적 객체들의 매개들을 통해 감지될 수 있다. 지구 온 난화와 대기 오염 등 하이퍼객체로 설명될 수 있는 실체에 개입하 는 과학적 탐구와 예술적 실천은 이와 같은 매개들을 수행하고 종 합함으로써 하이퍼객체에 대한 지식과 감각을 구성한다. 모턴은 하 이퍼객체에 대처하는 미디어가 이질적인 행위자들에서 파생된 미 적 사건들의 배치와 합성으로 설명될 수 있음을 다음과 같이 시사 한다.

기온 상승을 보여주는 NASA의 차트를 보거나, 일 년 중 이상한 시기 에 비가 내리는 것을 느끼거나, 가뭄을 목격하는 등 지구 온난화의 영 향이 우리 주변 곳곳에서 나타나고 있음을 본다. 이들 중 어느 경험도 직접적으로는 지구 온난화가 아니다. 이들은 지구 온난화의 미적 효 과다.[30]

신유물론은 유럽 대륙철학의 인간중심적 상관주의에 대한 반발 로 태동한 사변적 실재론 및 객체-지향 철학과 공명하면서도, 인 간으로부터 물러난 자율적 세계라는 이와 같은 철학적 조류의 가 정에만 머무르지 않는다. 즉, 신유물론이 존재론적 수준에서 비인 간 객체의 행위자 역량과 생동하는 물질의 내재적인 역량을 인정함으로써 근대적 인간중심주의가 설정한 자연과 문화의 분리에 도전하더라도 이는 역사와 인간, 사회에 대한 근본적인 질문을 갱신하기 위한 것이다. 제인 베넷이 질 들뢰즈와 펠릭스 가타리의 배치체(assemblage) 개념을 확장하여 유기적, 비유기적 물질의 생기적 행위성(vital agency)을 강조힐 때, 그는 지구의 변동에 대응하는 사회와 정치를 인간중심적인 환경주의 담론과는 다른 방식으로, 예를 인간의 대지 아래에서 인간이 인식하지 못하는 가운데 생태계의 유지와 변화에 관여하는 벌레들의 행위성을 포용하는 방식으로 재편할 것을 주문한다. "환경주의가 우리를 둘러싼 생태계의 보호와 현명한 관리를 요청하는 것으로 이어진다면, 생기적 유물론은 행위적 배치체 내에서 우리와 경쟁하는 우리라는 거대한 물질성에 전략적으로 참여하는 것이 과제라고 제안한다."³¹ 이와 같은 사정으로 인해 신유물론은 사변적 실재론과 달리 비유기적 객체의 행위성뿐 아니라 인간 신체의 능동적이고 변형적인 면모 또한 재조명한다. 물론 이것은 인간 신체를 특권적인 행위자로 취급하는 것이 아니라, 행위성을 가진 동물 및 무기물과의 상호작용에 열려 있는 것으로 간주함을 뜻한다. 스테이시 얼라이모는 하이퍼객체라 불릴 만한 유독성 화학 물질 등 자연적, 기술적 힘들이 야기하는 취약함에 대한 인식과 돌봄의 실천이 오늘날의 주체를 장소와 물질들의 행위성에 '노출된(exposed)' 주체로 재정립하는 것에서 출발해야 함을 강조한다. "노출된 주체는 결코 적합하게 설명될 수 없는 실체와 힘에 항상 이미 투과되어 있다. 윤리와 정치는 거기에서부터 진행되어야 한다."³²

이와 같은 신유물론의 기획과 호응하는 미디어 연구의 방향 중 하나는 인간을 넘어선 존재자가 가진 인간과 다르며 인간의 언어로 온전히 번역 불가능한 종의 커뮤니케이션이 가진 특정성, 동물학적, 생물학적 관점에서 미디어와 지구와의 관계를 재고하는 것이다. 자연과 문화 간의 근대적인 분리를 재고하는 에두아르도 콘, 에두아르두 비베이루스 지 카스트루, 필리프 데스콜라 등의 대안적 인류학이 이와 같은 지향성의 나침반으로 기여한다. 『숲은 생각한다』에서 콘은 개미, 잉꼬, 갑옷메기 등 열대우림을 구성하는 개별 유기체[그는 이들을 '자아(self)'로 일컫는다]가 자신의 기호작용을 통해 서로 영향을 주는 방식과 자연적 세계 내의 사건(예를 들어 열대우림 내에서 나무의 쓰러짐)이 그 개별 유기체에게는 인간과 다른 종류의 의미를 갖는다는 점을 강조한다. "간략히 말하자면 자아는 사유이며, 그와 같은 자아가 서로 관계를 맺는 양식은 그들에게 구성상 기호적인 본성과 이것이 수반하는 특별하게 연합적인 논리에서 비롯된다. … 내가 주장했듯이 재현은 이에 대한 우리의 사고방식이 언어적으로 식민화되었음을 고려할 때 우리가 기대하는 것보다 넓고 그와 다른 무엇이다. … 즉, 나는 인간을 넘어선 인류학이 관계성을 기호적이지만 항상 필연적으로 언어와 같지는 않은 것으로 이해함으로써 관계성을 재고할 수 있다고 주장한다."[33] 지 카스트루 또한 일종의 생명기호학적(biosemiotic) 상상력으로 인간 외의 종들이 가진 커뮤니케이션의 특정성을 강조함으로써 그 종들이 생태적 환경과 관계하는 방식을 지각과 기호의 매개로 여긴다. "아메리카 인디언의 애니미즘-관점적 존재론이 갖는 함의 중 하나는 자율적, 자연적 사실이란 없다는 것이다. 왜냐하면 우리가 '자연'으로 이해하는 것은 다른 종에게는 '문화', 즉 제도적 사실로 이해되기 때문이다.

우리가 자연적 실체로 보는 혈액을 재규어는 인공물인 카사바 맥주로, 테이퍼(tapir: 포유류 기제목 초식동물의 일종)는 진흙을 해먹으로 보는 등등이다."[34]

지 카스트루가 전략적 원시주의(strategic primitivism)라고 말하는 이와 같은 방법론은 지구의 생명권(biosphere) 및 생태권(ecosphere)의 조성과 변화에 기여하는 비인간 행위자의 역량을 강조하고 인간 주체성과 사회적, 정치적 차원을 그 역량과 결부되는 방식으로 재구성하는 출발점이 된다. 하지만 미디어 이론의 재구성이라는 관점에서 볼 때 이와 같은 비인간 행위자 모두를 미디어와 일차원적으로 동일시하는 것은 사변적 실재론의 용어를 비틀자면 일종의 평평한 미디어 존재론(flat media ontology)으로 번역될 가능성이 있다. 동식물과 무기물의 활동성과 그 자체의 소통적인 역량이 철학적 존재론의 차원에서 인간과 동등한 지평에 있고 속성상 인간과 다르다는 설명은 가능하다. 하지만 이와 같은 설명이 의도하는 탈인간중심적 세계관의 수립이 범신론(panpsychism)이나 생기론을 반복함으로써 오늘날 비인간 존재가 인간 및 기술과의 복합적인 얽힘 속에서 미디어로 재고되어야 하는 특정성을 희석시킬 위험이 있다. 또한 기술을 생태계 내 구성 요소의 생기적인 역량을 도구적으로 억압하거나 그러한 역량을 감지하지 못하는 외부의 힘으로만 암묵적으로 가정함으로써, 대안적 인류학 자신이 극복하고자 하는 자연과 문화의 대립을 역설적으로 강화하는 것으로 귀결될 수도 있다. 이와 같은 두 가지 위험을 극복하기 위해서는 신유물론의 맥락에서 기술이 한편으로 위기의 원인인 동시에 자연을 구성하는 지질학적, 대기적, 생물학적 요소들의 물질성과 행위성을 포함하는 방식으로 사유되어 왔다는 점을 염두에 두어야 한다.

　인류세의 인간예외주의적 가정과 자본세(Capitalocene)의 비관주의에 대한 대안으로 해러웨이가 제안하는 툴루세(Chthuluscene)는 자연을 구성하는 동물과 미생물, 무기물 등 인간이 아니며 인간과는 다른 실체들이 함축한 무수한 시간성과 공간성을 엮고 이들의 감각을 감지하며 이들 각각의 변화와 이들 간의 얽힘을 포용하는 개념이다. 그러나 인류세 및 자본세와 마찬가지로 가이아(Gaia)로서의 지구가 생성하는 기상학적, 지질학적, 생태적 불안정성을 공통의 사건으로 인식함을 전제로 한 이 개념이 그와 같은 위기의 기원인 기술을 완전히 배제하는 것은 아니다. 즉, 해러웨이에게 있어 "죽을 운명의 생물들과 툴루세 속에서 함께 잘 살고 죽는다는 것은 [지구 내에서] 피난처를 재구성하기 위해 힘을 모으는 것, 부분적이면서도 왕성한 생물학적-문화적-정치적-기술적 회복과 재합성(recomposition)을 가능하게 하는 것"[35]을 뜻한다. 해러웨이가 비둘기에게 GPS, 안테나, 오염 감지 센서 등이 들어 있는 작은 배낭을 매달아 대기 오염을 측정하게 하는 '피존블로그(PigeonBlog)'의 실험을 두고 반려종들의 세계 만들기(worlding)를 설명할 때, 그는 단지 비둘기의 행위성만을 강조하는 것이 아니다. "비둘기들은 살아 있는 공동 제작자이며 작가-연구자와 비둘기는… 상호작용하고 함께 훈련하는 법을 배워야 했다. … 이 모든 참가자들은 서로의 능력을 발휘하여 사변적 이야기 꾸미기 속에서 서로 함께-되었다(became-with)."[36] 이때 비둘기-장치는 지구의 구성원이자 지구의 변화를 감지하고 매개하는 미디어로 볼 수 있으며, 그 미디어의 존재론은 자연과 기술의 대안적 얽힘, 또는 동물-기술의 생산적 합성에 근거한다. 이 점은 2004년 내셔널 지오그래픽 채널이 개발했고 동물의 몸에 부착해 동물의 활동과 연동된 세계를 기록하고 관찰하는 카메라인 크리터캠(crittercam)에 대한 해러웨이의 논의에서도 드러난다. 크리터캠을 부착한 동물의 지각은 동물의 눈을 단순히 연장한 것으로 볼 수도 없고, 인간 과학사 또한 크리터캠을 온진히 통제할 수 없기 때문에 인간 중심의 도구적 응시가 연장된 것으로만 간주할 수도 없다. 대신 해러웨이는 크리터캠을 자연과 문화가 중첩된 겹눈(compound eye)으로 규정하면서, 이것이 형성하는 관계를 "동물-인간-기술의 해석적 관계"로 일컫는다. 그 관계의 양상은 카메라의 예기치 않은 오작동, 동물의 예측 불가능한 움직임, 동물의 생태를 시각적 스펙터클로 대상화하는 텔레비전 자연 다큐멘터리의 메커니즘 등 일련의 비대칭성을 포함한다. 그럼에도 불구하고 이 겹눈은 "무엇인가에 초점을 맞추기 위해 상이한 굴절성의 지표, 상이한 질료, 상이한 유체를 활용"한다는 점에서 자연과 기술이 다층적으로 얽힌 미디어 개념을 구현하며, 이를 통해 우리는 "지구 내 바다의 몰입적인 깊이보다 더 좋은 배움의 장소는 없음"[37]을 깨닫는다.

인류세의 맥락에서 각각의 행위성을 가진 자연과 기술의 얽힘으로 미디어 개념을 재고할 필요성은 생명체에만 적용되는 것은 아니다. 기후와 환경의 극적인 변화를 일으키고 가리키는 불과 물, 토양과 대기 등의 원소 또한 이러한 미디어의 관점에서 고려할 수 있다. 이와 같은 관점의 확산에 기여한 존 더럼 피터스의 '원소미디어' 개념을 살펴보자. 피터스는 철학적 인류학의 방법론을 포용하여 미디어의 범위를 서식지와 동식물 거주자를 포함하는 환경으로 확장한다. 이는 인류학자 팀 잉골드가 대지와 하늘, 바람과 날씨를 매체

(medium)로 보는 견해와 공명한다. "열린 세계에서 존재들은 닫힌 객관적 형태로서가 아니라 매체의 흐름 속에 공통으로 몰입되어 있음을 통해 관계를 맺는다. 유기체가 매체로부터 공기를 들이마시고 이를 다시 내보내는 호흡 과정은 모든 생명에 근본적이다."[38] 이와 같은 맥락에서 원소미디어 개념은 "우리의 신체가 기후의 역사, 불의 체제, 지구의 자전, 북쪽과 남쪽에, 그리고 모든 종류의 식물, 인공물, 유기체와의 관계에 특히 서로에게 내장되어 있다"[39]는 생태적 미디어 개념으로 번역된다. 자연과 동물의 비언어적 커뮤니케이션을 인정한다는 것은 의미를 인간의 독점적인 자산으로 보는 가정에 도전한다는 점에서 사변적 실재론, 신유물론, 포스트휴머니즘과 동기화된다. 그러나 이는 지구적 원소의 행위성과 의미의 차이를 단언하고 그 의미의 해독을 유일한 대안으로 선언하는 것이 아니다. 원소미디어 개념은 원소의 두 가지 효과를 동시에 고려해야 함을 뜻한다. 하나는 원소 자체의 행위성이 자연과 인간에게 미치는 효과이고, 다른 하나는 그 행위성이 문명 및 문화, 나아가 도구를 포함한 물리적, 기술적 미디어의 창안을 추동하는 효과다. 피터스는 이 두 가지 효과를 불에 대한 서술에서 분명히 밝힌다. 자연의 불은 생태계의 주기적 순환에 기여하고 인간이 다루는 불은 "자연의 원소와 문화기법(cultural technique)의 결합체"로서 "재와 연기, 잉크와 철, 화학업과 요업 등에 필요한 환경을 가능하게" 해준다. 따라서 불은 "미디어이자 인간이 만든 거의 모든 미디어의 전제 조건"[40]이다. 따라서 "불이 화학적이자 역사적인 과정"[41]이라는 피터스의 견해는 행성으로서의 지구를 구성하는 지질학적 시간과 역사의 시간 모두를 함축한다. 이런 점에서 원소미디어 개념은 자연적

원소의 비인간적 행위성에 대한 주목을 요청하는 것을 넘어 그 원소가 인간의 인공적 환경과 기술적 미디어에 필수적임을, 그리고 그 원소의 행위성은 이용의 대상이자 제어의 대상이기도 했음을 고려하도록 주문한다. "인간의 틀을 넘어 생태학적으로, 그리고 철학적으로 사유하기 위한 노력이, 이 책이 [생태적, 포스트휴머니즘적 작업과] 합류하는 노력이기는 하지만, 인간이 바다와 땅과 하늘과 그들이 거주하는 모든 곳에서 행사하고 있는 엄청난 압박을 잊지 말아야 한다는 근원적이고 긴급한 이유도 있다."[42]

잉골드가 인간과 유기체 모두에 필수적인 매개물로 강조한 공기, 그리고 기후를 결정하는 대기(atmosphere)를 원소미디어의 관점에서 고려하면 인간의 의도성과 인식을 넘어서는 지구의 행위성에 대한 탐구가 그 행위성에 직면한 인간의 문화적, 기술적 대응에 대한 고찰과 필연적으로 접속한다는 점을 알 수 있다. 페터 슬로터다이크는 원소의 비인간적 행위성을 부각시키고 미디어의 개념을 환경 및 지구의 수준으로 연장하는 최근의 학제적인 접근에 중요한 영감을 제공한다. 『공기로부터의 테러(*Terror from the Air*)』에서 슬로터다이크는 양차 대전과 냉전기에 본격적으로 활용된 항공기, 유독가스, 원자폭탄이 대기를 영토적인 통제의 대상으로 삼는 기술의 작동 방식을 드러낸다는 점에 주목한다. 대기를 주어진 자연적 요소가 아니라 도구화의 대상으로 삼는 기술적, 정치적, 과학적, 건축적 프로젝트를 통해 대기는 대지와 결부된 환경으로서의 미디어로 편입된다. 대기의 이와 같은 위상 변화는 온실효과가 뚜렷해진 21세기에 접어들어 대기를 지구의 거주 가능성을 결정짓는 조건으로 간주하는 인식으로 연장되어 왔다. 이러한 인식에 따라 21세기의 문화와 과학은 "공기의 조건을 명시화하기(making air conditions explicit)"[43]를 향해 추동되어 왔는데, 이는 대기를 구성하는 원소가 인간의 호흡과 실존을 결정하는 미디어라는 점, 그리고 이 원소의 감지와 제어, 예측을 위한 미디어 기술의 개입 또한 긴요하다는 점 모두를 뜻한다. 슬로터다이크의 사유를 연장하여 에바 호른은 "자연과학의 관점에서 공기가 무엇이고 어떻게 작용하는지를 살펴보는 것뿐만 아니라 공기가 매체로서, 더 구체적으로는 생명의 매개체로서 어떤 기능을 하는지를 살펴볼"[44] 것을 제안한다. 이와 같은 전제를 고려할 때 '매체로서의 공기'라는 개념은 대기가 인간 삶의 사회적 조건을 어떻게 근본적으로 구성하며 공기의 흐름과 기상학적 변화의 파악이 역사적으로 어떤 인식론적 전제와 접속했고 어떤 미학적 충동을 활성화했는가를 질의한다. 즉, 공기가 매체로 취급될 수 있는 이유는 그것이 단순히 물질이나 실체로서만 존재하는 것이 아니라 앎의 문제 및 감각의 문제를 제기하기 때문이다. 특히 공기를 미적으로 고려한다는 것은 공기가 인간의 감각과 의식 너머에서 존재하고 활동하면서도 인간의 감각과 의식에 다차원적으로 관여한다는 점을 뜻한다. "공기의 미학은 공기의 가시성과 촉각적 상태(예: 온도, 습도의 움직임)부터 내부 역학(예: 바람, 기류, 상승기류, 밀도), 심지어 특정 기상 조건의 정서적 특성까지 공기의 모든 감각적 특성을 탐구하는 것을 뜻한다. 여기에는 장소와 계절, 우리가 위치한 자연적, 도시적, 사회적 분위기에 대한 감각이 수반될 것이다. 공기의 미학이란 공기를 지각의 대상이자 지각의 조건으로서 지각의 전면에 다시 끌어올리는 것을 뜻한다."[45] 공기가 인간의 감각과 의미, 환경에 복합적으로 작용하면서도 비가시적이며 공간적 구획을 벗어나고

그림 4-1 중국의 대기 오염 감지 앱.
출처: https://www.sixthtone.com/news/1796.

미세한 화학적 변화에 종속된 일종의 하이퍼객체임을 고려하면, 이를 감지하고 제어하고 예측하기 위한 다양한 물질적, 기술적, 제도적 구성물들의 역할이 미디어의 관점에서 고려되어야 한다. 한국과 중국에 21세기부터 집단적으로 인구의 감각과 정서, 활동에 영향을 미친 미세먼지의 경우를 예로 들면, 대기 오염을 시각화하는 앱뿐만 아니라 이를 감지하는 센서, 그리고 미세먼지 저감에 적용되는 전자선 기술과 특수 필터와 같은 인공물을 연결망으로서의 미디어로 볼 수 있다(그림 4-1).

미디어를 대기적인 관점에서 고려하는 이와 같은 방법론은 날씨와 기후에도 적용되어 왔다. 재닌 랜더슨이 제안하는 미디어로서의 날씨(weather as media) 개념에서 미디어는 자연적 요소를 내적으로 포용하고 미디어를 외부 환경으로 확장하는 양방향의 힘을 포용한다. "미디어의 정의 자체는 시청각 및 텍스트 현상의 기술적 복제 가능성이라는 관습적 용법을 넘어서 확장되어 왔다. 기술로서의 미디어라는 관념은 환경으로서의 미디어로 확장되었다."[46] 지구 온난화에 따른 예측 불가능한 날씨 변화에 직면해 온 동시대의 기상학적 예술은 극지의 얼음과 같은 원소의 행위성이나 비서구 토착 문화의 날씨와 관련된 제의를 재발견거나, 날씨 변화를 감지하고 시각화할 수 있는 다양한 기술적 도구를 적용하거나, 인공 구름과 태양광 흡수 장치를 통한 날씨의 조절과 예측 환경을 실험함으로써 하나의 기술적 재현 및 매개 장치에 국한되지 않는 다양한 미디어 형식과 복합체를 제안해 왔다. 랜더슨과 유사하게 후루하타 유리코는 기후 미디어(climatic media)라는 개념을 고안하며 이의 두 가지 함의를 다음과 같이 밝힌다. 첫째, 이 개념은 미디어가 "환경의 조건을 결정하는" 안개 및 눈과 같은 자연적 요소 및 기체와 같은 화학적 요소들의 "물질성"을 포함함을 강조한다. 둘째, 기후 미디어 개념은 "기후를 제어하고 날씨를 변경하는 과학적, 건축적, 예술적 기법 및 기술들"[47]을 미디어 구성체로 포용해야 함을 시사한다. 이에 따라 후루하타가 관심을 갖는 대기제어(atmospheric control)는 "빛, 소리, 온도, 습도 등 건축 환경과 주변 요인을 도구화하여 이러한 환경을 통과하는 신체의 순환을 통제하고 관리하기 위한 목적으로 사용하는 것을 뜻한다."[48] 넓게 보면 기후 미디어는 독일 미디어 이론에서 문화기법(cultural technique)이라 부르는 물질적, 건축적, 실천의 역사를 포함한다. 베른하르트 지게르트가 제안한 문화기법 개념은 비기계적인 기법인 문과 벽, 격자가 물질적인 차원은 물론 자연과 문화, 안과 밖, 신성한 것과 세속적인 것 등 근대 이후 인간의 삶 기저에 놓인 이항대립을 반영한 상징적인 차원을 함께 갖는다는 점을 가리킨다.[49] 이와 같은 맥락에서 후루하타는 근대 일본 제국에서 거주지의 환경 개선을 위한 대기 및 환경 관리를 위해 적용되었던 빌딩 벽과 지붕의 건축술, 제2차 세계대전 이후 발달한 냉방 및 온실 시스템, 그리고 단게 겐조 등의 건축가들이 1970년 오사카 엑스포에서 실험한 돔 모양의 건축 공간 등을 대기 제어 미디어의 관점에서 탐사한다. 이와 같은 실천들은 컴퓨터 기반의 기후 예측 시스템은 물론 지속적 냉각이 요구되는 데이터센터와 인공지능 기반 스마트 냉방, 스마트 도시, 인공 안개와 같은 동시대의 컴퓨터 미디어 및 기상학적 장치로 이어진다는 점에서 "우리가 사는 현재의 역사적 선험성(a priori)"[50]으로 읽을 수 있다.

대기, 날씨, 기후를 미디어의 관점에서 논의하는 이와 같은 최근의 경향은 미디어를 환경을 조성하고 환경과 결부된 생태적인 것으로, 지구를 인간 역사의 시공간적 지평을 넘어선 행성적인 것으로 사유하고자 하는 시도를 반영한다. 이런 맥락에서 미디어를 원소의 관점에서 사유한다는 것은 니콜 스타로시엘스키가 강조하듯 "'환경'의 전통적인 틀과 '미디어'에 대한 이해 모두를 탈중심화"[51]함을 뜻한다. 문명과 분리되는 동시에 문명에 있어 정복과 길들이기의 대상으로 상정된 근대적 의미의 환경 또는 자연은 그 자체의 행위성을 가질 뿐 아니라 그로 인해 인간의 사회와 문화에 내재적인(즉 원소적인) 것으로 재고된다. 따라서 물과 공기, 바다와 대지의 행위성은 관계적인 것으로 파악된다. 기계적인 것과 비기계적인 것 모두를 포함한 미디어 기술 및 기법은 원소적인 것과 여러 가지 방식으로 얽힌다. 이와 같은 기술 및 기법은 원소적인 것의 매개와 제어를 위해 개발되지만, 다른 한편으로 그와 같은 기술 및 기법의 유지와 작동은 화석 에너지 및 전기 에너지의 활용에서 쉽게 떠올릴 수 있듯 불과 물, 암석 및 광물과 같은 원소 또한 필요하다. 또 토양의 깊이, 물과 대기의 유동성은 미디어의 채널과 의미 생성 및 교환 방식을 인간중심적인 전제를 벗어나는 방식으로 감각하고 사유할 수 있는 근거를 이룬다. 멜로디 주는 "미디어와 매개에 대한 우리의 기존 개념들이 바다의 환경 내에서 재측정을 겪을 필요가 있음"을 주장하는데, 이는 바다의 조건이 "증가되는 압력, 3차원적 움직임, 빛의 굴절과 확대, 음향의 방향을 말할 수 있는 불가능성"[52] 등을 포함하기 때문이다. 따라서 바다의 행위성은 한편으로는 원격 감지를 위한 특수 카메라와 전파 측정 장치 등의 기술적 매개를 요구하고, 다른 한편으로는 인간의 지각 및 대지에서의 지각과는 구별되는 지각과 앎의 가능성을 구성한다. 이처럼 원소들에 영향을 미치는 기술 및 기법으로서의 미디어, 그 기술 및 기법에 필수적인 지구의 원소들, 그리고 그 자체의 커뮤니케이션 역량을 가진 원소들 모두의 관점에서 원소미디어 개념은 "모든 환경들이 폭넓게 해석되는 의미에서의 매개에 대한 비판적 이해의 혜택을 누릴 수 있는 길을 열어준다."[53]

따라서 원소미디어 개념은 확장된 의미에서의 미디어 개념과 호응하며, 이때 확장은 대기와 바다가 그러하듯 인간적 인식과 지각의 경계를 벗어나는 시공간적 규모와 존재 양태를 가진 것으로 지구를 이해하는 '행성적 전환'과 접속한다. 물론 원소미디어 연구에서 상정하는 지구의 행성적인 차원이 전 지구에 보편적인 인식론적, 존재론적 위기에 대한 반응만을 뜻하는 것은 아니다. 지구의 행성적인 차원과 이를 구성하는 원소적인 요소의 중요성에 대한 인식은 서로 다른 문화적 전통과 지정학적 조건에 대한 고려를 포함할 뿐 아니라, 원소적인 요소의 제어 및 순환을 두고 관련되는 지역들 간의 불균형적 관계에 대한 문제 제기를 수반한다. 다음 절에서 밝히듯, 탈식민주의적 생태비평에서 제기하는 제국주의 이후 서구에서 비서구를 향해 진행되어 온 원료의 불균등한 추출과 유통, 자본세 개념에서 주장하는 원료와 연료 소비의 불균등한 양상을 고려할 때 행성적인 규모의 위기에 대한 인식은 행성을 구성하는 이질적인 힘들의 경합과 상호작용이라는 관점에서 파악되어야 한다. 그와 같은 필요성을 특히 제기하는 원소는 지표면의 암석, 그리고 이면의 원소들인 광물이다.

미디어자연: 인간의 역사와 지질학적 시간

원소미디어 개념이 강조하는 미디어 존재와 기능의 환경적 차원, 그리고 자연적 요소의 행위성과 미디어-형성적 위상은 인간중심주의적 세계관을 비판하고 이에 대한 대안을 모색해 온 21세기 초 학제 간 인문예술학에서 발달해 온 생태미디어(ecomedia) 및 생태영화(ecocinema)의 연구와 공명한다. 2010년대부터 지금까지 본격적으로 전개된 생태영화 연구는 크게 두 가지 방향으로 전개되어 왔다. 생태비평 및 환경인문학의 영향을 받은 첫 번째 방향은 "영화 텍스트가 개인과 그들의 서식지를 제시하면서 우리 주변의 세계에 대한 우리의 상상에 어떻게 영향을 주며 이로 인해 이러한 세계에 대한 우리의 활동에 잠재적으로 어떤 영향을 주는가"[54]를 분석하는 것으로, 이는 영화를 비인간 세계 및 그 세계와 인간과의 관계를 투영하는 창이나 그 세계에 대한 상상을 구축하는 프레임으로 간주함을 전제한다. 다른 하나는 "빛과 카메라에서 DVD, 그리고 인터넷의 외견상 비물질성에 이르는 영화의 기술이 지구의 물질적 자원을 포함하며 우리의 생태계를 변화시키고 그에 영향을 미치는 데 영화가 직접적인 역할을 한다는 점을"[55] 입증하는 방향이다. 이 두 연구 방향은 인간과 분리되고 인간이 제어 가능한 근대적 자연과 환경 개념을 비판하면서 객체-지향 존재론 및 신유물론의 사유와 연합하는 지향을 공유한다. 그러나 묵시록적인 SF 영화부터 예술영화에 이르는 영화 텍스트의 재현적인 차원인 세트, 캐릭터, 서사에 주목하는 첫 번째 연구 방향과 달리 두 번째 연구 방향은 미디어를 "광물과 에너지의 흐름(flow)"으로, "전통적인 인쇄매체부터 인터넷의 소셜 미디어 포럼에 이르는 다양한 플랫폼을 가로지르는 미디어들의 서로 연동되고 겹치는 현전을 뜻하는 융합(convergence)"[56]으로 사유한다. 이와 같은 연구 방향에 있어 미디어는 환경에 내재적인 동시에 환경을 변경하는 방식으로 이중적인 존재론의 지평에 놓인다. 이와 같은 지평에서 이전까지는 서로 분리되어 있었던 생태계, 기술, 사회가 서로 긴밀하고도 심원하게 연결되는 것으로 파악되며, 그러한 연결을 포함한 세계상이 행성적인 것으로서의 지구다. "존재론적으로 볼 때, 인간과 마찬가지로 미디어 기술과 상영(screening)도 세포와 신경망, 반도체 칩과 데이터 스트림처럼 더 넓은 세계를 흐르는 흐름과 영향에 의해 스며드는 물질과 에너지의 투과성 집합체로서만 생각할 수 있다. … 생태학은 일반적으로 지구와 연결된 모든 규모의 모든 것을 포함하는 시스템 또는 유동적인 상호작용의 장을 지칭하는 것으로 정의된다."[57]

생태영화 및 생태미디어 연구의 이와 같은 두 번째 경향은 영화를 비롯한 미디어의 제작 및 배급, 수용이 환경과 맺는 관계, 그리고 미디어의 물질적 조건과 기술적 작동이 자연에 의존하는 동시에 자연을 변질시키는 방식에 대한 관심으로 연장되어 왔다. 이와 같은 관심을 고취하는 데 중요한 역할을 한 나디아 보작은 영화가 "자신의 역량, 원재료, 그리고 주제를 끌어내는 영역인 환경과의 연결을 항상 예시해 왔다"[58]고 말한다. 이와 같은 관점을 따르면 영화는 재현의 대상을 넘어 자신의 장치와 미적 대상(무빙 이미지)을 구성하는 전반적인 차원에서 지구적 또는 생태적이다. 제작의 차원에서 볼 때 영화를 구성하는 빛의 기록은 질산염 플라스틱인 셀룰로이드라는 물질적 지지체를, 필름스트립의 기록을 현상하기 위한 화학적 처리를, 이 모든 과정의 원활한 수행을 위한 전기 에너지를 필요로 한다. 전기 에너지는 실물보다 큰 시청각적 스펙터클의 집단적 관람을 위한 영화관에서의 영사를 위해서도 소비된다. 즉, 문화적 제도로서의 영화는 자연 자원의 소비에 의존적이며 탄소 발자국을 남긴다. 디지털 이미지로의 이행은 셀룰로이드의 화학적 처리를 벗어나지만 전기 에너지와 자연 자원의 소모는 면제하지 않는다. 디지털 카메라에 활용되는 반도체와 부품의 제조를 위해서는 희토류와 필수 광물이 필수적이고, 전력의 소비는 디지털 카메라를 활용한 촬영은 물론 다수의 컴퓨터를 동반한 시각효과 작업에서도 마찬가지로 적용된다. 또한 스트리밍 미디어의 탄소 발자국은 다음과 같은 계산에서도 입증된다. "한 달에 35시간 분량의 동영상을 1,080픽셀 해상도로 컴퓨터로 스트리밍한다고 치자. 이를 위해 필요한 에너지는 382.36kWh다. 미국 환경보호청의 계산에 따르면 이는 2.68톤의 이산화탄소에 해당하며, 이는 자동차 한 대가 소비하는 115.1리터의 휘발유에서 배출되는 이산화탄소의 양 또는 10년 동안 자란

4.5그루의 나무 묘목이 격리하는 탄소량과 같다."[59] 즉, 필름 영화에서 디지털 영화로 미디어의 기술적 구성이 변하더라도, 이와 같은 이행은 셀룰로이드의 물질성을 대체하는 것이 아니라 셀룰로이드와는 다른 또 다른 물질성을 요구하는 것으로 보아야 한다. 즉, 영화는 물질과 에너지에 의존적이다. 디지털 기기뿐 아니라 인터넷을 포함하는 넓은 의미의 디지털 미디어 시스템 또한 이와 같은 의존성에서 자유롭지 않으며 오히려 의존을 심화한다. 코로나19 이후 사용량이 더욱 폭증한 인터넷 트래픽과 스트리밍 미디어는 대규모의 데이터 서버와 클라우드 컴퓨팅 인프라구조를 요구하며, 이는 더욱 많은 전력과 수력을 소비하고 더욱 깊은 탄소 발자국을 남기기 때문이다. 이런 점에서 영화와 디지털 미디어를 포함한 모든 미디어는 숀 커빗이 말하는 유한 미디어(finite media)로 볼 수 있다. "모든 물리적 프로세스는 열과 소음의 형태로 폐기물을 생성한다. … 새로운 물질을 제조할 수는 있지만, 여기에는 에너지가 필요하고 에너지 역시 유한한 자원이다. 소행성에서 더 많은 물질과 에너지를 얻을 수도 있지만, 거기까지 가려면 엄청난 양의 물질과 에너지가 필요하다. 이것이 바로 유한 미디어라는 용어의 의미다."[60]

지구를 구성하는 유기적, 화학적, 생물학적 요소와의 근본적인 얽힘으로 미디어를 고려하는 유한 미디어 개념은 미디어의 물질성을 규정하는 새로운 관점을 반영한다. 미디어의 구성과 작동을 물질성의 렌즈로 점검하는 연구 경향은 위기미디어라는 개념을 촉발한 21세기의 위기 상황 이전에도 있었다. 특히 디지털 미디어에 대한 물질주의적 연구는 디지털을 단순한 0과 1의 이진법적 신호로 환원하거나 정보를 비물질적인 흐름으로 간주하는 통념에 도전했다. 이 도전의 방식은 미디어를 구성하는 기본적인 요소들의 물질성이었다. 예를 들어 영화의 경우에는 표준적인 영화적 경험을 구성하는 물질적 실체인 스크린과 영화관의 건축적 요소, 영사기와 같은 기술적 지지체, 셀룰로이드의 물질성이 포함된다. 컴퓨터 미디어의 경우 물질성의 범위는 소프트웨어 작동을 뒷받침하는 하드웨어와 이를 구성하는 각종 칩과 반도체, 비트로서의 정보를 저장하는 플로피 디스크 및 하드 디스크와 같은 저장 매체, 인터넷을 구성하는 해저 케이블, 나아가 소프트웨어를 구성하는 코드를 포함한다.[61]

디지털 미디어의 구성상 내재적인 토대로서의 물질성에 대한 관심은 오늘날에도 이어지고 있지만, 생태미디어 및 생태영화 개념이 상정하는 물질성은 두 가지 측면에서 기존의 물질주의적 연구와 구별된다. 첫째, 생태미디어 및 생태영화 개념에서의 물질성은 단지 미디어의 구성 요소로만 환원될 수 없다. 즉, 물질적 요소와 원소들의 네트워크에서 컴퓨터는 독립적으로 존재하지 않고, 즉 물질성에 주목하는 기존의 관점이 영화나 컴퓨터와 같은 기존 미디어의 구성적 경계를 해체하거나 확장하지 않은 채로 기존 미디어 내부를 향한다면 미디어의 원소적, 자연적, 환경적 차원에서 주목하는 최근의 경향은 기존 미디어의 경계와 구성을 벗어나거나 이들을 탈중심화하는 방식으로 나아간다. 둘째, 생태미디어 및 생태영화 개념이 포용하는 지구의 물질성은 미디어의 메시지에 긴요한 물질적, 기술적 요소에만 한정되지 않는다. 즉, 디지털 미디어의 경우 물질성의 범위는 메시지의 최소 단위인 디지털 코드를 뒷받침하는 하드웨어와 저장 매체만을 가리키는 것이 아니다. 생태미디어 및 생태영화에서 물질성의 범위는 컴퓨터 하드웨어를 벗어난 데이터센터와 서버는 물론, 데이터의 처리와 저장, 순환을 위해 소요되는 에너지, 그리고 하드웨어와 네트워크 인프라구조를 구축하기 위해 소요되는 자연 자원까지 포함하기 때문이다. 이들은 디지털 미디어의 메시지를 직접적으로 구성하지는 않지만 그 메시지의 송수신에 긴요한 물질적, 환경적, 자연적 요소들이다. 따라서 생태미디어 및 생태영화 개념에서 미디어의 물질적, 환경적 차원을 강조하는 경향은 사회적으로 정립된 미디어 장치나 제도를 넘어서면서 그와 같은 제도 및 장치를 실질적으로 뒷받침하는 매개(mediation)와 관점에서 미디어를 다시 규정하는 것, 커빗이 말하는 생태-매개(eco-meditation)로 확장된다. 매개는 전통적인 의미에서의 수신자, 발신자, 메시지를 요구하지 않지만 그럼에도 불구하고 인간의 기술적 커뮤니케이션을 지탱할 뿐 아니라 인간의 의도성을 벗어나는 행위자들의 작용과 영향을 커뮤니케이션으로 포용한다. "질산염 반응이나 반-자동화된 디지털 재구성을 어떤 식으로든 표현이나 의도가 있는 것으로 의인화하는 것은 잘못이다. 매개는 인간과 비인간적 사건을 연결하는 물질적 과정을 말한다."[62] 이와 같이 생태-매개에 주목하는 물질주의적 미디어 연구는 미디어에 필수적인 요소를 단언하는 것뿐 아니라 지구와 미디어와의 관계를 서로 얽힌 그물망의 관점에서 탐사한다. 물질이 기계로서의 미디어를 이루는 구성적인 요건을 넘어, 물질을 미디어와 연결되고 미디어가 영향을 미치는 환경에 근본적인 것으로 가정하면서 미디어의 지구적인 존재론을 재고하기를 요청하는 개념이 유시 파리카가 제안한 '미디어자연'이다.

미디어자연 개념은 자연과 문화의 근대적인 분리에 반하여 자연과 문화가 맺는 불가분의 관계를 생태학적으로 주장한 해러웨이의 자연문화(natureculture) 개념을 연장한 것으로,[63] "자연의 착취 내에서 미디어 장치와 그 장치의 물질적 맥락 간의 연속성"을 가리킨다. 즉, 이 용어는 미디어의 역사가 "유리판에서 화학 물질, 셀레늄에서 콜탄… 그리고 다양한 재료와 결정화, 이온화 등의 과정을 실험한 하나의 큰 이야기"[64]임을 상정한다. 여기서 파리카가 '큰 이야기'라고 말하는 것은 커빗이 말하는 생태-매개의 국면들에 가깝다. 그 이야기의 궁극적인 관심은 오늘날의 하이테크 미디어 문화를 자연의 다양한 물질적 행위자들과 연동된 것으로 바라봄으로써 미디어의 개념을 갱신하는 것이다. 이렇게 지구적인 것으로 미디어 개념을 갱신하는 미디어자연 개념은 서로 연관된 두 개의 이야기를 전개한다. 첫 번째 이야기의 요지는 다음과 같다. "미디어는 자연에서 왔으며, 자연으로 돌아간다—스크린에서 회로, 네트워크, 인터페이스에 이르는 미디어 기기의 생산 과정에는 광물 및 기타 물질의 표준화 및 대량 동원이 포함된다."[65] 전자 기기는 물론 전기자동차의 배터리 및 주요 부품에도 핵심적인 희토류의 사례는 동시대 미디어문화에 필수적인 광물의 물질성을 입증한다. 특히 전기 자동차 생산이 칠레와 호주, 아프리카 등 세계 곳곳의 희토류 광산에 의존한다는 점은 지구의 지속가능성이라는 이름으로 장려되는 '그린 에너지' 정책이 은폐하는 자연 자원의 대규모 추출과 노동력의 집중적인 투입을 말해 준다(그림 4-2). 이와 더불어 미디어자연 개념이 전개하는 두 번째 이야기는 정보 테크놀로지가 산출하는 낡은 음극선관 모니터나 LCD 스크린, 구형 휴대용 전화기와 같은 전자 쓰레기(electronic waste), 그리고 이와 같은 기기들의 생산 과정에서 발생하는 미세 분진을 비롯한 인체에 해로운 화학 물질이다. 이 두 번째

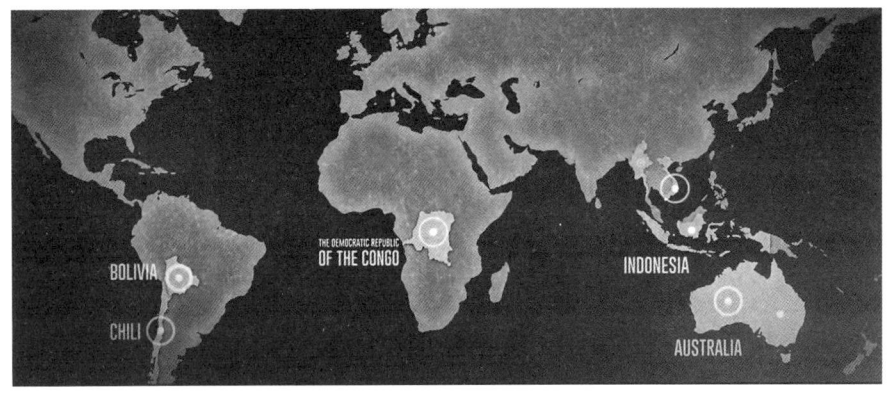

그림 4-2 콩고민주공화국, 호주, 칠레의 희토류 광산 분포 지도.
출처: https://www.youtube.com/watch?v=bs0ZHj76Arc.

이야기와 관련한 미디어자연의 물질성은 '더러운 물질(dirty matter)'
로 취급된다. 가브리스가 조명하듯 전자 쓰레기는 미디어의 개발과
재활용, 쇠퇴에 이르는 순환 주기를 포함한 일종의 화석으로, 이는
고정된 물질성을 가지지 않고 문명 및 자연과 동시에 결부되며 이
와 같은 순환에 관여하는 공간과 제도, 문화와 기술의 흔적을 포함
한다는 점에서 일종의 자연사(natural history)를 이룬다. "이 화석들
은 해독해야 할 비활성 물체 그 이상이다. 이들은 이러한 잔여 형태
가 퇴적된 장소와 '물질화 과정'을 가리킨다."[66] 또한 파리카가 지적
하듯 "몇 년이라는 짧은 사용 기간이 지나면 광물은 강에 버려지거
나 독성 물질이 자연으로 유출되어 중국, 인도, 가나의 값싼 노동력
의 신경계에 부착되는 유독성 증기가 된다."[67]

  이처럼 미디어자연 개념은 미디어를 구성하고 미디어의 제작 및
작동과 결부되는 지구의 원소적인 요소를 강조한다. 여기서 지구의
물질은 채취와 가공 과정에서 변형되면서 자연과 인공 간의 구별을
초월하는 방식으로 효과를 발휘하고 그 효과는 환경과 인간 모두에
게 적용된다. 따라서 미디어자연 개념에서 '더러운 물질'로서의 미
디어는 한편으로는 인간의 부산물이지만 그 효과는 인간의 통제를

초과한다. 얼라이모는 플라스틱 공장이 제조하는 민감성 화학 물질을 통해 이 점을 적절히 설명한다. "플라스틱을 우리의 대리자로 상상하는 것은 인간중심적인데, 이는 플라스틱의 '야성적' 행위성과 인간의 통제를 넘어서는 능력을 축소하기 때문이다. 이와 같은 공식은 개별 색체가 놀라운 행위성을 가지고 있지만, 이러한 행위성은 우리가 항상 속해 있고 산업화된 인간이 책임을 지는 더 넓은 경제, 산업, 소비주의 및 생태 시스템에서 출현하고 그 안에서 작동하는 방식을 포착한다. 플라스틱은 스스로 제조, 구매, 유통, 폐기되지 않는다."[68] 헤더 데이비스가 제시한 '플라스틱 미디어(plastic media)' 개념은 얼라이모의 통찰과 비교할 때 플라스틱이 미디어의 지구적 차원과 연결되고 환경을 개조하는 방식을 강조한다. "플라스틱을 다른 요소들과 유사한 미디어로 기술하는 것은 그것이 이루는 관계가… 동시대의 삶을 구성하고 형성하는 근본적 물질 중 하나라고 말하는 것이다."[69] 플라스틱과 미디어의 얽힘은 아날로그 미디어와 디지털 기기 모두를 관통한다. 플라스틱은 셀룰로이드 필름, 카세트테이프, 비닐 레코드처럼 이미지, 목소리, 음악을 포함한 기억 객체의 화학적, 물질적 근거를 구성한다. 디지털 미디어로 기억의 저장과 기호의 커뮤니케이션이 이행하면서도 플라스틱의 사용은 감소하지 않았다. 해저 광케이블부터 휴대용 디지털 기기에 이르기까지 플라스틱은 디지털 미디어의 하드웨어와 인프라구조를 근원적으로 조건 짓는다. 그리고 이와 같은 과정에서 플라스틱은 사용되는 동시에 버려지면서 생태계와 토질 모두에 인간의 수명을 넘어서는 방식으로 존속하고 개입한다. 그래서 미디어로서의 플라스틱은 궁극적으로 환경을 구성하고 인간과 지구를 연결하는 매개체임을 단언한다. "플라스틱 종류가 땅과 바다의 생태를 바꾸기 시작할 때 이는 새로운 종류의 생태계, 새로운 친족 형성의 원인이 될 뿐 아니라 그들의 유사한 분자 구조로 인해 살충제 및 내화 처리제와 같은 독소를 축적하고 산포한다."[70]

얼라이모와 데이비스의 견해를 파리카를 경유하여 종합하면 미디어자연의 사례인 플라스틱은 플라스틱 제품의 제조와 유통을 이끈 인간의 역사, 그리고 플라스틱의 재료이자 부산물 모두이기도 한 화학 물질이 함축한 지질학적 시간의 공존을 함축한다. 이 두 시간성의 공존은 플라스틱의 화학적 제조에 활용되는 석유에도 적용된다. 석유는 산업혁명 이후 자동차를 포함한 기술 문명의 동인이자 근대적 미디어 기술을 뒷받침했고 나아가 인류세를 이끈 20세기 중반 이후의 급속한 가속화를 이끌었다는 점에서 '석유문화(petroculture)'라 불릴 만한 시간성을 갖는다. 따라서 석유를 "영화부터 음반, 소설, 잡지, 사진, 스포츠, 인터넷의 위키, 블로그, 비디오그래피에 이르기까지 문화로 간주되는 모든 현대 미디어 형태를 근본적으로 지원하는 매체"[71]로 보는 것이 가능하다. 그러나 플라스틱의 재료인 화석 연료와 이의 기원이 되는 고생물의 존재를 고려할 때 플라스틱의 시간성은 인류의 현재를 구성하면서도 인간의 시간 감각을 넘어서는 일종의 석유-시간(petro-time)도 포함한다. "석유-시간은 시간과의 다루기 힘든 관계, 심층적 과거에서 심층적 미래로 접히고 구부러지는 관계를 묘사한다."[72]

미디어자연 개념과 석유문화라는 용어가 강조하는 '자연에 대한 미디어의 의존'은 미디어 연구는 물론 비판적 인문학의 여러 영역에서 최근에 추출(extraction) 또는 추출주의(extractivism)가 주요 개념으로 부상해 온 복합적이고도 서로 연결된 차원을 설명한다. 한편으로 추출주의는 기후위기 및 자연 파괴와 같은 위기에 대한 인식이자 대응 방식 모두를 가리키는 인류세 개념을 비판하면서 지구의 행성적인 변질에 미친 산업적-식민주의적 자본주의, 그리고 이의 전사를 이루는 원시적 자본주의의 장구하고도 다면적인 과정을 부각시키는 입장에서 힘을 얻는다. 안드레아스 말름이 상세하게 분석하고 정식화하며 영국의 산업혁명을 넘어 오늘날 세계적인 차원에서의 지구 온난화를 야기하는 체계로 식별하는 화석 자본주의(fossil capitalism)의 논리에서 화석 자본은 "화석 연료가 이산화탄소로 변신하는 과정을 통한 자기-확장적인 가치 전달"로, "자본, 노동, 그리고 인간-외적 자연의 특정 부분이 이루는 삼각관계"[73]로 정의된다. 여기서 증기기관의 발명은 생산용 기계와 탈것의 발명을 넘어 자연이 인간과 제도의 네트워크 속에서 급속하게 전용되고 가공되며 변환되는 계기를 마련한 것으로 파악된다. 기계는 석탄과 석유를 통해 움직이고, 그 기계는 석탄과 석유의 채굴을 포함하여 자연을 움직이게 하는 데 투입되고 그 과정에서 자연을 변질시켜 왔다. 인간과 자연에 의한 공동 생산의 관점에서 자본주의를 다시 정의하고자 하는 제이슨 무어의 자본세 개념에서 자연은 단순히 기술과 인력, 제도에 의해 변경되거나 전용되기를 기다리는 대상만이 아니다. 무어에게 있어서 이와 같은 자연 개념은 근대 세계가 구축한 문명과 야만, 노동자와 자본가와 같은 일련의 이원론을 반복한다는 점에서 근대성의 폭력을 강화할 위험을 갖는다. 무어는 산업 자본주의 이전의 장기 16세기(1450~1640)부터 자본주의가 토지 생산성에서 노동생산성으로의 획기적 전환을 통해 출발했고, 상품화되지 않은 저렴한 자연(cheap nature)의 획득과 개발을 통해 스스로를 갱신하고 확장해 왔다고 주장한다. "이 초기의 근대적 노동 생산성 혁명은… 기술적 변화와 조직의 혁신뿐 아니라 저렴한 자연의 지도가 제작되고, 조직되고, 전용될 수 있었던 새로운 가치의 *기법*(technique)에 달려 있었다."[74] 이때 무어가 말하는 기법은 기계와 같은 인공물뿐 아니라 농지 및 수자원의 관리를 위한 물리적 시설과 제도적 계획, 메르카토르 도법 등을 포함한 다양한 지도제작술 등 물질적, 인식적, 사회적 요소들의 그물망으로 이해된다. 따라서 무어의 '저렴한 자연' 개념, 그리고 오늘날 기후위기까지 이르는 이 개념의 역사적 형성과 변모를 추적하기 위한 조망으로 제안하는 '세계-생태적 방법론'은 미디어를 특정한 기술적 체제나 물리적 도구로 넘어 "인간 활동과 나머지 자연 간의 근본적 통일성이라는 전제"[75] 속에서 파악할 수 있는 실마리를 제공한다. 이때 추출은 이와 같은 통일성을 수립하면서 문명과 '생명의 그물' 간의 다층적이고도 불균등한 연결고리를 구축하고 작동시키는 물질적-개념적 결합체로 여길 수 있다.

추출 작동 방식이 상대적으로 폭력적으로 적용된 곳은 식민주의를 거쳐 그 이후에도 자연 자원과 노동의 지속적인 전용이 진행되고 있는 남반구일 것이다. 추출 개념이 이 지역에 대한 연구에서 최근에 활발하게 적용되어 온 이유가 여기에 있다. 이와 같은 연구는 궁극적으로 인류세라는 범주가 지구 전체의 상황을 가리키면서도 결코 보편적으로 적용될 수 없음을 주장하는 데까지 나아간다. 캐스린 유소프가 예시하듯 이와 같은 주장은 인류세라는 지질학적 사건을 촉발한 자연 자원의 광범위한 추출이 비서구의 자연과 노동력을 대상화하는 동시에 인류세가 상정하는 하나의 공통된 지구라는 구성체에서 이들을 삭제하기도 한다는 비판으로 증폭된다. "인간과 그 하위 범주인 비인간은 역사적으로 정착민-식민지 권리 담론 및 추출의 물질적 관행과 관련이 있다. … 인종화는 물질(신체적, 광물학적)을 활성 물질과 비활성 물질로 구분하는 물질적 분류에 속한다. 추출 가능한 물질은 (추출과 재산의 소유를 기다리는) 수동적인 것인 동시에 백인 남성의 지배를 통해 활성화될 수 있어야 한다."[76] 이와 같은 비판이 단지 남반구의 지역적 모순과 유색 인종에 대한 착취를 폭로하는 데만 머무르지 않음을 염두에 두는 것이 중요하다. 마카레나 고메즈-바리스는 "1500년대 식민지 자본주의가 은, 물, 목재, 고무, 석유와 같은 천연자원을 글로벌 상품으로 전환하기 위해 마련한 시스템"[77]이 상정하는 세계관을 '추출 지대(extractive zone)'라는 용어로 지칭한다. 고메즈-바리스가 이 개념을 통해 탐사하는 라틴아메리카 지역의 열대 우림과 산악 지대에서는 대규모의 추출 자본주의가 영토와 자연 환경을 재편함은 물론 토착 문화의 주권과 자율성을 침해하면서 사회적, 경제적 불평등을 불균등하게 낳아 왔다. 식민지 자본주의에 기원을 두고 오늘날의 글로벌 자본주의에도 작동하는 추출주의는 이를 지역의 생태계 및 영토에 구현하는 기술로 실현되는 재현 체제인 '추출적 조망(extractive view)'으로 뒷받침된다. "인구와 동식물을 물질적, 비물질적 축적을 위한 추출 가능한 데이터와 천연 자연으로 재구성하는 데 기여하는" 추출적 조망은 "영토를 상품으로 간주하여 토지를 빼앗을 수 있는 것으로 간주하는 동시에 인간과 비인간 다양성의 결합을 형성하는 숨겨진 세계를 평가 절하한다."[78]

마르틴 아르볼레다가 제안하는 '행성적 광산(planetary mine)' 개념은 고메즈-바리스와 유사하게 오늘날 남반구에서 활성화된 광산 산업의 식민주의적 기원을 지적하면서도, 그 산업의 작동에 핵심적인 디지털 기술과 물류 및 인력 네트워크의 심원한 영향력을 강조한다. 즉, 라틴아메리카와 아프리카에서 금속과 광물 채취의 확산은 제1세계의 금융자본주의와 이를 작동시키는 촘촘한 물류 시스템이 해당 지역의 전통적인 농업과 가내 수공업을 대체하고 이질적인 노동력을 통합한 결과다. 이와 같은 변화를 행성적인 규모의 관점에서 바라보아야 할 또 다른 이유는 인공지능, 빅데이터, 로봇 기술의 도입이 광산업에 가져온 혁신적인 면모 때문이다. 그 혁신의 면모는 이전에 개발되지 않았던 지역을 잠재적인 광물과 금속 매장지대로 변환하는 원격 감지 기술, 광물과 금속 채굴의 자동화, 생명과 비생명 사이의 경계를 넘어서는 방식의 추출 기술 개발 등을 포함한다. 궁극적으로 '행성적 광산'의 행성적인 면모를 완성하는 것은 지역 간의 차이, 생명과 비생명 간의 구별, 인력과 기계화된 작업 간의 차이를 넘어서는 방식으로 광산업의 모든 영역을 통합하는 환경으로서의 디지털 기술이다. "전통적인 방법으로는 추출할 수 없는 난해한 광석의 저항성을 깨기 위해 조작된 미생물을 사용함으로써 광산업은 생물학적 기반 산업이 되었으며, 심지어 세포 원소 규모로 추출 과정을 확장할 수 있게 되었다. 하지만 합성 박테리아를 저급 광석 추출에 적용하려면 먼저 대량의 암석을 동원할 수 있는 대규모 운반 시스템이 갖춰져야 한다."[79] 고메즈-바리스와 아르볼레다의 개념들이 미디어 연구의 동시대적인 갱신에 영향을 준다는 점은 2022년 발표된 「미디어 추출 선언(media extraction manifesto)」

을 통해 확인된다. 이 선언은 미디어의 존재와 역학을 이해할 때 여전히 작동하는 서구중심주의에 대한 비판적 거리를 주장하면서, 미디어의 물질성을 다음과 같은 견지에서 파악할 것을 주문한다. "미디어의 역사는 구리, 고무, 면화, 실리콘, 리튬, 콜탄 등의 역사이기도 하다. 미디어 기술의 원동력이 되는 에너지원과 인프라구조에 대한 이야기이자 이러한 물질을 생산하기 위해 투입된 노동에 대한 이야기다."[80]

이와 같은 맥락에서 볼 때 미디어자연 개념은 미디어의 물질성과 추출과의 결연을 확인하는 것을 넘어, 추출 산업으로 지탱되는 오늘날 미디어 문화가 지질학적 시간으로서의 행성적인 것과 중첩되어 있음을 강조한다. 따라서 파리카에게 있어서 미디어자연 개념은 방법론으로서의 미디어 지질학(geology of media)으로 연장된다. 미디어의 지질학적, 지구물리학적 차원에 대한 관심을 오늘날 미디어 문화의 정치경제적, 환경적 측면을 새롭게 이해하는 데 긴요한 것으로 상정하는 이 방법론은 미디어의 역사와 존재는 물론 희토류와 리튬처럼 미디어가 의존하는 물질, 미디어에서 파생되는 전자 쓰레기와 같은 물질의 영향력을 인류세의 패러다임에 반응하는 방식으로 재구성하는 기획이기도 하다. 인류세 개념의 정립에 기여한 파울 크뤼천과 윌 스테판 등의 "화석 연료 사용은 수백만 년 동안 광합성을 통해 저장된 탄소를 이용할 수 있게 해주었고… 화석 연료와 관련 기술(증기 기관, 내연 기관)은 새로운 활동을 가능하게 하고 오래된 활동을 더 효율적으로 만들었다"[81]는 진술은 금속, 광물, 화학적 원소를 미디어의 역사적 행위자로 사유할 수 있게 하는 계기를 마련했다. 그러나 미디어 지질학의 목표는 이와 같은 행위자를 인류세를 이끈 산업자본주의 이후 기술적, 경제적, 과학적 체제의 발견과 관측, 이용의 대상으로 다시 확인하는 것이 아니다. 미디어를 지질학적, 지구물리적으로 사유한다는 것은 미디어의 물질성에 내재된 시간성이 사진화학적 미디어에서 디지털 미디어로 이어지는 미디어의 선형적 발전과 시간적 규모로 환원되지 않는다는 점을 확인하기 위한 것이다. 이를 위해 파리카는 지크프리트 칠린스키가 미디어 고고학의 관점에서 제안한 '심층시간' 개념을 도입하고 확장한다. 칠린스키에게 있어 심층시간은 지구의 지질학적, 우주적, 물리학적 차원을 탐구해 온 중세와 근대의 과학적 방법론과 실험이 발견하고 인식하고자 한 시간성이다. 이와 같은 시간성을 중심으로 선회해 온 장치와 아이디어의 역사를 탐구함으로써 심층시간 개념은 "미디어의 역사가 원시적 장치에서 복잡한 장치에 이르는 예측 가능하고 필연적인 진보의 산물이 아님"[82]을 드러낸다. 이와 같이 대안적인 미디어 고고학의 렌즈 내에서 개별 미디어는 연대기적인 시간성을 구성하는 선형적이고 단일한 지평을 초월하여, 그 미디어의 고안과 활용을 둘러싼 당대의 인식론과 지구의 지질학적, 생물학적 요소들이 함축한 다수의 시간성이 중첩된 지층 안에 놓인다. 금속과 광물, 화석에 내재된 심층시간의 두 가지 방향을 파리카는 다음과 같이 식별하고 이 둘은 서로 긴밀히 얽혀 있음을 강조한다. "지질학은 디지털 미디어가 물질적으로 복잡하고 정치 경제적으로 매개된 생산 및 프로세스의 영역으로 존재할 수 있게 하는 어포던스, 즉 지구와 미디어 기술을 연결하는 금속적 물질성을 뜻한다. 이 대안적 설명에서 심층시간과 같은 시간성은 비인간적인 지구의 쇠퇴와 재생의 시간뿐만 아니라 생태 위기의 외설적인 현재 인류세와도 구체적으로 연결된 것으로 이해된다."[83] 파리카가 미디어자연의 지질학적 심층시간을 롭 닉슨의 '느린 폭력'과 연결하여 '느린 (미디어) 기술적 폭력'이라는 정치적 관점으로 사유할 것을 요청하는 이유 또한 여기에 있다. 이와 같은 사유는 미디어 기술을 "폭력의 아카이브로 머무르는 토양, 자연, 화학적 잔여물, 그리고 연장된 전장 내에 있는 특정 인간 집단은 물론 다양한 종 및 생물권을 박탈하는 화학적 오염"[84]과 결부된 것으로 간주하기 때문이다.

즉, 미디어자연 개념이 근거하는 지질학적 미디어 접근은 차크라바르티가 인간의 역사로 온전히 환원 불가능하며 인간의 역사에 도전하는 것으로 상정한 지구의 심층시간을 미디어의 존재와 작동에 긴요한 것으로 간주한다. 파리카의 다음 구절이 이 점을 분명히 드러낸다. "노동은 일(work)과 '시간적 규모가 100만 년일 수 있는 생물권'의 작용(working)으로 구성된다. 즉, 광합성 과정, 화석 연료, 그리고 지질학적 시간의 기억이지만 첨단 기술 정보 문화의 필수 요소로 추출되는 희토류 광물의 현재 증가하는 중심성 등 이 모든 것이 노동의 물질성과 지구의 물질성의 장기적 지속이 얽혀 있음을 보여주는 핵심이다."[85] 지질학적 시간과 인간의 시간을 이와 같이 종합하는 미디어자연 개념이 미디어의 이해에 기여하는 바는 단순히 금속과 광물, 화학 물질의 행위성을 강조함으로써 미디어 객체의 범위를 기존의 매스미디어가 상정하는 경계 바깥으로 넓히는 것만이 아니다. 미디어자연 개념의 보다 심원한 기여는 지구의 표면은 물론 지각과 맨틀을 포함하는 심층적인 영역과 대기권에 이르는 물질적, 비물질적 행위자들의 활동과 쇠퇴를 관측하고 측정함으로써 세계에 대한 지식을 구성하기 위한 다양한 과학적, 인식론적,

제도적 실천들을 미디어의 테두리 안으로 끌어들이는 것이다. "지구와 우리의 관계는 시각화, 음성화, 계산, 매핑, 예측, 시뮬레이션 등의 기술과 기법을 통해 매개되며, 우리는 미디어를 통해 지구를 인지적, 실용적, 정서적 관계의 대상으로 파악한다."[86] 그래서 파리카가 제안하는 대안적인 미디어 고고학으로서의 지질학적 접근은 근대 이후부터의 관측 및 측량 기구, 다이어그램, 지도 제작술을 포함한다. 이와 같은 것들의 가장 현재적인 형태인 '디지털 지구'는 세계상에 있어서 지구를 행성적인 것으로 재구성할 뿐 아니라 지질학적 심층시간의 물질성, 그리고 인간이 거주하는 미디어화된 환경 또는 환경으로서의 미디어를 포함한 환경적인 요소들의 물질성을 파악하는 미디어 복합체로 볼 수 있다.

디지털 지구와 행성적인 것

> 지구는 아주 최근에 "지구가 얼마나 오래 됐는가"와 같은 것들을 계산할 수 있는 분배된 감각 기관과 인지적 층을 가진 스마트한 외골격으로 진화했다.[87]
> – 벤저민 H. 브래턴

디지털 지구 개념은 앨 고어가 1998년 캘리포니아 과학센터 개장 기념 연설에서 "대규모의 지질-참조 데이터가 내장될 수 있는 다차원의 화질을 가진 지구의 3차원적인 재현물"[88]을 제안한 것에서 비롯되었다. 이 연설에서 고어는 디지털 지구의 응용 분야로 기후변화 예측, 생명 다양성 보존, 농업 생산성 향상, 인류 공동의 환경 문제에 대한 가상 외교 플랫폼 등을 거론했는데, 21세기 들어 이와 같은 전망은 지구 시스템 과학과 기상학은 물론 탄소 중립과 그린 뉴

딜 정책 등 국내외 정치 분야에서도 하나둘씩 현실화되었다. 이처럼 디지털 지구가 정치와 사회 운동, 대중 여론 형성 등에서 커뮤니케이션 미디어로 활용되는 방식을 예견한 것 이외에도 고어는 또한 디지털 지구를 실현할 수 있는 미래의 기술로 지구의 모델링과 시뮬레이션을 위한 컴퓨터 과학의 발달, 지구 관련 기대 데이터의 저장, 위성사진, 인터넷 프로토콜의 상호작동성(interoperatability) 등을 지적했다. 2010년대 이후의 빅데이터 체제 이후 디지털 지구는 바다 및 대기의 역학에 대한 기계학습 기반의 예측 시뮬레이션을 통해 지구에 영향을 미치는 인간적, 비인간적 프로세스 모두를 통합적, 다차원적으로 가시화해 왔다. 지구를 구성하는 여러 시스템들의 활동을 통계학적으로 예측하는 데까지 도달한 디지털 지구의 현황은 "개별적, 공동체적으로 자각하는 인간 집단과 그 집단이 만들어낸 글로벌 디지털 네트워크의 결과를 이해하지 않고는 인류세의 지구를 이해할 수 없음"[89]을 입증한다.

역사적으로 볼 때 디지털 지구는 제2차 세계대전 이후 각각 독립적인 동시에 서로 연결되는 방식으로 지구의 관측, 탐사, 가시화를 추구했던 컴퓨터 공학, 항공우주공학, 지구과학, 지리학적 실천의 산물이다. 1972년 아폴로 11호가 촬영한 블루 마블(Blue Marble)로 알려진 지구의 위성사진은 지구를 은하계에 속한 행성이자 인류 전체의 거주와 활동 권역으로 재현함으로써 행성적 미디어의 대표적인 사례가 되었다. 냉전 시기의 군비 경쟁 속에서 발달된 위성 카메라의 총체적이고 초월적인 조망으로 포착된 구형의 지구 이미지는 마르틴 하이데거와 한나 아렌트 등에게는 근대적 인간의 존재론적 근거를 뒤흔드는 새로운 세계상(world picture)으로 인식되었다.[90]

또한 "세계가 지구촌으로 변했다는 매클루언의 관념과 지구를 단일한 초유기체(superorganism)로 보는 제임스 러브록의 가이아 가설은 '블루 마블'의 영향과 분리할 수 없다."[91] 블루 마블 사진이 여실히 보여주는 전체론적인 지구의 이미지는 지구라는 지시체의 지표성을 넘어, 인류의 정치적, 경제적, 문화적 상호연결성에 대한 강력한 알레고리로 기능함으로써 행성성(planetarity)의 관념을 확산시켜 왔다. 이와 같이 인류가 처음으로 보게 된 지구 이미지의 이차적 의미작용은 "전 지구적 붕괴 또는 음모라는 어두운 비전부터 자연으로부터의 근대적 소외를 극복하는 방식으로서의 지역적 환경 또는 공동체로의 회귀에 이르는"[92] 환경주의적 반응과 실천을 유도했다. 물론 블루 마블로서의 지구는 이와 같은 양가적 반응과 더불어 지구를 낭만적이고 인간 예외적인 방식으로 재현하는 데도 기여했다. 실라 재서노프가 적절히 요약하듯 행성적 이미지는 "더러운 동기, 오염수, 부적절한 위생, 감염병, 손상된 곡식, 녹색 공간의 상실, 건축된 환경의 쇠락 등 세계에서 가장 가난한 수십억의 시민들이 겪는 나날의 환경적 모욕을 무시하는 평화로움을 담는다."[93] 이와 같은 알레고리 또는 은유의 폭넓은 스펙트럼은 지구를 행성으로 재구성하는 디지털 지구 이미지의 기호적인 역량에서 비롯된다. 스테판 헬름라이히가 지적하듯 "지구 전체(Whole Earth)는 식민주의, 제국주의, 경제적 불평등 등을 가리키는 일군의 다른 종류의 지표들에 대한 비판적 보기를 통해 다시 용해되긴 하지만 통일성과 행성적 생기성 및 취약함의 도상, 지표, 상징이기도 하다."[94]

　그런데 지구를 행성적인 것으로 인식하게 하는 데 기여한 '지구 전체'의 이미지 기호가 그것이 환기하는 통일성과 조화의 인상과는 달리 결코 단일하고 균질적인 재현이 아님을 강조할 필요가 있다. '블루 마블'로 알려진 1972년의 유명한 사진은 1픽셀당 1제곱킬로미터 단위의 해상도를 가진 위성사진을 4개월 동안 촬영하고 수집하여 합성한 결과였다. 2005년 10월 미 항공우주국이 공개한 '블루마블: 넥스트 제너레이션' 지구 사진은 이보다 두 배의 높은 해상도를 가진 다수의 디지털 위성사진을 지구의 여러 궤도에서 1달 동안 촬영하고 합성하는 과정을 거쳤다.[95] 즉, 행성으로서의 지구를 전체적으로 재현한 도상적인 사진은 단안 렌즈를 가진 카메라로 촬영한 것이 아니었다. 또한 위성사진술뿐 아니라 지구의 원소적, 생태적, 지질학적 변화를 측정할 수 있는 다수의 원격 감지기를 통해서도 위성사진이 생산된다는 점을 고려해야 한다. 이때 지구의 전체적 이미지는 지구를 구성하는 물질적 원소들과 지구에 거주하는 생물 및 종들을 감지하고 재현하는 다른 종류의 지구 이미지 또는 데이터 시각화와 공존한다. 즉, 디지털 지구를 구성하는 두 행위자인 자연과 기술적 장치의 관계 또한 초월적으로 전체를 조망하는 단일한 응시를 통한 자연의 대상화 또는 미학화라는 측면으로만 설명될 수 없다.

이를 근거로 다음과 같이 주장한다. 행성적 미디어로서의 디지털 지구는 지구를 이루는 대기권, 암석권, 생물권에 속한 요소들이 기술권을 통해 매개된 결과라는 점에서 일종의 자연-기술 복합체다. 이와 같은 복합체의 면모를 다음과 같이 설명할 수 있다. 오늘날의 디지털 지구는 지구의 내부와 표면, 대기 모두에서의 실시간적 데이터를 통해 형성되고 업데이트된다는 점에서 지구 이미지의 기하학적 투사를 벗어난다. 또한 이와 같은 지구가 광학적 도구를 요구하더라도 그 도구는 천체사진 촬영 장치, 적외선 및 자외선 카메라 등 육안의 지각을 초월하는 빛의 스펙트럼을 포착한다. 따라서 오늘날의 디지털 지구는 폴 비릴리오가 말하는 대광학(Big Optics), 즉 지구의 특정한 표면만을 관측하는 광학적 패러다임과는 구별되는 새로운 시각 모델에서 비롯된다. 이와 같은 모델은 시각적 정보를 전송하고 처리하는 속도의 가속화라는 점에서 현대성 이후 시각의 기계화와 연속적이지만, 그 속도가 지구 전체를 실시간으로 주파하는 광속의 수준에 도달할 때 지구는 행성적인 것으로, 즉 "영토의 전자기적 조건화"[96]라는 새로운 단계로 이행한다. 그런데 적외선 및 자외선 카메라까지 포괄하면서 오존층을 포함한 대기의 화학적 조성을 관측하고 분석할 수 있음을 의미하는 대광학은 기술적 미디어의 작동만으로 성립되는 것이 아니다. 크리스 러실이 강조하듯 디지털 지구를 합성하는 감지, 관측, 시각화 장치의 작동은 지구가 "광학적 매체"임을 발견할 계기를 마련할 뿐 아니라 매체로서의 지구를 전제하기 때문이다. "지구는 무엇보다도 빛의 매체다. 지구는 빛의 매체이기 때문에 생명의 매체인 것이다. 행성의 거주 가능성은 그것이 빛을 어떻게 처리하는가에 달려 있다."[97]

지구를 행성적인 규모로 시각화하고 행성적인 것으로 형성하는 디지털 지구의 이중적인 미디어 기능은 위성사진 및 천체사진술과 같은 렌즈-기반 장치 이외에도 컴퓨터 모델과 센서로 뒷받침된다. 인류세의 행성적인 위기를 보편화하는 데 기여한 러브록의 가이아 개념이 주장하는 자기-조율적인 지구, 즉 기온과 대기 구성 요소를 스스로 조절하는 지구는 컴퓨터 모델의 뒷받침을 필요로 했다. 러브록은 1983년 앤드루 왓슨과 함께 발표한 논문에서 검은색 데이지와 흰색 데이지만이 유일한 생명체로 존재하는 가상의 지구에 대한 컴퓨터 시뮬레이션을 가동함으로써 지구의 표면 온도가 광범위한 태양광 출력에 걸쳐 일정하게 유지된다는 가설을 뒷받침하고자 했다.[98] 지질학적 과거와 우주론적 미래의 수준으로 대기와 지층의 활동성을 탐사함으로써 행성으로서의 지구 개념을 과학적 지식으로 지탱해 온 지구 시스템 과학에서 지진파와 해수면 온도, 광물의 함량, 조류 변화 등의 데이터에 근거한 컴퓨터 모델링은 필수불가결한 것이었다. 폴 N. 에드워즈가 제2차 세계대전 후 기상학의 역사적 변천 과정을 조명하며 밝히듯 컴퓨터 모델은 대기의 대규모 운동을 계산하고 날씨를 예측하는 시뮬레이션 모델에서 출발하여 관측 데이터를 시뮬레이션과 혼합하는 재분석 모델(reanalysis model), 그리고 역사적으로 축적된 날씨 및 기후 데이터의 알고리듬 기반 분석 및 예측을 위해 활용되는 데이터 분석 모델(data analysis model)을 포괄한다. 특히 데이터 분석 모델은 "상이한 도구의 행동, 데이터 수집 관행, 기후 관측소의 변화 등 수백 개의 인자들이 갖는 효과를 모델링"하고 "시공간 내의 극히 불균등한 관측 결과에 맞게 그 모델을 적응"시킴으로써 "데이터를 전 지구적으로 만드는"[99] 과정을 포함한다.

행성적 미디어로서의 디지털 지구를 이루는 또 다른 구성 요소인 디지털 센서는 데이터와 환경의 관계가 자연과 문화, 자연과 기술의 근대적 구분선을 가로지르며 더욱 긴밀해지고 있음을 입증한다. 제니퍼 가브리스는 환경 데이터가 지구의 물질적, 환경적 요소들을 프로그래밍 가능한 방식으로 재편한다는 점을 다음과 같이 강조한다. "환경적 사건을 선별하고 수집하고 작동화(operationalize)하는 과정은 환경을 물질화하고 환경 문제에 작용하는 특별한 방식이다. 이와 같은 구성주의적인 분석에서 환경 데이터가 세계에 영향을 미칠 뿐 아니라 세계를 생성한다는 점은 의심의 여지가 없다."[100] 이와 같은 관점에서 볼 때 환경 데이터에서 지구는 더 이상 관측과 수집을 위한 과학적, 기술적 도구가 다루는 수동적 객체에만 머무르지 않는다. 지구의 생명체와 물질적 요소는 바로 이 데이터를 구성하는 일부가 되면서 도구와 긴밀히 상호작용한다. 즉, 환경 데이터는 지구가 새로이 매개되는 방식에서 파생되고, 이와 같은 매개의 과정을 통해 미디어는 환경적인 것이 된다. 개체와 집합체가 환경과의 상호작용을 통해 형태를 이루고 변경하는 과정을 가리키는 질베르 시몽동의 개체화(individuation) 개념을 확장하여 가브리스는 환경적 센서의 이중적인 존재론을 다음과 같이 요약한다. "한편으로 환경적 센서는 모니터링, 측정, 연산을 촉진하는 입력 장치다. 그러나 다른 한편으로 이 센서는 환경(milieu) 내에서의 공명을 창조함으로써 개체화의 과정에 참여한다. 예를 들면 그 환경 내에서 온도와 빛 수준의 개별적 단위 또는 변수는 연산이 가능할 수 있도록 환경을 작동화한다."[101] 즉, 디지털 센서가 환경을 프로그래밍과 원격 감지에 의해 작동화하기 위해서는 그 센서가 환경의 물질적 요소로 스며들어 그 요소와 긴밀히 합체해야 한다. 바로 이와 같은 얽힘을 가브리스는 "연산화의 환경-되기(becoming environmental of computation)"로 설명한다. "연산미디어는 기기들의 능력뿐 아니라 그들의 환경적인 얽힘과 효과를 통해서 펼쳐지는데, 후자의 경우 토양과 대기 등의 물질적 조건은 회로 및 스크린과 더불어 구체적인 센서-실체와 경험을 생성한다."[102]

디지털 센서와 자연이 서로 얽히면서 환경을 재편하는 과정에 대한 가브리스의 분석은 대기 오염을 감지하는 시민 참여 프로젝트, 열대우림과 숲에 설치된 환경 센서를 이용한 수질과 기후 조사 프로젝트, 활동하는 동물에게 디지털 센서를 부착하여 생태계의 변화를 모니터링하고 예측하는 연구 프로젝트 등으로 이어진다. 이와 같은 '연산화의 환경-되기'에서 비디도 예외는 아니다. 바다는 점점 더 많은, 서로 촘촘히 연결된 감지 장치들이 배치되고 작동하는 장소가 된다. 이 장치는 인간의 눈으로 관찰 가능한 해양 생명체와 부유물, 광물을 사진적인 이미지로 변환하는 렌즈-기반 도구는 물론 적외선과 자외선의 스펙트럼, 해양 지각의 지진파를 기록하고 가시화하는 특수한 감지 도구, 그리고 이 모든 도구들을 지탱하는 부유 장치 및 매설 장치, 해저 케이블 등을 포함한다. 서로 긴밀히 연결된 채 데이터를 송수신하는 이 장치들은 바다 표면과 심해 모두를 포괄하면서 해수면 온도, 심해 온도, 기압, 풍속, 염도, 오염도 등을 측정하고, 이를 통해 획득한 데이터는 현재의 해양 생태계에 대한 과학적 지식을 넘어 앞으로의 기후변화 및 오염도를 예측하는 데 활용된다. 가브리스에 따르면 컴퓨터로 제어되는 이와 같은 해양 감지 장치들은 두 가지 결과를 동시적으로 낳는다. 한편으로 이 감지 장치들은 환경을 개조하고 환경 내에서 서로 연결되는 방식으로 바다를 과학-기술적으로 도구화(instrumentalize)한다. 다른 한편으로 이와 같은 "장치 그 자체는 해양 환경과 과정들에 적응하는 방식"으로 환경적인 요소가 된다. 후자의 관점에서 보면 바다는 "해양 공간을 항해하고 감각하는 감지 도구를 이끌고 안내하면서 매개의 효과를 띤 매체가 된다."[103] 가브리스는 센서와 해양 환경이 맺는 이와 같은 상보적인 관계의 사례로 세계 부유체 프로그램(Global

그림 4-3 세계 부유체 프로그램의 활동.
출처: https://globalocean.noaa.gov/research/global-drifter-program.

Drifter Program, 그림 4-3)의 활동을 논의한다. 미국 대서양해양기상학연구소(Atlantic Oceanographic and Meteorological Laboratory)가 운영한 이 프로그램은 1979년부터 2010년대 후반까지 위성통신 기능을 탑재한 1,250개 이상의 표류 부표를 대서양에 띄우고 기온 및 기후 변화를 모니터링하여 대양 환류(gyre)의 흐름을 감지하고 예측하여 바다 내에 폐기된 금속과 플라스틱 등 산업 잔해물의 분포와 위치를 추적했다.[104]

이렇듯 컴퓨터 모델과 센서의 협업으로 산출되는 구체 모양의 지구는 물론 다양한 도표와 그래프를 통한 시각화를 망라하는 디지털 지구는 "세계-이미지화(world-picturing)의 활동 못지않게 세계-형성(world-forming) 활동"[105]을 수행하는 방식으로 지구미디어(geomedia)로 자리한다. 지각과 맨틀의 변화를 아날로그 벡터로 표현했던 19세기의 지진계는 이와 같은 벡터의 수적 변환을 통한 연산화를 거쳐 지질학적 데이터의 직접적인 획득을 통한 지진계로 업그레이드되었고, 그 데이터는 지구과학의 영역을 넘어 지구의 자원 및 기상 변화에 연결된 금융 데이터 관리 시스템과 연동된다. 이렇게 볼 때 디지털 지구는 고전적인 지도제작 및 지구 시각화의 계보에 놓이면서도 사영 기하학과 같은 단일한 재현 체제에 귀속되지 않는 센서와 컴퓨터, 연산적 인프라구조의 복합체다. 따라서 이와 같은 복합체의 다중적인 매개를 거쳐 재현되는 디지털 지구는 온도, 습도, 기체 농도, 금속 함량과 같은 기상학적, 화학적, 지질학적 정보의 중첩을 포함한다. 더욱 중요한 것은 이처럼 이질적인 정보의 종류와 재현 양식, 기술적 장치를 거쳐 형성되고 변화되는 디지털 지구가 세계를 관측과 감지의 대상으로 취급한 결과만이 아니라는 데 있다. 디지털 지구는 행성적인 범주로서의 지구를 인식론적, 미학적, 정치적으로 구성한다. 즉, 행성의 표면과 심층에서 이루어지는 변화는 디지털 지구가 배치하고 그리는 영토와 물질의 배치를 통해 재현될 뿐만 아니라 바로 그 배치를 통해 실행된다.

디지털 지구의 세계-이미지화는 분명 인류세의 정립 및 이를 과학적으로 뒷받침하는 지질학적, 기상학적, 생물학적 변화를 정치와 여론의 영역으로 전파함으로써 오늘날의 행성적 미디어가 위기를 매개하는 양상을 예시한다. 하지만 디지털 지구의 세계-형성 방식이 인류세 담론이 증명하고 대응하고자 하는 바로 그 위기를 증폭시키는 데 기여한다는 점 또한 분명하다. 디지털 지구가 위기를 심화하는 데 전용되는 두 가지 방식은 테라포밍(terraforming)과 추출 산업이다. 행성의 대기와 온도, 토질을 인공적으로 개조하는 프로젝트를 뜻하는 테라포밍은 21세기 들어 화성과 달을 넘어 지구를 대상으로 이루어지고, 디지털 지구는 이와 같은 기획을 실행하는 과정에서 적극적으로 제작되고 업데이트되는 밑그림으로 기능한다. 이 과정에서 연산미디어는 생태계와 환경이 작동하는 원칙으로 정착하면서 지구를 행성적인 것으로 재편한다. "행성성(planetarity)은 기후변화 측정을 가능하게 하는 궤도 이미지 제작과 영토 모델링 미디어(위성, 센서, 동기화된 서버)를 통해 분명해진다."[106] 오늘날 테라포밍은 1990년대 초 기후변화가 국제정치의 대응 과제로 인식되면서 그 위기를 해결하기 위해 지구의 자연적 시스템에 기술적으로 개입하는 방법을 가리키는 지구공학(geoengineering)의 이름으로 실행된다. 사실 지구공학은 크뤼천이 인류세 범주를 제안하면서 환경의 지속가능성을 개선하기 위한 과학자와 공학자 들의 실천 방안으로 강조했던 것이기도 하다. 이와 같은 맥락에서 발달한 지구공학적 해결책은 스튜어트 브랜드, 마이클 셸런버거 등 일군의 과학자들이 2015년 발표한 "에코모더니스트 선언"이 압축하듯 일종의 기술 유토피아주의로 추동되어 왔다. "근대 기술은 자연적 생태계의 흐름과 서비스를 보다 효율적으로 이용함으로써 생물권에 대한 인간의 총체적인 영향력을 감소시킬 수 있는 참된 기회를 제공한다. 이와 같은 기술의 포용은 '좋은 인류세'를 위한 길을 찾는 일이다."[107] T. J. 데모스가 적절하게 비판하듯, 지구공학을 유일한 해결책으로 지지하는 에코모더니즘은 인류세 담론이 지구 및 생태계의 행위성을 새롭게 발견하고 포용하기보다는 오히려 인간예외주의를 강화하기도 하는 것과 유사한 한계를 갖는다. 에코모더니즘이 더욱 문제적인 이유는 기후위기와 같은 위기의 원천을 직접적으로 해결 방안으로 제시하는 기술 유토피아주의가 소수자와 토착민들의 기후 정의(climate justice)를 향한 목소리와 운동을 무시할뿐더러, "핵기술과 같은 거대 기술이 중심화된 권력, 군산 복합체, 기업적 세계화의 불평등을 강화한다는 사실을 언급히지 않기"[108] 때문이다.

즉, 에코모더니즘은 식민주의적 폭력에서 비롯되고 오늘날 신자유주의적으로 전용되며 자원과 연료 추출의 대상이 되는 '저렴한 자연' 관념에 어떤 도전과 개선도 제기하지 않을뿐더러 오히려 기술물신주의적으로 이를 강화한다. 실제로 에코모더니즘이 지지하는 바로 그 기술로 제작되고 업데이트되는 디지털 지구가 광산업을 비롯한 동시대의 추출 산업에 활발히 적용되고 있음을 지적할 수 있다. 아르볼레다가 '행성적 광산' 개념을 뒷받침하는 과정에서 말하듯, "이제 지질학자와 공학자들은 가장 효율적인 광산 계획을 고안하기 위해 GIS, 전자기파, 비디오게임 기술에서 도입한 3차원 시각화 방법을 활용하여 지표면 밑바닥의 가장 정확한 재현을 개발할 수 있다."[109] 오릿 핼펀과 로버트 미첼은 칠레의 한 구리 광산에서 칠레대학 연구센터가 개발한 수학적 모델링에 근거한 광산 작업 최적화 기법이 활용되는 방식을 분석한다. "보다 좋은 모델링과 기계학습 덕택에 광산 경영자들은 자신의 작동을 연장하고 광석의 가장 작은 침전물까지도 발견하며 추출을 지속적으로 확장할 수 있다. 지질학과 광산 경영에서 인공지능과 빅데이터 해결책의 적용 덕택에 글로벌 구리 시장에서 칠레의 기여도가 사실상 증가해 왔다."[110] 오늘날 구리, 리튬, 석탄 등을 채굴하는 세계 곳곳의 광산에서는 컴퓨터 모델뿐 아니라 다양한 디지털 센서가 지구 내부에 투입되어 광부들의 작업 현장을 제어하고 지층의 깊은 곳까지 조사하여 광물의 밀도와 분포를 감지한다. 중국 거대 통신기업 화웨이에서 진행해 온 '지능 광산(Intelligence Mine)' 프로젝트는 5G 통신 기술로 연결되고 인공지능 기반 시스템으로 자동화된 다수의 HD 카메라를 통해 작업 현장 곳곳의 안전 상태 및 위험 요인과 컨베이어 벨트의 불순물 등을 모니터링하고, 수백 개의 다른 곳에서 촬영된 실시간 영상을 파노라마로 자동 합성하여 채굴과 터널링, 수송을 포함한 전체적인 작업 과정을 단일 파노라마 이미지로 보여준다(그림 4-4). 또한 채굴 과정에서 활용되는 수백 개의 기기는 각각 자율적으로 작동하는 10개 이상의 운영 체제와 500개 이상의 인터페이스 프로토콜, 다양한 데이터 포맷을 포함하면서도 "통일된 기기 언어와 단순화된 작동, 무인 검수를 가능하게 하는 모든 것의 연결성"을 추구하는 마인하모니(MineHarmony) 패러다임에 귀속된다.[111] 즉, '지능 광산'을 이루는 요소들의 물질적, 기술적, 환경적 이질성은 이 패러다임이 지향하는 전체성과 모순되지 않는다. 이 모든 사례에서 지구의 행성화는 지구의 표면과 심층이 컴퓨터에 의한 데이터 수집과 분석을 위해 포획됨을 뜻한다. 수집된 데이터의 학습을 위해 데이터를 검사하고 레이블링하는 데이터 노동자의 투입에서 알 수 있듯 노동력 또한 컴퓨터화된 연결망으로서의 지구 속으로 편입된다.

이처럼 인류세의 위기를 가시화하고 매개하면서도 심화하는 디지털 지구의 양가적 면모에 대응하여 행성적 미디어를 어떻게 사유하고 실험하고 구체화할 수 있는가? 가브리스는 숲이 기후변화를 스스로 등록하는 방식이 "사람들, 인간 이상의 기술, 정치, 그리고 행성적인 것을 가로지르는 관계들을 재구성한다"고 말하면서, 이와

그림 4-4 '지능 광산'을 소개하는 화웨이의 홍보 비디오.
출처: https://www.youtube.com/watch?v=iczYxj84oYY&t=10s.

같은 관계가 근대의 재현적인 패러다임을 벗어나면서도 지구 전체
의 자본주의적 확장과 제어에 포섭되지 않는 다양한 실천들로 이어
져야 한다고 주장한다. 이 실천 속에서 자연과 기술은 서로 긴밀히
얽히면서 미디어 복합체를 구성하고, 그 미디어를 통해 주체는 지
구의 변화를 지역적인 동시에 공동의 사건으로 인식하고 감각할 수
있게 된다. 이때 행성적 미디어는 총체성으로서의 지구로 환원되지
않는 물질적, 기술적, 환경적 실천들을 포함한다. "숲은 탄소와 열
의 집단적 축적을 등록하고 작동화하는 행성적 미디어다. 숲은 기
후변화의 효과를 기록하고 등록하는 대리체다. 그와 동시에 숲은
세계 내에 존재하는 방식들을 위한 다수의 거주, 항쟁, 투쟁을 포
함한다. 숲과 더불어 그것들의 이미지 또한 행성적 미디어의 형태
들이다."[112] 브래턴 또한 자신이 제안하는 테라포밍 프로젝트가 지
구공학의 기술과 방법을 포기하는 것이 아니라 지구공학의 대안적
인 활용을 목표로 한다는 점을 다음과 같이 밝힌 바 있다. "지구공

학 프로그램은 생태 메커니즘에 대한 전지전능하고 환원적인 통제가 아니라… 냉정하고 실용적이며 지질공학적 사고와 지정학적으로 민감한 인위적인 생태적 영향을 파악하는 것으로 구성되어야 한다."[113] 이처럼 다감각적 센서, 데이터, 인프라구조의 복합체에 신뢰를 보내는 이유는 그것이 한편으로는 도구적이지만 다른 한편으로는 인식론적 차원에서 "세계와 우리 자신, 그리고 이들 간의 관계를 드러내고 탈신비화해 왔기"[114] 때문이기도 하다. 이와 같은 관점에서 볼 때 지구공학의 대안적인 활용은 지구의 생태적, 화학적, 지질학적 요소들이 가진 복잡성을 자신의 도식 내로 단순하게 동화하는 것이 아니라 이 요소들의 복잡성과 대면할 수 있도록 규모와 층위를 다변화하고 확장하는 것을 목표한다. 그리고 이러한 확장은 행성적 위기에 직면하여 세계를 다시금 파악하고 재구성하기 위한 과학적, 미학적, 인식론적 실천을 위한 지도제작의 방향으로 나아가야 한다.

브뤼노 라투르가 알렉산드라 아렌 등의 동료 과학자들과 협업을 토대로 고안한 가이아그래피(Gaia-graphy)는 디지털 감지 및 시각화 기법을 통해 기존의 행성적 조망이 상정하는 단일하고 포괄적인 재현의 한계를 극복하고자 하는 대안적인 지도제작의 한 사례다. 그 한계는 지구의 표면을 구성하는 딱딱한 표면과 그 내부의 깊이를 재현할 수 없다는 것, 그리고 지질학적, 화학적 순환 주기를 재현할 수 없다는 것이다. 예를 들어 지구 표면을 분리 가능한 여러 지층들의 겹침으로 재현하는 기존의 디지털 3차원 모델로는 지각 내부 프로세스의 "내적 피드백과 역동적 인터페이스"를 충분하게 재현할 수 없다. 이와 같은 한계를 극복하고자 라투르와 아렌 등은 "너무 포괄적인 조망(지구 전체)이나 너무 국지적인 조망(고립된 3D 단면) 사이에서 갈등하지 않고 한 규모(축척)에서 다음 규모(축척)로 원활하게 이동할 수 있는 시각적 디스플레이를 구축하려고 시도했다. 이를 위해 아래에서 위로 레이어의 순서를 유지하되 기준점으로 선택한 중심축을 중심으로 모든 다른 구성 요소를 평평하게 하여 블록 다이어그램을 포기하는 두 가지 방법을 동시에 작동하기로 했다."[115] 이와 같은 방법론을 채택한 가이아그래피에서 지구는 동심원의 형태로 변환되지만, 기존의 재현에서처럼 지각 내부의 지층들을 지나치게 작게 표시하는 것이 아니라 충분한 크기로 시각화함으로써 이 층을 이루는 물질과 활동을 부각시킬 수 있었다.

라투르가 2020년 독일 카를스루에 예술미디어센터(Zentrum für Kunst und Medien: ZKM)에서 페터 바이벨과 공동으로 기획한 전시 행사인 〈크리티컬 존: 지구 착륙의 과학과 정치(Critical Zones: The Science and Politics of Landing on Earth)〉는 대안적 디지털 지구 측정 및 재현 모델로서의 가이아그래피를 복합적인 학제 간 지도제작 및 감각과 지식 생산의 프로젝트 및 활동으로 확장한 결과다. 여기서 '크리티컬 존'은 중의적인 의미를 갖는다. 자연의 서식지 및 자원의 이용 가능성을 결정하는 지구의 표층 공간이자 유기물과 무기물이 공존하고 상호작용하는 지질학적 공간을 뜻하는 '전토층(Critical Zone)'은 이 전시에서 행성적인 차원으로의 인식론적, 방법론적 전환에 호응하는 '임계지대(critical zone)'로 확장된다. 라투르는 전시 서문에서 이와 같은 확장의 함의를 다음과 같이 분명히 밝힌다.

놀라운 모양, 크기, 내용물, 활동성을 가진 지구의 침입은 세 가지의 방향 감각 상실을 유발한다. 첫째, 공간적인 방향 상실(우리는 어디에 있는가?), 둘째, 시간적 방향 상실(우리는 어느 시대에 살고 있는가?), 셋째, 정체성의 방향 상실(우리는 누구인가, 우리는 어떤 종류의 기관을 가지고 있는가?)… 이전에는 '생태 위기' 또는 '기후변화'와 같은 완곡한 표현으로 표현되었던 이 역사적 순간을 이제 삶과 죽음의 문제인 실존적 위기로 받아들이는 것이 가장 좋을 것이다.[116]

즉, 전토층을 임계지대로 확장한다는 것은 지금까지 인간중심적 패러다임이 상정해 온 시공간과 존재 자체의 근거가 근본적으로 와해되고 있다는 인식에서 출발한다. 지구를 임계지대로 인식한다는 것은 지구의 거주 가능성을 함께 구성하는 암반, 물의 형성, 토양층, 박테리아와 육상 동물에 이르는 모든 생명체, 그리고 이들이 호흡하는 대기 모두를 행위자로 간주하고 이들 간의 상호작용과 이로부터 파생되는 지질학적, 기상학적, 생물학적 합성을 감각하고 기록하는 것이다. 따라서 임계지대로서의 지구 관측과 연구는 지구의 구성과 변화를 이루는 다수의 규모와 시간성, 국지적 변동을 포괄한다. 이를 포괄하기 위해 라투르는 근대적 과학 및 인류학 패러다임의 산물이자 인간 행동의 배경으로 상정되었던 대문자로서의 지구(Earth)와 자연(Nature) 대신 '지생의 것(the Terrestrial)'을 공통의 세계를 가리키는 범주로서 제안한다. 지구를 '지생의 것'으로 사유할 때 인간은 지구의 유일한 능동적 행위자가 아니다. 또한 변경, 길들이기, 정복의 대상이었던 환경 내의 자연적, 유기체적 행위자들이 인간과 동일한 지평의 거주자로 파악된다. 라투르에 따르면 지구를 '지생의 것'으로 재창안하고 이를 통해 인간의 거주 가능성을 모색하기 위해서는 "모든 것의 지도를 새롭게 제작해야" 한다. "공간은 더 이상 위도 및 경도 격자가 있는 지도 제작자의 것이 아니다. 공간은 동요하는 역사가 되었는데, 그 안에서 우리는 다른 반응들에 반응하면서 다른 참가자 중의 하나가 된다. 우리는 지구사(geohistory)의 한가운데에 착륙하고 있는 것 같다."[117]

〈크리티컬 존〉 전시에 포함된 디지털 기술 기반 예술 및 연구 프로젝트들은 디지털 지구가 대안적 지도 제작법에 활용될 수 있는 다양한 방식을 보여준다. 아렌이 참여한 〈크리티컬 존 관측 공간(Critical Zone Observatory Space)〉(2018~2020, 그림 4-5)에 포함된 디지털 애니메이션 〈탄소 주기(Carbon Cycle)〉와 〈반전 주기(Reversal Cycle)〉에서 가이아그래피는 인간의 감각적 역량을 초과하는 맨틀 내 토양의 미세 프로세스와 화학적 주기를 시각화한다. 지구가 반으로 갈라지면서 시작되는 이 애니메이션은 구체 모양의 지구에 포함된 맨틀을 보여주지만, 뒤이어 맨틀은 동심원의 외부에 놓이고 대신 탄소, 마그네슘, 칼슘, 철분 등이 지표면 및 대기, 암석층과 더불어 동심원의 내부에 놓이게 된다. 이와 같은 전환을 통한 지각의 역전 속에서 관찰자는 '블루 마블'로서의 지구가 시각화할 수 없는 생물학적, 지질학적, 화학적 행위자들의 주기를 인식할 수 있다. 〈대기적 숲(Atmospheric Forest)〉(2019~현재)에서 몰입적인 가상현실 공간은 소나무 숲을 이루는 나무들이 배출하는 이산화탄소와 송진의 데이터를 사용자가 감각적, 인지적으로 체화하는 데 활용된다. 360도 비디오 포맷 가상현실 공간이 생태계를 이루는 행위자들의 다중적인 활동성에 대한 몰입적인 체험을 유도할 때, 그 공간은 결코 매끄럽고 통일된 것으로 조성되지 않는다. 이는 〈대기적 숲〉은 물론

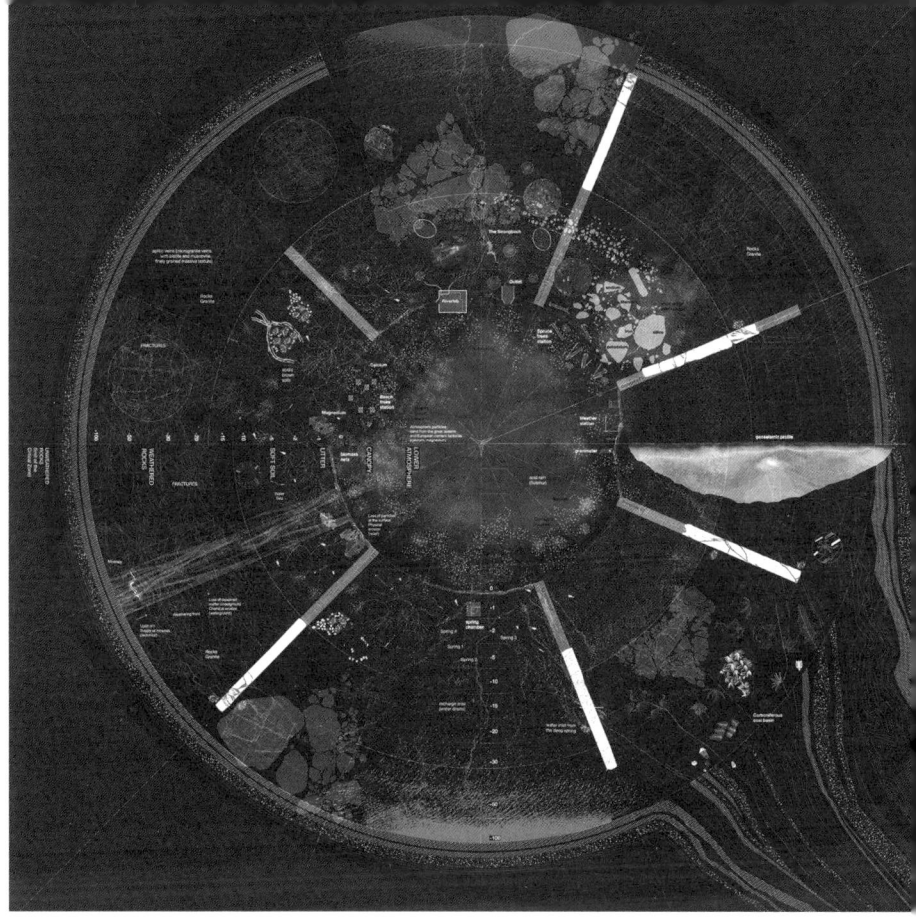

그림 4-5 알렉산드라 아렌, 스튜디오 SOC(studio SOC), 〈크리티컬 존 관측 공간〉
(2018~2020) 전시에 소개된 가이아그래피 토양 지도.
출처: http://s-o-c.fr/index.php/zkm_czos.

파타고니아 지역 동굴들을 360도로 촬영한 사진들을 디지털 사진측
량법을 통해 합성함으로써 동굴의 암석 심층을 관통하는 지질학적
힘을 체감하게 하는 〈지형학-시간-화산(Topography-Time-Volcano)〉
(2018~2020)에도 적용된다. 〈늪지대 게임(The Swamp Game)〉(2020)에
서 곰팡이, 박테리아, 녹조류 등 늪을 구성하며 상호 의존하는 생명
체들의 공생 관계는 공간의 탐사 경험과 디지털 객체로의 시점 전환

을 마련하는 비디오게임으로 번역된다. 온도, 습도, 이산화탄소 농도 등을 측정하는 디지털 센서와 데이터 시각화를 활용한 〈임계점 과수원(Critical Orchard)〉(2022)은 지구가 컴퓨터로 매개되고 컴퓨터가 환경의 요소가 되는 방식에 대한 가브리스의 논의를 전시 공간과 미술관 주변의 과수원을 통합하는 방식으로 적용한다.

이 모든 실험들은 "*하나의 가이아가 있지만 그것은 전체가 아니다*"[118]라는 라투르와 티머시 M. 런턴의 견해를 뒷받침한다. 라투르와 런턴은 가이아로서의 지구를 자기-조절적인 단일한 유기적 시스템으로 파악하는 견해에 도전하면서, 이와 같은 견해가 '블루 마블'로서의 지구라는 상징적인 사진과 같은 이미지를 통해 강화되어 왔음을 지적하고 이를 벗어나야 한다는 점을 역설한다. "지구화하려는 충동에 저항해야 한다. 왜냐하면 '지구적 조망(global view)'을 가지고 있다고 주장하는 사람은 실제로 어떤 실제 공간에 거주하지 않기 때문이다. … 지구적 조망은 엄밀히 말하면 아무데도 없는 곳에서의 조망, 즉 사무실에서 컴퓨터 화면을 바라보는 조망이다."[119] 이와 같은 주장을 반영하듯 〈크리티컬 존〉 전시에 포함된 작품과 프로젝트들은 다양한 시공간적 재현과 감각 체험을 망라하면서 자연과 기술, 지구와 인간, 생태계와 사회의 관계를 새롭게 매개하고 재구성하고자 시도한다. 즉, 지질학적, 자연적 요소들의 행위성을 디지털 시스템과 연결하고 이들이 감각하고 활동하는 방식을 시각화하거나 매핑하는 작품과 프로젝트들은 "나무, 인간, 실천, 문화, 환경, 기기, 피조물, 인프라구조 간의 관계를 데이터와 더불어, 데이터를 통해 조직하는 많은 다양한 방식들"[120]에 속한다. 이들의 기술적, 미학적, 물질적, 감각적 다양성은 행성적 미디어를 구성하는 요소와 형태들의 다양성과 상응하며, 그 형태들에는 디지털 지구의 다양한 버전 또한 포함된다.

결론

인류세의 상황이 제기하는 동시대의 위기와 그 역사적 계보 및 가능한 미래를 파악하기 위해, 그리고 인류의 역사와 지질학적 시간 간의 가능한 교차점을 모색하기 위해 행성적 미디어는 미디어와 자연의 근본적인 얽힘을 미시적인 차원과 거시적인 차원 모두에서 다시 사유할 것을, 그리고 학제적인 경계를 넘어서는 다양한 실천으로 미디어의 개념을 재구성할 것을 제안한다. 원소미디어 개념은 지구의 원소가 환경으로서의 미디어를 구성하는 방식은 물론 시청각적, 언어적 메시지에 국한되지 않는 방식으로 원소를 감지하고 제어하고 관리하는 물질적, 기술적, 건축적, 지정학적 실천에 주목할 것을 강조한다. 미디어자연 개념은 미디어가 의존하는 자원의 원천인 지질학적 자연과 미디어의 제작 및 유통을 통해 대상화되거나 착취, 추출, 오염되는 자연 모두를 가리킴으로써 자연과 문화 간의 근대적 대립을 해체하는 동시에, 오늘날의 디지털 미디어 경관을 기술과 물질, 자연적 요소의 다층적 얽힘이 이루는 거대한 환경적 네트워크로 재정립한다. 이 두 개념은 일차적으로는 행성으로서의 지구와 인간의 역사를 포함한 지구 사이의 다층적인 조우와 교차를 조명한다. 그 교차와 조우는 한편으로는 인류세라는 행성적 규모의 사건을 촉발한 지질학적 행위자로서의 인간을 비판하고 그와 같은 인간의 중심성을 해체하는 방향으로 나아가지만, 다른 한편으로는 베넷이 강조하듯 인간의 문화, 나아가 기술적 미디어를 비인간 행위성과의 얽힘에 맞게 재측정하고 재조정할 수 있는 가능성을 개방한다. "우리는… 행위자(actant), 배치물, 작은 행위성, 작동자, 혼란 등과 같은 개념을 발명하거나 다시 불러일으킬 뿐만 아니라 비인간들과 더 긴밀하게 협의하거나 그들의 발생, 이의 제기, 증언, 제안을 더 주의 깊게 듣고 대응할 수 있는 새로운 절차, 기술, 지각 체계를 고안해야 한다."[121]

지금까지 살펴보았듯이 인류세라는 공통의 조건이 촉발한 신유물론적이고 행성적인 관점에서의 미디어 개념('원소미디어'와 '미디어 자연' 개념)은 동시대적 생태 위기의 근원에 있는 자연적 객체의 행위성과 이에 긴밀히 얽힌 미디어 기술의 면모를 파악하는 데 일차적으로 긴요하다. 또한 이 개념은 도구적이고 식민적인 자연의 추출에 대한 대안으로서의 행성적인 것을 상상하기 위한 기술적–문화적–생물학적–지질학적 요소들의 혼종체와 이와 같은 혼종체가 작동하는 공간의 관점에서 환경을 재창안하는 방안을 고안하기 위한 인식론적 출발점이 된다. 따라서 데이터의 처리와 순환, 데이터의 생산을 위한 자동화된 원격 감지 기술로 매개되는 지구는 위기의 연장이자 위기에 대한 대응 모두라는 위기미디어의 양가적 면모를 여실히 입증한다. 이어지는 두 장에서 상세하게 밝히듯 네트워크화되고 자동화된 연산미디어의 이와 같은 양가성, 그중에서도 이와 같은 미디어가 야기하고 구성하는 다중적인 위기는 오늘날의 주체성과 사회의 차원에서도 곳곳에서 발견된다.

5장

연산미디어 I: 연산화주의의 구성 요소

> 명백히도 숫자는 인간을 뒤에 넘기고 기술이 존재와 사유를 접속하는
> 프레임으로 출현하도록 스스로 가동하는 기계의 일부가 되어야 했다.[1]
> – 프리드리히 A. 키틀러

> 이것이 바로 근본적인 모순이다. 당신이 보는 것은 당신이 얻는 것이 아니다.
> 소프트웨어는 매체가 아닌 매체. 정보 인터페이스는 항상
> '작동 불가능(unworkable)'하다. 코드는 있는 그대로 볼 수 없다.
> 대신 코드는 컴파일, 해석, 구문 분석되어야 하며 그렇지 않으면
> 그보다 훨씬 더 큰 코드 덩어리에 의해 숨겨지도록 구동되어야 한다.[2]
> – 알렉산더 R. 갤러웨이

'페타바이트 시대'

2008년《와이어드》매거진 편집장 크리스 앤더슨은 검색엔진의 발달과 더불어 접근과 검색이 가능한 풍부한 데이터를 체험할 수 있게 되면서 '페타바이트 시대(Age of Petabytes)'가 열렸다고 선언했다. 이 새로운 시대는 플로피 디스크나 하드 디스크라는 저장 매체로 충분했던 시대와는 비교할 수 없는 막대한 양의 데이터가 클라우드(cloud)에 저장되고 고성능 컴퓨터로 처리될 수 있음을 뜻한다. 앤더슨의 선언은 현재 우리의 컴퓨터 문화를 구성하는 빅데이터와 클라우드 컴퓨팅의 예견에만 머무르지 않는다. 앤더슨은 페타바이트 시대가 정보에 대한 새로운 접근을 요청한다는 점을 강조한다. 정보는 더 이상 파일이나 폴더와 같은, 즉 컴퓨터 이전 정보를 분류하고 저장하는 아날로그 매체의 은유를 연장한 디지털 객체(파일)나

인터페이스(폴더) 중심의 접근으로만 다루어지지 않는다. 앤더슨에 따르면 페타바이트 시대는 "데이터를 처음에는 수학적으로 바라보고 그 데이터에 대한 맥락을 이후에 수립하도록 강요한다."[3] 앤더슨이 말하는 수학 중심의 새로운 접근법은 당시 검색엔진의 퍼포먼스를 실적으로 도약시키고 이를 데이디 기반의 플랫폼 산업으로 확장시키기 시작했던 구글을 염두에 둔 것이었다. "예를 들어 구글은 오직 응용수학만으로 광고 산업을 정복했다. 구글은 광고 문화와 관습에 대해 알은척하지 않았다. 대신 구글은 그저 더 좋은 분석 도구를 갖춘 더 좋은 데이터가 이길 것이라고 가정했고 그들은 옳았다."[4] 앤더슨이 말하는 구글의 혁신적인 접근은 자연과 문화, 인간에 대한 확립된 지식이나 관습으로부터 자유롭게 데이터를 분석하고 이로부터 결과를 자동적으로, 즉 수적으로 인식되고 처리되는 데이터의 연산 과정을 통해 도출하는 것이다. 예를 들어 구글 검색엔진은 광고와 콘텐츠에 대해 알지 않더라도 이 둘을 일치시킬 수 있고, 구글 번역기는 많은 언어의 의미론적 체계를 알지 않아도 자동적으로 한 언어를 다른 언어로 치환할 수 있다. "우리는 데이터가 무엇을 보여줄 수 있는가에 대한 가설 없이도 그것을 분석할 수 있다. 우리는 숫자를 역사상 가장 큰 연산 클러스터에 넣고 통계 알고리듬으로 하여금 과학이 발견할 수 없는 패턴을 발견하게 할 수 있다."[5]

'페타바이트 시대'라는 앤더슨의 용어법은 2000년대 후반 이후 정보를 처리하는 기술적 미디어의 발전 과정에서 어떤 하나의 결정적인 전환이 있음을 시사한다. 즉, 빅데이터, 알고리듬, 인공지능, 클라우드, 사물인터넷처럼 오늘날의 기술문화와 환경을 구성하는 핵심 요소들은 기존의 디지털 미디어를 설명하는 0과 1의 이진법적 코드만으로는 설명하기 힘든 방식으로 존재하고 작동한다. 이 모든 요소들은 연산미디어(computational media)라는 범주로 이해되어야 한다. 여기서 연산미디어란 두 가지로 정의할 수 있다. 첫째는 기존의 미디어 객체는 물론 인간과 사회, 환경을 구성하는 요소들이 이산적인(discrete) 데이터로 번역되고 컴퓨터의 프로세스에 의해 수학적, 자동적으로 연산 가능하게(computable) 된다는 것을 의미한다. 이 의미는 'compute'라는 단어의 어원, 즉 '세다(count)/계산하다(calculate)'와 부합한다. 또한 컴퓨터 과학에서 이 의미는 세계의 구성 요소가 연산할 수 있는 것과 없는 것으로 구별되고 전자는 일정한 수와 절차의 연산 작동(operation)으로 처리될 수 있다는 가정을 전제한다. 둘째, 이처럼 컴퓨터의 구성 요소가 삶의 모든 국면에 긴밀히 침투한다는 것은 연산 절차, 그리고 이를 관장하는 컴퓨터가 가시적인 것과 비가시적인 것, 감각할 수 있는 것과 없는 것, 거시적 사회 장치와 미시적인 정신의 영역 모두를 포괄하며, 또한 이들 간의 전통적인 구별을 가로지르며 너무나 다양한 모습으로 존재한다는 것을 의미한다. 컴퓨터는 개인용 컴퓨터, 휴대전화, 태블릿과 같은 손쉽게 식별 가능한 미디어 객체를 넘어 센서를 갖추고 네트워크로 연결되는 '스마트' 사물로, 가상의 데이터 저장과 서버로 유지되는 클라우드로, 금융시장과 일기예보에서의 예측 데이터를 산출하는 시스템으로, 사용자의 취향과 정서에 따라 맞춤화된 콘텐츠를 제공하는 플랫폼으로, 그리고 이미지와 언어를 자동적으로 판별하고 예측하는 인공 신경망 네트워크로 존재한다.

  21세기 디지털 인문학에서 '연산화'라는 용어는 바로 이와 같은 두 가지 국면이 야기하는 중대한 변화의 차원을 가리켜 왔다. 데이비드 M. 베리는 컴퓨터 기반의 기법이 세계는 물론 세계에 대한 지식의 생산 양식을 새로이 재편하는 방식을 가리키기 위해 '연산적 전환(computational turn)'이라는 용어를 제안하며 이를 다음과 같이 설명한다. "컴퓨터는 모든 것이 일상적 현실의 연속적인 흐름에서 현실의 재현으로 저장될 수 있고 알고리듬을 사용하여 조작될 수 있는 수치들의 격자로 변환될 것을 요구한다. 현실을 이해하는 이 감축적인(subtractive) 방법(에피스테메)은 현실의 제어를 위한 새로운 지식 및 방법(테크네)을 낳는다."[6] 이보다 앞서 N. 캐서린 헤일스는 "모든 물리적 세계를 뒷받침하는 거대한 연산적 메커니즘에서 작동하는 연산적 과정을 통해 생성되는 세계[7]를 "연산적 세계(Computational Universe)"라 명명했다. 이와 같은 세계의 도래를 뜻하는 "연산화 체제(Regime of Computation)"는 "세계, 생명, 정신, 그리고 정신을 반영하는 정신의 창발을 연산화된 프로세스와 연결시킴으로써 이 모든 것들의 진화를 설명하는 서사를 제공한다. 이 프로세스는 인간이 창조한 시뮬레이션, 그리고 우리가 현실이라고 부르는 '보편 컴퓨터(Universal Computer)'에서 작동하는 소프트웨어로 이해되는 세계 내에서 작동한다."[8] 이 지점에서 앞서 인용한 앤더슨의 전망이 베리와 헤일스의 언급과 공명함을 알 수 있다. 즉, 오늘날 우리가 목격하고 있는 연산적 전환 또는 연산적 세계는 가설의 수립 및 검증, 데이터의 수집 등 기존의 과학적 방법론 및 전제를 뒤흔드는 새로운 인식론(앤더슨은 이를 '이론의 종언(End of Theory)'이라 부른다)과 기법에 근거한다. 그리고 이 인식론 및 기법은 2010년대 이후 실험실을 넘어 사회의 모든 시스템, 나아가 인간성을 빠른 속도로 재편해 왔다. 결국 베리와 헤일스의 용어법은 오늘날 빅데이터를 지탱하는 인식론 및 데이터 애널리틱스(data analytics) 기법 기저에 연산미디어를 이루는 기술적 구성 요소들의 존재와 작동이 깔려 있음을 시사한다.

물론 연산미디어가 사회와 주체에 영향을 미치는 방식은 코드, 알고리듬, 데이터, 하드웨어, 소프트웨어의 기술적 또는 물질적 차원만으로는 설명될 수 없다. 연산미디어의 이 구성 요소들은 기술적인 프로토콜을 통해서만이 아니라 사회문화적으로도 형성되고 서로 연결된다. 이것은 기술적 미디어 그 자체의 내재적 성질이 그 효과를 직접적으로 규정한다는 기술결정론을 대당으로 단언하면서 그 미디어의 전파와 활용이 사회적, 문화적 행위자들의 힘에 규정된다고 주장하는 전통적인 구성주의적 관점의 재생으로만 귀결되지 않는다. 데이비드 걸럼비아가 밝히듯 연산화는 오늘날의 사회에서 은유이자 방법, 사회적 프레임으로 기능한다는 점에서 문화적 논리로 간주될 필요가 있다. 이를 염두에 두며 걸럼비아는 '연산화주의(computationalism)'이라는 용어를 제안하는데, 이는 인간적, 사회적 경험의 많은 부분이 연산화 과정을 통해 설명될 수 있다는 믿음을 뜻한다. "일반적으로 세계에서 컴퓨터와 인간의 마음이 수렴되고 있다는 믿음은 일련의 더 넓은 믿음을 수반한다. 즉, 많은 실제 현상이 단순히 연산화의 이점을 얻을 수 있는 것이 아니라 궁극적으로 연산화될 수 있다는 것이다."[9] 이와 같이 간주할 때 연산화주의는 다양한 수사와 담론으로 변주되는 신념의 체계가 되고, 그 체계는 그러한 수사 및 담론을 전파하고 체화하는 정치적(참여 미디어가 촉진하는 민주주의의 가능성), 경제적(전 지구적 초연결사회의 도래), 문화적(공통의 문화적 장으로 상상되는 소셜 미디어 또는 메타버스)

제도의 권력을 실행하고 강화한다.

이와 같은 두 논의의 맥락을 검토하고 합성하여 나는 이 장에서 연산미디어 및 이를 이루는 구성물의 존재와 작동 방식, 그리고 그것이 초래하는 위기의 국면들을 사회기술적 복합체(sociotechnical complex)라는 관점에서 이해하고 분석할 필요가 있다고 주장한다. 여기서 '사회기술적'이라는 용어는 기술적 미디어의 배치 및 효과가 정치적, 경제적, 문화적 요인들에 긴밀히 결부되어 있다는 점을 강조한다. 이는 기술적 미디어의 개발 및 구성 자체가 가치중립적이고 그 미디어에 의한 효과가 객관적이라는 가정에 대항하면서 기술적 미디어가 기존에 사회에 내재된 불평등, 불균형, 억압, 편향, 식민화, 종속의 양상을 증강하거나 업그레이드한다는 점을 단언한다. 그러나 사회기술적 복합체라는 개념은 기술적 미디어의 도입 이전에 존재하는 사회적인 요인이 그 미디어의 효과를 형성하는 상위 또는 궁극의 결정 요인이라는 견해에도 일정 부분 문제를 제기한다. 아울러 이러한 관점은 빅데이터, 알고리듬, 인공지능 등의 키워드로 설명되는 동시대 사회의 불안정한 국면이 기존의 다양한 위기를 심화시킨 정치적, 사회적, 문화적 체계들의 직접적인 연장이라는 견해가 또 다른 환원주의적 결정론일 수도 있음을 시사한다. 즉, "연산미디어는 기술적인 것만이 아니라 정치적이기도 하다"는 명제의 심원한 함의를 이해하기 위해서는 컬럼비아가 말하는 연산화주의가 실제로 연산적 미디어의 구성 요소에서 어떻게 작동하는가, 그리고 이것이 기존의 미디어는 물론 사회적 매개 시스템에 어떤 단절을 도입하고 어떤 부분을 연장하는가를 식별하는 것이 긴요하다.

"검색엔진은 기술적인 것만이 아니라 정치적이기도 하다"고 주장한 헬렌 니센바움과 루카스 인트로나의 1990년대 말 연구가 이 점을 입증한다. 이들은 월드와이드웹(World Wide Web) 초기에 구동된 야후(Yahoo), 라이코스(Lycos) 등 포털 검색엔진이 특정 웹사이트를 배제하면서 다른 웹사이트를 검색 결과의 상위에 올려놓는 편향적 경향을 보인다는 점을 입증했다. 이로부터 이들은 검색엔진의 개발 및 작동 방식을 시장의 자유 원리에 맡겨놓아서는 안 되고, 검색엔진이 자동적으로 산출하는 지식과 정보는 공공의 이익은 물론 사회의 법적, 윤리적 문제와 직결된다는 점을 역설했다. 그러나 이와 같은 정치적 차원에서의 편향이 어디에서 비롯되는가라는 질문에 대한 이들의 답은 검색엔진 개발자의 정치적 편향(이들이 좌파인가 우파인가 성차별주의자인가)과 같은 것이 아니었다. 대신 이들은 웹사이트와 검색엔진을 연결하는 두 개의 층위, 즉 웹사이트의 색인화(indexing), 그리고 검색된 웹사이트에 순위를 부여하고 검색 결과로 산출하는 알고리듬의 체계에 주목했다. 여기에는 모두 인간 개발자 또는 게이트키퍼가 관여한다. 그러나 검색어에 따라 웹사이트의 URL을 방문하여 정보를 수집하는 소프트웨어인 스파이더(spider)와 크롤러(crawler)의 작동 방식, 그리고 이렇게 수집된 웹사이트에 중요성을 부여하는 랭킹 시스템은 프로그래밍 언어로 자동화된 일련의 절차를 따른다. 이 과정에서 웹사이트의 정보는 검색어와의 연관성이라는 변수에 따라 계산 및 처리될 수 있는 측정 데이터(metric data)로 변환된다.[10] 비록 웹 2.0과 소셜 미디어의 도래 이전에 수행되었지만 니센바움과 인트로나의 연구는 '컴퓨터적 세계' 기저에 놓인 연산화주의의 역사적 계보를 조명하는 것 이상으로 연산화주의를 사회정치적 구성물로 볼 것을 제안한다는 점에서 중요하다. 이들이 밝힌 검색엔진의 편향성이 구글화 이후 검색엔진의 작동 방식은 물론 컴퓨터 기반 안면 인식 시스템 등에서 문제가 되어 온 인종적, 성적 편향의 전조 역할을 하기 때문이다. 2009년 데시라는 흑인 컴퓨터 노동자가 휴렛패커드 미디어스마트 (MediaSmart) 컴퓨터에 설치된 안면추적 시스템으로 가동되는 웹캠이 자신의 얼굴은 인식하지 못하나 동료 여성 노동자의 얼굴은 인식한다는 점을 보여주면서 '휴렛패커드 컴퓨터는 인종주의자다'라고 선언하는 내용을 담은 유튜브 비디오는 잘 알려져 있다.[11] 2013년 UN은 광고사 메멕 오길비 앤드 매더 두바이(Memec Ogilby & Mather Dubai)가 기획한 캠페인을 공개했는데, 이 캠페인은 '여성은 운전할 수 없다', '여성은 권리를 가져서는 안 된다', '여성은 집에 있어야 한다' 등의 성차별적인 검색 결과를 자동 추천하는 구글 검색엔진에 대한 주의를 환기했다(그림 5-1).[12] 이와 같은 사례는 오늘날 권력과 억압, 차별이 알고리듬을 통해 실행되는 방식을 밝혀 온 많은 연구들을 촉발했다.[13]

인종주의와 성차별주의의 강화 이외에도 빅테크 기업이 주도하고 국가 기관, 사기업이 합류해 온 빅데이터 기반 플랫폼 사회로의 전환 및 이러한 사회에서 확산되어 온 자동화된 감시, 예측, 의사결정 과정이 야기하는 위기의 국면들에 대한 비판적 경고를 전달하는 서적, 논문 들은 2010년대 중후반 이후 빠르게 증가해 왔다. 단행으로 한정해 보았을 때 이러한 경향의 연구는 생각보다 다수—그 것도 원문 출간 시기를 고려할 때 비교적 적은 시차를 두고—국내에 번역 소개되었다. 노동뿐 아니라 인간의 성향과 행동 등 인간을

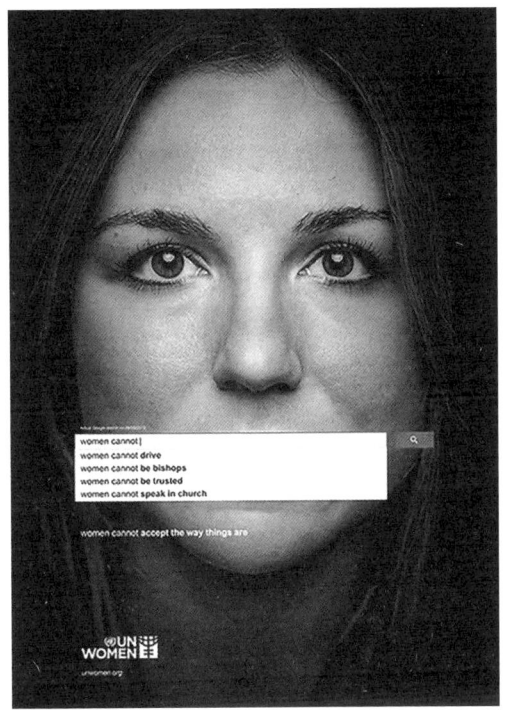

그림 5-1 구글 검색엔진의 성차별주의적 추천 검색 결과를 고발하는 메멕 오길비 앤드 매더 두바이(Memec Ogilby & Mather Dubai) 광고사의 캠페인 이미지.
출처: https://asiapacific.unwomen.org/en/news-and-events/stories/2013/10/un-women-ad-series-reveals-widespread-sexism.

구성하는 모든 것이 감시 테크놀로지와 연동된 컴퓨터 시스템을 통해 추출되고 수집되고 분석되는 프로세스를 토대로 작동하는 새로운 경제 질서를 제시한 쇼샤나 주보프의 『감시자본주의 시대』(문학사상사, 2021), 개인의 평판과 경제적 신용도, 편향적인 검색 결과에 작용하는 알고리듬의 불가사의하게 작동하는 시스템으로 규정하고 이에 대한 법적, 제도적 대응의 필요성을 역설한 프랭크 파스콸레의 『블랙박스 사회』(안티고네, 2016), 복지 수혜자를 결정하는 자동화된 적격성 판정 시스템이 경제적, 계급적 불평등을 강화하는 방식을 비판한 버지니아 유뱅크스의 『자동화된 불평등』(북트리거, 2018), 데이터로 측정되고 알고리듬적으로 결정되거나 생성되는 소셜 미디어 프로필 등을 '알고리듬적 정체성(algorithmic identity)' 개념으로 이론화한 존 체니-리폴드의 『우리는 데이터다』(한울, 2021), 페이스북을 은밀한 감시와 사용자 입장에서 주목에의 강박을 작동시키고 정치 지형을 혼란하게 만들며 허위 정보를 유통하는 기계로 간주할 것을 요청하는 시바 바이디야나단의 『페이스북은 어떻게 우리를 단절시키고 민주주의를 훼손하는가』(아라크네, 2020), 그리고 자동화 시스템으로 인해 강화되는 자본주의 축적 체제와 새로운 노동 형태의 출현 및 노동 착취를 비판적으로 분석한 칼 베네딕트 프레이의 『테크놀로지의 덫』(에코리브르, 2019), 메리 그레이와 시다스 수리의 『고스트워크』(한스미디어, 2019), 필 존스의 『노동자 없는 노동』(롤러코스터, 2022), 모리츠 알텐리트의 『디지털 팩토리』(숨쉬는책공장, 2023) 등이 이 도서 목록에 포함된다.

　이와 같은 경향 중 최근 몇 년간 정치경제학적, 기술사회학적 관점을 결합한 비판적 기술문화 연구의 많은 부분은 디지털 플랫폼으로 매개되고 수행되면서 종사자들의 주체성과 노동 조건을 통제하는 플랫폼 노동에 대한 분석을 포함하여 주로 자본주의와 노동의 문제에 집중해 왔다. 이 주제에 관한 다수의 학술논문 이외에도 계간 《문화과학》에서 기획했던 '데이터사회'(2016년 가을호), '플랫폼 자본주의'(2017년 겨울호), 'AI 자본주의'(2021년 봄호)와 같은 특집이 이와 같은 상황을 대변한다. 크리스티안 푹스의 연구[14]를 환기시키기도 하는 이와 같은 국내의 연구 경향은 『플랫폼 자본주의』의 저자

닉 서르닉, 마르크스주의적 디지털 자본주의 연구를 주도해 온 닉 다이어-위데퍼드, 그리고 특히 프랑코 '비포' 베라르디, 마우리치오 랏자라또 등의 이론에 근거한다.[15] 디지털 기술에 대한 이들의 논의는 자본주의의 축적 논리가 산업화에서 금융자본주의로 이행하면서 증강되고 강화되는 방식에 대한 마르크스주의적 비판, 자본주의가 언어적 의미작용을 넘어 신체적, 정동적, 심리적 기호의 차원에서 주체성을 생산하는 방식에 대한 질 들뢰즈의 펠릭스 가타리의 분석, 그리고 규율사회에서 통제사회(society of control)로의 이행에 대한 들뢰즈의 선구적인 전망 등을 정교화하고 연장시킨다. 이와 같은 방법론적 매트릭스 속에서 기계는 자본주의에 적합한 특정한 주체성을 생산하고 확산하는 (푸코와 조르조 아감벤의 의미에서) 디스포지티프(dispositif)로 자리한다.[16] 연산미디어는 그와 같은 디스포지티프의 최신 버전으로 파악된다.

베라르디는 디지털화가 1970년대 이후 자본에 의한 노동의 착취와 노동자의 종속을 물질적이고 육체적인 차원 이상으로 도약시켰다고 간주한다. 즉, 비물질노동 또는 인지적 노동을 활성화하는 기술적 변화로서의 디지털화는 "사회적 산물이 더 이상 물질적으로 조작되는 것이 아니라 개념적 수준에서 발생함"을 뜻하며, 이는 노동력의 자동화와 가치의 가속화된 순환을 넘어 "사회적 현상의 형성을 측정하고 결정하는 중요한 것들이… 더 이상 인간의 척도에 호응하지 않는"[17] 단계로 나아감을 시사한다. 베라르디는 알고리듬이 노동은 물론 사회와 주체성의 전반적인 영역을 결정하는 상황, 즉 모든 것이 정보권(infosphere)으로 흡수된 상황을 매우 중대한 위기로 바라본다. 사회적 삶을 경제적 가치의 교환 속에 종속시키는 데 기여하는 디지털화는 "인간을 계산하는 기계로 식별하고 돈이 사회적 행동에서 유일한 동기가 되는 방식으로 행동과 지각을 형성하는 것을 목표로 하는 정치적 전략"[18]이다. 출퇴근길에도 휴대폰에 의존하는 군중의 모습이 대표하듯 베라르디에게 디지털화는 정동과 인지 차원에서 개인의 수동성을 강화하고, 변화와 저항을 목표로 했던 사회적 연대와 조합에 근거한 집단성의 창출에 장애물로 작용한다.

『기호와 기계』에서 랏자라또는 베라르디보다 더욱 정교하고 체계적으로 디지털 기술에 의한 정보화와 인지적 자동화와 긴밀히 접속하는 몇몇 개념을 전개한다. 기계적 예속(machinic enslavement)은 인간이 근대 사회가 상정하고 구축한 개체화된 주체나 시민의 차원을 넘어 경제, 노동, 교육, 복지 체계를 가동시키는 기계에 속하는 부품처럼 설정되는 것을 말한다. 이 개념이 뒷받침하는 가분체(dividual)란 더 이상 분절될 수 없는 근대적인 주체 단위로서의 개인(individual)이 집단적이고 사회적인 체계 속에 포함되면서 관리될 수 있는 기술적 단위(데이터, 그 데이터가 구성하는 사용자 프로필, 전산 시스템하에서 관리되는 이용자 번호 또는 등록번호 등)들로 분할되고 분화된 상태를 의미한다. 질 들뢰즈가 전망하듯 "통제사회에서… 핵심적인 것은 서명이나 숫자가 더 이상 아니라 코드다. … 통제의 디지털 언어는 어떤 정보에의 접근이 어디에서 허락되거나 거부되는가를 가리키는 코드로 이루어진다. 우리는 더 이상 근대 시기의 '대중 대 개인이라는 이원성'을 다루는 것이 아니다. 대신 개인은 '가분체'들이 되고 대중은 샘플, 데이터, 시장, 또는 은행이 된다."[19] 마지막으로 가타리의 개념에서 빌려 온 비의미작용적 기호계(asignifying semiotics)는 기호와 지시대상 간의 구별을 전제로 인간의 의사소통을 뒷받침하는 의미작용적 기호계와는 구별되는 기호들의 체계, 즉 방정식, 디자인, 그래프, 주가 지수 등을 포괄하는 체계다. 자본주의는 이 두 기호계를 포섭하고 착취하는 방식으로 작동해 왔지만, 랏자라또는 특히 비의미작용적 기호계가 기계와 연동되어 있고 개체화된 주체에서 비롯하지 않는 언표행위를 통해 언어적 체계에 온전히 속하지 않는 동작, 정동, 인지 등의 영역에 관여한다고 여긴다. 즉, 기계적 예속, 가분체, 비의미작용적 기호계라는 세 개념 모두가 공통적으로 시사하는 바는 사이버네틱스와 정보 기계가 이전의 기술 및 미디어, 사회와 일으키는 단절의 양상들이다. 우선 기계적 예속은 복종과 구별된다. "복종 상태에서 하나의 개체는 대상-기계를 통해 다른 개체화된 주체와 작업하고 소통한다. … 반면 기계적 예속은 주체/대상, 언어/사물, 자연/문화와 같은 이분법에 신경쓰지 않는다. … 가분체와 기계는 '인간-기계'라는 장치를 공동으로 구성한다."[20] 적어도 이 수준에서 랏자라또는 디지털화 이후의 미디어가 이전 미디어와 비교했을 때 일으키는 단절적인 몇 가지 변동을 암시하는 것처럼 보인다. 첫째, 수용자의 차원에서 볼 때 연산미디어로서의 기계는 인간의 기존 의미 체계를 벗어나면서도 인간을 대상적으로 취급하기보다는 인간의 지각과 인지, 행위를 긴밀히 결부시킨다는 점에서 매스미디어의 수동적 수용자 개념으로 온전히 흡수되지 않는다, 둘째 기존에 메시지를 전송하는 채널이나 사회적, 개인적 의사소통을 가능하게 하는 인프라구조를 포함한 모든 것들이 미디어로 취급되고, 이때 그 미디어는 개별적 객체나 상부구조 이상의 존재론적 위상을 얻는다. 셋째, 이때 미디어는 독립적인 기관으로 여겨지지 않으며 상호 연결되고 영향을 주고받는다. 플랫폼과 데이터화에 대한 랏자라또의 다음과 같은 논평이 연산미디어로서의 기계가 도입한 이 세 가지 변동을 시사한다.

> 구글과 페이스북은 마케팅 장치로 기능하게 하는 거대한 '데이터뱅크'를 구축한다. 그들은 우리가 '여가 시간'을 보내는 방식뿐 아니라 우리의 행위, 구매, 독서 습관, 좋아하는 영화, 취향, 패션, 선호하는 음식에 대한 방대한 데이터를 수집하고 선별하고 판매한다. 이런 정보는 '가분체들'에 초점을 맞추는데, 그들의 프로필이 데이터의 집합에서 추출되어 생산-소비 기계들에 투입되고 결과의 산출에 사용된다. '가분체들'은 일종의 통계학적 실존이며 이를 통제하는 장치는 사목권력이 수행하는 개체화와 전혀 다른 형태로 작동한다.[21]

그럼에도 불구하고 궁극적으로 랏자라또는 영화와 텔레비전을 예속 기계의 전통에 위치시킴으로써 미디어의 관점에서 연산화의 특정성을 충분히 포착하지 못한다. 티지아나 테라노바가 온당하게 지적하듯, 산업적 자동화는 노동자를 자신의 연결 단위로 종속시키는 많은 기계들과 이를 인식론적으로 뒷받침하는 지식으로 구성된 체계 속에서 작동하는 반면, 디지털 자동화는 "가상성, 시뮬레이션, 추상화, 피드백과 자동화된 실천의 가능성들을 구성한다."[22] 페이스북에서 개별 사용자의 뉴스 피드를 자동적으로 결정하는 알고리듬인 에지랭크(Edgerank) 알고리듬이나 구글 검색엔진에서 수많은 페이지들의 데이터 연산을 통해 이들의 중요도를 측정하고 이를 토대로 사용자에게 검색 결과를 제시하는 페이지랭크(Pagerank) 알고리듬은 분명 오늘날 데이터 자본주의 시스템의 고정자본으로 자리한다. 그러나 테라노바는 이와 같은 고정자본으로서의 알고리듬이 작동하는 기술적 방식이 산업자본주의의 생산, 소비, 가치 축적 메커니즘을 관장하는 기술-제도 복합체와 질적으로 다르다는 점을 강조한다. 어떻게 구글과 페이스북은 사용자의 존재, 정체성, 욕망, 행위를 일종의 통계학적 실존(즉 비의미작용적 기호)으로 변환하고 처리하는가? 여기에 대한 베라르디와 랏자라또의 답은 디지털 기계들의 네트워크가 사회적 생산과 교환은 물론 인간의 주체성을 구성하는 모든 것을 통합함으로써 서로 연결된 체계로서 기능한다는 것이다. "개인의 살아 있는 두뇌는 네트워크 생산의 과정 내에 흡수되고 (포괄되며), 기술언어적인 자동기법 체계 내에 종속된다. 재조합은 추상적인 생산 연속체 내에서 개별 두뇌의 활동을 변형하는 (정보적인 동시에 생명정치적인) 기법이다."[23] 그런데 이 '기술언어적인 자동기법'이 무엇이며, 네트워크를 구성하는 요소들이 무엇이고 어떻게 서로 연결되는가에 대한 치밀한 논의가 부재하다면, 오늘날 인공지능 자본주의로 불릴 수도 있을 단계까지 진화한 디지털/정보자본주의는 산업자본주의의 평면적인 연속 혹은 선형적인 발전으로 파악되기 쉽다. 이러한 가정은 디지털 기술이 가져온 주체화의 복잡성과 세계의 다양한 재구성이라는 결과, 그리고 인간/기계의 경계를 근본적으로 재구성하고 이 둘을 접속시키는 결과에도 불구하고 디지털 기술을 기계화 이후 자본의 논리를 실현하는 첨단의 도구로 발전론적으로 물화할 위험을 남긴다.[24]

이와 같은 한계들을 극복하고자 나는 5장과 6장에 걸쳐 연산미디어를 사회기술적인 복합체로 정식화하고 그 구성 요소를 식별하면서, 그 미디어가 초래하는 위기의 양상을 인식론적, 존재론적, 사회정치적 차원에서 고찰한다. 이와 같은 방법론은 우선 위기의 차원이 연산미디어를 내재적으로 구성하는 물질적이고 수학적인 층위에서 비롯된다는 점을 밝힌다. 또한 이를 통해 인식론적, 존재론적, 사회정치적 차원에서 인간과 세계에 발생하는 위기를 자본주의 논리의 확장과 업데이트라는 결과에 국한되지 않는 서로 연결된 결과들로 파악할 수 있다. 5장에서는 연산미디어를 이루는 요소들인 데이터와 알고리듬, 알고리듬의 발전된 양상인 기계학습, 플랫폼을 살펴봄으로써 연산미디어가 존재론적 구성과 작동에 있어서 여러 수준 또는 층위를 이루고 있음을 입증한다. 이를 통해 5장에서는 연산미디어가 데이터의 수학적, 특히 확률론적인 연산을 가능하게 하는 기술적-수학적 구성물임을 밝힌다. 이어 6장에서는 이와 같은 연산화주의의 다면적 위기들을 논의함으로써 연산미디어가 연산화주의를 추동하는 사회적, 문화적 힘을 포함하는 복합적인 구성물임을 시사한다. 알렉산더 R. 갤러웨이가 단언하듯 연산미디어의 기저를 이루는 코드와 알고리듬 등이 분석의 주제가 되어야 하는 이유는 이들이 오늘날의 "사회적 장 자체가 주체와 세계, 표면과 원천, 비판과 비평의 대상 사이의 거대한 인터페이스를 구성한다는 점을 보여주기 때문이다."[25] 이러한 이유로 네트워크화된 컴퓨터 체제에 근거한 미디어 구성물의 표면 효과에만 머무르는 것을 넘어, 그 기저를 이루는 연산적이고도 프로그래밍 가능한 요소들이 무엇이고 어떤 역할을 하는지 살펴보는 것이 위기의 심원한 차원을 이해하는 데 긴요하다. 이와 같은 이해를 통해 연산화주의는 한편으로는 아날로그 미디어와 구별되는 데이터와 알고리듬의 연산적인 특정성에 근거하여 가동되는 논리-기술적인(logical-technical) 체계로 존재한다. 아울러 연산화주의의 구성 요소를 살펴보는 5장은 세브 프랭클린이 말하듯 자본주의를 포함한 사회의 전반적인 영역에서 특정한 방식의 인식론과 세계관, 사회적 통제를 출현시키고 발전시켜 온 문화 논리이자 은유로서의 디지털성(digitality)을 새로운 방식으로 업데이트한다.[26]

사회기술적 연산화주의의 구성 요소: 데이터, 알고리듬, 기계학습, 플랫폼

연산미디어는 '빅데이터'라고 불리는 21세기의 패러다임 전환, 즉 전례 없이 막대한 양으로 수집되고 처리되고 접근되고 순환하는 데이터와 불가분의 관계에 있다. 달리 말하면 연산미디어는 지식과 정보는 물론 개인의 정체성과 행위, 그리고 정치적, 사회적, 경제적, 문화적 상호작용까지 데이터의 생성과 관리, 교환으로 구성되는 사회, 즉 데이터가 이끄는 사회(data-driven society)의 미디어다. 그런데 데이터와 컴퓨터만을 생각하면 이는 새로운 것이 아니다. 20세기 중반 이후 앨런 튜링을 비롯한 많은 컴퓨터 공학자들은 컴퓨터를 수적(numerical) 데이터를 자동적으로 다루는 기계로 접근했기 때문이다. 디지털은 0과 1의 이진법(binary)에 근거한 체계로 정의되어 왔다. 이 점은 레프 마노비치가 뉴 미디어에 고유한 특정성을 이루는 요소 중 하나로 간주한 수적 재현(numerical representation)과 호응한다. 수적 재현이란 뉴 미디어의 객체가 텍스트, 사진, 그림, 음향, 동영상이든 간에 동일한 형식적 단위인 샘플링이 가능하고 수치화할 수 있는 이산적인 데이터로 취급된다는 점, 그리고 이와 같은 데이터로서의 객체는 알고리듬과 같은 프로그래밍된 조작에 종속된다는 점을 뜻한다. 빅데이터로의 패러다임 전환에도 이와 같은 속성은 유지된다. 그렇다면 빅데이터는 이전의 디지털 시대와 무엇이 달라진 것인가를 질문할 수 있다. 즉, 빅데이터는 우리가 기존의 디지털 미디어를 포함하여 미디어를 이해하는 방식을 어떻게 바꾸었는가라는 질문이 가능하다.

이 질문에 답하기 위해 20세기 말과 21세기 초 디지털 미디어가 데이터를 이해하는 방식을 간단히 되짚어 볼 필요가 있다. 니콜라스 네그로폰테의 고전적인 책 『디지털이다』(1995)에서 비트 단위로 이해되는 데이터는 궁극적으로는 기존 미디어의 정의를 교란한다. "디지털 세계에서 매체는 메시지가 아니다. 매체는 그 세계의 체화(embodiment)다. 메시지는 동일한 데이터에서 자동적으로 파생되는 몇 개의 체화를 가질 수 있다."[27] 즉, 디지털로의 이행에서 중요한 것은 하나의 매체에서 다른 매체로의 번역(translation)인데, 이때 번역의 대상은 텍스트, 소리, 동영상과 같은 기존 미디어다. "비트는 수월하게 혼합된다. 비트는 뒤섞이기 시작하여 함께 또는 개별적으로 활용되고 재활용될 수 있다. 오디오, 비디오, 데이터의 믹싱은 멀티미디어라 불린다. 복잡하게 들릴 수도 있지만 혼합된 비트에 불과하다."[28] 따라서 네그로폰테는 압축(compression) 및 연결망 속도와 같은 오늘날 데이터 사회의 인프라적인 조건을 선구적으로 제시했지만, 그가 데이터를 통해 생각한 미디어는 디지털 텔레비전 또는 주문형 비디오 서비스와 같은 것, 즉 기존 매스미디어의 질적인 업그레이드나 상호작용적인 서비스로의 전환이었다. 이와 유사한 견해를 레프 마노비치의 『뉴 미디어의 언어』(2001)에서도 찾을 수 있다. 마노비치는 이 책에서 뉴 미디어로서의 연산미디어를 물질적, 기법적인 수준에서 특정하게 만드는 요소들을 수적 재현과 자동화, 가변성(variability)으로 식별하면서 트랜스코딩(transcoding)을 가장 중요한 마지막 요소로 강조한다. 이는 기존의 미디어 객체를 연산미디어에 맞게 변환하는 기법으로 폭넓게는 연산미디어를 이루는 두 층위인 '컴퓨터 층위'와 '문화적 층위' 간의 교환을 말한다. 즉, 컴퓨터가 데이터를 처리하고 특정한 결과를 산출하는 방식이 기존 미디어의 재현적, 인식론적, 존재론적 층위에 영향을 미치는 만큼 컴퓨터 층위는 특정 과제를 위해 작동하고 인간과 상호작용하는 과정에서 기존 미디어의 데이터 저장, 처리, 재현과 관련된 관습(예를 들어 이미지의 사실적인 재현에 요구되는 회화적인 관습과 사진적인 약호)을 포용한다. 컴퓨터 운영 체제가 영화적인 카메라 기법을 통합하는 방식 등을 가리키면서 마노비치가 쓴 용어인 '문화적 인터페이스(cultural interface)'는 바로 후자의 국면과 연결된다.[29] 이는 제이 데이비드 볼터와 리처드 그루신의 영향력 있는 개념인 기존 미디어의 재매개(remediation)와 공명하고,[30] 마노비치의 이후 논의로 확장하자면 컴퓨터 층위가 문화적 층위에 영향을 미치는 가장 중요한 차원인 기존 미디어의 재현적 관습뿐 아니라 기법까지도 심층적으로 통합한 메타매체(metamedium)로서의 소프트웨어라는 주장으로 이어진다.[31]

메타매체로서의 소프트웨어를 강조하는 것은 디지털을 기존 미디어의 객체와 효과를 포함하거나 증강하거나 변화시키는 방식의 관점에서 우선적으로 취급함을 의미한다. 단순하게 말하면 여기에서 컴퓨터는 '디지털 회화', '디지털 영화'와 같은 인공물을 생산하기 위한 도구로 상정된다. 이와 같은 관점은 이른바 '문화적 층위'가 '컴퓨터 층위' 내로 흡수되어 이어지는 연속성을 파악하는 데는 유용하다. 하지만 '컴퓨터 층위'의 미디어-특정적인 요소들, 즉 수적 재현으로서의 데이터와 이의 수학적인 처리와 같은 요소는 이와 같은 관점에서 충분히 조명되지 않는다. 2000년대 후반부터 미디어 연구는 물론 디지털 인문학에서 점진적으로 부상해 온 용어인 '연산화(computation)'는 바로 이와 같은 한계를 극복하면서 수적 재현, 자동화, 가변성과 같은 매체 특정적인 요소가 세계와 인간의 전반에 미치는 중대한 영향을 강조한다. 갤러웨이가 식별하는 컴퓨터와 아날로그 미디어의 차이는 컴퓨터화로서의 연산화를 재매개 도구로서의 컴퓨터와 구별할 수 있는 중요한 출발점을 제공한다.

> 컴퓨터는 현전(presence)이 아니라 실천(practice)을, 객체(object)가 아니라 효과(effect)를 예시한다. 다시 말해 영화가 일반적으로 존재론이라면 컴퓨터는 일반적으로 윤리다. 이와 같은 구별을 이해할 수 있는 유용한 방식은 아마도 언어와 미적분(calculus)을 구별하는 것이다. 언어는 기술(description)과 참조의 수준에서 작동한다. 세계를 약호화하는 것, 이것은 언어의 가장 주요한 목표다. … 미적분은 반면 연산화와 프로세스의 수준에서 작동한다. 세계에 무엇인가를 한다는 것, 또는 세계에 무엇인가 하기를 시뮬레이션한다고 말한다면 이것이 바로 미적분의 가장 주요한 목표다. 미적분과 더불어 우리는 추론의 체계, 단계별로 문제를 통해 작용할 수 있는 실행 가능한(executable) 기계를 말한다.[32]

흥미롭게도 빅데이터 혁명을 주창한 『빅데이터가 만드는 세상』의 공저자 또한 갤러웨이가 말하는 '실행 가능한 미적분' 기계로서의 컴퓨터와 이 내부에서 작동하는 '미적분'의 중요성을 데이터화(datafication)라는 개념과 더불어 밝힌다. 이들은 구글이 수백만 권의 책을 데이터베이스화하고 검색 가능하게 하는 계획을 어떻게 다르게 조정했는지를 설명한다. 2004년 구글은 이와 같은 계획을 선언하며 책의 텍스트를 스캔하여 디지털 이미지 파일로 만들고 구글 서버에 전환했다. 이는 수백만 권의 책을 검색 가능하게 했지만 디지털 이미지 파일 포맷은 변화된 텍스트를 특정 키워드로 검색하거나 분석할 수는 없었다. 이를 보완하기 위해 구글은 "디지털 이미지를 읽고 그 안에 있는 글자와 단어, 문장, 단락을 인식할 수 있는 광학식 문자인식 소프트웨어를 사용했다. … 이제 책에 있던 정보는 인간 독자만이 이용할 수 있는 형태가 아니라 컴퓨터가 처리하고 알고리듬이 분석할 수 있는 형태가 됐다."[33] 스티븐 샤비로의 다음과 같은 언급은 데이터화된 것이 인간적 세계 및 실재의 객체와 동등하게 존재하고 그것들을 모두 포함한 오늘날의 세계를 묘사하는 것처럼 들린다. "우리는 모든 방식의 문화적 표현이 디지털로 트랜스코딩되고 전자적으로 산포되고, 유전자 물질이 자유로이 재조합되며, 물질이 원자적인 동시에 원자보다 작은 규모의 직접 조작에 열린 세계에 살고 있다. 아무것도 숨겨져 있지 않다. 더 이상의 은폐된 깊이란 없다. 사물의 우주는 우리에게 가용 가능할 뿐 아니라 점점 더 불가피한 것이다."[34]

롭 키친이 정의하는 빅데이터의 특징은 이것이 디지털화로 설명되던 데이터와 질적으로 구별되는 양상들을 분명하게 출력한다. 빅데이터는 페타바이트 단위와 같은 양적인 기준, 즉 볼륨만으로 설명되지 않는다. 빅데이터의 특징은 실시간으로 생성되고 순환하는 속도(velocity), 구조화된 데이터와 그렇지 않은 데이터 모두를 포함하는 다양성(variety), 특정 표본을 넘어 전체 인구나 시스템을 대상으로 하는 범위,[35] 고도의 해상도를 띠는 지표성(indexicality)이다. 그래서 빅데이터는 서로 다른 데이터집합을 합류시킬 수 있는 공통의 장을 포함한다는 점에서 본성상 관계적(relational)이며, 새로운 분야로 손쉽게 연장될 수 있고 규모를 빠르게 확장할 수 있다는 점에서 탄력성(flexibility)을 갖는다.[36] 이와 같은 특징을 바탕으로 빅데이터는 일기예보, 환경 변화 모니터링을 위한 원격 감지, 주식시장과 같은 영역에 상대적으로 일찍 활용되었다. 하지만 2000년대 후반 이후 네트워크 인프라구조의 발달, 클라우드를 포함한 유비쿼터스 컴퓨팅의 확산, 대용량의 데이터 저장 및 분산성을 가능하게 하고 유연성과 확장성을 가진 비관계형(NoSQL) 데이터베이스의 개발, 데이터센터의 증가와 같은 기술적 발전이 페타바이트 시대로의 전환점을 찍었다. 물론 코로나19가 야기한 봉쇄 및 비대면 문화 또한 스트리밍 서비스의 비약적인 증가를 낳았고 빅데이터 사회를 더욱 공고하게 했다. 2021년 기준으로 유튜브에는 일일 단위로 약 720만 시간의 비디오가 업로드되었는데 이는 대략적으로 263페타바이트에 해당된다. 아마존 웹 서비스(Amazon Web Service)는 같은 해에 100트릴리온 이상의 데이터 객체를 저장했다고 밝혔는데 이는 대략적으로 500엑사바이트(ExaByte: EB)에 해당한다(그림 5-2).[37] 키친이 식별한 빅데이터의 특징은 이와 같은 빅테크 기업 플랫폼뿐 아니라 오늘날 다른 비즈니스 참여자 및 공공기관이 생성하거나 수집

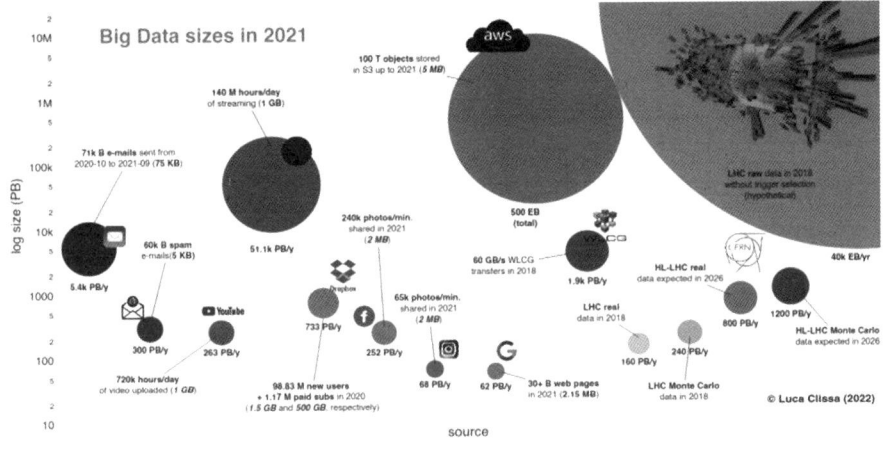

그림 5-2 2021년 빅데이터 분포.
출처: https://cloud.datapane.com/apps/dkjK28A/big-data-2021.

하는 데이터의 범위를 고려할 때 입증된다. 즉, 오늘날 빅데이터의
원천은 감시를 수행하는 전통적인 체제와 이들이 배치한 CCTV,
드론, 원격 감지 장치를 넘어 교통 관리 체계에서 적용되는 자동화
된 데이터 수집 시스템, RFID 등의 센서, 바코드 및 QR코드를 장
착한 기계 해독 가능 객체들의 스캔, 디지털 기기, 플랫폼에서 사용
자의 전자상거래 및 동의 행위, 소셜 미디어에서 상대적으로 자발
적인 콘텐츠 업로드 또는 공유 행위 모두를 망라한다.[38] 그리고 이
들로부터 수집되는 데이터의 관계적이고 탄력적인 속성은 이 다양
한 원천들의 연결성, 그리고 수집, 분류, 유형화, 분석 모두를 포함
하는 데이터 마이닝(data mining)의 가능성과 호응한다. 루이즈 아무
어와 볼하 피오투크가 요약하듯 "데이터 요소들의 연결은 다른 데
이터 집합으로부터의 데이터를 가로지르는 연합(join)을 통해 수행
된다. 이는 이미 지표화된 데이터와의 직접적인 상호작용에 근거하
거나(예를 들면 한 데이터베이스에서 주입된 전화번호, 신용카드번호, 사
회보장번호) 상이한 원천들에서 온 데이터 포인트(data point: 자료점)

의 확률론적인 상관관계(correlation)에 근거한다(예를 들면 트위터 계정에서 긁어모은 멘션이 페이스북에서 태그된 얼굴의 생체데이터 이미지와 상관관계를 갖는다).”[39]

연산미디어로의 이행이 전통적인 매스미디어는 물론 이전의 디지털 미디어 체제와도 구별되는 지점이 여기서 드러난다. 적어도 이전의 디지털 미디어와 관련해 볼 때 트랜스코딩은 기존의 텍스트, 이미지, 소리 기반 미디어(아날로그 미디어)가 수적으로 재현될 수 있는 데이터 객체로 변환된다는 것을 의미했다. 빅데이터는 트랜스코딩이 자연스러운 것으로 정착된 이후, 삶과 사회, 세계를 구성하는 사실상 모든 것이 연산적으로 수집되고 처리되고 매개되고 유통될 수 있는 데이터 객체 또는 클러스터로 변모했음을 가리킨다. 물론 이와 같은 변화의 영향은 이후 보다 상세히 다루겠지만 중대한 인식론적, 사회정치적 차원을 갖는다. 다나 보이드와 케이트 크로퍼드의 빅데이터를 정의하는 세 가지 요소, 특히 '분석' 및 '신화'는 이런 점에서 시사적이다. 분석은 빅데이터가 미치는 인간의 사회정치적 차원과, 신화는 지식의 생산을 포함한 인식론적 차원의 문제가 되기 때문이다.

(1) 기술: 커다란 데이터집합을 모으고 분석하고 연결하고 비교할 수 있는 연산적 역량과 알고리듬적 정확성을 극대화하는 것
(2) 분석: 경제적, 사회적, 기술적, 법적 주장을 위해 커다란 데이터집합을 끌어들여 유형을 식별하는 것
(3) 신화: 커다란 데이터집합이 이전에는 불가능한 진실, 객관성, 정확성의 아우라를 띤 직관을 창출할 수 있는 보다 고도의 지성 및 지식

을 제공할 수 있다는 확산된 믿음[40]

 인식론적, 사회정치적 차원과 더불어 빅데이터가 존재하는 방식 및 그것이 인간 주체의 존재를 구성하는 방식 또한 연산적인 관점에서 간략하게나마 먼저 정리할 필요가 있다. 오늘날 빅데이터의 중요한 부분은 신체의 건강 지표와 같은 생체적인 차원부터 전통적으로 인간을 식별하는 데 사용하는 범주였던 인종과 성별, 그리고 인간의 사회적 존재를 구성하는 직업 및 퍼포먼스의 차원을 망라한다. 빅데이터로의 전환은 이 모든 요소들이 수치화되고 측정 가능하게 변환된다는 것을 의미한다. 따라서 이는 추상화(abstraction)를 포함하며, 이는 데이터가 인간과 사회를 반영하는 거울로서 이해될 수 없음을 뜻한다. 즉, 데이터화라는 현상은 "사유, 정서, 사실에 이르는 모든 것이 연산 가능한 상징의 집합으로 추상화됨을 함축한다."[41] 추상화라는 개념은 두 가지 차원에서 중요하다. 하나는 데이터화가 수반하는 추상화 개념이 정치경제학적 디지털 노동 및 소비 체제를 분석할 때 마르크스주의 또는 들뢰즈-가타리의 철학을 경유하여 적용하는 추상화 개념과 효과적으로 접속한다는 것이다. 랏자라또의 경우 인간의 신체와 정서를 포괄하는 자본주의적 추상화는 사회적, 경제적 시스템을 관장하는 컴퓨터를 포함한 추상 기계(abstract machine)를 경유한다. "기계 중심적 세계에서 실재에 대한 작용은 인공물을 요구하며, 그것도 점점 더 추상적인 인공물을 요구한다. … 기계 중심적 세계에서 말하고, 보고, 냄새 맡고, 행동하기 위해 우리는 기계 및 비의미작용적 기호계와 같은 종류가 되어야 한다."[42] 조너선 벨러는 더욱 극단적인 방식으로 정보를 '실제적 추상화(real abstraction)'로 규정하며 다음과 같이 말한다. "사실상 자본은 '정보'가 무엇이 될 수 있는가에 민감한 기계적 지각과 인지 양식을 개발하고 정보에 대한 일반 이론의 발전을 통해 정보의 창안을 필요하게끔 만들었다. 정보는 실제적 추상화다."[43] 다른 하나는 추상화를 수반하는 데이터가 원데이터(raw data)가 아니라 타협된 데이터라면, 이는 어떤 데이터가 수집되고 그 과정에서 사회적인 것의 복잡성과 풍부함 중 어떤 것들이 추상화되는가라는 질문을 요청한다는 것이다.

이와 같은 두 가지 함의는 생체측정(biometric) 시스템이 감시와 통제에 적용되는 방식에 대한 연구 및 노동의 자동화에 대한 연구에서 데이터화된 자아를 수량화된 자아(quantified self)로 명명하는 근거이기도 하다.[44] 수량화된 자아는 컴퓨터적인 동시에 사회적인 실존을 갖는다. 데버러 럽턴이 말하듯 "현상이 계량화되고 해석되는 방식 및 이와 같은 측정이 활용되는 목적은 항상 사회적 관계, 권력의 역학, 그리고 보기의 방식 내에 함축되어 있다. 다른 지식 형태와 마찬가지로 이들은 사회적 구성물이다. 정치적이고 지저분하며 주체, 정체성, 공동체를 반영하는 동시에 구성한다."[45] 그런데 신체 및 정서와 관련된 데이터의 이와 같은 이중적인 실존은 온전히 수량화로만 명명될 수는 없다. 정확히 말하면 여기서 수량화는 질적인 가치를 양적인 가치로 변화한다는 것만을 뜻하지는 않는다. 이렇게만 간주할 경우 우리는 데이터화된 자아를 일종의 고정된 숫자로 물신화할 위험이 있기 때문이다. 이러한 물신화는 사실 빅데이터를 사회와 경제의 혁명적인 전환으로 부각시키는 기술-유토피아적 담론의 효과 중 하나기도 하다. 데이터를 기술사회적 복합물로 취급한다는 것은 럽턴의 개념을 빌리면 '살아 있는 데이터(lively data)'로의 이해를 적용해야 함을 뜻한다. 개인적인 데이터는 사회적인 차원에서는 인간의 생명과 사회적 행위를 망라하는 살아 있음의 영역을 구성하고 오늘날 서로 연결된 디지털 기반 문화와 경제 속에서 서로 다른 플랫폼을 횡단하며 재활용되거나 폐기되기 때문에 살아 있다. 또한 연산미디어의 기술적 차원에서는 개인적인 데이터가 스마트 기기를 포함한 자기-측정 행위뿐 아니라 디지털 기술과 인간이 상호작용하는 다양한 양식을 포함하기 때문에, 그리고 새로운 데이터의 추가와 분석 기법의 적용 방식에 따라 역동적으로 변화하기 때문에 살아 있다.[46]

알고리듬은 추출되고 수집된 빅데이터의 연산적 처리와 직접적으로 관련된다. 빅데이터와 마찬가지로 알고리듬은 단순히 수치화된 자료로 환원되지 않은 복합적 의미, 즉 컴퓨터의 기술적이고 물질적인 층위에만 환원되지 않는 인식론적, 문화적, 정치적 의미를 갖는다. 즉, 빅데이터가 데이터의 항구적이고 전면적인 수집, 데이터의 분류, 데이터집합의 구성, 분석을 통한 예측적인 지식 제공 등의 과정에서 서로 연관된 다양한 모습으로 존재하는 것처럼 알고리듬 또한 그러하다. 컴퓨터 공학에서 알고리듬은 "어떤 가치 또는 일군의 가치들을 입력으로 취하고 이와 같은 가치들을 출력으로 산출하는 잘 정의된 연산적 절차"로, 또는 "입력을 출력으로 변환하는 연산적 절차들의 시퀀스"[47]로 정의된다. 이는 문제 해결을 위한 일련의 수학적 공식들로 쓰일 수 있다. 따라서 알고리듬의 계보는 컴퓨터 공학 이전의 고대와 중세, 근대의 수학으로 수렴되며, 제2차 세계대전 이후 컴퓨터의 개발 과정에서 선형대수학 및 응용통계학에 근거한 로지스틱 회귀(logistic regression), k-최근접 이웃(k-nearest neighbor), 단순 베이즈 분류(naive Bayes classifier) 등의 알고리듬들이 이미 구상되었고,[48] 이후 살펴보게 될 기계학습은 바로 이들의 많은 부분을 실행시켰다. 타이나 부처가 요약하듯 알고리듬은 "소프트웨어의 작동가능성에서부터 사회 전체에 이르는 다양한 규모로 존재하면서 경제와 지식생산, 문화에 이르는 모든 것을 생각하고 말하는 방식으로 미끄러져 들어가는데 이는 그것이 '약호화된 지침(coded instruction)보다 훨씬 많은 것'이기 때문이다."[49] 알고리듬의 다양한 규모와 복합적인 이해 방식은 다음과 같은 사례로 간략히 설명될 수 있다. 알고리듬이 문제 해결을 위해 적용되는 수학적인 방법을 포함한 추상적인 방법이라면, 이는 인간과 컴퓨터 모두가 수행할 수 있는 것이다. 이렇게 볼 때 컴퓨터는 문제 해결을 위한 수많은 지침을 빠른 속도로 실행할 수 있는 기계로서 파악된다.[50]

알고리듬에 관여하거나 이를 경험하는 다양한 이해관계자들의 관점 또한 알고리듬의 복합적 존재론을 입증한다. 컴퓨터공학자나 프로그래밍 개발자는 알고리듬을 요리를 만드는 데 필요한 레시피 또는 문제 해결을 위한 다이어그램적인 일련의 단계들로 파악한다. 이 단계들은 순서(sequence), 선택(selection), 반복(iteration)을 포함하는 통제 구조를 이루고, 이 구조 내에서 어떤 문제 해결 또는 연산 행위가 수행될 것인가가 결정된다.[51] 그러나 이와 같은 형식적 정의와 대조적으로 오늘날의 연산미디어 문화에서 알고리듬은 그 속성을 표면에서 파악할 수 있는 미디어 객체로 존재하지 않는다. 구글과 페이지랭크 알고리듬, 페이스북의 에지랭크, 아마존과 유튜브, 넷플릭스의 추천 알고리듬은 수많은 이들에 의해 변화하면서 시간을 거쳐 축적되고 너무나 복잡하다. 따라서 특정한 예측의 원인으로 지목할 수 있는 단순한 코드의 비트란 존재하지 않을 정도가 되었다. 오히려 오늘날의 소셜 미디어를 구성하는 알고리듬 체제는 "수백 개의 손으로 접근되는 거대한 네트워크화된 상자들로 이해되어야 한다. 우리가 이와 같은 시스템의 논리를 주의 깊게 고려한다면, 우리는 특정한 알고리듬과 관련된 논리와 제어 이상의 것에 주목할 필요가 있다. 우리는 그 손을 이끄는 논리, 다른 알고리듬보다 특정 알고리듬을 선택하게 하는 논리, 데이터의 특별한 재현을 선택하게 하는 논리, 관념을 코드로 번역하는 그 논리를 조사할 필요가 있다."[52]

단순하면서도 쉽게 객체로서 한정하거나 파악하기 힘든 알고리듬의 복합적인 차원, 알고리듬이 연산화를 추동하고 실행하는 사회기술적인 결합체로서 존재하는 차원을 이해하기 위해 탈턴 길레스피의 논의를 살펴보는 것이 도움이 된다. 컴퓨터 개발자의 관점에서 볼 때 알고리듬은 문제와 해결 목표를 변수, 절차 등의 연산적 용어로 번역한 모델의 구성 이후에 구축된다. 예를 들어 검색엔진에서 사용자의 검색 용어에 가장 적합한 결과를 도출하는 과제의 알고리듬은 "그 사용자가 처음 다섯 페이지 중 하나를 클릭할 확률을 향상시키기 위해 인덱스 데이터베이스에서 미리 가중치가 부여된 객체들의 조합된 값들을 효율적으로 계산하는 연산적 용어를 포함한다."[53] 그러나 알고리듬은 이와 같은 기술적 특정성을 넘어 사회의 포괄적 담론 내에서 통용되면서 자동화되고 예측적인 방식으로 이루어지는 지식 생산, 의사 결정, 행동 변화 시스템의 일부를 이룬다. 이런 면에서의 알고리듬은 이와 같은 시스템을 대표하는

제유법(synecdoche)으로 이해된다.[54]

이처럼 알고리듬을 제유법적으로 이해하는 관점은 알고리듬이 명사를 넘어 '알고리듬적(algorithmic)'이라는 형용사로 쓰여 온 2010년대 이후의 상황과 공명한다. 즉, '데이터화'라는 용어가 고정된 미디어 객체로서의, 명사로서의 데이터를 넘어 사회 제반의 요소들이 데이터로 변환되는 동사로 이해되고 그런 관계로 그러한 변환 및 처리 과정에 작용하거나 이 과정이 실행하는 권력의 양상에 대한 개입을 요구한다면 '알고리듬적'이란 형용사 또한 이와 유사한 방식으로 이해될 수 있다. 존 체니-리폴드의 '알고리듬적 정체성',[55] 루이즈 아무어와 볼하 피오투크의 '알고리듬적 생명(algorithmic life)',[56] 타이나 부처의 '알고리듬적 권력(algorithmic power)', 테드 스트리파스의 '알고리듬적 문화(algorithmic culture)'[57]와 같은 개념이 이러한 맥락에서 제기되어 왔다. 비판적 디지털 미디어 연구 진영이 제기한 이와 같은 개념들은 사실 컴퓨터과학자나 개발자가 이해하고 창안하는 알고리듬, 즉 문제 해결을 위한 지침들을 컴퓨터의 언어로 번역한 연산 지침과는 동일하지 않다. 그럼에도 불구하고 알고리듬을 다면적인 실체로 존재하게끔 하는 연산적인 것과 사회적인 것의 공통분모를 식별할 수 있다. 이는 데이터로 변환된 모든 것을 한정된 수의 절차로 인식하고 처리할 수 있다는 절차성(procedurality), 이 처리 과정은 측정 가능한 데이터의 연산을 따른다는 수학화(mathematicization), 그리고 컴퓨터의 데이터 처리 속도와 볼륨을 특징으로 하는 자동성(automacity)으로 요약될 수 있다. 예를 들어 구글에서 인물 검색 결과에 적용되는 '유명인'이나 '여성', 흑인을 인식하지 못하는 휴렛패커드 얼굴 인식 기능 이면에 작용하는 '백인',

미국 국가보안국이 입국자 데이터의 수집에 적용한 '테러리스트'와 같은 데이터-기반 모델로서의 범주는 사용자 데이터의 분류 및 알고리듬적인 측정과 분석을 통해 구축하는 정체성의 유형, 즉 '측정 가능한 유형(measurable type)'이다. "측정 가능한 유형이란 세계에 대한 새롭고 트랜스코딩된 해석을 구성하는 다양한 데이터화된 요소들의 결합인 데이터 탬플릿이다. 이는 사용자에게 하나의 정체성, 즉 새 데이터 스트림을 기존의 데이터화된 모델과 비교하는 알고리듬적 식별을 사용자에게 할당하는 데 가장 자주 활용된다."[58] 한편으로 체니-리폴드는 알고리듬적 정체성을 구성하는 이와 같은 유형이 사회기술적인 층위에서 인종, 성별, 계급과 같은 사회적 범주를 통계적, 인구학적으로 생산하고 이를 통해 인간의 생명과 정체성을 통치한다는 점에서 푸코적인 의미에서의 생명정치 장치를 계승하는 것으로 간주한다. 다른 한편으로 그는 이와 같은 유형의 구성 및 이를 바탕으로 한 정체성 할당이 사용자의 가시성을 넘어선 영역에서 사용자에게 친밀한 방식으로 실행된다는 점에서 '소프트 생명정치(soft biopolitics)'라는 용어가 필요하다고 주장한다.[59] 스트리파스의 '알고리듬적 문화' 개념 또한 '알고리듬적 정체성' 개념과 유사하게 "데이터의 소용돌이 속에서 통계적 상관관계, 즉 그것이 없다면 이산되고 분산된 집적체로 남아 있을 사람들을 통합하는 것처럼 보이는 상관관계를 발견하는 일련의 분석적 도구"[60]가 취향과 의사를 결정하는 방식을 가리킨다. 그런 점에서 이는 에드 핀이 말하는 문화 기계(culture machine)로서의 알고리듬 개념에 호응한다. "사이버네틱스의 명쾌한 추상화를, 궁극적으로는 컴퓨터화된 세계를 신봉한다. 즉, 문화적으로 독해할 수 있도록 알고리듬이 현실의 수학적 기판(substrate)을 체화하고 재생산하는 것을 신봉한다. 이것이 알고리듬이 문화 기계라고 할 때 뜻하는 바다. 알고리듬은 효율적인 연산 가능성의 반사 장벽 내에서 이를 초월하여 작동하면서 거시-사회적 층위에서 문화를 산출하고 그와 동시에 문화적 대상, 과정, 경험을 산출한다."[61]

규칙-기반 알고리듬(rule-based algorithm)에서 기계학습(machine learning)으로의 진화는 알고리듬의 위상 변화는 물론 연산화주의의 심화와 확산에 결정적으로 기여했다는 점에서 중요하다. 이와 같은 변화는 '만약… 그렇다면(if-then)'의 닫힌 체계 내에서 사전에 프로그래밍된 지침에 따라 과제를 수행하는 알고리듬에서 데이터 축적을 기반으로 한 추론(inference)과 향상, 나아가 추리(reasoning)도 가능한 알고리듬으로의 진화로 설명될 수 있다. 기계학습은 알파고의 성공을 통해 널리 알려졌고 오늘날 빅테크 기업이 활발하게 개발하고 자신의 플랫폼에 응용하거나 안면 인식, 위치 추적 등 새로운 서비스 및 기능을 소개하는 데 활용해 온 알고리듬적 기법이기도 하다. 페이스북은 2021년 기계학습의 심층신경망에 근거한 자신의 뉴스피드 추천 시스템을 공개했다.[62] 이에 따르면 페이스북의 기계학습 시스템은 사용자가 관심 있을 만한 콘텐츠를 추출하고 선택한 후 사용자와 콘텐츠를 공유한 다른 사용자와의 친밀도, 사용자가 자주 보는 콘텐츠를 바탕으로 점수를 매기는 과정을 거친다. 이러한 과정을 수행하는 심층신경망은 다양한 유사도 연산 기법을 반복적으로 적용하고 이 과정에서 가중치와 순서를 자동적으로 수정해 나가는 방식으로 자신의 모델을 갱신해 나간다. 심층신경망에 근거한 기계학습의 진화는 마노비치가 말하는 '컴퓨터 층위'가 '문화적 층위'에 영향을 미치면서 이를 구성하는 기법과 효과를 빠른 속도로 통합해 왔다는 점에서 알 수 있다. 신경망의 한 종류로서 합성곱 신경망(Convolutional Neural Network: CNN)은 다수의 채널을 가진 데이터를 연산함으로써 컴퓨터 비전과 음향 인식이 데이터화된 사진과 회화적 이미지 및 음성의 판별 및 출력으로 확장할 수 있는 계기를 제공했다. 그리고 이미지를 생성하는 생성자(generator) 신경망과 그 이미지를 판별하는 판별자(discriminator) 신경망이 서로 대립함으로써 훈련 데이터에 대한 학습 결과를 개선시키는 원리에 근거한 적대적 생성 신경망(Generative Adversarial Network: GAN)은 컴퓨터 기반 이미지 처리를 인식과 분류에서 환영적인 사실주의 효과를 포함한 기존 이미지 데이터의 합성으로 확대했다. 적대적 생성 신경망의 업데이트된 버전으로 엔비디아(NVidia) 연구진이 2018년 개발한 스타일간(StyleGan)은 입력 이미지 데이터의 시각적 스타일과 외양을 전송할 수 있는 알고리듬을 포함함으로써 볼터와 그루신이 말하는 재현 관습과 기법의 재매개를 생성적으로 통합한다.[63] 2020년대 이후 거대언어모델(large language model)의 신속한 발전에 힘입어 심층학습은 훈련된 데이터의 학습에 근거하여 특정 과제를 수행하는 협소인공지능(Narrow AI)을 넘어, 인간 수준 또는 그 이상의 추론 및 학습 역량, 그리고 창발적인 행동과 능력을 통해 작문, 수학문제 풀이, 그리기, 코딩, 약학 및 법률 관련 시험 응시 등의 다양한 과제를 수행하는 인공일반지능(Artificial General Intelligence)의 방향으로 진화해 왔다. 거대언어모델은 심층학습이 과학과 사회 영역을 유지하고 작동하는 각종 과제들의 매개라는 기존 알고리듬의 기능을 넘어 쓰기, 말하기, 듣기라는 인간 감각의 영역과 이를 바탕으로

한 감각 가능한 미디어 객체의 생산으로 확장했다는 점을 선언한다. 따라서 이는 연산미디어가 기존의 미디어 영역을 통합하는 미디어의 확장이다. 그러나 이와 같은 확장은 기존 미디어의 연속만으로는 설명될 수 없다. GPT-4의 다양한 과제 수행 역량을 검증한 연구진이 제기하는 다음과 같은 실문은 연산미디어로서의 심층학습 모델이 여전히 불확실성을 남기면서도 미디어의 존재론 및 작동의 차원에서 기존 미디어와 단절한다는 점을 암시한다. "GPT-4는 그 핵심이 경사하강법(gradient descent)과 극도로 많은 양의 데이터를 포함하는 대규모 변환기(transformer)와 같은 단순한 알고리듬 구성 요소의 조합일 뿐인데 왜 그렇게 일반적이고 유연한 지능을 나타내는가? 이러한 질문은 LLM의 미스터리와 매력의 일부다."[64]

기계학습과 인공 신경망의 구조 및 학습 방식에 대한 많은 설명이 있지만 가장 간략하고 일반적인 설명은 훈련 데이터(training data), 모델을 구성하는 입력층(input layer), 출력층(output layer) 및 이 사이를 매개하는 은닉층(hidden layer), 그리고 이 세 층위에 모두 포함된 알고리듬으로서의 기능(함수: function)을 포함한다(그림 5-3). 훈련 데이터는 입력값 데이터를 출력값으로 변환하기 위해 신경망이 학습하는 특정 데이터 집합이다. 입력층은 입력 데이터를 구성하는 매개변수에 따라 단일 또는 다수의 신경망으로 이루어질 수 있고 이는 특정 과제에 따른 출력 데이터를 생성하는 출력층과 호응한다. 이들 사이에 있는 은닉층은 입력 데이터(노드에 입력된 값)의 가정 합을 출력 신호로 변환하는 이른바 활성화 함수(activation function)들로 이루어져 있는데, 이들은 입력 데이터 값을 특정한 클래스(class)로 분류(classification)한다. 심층신경망은 복잡한 매개변

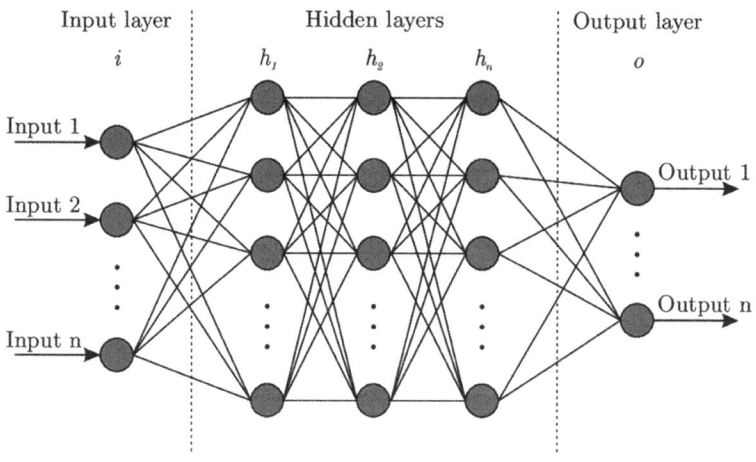

그림 5-3 인공 신경망 모델의 구조.
출처: https://www.researchgate.net/figure/Artificial-neural-network-architecture-ANN-i-h-1-h-2-h-n-o_fig1_321259051.

수를 포함한 데이터 간의 관계를 분류하고 이들 간의 상대적 거리를 연산할 수 있는 비선형 활성화 함수를 포함함으로써 학습과 과제의 응용 범위를 확장하는 데 기여했다. 분류는 신경망을 구성하는 입력층 뉴런에 임의의 가중치를 부여하고, 훈련 데이터의 학습을 통해 "최종 뉴런이 모델을 지도한 정답에서 얼마나 떨어져 있는지 평균값을 구한다."[65] 모델은 이 평균값을 오차, 즉 주어진 과제에 대한 정답과의 거리를 최소화할 수 있도록 출력층에서 입력층으로 회귀하는 방식으로 가중치를 조정해 나가는데 이 과정을 역전파(backpropagation)라고 한다. 역전파의 기능은 인공 신경망이 데이터를 처리하는 과정이 수학적, 확률론적 의미에서의 최적화(optimization) 과정임을 뜻한다. "가중치 행렬에 대한 최적값은 바로 기계학습이 학습하는 것이다. '최적'인 것은 가장 정확하고 가능한 입력값 분류를 출력값과 연결시키는 가중치의 집합으로 정의된다."[66] 이 모든 과정을 포괄하는 인공 신경망의 학습은 데이터의 분류기[classifier: 예를 들어 스팸 메일과 그렇지 않은 메일을 분류하는 것처럼 입력 데이터의 특징값(feature value)에 따라 특정한 클래스의 출력값을 산출하는 시스템]를 선택하는 표상(rcpresentation), 역전파 과정을 통해 모델을 수정하면서 좋은 모델과 나쁜 모델을 구분하는 평가(evaluation), 그리고 분류기 중 가장 높은 점수의 분류기를 선택하는 최적화라는 세 가지 프로세스를 포함한다.[67]

이와 같은 인공 신경망의 학습 및 추론 과정에서 중요한 것은 연산화주의의 실행을 가능하게 하는 일련의 수학적인 절차들과 이들에 의한 데이터의 추상화다. 이때 추상화는 우선적으로는 연산화 모델이 상정하는 추상화다. "심층 학습 모델은 다층적인 재현을 포함하는 재현-학습 방법인데, 이는 (원재료 입력 데이터에서 시작하여) 한 수준에서의 재현을 더 높고 약간 더 추상적인 수준의 재현으로 변환하는 단순하지만 비선형적인 모듈을 통해 얻게 된다."[68] 연산적인 추상화는 여러 수학적인 개념과 방법을 포함한다. 신경망 모델이 학습하는 훈련 데이터는 정보를 알고리듬이 연산하고 분별할 수 있는 데이터 단위로 변환하고 이를 데이터 집합으로 조직하며 이 집합을 범주(category)로 분류하는 라벨링(labeling) 과정을 거친다. 신경망 모델을 구성하는 학습 알고리듬은 훈련 데이터를 통한 지도(supervising)를 통해 입력 데이터에서 일정한 '특징(feature)'을 추출하고 이를 바탕으로 입력 데이터 간의 패턴을 추출한다. 이처럼 훈련 데이터의 구성 및 모델의 학습 모두 일종의 집합 논리에 따라 데이터를 인식하고 처리한다. 이때 특징과 패턴의 추출은 데이터의 본래 성질(예를 들어 얼굴 인식 기법에서 인식의 대상인 얼굴, 또는 자율주행 차량에서 실제 지리적 장소의 경로)로서 다루어지지 않고, 선형대수학을 적용한 알고리듬들이 처리할 수 있는 요소로 변환된다. 이 요소 중 하나가 바로 벡터 공간, 특히 잠재공간(latent space)이라 불리는 다차원적 벡터 공간이다. 인간이 직관적으로 포착할 수 없지만 선형대수학에서 연속 혹은 이산적인 숫자의 배열로 정의될 수 있는 잠재공간은 자연스럽게 현상과 객체의 추상화, 또는 데이터의 압축을 포함한다. 기계학습에서 제기되어 온 이른바 차원성 문제(dimensionality problem), 즉 학습 대상이 되는 데이터의 차원이 증가하면서 모델의 성능이 저하되거나 개별 차원 내 학습할 데이터의 수가 적어지는 현상은 기계학습에 내재적인 추상화의 차원을 드러낸다. '차원의 저주(curse of dimensionality)'라 불리기도 하는 이와 같은 문제를 해결하는 한 가지 방법은 데이터의 차원을 줄이는 것, 즉 차원 축소(dimensionality reduction)다. 마테오 파스퀴넬리가 설명하듯 차원 축소는 가장 정답에 가까운 모델을 생성하는 기계학습의 통계학적인 전제에 내재적이다. 이런 점에서 볼 때 차원 축소는 입력 데이터의 범주를 줄이는 범주 축소(category reduction), 그리고 비정상적인 데이터를 평균값에 맞추는 정규화(nomalization)와 같은 일련의 다른 추상화를 수반한다.[69]

이와 같은 다차원적인 수학적, 연산화적인 추상화는 기계학습이 생성하고 업데이트하는 모델이 인간 지성의 일반적이고 복잡한 능력을 시뮬레이션한 자동기계라기보다는 특정한 모델, 즉 '통계적 모델(statistical model)'로 파악될 필요가 있음을 입증한다. "통계적 모델은 훈련 데이터를 가능한 한 가장 낮은 오차로(기계학습에는 항상 오차가 있다) 명쾌하게 적합화(fitting)함으로써 훈련 데이터의 패턴을 '야생의' 새로운 데이터에 일반화할 때 성공적으로 훈련되었다고 말할 수 있다."[70] 이와 같이 설명될 수 있는 모델은 과잉 일반화나 과적합(overfitting: 모델이 노이즈를 포함한 입력 데이터의 모든 것을 너무나 빈틈없이 학습하는 것)과 같은 오류의 필연성을 가리키지만, 여기에는 더욱 중요한 함의가 있다. 통계적 모델로서의 심층 신경망이 수행하는 과제는 수적 재현으로 측정되는 값이 부여된 데이터의 패턴을 통계적인 분포(distribution)로 나타내는 것을 수반한다. 그리고 이는 인간과 사회를 이루는 기존의 차원들, 예를 들면 인종, 성별, 성적 지향성과 같은 범주들을 수학적인 범주로 환원하여 일정한 방식으로 학습된 훈련 데이터에 따라 가정된 정답에의 유사성과 거리(오차)를 기준으로 이 모든 차원들의 데이터를 처리하는 것을 의미한다. 결국 이는 기계학습이 구현하는 통계적 모델의 확산이 세계와 인간 자체의 존재는 물론 인간을 기존에 구성했던 요소들을 새로운 방식으로 강화하거나 조정한다는 점을 시사한다. 이와 같은 존재론적, 사회정치적 영향은 심층 신경망 기반 통계학적 모델에서의 패턴과 연결된다. 패턴은 심층 신경망이 지각하고 지식을 구성하는 인식론적 차원의 문제가 된다. 통계적 모델로서의 신경망에서 데이터 간의 관계인 패턴은 가설에 근거한 관찰을 바탕으로 연역적으로 얻어지는 것이 아니라, 훈련 데이터의 학습을 통한 수학적인 적합화 혹은 최적화의 과정을 거쳐 귀납적으로 인식되고 생성되기 때문이다. 기계학습이 적용되는 두 가지 주요 과제인 분류와 예측으로 말하자면, 분류는 훈련 데이터의 학습 결과로 데이터화된 객체를 파악하여 특정 범주에 일치시키는 패턴 인식의 과제고, 예측은 통계 분포에 따라 입력 데이터에서 잠재된 혹은 사라진 정보를 찾아 미래 사건의 모델을 추론하는 패턴 생성(pattern generation)의 과제다.[71]

패턴을 인식하고 생성함으로써 기계학습을 지탱하는 확률론적 통계 기법은 이전에 인간적인 것의 영역에서 가정되었던 지각과 인식, 판단은 물론 문화와 환경, 제도를 재편하는 행위자가 된다. 기계학습을 사회기술적 복합체로 간주할 필요성은 에이드리언 매켄지가 시사하듯 함수를 사회적 기능, 그리고 관찰, 분류, 선택의 인지적 과정을 포함한 중의적 개념으로 사유하는 것을 뜻한다. "함수의 관점에서 볼 때 기계학습은 함수를 찾는 작동으로 파악될 수 있다. 명시적이든 함축적이든 간에 기계 학습자는 문제가 되는 데이터를 벡터 공간에 흐르게 하는 사회, 기술, 금융, 상거래, 생물학, 두뇌, 정신 또는 집단의 과정과 근접하는 수학적 표현, 즉 함수를 찾는다."[72] 이런 관점에서 볼 때 기계학습이 자본주의의 논리와 접목되는 방식에 관한 저스틴 조크의 다음과 같은 설명은 단순히 자본주의가 자신의 추상화와 축적의 논리를 증강하기 위해 기계학습을 수단으로 채택했다는 방식으로 요약될 수는 없다. 즉, 이 설명의 타당성은 통계적 모델로서의 심층 신경망이 기술-수학적으로 이해되어야 한다는 점을 전제한다. "기계학습은 자본주의가 항상 꿈꿔온 것을 정확하게 수립하는 것처럼 보인다. 그것은 진리를 교환이 일어나는 바로 그 순간에만 항상 생산하는 인식론적, 경제적 공약가능성(commensurability)을 세련되고 보편적인 공용어(lingua franca)로 지정하는 꿈 말이다. 알고리듬을 사용하면 추출 가능한 모든 데이터 비트를 비교되고 궁극적으로 교환될 수 있는(exchangeable) 서로 바꿀 수 있는(interchangeable) 비트로 변환할 수 있다."[73] 통계적 모델의 기술적이고 사회적인 복합성은 이 모델의 갱신과 데이터 치리를 지배하는 최적화 과정에도 적용된다. 한편으로 최적화는 수량화된 데이터의 자동적인 연산 과정을 가리키지만, 이는 포디즘과 테일러리즘으로 이어지는 노동과 생산의 최적화 과정이 입증하듯 "자아와 사회적 결정을 발전, 진보, 혁신, 완전성의 렌즈에 따라 파악하는 식민적이고 과학적인 지식에 의존하는"[74] 기법이기도 하기 때문이다.

이와 같은 통계적 모델의 힘은 제2차 세계대전 후 컴퓨터 개발에서 하드웨어 중심의 기계적인 컴퓨터가 소프트웨어 중심의 컴퓨터로 전환되는 과정과 무관하지 않다. 웬디 희경 전이 밝히듯 소프트웨어는 코드를 로고스(logos)로 만드는 과정, 즉 "코드를 소스로, 행동의 참된 재현으로, 사실상 행동을 대체하면서 행동과 뒤섞이는 것으로"[75] 만드는 과정에서 출현했다. 코드의 이와 같은 역할을 고려한다면 알고리듬을 통해 수행되고 기계학습을 통해 강화되어 온 오늘날의 확률론적 수학은 바로 소프트웨어에서의 소스 코드와 같은 로고스의 위치를 차지한다고 말할 수 있다. 그런데 인공 신경망의 로고스로서의 위상은 그것이 다른 영역으로 손쉽게 교환하고 이동 가능하면서도 그 자체가 분명히 포착 불가능하다는 것을 말하기도 한다. 즉, 단순함은 사실상의 복잡함, 가시성은 비가시성을 수반한다. 결국 이는 인간과 기계, 컴퓨터 사용자와 컴퓨터 사이의 근본적인 비대칭성을 의미하는데, 웬디 희경 전에 따르면 소스 코드는 프로그래밍과 연산적 과제 수행의 문제를 해결하는 마법적인 해결책처럼 제시됨으로써 그 비대칭성을 은폐하는 물신(fetish)으로서 작동한다.[76] 이때 소스 코드의 마법성은 로고스로서의 코드가 시사하듯, 합리성 및 효율성, 범용성의 효과를 발생시킨다.

이와 같은 물신의 논리가 오늘날 심층학습의 확산에도 적용된다는 점을 생각할 수 있다. 구글이 배포한 오픈소스 기계학습 라이브러리인 텐서플로의 사례를 생각해 보자. 텐서플로 개발자들은 이것이 언어 번역 및 자동 이메일 답장과 같은 기존 기계학습의 응용 분야는 물론 환자들의 데이터 학습을 통한 원격 질병 관리와 치료, 작곡을 비롯한 예술적 창작 활동으로 확장될 수 있으며 랩톱은 물론 스마트폰을 통해서도 실행할 수 있고 고차원의 데이터 시각화 기능을 통해 전문가는 물론 일반인들도 사용할 수 있음을 강조한다. 이 모든 장점들을 뒷받침하는 텐서플로의 기저에는 대규모의 데이터를 빠른 속도로 확률적으로 연산할 수 있는 수학적 추상화의 과정들이 있다(그림 5-4). 이전 컴퓨터 체제에서의 소프트웨어가 그 다양한 기능의 이면에 놓인 수학적인 언어를 은폐하는 방식으로 로고스로서의 코드를 정립한다면, 기계학습은 오히려 로고스로서의 수학적 모델과 방법론이 수행하는 마법적인 힘을 사용자 인터페이스의 표면에 전시한다. 이렇게 스스로의 수학적 기저를 보편적인 언어로 전면에 드러내면서 자신의 다양한 기능성을 과시하는 인공지능의 논리는 통계적 모델에 내재된 연산적인 오류와 편향, 그리고 이 모델에 공급되는 훈련 데이터의 분류와 라벨링에 관여하는 편향으로 입증되는 연산적 층위의 비대칭성을 역설적으로 은폐한다.

빅데이터라는 패러다임 전환 또는 사회의 데이터화는 플랫폼화(platformization)라는 개념과 접속한다. 데이터화는 기존에 미디어 객체로 간주되지 않았던 인간의 성향, 감각, 사회적 정체성, 노동,

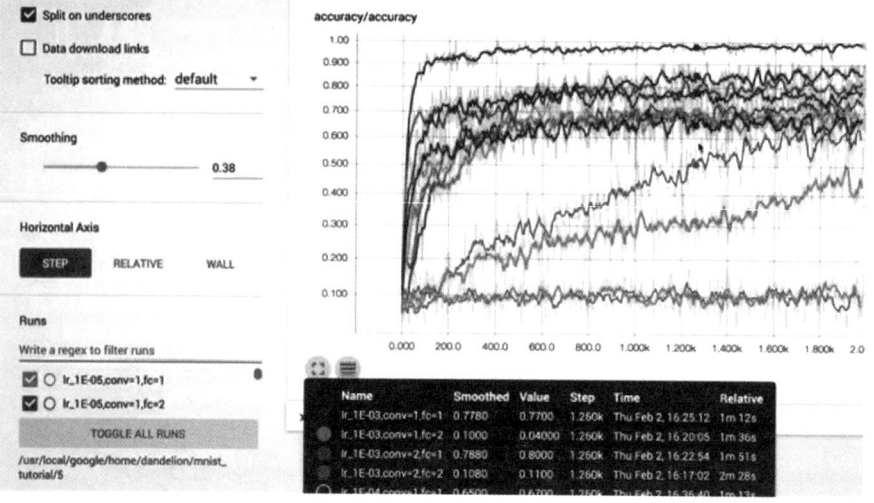

그림 5-4 구글 텐서플로의 통계적인 연산화 모델.
출처: https://www.youtube.com/watch?v=oZikw5k_2FM.

이동, 상거래 등이 데이터로서의 미디어 객체로 변환되고, 이 객체가 소프트웨어와 네트워크로 연결된 다수의 장치를 포함하는 복합체적인 미디어 환경(또는 환경으로서의 미디어)에서 순환하고 살아 움직인다는 점을 뜻한다. 이와 유사하게 플랫폼화는 처음에는 사회관계망(페이스북), 전자상거래(아마존), 검색엔진(구글)과 같은 한정된 기능을 가진 웹 기반 서비스가 개인과 사회를 이루는 전반적인 영역의 서비스와 기능으로 확장하면서 "외부 웹의 데이터를 '플랫폼에 준비된(platform ready)' 것으로 만들게 되는 과정을 수반한다."[77] 이와 같은 과정은 플랫폼을 구성하는 여러 행위자의 존재와 다층적인 의미를 함께 고려해야 함을 뜻한다. 즉, 플랫폼은 애플리케이션의 디자인과 활용을 뒷받침하는 네트워크와 소프트웨어를 포함한 인프라구조이기도 하지만 사용자, 기업과 고객, 광고주 등 다양한 개인적, 집단적, 제도적 행위자들의 참여를 촉진하고 이들의 이해관계를 반영한다. 즉, 플랫폼은 온라인에서 콘텐츠를 호스팅하는 중개자(intermediary)로, 인간이 구축한 물리적 구조와 상응하는 구조로, 그리고 의견과 욕망이 각축하고 형성되는 정치적 무대로 받아들여진다. 이와 같은 다양한 수사학적, 담론적인 이해를 포괄하면서 길레스피는 플랫폼 개념이 "기능적인 형태를 가리키는 것으로 출현하는 것을 넘어 그 위에 자리한 이들을 뒷받침하는 것을 약속하는 진보적이고도 평등주의적인 배치(arrangement)임을 시사한다"[78]고 말한 바 있다. 길레스피의 정의는 빅테크 기업이 주도해 온 플랫폼화가 플랫폼 경제로 통용되는 자신의 비즈니스 모델을 추구하고 실현하는 과정에서 사용자와 광고주 등 다양한 이해관계자를 만족시키는 방식으로 소구되었음을 뜻한다. 이 모델에 관여하는 행위자들 간의 관계는 평등하지 않다. 닉 서르닉이 요약하듯 사업 모델로서의 플랫폼은 "다양한 이용자가 매력을 느끼도록 설계되어야" 하고, "타자가 교류하는 텅 빈 장소로 자신을 표방하지만, 사실상 권력관계(politics)를 체화한다."[79]

플랫폼 자본주의에 대한 비판적 기술문화 연구는 비즈니스 모델을 포함한 사회와 문화, 개인과 집단적 커뮤니케이션의 플랫폼화가 초래한 불균등한 권력관계 또는 소외와 종속의 양상을 지적해 왔다. 이광석이 요약하듯 넓은 의미에서의 플랫폼 자본주의는 산업자본주의의 패러다임 바깥에 있었던 노동력과 자원을 끌어들여 비물질노동 또는 인지노동으로 변환하는 강력하고도 포괄적인 흡수 전략을 동원하고 공유경제와 같은 새로운 슬로건을 활용함으로써 노동의 가치를 지속적으로 평가 절하한다. 플랫폼화에 따른 이와 같은 비대칭적인 소외와 착취 양상은 노동과 경제 영역에만 국한되지 않는다. 플랫폼 자본주의는 "알고리듬이라는 자동기계를 기업 조직 안팎에 배치함으로써 '사회적인 것(the social)'을 생략하거나 오염"시키는 과정과 연동되고, 이는 "데이터 소외와 가분체의 전유와 포획을 안정적으로 이끄는 데 정치적·(비)제도적·법률적·기술적·미디어적·사회적·문화적인 제반 환경을 동원한"[80] 결과로 볼 수 있기 때문이다. 서르닉이 말하는 플랫폼 자본주의는 오늘날 플랫폼의 구성 및 작동 방식, 나아가 사회적인 것 전반의 플랫폼 의존이라는 결과가 사업의 통합과 확장, 사유화에 주목하는 정치경제학적인 접근만으로는 설명할 수 없음을 함축한다. "21세기 자본주의는 자신이 전유할 거대한 새로운 원료를 발견했다. 데이터 말이다. 일련의 발전을 거쳐 플랫폼은 이런 데이터를 독점하여 추출, 분석, 사용, 판매하는 점점 더 지배적인 사업조직 방식이 되었다."[81] 여기서 중요한 것은 플랫폼 기업에 의한 '데이터의 추출, 분석, 사용, 판매'를 가능하게 하는 플랫폼화의 물질적, 인프라구조적인 관점이다. 이런 맥락에서 서르닉은 빅테크 기업의 사물인터넷 대규모 투자, 웨어러블 기술의 개발 및 적용, 자기기록 데이터 활용의 권장, 데이터센터의 확충 등을 플랫폼 자본주의의 하부구조 차원으로 지적한다. "데이터 수집이 플랫폼의 가장 중요한 과제라면 분석은 그와 연관된 필수적 상관물이다. 데이터 생성 장치가 급증하면서 데이터 저장 지점이 폭발적으로 늘어나고, 이에 따라 점점 더 크고 정교한 분석 도구와 저장소가 요구되며, 결국에는 플랫폼의 독점화가 더욱 강해진다."[82]

이는 사회적인 것 전반을 흡수하는 플랫폼화가 담론적, 정치경제적인 차원으로 온전히 환원되지 않는 연산적인 차원에서의 플랫폼화를 전제함을 뜻한다. 조제 반데이크가 설득력 있게 지적하듯 오늘날 플랫폼화의 기원이 소셜 미디어가 형성하고 발전시킨 연결성의 문화(culture of connectivity)라면, 이 문화의 역학을 추적하기 위해서는 소셜 미디어를 비즈니스 모델, 거버넌스, 소유권을 포함하는 사회경제적 구조로 간주하는 접근법뿐 아니라 기술, 사용자, 콘텐츠를 포함하는 기술-문화적 구축물(techno-cultural construct)로 바라보는 접근을 함께 채택하는 것이 필요하다.[83] 페이스북과 같은 플랫폼이 텍스트를 넘어선 다양한 콘텐츠를 포함하고 자신의 서비스를 확장하면서 다른 외부의 소프트웨어 기반 서비스와 연동되는 과정은 웹 2.0 문법이 적용된 2000년대 중반부터 개발되고 수정되고 부가된 복잡한 기술적 층위를 포함한다. 이 기술적 층위는 먼저 데이터의 포착과 순환을 위해 기능한다. 데이터에는 사용자 프로필과 같은 데이터는 물론 데이터의 수집, 분류, 관리 등을 용이하게 하는 정보를 포함한 메타데이터(metadata) 또한 포함된다. 소셜 미디어에서의 개인적 표현과 사회적 상호작용 이면에는 "사용자가 서비스 및 광고와 효율적으로 연결될 수 있도록 데이터를 지속적으로 집적하고 분석하는 복잡한 기술-논리적 인프라구조가 숨어 있다."[84] 이에 따라 사용자의 공유, 코멘트, 반응(페이스북에서의 '좋아요'), 사용자 연결(친구 또는 팔로워) 등의 기능을 실행하는 플러그인(plugin)이 데이터를 수집한다. 이 기능을 구현하는 사용자 인터페이스는 인간의 상호작용 및 정서에 호소하도록 설계됨으로써 데이터의 포착과 알고리듬적인 분석 및 처리 방식을 자연스럽게 가공한다. 사용자 인터페이스에서의 이와 같은 데이터 수집은 곧 사용자 데이터가 추출되기를 기다리는 원료가 아니라 "플랫폼의 수집 기제를 통해 항상 미리 형성(prefigure)되어 있음"을 입증한다. 따라서 플랫폼은 "특정한 정서, 사유, 퍼포먼스를 단순히 측정하는 것을 넘어 이들을 촉발하고 주형(mold)"[85]한다. 플랫폼은 포착되고 수집된 데이터를 자신의 외부와 내부 모두에 순환시키는 생태계로 기능한다. 연산적인 수준에서 이 생태계는 데이터들 간의 상관관계를 통해 개인화된 추천과 같은 방식으로 유사성과 예측에 근거한 출력 데이티를 산출하는 알고리듬, 플랫폼에 포함된 소프트웨어와 플러그인의 서비스 및 기능(그리고 사용자의 서비스 사용 방식)을 문서화된 규정을 넘어 스크립트(script)의 수준에서 제어하는 프로토콜, 그리고 사용자와 사용자, 사용자와 서비스 또는 기능을 접속시키면서 데이터의 순환에 관여하는 인터페이스로 구성된다. 그리고 이 인터페이스는 아이콘과 같은 가시적인 것뿐 아니라 비가시적인 인터페이스도 포함한다. 이 모두를 포함하는 인터페이스는 "코드화된 정보의 의미가 특정한 사용자 행위를 위한 명령으로 번역되는 통제의 영역"[86]이다.

플랫폼 자본주의를 연산적 차원에서 뒷받침하는 보이지 않는 인터페이스로 주목받은 것이 API(Application Programming Interface)다. API는 제3자가 플랫폼을 위해 앱과 서비스를 개발하게끔 하고, 그 플랫폼이 이들을 기술적·경제적으로 통제하게끔 하며, 미디어 생태계 내에서 자신의 역할과 기능을 확대하게끔 하는 물질적 조건의 핵심적인 부분으로 여겨진다. 2000년대 초부터 아마존, 구글, 이베이(eBay) 등이 자신의 웹 기반 서비스에 적용하기 시작한 API의 질적인 향상을 가져온 것은 오픈 API(Open API)의 개발이었다. 오픈 API를 통해 제3자 개발자들은 "구글, 페이스북, 트위터 등의 기업이 소유한 사적 데이터(propriety data)를 새로운 앱 및 프로그램으로 리믹스하고 다시 만들 수 있기"[87] 때문이다. 페이스북을 비롯한 주요 플랫폼은 API를 "상대적으로 단순한 기술적 객체(프로그래밍 인터페이스)에서 기술적 객체, 스펙, 이용약관 및 정책, 리뷰 및 인증 절차 등을 포함하는 복잡한 결합체로 진화"[88]시켜 왔다. 페이스북의 경우 API의 이러한 진화는 다음과 같이 설명되어 왔다. 즉, 페이스북은 최초에는 사용자의 프로필을 관계적인(즉, 다른 사용자와 연결 가능한) 데이터 객체를 구성하는 단일한 인터페이스(사용자 API)를 포함했고, 2000년대 후반 이후에는 메신저, 마케팅 등 서로 연관된 다른 API 구성물을 포함하는 복잡한 그물망의 아키텍처로 진화했다. 이 과정에서 페이스북은 제3자 개발자들이 자신의 프로그램을 개발할 수 있게끔 하는 여러 API들을 개발해 왔다. 2010년 마크 저커버그가 '좋아요' 기능과 더불어 공개한 페이스북의 오픈그래프 API(Open Graph API)는 사용자들의 콘텐츠 업데이트 및 다른 사용자와의 상관관계를 데이터 객체로 분석하여 사용자 네트워크를 구축하고 사용자에게 추천 페이지를 제공할 수 있게 했다(이 과정에서 페이스북은 인스턴트 퍼스널라이제이션(Instant Personalization) 프로그램 또한 공개하고 적용했다).[89] 페이스북 사용자가 페이스북 로그인을 통해 제3자 서비스에 손쉽게 로그인할 수 있게끔 하는 페이스북 커넥트 API(Connect API) 또한 오늘날의 플랫폼 생태계에서 사용자의 경제적 행위와 비즈니스 모델을 정착시키는 데 중요했다. 트위터의 경우 HTTP 표준에 따라 개발자에게 트위터의 주요 기능들에 접근할 수 있게 하는 레스트 API(Rest API)와 트위터의 사용자 데이터를 선택된 제3자에게 실시간에 가깝게 제공하는 스트리밍 API(streaming API)를 제공했다.[90] 이와 같은 발전의 결과 오늘날 빅테크 기업은 수십 개 이상의 API를 개발자에게 공개하고 있다.

API는 플랫폼이 연산화주의를 구성하는 데이터화와 알고리듬화를 실현하는 사회기술적 복합체임을 증명한다. 즉, API를 통해 플랫폼 기업은 제3자 개발자와 경제적, 행정적, 법적 주체를 포함한 외부의 서비스 및 사회적 기능을 통합하는 방식으로 확장하고, 이들로 하여금 자신이 소유한 데이터에 접근할 수 있게 함으로써 데이터의 수집과 추출을 분산한다. API의 이와 같은 기술적 디자인을 경제적, 문화적, 정치적, 제도적 요인과 연결할 때 플랫폼화의 더욱 세밀하고도 거시적인 역학을 파악할 수 있다. 이때 플랫폼화는 "다른 웹사이트와 앱으로의 외부적 연장(outwards extension), 그리고 핵심 플랫폼의 경계 내에서 작동하는 제3자의 통합을 수반하는 내부적 연장(inwards extension)을 포괄"[91]하는 것으로 여길 수 있다. API를 수단으로 실행된 플랫폼의 확장은 사용자에게 열린 가능성으로서의 연결성을 약속해 왔다. 즉, 페이스북과 같은 플랫폼 사용자에게는 자신의 메시지와 콘텐츠를 공개하고 공유하는 활동에 근거한 사회성, 외부 개발자와 서비스 제공자에게는 플랫폼의 사적 사용자 데이터와 프로그래밍 언어에 접근함으로써 이들의 비즈니스를 촉진할 수 있다는 이름의 연결성을 약속해 왔다. 그러나 반데이크를 비롯한 여러 연구자가 지적해 왔듯이 이와 같은 두 가지 차원의 열린 연결성은 모두 통제가 작용하는 '소유주-중심(owner-centric)'의 연결성을 강화한다. 사용자 정체성의 수준에서 볼 때 페이스북에서 API의 작동은 인터넷 쿠키, 페이스북의 기능적 플러그인, 그리고 에지랭크와 같은 사적 알고리듬의 차원과 연결된다. 이와 같은 비가시적인 프로토콜과 알고리듬을 포함한 페이스북의 가시적인 인터페이스는 "사용자가 연결될 필요를 전면에 내세우지만, 부분적으로는 사용자의 데이터를 타자와 공유하는 사이트의 기제를 은폐한다."[92] 개발자의 관점에서 볼 때 빅테크 플랫폼 오픈 API의 소스 코드는 인터페이스의 수준에서는 가시적이고 이용 가능하지만 저장하거나 재배포할 수 없으며, 인터페이스를 뒷받침하는 소프트웨어의 수준에서는 소스 코드와 객체 코드 모두 닫혀 있다. 이와 같은 한계로 인해 "외부 개발자들은 자신의 산물에 대한 통제를 상실하고 [플랫폼의] API들에 의존적이게 된다."[93] 이와 같은 기술적 통제 이외에 프로토콜 및 약관이 플랫폼 소유자와 개발자 또는 제3자 서비스 주체 간의 비대칭적인 관계를 부과함으로써 API는 플랫폼 거버넌스의 핵심을 이룬다. 이는 API에 의한(by APIs) 거버넌스와 API의(of APIs) 거버넌스 모두를 포함한다. 전자는 접근 수준의 구분과 제한, 외부 앱 서비스 리뷰, API 사용을 위한 인증절차, API를 활용한 앱의 사용 허가 등을, 후자는 정책 전환, 전략적 결정, 기술적 혁신 등에 의한 API의 변화가 개발자 및 서비스 참여자에게 미치는 영향을 가리킨다.[94]

연산화주의의 보다 심원한 차원에서 API의 함의를 정리하면 다음과 같다. API의 중요한 역할은 이것의 핵심적 기능성인 상호작동성, 즉 웹사이트 간의 공유와 서로 다른 앱 또는 웹 서비스 간의 데이터 교환을 매개로 한 작동이다. 상호작동성은 데이터가 수집됨은 물론 특정한 형식으로 읽을 수 있고 측정 가능하도록 가공된다는 점을 전제한다. 예를 들어 페이스북의 경우 사진, 비디오, 앨범, 페이지 등 각각의 객체는 사용자 데이터의 하위범주를 가진다. 이는 성별, 나이 등 개발자들이 접근하고 활용할 수 있는 수많은 데이터 포인트를 포함한다.[95] 로버트 보들이 요약하듯 API를 통해 플랫폼은 "사람들이 연결성의 앱을 통해서 서로 상호작용할 수 있는 새로운 방식을 제공"하지만 이는 "광고주와 데이터 브로커를 위해 사용자 데이터를 요청하고 수집하고 개방하는 대가"[96]를 치르는 방식이다. 이 새로운 방식이 플랫폼에서 '알 수도 있는 사람'이나 상업화된 광고 또는 콘텐츠의 자동화된 추천을 포함한다는 점, 그리고 이와 같은 개인화된 추천이 항상적인 데이터 수집에 근거함을 고려해 보자. 그렇다면 우리는 API에 의한 플랫폼화를 데이터화 및 알고리듬화를 포함한 연산화주의의 기술적 설치와 작동으로 파악할 수 있다. 데이터 포인트는 플랫폼 내에서 작동하는 알고리듬에 의해 예측 또는 유사성의 형태로 구성되고, 이와 같은 구성은 API의 매개를 수반하기 때문이다. 페이스북의 오픈 그래프 API를 통해 제3자 외부 앱은 페이스북을 오늘날의 엔지니어링된 사회성과 개인 취향 기계로 정립시키는 데 기여한 네트워크 아키텍처인 소셜 그래프(social graph)를 읽고 쓸 수 있다. 소셜 그래프는 수많은 사용자 데이터를 일정한 특징(예를 들어 동일한 성별 혹은 출신지를 갖는 사용자 데이터, 또는 동일한 콘텐츠를 공유한 사용자 데이터)에 따른 확률적 공간 내의 거리로 계산하는 이웃함수(neighborhood function), 그리고 동일한 특징을 공유하는 데이터의 밀도를 측정하는 결집계수(clustering coefficient) 등을 적용한다.[97] 이와 같은 선형대수학적 네트워크 개념은 알고리듬을 통해 실행되고 사용자 인터페이스의 수준에서는 페이스북의 경우 '제안 콘텐츠'나 '알 수도 있는 사람'의 추천으로 재현된다. 이와 같은 맥락을 고려한다면 2010년대 후반 이후 빅테크 기업의 플랫폼화가 심층학습에 투자해 온 이유를 분명히 알 수 있다. 페이스북은 2015년 인공지능 서버 빅서(Big Sur)를 공개했고 2016년 기계학습 기반 플랫폼 FB러너 플로(FBLearner Flow)를 발표했다. FB 러너 플로를 개발한 엔지니어 제프 던에 따르면 이 플랫폼을 구성하는 100만 개 이상의 기계학습 모델은 "뉴스피드 스토리의 순위와 개인화, 불편한 콘텐츠 필터링, 트렌드 주제 강조, 검색결과 순위 매기기"와 같은 자동화된 사용자 경험의 기능성을 향상시키기 위해 개발되었고 "초당 600만 개의 예측을 만들 수 있도록 훈련되었다."[98] 매켄지는 API에서 인공지능으로의 이와 같은 변화를 "연결에 집중한 프로그래밍 가능성의 양식에서 예측에 집중한 프로그래밍 가능성 양식으로의 변화"[99]로 파악한다. 그러나 API의 상호작동성이 사실상 데이터의 상관관계 알고리듬과 연동되어 왔음을 고려한다면 기계학습으로의 인공적 전환은 연산화주의의 인식론적 전제[상관주의(correlationism)]이자 그 형태이기도 한 예측의 증강으로 보아야 한다.

결론: 행성적 연산과 신추출주의의 양면성

지금까지 살펴본 연산화주의의 기술적인 구성 요소인 데이터, (기계학습을 포함한) 알고리듬, 플랫폼과 이들 간의 연결적인 작동 방식은 디지털 객체에 대한 육 후이의 철학적 독해를 통해서도 파악될 수 있다. 디지털 객체는 다채롭고 가시적인 존재자로서 프로그래밍 수준에서는 명령어를 포함한 텍스트 파일, 운영 체계의 수준에서는 이항 부호, 그리고 이를 뒷받침하는 전산 회로판 수준에서는 전압 차의 신호로 파악될 수 있다. 이와 같이 불안정하면서도 여러 수준에 걸쳐 안정적일 수 있고 연산화의 프로세스 내에서 여러 형태로 변환될 수 있는 디지털 객체는 '데이터의 객체화'와 '객체의 데이터화'를 통해 모든 기존의 문화적, 경제적 차원을 통합한다. "[데이터의 객체화]는 매핑이나 미메시스 시스템을 따르는 (가령 디지털 이미지, 디지털 비디오 등의 생산이 그렇다. 그것들은 물리적 세계 전체에 시각적으로 그리고 반복해서 배포된다) 반면 [객체의 데이터화]는 대상에 태그를 붙이는 방법으로 디지털 '환경' 속으로 코딩한다."[100] 디지털화의 이 두 프로세스는 데이터화의 프로세스이기도 하다. 이를 통해 디지털화는 "우리에게 새로운 형태의 객체를 제공하며, 한층 더 자세히 성찰할 필요가 있는 새로운 '환경(milieu)'을 구성한다."[101] 오늘날 플랫폼을 구성하는 디지털 객체는 텍스트·음성·비디오 등의 데이터, 메타데이터, 기능적 플러그인, API 등을 광범위하게 포괄하면서 개인의 정체성과 사회성을 특정한 방식으로 결정하고 궁극적으로는 세계 자체를 매개하고 조직한다. 육 후이에 따르면 이와 같이 다양한 객체의 상호연결적인 분포는 보편성, 상호작동성, 연장성(extendability)의 개념을 구체화하는 개체화 과정으로 설명될 수 있다. "수평적으로 우리는 형태가 일반화된 마크업 언어(Generalized Markup Language. 하나의 기계 내부의 프로그램 간의 양립 가능성을 허용하기 위해)로부터 (인터넷을 가로질러, 기계/사이에서의) 온톨로지들로 발전해 왔음을 알 수 있다. 이 과정은 기능성과 안정성을 유지하기 위해 점점 더 많은 숫자의 객체, 기계, 사용자를 포함하고 있다. 또한 여기서 상호작동성과 호환성(양립가능성)의 척도로서 '연합' 환경에 접근할 수 있을 것이다. 수직적으로 우리는 디지털 객체가 점점 더 구체화, 개체화될 수 있도록 해주는 과정 속에 항상 존재함을 볼 수 있다."[102] 오픈 API를 통해 살펴보았듯 상호작동성은 플랫폼 생태계를 구축하고 사회와 문화의 플랫폼화를 이끄는 기술적 인터페이스다.

육 후이는 디지털 객체가 서로 연결되는 방식이 인쇄매체나 글쓰기에서 언어의 물질화와 구별되는 방식을 설명하면서 상호객체성(interobjectivity) 또는 상호객체적 관계(interobjective relation)라는 용어를 채택한다. 시몽동의 기술철학을 연장한 상호객체성 개념은 서로 다른 객체 또는 체계가 측정 가능한 단위로 인식되고 서로 연동하여 변화함을 뜻한다. 즉, 하나의 객체가 공통의 기술적 표준과 논리적 규칙을 가진 다른 환경 내에서 변화하는 방식으로 존재하고 기능할 수 있음을 뜻한다. 1990년대 후반 이후 HTML과 XML 기반의 웹사이트 개발 및 객체 지향 프로그래밍 언어의 활용, 그리고 메타데이터 표준의 수립이 인터넷을 상호객체성의 환경으로 전환시키는 데 기여했다. 육 후이가 정리하듯 "상호객체성은 지속적으로 동기화되는 (개선된) 매체일 뿐 아니라 다양한 시스템(인간과 기술시스템을 포함한다) 간의 양립 불가능성을 해결할 수 있는 실재이기도 하다."[103] 그에 따르면 산업사회에서 정보사회로의 이행을 이끌어 온 기술적 진보의 서사에서 상호객체성의 궁극적 표현은 모든 공간적, 시간적 장애를 넘어선 기술 시스템(technical system)의 형성이다. 이 시스템의 진화는 "인간 시스템(즉, 그것의 사회적, 정치적, 법적 차원)으로부터의 잔혹하고 폭력적인 단절"을 수반하며 여기에는 두 가지 결과가 따른다. "첫째, 인간 시스템은 기술 시스템의 진화에 대한 저항을 만들어내고, 둘째, 기술 진화에 적응하기 위해 변해야 한다."[104]

기술 시스템과 인간 시스템의 이와 같은 관계에 대한 육 후이의 통찰은 최근 비판적 디지털 미디어 연구에서 플랫폼 자본주의가 여러 규모로 작동하는 방식, 그리고 이 작동이 수반하는 자원과 노동의 착취 및 인간의 종속을 입체적이고 다층적으로 살펴보기 위해 제안된 행성적 연산(planetary computation)과 신추출주의(new extractivism) 개념을 보다 면밀히 가다듬을 수 있는 계기를 제공한다.[105] 그의 견해는 플랫폼 자본주의와 데이터사회를 기존에 작동했던 불평등하고 불안정한 인간 사회의 시스템 강화를 위해 기술 시스템이 도구적으로 적용되었다는 것으로 귀결되지 않고 대신 기술 시스템의 상호객체성이 갖는 특정한 양상을 고려할 것을 요청하기 때문이다. 크로퍼드, 파스퀴넬리, 블라단 욜러가 제안하고 발전시킨 이 개념들은 소셜 미디어에서 인공지능으로 진화해 온 빅테크 기업의 플랫폼 자본주의가 인간과 자연, 정신과 육체, 개인과 사회 모두를 컴퓨터 시스템 내부로 포괄하고 재구성하는 과정 이상의 국면을 지적한다. 인공지능과 이를 도입한 플랫폼, 이와 연결된 다수의 디지털 장치로 이루어진 오늘날의 기술 시스템이 선도하는 자본주의는 인간의 생물학적, 신체적, 정서적, 행동적인 요소는 물론 반도체와 배터리 등의 제작에 필수적인 리튬과 희토류 등의 자연적인 요소까지도 자본의 순환과 가치의 창출을 위해 획득되어야 할 원료로 취급되는 새로운 종류의 추출주의를 구성한다. "인간 유기체 세포 각각의 심층 DNA 코드부터 인간 정서, 행동, 사회적 관계의 광대한 경계와 전체로서의 자연에 이르기까지 모든 것이 신추출주의를 위한 영토가 된다."[106] 신추출주의가 가장 강조하는 바는 노동과 감시의 문제다. 신추출주의를 구현하는 지구적 연산은 광물을 채취하기 위한 제3세계 노동자들의 노동, 아마존 메커니컬 터크 속으로 수렴되는 동시에 분산되어 데이터집합을 만들거나 콘텐츠를 관리하는 노동자들의 저임금 외주노동이 예시하듯 "모든 공급사슬에 걸쳐 인간 노동의 착취에 의존"[107]한다. (7장에서 살펴볼) 아마존 물류센터를 비롯한 현대의 작업장은 노동자의 작업 시간 통제는 물론 노동자의 생산성을 관리하기 위한 데이터 수집을 위해 인공지능 시스템 및 이와 연결된 다양한 시각적 감시와 감각적 감지 장비를 설치한다. 이를 통해 노동자의 "모든 움직임과 정서적 반응이 지속적으로 기록"되고, 추출된 데이터는 다시 "서로 다른 착취 형태의 원료가 된다."[108] 빅테크 기업이 주도해 온 연산화의 행성적인 규모는 스스로의 플랫폼이 기술적으로 강화되어 온 과정으로도 입증된다. 페이스북의 FB러너 플로 도입은 이미지 내의 객체를 판독할 수 있는 예측 모델인 딥마스크(DeepMask)의 개발, 기계학습 모델이 요구하는 대규모의 데이터 수집 및 저장을 위한 데이터센터의 확충, 데이터센터 내부에 설치되는 대규모 연산 플랫폼 '빅 서'의 설치 등을 수반해 왔다. 매켄지가 온당하게 지적하듯 프로그래밍 차원에서의 이와 같은 혁신은 개방성, 접근성, 연결성, 신속성, 정확성 등을 자신의 효과로 부각시키지만 궁극적으로는 빅테크 기업의 사적 소유권과 통제를 강화한다. 즉, 인프라구조와 하드웨어, 소프트웨어 전반을 포괄하는 이와 같은 기술적 복합체를 통해 플랫폼은 사회 관계망, 콘텐츠와 광고의 중개인을 넘어 "세계를 관찰하고 세계가 플랫폼 내에서 여러 많은 규모로 일어나는 변화에 어떻게 반응하는가를 실험하는 시스템"[109]이 되고 있다. 신추출주의를 주장하는 학자들이 보기에 그 실험은 플랫폼 자본주의의 프로토콜과 세계관을 위한 실험일 것이다.

얼핏 보면 신추출주의 테제는 산업화 이후 자본주의가 추구해 온 자동화의 연속성을 강조하는 것처럼 보인다. 예를 들어 크로퍼드는 인공지능에 의한 작업장 자동화를 '차분기관(Difference Engine)'을 고안하면서 계보기를 활용한 노동 감시 시스템을 상상했던 찰스 배비지와 헨리 포드, 프레더릭 윈즐로 테일러의 계보에 놓는다. 욜러와 파스퀴넬리 또한 데이터, 알고리듬, 모델로 이루어진 기계학습의 기원이 "노동의 분업이며 그 주된 목적이 노동의 자동화"라고 주장한다. "연산의 역사가들은 이미 19세기에 초기 기계 지능이 정신노동의 분업, 특히 손으로 수행해야 하는 계산이 기계화하는 작업에 사용되었음을 강조해 왔다. 그 이후, 연산의 사업은 노동의 감시와 통제, 잉여 가치의 최적 계산, 집단 행동의 계획 등의 조합으로 이루어져 왔다."[110] 그렇다면 신추출주의와 행성적 연산 개념은 이 장의 서론에서 점검했던 마르크스주의적 기술문화 비판, 즉 오늘날의 정보자본주의가 과거 산업자본주의에서의 소외와 착취를 연장하는 동시에 심화시켰다는 주장을 반복하는 데 머무르는가? 크로퍼드에 따르면 단순히 그렇게 독해될 수만은 없음을 알 수 있다. "우리가 목격하는 것은 옛 주제의 새 후렴구다. 결정적 차이는 예전에 접근 불가능했던 작업 주기와 인체 데이터의 내밀한 부분을 이제 (최후의 미시행동에 이르기까지) 관찰하고 평가하고 조절할 수 있게 되었다는 것이다."[111] 크로퍼드와 유사하게 욜러 또한 '옛 주제' 못지않게 '새 후렴구'의 중요성 또한 강조한다. 욜러는 오늘날 주체의 개인 데이터가 작업장은 물론 소셜 미디어 플랫폼의 일상적인 사용에서 수집되면서 분산적으로 존재하고 순환하는 방식을 가리키기 위해 다차원적 데이터 초상(multidimensional data portrait)이라는 표현을 쓴다. "가분체적인 존재 또는 데이터 신체의 전체 그림은 하나의 장소에 중심화되지 않고 감시 경제와 정부 행위자의 리좀적인 배치 내에 있는 수백 개의 데이터센터를 가로질러 퍼진다. 이 비-이질적이며 분산된 배치로서의 초상은 데이터 중개자, 지속적으로 흐르는 데이터의 공식적, 비공식적 교환 체계를 통해 존재한다.[112] 욜러는 또한 파스퀴넬리와 더불어 기계학습에 의한 분류와 예측이 새로운 형태의 감시와 지배를 실행하는 기술이 되고 있다고 주장한다. 자동화된 분류와 예측을 재현하는 통계적인 모델은 측정되고 통제되어야 할 인간 및 사회와 필연적인 마찰을 일으키고 그 마찰은 편향으로서 설명된다. 이 편향은 (6장에서 자세히 살펴보듯이) 데이터집합의 구성과 알고리듬의 구축 과정에 관여하는 인간의 편향뿐 아니라 데이터 그래프의 빠진 부분을 추측하는 과정에서 필연적으로 존재하는 기계적 편향 또한 포함한다.[113] 이때 알고리듬과 통계적 모델의 연산 속에 내재한 기계적 편향은 19세기 이후의 자본주의와 이를 뒷받침하는 실증주의적 과학의 단순한 연장으로는 온전히 설명될 수 없다.

결국 크로퍼드, 욜러, 파스퀴넬리가 새롭게 바라보는 것들은 모두 연산미디어의 연산화주의를 이루는 기술적 구성 요소와 연결된다. 크로퍼드와 욜러는 인간의 가장 미시적인 층위(인체 동작은 물론 DNA까지 포함하는)까지 스며든 데이터화를, 욜러와 파스퀴넬리는 알고리듬과 기계학습에 관여하는 데이터 압축 및 추상화를 포함한 자동화된 선형대수학적 프로세스를, 욜러의 '다차원적 데이터 초상' 개념은 플랫폼의 탈중심적이고 분산적인 데이터 수집, 분석 및 순환 시스템을 가리킨다. 따라서 연산화주의를 '옛 주제의 새 후렴구'로 이해한다면, 옛 주제의 반복을 차이를 포함한 반복으로 변주하는 '새 후렴구'의 물질적-기술적인 차원을 함께 염두에 두어야 한다. 이를 함께 고려하면서 21세기의 플랫폼 자본주의가 19세기 이후의 산업자본주의와 견주어 가지는 유사성과 차이를 접합할 때 연산화주의를 사회기술적 복합체로 파악할 수 있게 된다.

즉, 21세기의 행성적 연산이 이루는 지형도는 현대성과의 양가적 관계를 드러낸다. 알렉산더 캄폴로와 케이트 크로퍼드는 이러한 양가성과 관련하여 마법화된 결정론(enchanted determinism)이란 용어를 쓴 바 있다. 오늘날 심층학습은 계산적인 예측을 사회 전반에 확산시킴으로써 막스 베버가 현대성의 징후로 말한 탈마법화(disenchantment)의 양상을 계승하지만, 이 과정에서 심층학습의 설명 불가능하면서도 인간의 속도를 추월한 역량을 강조함으로써 탈마법화와 대비되는 신비와 마법화의 담론을 구성한다.[114] 정보자본주의의 위기, 즉 노동자의 기계적 예속과 새로운 형태의 노동 착취 및 감시는 21세기 연산화주의가 현대성과의 관계 속에서 드러내는 이와 같은 양가성에 호응한다. 그 양가성의 면모는 21세기 연산화주의의 인식론적, 존재론적, 사회정치적 위기에서도 발견된다(다음 장에 계속).

6장

연산미디어 II: 연산화주의의 복합위기

> 21세기의 지금 이 순간 우리는 잘 진행되고 있는
> 새로운 종류의 추출주의를 본다. 이는 생물권의 가장 먼 구석부터
> 인간의 인지적, 정동적인 존재의 가장 깊은 층에 도달하는 추출주의다.
> — 케이트 크로퍼드·블라단 율러, 「AI 시스템의 해부」[1]

> 우리는 소셜 미디어를 좋게 만들 수 없다.
> 그 구조의 깊은 차원에서 근본적으로 나쁘기 때문이다.
> — 이언 보고스트, 「소셜 미디어 시대의 종언」[2]

연산화주의의 위기: 인식론적, 존재론적, 사회정치적 차원

디지털 미디어의 폐해를 지적한 몇몇 영향력 있는 연구는 네트워크와 알고리듬에 의한 정치와 사회의 자동화가 야기하는 위기를 편향(bias)의 관점에서 설명해 왔다. 이는 필터 버블(filter bubble) 또는 반향실(echo chamber) 효과에 대한 많은 우려처럼, 플랫폼에 내재된 개인화된 추천 알고리듬에 의해 사용자가 제한된 주제에 대한 제한된 정보만을 가지거나 사용자의 기존 신념을 강화하는 정보를 배타적으로 습득하는 것에만 머무르지 않는다.[3] 미디어 생태학의 관점에서 볼 때 오늘날 연산미디어가 낳는 편향은 데이터의 지속적인 수집과 유통, 데이터를 분석하고 이를 통해 가치를 판단하고 산출하는 알고리듬, 알고리듬을 통합한 플랫폼이 인간과 사회를 특정한

방향으로 이끄는 방식과 결부된다. 해럴드 이니스는 특정 매체가 물질적인 차원에서 인간의 정신과 상호작용을 구조화하는 과정을 편향이라는 개념으로 정식화한 바 있다.[4] 이를 연장하여 마크 안드레예비치는 산업과 경제, 커뮤니케이션에서의 컴퓨터 기반 자동화가 취하는 편향을 '선제(pre-emption)', '작동주의(operationalism)', '환경성(environmentality)'으로 일별한다. 이 세 편향은 자동화된 미디어가 매스미디어에 근거한 정보 커뮤니케이션의 흐름과 효과를 넘어서는 방식으로 야기하는 근본적인 인식론적, 존재론적, 사회정치적 위기를 시사한다. 선제는 과거를 미래의 예측 및 불확실성의 제거를 목표로 전용하는 것을 뜻하고, 작동주의는 하나의 기계적 프로세스를 추동하는 일정한 지침이 다른 기계 또는 그 기계를 채택한 생산과 소비, 정치적 행위의 영역에 특정한 효과를 산출하는 방식으로 프로그램화되고 기능함을 의미한다. 따라서 선제와 작동주의는 자동화된 미디어가 다수의 신체와 객체, 그리고 인간의 인지적이고 지각적인 차원과 행동적인 차원을 포괄하는 총체적이고도 분산된 환경으로 존재한다는 점, 즉 환경성으로 연장된다.

이 세 편향은 서로 유기적으로 연결되면서 위기의 양상을 분화한다. 안드레예비치는 선제와 작동주의로 구성되는 자동화된 미디어의 환경성이 매스미디어와의 인식론적 단절을 수반한다는 점을 덧붙여 강조한다. 빅데이터 예찬론자들은 포괄적인 데이터 수집과 분석에 근거한 상관관계와 패턴 인식으로 구성되는 지식이 매스미디어의 정보 획득 및 지식과 여론 형성을 인식론적으로 기초하는 계몽주의적 전제, 즉 설명과 인과성, 숙고를 수반하는 이해의 긴요함을 대체하는 것처럼 상정한다. 패턴 감지를 기반으로 한 드론 선제 타격이나 예측 치안과 같은 오늘날의 인공지능 활용 방식이 입증하듯 "선제는 인과성에 대한 의문 없이" 행동과 결정이 이루어지는 것을, 작동주의는 "서사적 해설과 설명을 자동화된 응답으로 바꾸는 것을 가리킨다."[5] 그리고 전쟁과 치안, 감시가 포괄적인 데이터 수집에 의존할 때 이들은 특정 영역을 넘어서 세계 전반을 포괄하는 방식으로 환경화된다. 이러한 환경을 구성하는 다양한 미디어 객체와 시스템 모두에 적용되는 컴퓨터의 작동적 언어(operational language)는 "모든 언어를 완전히 '투명하게(무의식의 영역을 회상하는 불일치, 미끄러짐 및 숨겨진 의미 없이)' 렌더링하려는… 작동화의 패러다임"을 따른다. 이 패러다임은 "기계 언어의 필수 사항"을 넘어 "모호함, 불일치 및 잘못된 방향의 잠재성을 제거"하는 것을 지향하고, 궁극적으로는 "판단의 필요성과 공간을 모두 배제한다."[6]

기계학습의 작동을 뒷받침하는 상관관계와 분류 개념은 연산미디어가 도입하는 인식론적 위기의 중요한 동인이자 정치적, 법적, 사회적, 문화적 차원에 제기하는 위기의 원천이 된다. 기계학습에서 상관관계란 입력된 데이터와 출력되는 데이터에 속하는 두 특징 간의 관계를 통계학적으로 측정하는 것을 말한다. 이때 상관관계가 강하다는 것은 하나의 데이터 값이 변화할 때 다른 하나도 변할 가능성이 높다는 것을 의미한다. 2008년 구글이 서비스를 시작했으나 2015년 중단한 독감 트렌드(Google Flu Trends) 서비스는 독감과 상관관계가 있는 검색어 45개의 검색 빈도를 측정해 독감의 유행을 예측할 수 있는 모델이었다. 이 서비스는 비교적 초보적이었지만, 검색 알고리듬에 적용된 통계적 상관관계의 논리는 이후 플랫폼 기반의 추천 및 위치 안내 알고리듬, 인간의 행동 및 정서적 반응을 추론하는 예측 알고리듬 등으로 업그레이드되어 왔다. 한편 분류는 지식을 구성하는 데이터를 특정 범주(category) 및 매개변수(parameter)에 따라 유사성(similarity)을 척도로 나누는 것으로, 문서와 컴퓨터 데이터 등 여러 미디어를 포괄할 뿐 아니라 보건(환자의 분류), 상업(고객 분류), 행정(복지 시스템을 위한 수혜자와 그렇지 않은 자의 분류), 문화(도서의 주제별 분류) 등 사회 영역 전반을 지탱하는 인프라구조를 이루기 때문에 여러 학문의 탐구 대상이 되었다.[7] 그 중에서도 통계학자들이 방대한 양의 수치화된 데이터를 분류하기 위해 적용해 온 여러 기법들은 연산미디어로 연장되어 오늘날 기계학습의 데이터 처리 절차로 편입되었다.

상관관계에 근거한 예측과 데이터 분류 과제를 수행하는 오늘날의 심층학습 모델은 컴퓨터의 연산 프로세스가 지식의 수학화(mathematization)를 수반한다는 점을 잘 드러낸다. 데이터는 수집, 분류, 가공을 포함하는 라벨링을 거쳐 모델 내에서 처리된다. 라벨링 과정에서 데이터는 그것이 지시하는 대상 또는 현상과의 물리적, 인과적 연관성에서 단절되어 연산 가능한 가치로 추상화된다. 이와 같은 추상화는 통계적 값을 할당하는 동시에 컴퓨터의 물질적인 차원이 기입되는 것을 수반한다. 이렇게 이중적으로 추상화된 데이터는 심층학습이 해결해야 할 문제를 제공한다. 지도학습의 경우 이 문제는 두 변수 간의 상관관계를 수치적으로 예측하는(난폭 운전과 교통사고 총 건수 간의 상관관계에 근거한 향후 사고 가능성의 예측과 같은) 회귀(regression) 문제, 또는 새로 입력된 데이터가 레이블이 붙은 데이터의 어느 범주에 속하는가를 찾아내는 분류 문제를 다룬다. 또한 정해지지 않은 범주를 생성하고 분류하는 비지도학습 또한 기계학습의 분야에 포함된다. 지도학습이건 비지도학습이건 간에 기계학습의 문제 해결을 위한 알고리듬은 다양한 통계학적, 수학적 개념과 기법을 통합한다. 예측 모델의 기계학습에서는 두 변수 간의 선형적인 상관관계를 계량화한 피어슨 상관계수(Pearson Correlation Coefficient) 등의 기법이 적용된다. 이 과정에서 변수들의 데이터는 산점도상의 거리와 같은 통계적인 표준으로 시각화된다. 분류 모델의 기계학습에서도 학습된 훈련 데이터에 새로운 데이터를 추가하고 특정 변수에 대한 역확률을 계산하는 나이브 베이즈 분류기(Naive Bayes Classifier), 통계적으로 가까운 특성을 가진 데이터를 같은 값으로 분류하는 K-최근접 이웃과 같은 기법이 알고리듬에 포함되고, 이는 산점도나 표준편차 그래프의 형태로 시각화된다. 벡터(vector), 행렬(matrix), 텐서(tensor)는 이와 같은 통계적 프로세스를 배가시키는 선형대수학적 단위이자 데이터의 레이블링 및 연산 가능한 데이터 표현에도 적용된다는 점에서 데이터 마이닝의 기초를 이룬다. 수치화된 특성을 포함한 크기와 방향의 값이 벡터라면, 행렬은 벡터가 행과 열의 2차원적인 표로 변환된 것을 뜻하며, 사진적 이미지의 변환과 같은 사례에서 얻어지는 3차원 텐서는 행렬들을 새로운 배열로 합하여 만들어진 단위를 가리킨다(동영상 파일의 변환은 5차원 텐서를 산출한다). 여기에는 '차원의 저주', 즉 데이터의 차원이 증가할수록 데이터의 분포 분석 또는 모델 추정에 필요한 샘플의 개수가 기하학적으로 증가하면서 발생하는 학습의 난점이 발생한다. 하지만 이와 같은 선형대수학적 기법은 대규모의 데이터를 일정한 매개변수에 따라 가공하고 주어진 문제를 고차원의 연산적 공간에서 해결하는 데 기여함으로써 빅데이터의 지식 생산 방식을 결정적으로 뒷받침해 왔다. 이때 데이터는 0과 1의 이진법으로 환원되지 않는 미세한 확률적 차이들로 인식된다. 세계에 대한 인간의 상징적 표현을 컴퓨터가 연산 가능한 논리와 기호로 번역하고자 했던 기호주의적 AI(Symbolic AI) 패러다임과 구별되는 연결주의적 AI(Connectionist AI) 패러나임이 이와 같은 인식론적 가정에 상응한다.[8] 저스틴 조크가 요약하듯 "기호 시스템에서 통계와 확률로 옮겨가면서 이 새로운 기계학습 방법론은 계산적으로 만들어낼 수 있는 지식의 인식론적 형태를 재구성했고, 고정성을 지양하며, 자동화를 추구했다."[9]

조크가 말하는 '인식론적 형태의 재구성'을 다음과 같이 설명할 수 있다. 먼저 많은 이들이 말하듯이 연역적(deductive) 모델에서 귀납적(inductive) 추론으로의 이행을 언급할 수 있다. 간략히 말해 귀납적 추론이란 어떠한 현상 또는 대상의 특정한 사례로부터 이에 대한 일반적인 원리를 추론하는 방식이다. 기계학습에는 이와 같은 인식론적 전제가 모델링되었다고 볼 수 있는데, 기계학습 알고리듬은 일군의 특정 사례들(데이터집합)에서 일반적 규칙(함수)을 귀납(추출)하기 때문이다. 그런데 이 일반적 규칙, 즉 기계학습 시스템이 문제 해결을 위한 최적의 함수를 찾는 과정은 그 함수가 무엇인가에 대한 일련의 가정을 수반한다. 그리고 이 가정은 일견 자율적 또는 자동적으로 보이는 기계학습의 '학습' 과정에도 영향을 미친다. 이를 귀납적 편향(inductive bias)이라 부르는데, 기계학습의 세계에서 이는 최적의 함수를 찾기 위한 필연적이고도 중립적인 과정으로 취급되지만 현실 사회에서는 기계학습 시스템의 개발과 적용, 이를 위한 문제 설정 및 데이터 마이닝 과정에 적용되는 사회적 가치 및 이데올로기로서의 편향과 중첩된다. "모든 데이터집합에 적용되는 단일한 귀납적 편향이란 없으며 그러기에 매우 많은 서로 다른 기계학습 알고리듬이 있다"[10]라는 가정을 고려할 때 이와 같은 중첩은 더욱 중대한 인식론적 함의를 갖는다. 이와 같은 사정은 지식의 극단적인 상대주의를 넘어, 지식의 생산에 작용하는 과학적인 의미에서의 경험주의 및 이를 뒷받침하는 실증적 객관주의를 드러낸다. 즉, 귀납적 추론의 인식론에서 현실은 데이터에서 추출되고 지식은 관찰에서 파생되는 것으로 상정되고, 상관관계(예측) 및 유사성(분류)을 추론하는 빅데이터 모델은 현실과 모델 간의 자명하고도 객관주의적인 유대, 달리 말하면 '보는 것이 곧 믿는 것이다(seeing is believing)'라는 가정을 전제한다. 이미지 인식 및 얼굴 인식과 같은 영역에서 이와 같은 경험주의는 특히 강화되어 왔다. 이 영역에서 인공지능은 "단순화된 모델의 이데올로기를 강화하는데, 여기서 '인식'은 픽셀 간의 차이를 해독하고 보는 것은 경계선, 텍스처, 형태를 감지하는 것이며 객체를 미리 존재하는 레이블과 궁극적으로 짝짓는 것이다."[11]

데이터집합에 포함되는 변수는 기계학습에 적합한 변수뿐 아니라 잉여적이거나 적합하지 않은 변수 또한 포함할 수 있다. 후자의 변수가 더 많이 포함될수록 적합하지 않은 상관관계에 근거한 패턴이 구성될 개연성 또한 높아진다. 따라서 상관관계가 높은 기계학습 시스템을 적용한다는 것은 데이터집합의 변수를 주어진 기계학습의 기능에 맞게 구성하는 것, 그리고 높은 상관관계를 보이는 출력 데이터를 연산할 수 있는 모델을 구축하는 것을 전제한다. "하나의 데이터집합에 포함되는 적절한 특징들의 집합을 발견하는 것은 해당 영역을 이해하는 전문가와의 참여를 포함한다. 이 전문가는 개별 특징들의 분포와 쌍을 이루는 특징들의 상관관계에 대한 통계적 분석은 물론, 모델을 구축하고 특정한 특징들이 포함되거나 제외될 때 모델의 성능을 확인하는 시행착오 과정을 활용한다."[12] 여기에서 기계학습이 인간과 사회에 엉향을 미치는 양가적인 면모가 확인된다. 기계학습이 입력 데이터로부터 출력 데이터를 생성하는 방식, 그리고 그 과정에서 특성 변수들의 상관관계를 연산하는 방식은 가시적인 미디어 객체나 프로세스로 재현되지 않으며, 처리되는 데이터의 양과 출력 데이터의 생성 속도 또한 인간의 지각과 인식을 벗어난다. 그러나 데이터집합의 디자인과 기계학습 알고리듬 및 모델 아키텍처에 적용되는 기능들의 집합을 설정하고 적용하는 방식은 전문가의 힘이 필요하며, 수많은 시행착오 과정을 거치기 때문에 많은 시간과 인지적 역량이 필요하다.

기계학습의 구성 및 적용에 포함되는 인간적인 요소들의 개입, 그리고 그것이 탈인간적인 방식임에도 불구하고 인간과 세계의 전반에 미치는 영향에 대한 비판은 기계학습을 뒷받침하는 귀납적이고 경험주의적인 인식론에 대한 비판과 연결된다. 다나 보이드와 케이트 크로퍼드의 선언문적인 글은 이와 같은 비판의 목소리를 생생하게 담는다. 이들에 따르면 빅데이터의 작업은 귀납적 추론 개념이 시사하듯 개발자의 주관적인 관찰과 선택으로부터 자유로울 수 없으며, 빅데이터의 처리를 위해 요구되는 데이터 마이닝은 소셜 네트워크에서의 빈도(페이스북의 '좋아요' 수치와 같은) 및 공개적 표현을 통해 사회적 유대를 측정하는 것처럼 데이터와 관련된 현상의 맥락을 휘발시킨다. 또한 데이터의 선별 과정 또한 무작위적일 수 있는데, 서로 연관이 없는 현상에 규칙성을 부여하는 아포페니아(apophenia)를 실행하는 신경망 알고리듬은 실제로 현상들 간의 의미 있거나 인과적인 연관성을 찾을 수 없는 임의적인 상관관계 또는 패턴의 도출로 귀결된다. 또한 더욱 많은 데이터를 채취하고 분석할수록 학습에 근거한 모델 알고리듬이 더욱 최적화된다는 빅데이터의 인식론적 전제는 더 큰 데이터가 언제나 더 나은 데이터인 것은 아니라는 반론에서 자유롭지 않다.[13] 이와 같이 탈신화화가 가능한 빅데이터 담론에도 불구하고 보이드와 크로퍼드는 앤더슨이 말하는 '페타바이트의 시대'가 오늘날 지식의 구성 과정은 물론 지식 자체의 정의에 근본적인 도전을 제기한다는 점을 밝힌다. 안드레예비치가 '인식론적 단절'이라 말한 것이 바로 이와 같은 점을 시사한다. 그가 자동화된 문화의 폐해로 지적하는 알고리듬적 큐레이션에 근거한 콘텐츠의 상업적 맞춤화, 필터 버블에 의한 정치적 양극화 등은 합리적 의사 결정에 필요한 칸트적인 의미에서의 '반성적 판단', 그리고 인과관계에 근거한 설명이라는 전통적인 개인적, 집단적 지식 형성의 지평을 잠식한다. 정보 과잉의 상황에서 이러한 인식론적 위기를 포스트–이해(post-comprehension) 형태로의 전환으로 진단했던 안드레예비치는[14] 알고리듬적으로 전면화된 미디어의 자동화를 지탱하는 확률론적 상관관계의 논리가 이와 같은 전환을 가속화한다고 주장한다. "상관관계를 찾아낸다는 것은 설명의 문제가 아니라 예측의 문제다. 여기에는 고속 데이터 처리가 설명에 기반을 둔 발견보다 우월할 수 있다고 가정한다. 그 이유 중 하나는 그것이 다룰 수 있는 변인의 수와 데이터 처리 속도 때문이다. 이는 가설의 시험과 이해와 설명을 넘어서는 무지막지한 숫자의 승리다."[15] 숫자의 승리는 설명과 인과관계를 근거로 현상을 구성하는 서사의 논리, 그리고 지식 및 정보에 대한 사용자의 판단에 인지적으로 작용하는 프레임(frame)을 압도하거나 대체한다. 안드레예비치가 말하는 프레임 없음(framelessness)이란 빅데이터의 연산적인 처리에 근거한 지식 구성이 지식을 생산하고 순환하는 기존 미디어를 구성하는 경계를 무화시킬 정도로 기존 미디어의 생태계를 변질시키고 있음을 시사한다.

이것이 새로운 인식론적 패러다임이긴 하지만 자동화된 미디어의 구성과 확산은 안드레예비치가 말하는 것처럼 "계몽 사조의 핵심 원리, 즉 지식은 설명이 가능하기 때문에 공유할 수 있다라는 원리에 도전"[16]하는 것에만 그치지 않는다. 왜냐하면 연산적, 자동적으로 구현되는 확률론적 수학의 논리는 근대 과학의 지식 생산을 뒷받침했던 경험주의적, 실증주의적 객관성 그리고 세계의 존재와 대상을 수량화시키는 도구적 이성의 연장으로도 볼 수 있기 때문이다. 이와 같은 연장의 관점에서 발달한 근대의 통계학은 '우연을 길들이는(taming chance)' 결정론적 세계관을 반영했고, 데이터의 수집 및 처리는 이러한 세계관이 구현된 사회성의 수립에 핵심적이었다. "인간에 대한 데이터의 체계적 수집은 우리가 사회를 간주하는 방식은 물론 우리가 우리의 이웃을 기술하는 방식에 영향을 미쳤다. 그것은 우리가 무엇을 할 것인가를 선택하고, 우리가 무엇이 되고자 하고, 우리가 우리 자신을 어떻게 생각하는가를 중대하게 변화시켰다."[17] 이렇게 간주한다면 연산화주의는 계몽 사조에 도전하는 것만이 아니라 그 이면의 한계를 증강하는 것으로 볼 수 있다.

이 후자의 차원을 육 후이의 알고리듬적 파국(algorithmic catastrophe)

개념과 연관시켜 볼 수 있다. 이 개념을 통해 육 후이는 우발성(contingency)의 형이상학적 역사 속에서 알고리듬의 존재와 작동이 갖는 의미를 설명하고자 한다. 알고리듬적 파국이란 인간의 실수나 무지, 고의적 파괴 행위에서 비롯되는 물리적 재난과 구별된다. 또한 전 지구적으로 사회 전역에 확산된 컴퓨터 기반 기술에서 비롯됨에도 불구하고 알고리듬적 파국은 기계의 오작동이 초래하는 위험을 뜻하지 않는다. 알고리듬적 파국은 '이성의 실패(failure of reason)'를 뜻한다. 즉, 이때 알고리듬은 통제와 예측을 벗어나는 자연의 우발성을 극복하는 객관주의적 과학과 이성중심주의적 형이상학의 기획이 컴퓨터의 연산 시스템으로 이전된 결과다. 이와 같은 관점에서 볼 때 튜링 머신에서 출발한 컴퓨터의 역사는 이성이 인간적 의식 외부의 장치로 이행하는 과정, 또는 이성이 외재화(externalization)되는 과정에 호응한다. 자동화는 이성의 외재화와 정교화 과정에서 결정적인 도약을 성취한다. 자동화는 수학적 연산으로 처리된다는 것을, 그리고 명령과 반복을 가능하게 한다는 것을 의미하기 때문이다. 이때 알고리듬적 파국이란 우발성이 자연 법칙의 우발성처럼 외부에서 오는 것이 아니라 알고리듬을 포함한 장치 또는 시스템에 내재화된다는 것을 뜻한다. "알고리듬적 사유와 기계의 작동에서 그 현실화 간의 인과관계의 필연성을 지배하는 법칙은 없다. 즉, 개입으로서의 인간 행위자의 의지와 기계의 자동화 간의 필연적 인과관계란 없다. 실패와 오류는 기술적 진보의 필연으로 받아들여질 뿐 아니라, 그 작용과 유지에 내재적인 것이 되었다."[18]

베르나르 스티글레르는 인과관계를 대체하거나 압도하면서도 도구적 이성의 외재화된 연장으로도 파악되는 연산화주의에 의한 인식론적 위기를 입체적으로 비판한다. 스티글레르에게 있어 빅데이터와 알고리듬적 프로세싱의 전면화는 정보가 일정한 단위로 기록되고 인식되고 저장되는 과정인 그램화(grammatization)의 새로운 단계를 제정한다. 즉, 몸짓 언어와 구어, 문자 언어, 축음기와 영화 장치는 서로 다른 국면의 그램화 과정이다. 그램화는 지식의 구조와 유통은 물론 (시간의식을 포함한) 인간의 의식 및 기억 또한 기술적 요소와의 긴밀한 결합을 통해 구성된다는 점을 가리키기 때문에 테크네(techne)와 에피스테메(episteme)의 결합이라고도 할 수 있다.[19] 에드문트 후설 현상학의 개념을 개작하여 스티글레르는 축음기 이후의 기계적 미디어(기억 보조장치)가 의식 바깥에서 외부적으로 저장한 기억 흔적으로 구성되는 시간적 인식을 3차 파지(tertiary retention)라고 부르는데, 제도적 영화와 텔레비전을 포함한 문화산업은 바로 이 3차 파지의 영역에 관여하여 시간의 흐름을 조정하고 주체의 의식과 감수성을 개인을 넘어서는 방식으로 변조한다.[20] 산업 사회에서의 노동의 기계적 자동화 및 대량 소비의 확산과 조응하는 이와 같은 변조 과정을 통한 "지식(savoir)의 상실"을 스티글레르는 프롤레타리아화(proletarianization)라 부른다.[21] 빅데이터와 알고리듬, 디지털화된 식별 및 자동 기록 시스템, 스마트기기, 소셜 미디어 플랫폼 등의 초연결적인 확장은 산업사회에서 초산업사회(hyperindustrial society)로의 전환을 성취하면서 이와 같은 프롤레타리아화 과정을 증폭한다. 그리고 그 증폭을 이끈 기술 체계의 통합은 "생물학적, 심리적, 사회적 자동장치의 기능적 통합"으로 이어진다. 이와 같은 맥락에서 "신경마케팅이니 신경경제학이니 하는 것이 발전하고 있다. 그러한 기능적 통합은 생산 측면에서는 *완전*

로봇화로 이어지고 있는 것이다."[22] 이와 같이 자동화된 노동에서의 프로그램화된 예속, 심리적 정동의 알고리듬적인 조율, 수치적으로 측정되는 반응과 연결로 구성되는 네트워크적인 사회성에 의한 공동체의 파괴 이면에는 앤더슨이 빅데이터 시대의 새로운 지식 패러다임으로 찬양하는 상관주의가 있다.

> 빅데이터 기술이란 막대한 정보에 의한 '고성능 컴퓨터 처리'를 가리킨다. 그리하여 디지털에 의한 3차 파지 형태로 정보를 처리하는 일은 *실시간으로(광속으로), 글로벌한 규모로,* 수천억의 기가바이트 데이터 수준에서, 지구 전역에서 사회를 구성하는 거의 모든 관계 체계에 설치되는 포획 장치를 통해 작동한다. … 앤더슨 말대로 '빅데이터'가 '이론의 종말'을 예고한다면 그것은 디지털에 의한 3차 파지, 그리고 그것이 생산되고 이용될 수 있도록 해준 알고리듬이 그러한 파지를 통해, 또한 이처럼 *자동화된 오성(entendement/understanding)의 분석 능력이 작동할 수 있는 초고속 속도* 덕분에 종합 능력으로서의 *이성을 단락시키는 것을 가능하게 하기 때문이다.*[23]

자동화 사회가 연산화 및 프로그램화된 상관주의를 총체적으로 관철하는 방식에 대한 스티글레르의 비판은 인식론적 차원에서의 위기가 인간의 지식과 정신은 물론 심리와 생명 등을 포괄하는 존재론적 국면의 위기로 확산되는 방식 또한 설명한다. 그 존재론적 위기의 한 중요한 양상은 시간성의 재구성이다. 시간성의 위기는 사실 텔레비전을 포함한 전자 미디어의 전 지구적이고 가속적인 확산으로 형성된 포스트모던 사회의 중요한 특징, 예를 들면 역사성의 소멸이나 실시간(real time)의 지배 등으로 진단되어 왔다.[24] 특히 프레드릭 제임슨은 후기 자본주의의 문화 논리를 반영한 포스트모던 사회가 처한 상황을 '시간성의 종말(end of temporality)'이라 말한다. 이러한 상황의 특징은 실존적 시간이 극적이고도 우려할 만큼 축소되고, 일차적으로 현재를 규정하는 과거와 미래의 가상적인 삭제 속에서 "[시간이] 더 이상 거의 그 자체로 자격을 가지지 않는 현재로 환원되는 것"[25]이다. 이와 같은 제임슨적인 진단을 계승한 개념이 조너선 크레리가 말하는 '24/7' 체제다. "24/7은 시간 없는 시간, 모든 물질적인 또는 식별할 수 있는 구분들로부터 추출된 시간, 순차적이거나 반복적인 발생이 없는 시간을 선포한다. 독단적 환원의 성향을 띤 24/7은 현존의 환각, 즉 중단되지 않고 마찰도 없는 작동들(operations)로 이뤄진 변화시킬 수 없는 영속성의 환각을 찬미한다. 그것은 공동의 삶이 테크닉(technics)의 대상으로 변모한 사태의 여파에 속한다."[26] 여기서 핵심적인 것은 네트워크로 연결된 연산미디어의 기술적 존재 방식인 '작동'이다. 이는 경험과 실존에 근거한 전통적인 시간성을 납작하게 만들 뿐 아니라 인간이 보고 아는 능력을 대체한다는 점에서 인식론적 위기와 결부된다.

24/7은 어둠과 흐릿함의 소멸에 관련되는 것만큼이나 낮의 파괴를 나타낸다. 기능성의 상태를 제외한 그 어떤 빛나는 상태도 황폐하게 만드는 24/7은 시각 경험의 거대한 무능화의 일부다. 그것은 우리가 그에 대해 노출되고 개인의 시각적 활동이 관리와 관찰의 대상이 되는, 작동과 예상이 편재하는 영역과 일치한다. 이 영역 내에서 가시적 세계의 우연성과 가변성은 더 이상 가능하지 않다. 최근의 가장 중

요한 변화는 시각화의 새로운 기계적 형태와 관련되는 것이 아니라 인간의 볼 수 있는 능력, 특히 시각적 구별을 사회적, 윤리적 가치 평가와 결합시키는 능력이 해체되어 온 방식과 관련된다.[27]

그런데 24/7 체제의 결과가 '가시적 세계의 우연성과 가변성이 더 이상 가능하지 않은' 시간성의 감각이라면 이는 연산화주의가 단순히 시간 경험의 평면화를 넘어 미래라는 시간성의 개조를 수반한다는 것을 의미한다. 이것이 연산화주의의 시간성이 전자 미디어 이후의 시간성을 규정하는 실시간성과 구별되는 방식이다. 안드레예비치가 자동화의 편향 중 하나로 제기한 '선제'의 중요한 함의 또한 여기서 찾을 수 있다. 2장에서 살펴본 브라이언 마수미의 '존재 권력' 개념과 유사하게 안드레예비치 또한 선제를 기존의 위험 관리 모델이었던 억제(deterrence)와 구별한다. 예측과 선제는 위기의 제어를 위해 기능하는 미디어의 작동 방식이지만, 그 미디어 자체가 객관성과 정확성의 이념을 넘어 불확실성과 오류, 윤리적 문제를 낳는다는 점에서 위기의 원천이기도 하다. "예측이 예컨대 교육 수준의 효과라든가 범죄율의 경제적 지표 등과 같은 장기적인 궤적에 초점을 두는 경향이 있다고 한다면, 선제의 시간성은 사건 발생의 순간으로 압축된다. … 선제는 즉각적인 위협이 얼마나 긴급한가 하는 기록에 따라 작동한다. 이러한 긴급성은 선제가 동원되는 사회적 영역 전체에서 일반화된다. … 억제의 시간성이 무한한 연기라면 선제는 미래가 현재로 붕괴하는 것이다. … 억제 논리에서는 현재 갈등이 (지속적으로 지연되는) 미래 사건으로 언급된다. 선제에서는 이러한 지연된 미래가 현재로 무너지기 때문에 지금 당장 행동해야 한다."[28] 즉, 선제에서 상정되는 미래는 지속적으로 수집되고 프로파일링되는 현재의 데이터 흐름으로 규정되고, 이와 같이 현재로 흡수된 미래는 수치적으로 저장되고 알고리듬적으로 연산화된 상관관계 또는 유사성에 의해 과거의 데이터와 만난다.

선제로 규정되는 이와 같은 시간성은 감시의 변화하는 양상과 연동되어 왔다. 2001년 9·11 사태 후의 미국 안보 시스템 및 작전 수행 방식을 대표하는 수사법인 선제는 리처드 그루신이 말하는 선매개(premediation)의 미디어 체제로 이어졌다. "선매개로 하여금 낮은 수준의 불안을 발생시키고 유지함으로써 외상적 미래의 경험을 예방하도록 하는 것은 경합하는, 종종 모순적이기도 한 미래 시나리오들의 확산이다."[29] 2008년 금융위기 이후 정치 및 경제 영역에서의 빅데이터 애널리틱스에 근거한 다양한 예측 시스템의 개발은 선매개의 미디어 체제를 사회 전반으로 확산시켰고 이 과정에서 데이터의 상관관계 또는 유사성에 근거한 미래의 판본을 유포했다. 이 판본 속에서 정상성과 비정상성, 특정 집단과 그와 다른 집단의 분류가 패턴 인식을 근거로 실행되고, 이러한 분류는 주체의 심리적 성향 및 행동 변화를 측정한다. 이와 같은 국면은 빅데이터가 감시 패러다임의 전환을 가져오는 방식에 대한 데이비드 라이언의 견해와 상응한다. 2013년 에드워드 스노든의 유명한 폭로는 사용자들이 페이스북이나 플랫폼 등을 통해 자신도 모르게 공개로 설정한 정보, 특히 '데이터에 대한 데이터'인 메타데이터가 빅테크 기업과의 무의식적인 협력을 통해 국가안보국에 의해 체계적으로 추출되고 분석되어 스스로 사건을 일으키는 '행동 가능한 데이터(actionable data)'로 변환되는 방식을 입증했다. 이는 빅데이터의 등장에 따른 것으로, 라이언은 이와 같은 변화가 감시 작업을 데이터의 패턴 인식에 근거한 미래에 대한 기대(anticipation)로 이동시킨 결과, 그리고 데이터가 한 분야에서 다른 분야로 성공적으로 이전될 수 있는 것처럼 취급하는 적용(adaptation)의 결과를 낳는다고 말한다.[30] 적용의 결과는 실제로 오늘날 미국 사회에서 찾아볼 수 있다. 2015년 CIA는 아마존 웹 서비스(AWS) 및 데이터 플랫폼 회사 클라우드에라(Cloudera) 등과의 협력으로 '편재적 에널리틱스(pervasive analytics)' 모델을 적용한다고 발표했는데, 이는 CIA와 같은 연방 기관이 상업적 클라우드 및 데이터 애널리틱스 서비스를 데이터 감시를 비롯한 자신의 업무에 활용할 수 있음을 뜻한다.[31]

CIA와 구글의 벤처 자본을 지원받아 2009년 설립된 스위스 정보 기업 레코디드 퓨처(Recorded Future)사의 사례는 이런 점에서 시사적이다. 상호명에서 드러나듯 이 기업은 사이버테러와 같은 미래의 사건을 예측하기 위한 데이터 애널리틱스 서비스를 취급하고 각국 정부 기관 및 금융 기업을 클라이언트로 삼는다. 이 서비스는 뉴스 기사와 같은 공공 문서뿐 아니라 RSS피드, 소셜 미디어 포스팅 등과 연결된 데이터 마이닝을 분석할 수 있는 알고리듬의 개발 및 제공을 지향한다. 오늘날 이 기업이 제공하고 있는 서비스 중 하나는 인텔리전스 그래프(Intelligence Graph)로, 세계 전역의 텍스트 및 이미지 데이터는 물론 기술적 데이터를 수집하고 이를 자연어 처리(natural language processing) 및 기계학습을 활용해 분석하여 이 데이터에 대한 실시간적 관계를 생산한다. 인텔리전스 그래프는 페이스북의 소셜 그래프와 유사한 수학적 객체로 데이터를 대표하는 노드(node)와 이들 간의 관계를 대표하는 에지(edge)로 이루어져 있으며, 세계 자체를 대표하는 온톨로지 그래프(ontology graph)와 데이터의 흐름 및 분포를 대표하는 이벤트 그래프(event graph)로 구별된다(그림 6-1). 이 두 그래프의 노드와 에지는 리스크 수치를 측정하는 API와 이들 간의 상관관계를 제공하는 API 등을 통해 연결된다. 빅데이터의 인식론에 부합하듯 이 솔루션은 더욱 많은 데이터를 모을수록 그래프가 더욱 정교하고 풍부하게 업데이트된다는 점을 강조한다.[32] 마크 핸슨은 이 기업이 대표하는 데이터 애널리틱스가 과거 행동의 분석에 기초한 예측 모델과는 다른 종류의 예측 모델을 통해 미래의 시간성을 탈-인간적인 방식으로 재구성한다는 점을 밝힌다. "현재의 레퍼런스를 통해 미래 사건을 예측하는 능력은 인간 행동에 적합하지만 인간 지각을 통해서는 접근할 수 없는 채로 남는 거대한 양의 데이터를 위한 기술적 플랫폼을 개선한다."[33] 핸슨은 레코디드 퓨처가 제공하는 서비스의 도구적이고 통제적인 활용을 인정하면서도, 데이터 애널리틱스를 제공하는 플랫폼이 전통적인 미디어를 지탱했던 인공기관적인(prosthetic) 전제(미디어는 인간 감각 및 지각의 연장이라는 전제)를 넘어섬으로써 세계에 대한 인간의 감수성을 갱신할 수 있는 잠재력을 가진 것으로 간주한다. "우리 자신의 행동 데이터에 대해 우리가 가진 행위성의 상실은 그 행위성과 직접적인 상관성이 없는 그 무엇, 즉 소셜 미디어와 인터넷의 어포던스가 다시 보상한다."[34]

그러나 데이터화가 시간과 감수성이 탈인간적인 방식으로 매개되고 구성되는 새로운 방식들을 제공한다고 하더라도 오늘날 사회 전반에서 상호 연결적으로 활용되는 데이터 마이닝 및 애널리틱스 시스템은 매우 한정된 판본의 미래를, 즉 통계학적 상관성과 확

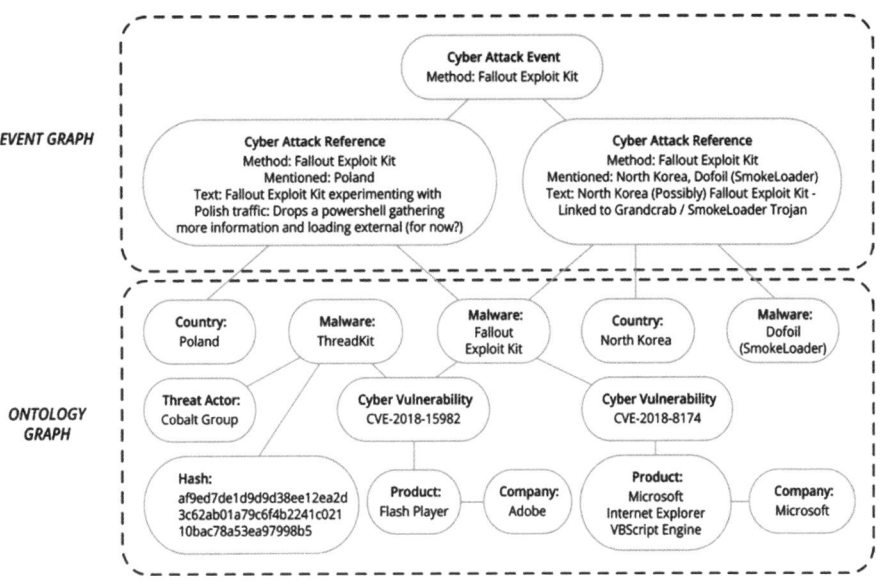

그림 6-1 레코디드 퓨처(Recoded Future)사의 보안용 데이터 애널리틱스를 이루는
온톨로지 그래프와 이벤트 그래프.

출처: https://go.recordedfuture.com/hubfs/white-papers/security-intelligence-graph.pdf.

률론적 유사성이 수학적으로 연산된 판본의 미래를 제공하는 경향을 보였음을 인식할 필요가 있다. 이때의 미래는 도구적 이성이 외재화된 미래라는 점에서 (알고리듬적으로 매개되고 주어진다는 점에서) 근대적 시간성의 단절이자 연속이기도 하다. 홍선하에 따르면 예측은 "인공지능과 자동화의 실제적이고 구체적으로 보이는 증거들이 생산될 수 있는 주변에서 실제의 '문제'들을 낳는다."[35] 여기에는 이중적 의미에서의 예측이 도입된다. 특정한 사회 영역에서 범죄와 생산성 등을 식별하는 구체적인 증거를 알고리듬 기반의 애널리틱스가 낳는 방식은 소문자 p로서의 예측이다. 이와 같은 예측은 대문자 P로서의 예측, 즉 "인간 및 사회 전반이 데이터 중심의 의사 결정에 열려 있고 이에 적합하다는 일반화된 감각"[36]으로 수렴된다. 볼티모어 등 미국 대도시에 2010년대부터 적용된 예측 치안,

수감자의 통화를 음성 인식 소프트웨어로 분석하여 수감자의 범죄 성향을 측정하는 교정 시스템, 지원자의 안면 특징을 식별함으로써 피고용인으로서의 성향을 예측하는 소프트웨어 솔루션 등 소문자로서의 p에 속하는 예측들이 2010년대 들어 확산했다. 이들은 때로 데이터의 부족, 데이터세트의 비균질성, 또는 알고리듬의 기술적 한계 등이 낳는 문제를 수반했다. 그러나 이와 같은 오류들에도 불구하고 예측의 영역에 대한 사회적 투자는 대문자 P에 대한 믿음을 강화하며 지금까지도 계속되고 있다. 이와 같은 이중적 의미에서의 예측은 예측의 시간성이 주어진 문제 해결에 대한 경험적이고 직접적인 증거이자(소문자 p가 적용되는 영역들), 인공지능 및 빅데이터 기반 사회의 지속적인 진보(대문자 P의 세계관)로서 경험된다는 것을 의미한다. 이와 같은 이중적 의미에서의 예측은 인공지능 및 빅데이터가 시간-내-존재의 차원에 도입한 변화를 암시한다. 이를 철학적 전통에서 설명하기 위해 육 후이는 스티글레르의 3차 파지에 더하여 3차 예측(tertiary prediction)을 제안한다. 3차 예측이란 "더 이상 내 자신의 주관적 투사가 아니라 나에게 부과되고 나보다 선행하는 투사인 것으로서의 기대의 형식"[37]을 말한다. 이는 질 들뢰즈가 『차이와 반복』에서 '시간의 세 번째 종합'으로 명명했던 니체의 영원회귀가 구성하는 미래, 즉 이미 현재에 있는 것으로서의 미래와 동일하다. 하지만 3차 예측은 니체적인 의미에서의 반복에 내재적으로 함축되고 새로운 것의 생성을 포함한 차이라기보다는 "복잡하지만 기계적이고 등질적인 반복의 양식"[38]이다. 전통적으로 시간의식을 형성했던 종합은 기억 장치와 마찬가지로 이제 연산적 장치들로 외재화되었다. 스마트 기기와 스마트 환경이 정착된 오늘날 그 장치들은 여러 가지 형태로 파편적으로 존재한다. 이는 예를 들면 트랜스휴머니즘에서 말하는 미래, 즉 모든 것을 알고 판단하는 것으로 상정된 초지능(superintelligence)이 관장하는 미래라는 결정론적인 시간성을 강화한다.

이와 같이 결정론적으로 지각되는 예측의 확산은 단순히 미래를 선제하고자 하는 사회적 힘에 의해서만 작동하지 않는다. 예측의 확산은 연산화가 시간성의 물질적 차원, 그리고 이를 통한 시간의 매개 방식에 가져온 심원한 변화에 근거하기 때문이다. 즉, 연산화는 시간을 이산적인 데이터로 변환하는 사회기술적 작동 방식이다. 볼프강 에른스트는 연산화가 철학적 전통에서의 시간관에 중대하게 도전하는 방식을 시간 단위의 데이터화 및 알고리듬적인 프로세싱의 차원에서 찾는다. 시간을 인식론적인 차원에서의 초월적 기표, 또는 유일하고도 보편적인 존재론적 지평으로 간주하는 철학적 모델은 기술-논리적인 컴퓨터 체제에서는 이전과 같은 충분한 설득력을 갖지 않는다. 연산화가 매개하는 시간성은 수학적으로 연산되는 상징적 데이터의 논리, 이러한 연산 과정을 나타내는 반복실행(iteration) 및 재귀성(recursivity), 그리고 데이터의 연산과 연결된 기억 저장 장치의 작동을 특징으로 한다. 이와 같은 특징을 바탕으로 컴퓨터는 근대적 시간성을 설명하는 선형적 내러티브를 이산적인 데이터를 단위로 측정되는 시간성으로 변환한다. 이런 변환 과정은 알고리듬에 근거한 실행을 시간성의 경험으로 산출한다. 그런 점에서 연산화는 20세기 말과 21세기 초의 이행기에 컴퓨터 시스템과 연동된 시간이 2000년도가 아니라 1900년도로 도약한 '밀레니엄 버그'와 같은 사태가 예시하듯, 시간의 기록 및 시간에 놓이는 사건의 본성 모두를 변형한다. 시간은 현상학적인 내적 의식에서 전자-기술적인 메커니즘의 일부가 이산적인 작동의 기능이 된다. 이와 같은 의미에서 에른스트는 알고리듬이 시간을 기술-수학적인 실행으로 변환한다는 점을 미디어의 '시간-기반적(time-based)' 패러다임에서 '시간-결정적(time-critical)'[39] 패러다임으로의 진화로 설명한다. 이와 같은 전환에서의 시간성은 인간의 의식과 지각 너머에서 구성되기 때문에 인공지능에 대한 대중적인 담론에서처럼 의인화적인 모델로 설명될 수 없다. 그 시간성은 인간의 시간적 척도를 넘어선 이산적인 데이터의 척도에 따라 처리되기 때문에 미시-시간적(micro-temporal)이다. 에른스트는 사실상 알고리듬의 작동 리듬에 속하는 미시-시간성이 클라우드 컴퓨팅 및 사물인터넷 등의 확산을 통해 인간과 긴밀하게 결부될 때 전통적인 시간성의 체험이 달라지는 방식, 즉 시간-내-존재(being-in-time)가 달라지는 방식을 다음과 같이 정리한다. "데이터를 처리하기 위해 현재는 이산적인 미시-운동으로 절단된다. 연산이 항상 과거 미시-수적 사건들의 현실화와 이미 항상 상호작용하는 동안, 연산의 선제적인 알고리듬은 미래를 자신의 역사성을 시뮬레이션한 미래완료(futurum exactum)로 예견한다."[40] 에른스트의 미시-시간적인 차원을 입증할 수 있는 사례는 구글의 스패너(Spanner)다. 대규모 데이터베이스인 스패너는 "지구를 아우르는 어마어마한 규모로 수백 곳의 데이터 센터에서 수백만 대의 서버 간에 시간을 동기화"함으로써 "지메일, 구글 검색, 광고 등 구글의 모든 분산 서비스를 떠받친다." 이와 같은 동기화는 네트워크의 흐름에 따라 시차가 발생하기 때문에 불안정할 수밖에 없는데, 구글이 스패너를 보완하기 위해 개발한 트루 타임(TrueTime)은 "데이터세터들이 어느 피어(peer)와 동기화할지 결정할 수 있도록 로컬 클록 간에 신뢰 관계를 확립하는 분산 시간 프로토콜"로 "중앙 집중식 주 클록의 통제하에 가변적 시간 척도를 만들 수 있는 능력"[41]을 갖는다. 가변성을 포함한 이와 같은 통제는 데이터 흐름의 예측을 통한 서버들의 동기화를 수반한다. 크로퍼드에 따르면 이와 같은 "지구적 연산 네트워크 규모의 거대한 시간 변조(modulation)"는 인공지능을 활용하여 더욱 자동화된 간격과 리듬으로 실행되는 "공장에서의 미세한 시간 변조"[42]와 동기화된다는 점에서 플랫폼 자본주의 권력의 일부를 이룬다.

이처럼 연산적으로 매개되고 조율되는 미래완료로서의 시간성은 앙투아네트 루브루아와 토마 베른이 제안한 영향력 있는 개념인 알고리듬적 통치성(algorithmic governmentality)의 한 양상이기도 하다. 알고리듬적 통치성이란 주체화를 통한 사회적 권력의 실행을 가리키는 미셸 푸코의 통치성(governmentality) 개념을 데이터 마이닝과 프로파일링이 근본적으로 개조하는 방식을 가리킨다. 근대적 규율사회에서 통치성이 가시적인 개인의 신체를 겨냥하고 신자유주의 체제에서 통치성이 신체뿐 아니라 개인의 모든 행위를 자유의 논리로 관리한다면, 알고리듬적 통치성은 "주체와 현실의 통계학적 짝패(double)"라 할 수 있는 데이터화되고 계량화된 주체(예를 들어 소셜 미디어의 각종 스코어로 측정되는 자아)와 디지털 네트워크로서의 사회성을 생산하고, "개인과 주체 대신 관계(relation)에 초점을 맞춘다."[43] 루브루아와 공동 연구를 수행하기도 했던 스티글레르가 말하듯, 여기서 말하는 관계는 데이터 간의 통계적인 "상관관계로 축소"된 것이고, 알고리듬적 통치성은 전통적으로 이해되는 "관

계를 가득 채우고 있는 퍼텐셜을 해체해 그것을 무로—형식화 가능
하고 계산 가능한 상관관계에 다름 아닌 것으로—환원시켜 버림"[44]
을 의미한다. 알고리듬적 통치성은 세 단계를 거쳐서 실행된다. 첫
째는 데이터의 대규모적이고 전방위적인 수집 및 이를 가능하게 하
는 데이터센터와 같은 컴퓨터 인프라구조의 확충으로, 이 단계에서
개인, 사회, 정치, 경제, 문화(즉, 광범위한 의미에서의 현실)를 이루
는 모든 것은 "맥락이 제거된 가장 기본적인 상태"로서의 데이터,
즉 "어떤 내재적 의미도 세척된 신호"[45]로서의 데이터로 변환된다.
둘째는 알고리듬적인 프로세싱을 통한 이질적 데이터의 상관관계
로 구성된 지식 생산으로, 이는 사전에 존재하는 가설에 의한 지식
대신 "주관적 개입을 제거함으로써 얻어지는 절대적 객관성을 주
장"[46]한다. 이와 같은 지식은 개인이 경험과 관찰, 지각을 통해 얻
는 정보가 아니라 데이터 프로파일링을 통해 확률론적, 통계적으로
구성된 지식이다. 알고리듬적 통치성의 마지막 단계는 이와 같은
지식을 "개인의 행동을 예측하고 이 행동을 프로필과 연결시키는
데 활용하는"[47] 것이다.

　이와 같은 세 단계를 종합함으로써 알고리듬적 통치성이 연산
화주의가 도입하는 세 종류의 위기와 연동된다는 점을 알 수 있다.
인식론적 차원에서는 현실의 다양성을 반영하다고 추정되는 이질
적 데이터들의 지속적인 축적과 이 데이터의 확률론적 상관관계
에 근거한 지식의 지배, 그러기에 개인의 이성과 판단을 넘어선 지
식의 지배를 뜻한다. 루브루아는 이와 같은 지배가 인과성과 의도
성, 시험과 도전 대신 데이터의 확률론적 관계와 행위성으로 이루
어지는 새로운 진리의 체제인 '데이터–행동주의(data-behaviourism)'

를 도입한다고 주장하는데, 이 체제는 "근본적 불확실성의 알려지지 않은 부분을 용해하고 이를 통해 비판의 지평을 축소한다."[48] 존재론적 차원에서는 실시간적으로 수집되고 분석되는 데이터의 상관관계 또는 유사성으로 개인의 행동이 예측되기 때문에 미래의 지평이 환경의 변화에 대한 자동적인 반응으로 축소됨을 뜻한다. 이는 안드레예비치의 견해와 유사한데, 실제로 루브루아는 선제를 예방(prevention)과 구분함으로써 이 점을 분명히 한다. "예방은 현상의 원인에 대해 작용함으로써 현상이 일어날지 그렇지 않을지를 아는 것으로 이루어지는" 반면, 알고리듬적 통치성이 추구하는 선제는 "원인에 작용하는 것이 아니라 어떤 것이 현실화되거나 그렇지 않도록 정보적, 물리적 환경에 작용하는 것"이다. 그 결과 세계의 시간성은 "과거와 미래 모두를 열망하는 소용돌이의 형태"[49]를 띠게 된다. 마지막으로 사회정치적 차원에서 알고리듬적 통치성은 소셜 미디어에서의 사용자 프로필 등 수량화된 자아로서의 개인(혹은 '가분체'라 말할 수 있는 것)을 확률론적, 예측적, 선제적으로 다룸으로써 개인의 심리, 성향, 행동을 구성하고 조율한다. 이와 같이 구성되는 합리성과 규범성은 주체화에 근거한 기존의 통치성과 구별된다. 알고리듬적 통치성은 "성찰적인 인간 주체를 피해 가는데 그 자체로는 무의미한 인프라-개인 수준의 데이터를 원료로 하기 때문이다. 이는 개인으로 진화하지도 않고 그들이 누구인지도 무엇이 될 것인지도 기술하라고 요구하지 않는 초-개인적인 행동 또는 프로필 모델을 구축하는 결과로 이어진다."[50]

알고리듬적 통치성 개념은 분명 수학화된 상관주의가 빅데이터와 데이터 애널리틱스의 연산화주의와 결합하여 다면적인 위기를 낳는 과정을 긴밀한 네트워크로 파악하는 데 유용하다. 그럼에도 불구하고 이와 같은 통치성이 규율적 통치성이나 신자유주의적 통치성의 계보와 완전히 단절하는 것인가? 루브루아와 베른은 프로필이 기존의 인과관계 혹은 맥락으로부터 이탈한 데이터 간의 상관관계를 근거로 구성되기 때문에 이것이 "일반적인 계층 또는 범주가 부재한 완전히 '민주적인' 규범성의 가능성을 제시한다"고 말한다. "알고리듬은 사회적으로 경험된 (사회적, 정치적, 종교적, 인종적, 젠더적인) 범주화를 보지 못하기 때문"[51]이다. 그런데 이와 같은 설명은 빅데이터 신화가 구축하는 지식의 실증주의적 객관성을 비판하기보다는 오히려 재생산하는 목소리로 이어지기 쉬우며, 데이터 마이닝의 인식론적 계보가 근대 통계학에 기원을 둔다는 가정과도 모순된다. 달리 말하면 모든 사회적 범주와 가설에서 자유롭고 이들을 제거하는 힘을 가진 것으로 데이터화와 알고리듬을 이해할 경우, 근대 사회 이후의 통치성이 연산화주의적인 전환 이후로 연장되는 동시에 굴절되는 방식을 놓칠 수 있고, 데이터와 알고리듬 자체를 사회적인 힘으로부터 자유로운 중립적인 도구로 인정할 가능성(즉, 빅데이터 수사학이 긍정하는 바로 그런 가능성) 또한 내장하게 된다.

케이트 크로퍼드가 작가 트레버 패글렌과 수행한 연구인 「인공지능 파헤치기(Excavating AI)」(2019)[52]는 데이터에서 맥락이 제거되고 알고리듬이 사회적 범주화를 알지 못한다는 '알고리듬적 통치성' 개념의 전제에 생산적으로 도전한다. 이들의 연구 대상은 오늘날 얼굴 인식, 자율 주행차의 경로 인식 등에서의 컴퓨터 시각에 적용되는 합성곱 신경망과 같은 기계학습, 즉 이미지 감지와 인식, 판별을 위한 기계학습에 활용되고 분석되는 훈련 데이터의 층위를 조사한다. 학습자(learner)와 분류자(classifier)라는 두 유형의 알고리듬을 가진 지도형 기계학습 모델에서 훈련 데이터는 핵심적인 역할을 부여받는다. 학습자는 기계학습 모델이 해결하는 문제에 따라 라벨링된 데이터로 학습하면서 새로운 입력값과 바람직한 예측 출력값을 분류자에게 알려주기 때문이다. 이와 같은 학습 과정에서 적용되는 통계적 알고리듬은 훈련 데이터의 분류와 유사도를 수학적으로 측정하여 귀납적으로 지식을 추론한다. 이때 사과 사진과 오렌지 사진을 구별하는 학습 모델에서 훈련 데이터가 빨간색 사과 이미지로만 이루어져 있다면, 기계학습 시스템은 '모든 사과는 빨갛다'고 추론할 수도 있다.

이런 의미에서 "훈련 데이터야말로 현재의 기계학습 시스템을 구축하는 토대"지만, 크로퍼드와 패글렌에 따르면 이보다 더욱 중요한 함의는 이러한 데이터가 "인공지능이 어떻게 작동하는가를 좌우하는 인식론적 경계를 정하며 어떤 의미에서 인공지능이 세상을 어떻게 '볼' 수 있는가의 한계를 짓는다"[53]는 데 있다. 이와 같은 주장을 뒷받침하기 위해 크로퍼드와 패글렌은 스탠퍼드대학교의 페이-페이 리 등의 연구진이 2009년 처음 선보였고 2010년도 이후 업데이트한 이미지넷(ImageNet)과 같은 라벨링된 벤치마크 데이터 집합을 조사한다. 이미지넷의 개발은 컴퓨터 시각의 두 가지 문제, 즉 분명하게 측정된 이미지 평가 측정 지표를 통해 대규모의 데이터 객체를 분류할 수 있는 고도화된 범주화 체계를 제시하는 문제와 이러한 범주화를 통해 일반화된 학습 모델 생성의 기초를 마련하는 문제를 해결하기 위한 것이었다는 점에서 빅데이터와 기계학습의 연산화주의에 복무하는 프로젝트로 읽을 수 있다.[54] 이미지넷 연구진은 1985년 프린스턴대학교 인지과학연구소에서 처음 개발한 단어 분류 데이터베이스인 워드넷(WordNet)을 기반으로 이미지 데이터의 라벨링과 분류를 위한 범주들을 추출했고, 아마존 메커니컬 터크를 통해 고용한 노동자를 활용하여 분당 평균 50장의 이미지를 2만 개 이상의 범주로 분류했다. 이 범주 중 '사람(Person)' 범주에 포함된 2,832개의 하위 범주(그림 6-2)에는 원주민, 앵글로아메리카인, 스페인계 미국인, 줄루족 등 인종 및 국가 정체성을 고정적으로 지시하는 범주, 악당·콜걸·화냥년·길거리 창녀·선택 장애자처럼 여성 혐오적이거나 장애인 혐오적인 함의를 가진 범주, 그리고 채무자 등 사람 이미지의 적절한 분류와는 전혀 무관한 범주를 포함했다. 이처럼 편향적으로 라벨링된 데이터 집합은 테네시대학교 녹스빌 캠퍼스 연구진이 남성과 여성의 두 성별 범주, 그리고 백인·흑인·아시아인 등 다섯 개의 인종 범주를 적용하여 연령, 성별, 인종을 표시한 2만여 장의 얼굴 사진을 포함한 유티케이페이스(UTKFace) 데이터집합에서도 찾아볼 수 있다. 성별 및 인종이 사회적으로 결정되는 맥락적인 동시에 유동적인 구성물임을 고려한다면 이와 같은 범주들의 정치적, 윤리적 위험성을 쉽게 간파할 수 있다.

그런데 이와 같이 편향된 훈련 데이터의 위험성은 이와 같은 종류의 데이터 및 이를 근거로 작동하는 심층학습 모델이 이미지의 일상적 검색은 물론 기업과 국가기관의 다양한 수준에서 설치되어 작동하는 컴퓨터 비전으로 확장되어 왔다는 데 있다. 이러한 시각은 인종과 성별을 기준으로 한 이미지의 판독과 식별을 넘어, 인종과 성별 자체를 사회적으로 구성한다.[55] 그렇다면 데이터집합의 구

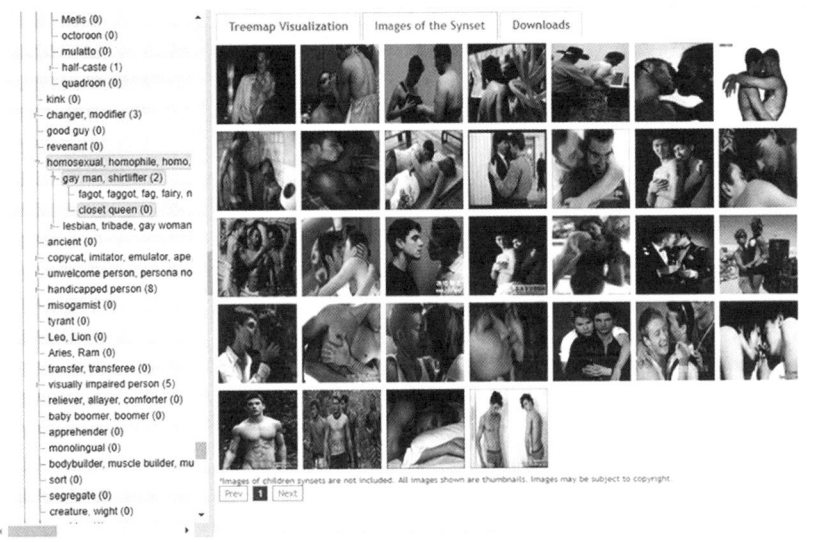

그림 6-2 이미지넷(ImageNet)의 '사람' 범주. 출처: https://excavating.ai.

성에서 이와 같은 편향적 요인을 제거하는 것으로 문제가 해결되는 가? 크로퍼드는 이에 대해 가능 또는 불가능의 방식으로 문제를 진단하지 않는다. 근본적인 문제는 두 가지다. 첫째는 기계학습에 적용되는 분류와 특징 분석이 인간을 구성하는 질적이고 복잡한 차원들을 측정하고 관리 가능한 것으로 환원해 온 오랜 과학적, 제도적 전통의 권력과 불가분의 관계에 있다는 점이다. "이 접근법은 여전히 기본적으로는 (이미지의 출처인 사람, 장소와 동떨어진) 데이터화의 추출식 관계 위에 구축된다. 그럼 다음 복잡하고 다채로운 문화적 재료를 뭉뚱그려 일종의 단일한 객관성을 빚어내려는 기술적 세계관을 통해 표현된다."[56] 둘째는 결국 이처럼 분류의 과제를 수행하는 기계학습이 데이터의 레이블링뿐 아니라 유사성을 측정하고 연산하는 확률론적 알고리듬에 의존한다면, 기계학습이 산출하는 귀납적 추론의 결과에는 필연적인 한계가 내장되어 있다는 것이다. "기계학습 모형이 더 정확해지기 위해서는 데이터를 계속해서 공급받아야 한다. 하지만 기계는 짐근직이이시 걸고 완전한 정확성에 도달하지 못한다."[57]

웬디 희경 전의 연구는 연산화주의의 사회정치적 위기 국면을 크로퍼드가 주목한 데이터 마이닝의 차원을 넘어 알고리듬의 차원으로 확장하면서 '알고리듬적 통치성' 개념에 내재된 전제(알고리듬이 사회적 범주화를 알지 못한다)를 교정한다. 그는 "기계학습 및 여타 알고리듬이 데이터의 수준뿐 아니라 절차, 예측, 논리의 수준에서 인간의 편견 및 차별과 더불어 내장되었다"[58]는 점을 주장한다. 즉, 오늘날 소셜 미디어 환경에서 벌어지는 정치적 불평등과 양극화, 반향실 효과, 인종적, 성별적 차별 등은 루브루아와 베른이 생각하는 대로 사회적 범주들로부터 자유로운 데이터 수집의 논리로는 설명될 수 없다. 이 점은 다음과 같은 전제로 더욱 분명히 뒷받침된다. "문제는 거대 기술 독점기업이 새롭고 예견되지 않은 미래를 창조하기 위해 습관, 제도, 규범을 교란하는 것이 아니다. 오히려 문제는 '창조적 교란'의 이름으로 이 기업이 차별적 과거의 실수들을—인정하고 수선하기보다는—증폭하거나 자동화하고 있다는 것이다."[59]

웬디 희경 전이 탐색하는 '차별적 과거'들은 디지털 환경에서 쉽게 찾아볼 수 있는 개인화된 추천을 비롯한 알고리듬적 데이터 처리를 관할하는 상관관계의 간학제적인 기원들이다. 첫 번째 기원은 19세기와 20세기의 우생학(eugenics)으로, 찰스 다윈의 친척인

프랜시스 골턴과 칼 피어슨 등의 작업에서 그 계보를 찾을 수 있다. 이들이 응용수학의 한 분야인 근대적 통계학에 기여한 방식을 살펴보면 21세기 데이터과학의 한 계보를 찾을 수 있다. 골턴은 평균적인 인간의 형질을 측정 가능한 신체적 지표로 조사하면서 정규분포에서 평균으로의 회귀(regression to the mean) 개념을 정식화했고, '피어슨 상관계수' 개념의 창시자인 칼 피어슨은 골턴의 제자였다. 즉, 이들이 다원적인 사회진화론의 실천 과정에서 발견하고 적용한 통계학적 기법은 오늘날 기계학습 및 여타 알고리듬에도 적용되는 데이터 애널리틱스 및 처리 기법의 기원이 된다. 더욱 중요한 것은 이와 같은 기법적인 계보를 뒷받침하는 인식론적 전제다. 우생학은 인간의 신체적 특징과 인간의 인종적, 계급적 범주와의 연관성을 측정하고 이로부터 미래 인구, 특히 빈민과 유색인종 등의 유전적, 행동적인 성향을 예측하기 위해 다양한 인간 샘플에 대한 데이터를 수집하고 이를 과학적 도구를 통해 측정했으며 이들 간의 관계를 바탕으로 지식을 구성하기 위해 통계학적 상관성 개념을 적용하고 실험했다. 이 또한 21세기 데이터 애널리틱스와 공명한다. "우생학과 21세기 데이터 애널리틱스 모두는 특히 빈곤한 인구에 대한 데이터 수집과 감시를 강조한다. 모두 세계를 실험실처럼 다루고 분리(segregation)를 조장한다."[60]

이와 같은 주장에 대한 근거로 웬디 희경 전은 심리학자 미칼 코진스키가 컴퓨터공학자 토르 그래플 등과 공동으로 2013년 수행한 연구인「개인의 특성 및 속성은 인간 행동의 디지털 기록에서 예측 가능하다」[61]를 제시한다. 이 연구는 "성적 성향에서 지성에 이르는 인간의 다양한 개인적 속성이 페이스북의 '좋아요'를 활용하여 자동적으로 정확히 추정될 수 있으며,"[62] 이때 '디지털 기록'은 '좋아요' 뿐 아니라 온라인 쇼핑에서의 구매 기록, 웹 브라우징 및 검색 기록 등을 포함할 수 있다고 가정한다. 코진스키 등의 연구 결과는 넷플릭스 오리지널 다큐멘터리 〈거대한 해킹(The Great Hack)〉(2019)에서도 나루어진 2016년 페이스북-게임브리지 애널리티카(Cambridge Analytica) 스캔들, 즉 케임브리지 애널리티카 회사가 페이스북 사용자 프로필을 사용자 동의 없이 수집하여 2016년 브렉시트 투표 및 미국 대선을 위한 정치적 캠페인에 활용했다는 폭로와 연관된다. 코진스키 등의 연구진은 페이스북의 '좋아요' 데이터는 물론 사용자가 개인 성격 및 취향에 대한 퀴즈를 풀고 공유할 수 있는 페이스북의 마이퍼스낼러티(myPersonality) 앱을 활용하여 약 58,000명 이용자의 샘플을 추출하고 이를 행렬 데이터로 변환했다. 이어 특잇값 분해(single-value decomposition: SVD)를 통해 그 행렬 차원을 단순화하고 선형회귀(linear regression) 기법을 통해 사용자의 연령과 같은 수치적 정보를, 로지스틱 회귀(logistic regression) 기법을 통해 젠더 및 성적 지향성을 예측하고자 했다(그림 6-3). "이런 방식으로 [연구진은] 다섯 가지 성격 요소(OCEAN) 점수 이상으로 개인 정체성의 많은 측면을 보여줄 수 있는 예측 모형을 만들어낼 수 있었다. 결국 사이코메트릭연구소는 예상 밖으로 많은 데이터를 갖게 되었다. 퀴즈를 푼 사람들은 데이터를 자진해서 제공했다. … 그 모형은 88퍼센트의 정확도로 동성애자와 이성애자를 구별해낼 수 있고, 미국인 중 흑인과 백인을 95퍼센트의 정확도로, 민주당원과 공화당원을 85퍼센트의 정확도로 구별해 낸다."[63] 웬디 희경 전은 코진스키 등의 연구진과 케임브리지 애널리티카 회사가 공통으로 사용

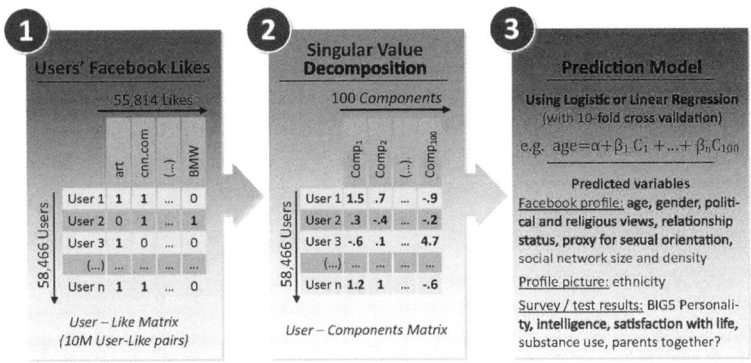

그림 6-3 코진스키 등의 연구진이 마이퍼스낼러티 앱을 활용한 5만 8,446명의 미국 사용자 샘플을 대상으로 구축한 페이스북 사용자 심리분포(psychogeographics) 예측 모델. 출처: Kosinski, Stillwell, and Graepel(2013).

한 기법인 선형회귀, 팩터 분석 등이 가진 우생학적 기원을 밝힌다. 이 과정에서 그는 이와 같은 기원이 인간의 심리 성향은 생리적으로 결정되고 측정 가능한 것으로 환원할 수 있다는 가정으로 인해 문제적임을 밝히는 것 이상으로 나아간다.[64] "상관관계의 우생학적 역사는 상관관계의 모든 사용이 우생학에 대한 경향이 있기 때문이 아니라 상관관계가 작동할 때 현재와 미래를 고도로 선별된(curated) 과거와 일치시키기 때문에 중요하다."[65]

우생학 이외의 또 다른 '차별적 과거'는 동종선호(homophily)의 원칙이다. 동종선호란 유사한 특성 또는 성향을 공유하는 개인이 서로 유대를 이루는 성향을 뜻한다. 이는 인종, 종교, 성별에 따른 분리를 자연화하고 이와 같은 범주에 내재된 증오와 차별을 사랑의 이름으로 표백한다. 네트워크 과학이 인용하는 동종선호의 원칙에 대한 정의는 1940년대 미국의 두 공공주거 프로젝트에서의 인종 분리에 관한 폴 라자스펠드, 로버트 머튼 등의 사회학적, 행동심리학적 연구에서 기원한다. 이 연구는 본래 서로 비슷한 부류를 선호한다는 전제가 자연스러운 것인지를 질의하기 위해 제기되었으나, 인종 혼합 주거 지구에서 흑인 거주자들의 의견을 간과하고 인종 간 거주에 관한 양가적 태도를 일시적이고 정지적으로 무심한 의견으로 오인함으로써, 이종선호(heterophily: 차이에 의한 유대)보다는 동종선호를 강조하는 결과를 낳았다.[66] 21세기의 네트워크 과학에 이르러서 동종선호는 질의의 대상이 아니라 해결책으로 변질되었다. 네트워크 과학은 어떤 행동을 항상 더 큰 패턴의 일부 혹은 증상으로 해석하면서 이 과정에서 실제 세계의 현상을 노드와 경계들로 환원한다. 그리고 이와 같이 추상화된 사회적 네트워크를 그래프 이론, 게임 이론 등을 동원하여 가시화하고 통계학적 유사성을 활용하여 노드들 간의 유사성 및 연결 관계를 생산한다. 이렇게 볼 때 페이스북에서 '좋아요' 등으로 표현되는 사용자들 간의 관계를 물질화하고 연산 가능한 네트워크로 구성한 결과인 소셜 그래프와 같은 구성물이 네트워크 과학과 20세기 중반 사회학의 결연을 예시함을 알 수 있다. 더욱 중요한 것은 이 두 학제 간의 이데올로기적 공명 관계다. 라자스펠드와 머튼의 동종선호 연구와 마찬가지로 오늘날 소셜 미디어를 뒷받침하는 네트워크 과학은 집단 간의 인종적, 성적, 계급적, 직업적 "분리를 개인적 선택으로서 암묵적으로 승인하고 제도적, 경제적 제약사항을 말소함으로써 부지불식간에 인종주의적 논제를 심화한다."[67] 동종선호는 네트워크 과학이 구성하는 노드와 경계를 엮어주고 물질화하는 원칙이 되고, 이를 통해 소셜 그래프는 20세기 중반 사회학과 달리 분리를 발견하는 것이 아니라 창출한다. 페이스북을 비롯한 소셜 미디어의 친구 추천 시스템은 동종선호적인 조화와 합의를 전제하며, 친구의 친구들을 공개하며 친구 맺기를 상호적으로 만드는 페이스북의 구조는 이를 예측이 아니라 규범으로 만들었다.

알고리듬적으로 작동하면서도 자유로운 개인의 선택을 촉진하기 때문에 신자유주의의 자주적 주체성(sovereign subjectivity)을 초월하기보다는 오히려 강화하는 동종선호와 분리의 변증법은 다양한 네트워크 플랫폼에서 통계학적 유사성을 바탕으로 작동하는 개인화된 추천 및 협업 필터링(collaborative filtering)과 연결된다. 이와 같은 기능은 개인 사용자 자신의 구매나 시청 기록뿐 아니라, 그 사용자와 '유사(like)'할 것으로 추정되는 다른 사용자의 구매 및 시청 기록을 수집하고 분석한 결과이기 때문이다.[68] 기계학습을 비롯한 알고리듬은 바로 이와 같은 분석을 위해 피어슨 상관계수, 나이브 베이즈 분류기, 벡터 기반 유사성 계산 기법 등을 자동적으로 내면화하여 대규모의 이용자 데이터를 대상으로 사용자의 선호도를 연산하고 예측한다.[69] 이와 같은 통계적인 기법들이 적용되는 추천 시스템은 서로 다른 사용자들을 다양한 방식으로 엮어주는 것이 아니다. 오히려 유사한 취향과 구매 기록을 가진 것으로 여겨지는, 즉 동종선호로 측정될 수 있는 사용자 데이터 간의 통계학적 유사성을 연결로 연장한다. 추천을 통해 만들어지는 이웃(neighborhood)은 "인종, 젠더, 계급, 성적 지향성 등의 기존 개념을 영속화하는 새로운 분류"로 작용하면서 "기존의 '분할(division)'을 증폭한다."[70] 특히 협업 필터링은 사용자의 다양한 데이터 이면의 잠재 요인(latent factor), 예를 들어 넷플릭스에서의 영화 추천 알고리듬이라면 이용자가 남긴 영화

평점이나 시청 기록 이면에 있는 것으로 추정되는 장르 또는 배우와 같은 요인을 분석하고 이를 통해 상관관계를 찾아내기 위해 행렬 요인화(matrix factorization)와 같은 분해(decomposition) 기법을 활용한다 (그림 6-4). 즉, 이는 거대한 사용자 데이터베이스를 행렬상의 일련의 주요한 벡터 요소들로 분해하여 계산을 단순화하는 기법으로, 아직 인접하지 않은 이웃들을 감지한 후 새로운 이웃으로 결합하는 결과를 낳는다. 일부 비판적인 컴퓨터 과학자들이 지적하듯 이와 같은 기법은 케임브리지 애널리티카의 페이스북 사용자 데이터 분석을 통한 정치적 성향 예측 기법과 평행적이다.[71]

웬디 희경 전에 따르면 이렇게 데이터의 상관관계에 근거하여 분류되고 범주화되는 이웃은 편향에서 결코 자유롭지 않다. 오히려 우생학과 실증주의적 사회학이 상정했고 네트워크 과학과 추천 서비스를 위한 기계학습 시스템에 적용된 통계학적 기법은 인구의 성향과 정체성을 주어진 것으로 가정하고 보다 나은 사회를 위해 이들이 측정되고 관리될 수 있다는 인식론에 근거하며, 이러한 측정을 통해 얻어진 데이터에 진정성(authenticity)을 부여한다. 그리고 이러한 진정성은 과거의 데이터를 토대로 미래 사용자의 행동 및 정체성에 영향을 미치고자 한다. "추천 시스템은 사회적 습관을 형성하고 인간 행동을 규정하며, 사용자와 아이템 간의 상관관계를 통해 일정한 편차(deviation)를 강조한다. 그러나 이와 같은 시스템이 작동하기 위해서는 사용자는 예측할 수 있는 주체여야 한다. … 이러한 시스템의 프로그램은 포획된 사용자 행동이 이들의 정교한 발화보다 그들의 참된 자아를 대표한다고 상정한다."[72]

크로퍼드와 웬디 희경 전의 연구는 알고리듬적 통치성 개념의 한

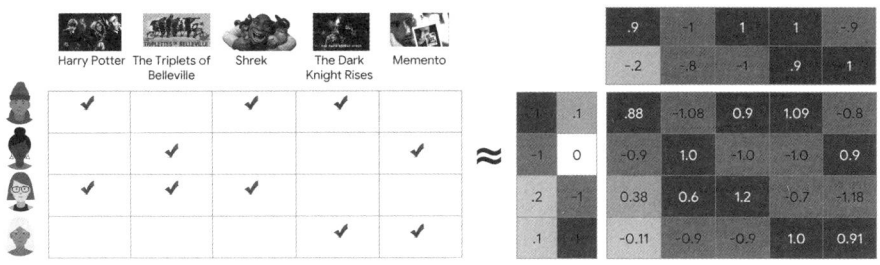

그림 6-4 협업 필터링에서 활용되는 행렬 요인화 모델.
출처: https://developers.google.com/machine-learning/recommendation/
collaborative/matrix.

계들을 극복할 수 있는 실마리와 연산화주의의 사회기술적인 복합
성을 파악할 수 있는 입체경을 제공한다. 데이터화, 알고리듬 개발,
심층학습의 확산 등은 이를 가능하게 하는 컴퓨터 하드웨어와 고속
데이터 공급 및 처리를 위한 데이터 저장 장치 및 프로세서의 발달,
기계적이고 전자적인 장치의 스마트화, 파이썬(Python)과 같은 고
도 프로그래밍 언어의 개발 및 확장적인 적용과 같은 기술적인 요
인들 및 이들 각각의 메커니즘에 대한 이해를 요청한다. 그러나 연
산화주의를 특징짓는 수학적인 방법론인 통계적 상관관계와 동종
선호는 19세기 이후 통계학과 우생학, 경험주의적 사회학과 2차 대
전 후의 컴퓨터 과학, 그리고 세기말과 세기초의 네트워크 과학을
아우르는 계보와 연결된다. 이 계보 속에서 통계적 상관관계와 동
종선호는 지식의 생산(인식론), 세계의 구축(존재론), 그리고 인간의
개인적·사회적 범주의 생산 및 이에 작용하는 권력(사회정치적 차원)
모두를 근본적으로 재편한다.

　이와 같이 기술-사회의 상호결정적인 영향 관계는 기계학습 이
후의 연산미디어 생태계를 고려할 때 더욱 분명하게 출력된다. 수
십억 단위의 훈련 데이터를 처리할 수 있는 거대언어모델의 사전
훈련은 기존의 알고리듬 패러다임이 상정하듯 명령과 지침의 주입

을 넘어선 예측 불가능한 창발성을 포함하고, 이를 통해 그 모델은 시간을 거쳐 복잡화하고 발전한다. "그러나 발전하는 것은 모델만이 아니라 그 모델이 일부가 되는 사회적 세계다. 모든 심층학습 연구자들은 서로에게, 그리고 서로의 모델에 동조되는데 한 분야에서의 혁신(기계 번역과 같은)이 다른 영역(예를 들어 컴퓨터 비전)으로 유익하게 변환되기 때문이다."[73] 이에 따라 인공지능을 도입하고자 하는 사회적, 문화적 영역이 그 인공지능을 기초하는 모델과 추론 방식을 반영하게 되고 반대로 상관성, 추론, 패턴 인식 및 예측과 같은 인공지능의 연산 및 지식 생산 개념이 기존 사회문화적 영역에서의 통제와 편향, 가치의 추출과 순환, 정체성 구성(포용과 배제의 기제) 등을 강화한다. 이와 같은 이중 나선은 오늘날 심층학습 모델 및 이를 뒷받침하는 코드와 알고리듬(예를 들어 구글의 텐서플로와 같은)이 오픈소스 솔루션의 형태로 실험실과 개발자의 작업장을 넘어 교육과 엔터테인먼트를 포함한 사회 전체 영역에 보급되는 양상과 무관하지 않다. 크로퍼드가 말하는 다음과 같은 공식화는 사회 기술적 복합체로서의 연산화주의, 그리고 연산화주의를 전파하고 강화하는 기술적 힘과 사회적 힘 모두를 식별하는 것을 조건으로 이해될 필요가 있다. "데이터의 보편성이라는 가정은 모든 것을 데이터 자본주의의 영역에 놓이도록 재배치한다. 모든 공간은 데이터화에 종속되어야 한다. 우주가 잠재적으로 무한한 데이터 저장고로 간주된다면 그것은 데이터의 축적과 순환이 영원히 지속될 수 있음을 의미한다."[74]

미디어-크리티컬로서의 연산화주의, 또는 미디어 자체의 위기

보이는 동시에 보이지 않고 상호 연결된 방식으로 상호 작동하는 연산미디어로 유지되는 빅데이터의 시대는 인식론적 차원에서 진리의 확률론적 통계화, 존재론적 차원에서 시간성의 평면화, 그리고 사회정치적 차원에서 알고리듬적 통치성의 도입과 연결된 노동의 변질, 데이터 감시, 정체성의 편향적인 범주화 등의 위기들을 초래한다. '알고리듬적'이라는 형용사는 이와 같은 위기들이 각각의 자족적인 현상으로 발생하는 것이 아니라 복합적인 동시에 구조적으로 서로 맞물려 있음을 시사한다. 이 각각의 위기에 내재된 사회기술적 상호 결정의 방식을 분석하는 것이 연산화주의의 작동 방식을 비판적으로 밝히는 데 중요하다는 점을 인정하면서도 나는 이 위기들이 서로 연관되는 방식이 연산미디어가 도입하는 미디어의 근본적인 위상 변화와 연결되어 있다는 점을 주장한다. 즉, 연산미디어의 위기는 그것이 미디어의 관점에서 보았을 때 결정적(critical)인 전환을 도입하기 때문이다. '미디어-크리티컬'이라 말할 수 있는 이러한 전환은 지금까지 식별한 위기의 국면들과 마찬가지로 인식론적, 존재론적, 사회정치적 차원에서 설명될 수 있다. 즉, 연산미디어는 미디어 객체의 본성과 미디어가 세계에 분포하는 방식에 있어서 이전의 미디어와 다르고, 기존 미디어와 동일한 방식으로 알려질 수 없으며, 기존의 통제와 소외·착취를 증강하더라도 기계적 자동화와는 다른 연산적 자동화를 거친다.

존재론적 차원에서 볼 때 연산미디어는 개인용 컴퓨터, 스마트폰, 태블릿 PC와 같은 객체를 포함하면서도 한정된 객체의 집합으로 환원되지 않는다. 유비쿼터스 컴퓨팅을 구성하는 센서, 사물인터넷 객체 등은 연산화 작업을 위한 자동기계라는 전통적인 컴퓨터의 모습은 물론 기존의 여러 미디어 객체와 기능을 통합한 멀티미디어라는 관념도 초월한다. 안드레예비치가 말하는 '프레임 없음'과 '환경성' 개념은 사실상 기존의 매스미디어와 다른 방식으로 연산미디어가 세계 내에 존재하고 세계의 시공간과 경험 자체를 재구성하고 있음을 시사한다. '프레임 없음'은 궁극적으로 전방위적이고 항상적인 데이터 수집을 가리킨다. 데이터화는 메시지의 송수신 과정에 인지적인 차원은 물론 구조적인 차원에서 형성되었던 프레임의 제거를 수반하기 때문이다. "투기적 형태의 데이터 마이닝이 출현한 덕분에 소비 선호도에 대한 정보는 고용주와 의료 서비스 종사자와 마케팅 담당자들에게도 유용할 수 있게 되었다. 어떤 데이터가 수집되어 어떻게 사용되는지 정의하고 구분하는 '프레임'은 제거되었다."[75] 프레임의 제거란 누구의 어떤 데이터를 수집해야 하는가를 결정하는 선별 절차가 생략되었다는 것을 의미한다. 나아가 이는 데이터의 흐름에 관여하고 그 흐름으로 연결되는 모든 네트워크화된 객체 또는 구조가 세계의 여러 층위로 자연스럽게 스며든 결과, 감시되는 공간과 그렇지 않은 공간 간의 구별이 사실상 무화됨을 가리킨다.

'환경성'은 바로 이런 상황을 가리킨다. 감지하는 사물에 내재된 센서, 수직성의 지배를 통한 원격 감지를 실행하는 위성과 드론, 사회적 공간 곳곳에 설치된 패턴 인식용 시각 기계는 수평적인 조망과 가시성에 익숙한 인간의 시각적 장을 벗어나 서로 연결된 방식으로 존재한다. 이렇게 존재하는 각각의 "항공 관점이 높은 곳으로부터의 관점이라면, 대기의(atmospheric) 관점은 모든 곳에서 한번에 바라보기 때문에 특별히 어디에도 없는 '조망(view)'이라 할 수 있다. 시각적 데이터 포착의 의미에서 이는 단순한 '조망'이 아니라 감각적인 혼합체다. 정보 센서가 수집할 수 있는 모든 정보의 조합, 즉 아마 이미지뿐 아니라 사운드, 온도, 대기압, 사람들의 분위기, 상호 작용, 패턴, 교통의 흐름, 물의 흐름 등과 같은 것의 혼합체다."[76] 클라우드 컴퓨팅은 연산미디어가 모든 감각을 포괄하면서 세계 자체에 환경적으로, 즉 대기적인 방식으로 존재하게끔 하는 결정적인 도약을 성취했다. 클라우드 컴퓨팅은 "수백만의 컴퓨터와 네트워크를 단일하고 극도로 추상적인 관념인 '클라우드'로 변환하는 추상화의 전형"[77]이지만, 이것이 실제로 세계에 존재하는 방식과 이것의 이데올로기적 작동 방식은 네트워크 프로토콜이나 케이블, 서버, 저장 장치 등과 같은 구성 요소로 환원될 수 없다. 즉, 클라우드라는 복합체가 "매체의 물질성에 대한 인식이 그 이데올로기적 내용을 보다 효과적으로 이해할 수 있게 한다는" 것을 전제로 한 "접근법을 좌절시키는" 이유는 그것이 "어떤 단일한 매체나 기술에 근거하지 않기 때문이다."[78]

이처럼 전통적인 매체 특정성에 따른 설명을 벗어나는 연산미디어의 존재론적 특성은 연산미디어의 인식론적 특정성으로 연장된다. 즉, 특정한 객체나 장치로 환원될 수 없다는 것은 연산미디어의 존재와 작동 자체가 미디어를 바라보고 인식하는 기존 지평에 교란을 일으키기 때문이다. 이는 인공지능의 역량을 인간보다 우월한 '초지능'으로 간주하면서 인간이 알 수 없는 것으로 단정하는 신화적인 설명과는 구별된다. 빅데이터 이후의 감시 체계를 가리키는 데이터 감시(dataveillance) 개념이 이와 같은 점을 분명히 드러낼 수 있다. 이것을 기존의 미디어 기반 감시 체계의 단순한 연장이라고 손쉽게 결론지을 수 있는가. 조제 반데이크가 말하듯 "감시가 특정 목적을 위한 모니터링을 상정하는 반면, 데이터 감시는 무언의 미리 설정된 목적들을 위해 (메타)데이터를 지속적으로 추적하는 것을 포함한다. 따라서 데이터 감시는 모든 사회적 조직에 스며든다는 점에서 개인을 조사하는 과제를 초월한다."[79] '선제'와 '예측'이라는 개념이 함의하는 전방위적이고 항구적인 데이터 감시 패러다임은 1990년대 중반 컴퓨터공학자 필립 아그레가 감시와 구별되는 의미로 쓴 포획(capture)이라는 기능을 환기시킨다. 알고리듬을 수학적인 절차와 컴퓨터 언어의 규칙에 따라 실행되는 절차적인 기능을 넘어 인간 개인의 행동과 사회의 구성에 영향을 미치는 작용이라는 점에서 '행동의 문법(grammar of action)'으로 정의한 그에 따르면,

> 포획 현상은 일종의 언어로서의 인간 행동이라는 은유를 통한 컴퓨터 시스템 디자인의 실천 속에 깊이 각인되어 있다. 이 실천 내에서 컴퓨터 시스템은 경험적, 존재론적 탐사를 통해 접합되어 온 행동의 문법을 시행함으로써 진행 중인 활동을 포획하도록 만들어진다. … 추적은 상태와 상태 변화의 문법, 그리고 상태(또는 상태 변화)가 발생할 때 이를 감지할 수 있는 기술적 수단 없이는 불가능하다. … 이는 그 문법이 위치 추적 장치, 서류작업, 신분증 등 하나의 수단에서 다른 수단을 통해 부과되어야 할 것을 요구한다.[80]

아그레는 감시가 빅 브라더와 같은 시각적 은유에 근거하며 특정 장소를 중심에서 주변으로의 모델링에 따라 겨냥하는 반면, 포획은 시각적인 것을 수반하면서도 시각적 논리로는 환원되지 않는 컴퓨터 언어의 은유를 따르며 탈중심적인 동시에 이질적인 조직과 연결된다고 말한다. 이 점은 시바 바이디야나단이 페이스북의 한 위상을 '감시 기계'로 설명하면서도 데이터 감시를 설명하기 위해 벤덤-푸코적인 의미에서의 패놉티콘과 구별되는 크립토티콘(Cryptoticon)이라는 개념을 쓴 사정과 연결된다. "패놉티콘과 달리 크립토티콘은 분명히 드러나지 않는다. 그 규모와 편재성, 심지어 그 존재마저도 분명한 시야(view)에서 숨겨진 것으로 인식된다. 편의점 계산대 위에 설치된 CCTV 카메라가 고객에게 올바르게 행동하거나 체포될 위험을 감수하라고 경고하는 반면, 크립토티콘은 인터넷의 브라우저 쿠키, 통신회사들로부터 확보한 데이터 스트림, 위성사진, GPS 추적자료, 위장 녹음감시, 상점의 할인카드, 전자책 리더기, 그리고 모바일의 앱 등에 의존한다."[81]

이와 같이 감시 패러다임을 벗어나는 데이터 감시의 양상은 연산 미디어의 존재가 제기하는 인식론적 차원의 문제, 특히 (불)투명성이라는 인식론적 문제와 주로 결부되어 왔다. 프랭크 파스콸레의 영향력 있는 '블랙박스 사회(black box society)' 개념은 데이터의 기록 및 수집을 통한 평판, 금융, 검색 분야에서의 알고리듬적인 결정을 현상적 주체가 파악할 수 없음을 가리키는 은유이기 때문이다. 파악할 수도 없고 복잡한 알고리듬적인 결정은 분리되고 불공정한 경제, 평점과 베팅 규칙의 내면화를 조장하는 신용 평가 사회, 그리고 보이지 않는 권력의 지배와 같은 문제의 근원으로 파악된다. 블랙박스라는 은유는 궁극적으로 '비밀(secrecy)' 또는 '미스터리'라는 개념과 등치된다. 파스콸레에 따르면 블랙박스 사회는 "감춰진 콘텐츠와 그에 대한 비인가된 접근 사이에 장벽을 설치"하는 실질적 비밀주의, "특정한 정보에 접근하는 사람들에게 그 정보를 비밀로 유지하는" 합법적 비밀주의, 그리고 "기업들이 정보 요청에 대해 3,000만 페이지짜리 문서를 제출"하는 방식과 같은 의도적 비밀 은폐 전략을 뜻하는 난독화(obfuscation)라는 세 가지 전략으로 유지된다.[82] 이 세 전략을 통해 구성되는 블랙박스의 속성은 불투명성(opacity)인데, 파스콸레는 궁극적으로 이것이 정보 독점 및 격차와 불평등에 대한 정부의 공적 개입, 법적, 제도적 노력을 통해 점진적으로 치유 가능하다고 여긴다. 이와 같은 노력은 알 수 있는 (intelligible) 사회로의 전환을 위한 노력이기도 하다.

'블랙박스 사회' 개념은 비판적 디지털 미디어 연구에 중요한 영향을 미쳤지만, 알고리듬의 존재론적 국면 및 이것이 야기하는 위기의 심원한 측면을 이해하는 데 있어서 한계 또한 노출한다. 닉 시버가 온당하게 지적하듯 알고리듬의 존재와 작동 방식을 불투명성 또는 비밀로 단정하는 것은 알고리듬을 전통적인 객체로 간주하고 블랙박스를 열면 그 실체가 밝혀질 수 있음을 전제하는 단순한 결정론에 빠질 수 있다. 또한 투명성을 불투명성과 대립하는 단순히 이분법적인 것으로 간주하고 개발자가 알고리듬에 대해 모든 것을 알고 있으며 투명성은 이의 공개를 통해 성취될 수 있음을 가정한다는 점에서도 문제적이다. 이와 관련하여 2011년 게이 사용자의 안드로이드 마켓플레이스(Android Marketplace) 이용 경험과 관련하여 보도된 한 기사를 떠올릴 수 있다. 이 기사 작성자는 자신의 안드로이드 휴대전화로 게이 사용자를 위한 데이팅 앱 그라인더 (Grindr)의 설치를 시도하는 중에 안드로이드 마켓플레이스가 사용자 주변의 성범죄자 거주 정보를 알려 주는 'Sex Offender Search'를 관련 앱으로 자동으로 추천해 주었다는 사실에 주목했다. 이 오류가 재빠르게 수정되기는 했지만, 왜 이와 같은 추천이 이루어졌는가를 설명할 수는 없었다. 작성자에게 있어서 이와 같은 원하지 않은 추천은 "응용 프로그램 작성자가 자동 키워드 일치 알고리듬을 통해 유사한 것으로 간주되는 프로그램을 설명하기 위해 사용하는 것과 유사한 것인가"[83]라는 의문으로 연장될 수 있었다. 시버는 이러한 사례가 추천 알고리듬의 작동이 갖는 특징, 즉 심층신경망 모델들을 통합하고 많은 전문가들의 변화와 조정을 거치며 그 자체의 복합적 레이어와 객체를 가지기에 "너무나 복잡하여 원인으로 지적할 만한 단일한 코드가 없음"[84]을 입증하는 것으로 읽는다.

이와 같은 난점은 페이스북의 에지랭크, 구글 검색엔진의 페이지랭크 등에도 적용될 수 있다. 서로 다른 사용자 간의 데이터 유사성이나 기존 검색 결과의 대중성에 대한 통계적 분석을 바탕으로 추천 콘텐츠나 검색 페이지를 사용자에게 제출하는 이와 같은 알고리듬 아키텍처는 성차별적, 인종차별적 결과를 도출함으로써 기존의 차별적 권력을 강화하는 '알고리듬적 억압(algorithmic oppression)'과 연관된다. 사피야 노블에 따르면 알고리듬적 억압은 "단순히 시스템 자체의 오류(glitch)가 아니라 웹 운영 체제에 구조적이다."[85] 그런데 이와 같은 플랫폼 아키텍처는 성차별적이거나 인종차별적인 검색 결과 또는 콘텐츠 추천과 연관된 알고리듬의 수정까지 포함하여 지금까지 너무나 많은 업데이트를 거쳐 왔으며 많은 부가 기능 및 서비스를 통합해 왔다. 그 결과 오늘날 우리가 체험하고 있는 플랫폼의 구성적인 복잡성은, 열리면 그 실체와 원인이 밝혀질 것으로 기대되는 블랙박스의 모델을 벗어나는 것처럼 보인다. 이와 같은 난점은 빅테크 플랫폼이 빠른 속도로 통합해 온 심층학습 모델을 고려할 때 더욱 분명해진다. 심층학습은 커다란 규모의 데이터 집합을 학습하고 처리하기 때문에 신경망(함수)의 차원에 복잡성을 더하게 되며, 규모와 복잡성이라는 두 변수는 알고리듬의 불투명성이 단지 기업과 제도의 비밀주의와 연관된 불투명성, 그리고 대중의 리터러시 부족에서 기인한 불투명성으로 환원될 수 없는 기술적인 차원을 갖는다는 점을 가리킨다. 이와 같은 불투명성은 필체나 목소리, 이미지를 인식하는 신경망이 있다고 가정할 때 이를 구성하고 입력층과 출력층을 매개하는 은닉층들이 인간이 알 수 있는 방식으로 데이터의 특질을 인식하지 않는다는 점으로 입증된다. 예를 들어 필체를 인식한다고 할 경우 은닉층은 입력된 필체 데이터 값을 수평선, 수직선, 대각선, 곡선 등 인간이 인식할 수 있는 기하학적 도식으로 인식하지 않는다. 또한 일정 과제의 해결을 위한 가중치가 부여된 입력값과 분류 결과는 일대일로 대응하지 않으며 수학적 조작을 통해 매개된다. 데이터가 더욱 이질적이고 거대하고 복잡해질수록, 인코딩되고 레이블링될 데이터의 양이 커질수록, 수학적 조작 또한 더욱 복잡해지고 이는 기술적 차원에서의 불투명성을 심화한다.[86]

알고리듬과 기계학습의 기술적, 연산적 특성에서 비롯된 이와 같은 불투명성은 연산미디어가 이전 미디어와 구별되는 역설적 양상들을 드러내는 데 도움을 준다. 다시 한번 상관관계 개념을 돌이켜

보는 것이 이 과정에서 필요하다. 상관관계 개념은 데이터화된 주체 또는 객체들 간에 알고리듬적인 절차를 통해 확률론적으로 산출된 상관관계라는 점에서 인간의 의식과 의도적 지각을 벗어나는 것으로 파악된다. 이와 같이 전통적인 인식 및 지각의 가정에서 이탈하는 방식을 컴퓨터 기반 이미지의 인식론적, 존재론적 차원으로 설명하기 위해 셰인 덴슨은 탈상관적 이미지(discorrelated image)라는 개념을 고안한다. 여기서 탈상관성(discorrelation)이란 "주체와 객체가 더 이상 서로 연결되지 않고, '시점(perspective)'과 의도성의 관계에 따라 정렬되지 않는"[87] 것을 말한다. 즉, 이미지와 이미지 간의 알고리듬에 의한 트랜지션, 감시 카메라처럼 컴퓨터의 명령으로 자동화된 응시, 컴퓨터 연산의 타임코드와 간격으로 매개되는 네트워크의 실시간성은 기존의 영화 장치에 대한 현상학적인 설명이 가정했던 지각의 연장이나 의도성으로 설명될 수 없다. 그럼에도 불구하고 탈상관적 이미지는 기존의 이미지와는 다른 방식으로 시공간적 관계를 구성하고, "구성된 주체의 지각 이전의 힘을 행사하여 가시적 대상과 관계하는 주체의 형성에 변환적으로, 미시시간적으로 영향을 미친다."[88] 여기서 말하는 탈상관성을 빅데이터와 알고리듬이 연산하는 상관성과 결부지어 생각한다면 다음과 같이 말할 수 있을 것이다. 통계적인 기법이 자동적으로 연산하는 상관성은 알고리듬의 절차를 거치기 때문에 탈상관적이다. 그러나 이 탈상관적인 방식으로 산출되는 결괏값은 인간과 객체, 세계와 어떤 식으로든 관련될 수 있다는 의미에서 상관적이기도 하다. 이와 같은 상관성과 탈상관성의 역설적인 공존은 기계학습을 가능하게 하는 신경망이 실행하는 데이터 패턴 인식에 내재된 가시성과 비가시성의 역설적인 공존과도 연결된다. 이와 같은 기법이 구성하는 시각 체제는 기존의 시각 미디어를 구성하는 가시성의 체제로 온전히 설명되지 않는다. 마테오 파스퀴넬리는 이 점을 다음과 같이 설명한다. "지식과 이미지, 사유와 보기 간의 대립이 붕괴되는 것처럼 보이는 이유는 모든 이미지가 데이터로 변환되어서가 아니라 연산적, 알고리듬적 논리가 일반적 지각의 핵심에서 발견되기 때문이다. … 알고리듬적 시각은 광학적이지 않으며 이는 통계, 메타데이터, 모델링, 수학을 통한 현실의 일반적 지각에 관한 것이다. 디지털 이미지가 디지털 자본주의, 그 일상적 인터페이스와 스펙터클한 차원의 표면에 불과한 반면, 알고리듬적 시각은 디지털 자본주의의 연산화적인 핵심이자 비가시적 권력이다."[89]

이와 같은 순환적이고 역설적인 면모는 컴퓨터 미디어의 사회정치적 차원에 미치는 영향을 생각할 때 더욱 풍부하게 입증된다. 크로퍼드와 웬디 희경 전의 연구는 분명 인간의 신체와 성향을 측정 가능한 것으로 취급하고 이를 통해 미래의 행위와 사회 변동을 예측하고자 했던 19세기와 20세기 과학 및 제도의 인식론적 전제가 데이터화와 알고리듬, 기계학습에 내면화된 과정을 설득력 있게 입증한다. 그런데 이와 같은 설득력의 근거는 이전 시대의 실증적, 귀납적 기법이 컴퓨터 미디어에 완전히 동일한 방식으로 적용되는 것이 아니라는 점을 전제한다. 이 변화되는 방식을 고려할 때 연산미디어가 지배와 착취, 불평등과 통제를 강화하는 역설적인 모습을 보다 입체적으로 포착할 수 있다. 내가 말하는 사회기술적 복합체로서의 연산화주의는 바로 이와 같은 입체적이고도 역설적인 면모를 현상하기 위한 개념이다. 체니-리폴드가 말하는 알고리듬적 정체성, 그리고 이러한 정체성의 생산을 특징으로 하는 푸코적인 의미에서의 '소프트 생명권력'을 다시 한번 생각해보자. 정체성은 이제 기존 제도가 할당한 주체의 특징만으로 환원되지 않는다. 구글을 비롯한 플랫폼은 자신 나름대로의 정체성 범주를 갖고 사용자를 자신의 문화적 정체성과는 온전히 일치하지 않는 연산적인 방식으로 식별하고 분류한다. 이러한 식별과 분류를 위해 데이터화되는 사용자 정체성을 체니-리폴드는 '측정 가능한 유형'으로 부른다. 인간의 신체와 성향을 측정 가능한 지표로 환원하고 분석함으로써 인구를 통제하는 기술은 분명 19세기 이후 과학과 제도의 산물이다. 그러나 이 측정 가능한 유형이 알고리듬을 통해 연산되고 분류되는 방식은 19세기와 20세기의 기법으로는 설명할 수 없는 연산적 불투명성과 복잡성을 갖는다. 생명정치는 이제 기존의 규율적인 생명정치를 가동한 기술과 제도로 환원할 수 없는 자동적이고도 유동적인 정체성을 구성한다. 그리고 이러한 정체성은 다시금 사회적인 것 내에 합류되고 적용되면서 불평등과 차별을 생산한다.

생체측정 및 자기기록, 자기추적 또한 기술적인 측면과 사회적인 측면의 결합으로 볼 수 있다. 한편으로 생체측정은 신체의 값을 측정하고 분석함으로써 사회적 주체성을 생산하고 통제하는 19세기 이후의 통치술, 그리고 이를 뒷받침하는 신체의 대상화와 객관적 계측 및 예측에 대한 신뢰에 근거한 과학적 도구성의 계보를 계승한다. 그러나 이와 같은 측정의 문화를 단순한 연속으로만 규정할 수는 없다. 대신 오늘날 데이터화를 수반한 측정의 문화를 브티하이 아자나가 말하는 '척도의 재매개(remediation of measure)'라는 관점에서 볼 수 있다. '척도의 재매개'란 오늘날의 생체 인식과 관련된 "새로움이란 이름에 도전하여 신체가 오랫동안 통제, 측정, 분류 및 감시의 대상이었다는 사실에 주목"할 것을 요하며, 이때 디지털화는 "신체를 힘과 통제의 역동성을 강화하도록 신체를 개방하는"[90] 결과로 파악된다. 분명 신체 데이터를 관찰하고 추출하기 위해 사용되었던 광학적 기구(예를 들어 노동하는 신체의 운동을 시간 단위로 분절하고 가시화했던 마이브리지의 연속사진이나 이를 응용한 알렉세이 가스테프의 기구처럼)는 이에 종속된 주체가 체감할 수 있는 것이었다. 그러나 스마트워치, 센서, 사물인터넷 기기를 통해 우리의 신체 및 정동의 데이터가 추출되고 순환되는 기술적 층위가 의식과 지각을 넘어서 작동한다는 것 또한 연속성 혹은 증강 못지않게 중요하다. 핸슨의 '21세기 미디어' 개념은 바로 이러한 작동 방식을 가진 오늘날의 연산미디어를 기존 미디어와 구별하는 것을 지향한다. "동시대의 마이크로컴퓨터 감지 및 데이터 수집 기술이 세계적 감수성으로부터 풍부한 데이터—우리가 그 안에 포함되어 있음으로 산출되는 데이터—를 포착하고 그 데이터를 미래 또는 의식적 지각의 곧 다가올(just-to-come) 순간으로 피드하는 한, 그것들은 인간을 세계와 환경적 차원의 비–의인화된 설명의 근거에 인간을 다시 자리매김하도록 작동한다."[91]

이와 같은 점을 연장하여 연산미디어의 연산화주의가 사회정치적인 차원에서 기존 미디어의 논리로 파악되기 힘든 방식을 다음 세 가지로 요약할 수 있다. 이 방식은 기존 미디어가 종종 대립물로 취급했던 두 가지 범주들의 양가성 또는 역설적인 공존으로 설명될 수 있다.

첫째, 연산미디어는 중심적인 동시에 탈중심적이다. 네트워크의 탈중심성에 대한 분석은 비판적 디지털 미디어 연구에 작동하는 권력을 파악하는 과정에서 핵심적이었다. 알렉산더 갤러웨이, 티치아나 테라노바, 애나 문스터 등의 연구는 인터넷의 TCP/IP와 같은 프로토콜, 네트워크 과학에서 적용된 그래프 이론과 같은 모델이 어떻게 오늘날의 인터넷 인프라구조는 물론 소셜 미디어 아키텍처에서의 사용자 연결망에 적용될 수 있는가를 설명했다.[92] 이와 같은 연구에서 중요한 점은 무수히 많은 사용자와 단말기를 포함한 행위자들의 연결이 역동적이고 복잡한, 리좀적인(rhizomatic) 모습으로 파악된다는 점에서 탈중심적이면서도 이것이 어떻게 신자유주의적 자본주의 통치 모델의 권력 및 사회관계 모델과 연동될 수 있는가를 밝히는 것이다. 이를 밝힘으로써 비판적 디지털 미디어 연구는 수많은 단말기와 장치, 물질적 연결망으로 구성되는 오늘날의 컴퓨터 네트워크가 중심성과 탈중심성, 위계와 수평성을 동시에 가진 관계들로 파악된다는 점을 시사해 왔다. "그래프 이론의 관점에서 볼 때 네트워크는 세 개의 특성을 제시하는 것으로 일컬어진다. 노드와 에지(점과 선)로 변환되는 네트워크의 조직, 이들 간의 연결성, 그리고 이들의 토폴로지(topology)가 그것이다. 동일한 집합의 실체가 중심화되고 고정적으로 조직된 네트워크가 될 수 있고 분산된 매우 유동적인 네트워크가 될 수도 있다."[93] 클라우드 컴퓨팅과 사물인터넷을 포함한 행성적인 규모의 연산화가 대규모의 데이터 추출과 연동되어 진행 중인 오늘날 이러한 네트워크는 벤저민 브래턴이 말하는 수직성과 수평성을 모두 갖춘 메가구조(megastructure)로서의 스택(Stack)에 가까워 보인다. "스택은 행성적 규모의 연산화 시스템만이 아니다. 이는 우리가 세계를 주권적 공간들로 분할하는 새로운 아키텍처이기도 하다. 보다 특정하게 말하자면 이 모델을 안내하는 것은 네트워크 기술이 모듈적이고 상호의존적인 수직적 질서 내에서 작동하는 소프트웨어 프로토콜 스택들의 다층화된 구조다."[94]

둘째, 언산미디어는 가시성과 비가시성을 역설적으로 공존시키거나 가시성과 관련된 인식의 지평을 기존 미디어와 다른 방식으로 재편한다. 앞서 데이터 감시와 관련한 논의는 이와 같은 시스템이 패놉티콘 모델의 가시성과는 구별된다는 점을 분명히 했다. 물론 이와 같이 구별되는 양상의 일차적인 인상은 감시 또는 포획 장치의 비가시성이다. 알고리듬은 존재론적으로 손쉽게 시각적으로 식별하고 한정할 수 있는 미디어 객체가 아니기 때문이다. 그러나 덴슨의 탈상관적 이미지가 인간과 맺는 역설적인 관계성을 고려한다면, 우리는 데이터 감시에서 파생되는 이미지와 장치 또한 인간과 어떤 식으로든 관계를 맺으며 인간이 감각할 수 있는 객체로서 그 감시의 결과를 체험하는 경우 또한 존재한다고 말할 수도 있다. 따라서 중요한 것은 전통적인 시각 미디어의 지각과 인식을 구성했던 가시성의 지평이 완전히 소멸되기보다는, 가시성과 비가시성을 배치하는 미디어의 역학이 전환되었다고 말할 수도 있다. 이와 관련하여 타이나 부처의 페이스북 에지랭크 분석이 중요한 시사점을 제공한다. 사용자의 뉴스피드를 알고리듬적으로 업데이트하는 데 영향을 미치는 에지랭크는 사용자 생산 데이터와 추천 아이템 사이의 친화성(affinity), 페이스북이 '좋아요'나 코멘트를 포함한 사용자 데이터 객체를 대중성과 중요도에 따라 측정하여 부여하는 가중치, 그리고 새로운 콘텐츠가 더욱 중요한 것으로 평가받는 경향인 시간 가치 축소(time decay)를 바탕으로 순위를 결정한다. 따라서 이는 뉴스피드의 효과적인 작동이 페이스북 알고리듬을 의식한 사용자의 지속적인 업데이트를 전제한다는 것을 뜻한다. 부처는 이를 바탕으로 페이스북의 알고리듬이 푸코의 패놉티콘 모델이 상정하는 시각성의 건축술과 구별된다고 주장한다. 패놉티콘 모델이 모든 개인에게 적용되는 가시성의 모델 혹은 시각의 내면화를 추구하는 반면, 페이스북의 다양한 사용자 습관은 그와 같은 모델에서 벗어난다. 또한 패놉티콘 모델이 모두를 동일한 응시하에 종속시키는 단일한 중심화된 관찰자를 상정하는 반면, "페이스북에서는 '가시성의 위협'보다는 주체의 행동을 통치하는 것처럼 보이는 '비가시성의 위협'이 있다. 문제는 지속적으로 관찰된다는 가능성이 아니라 지속적으로 사라질 수 있다는 것, 충분히 중요한 것으로 여겨지지 않을 수 있다는 가능성이다."[95]

　마지막으로 연산미디어의 권력은 통제와 자유의 역설적 공존이라는 효과를 산출하며 작동한다. 개인이 자율성을 획득하기 위해 예속적 주체화를 거쳐 가야 한다는 것, 이것은 미셸 푸코에 영향을 받은 포스트–구조주의적 정치철학이 입증한 바다. 이와 같은 논점은 신자유주의에 대한 잘 알려진 비판, 즉 신자유주의가 강조하는 자율적인 주체화가 지속적인 자기 계발과 부채에의 의존, 유연적인 노동 시장 등에 주체를 종속시키는 방식과 결부되어 있음을 밝히는 비판과 공명한다. 연산미디어, 특히 이와 같은 정치경제적 주체화의 과정에 긴밀히 관여하는 소셜 미디어가 자유와 통제의 이와 같은 공존을 가능하게 하는가? 스콧 래시는 유비쿼터스 컴퓨팅이 성취하는 삶의 포괄적이고 총체적인 미디어화가 권력의 본성에 변화를 야기한다는 점을 지적하면서 이와 같은 변화를 '포스트-헤게모니 체제(post-hegemonic regime)'로 규정한다. 오늘날 빅테크 기업과 인공지능 및 생명공학 산업이 입증하듯 포스트-헤게모니 체제에서 자본주의의 권력이 작동하는 방식은 헤게모니 체제의 규제적인 규칙보다는 네트워크와 사용자의 상호작용에 따라 변화하는 '생성적인(generative)' 규칙으로서의 알고리듬을 경유한다. '알고리듬을 통한 권력(power through algorithm)'이 "압축되어 있고 은폐되어 있기 때문에 우리는 구성적이고 규제적인 규칙과 조우하는 방식으로 (알고리듬적) 규칙과 조우하지 않는다."[96] 데이비드 비어는 래시의 통찰을 이어받아 알고리듬을 통한 권력이 통제와 자유의 역설적 공존을 바탕으로 작동하는 방식을 웹 2.0 문화의 맥락에서 더욱 분명히 밝힌다. 개인의 다양한 콘텐츠 생산과 공유, 그리고 이를 통한 서로 다른 사용자 간의 협력적 문화와 지식을 강조하는 웹 2.0 체계는 사용자 참여의 대역폭을 확대했을 뿐 아니라 사용자의 참여로 움직이는 미디어로서 스스로를 정립해 왔다. 비어에 따르면 웹 2.0이 포스트-헤게모니적인 권력과 연결되는 세 가지 특징은 외부의 행위자에 의한 조직화가 아닌 사용자의 자기-조직화(self-organization), 일상의 바깥이 아닌 일상 내부에서 생성되는 가치와 문화, 그리고 재생산으로 환원되지 않는 창안(invention)의 논리다. 웹 2.0은 "사용자가 사용자 제작 콘텐츠를 조직하고 범주화하는 메타데이터 '태그'를 생성하는 곳, 사회관계망 프로필이 사람들의 삶에 대한 자세한 인상을 제공하는 곳, 이 프로필이 사람들 생활 방식의 평범하고 일상적인 부분으로 분명히 통합되는 곳, 새로운 콘텐츠와 새로운 '사회관계들' 심지어 일상적인 것의 창조적인 시각화라는 형태로 콘텐츠를 제시하는 새로운 방식이 강조되는 곳"[97]이라는 점에서 그렇다. 일상 혹은 문화와 일/노동의 융합을 전제로 한 이른바 '비물질노동' 또는 '창조노동' 개념이 가리키듯 웹 2.0의 이 세 가지 특징은 신자유주의의 주체화 방식이기도 하다. 앞서 살펴본 부처의 페이스북 에지랭크 분석이 밝히는 사용자 차원에서의 비가시성에 대한 위협 또한 바로 이런 맥락과 연결될 수 있다. 알고리듬을 통한 권력이 다양한 수준에서의 사용자 입력과 불가분의 관계에 있으며 이는 자발성과 무의식 모두를 가로질러 수행된다는 점, 이는 럽턴이 말하는 '살아 있는 데이터' 개념이 가리키는 바이기도 하다.

통제와 자유의 이와 같은 역설적 공존은 인터넷이 개인의 자율성을 확장하고 사회적 차별과 한계를 초월하거나 극복할 수 있는 유토피아적인 가상 공간으로 선전되고 정착한 1990년대 이후 체제의 산물로 볼 수 있다. 푸코적인 사유를 비판적인 연산미디어 연구로 지속적으로 연장해 온 웬디 희경 전은 인터넷이 다양한 기술적, 정치적, 문화적 통제를 수반함에도 왜 신문, 방송 등 기존의 매스미디어에서 누릴 수 없는 자유의 도구로 도입되고 확산됐는지 묻는다. 그 이유는 네트워크가 통제와 자유를 불가분의 짝패로 마련하기 때문이다. 즉, 사이버공간의 사용자가 누리는 항해와 검색의 자유는 컴퓨터 모니터의 이면에서 작동하는 일련의 통제에 은밀히 순응한 대가로 주어진다. 그러므로 인터넷을 이용하며 누리는 자유는 주체에게 프라이버시의 약화를 포함한 새로운 유형의 취약함을 수반하고 편집증적 불안을 야기한다. 웬디 희경 전은 통제와 자유의 역설적 공존을 드러내고자 하드웨어의 차원에서 인터넷의 TCP/IP(Transmission Control Protocol/Internet Protocol)를 분석하고, 이를 통해 신호의 전송과 수신을 동시에 수행하는 쌍방향의 창처럼 작동함을 드러내면서 인간의 인식을 벗어나는 그 창의 이면에서 기술적 통제가 이루어짐을 밝힌다.[98] 통제와 자유의 역설적 공존은 소셜 미디어의 본성 및 소셜 미디어가 구축하는 '당신(들)(You)'이라는 정체성으로 연장된다. 이를 규명하기 위해 웬디 희경 전은 데이비드 흄, 앙리 베르그송, 피에르 부르디외 등의 전통으로 소급되는 습관(habit)이라는 익숙한 철학적 개념에서 출발한다. 웬디 전에게 습관이란 과거를 반복함으로써 미래를 대비한다는 점에서 '창조적 기대'다. 습관의 이 역설적 특징은 오늘날 활발히 서비스되는 소셜 미디어에 고스란히 나타난다. 소셜 미디어 사용자들은 개별 사용자인 '당신'인 동시에 세계 곳곳의 다른 사용자와 연결되게끔 독려받는 '당신들'로 호명되고, 자신의 존재가 항상적임을 입증하도록 끊임없이 상태 업데이트를 권유받는다. 습관은 업데이트를 촉발하는 기제임과 동시에 소셜 미디어를 순환하는 다양한 종류의 위기이기도 하다. 웬디 전은 이런 특성을 뉴 미디어의 결정적 차이, 네트워크의 시간성 등으로 규정하고 업데이트를 습관과 위기의 합(Habit + Crisis)으로 정식화한다. 소셜 미디어와의 습관적 연결은 업데이트를 촉진하면서 신자유주의의 동력인 불안정성과 변화의 논리를 뒷받침한다. 또한 빅데이터를 비롯한 계량화된 데이터의 수집 및 분석을 촉진하고 사적 공간과 공적 공간의 전통적 구별을 와해한다.

이 지점에서 웬디 희경 전의 통찰은 연산미디어가 '새로운 미디어'로 도입되고 작용하는 데 결정적인 동시에 그 새로움을 구성하기도 하는 역설의 면모들(사용자의 동일성과 이를 유지하기 위한 업데이트, 컴퓨터의 가시성과 비가시성, 사용자의 네트워크화와 개체화)을 조명하는 것에만 국한되지 않는다. 더욱 흥미로운 지점은 "수학적으로 말할 때 습관과 정보는 확률을 통해 연결된다"는 그의 정리다. 제2차 세계대전 이후의 커뮤니케이션 이론과 컴퓨터 공학은 메시지의 정보를 확률에 따라 수학적으로 연산하는 모델을 발전시켰다. 그리고 습관은 "과거의 우발적인 연속성을 기대 가능한 연결로 표현하기 때문에 확률의 결정에 있어 중요하다."[99] 즉, 습관과 정보의 이와 같은 대응 관계는 빅데이터 시대 이후의 연산미디어가 실행하는 연산화주의의 권력이 기술적인 동시에 사회적인 것으로 이해되어야 하는 이유를 단언한다. 소셜 미디어와 온라인 쇼핑, 콘텐츠 플랫폼을 가로지르며 활성화되는 개인화된 추천은 사용자 데이터의 우발적일 수도 있는 연속성을 미래 사용자의 취향 및 행동과 관련된 의미 있는 연결로 예측하는 통계적 상관관계의 논리를 따르기 때문이다. 그리고 이 상관관계는 사용자가 의지적이고 비의지적인 방식 모두를 포괄하며 생산한 데이터를 협력 필터링 알고리듬을 포함하는 알고리듬이 연산적으로 처리함으로써 형성된다. 여기에서 인간과 비인간 행위자, 또는 자유와 통제의 엄밀한 구별은 불가능하다. 결국 자유와 통제의 역설적인 공존은 인터넷 이후의 연산미디어가 신자유주의와 물질적인 동시에 문화적으로 결연해 온 방식과 접속한다. 이는 연산미디어가 규제적인 규칙이나 매스미디어에서의 동일화 모델(예를 들어 영화 장치가 이데올로기적인 주체화를 실행하는 방식으로 설명되어 온 스크린과의 무의식적이고 퇴행적인 동일화)과 단절하는 중요한 방식이다.

결론: 연산화주의의 횡단적인 접근을 위하여

5장과 6장에 걸쳐 빅데이터 시대 이후의 연산미디어를 기술적이고 문화적으로 추동하는 연산화주의가 가져온 위기의 인식론적, 존재론적, 사회정지직 양상이라는 관점에서 살펴보았다. 이를 통해 나는 연산화주의가 연산미디어를 이루는 데이터화―(심층학습을 포함한) 알고리듬―플랫폼의 상호작동적인 동시에 내재적인 연결이라는 기술 특정적인 요소와 이와 같은 연결을 뒷받침하는 사회정치적 요소의 상호결정적인 구성물이라는 점을 밝히고자 했다. 갤러웨이는 포스트포디즘 이후의 경제를 이끄는 데이터화와 인공지능의 도입이 단순히 자본주의 축적 논리를 실행하기 위한 도구화의 결과로만 간주할 수 없음을 분명히 한다는 점에서 마르크스주의 정치경제학 입장에서의 디지털 기술 비판과 결을 달리한다. 다음과 같은 그의 주장은 연산미디어가 소프트웨어와 미디어 객체의 비가시적인 층위에서 아날로그 미디어와 구별되는 면모인 데이터의 이산적인 구조와 수학적인 연산을 고려해야 한다는 점에 근거하기 때문이다. "오늘날의 경제는 단순히 소프트웨어(상징적 기계)로 추동되는 것만이 아니다. 많은 경우 경제 자체가 소프트웨어다. 소프트웨어는 수학적 정보의 약호화와 프로세싱에 근거한 가치 추출로 구성되기 때문이다. … 구글은 금전적 가치 평가를 위해 순수 그래프 이론을 사용한다."[100] 소프트웨어와 경제의 이와 같은 수학적인 상호결정성을 구현하는 연산화주의의 심오한 측면은 이것이 발생시키는 위기 각각의 면모에서만 확인할 수 있는 것이 아니다. 즉, 이와 같은 위기는 연산화주의 자체가 기존의 매스미디어는 물론 이를 구성하는 메시지의 송수신, 미디어 객체와 송신자·수신자에 대한 가정을 의미 있게 벗어나는 방식과 긴밀하게 결부된다. 이와 같은 이탈의 방식이 미디어 자체의 인식론적, 존재론적, 사회정치적 차원에서 발생하는 패러다임 전환의 방식이기도 하다는 점을 강조하기 위해 나는 연산미디어의 위기가 '미디어-크리티컬'이라는 관점으로도 해석되어야 한다는 점을 주장했다.

갤러웨이가 이어서 강조하듯 "소프트웨어가 역사 속으로 들어온 이후 수학은 탈역사적으로 이해될 수 없으며 그렇게 되어서도 안 된다."[101] 지금까지 저스틴 조크, 케이트 크로퍼드, 웬디 희경 전 등의 논의를 경유하여 밝혀온 바는 연산화주의의 기저에 딸린 수학이 연산미디어가 수행할 수 있는 연산 중 매우 특정한 종류의 수학, 즉 통계적인 확률에 따라 데이터의 관계를 측정하거나 도출하고 이를 통해 예측 및 분류를 창출하는 수학이었으며 이와 같은 수학이 상정하는 인식론적, 존재론적, 사회정치적 전제가 19세기와 20세기의 간학제적인 전통을 통해 이어져 왔다는 점이었다. 이러한 계보를 사이버네틱스 개념을 정교화한 노버트 위너를 통해 찾을 수도 있을 것이다. 위너의 사이버네틱스 개념은 제2차 세계대전 후 냉전 체제에서 적기의 출현과 같은 위협을 수학적으로 연산하여 미래의 사건(적기의 향후 이동 궤적과 같은)을 예측하고자 하는 통계학적 방법론과 이를 자동적으로 실행하는 연산 장치의 개발을 전제한 것이었다. "대공 예측기(anti-aircraft predictor)에서 어떤 주어진 시간에 사용되는 예측기의 선형적 특성은 우리가 예측하고자 하는 시계열의 앙상블 통계에 대한 오랜 숙지 여부에 달려 있다. 이러한 특성에 대한 지식은… 수학적으로 계산할 수 있지만 이러한 통계를 계산하고 다음을 기반으로 예측 변수의 단기 특성을 개발할 컴퓨터를 고안하는 것은 완벽하게 가능하다."[102] 루치아나 파리시가 지적하듯 이와 같은 사이버네틱스 모델에서의 피드백 기제는 오늘날 인공 지능의 두 가지 패러다임, 즉 기계학습을 통한 발생적인 모델 생성과 데이터의 공급을 통한 그 모델의 지속적인 업데이트를 일정 부분 예고했다. "사이버네틱스가 초월론적 철학에서 거부하는 것은 바로 사유를 위한 조건이 인간의 시공간적 좌표 내에 보편적으로 주어져 있다는 가정이다. 대신 사이버네틱스에 있어 피드백의 시간성은 수동적인 반복의 서보메커니즘 기능으로 보이는 것이 학습의 조건을 변형시킨다는 것, 즉 기계가 미래 속에서 행동하기를 허용하는 것이다. 여기서 시공간은 구조화된 직관이 아니라 예측에 의존한다. 기계의 지능은 사실상 미래 행동 패턴의 예견과 수정에 호응한다."[103] 위너의 이와 같은 사이버네틱스 모델은 제2차 세계대전 후 미 국방부가 개발한 컴퓨터 기반 레이더 영공 방위 시스템인 SAGE(Semi-Automatic Ground Environment)의 인식론적, 논리적 근거를 마련했다. 적기의 시각적 정보를 픽셀 단위의 데이터로 변환하고 수학적으로 연산하여 격자화된 스크린 공간에 디스플레이하고 시각 데이터의 변화에 주의하며 반응하는 인간 조정자를 가정한 이 시스템은 "시각성·계산·영토·인간의 문제 해결, 인간을 초기 정보 프로세싱에 통합한 연산적 스크리닝(computational screening)"[104]의 사례였다. 이는 겉으로는 컴퓨터 시스템에 대한 인간의 기계적 예속처럼 보일 수도 있지만, 인간 행위자의 소멸이라기보다는 인간의 주체성이 시스템 내의 운영자로 재구성되는 것이기도 했다. 이 점은 연산적 스크리닝 시스템이 오늘날 알고리듬적으로 자동화된 시각 체제에 적용되는 방식을 고려할 때 분명히 다가온다. "예를 들어 페이스북의 소셜 데이터 처리와 내비게이션 앱 와즈(Waze)의 교통 패턴 모니터링에는 디지털 기기만으로는 너무 복잡한 정보 처리 작업을 인간이 완료하도록 유도하는 정교한 시각적 인터페이스 개발이 포함된다."[105] 오늘날 연산미디어의 근간을 이루는 이와 같은 역사적 계보는 연산화주의의 양가적 면모를 다시금 입증한다. 오늘날의 연산화주의가 알고리듬의 수학적 논리에 의존한다면 이는 매우 한정되고 특별한 버전의 수학이다. 그러나 그 수학적 원리가 컴퓨터 환경 내에서 내재적으로 실행되는 방식과 이것이 사용자의 경험으로 매개되는 방식에 관여하는 기술적 절차는 단순성에 복잡성을 더한다.

지금까지 살펴본 위기들의 양상은 연산미디어의 어떤 특정 구성 요소를 바꾸거나 이를 조직하는 게임의 규칙을 변경하는 것으로만 해결될 수는 없다. 연산미디어는 컴퓨터 단말기와 같은 특정한 미디어 객체로 환원될 수 없는 다수의 객체와 데이터 흐름, 알고리듬 및 심층 신경망의 결합체로 이루어지고, 이들 또한 주체-객체 관계로 환원될 수 없는 살아 있는 행위자로서 서로 연관되어 교환되고 작동한다. 또한 연산미디어는 알고리듬 및 클라우드처럼 인간의 의식과 지각 너머 혹은 밑바닥에서 존재하고 작동하는 비가시적인 환경으로 자리한다. 따라서 연산미디어가 생성하는 위기들은 물론 그 위기에 관여하는 데이터, 알고리듬, 플랫폼의 층위 또한 긴밀히 상호 연결되어 있다. 이는 개인과 집단, 제도를 포함하는 인간 행위자를 고려할 때 더욱 복잡하고 다차원적인 양상으로 파악된다. 데이터집합과 신경망, 플랫폼 아키텍처는 각자 행위자로 기능하면서 각각의 과정에서 인간 행위자의 역할을 포함한다. 인종적, 성적, 젠더 적인 편향이나 자본의 순환, 노동하는 신체와 징동의 통제와 관련 된 기존의 실천이 개입된다. 하지만 다른 한편으로 인공지능에서의 출력 데이터는 인간 공학자가 부가한 한정된 집합의 규칙을 넘어, 벡터화되고 측성 가능한 무수히 많은 데이터의 확률적 계산을 통해 자동적으로, 인간주의적 상관성을 넘어서는 방식으로 산출된다.

따라서 양방향의 접근이 요청된다. 한편으로는 "알고리듬과 데 이터 구조의 토대를 형성하는 기본 가정과 공리를 조사"하고 "언제 어디서 왜 기계학습 알고리듬의 예측이 작동하는가를 결정하기 위 해 그 알고리듬이 배치하는 과거, 현재, 미래를 파악"[106]하는 것이 필요하다. 이것이 연산미디어의 작용을 인식론적, 사회정치적으로 결정하는 외부에 대한 조사라면 다른 한편으로는 기계학습이 낳는 윤리적, 정치적 문제가 기계학습 내부의 (오류를 포함한) 인식에서 비롯되는 과정에 대한 조사 또한 요구된다. 이렇게 내부와 외부, 인 간과 기계를 분리된 것이 아니라 서로 긴밀히 연결된 것으로 파악 할 때 연산미디어를 단순히 도구적 이성이나 자본주의적 추상화의 연장으로 파악하는 것을 넘어 세계 내의 윤리적, 정치적, 경제적인 행위자로 간주할 수 있는 가능성이 열린다. 이와 같은 행위자의 존 재는 다수의 단계와 이들 간의 연결성을 파악할 수 있는 응시를 요 구한다. 루이즈 아무어가 말하듯 "확률적 명제들의 이 공간적 배치 는 알고리듬 내에 항상 존재하는 윤리정치를 위치시킬 수 있는 장 소들 중 하나다. 그 장소는 훈련 데이터의 선택, 에지들의 해독, 숨 겨진 레이어의 결정, 확률적 가중치의 할당, 그리고 역치 가치의 설 정이다. 이들은 인간과 알고리듬이 인식의 체제를 생성하는 다수의 순간들이다."[107]

이 '다수의 순간'을 조사하는 과제가 알고리듬의 내부를 파헤치는 것과 같은 투명성의 관념으로 환원되지 않는다는 것을 다시 한 번 강조할 필요가 있다. 연산미디어의 내부를 관찰하는 것은 필요한 작업이지만 이것이 위기의 정치적, 경제적, 윤리적 근원을 설명하는 유일하고도 절대적인 방법론이 될 수는 없다. 이와 같은 투명성에 대한 요구는 기존의 인간중심주의적으로 설명된 책무성(accountability)의 척도를 인공지능에 다시 부여함으로써 인공지능을 의인화하는 한계는 물론, 기존의 인간중심주의가 설정한 내부와 외부, 표면과 심층, 가시성과 은폐 간의 이항대립을 공고히 하는 결과로 이어질 수 있기 때문이다. 이와 같은 한계들을 지적하면서 크로퍼드와 마이크 아나니는 인공지능 "시스템 내부(inside)를 보는 책무성 대신, 시스템을 가로질러(across) 보는" 책무성 개념을 제안한다. 이는 인공지능 시스템을 "복잡성을 포함(contain)하는 것이 아니라 인간과 비인간 복합체와 연결되고 얽힘으로써 복잡성을 제정(enact)하는 사회기술적인 시스템으로 간주하는 것"[108]을 뜻한다. 이러한 횡단적인 관점은 크로퍼드가 블라단 욜러와 함께 아마존 음성인석 시스템인 아마존 에코(Amazon Echo)를 대상으로 수행한 연구와 연결된다. 이들이 아마존 에코로 대표되는 인공지능 시스템을 조사한 결과 제시한 '해부도'는 이 시스템에 설치된 특정 알고리듬을 밝히거나 그 알고리듬의 수학적인 절차를 설명하는 도식과 같은 것이 아니다. 대신 이들은 이 시스템의 구축 및 상용화에 요구되는 아마존의 광범위한 데이터 추출을 이루는 구성 요소들의 연결적인 배치를 나타낸 지도를 제시한다(그림 6-5).[109]

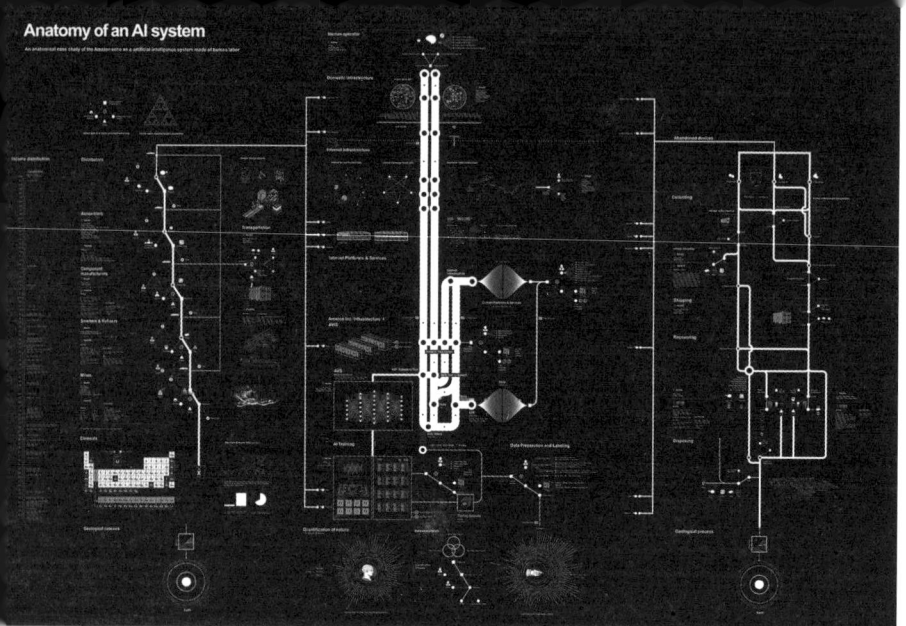

그림 6-5 케이트 크로퍼드와 블라단 욜러, 「AI 시스템 해부도」.
출처: https://anatomyof.ai.

　이 요소들은 인공지능이 설치된 기기에 포함되는 반도체와 배터리에 필요한 리튬과 같은 자연적 자원의 채굴/추출, 이 자원 및 반도체를 이루는 하위 부품들의 공급망과 이를 지탱하는 글로벌 물류 시스템, 인공지능이 포함된 기기의 유통과 이것이 연산하는 데이터의 저장에 핵심적인 아마존 물류센터와 데이터센터, 그리고 이 모든 과정에 투입되고 착취되기도 하는 인적 노동과 지구적 구성 요소의 노동을 포함한다. 그래서 인공지능 시스템은 이와 같은 요소들의 긴밀한 관계를 포함한 행성적 연산으로 파악된다. 행성적 연산 내에서 인공지능은 "개념이자 인프라구조이자 산업이자 권력 행사의 형태이자 관점"이며, "지구 전체를 아울러 공급망을 드리운 채 거대한 추출, 물류 시스템을 바탕 삼아 고도로 조직화된 자본의 발현"[110]으로 이해된다. 즉, 연산화주의는 수학적 추상화를 포함하지만 이는 물질적인 동시에 구체적이며, 기술적인 동시에 사회적이다. '가로질러 보기'는 연산미디어의 이와 같은 이중적인 면모를 조사하기 위한 응시다. 5장과 6장이 연산미디어의 시스템 내부를 개방하여 그것이 외부로 연결되는 방식을 밝혔다면, 연산미디어의 인식론과 존재론, 사회정치적 효과를 뒷받침하는 물질적 토대를 조망하는 횡단적인 응시는 기존의 미디어 구성체와는 멀어 보이지만 인공지능 시스템을 뒷받침하는 것으로 파악되는 데이터센터와 물류체계, 즉 인프라구조로 향하게 된다.

7장

미디어 인프라구조

보이(지 않)는 것

2014년 작가 트레버 패글렌은 세 장의 사진을 공개했다. 이 사진은 메릴랜드주 포트미드(Fort Meade)의 미국 국가안보국(NSA) 본부, 버지니아주 샌틸리(Chantilly)의 국가정찰국(National Reconnaissance Office: NRO), 그리고 국가지리정보원(National Geospatial-Intelligence Agency: NGA) 건물을 야간에 헬리콥터를 띄우고 촬영한 사진이었다(그림 7-1). 패글렌이 이 사진을 공개한 동기는 2013년 에드워드 스노든의 감시 프로그램 폭로 스캔들이었다. 이에 영감을 받아 패글렌은 우선 데이터 감시 프로그램의 온상으로 알려지게 된 국가안보국을 촬영한 후, 미국이 운영하는 첩보 위성을 제작하고 운영하는 국가정찰국, 그리고 이미지 내의 지리 정보를 수집하여 다른 감시 데이터와 연결하는 업무를 맡은 국가지리정보원 건물로 자신

그림 7-1 트레버 패글렌, 미국 국가안보국 항공사진(2013).
출처: Wikimedia Commons.

의 카메라를 돌렸다. 그와 같은 노력의 결과 우리가 볼 수 있는 이 세 사진의 표면에는 기이한 아이러니가 현상된다. 이 세 사진이 담은 건물은 모두 미국의 교외에서 볼 수 있는 어떤 대형 건물과 다를 바 없어 보인다. 대규모의 주차장 부지에 둘러싸인 국가안보국 본부 건물의 경우가 특히 그렇다. 그러나 이 사진들에 각 건물의 이름을 알려주는 제목이 붙었을 때, 이 건물들의 일상적인 존재는 우리에게 불편한 질문을 던진다. 이 기관들 모두가 오늘날 우리를 전방위적으로 통제하는 데이터 감시의 근원이라면, 그리고 스노든의 폭로가 그와 같은 감시의 존재를 대중에게 상기시킨다면 그 감시에 대한 시각적 증거는 무엇이며 그 증거를 어떻게 판별할 수 있는가? 스노든의 아카이브가 가리키는 데이터 감시 증거 중 국가안보국의 통화 기록 수집과 관련된 메타데이터는 고작 네 페이지의 문서로만 존재하며 일반인은 이것이 무엇인지 해독할 수 없다. "국가안보국

파일에 있는 막대한 양의 코드명, 파워포인트 슬라이드, 법원 판결물, 스프레드시트에는 시각적 자료가 거의 없다."[1] 즉, 오늘날 데이터 감시를 실행하는 '보는 기계(seeing machine)'[2]는 패글렌이 다른 작업을 통해서도 강조했듯, 인간의 눈이라는 관점에서 보는 것이 아니다. 패턴 인식은 기존의 가시성과 시각적 증거를 벗어나는 연산적인 방식으로 작동하기 때문이다. 그런데 이 연산적인 방식이 (세인 덴슨의 개념을 빌리자면) 지각의 층위에서 탈상관적이라 해도 그것이 완전히 비물질적이라 할 수 있는가? 이 세 기관의 사진은 바로 이와 같은 질문을 제기하며, 패글렌에 따르면 다음의 인식을 촉발한다. "내 의도는 우리가 미국 정보 커뮤니티를 '보기' 위해 활용하는 시각적 어휘집을 확장하는 것이다. 우리 국가의 감시 장치를 조직하는 논리가 비가시성과 비밀이긴 하지만, 그 장치의 작동은 물리적 공간을 점유한다. 디지털 감시 프로그램은 구체적인 데이터센터를 필요로 한다. 정보기관은 실제 빌딩에 근거한다. 감시 시스템은 기술, 사람들, 그리고 이들을 뒷받침하는 물질적 원천들의 광대한 네트워크로 구성된다."[3]

즉, 이 세 사진에서 패글렌은 데이터는 물론 데이터의 수집과 순환을 축으로 가동되는 데이터 감시와 관련된 자료가 시각적인 재현을 벗어난다는 점을 인식하면서도 이를 뒷받침하고 가능하게 하는 '구체적'이고 '물질적인' 요소를 드러내는 접근 방식을 취했다. 이와 같은 접근은 2015년과 2016년 작업한 〈케이블 랜딩 장소(Cable Landing Sites)〉와 〈해저 케이블(Undersea Cable)〉 사진 연작으로 연장되었다. 〈케이블 랜딩 장소〉는 대륙을 연결하는 해저 케이블이 북미 지역과 연결되는 관문(choke point)으로 기능하는 바닷가의 수평

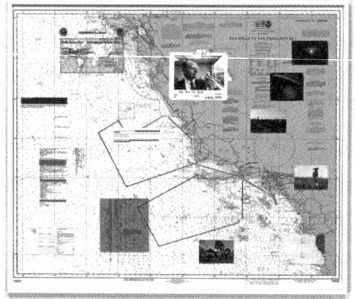

그림 7-2 패글렌, 〈NSA-Tapped Fiber Optic Cable Landing Site, Morro Bay〉, California, United States(2015). 작가 제공.

적인 풍경을 이 지역의 항해도 및 케이블 매설을 추진한 정부기관 및 통신기업이 생산한 문서의 콜라주와 병치한다(그림 7-2). 여기에서 관찰자는 오늘날 우리가 보는 것, 예를 들어 인터넷으로 관람 가능한 다양한 동영상이 일상적 풍경과 공간에서 우리에게 보이지 않는 것에 기초하고 있음을 깨닫게 된다. 〈해저 케이블〉 연작은 바로 이 보이지 않는 것을 관찰자에게 제시한다. 패글렌이 직접 스쿠버 다이빙을 배워 수중 카메라로 촬영한 이 사진에서 눈에 띄는 케이블은 일상적인 심해의 풍경 속에서 자신의 존재감을 드러내며 케이블 바깥으로 관찰자의 시선을 유도한다(그림 7-3). 그 시선에는 다시금 스노든 폭로 스캔들이 일깨우는 것, 즉 스노든 파일이 겉으로는 보일지 몰라도 기존의 시각 미디어의 인식과 해독을 벗어나는 방식으로 존재한다는 점이 포착된다. 보임과 보이지 않음의 역설적 공존을 가진 데이터 감시는 사실상 물질적으로 현전하지만 일상의 세계에서는 숨겨지거나 보이지 않는 구성 요소(광케이블), 그리고 그 구성 요소들이 이루는 연결망(광케이블 네트워크)에 근거한다.

그림 7-3 패글렌, 〈NSA-Tapped Undersea Cables, North Pacific Ocean〉(2016). 작가 제공.

패글렌이 상기시키듯 이와 같은 또 다른 역설은 인터넷이 우리에게 존재하는 방식이기도 하다. "인터넷은 우리가 매우 신비로운 방식으로 생각하는 것이다. 어디에도 없는 것 같지만 동시에 어디에나 있는 것 같은, 누구도 정확히 설명할 수 없는 것이다."[4]

패글렌의 이 모든 사진들은 핼 포스터가 적절히 지적하듯 "재현 이면의 주어진 현실을 드러내기보다는 가려진 현실의 재현을 수단으로 재구성하거나 부재하는 현실을 가리키는 데 관심을 둔다."[5] 이를 근거로 생각해 보면 6장에서 살펴본 연산미디어의 미디어-크리티컬함은 가려지거나 부재하는 것처럼 여겨지면서도 "존재론적 수준에서 '단순한 실존(mere existence)'의 수준에서 작동"[6]하는 정보 관련 국가기관 건물, 그리고 해저 케이블이라는 기저의 물리적 실체로 뒷받침된다. 데이터 사회, 플랫폼 사회라 일컬을 수도 있는 오늘날의 정보 중심 사회는 이처럼 존재하면서도 존재하지 않는 것처럼 여겨지기에 인식의 혼란을 낳는 바로 그것을 중심으로 구성되고 바로 그것에 의존적이라는 점에서 불안정하다. 이런 점에서 볼 때 패글렌의 사진 작업은 데이터센터나 해저 케이블이 단순히 감시와 정보 통제의 토대를 넘어 현실을 구성하고 매개하는 복합적이고도 이질적이면서도 강력한 행위자라는 점에 주목한다.

패글렌이 가시화한 미국 국가안보국 건물과 이 기관이 설치한 해저 케이블은 우리와 어떻게 연결되는가. 2022년 10월 15일 15시 30분경 발생한 카카오톡 마비를 포함한 카카오사 주요 플랫폼 서비스들의 포괄적 장애 사건은 이전까지는 대중의 인식 바깥에 있었던 데이터센터의 존재를 대중에게 뚜렷이 각인시켰다. 사건의 원인은 카카오사가 임대하여 활용하던 SK C&C 클라우드 데이터센터에 발생한 화재 때문이었다. 소방당국의 조사 결과 화재는 데이터센터 전기실 내부에 정전으로 인한 서버 셧다운을 방지하기 위해 구축된 무정전전원장치(Uninterruptible Power Supply System: UPS)의 리튬 이온 배터리에서 발생한 것으로 확인되었다. 데이터센터는 이 사건과 더불어 대중의 눈앞에 가시화되었다. 데이터센터는 이 사건을 취재한 많은 언론 보도는 물론 카카오사 플랫폼 서비스의 장애와 더불어 트위터를 비롯한 사회관계망 서비스에 트렌드 키워드로 부상했다. 그전까지 데이터센터는 대중의 일상적인 데이터 활용 및 플랫폼 접근에 있어서 표면에 떠오르지 않는 비가시성의 영역에 머물러 있었다. 즉, 그전까지 한국에서 데이터센터는 통신 산업, 플랫폼 산업, 클라우드 서비스 산업에 종사하는 직접적인 이해당사자가 주로 관여하고 다루는 시설이었다. 카카오사 서비스의 전방위적인 마비는 데이터센터에 관여하는 이해당사자가 개인적 메시지 서비스, 소상공인의 전자결제, 뱅킹, 지도 검색과 위치 찾기, 모빌리티 등 카카오사의 상호 연동된 앱을 활용하는 모든 사용자임을 각인시켰다. 비록 전면적인 시설 붕괴로 이어지지 않았더라도, 데이터센터 내부의 사소한 이상이 사용자가 활용하는 모든 플랫폼 기반 서비스의 오작동, 그리고 이 서비스를 통해 저장되고 유통되는 데이터 흐름의 중단을 초래할 수 있음이 현실화되었기 때문이다.

이와 같은 위기의 상황은 '기반시설'로도 번역되는 인프라구조(infrastructure)라는 키워드를 중층적으로 소환한다. 먼저 카카오사가 운영하는 상호 연결된 플랫폼들을 인프라구조의 차원에서 생각할 수 있다. 즉, 이 플랫폼들은 인력과 물품의 이동을 뒷받침하는 철도 및 도로와 같은 교통망과 이를 포함한 물류 시스템, 물의 이동을 뒷받침하는 상하수도 시설, 전력의 이동을 뒷받침하는 발전소, 전파의 이동을 뒷받침하는 송전탑과 기능적으로 유사하다. 자사가 다른 사업자를 위해 제공하면서도 사업자와 앱 개발자 모두 규제하는 API로 연동되는 카카오톡, 카카오맵, 카카오택시, 카카오뱅크 등의 플랫폼은 데이터의 흐름을 뒷받침하는 동시에 바로 그 흐름의 유지를 통해 대인 및 집단 커뮤니케이션, 모빌리티, 금융 거래와 같은 자신의 기능을 수행하기 때문이다. 사용자 인증 및 공문서 열람 및 발급과 같은 통치성의 기능 또한 데이터의 흐름을 근거로 작용한다. 즉, 이 플랫폼들은 데이터화된 사회에서의 정치적, 경제적, 산업적 기능이 데이터의 생성과 사용을 넘어 데이터의 저장 및 유통에 근거한다는 점을 입증한다. 그리고 이와 같은 저장 및 유통을 담당하는 기반시설은 우리의 환경 및 활동에 자연스럽게 스며들어 있다. 그러기에 정상적으로 작동할 때는 그 존재의 내적 복잡성과 외적 연결성이 쉽게 지각되지 않는다. 즉, 이러한 지각의 순간은 기반시설의 오작동 또는 기능 이상과 더불어 찾아온다. 수해를 비롯한 자연재해로 인한 정전 사태는 화력 발전소, 원자로, 송전탑을 인식의 표면으로 끌어온다. 우리가 활용하는 플랫폼 또한 바로 그 것이 정상적으로 작동하지 않을 때 우리의 존재와 환경을 구성하는 기반으로 지각된다.

이처럼 우리 생활에 인프라구조로서 존재하고 기능하면서 정보와 데이터의 순환을 형성하고 관리하는 플랫폼은 그 자체로 연산미디어의 한 복합체이지만, 이는 데이터센터라는 또 다른 인프라구조에 의해 유지된다. 이 장에서는 이와 같은 인프라구조가 갖는 함의와 그것이 발생시키는 위기의 차원을 미디어 인프라구조(media infrastructure) 연구의 관점에서 살펴본다. 미디어 연구의 '인프라구조적 전환(infrastructural turn)'이라 말할 수도 있는 이러한 연구 경향은 2010년대 중반 북미의 비판적 미디어 연구자들이 주도했으며, 미디어 연구는 물론 기존 인프라구조 연구를 이끌었던 문화인류학 및 과학기술학(Science and Technology Studies: STS)을 통합한 학제 간 연구의 최근 지형을 풍부하게 개척했다. 미디어 인프라구조 연구는 전화, 텔레비전, 위성통신망, 인터넷을 포함한 커뮤니케이션 네트워크의 메시지 자체보다는 그 메시지가 시간과 공간을 가로질러 움직이면서 세계의 시공간적 차원을 결정하거나 변환하는 방식, 메시지의 물질적 속성, 메시지의 흐름과 유통에 관여하는 기술적, 물질적, 건축적 구성 요소 그리고 이 요소의 배치 및 효과를 결정하는 정치적, 제도적, 사회적 힘의 다층적이고 결연된 역학에 관심을 갖는다. 리사 파크스, 니콜 스타로시엘스키, 존 더럼 피터스 등이 개척한 인프라구조적 전환은 다음과 같은 논제를 제기한다. 미디어 인프라구조 연구는 이와 관련된 다양한 이해관계자(예를 들어 송전탑 건설에서는 국가기관과 설치 예정 지역의 주민), 또는 그 이해관계자와 사용자 간의 권력관계에 주목하고, 미디어 시스템 및 네트워크의 기능 및 유지에 필요한 다양한 층위의 노동을 추적하며, 이와 같은 시스템 및 네트워크가 미디어 객체의 현상적인 지각에 동화되지 않는 다양한 규모로 작동하는 방식을 드러내고, 네트워크와 시스템을 구성하는 여러 층위와 구성 요소들의 관계적인 관점으로 미디어를 파악하고, 이와 같은 네트워크와 시스템이 대중에게 지각되고 상상되며 권력의 차원으로 유지되는 데 관여하는 이데올로기적 작용을 설명하고자 한다.[7] 이 다섯 가지 논제를 제기하는 학자들은 인프라구조를 사회 유지를 위해 관리해야 하는 대상이거나 그 자체에 내재적인 속성이기도 한 위험 중심으로 바라보는 관점에 만족하지 않는다. 대신 이들은 인프라구조가 21세기의 노동의 위기, 자연자원의 위기, 환경적 위기 등 다양한 위기의 양상과 연동되는 방식을 포착한다.

이에 따라 이 장은 먼저 인프라구조 및 미디어 인프라구조의 개념을 살펴보고 이들이 위기와 맺는 양가적 관계를 조명한다. 이어 국경과 물류센터, 데이터센터를 미디어 인프라구조의 사례로 살펴본다. 국경과 물류센터는 인간과 상품의 순환에 관여하고, 데이터센터는 데이터의 순환 및 저장을 뒷받침한다. 오늘날 국경과 물류센터는 그 자체로 물질적이고 건축적인 요소들과 긴밀히 연결된 기계적이고 연산적인 장치들을 포함한 미디어 복합체, 즉 단순한 인프라구조를 넘어선 미디어 인프라구조로 여겨질 수 있다. 이들은 인력과 물자의 흐름을 통제하고 지구적인 추출 및 노동력의 변환에 관여한다. 따라서 이들을 미디어 인프라구조로 접근하는 것을 통해 오늘날 공급망 자본주의의 기제를 연결적이고 복합적인 방식으로 이해할 수 있다. 또한 이제 우리에게 알려진 것으로 존재하게 된 데이터센터는 2022년 화재 사건이 일깨우듯, 그 자체의 구조적인 결함을 넘어 다양한 요소들이 결합되면서 네트워크와 정보의 순환을 결정하는 미디어 복합체다. 데이터센터는 설립과 가동에 있어서 지역적이고 지구적인 규모로 존재하면서 데이터와 물질, 원료와 기술을 결연시키고 에너지, 수력, 전력과 관련된 위기와 결부된다.

인프라구조, 미디어 인프라구조, 위기

인프라구조는 우리의 삶을 기저에서 뒷받침하는 일종의 구조를 말한다. 철로, 도로, 군사기지, 상수도, 하수도, 해저 광케이블처럼 다수의 물질적, 기술적 요소가 결합된 기초적인 시설을 생각할 수 있다. 그러나 이와 같은 요소들의 중요성에도 불구하고 인프라구조가 반드시 물적인 실체로 환원되는 것은 아니다. 인프라구조 연구에 커다란 공헌을 한 제프리 보커와 수전 리 스타의 연구가 주목한 것은 정보 인프라구조로서의 국제질병분류(International Classification of Diseases: ICD)다. ICD는 다양한 질병을 원인과 증상, 환자의 유형 등에 따라 식별하고 구분하는 분류, 그리고 분류를 구성하고 항목들에 근거를 부여하는 표준(standard)으로 이루어진 일종의 체계다. 이 체계 자체는 특정한 물질적 객체나 구조물로 환원할 수 없지만, 질병의 의학적 식별과 분류에 관여하는 전문가들, 이들이 생산한 의학적 정보를 통계적으로 처리하고 저장하고 검색 가능하게 하는 정보 프로세싱 기술, 그리고 이와 같은 정보의 유통에 필요한 다양한 조직화와 하부 체계를 포함한다. 정보 프로세싱 기술은 인쇄 매체부터 초기 컴퓨터, 그리고 오늘날의 인터넷 기반 데이터베이스로 이동했고 이에 따라 질병 정보의 기록과 저장, 접근 방식 또한 변화해 왔다. 이와 같은 다양한 기술적, 의학적 요소들 이외에도 특정한 증상을 질병으로 판단하고 증상의 표준화와 국지적인 예외 사이의 긴장을 조율하는 인식론적인 가정 또한 포함될 것이다. 이 시스템의 구축과 업데이트에는 병원과 의학 연구기관은 물론 정보 프로세싱을 담당하는 기관, 그리고 그러한 정보를 활용하기 위해 이와 같은 체계를 필요로 하는 국가기관과 기업(보험 회사와 같은), 그리고 환자 집단이 관여한다. 이와 같은 다양한 이해당사자가 국제질병분류의 구성과 효과에 관여하듯 국제질병분류 또한 질병의 인식과 대처에 있어서 바로 이 당사자들에게 영향을 미친다는 점에서 결정적인 구조로 작용한다(예를 들어 AIDS가 이러한 분류 체계에 포함되었을 때 벌어졌던 의학적, 정치적 여파를 생각할 수 있다). 인프라구조에 주목하는 것은 이의 구성과 작동에 관여하는 기술적, 사회적, 문화적, 정치적 요소들의 복잡한 얽힘과 상호의존의 양상에 주목하는 것을 뜻한다. 정보 체계로서의 인프라구조를 구성하는 분류가 "자신의 힘 중 어떤 것도 잃지 않은 채 상대적으로 비가시적인… 커다란 내부 공간"과도 같다면, 이는 분류가 "(변화와 행동의 지속적인 유형 및 추상화를 조직하는 원천이라는 의미에서) 개념적인 동시에 (사물에 각인되고 전송되고 고정되는 것이라는 의미에서) 물질적"[8]이기 때문이다.

인프라구조의 이와 같은 양가적 국면을 파악하기 위해서는 그 기본적 속성들에 대한 이해가 필요하다. 스타가 체계화한 인프라구조의 속성을 따르면, 인프라구조는 다른 구조, 사회적 배치, 기술 내부에 내장되어(embedded) 있기 때문에 "단일한 장소나 현장의(on-site) 실천을 넘어선다."[9] 이와 같은 특성으로 인해 인프라구조는 구체적인 기반 위에 구축되면서도(광케이블과 철로는 지하와 지상이라는 기반이 필요하다), 이것을 활용하고 이것의 수혜를 입는 공동체 구성원에게 주어진 것으로서 당연하게 여겨지는 경향이 있기 때문에 비가시적으로 지각된다. 이와 같은 비가시성의 인상은 인프라구조가 여러 지역을 포괄하면서도 너무나 크고 중층적이고 복잡하기 때문에 더욱 강화된다. 이러한 특성으로 인해 인프라구조의 변화는 전체적으로 한꺼번에 이루어지지 않는다. 인프라구조를 이루는 하부체계와 구성 요소는 물론 인프라구조의 사용에 관여하는 집단과 사회의 관습에 영향을 받기 때문에 인프라구조의 변화는 점진적인 경향을 띤다. 이처럼 전체적인 단일한 조망으로 파악되지도 않고 구성적으로도 복합적이며 물질적인 토대와 구성 요소를 필요로 하면서도 '뿌리내림'의 특성 때문에 비가시적으로 여겨지는 인프라구조는 "고장 나거나 실패할 때 가시화된다."[10] 스타의 이와 같은 설명은 존재론적 관점에서 인프라구조를 사물이자 그 사물들 간의 관계로 설명하는 브라이언 라킨의 견해와 상응한다. "사물로서 인프라구조는 감각에 제시되지만 그것이 둘러싸며 움직이는 물질 내에서 또한 변위된다(displaced). 우리는 컴퓨터를 보지만 케이블을 보지 않고 빛을 보지만 전기를 보지 않으며 수도꼭지와 물을 보지만 파이프와 하수도를 보지 않는다."[11] 따라서 인프라구조는 객체의 관점을 넘어 객체들이 이루는 체계라는 관점을 요구한다.

　인프라구조를 비가시적이고 매끄럽게 작동하는 배경으로 파악한 보커와 스타의 관점을 이어받은 폴 N. 에드워즈는 인프라구조를 현대성의 "보이지 않는 배경, 기층 또는 지지체, 기술문화적/자연적 환경"[12]으로 정의한다. 교통, 통신, 수력, 에너지, 전기의 사례가 입증하듯 현대인은 인프라구조에 따라, 인프라구조 내에서 사는 존재다. 현대성과 인프라구조의 결연을 이루는 요소들을 식별하는 에드워즈의 논의는 왜 인프라구조가 미디어의 관점에서 논의될 수 있는가를 잘 나타낸다. 현대사회에서 인프라구조의 기능으로 설명되는 상품 및 서비스의 지속적인 흐름은 커뮤니케이션 미디어에 핵심적인 '흐름' 개념을 시사한다. 이와 같은 기능을 실행하는 교통, 통신, 수력, 에너지, 전기는 기술적 하드웨어뿐 아니라 조직, 배경지식, 다양한 집단의 접근 등을 포함하기 때문에 본성상 사회기술적이다. 실내 온도와 조명의 제어, 수력의 활용, 교통수단의 시간표, 모빌리티 등의 사례가 입증하듯 인프라구조는 시공간의 제어를 가능하게 하는 동시에 시공간의 감각과 관념, 경험을 구성하고 조정한다. 이와 같은 인프라구조의 기능은 기술과 자연과의 근대적 관계에서 비롯된다. 인프라구조가 인공적 환경을 창조하는 방식은 "인간이 가장 유용하고 편리하다고 여기는 자연환경의 속성들을 보내거나 재생산하고, 자연환경이 제공할 수 없는 다른 속성을 제공하고, 우리에게 위험하거나 불편한 요소들을 제거함"으로써 "인간의 자연환경 경험을 구성하는 것"[13]이기 때문이다.

　이처럼 인프라구조는 사회와 기술을 공동으로 구성하고, 자연적 구성물과 기술의 하드웨어, 사회적 조직을 보다 광범위한 사회와 공동체 속에 하나로 엮는다. 그럼에도 불구하고 근대성이 설정하고 부과한 분리인 자연과 사회, 기술의 분리로 인해 우리는 인프라구조의 형성과 작동을 관계적이며 맥락적인 것으로 보기보다는 인프라구조를 사회 및 자연과 분리된 것으로 간주하는 경향이 있다.[14] 즉, 성선과 같은 인프라구조의 고징 원인을 운영체제, 시스템, 자연 조건 및 사회적 기대 사이의 복잡한 관계에서 비롯된 것으로 보기보다는 단순히 기술적 장애나 인간의 관리 실패로 보는 것이다. 이와 같은 분리는 인프라구조와 사회의 관계뿐 아니라 자연과의 관계에서도 적용된다. 자연의 원천을 활용하여 인공적 환경을 창조하기 때문에 인프라구조는 자연적 힘에 의존하지만, 우리는 이를 간과한 채 대부분 힘의 규모에만 집중한다. 이와 같은 사유는 선진국에서 자연재해와 관련된 부상 및 사망이 자연 자체 때문이라기보다는 자연의 변화가 인프라구조에 미치는 영향 때문인 것(예를 들어 태풍이나 홍수에 의한 도로와 터널의 손상이 자동차 또는 철로 사고로 이어지는 것)임을 간과한다. 에드워즈는 인프라구조 자체의 파악하기 어려운 규모 및 복잡성이 사회 및 자연과 맺는 관계를 고찰하기 위해 인프라구조의 미시적 층위와 거시적 층위에 함께 접근할 필요가 있음을 강조한다. 예를 들어 인터넷의 경우 미시적 층위에서는 기존에 군사적 통신 목적의 아파넷(ARPANET)을 개인 커뮤니케이션 도구로 전유하려는 1980년대 일련의 시도들, 1993년 월드와이드웹의 상용화, 그리고 웹 브라우징을 위한 기술적 도구들의 개발이 있었다. 이와 같은 실천들은 거시적 층위에서의 실천, 수많은 개인용 컴퓨터들의 탈중심화된 연결성을 보장하면서도 통제를 가능하게 하는 통신 프로토콜의 군사적, 기업적 개발과 맞물려 활성화되었다.[15]

존 더럼 피터스는 인프라구조를 군사 시설이나 커다란 규모의 시스템으로 생각하는 기존의 관념을 넘어, 인간과 자연을 매개하고 세계를 구축하고 유지하는 기초적인 것들을 이해하기 위한 접근을 뜻하는 인프라구조주의(infrastructuralism)를 제안한다. 20세기를 지탱했던 문화의 심층적 의미 체계를 설명하고자 했던 구조주의와 그 구조의 임의성, 한계, 불가능성에 매료되었던 후기구조주의 이후의 접근을 뜻하는 이 개념은 미디어를 사회적 환경 그 자체를 구성하는 것으로 여긴 미디어 이론의 전통을 갱신하면서도 미디어 개념을 "인간과 비인간 존재자의 얽힘"[16]으로 분석하는 사유를 활성화한다. 피터스가 보기에 인터넷의 지구적 확장과 이로부터 파생된 클라우드 컴퓨팅 및 빅데이터는 자연을 관리하고 다루는 기예의 역사를 다시금 소환하는 동시에 근대적 미디어 이론이 가정했던 자연적인 것과 인공적인 것 간의 구별, 또는 주체-객체 구별을 교정한다. "'클라우드' 내에서의 디지털 과다와 대기권 내의 탄소 과다는 서로 긴밀히 관련된 두 가지 사실이다. … 우리의 데이터-미디어는 태우기, 밭갈기, 양떼몰이, 짓기(building)와 같은 보다 기본적인 자연-공학적(nature-engineering) 미디어만큼이나 행성을 조종하는 역할을 한다."[17]

피터스의 인프라구조주의 개념은 4장에서 살펴본 행성적 미디어와 연결된다. 히토 슈타이얼은 인공지능의 작동을 뒷받침하는 데이터의 지속적이고 전면적인 수집 및 순환이 '농사', '수확', '채굴', '추출' 등을 소환한다는 점을 지적하며 오늘날을 '데이터 신석기(data neolithic)'로 규정한다. 이와 같은 규정은 수확, 채굴, 추출 등이 단순한 은유가 아니라는 점을 뜻한다. 즉, 데이터 신석기란 데이터화된 모든 것이 정보의 기업적, 행정적, 정치적 활용에 의해 수확 가능하고 채굴 가능하게 되었음을 뜻한다. 과거 농업과 광업에 활용되었던 기법과 이를 뒷받침하는 인프라구조가 오늘날의 데이터 산업 및 정치에 적용되고 있기 때문이다. "과거의 암석 및 광석은 실리콘과 희토류 무기물로 대체되고, 추출의 마인크래프트(Minecraft) 패러다임은 무기물이 정보 아키텍처의 요소로 처리되는 것을 설명한다."[18] 케이트 크로퍼드가 행성적인 차원에서의 연산화와 데이터 순환의 생태계를 인공지능 시스템의 제조를 위한 희토류를 비롯한 광물의 포괄적인 채굴, 인공지능 시스템의 빅데이터 저장 및 분석에 요구되는 데이터센터에서 소모되는 막대한 에너지, 그리고 채굴된 광물을 시스템 제작을 위해 공급하는 데 요구되는 글로벌 운송 체계의 포괄적인 연결로 정식화하는 것 또한 이런 맥락이다. 즉, 인공지능이 오늘날 인간과 세계를 가로지르는 거대기계(megamachine)라면, 이는 "전 세계에 뻗어 있지만 불투명한 상태로 유지되는 산업 인프라구조, 공급망, 인간 노동에 의존하는 기술적 접근법의 집합"이라는 의미에서 "데이터센터와 대륙을 이어주는 해저 케이블에 의존하고 개인용 기기와 여기에 들어가는 원료에 의존하고 공기를 통과하는 전송 신호에 의존"[19]한다는 의미에서다.

보커와 스타, 에드워즈, 피터스가 개념화한 인프라구조는 미디어 이론의 한 조류, 특히 이니스, 매클루언, 포스트먼, 조슈아 메이로위츠 등 환경으로서의 미디어(media as environment)에 주목하거나 미디어 생태학의 관점을 발전시킨 이론의 흐름과 공명한다. 피터스가 인프라구조주의를 미디어 생태학의 관점에서 강조하는 방식은 미디어를 "자연과 문화 간의 교통을 규제하는 인프라구조"[20]로 간주하는 것, 즉 인프라구조를 물류 미디어(logistical media)로 간주하는 것이다. "물류 미디어는 근본적인 규약과 단위를 배치하는(ordering) 일을 한다. 이런 미디어는 시간을 축약하는 기록 미디어에 의해, 그리고 공간을 축약하는 전송 미디어에 의해 점차 지렛대 역할을 수행한다. 물류 미디어의 일은 인간과 재산을 종종 격자 속으로 조직하고 방향짓고 배열하는 것이다. 이들은 모두 사람들과 사물들 사이의 관계를 조정하고 종속시키고 배열한다. … 매클루언의 슬로건인 '미디어는 메시지다'는 특히 이러한 미디어에 잘 적용된다. 물류 미디어는 자연 및 문화와 같은 구분을 만들 수 있는 근거를 마련한다."[21] 피터스와 유사한 방식으로 포스트먼은 기술적 변화가 생태적이라는 점을 다음과 같이 설명한다. "하나의 중요한 변화가 전체 변화를 낳는다. 주어진 서식지에서 유충을 제거하면 그 유충을 뺀 동일한 환경이 남는 것이 아니다. 새로운 환경을 얻게 되었고 생존 조건을 재구성했기 때문이다. … 이것이 미디어 생태계가 작동하는 방식이다."[22] 이와 같은 개념의 미디어를 생태학적 은유로 구성하면서 이니스, 매클루언, 포스트먼 등의 미디어 학자들은 커뮤니케이션 기술의 다음과 같은 세 가지 점을 강조했다. 첫째, 미디어 기술은 대부분의 거주민이 당연시하지만 그럼에도 불구하고 거주민의 인지 가능성과 사회적 행동, 문화적 환경을 중요한 방식으로 형성한다. 둘째, 하나의 개별 기술이 변경되면 미디어 구성과 전체 작동 방식이 변경된다. 셋째, 사회 내에서 그러한 기술은 고유한 논리를 가진 시스템으로 기능한다.[23]

미디어 연구의 차원에서 인프라구조가 주목받게 된 것은 2010년대 중반 이후부터다. '미디어 인프라구조'라는 개념은 미디어 연구의 새로운 대상 및 관심사는 물론, 이를 가능하게 하는 방법론의 전환을 요청한다. 리사 파크스와 니콜 스타로시엘스키는 지상파 방송, 케이블 및 위성 텔레비전, 인터넷 등이 지구적인 규모의 신호 트래픽(signal traffic)을 가능하게 하는 방식들에 주목한다. 미디어 연구의 인프라구조적 전환은 "스크린으로 제시되는 콘텐츠 분석만을 넘어 그 콘텐츠가 운동하는 방식 및 그 운동 방식이 콘텐츠의 형식에 미치는 영향에 대한 비판적 관심으로의 이동을 가리킨다."[24] 즉, 미디어 인프라구조 연구는 보이는 것으로서의 미디어 콘텐츠를 뒷받침하는 보이지 않는 것, 비물질적인 것으로 손쉽게 여겨지는 디지털을 뒷받침하는 물질성, 우리의 시공간을 구성하고 물류·에너지·데이터를 전송하는 요소들의 관계, 그리고 인프라구조의 개발과 사용, 규제에 관여하는 정치적, 경제적, 공동체적 힘들의 역학에 주목한다. 이와 같은 여러 차원들에 주목해야 하는 이유는 미디어 인프라구조가 가진 복합적인 규모 때문이다. 에드워즈의 접근이 강조하듯 인프라구조는 인간이 한정된 시점에서 파악하기 힘든 규모, 한 국가, 여러 대륙, 세계 전체를 포괄하는 거시적인 규모로 존재하면서 이와 같은 거대구조를 뒷받침하는 지역적이고 부분적인 기술-사회적 체계들을 포함하기 때문에 미시적 층위를 갖는다.

파크스와 스타로시엘스키 각각의 연구는 상이한 수준의 규모로 존재하고 작동하는 미디어 인프라구조로서의 위성통신과 해저 케이블을 다룬다. 위성통신이 원격 통제의 시각성, 전 지구적 현전의 관람성, 지역적 사건의 실시간적인 목격과 같은 보기의 방식들을 구성하는 방식을 연구했던 파크스는 이후의 작업에서 지구적인 관찰의 체제를 구성하는 인프라구조의 차원과 복합적인 규모로 연구의 영역을 확장한다.[25] 위성방송과도 연결되는 지구적 관찰의 체제는 여러 지역들에 분산된 송신탑과 신호 중계기, 그리고 그 안에 매설된 하드웨어를 포함하는 물리적 인프라구조를 가지며, 이는 지도와 구글 어스를 포함하는 디지털 인터페이스, 다이어그램과 직접적인 장소 방문을 포함하는 여러 규모와 미디어의 서로 연결된 재현들로 이어진다.[26] 이처럼 대기 중에 순환하는 신호를 위성 미디어의 물질적 행위자로 간주하는 파크스의 접근법은 스타로시엘스키가 보충한다. 그는 대륙간·전 지구적 해저 케이블 확산 과정의 지형학적인 실천, 연결과 전송을 냉전 시기를 포함한 20세기 사회정치적 기획의 일부로 정립한 제도적·담론적 실천, 네트워크 통제실과 케이블 랜딩 장소의 물질적·지리적 조건 그리고 지역 간의 라우팅을 실질적으로 구축하는 데 관여하는 영토적·정치적 실천을 포괄하여 조망한다. 이와 같은 복합적인 차원들에 주목하면서 스타로시엘스키는 오늘날 통신을 규정하는 네트워크 개념이 단순히 탈중심적, 분산적인 것으로만 파악될 수 없다고 주장한다. 즉, 해저 케이블의 지역적 분포는 오늘날의 글로벌 네트워크가 "모든 점이 다른 점과 쉽게 연결되는 분산화된 네트워크라기보다는… 모든 것이 하나의 중심적 허브와 연결되는 몇 개의 노드들"[27]을 가진 네트워크임을 입증한다(그림 7-4). 따라서 탈영토적이고 리좀적으로 보이는 네트워크가 사실은 랜딩 지역과 일정한 중심 지역을 포함한 영토적인 요소들을 포함하는 것으로 인식될 수 있다.

파크스와 스타로시엘스키 각각의 연구가 입증하듯 인프라구조에 대한 관심은 미디어 연구의 물질적 전환(material turn)을 반영한다. 파크스가 말하는 물리적 인프라구조(physical infrastructure)가 이와 같

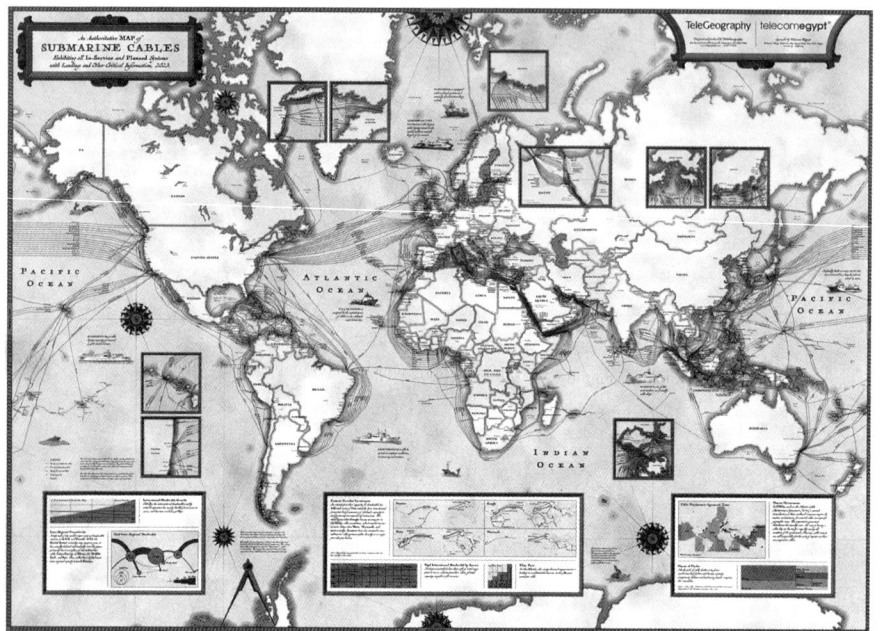

그림 7-4 529개의 케이블 시스템을 포함한 2023년 해저 케이블 네트워크 지도.
출처: https://submarine-cable-map-2023.telegeography.com.

은 전환을 잘 예시한다. 파크스는 물리적 인프라구조를 "물, 전류, 시청각적 신호 등의 가치 있는 물질을 분배하기 위한 커다란 체계, 분산되었으나 통합된 체계를 산출하기 위해 조직되는 물질적 장소와 객체들"[28]로 정의한다. 물론 이러한 종류의 인프라구조는 두 종류의 담론과 결부된다. 하나는 인프라구조를 이루는 요소들의 배치와 조직화, 사용과 관련된 정치적, 문화적, 기술적 담론이다. 다른 하나는 인프라구조의 존재 및 효과에 대한 대중의 관념에서 파생되거나 또는 이러한 관념의 형성에 관여하는 담론이다. 이 두 담론은 "인프라구조가 무엇이고 어디에 위치하며 누가 그것을 통제하고 그것이 무엇을 하는가"를 사유하고 표명하는 방식들인 "인프라구조적 상상계(infrastructural imaginary)"[29]를 구성한다는 점에서 중요하다. 이와 같은 상상계는 인프라구조에 대한 실제적인 관찰, 인프라구조의 위치와 내부, 작동 방식을 기록한 시청각적 자료 또는 미디어 인공물을 통해 구축되고 식별된다. 이와 같은 조사 기법에 근거하여 파크스는 미디어 인프라구조를 방송 중계기, 해저 케이블, 위성 지상 기지국, 모바일 통신 송전탑, 데이터센터 등을 포괄하는 것으로 규정하고 이것이 디지털 미디어 연구에서 널리 통용되어 온 '네트워크'의 정의와 구별되는 방식을 다음과 같이 제시한다. 미디어 인프라구조 개념은 시청각적 콘텐츠와 정보가 전송되는 데 필요한 특정한 장소, 하드웨어, 그 하드웨어의 설치 방식, 프로세스를 고려하고 그 콘텐츠 및 정보의 제작과 소비 방식 이면에 있는 배급(distribution) 또는 순환(circulation)을 전면에 드러낸다. 또한 이 개념은 인프라구조의 설립, 분포, 작동에 요구되는 광대한 규모의 장소와 객체를 가리키기 때문에 환경인문학, 지리학, STS 연구를 포함한 학제 간 연구를 요청한다. 팍스는 물리적, 건축적 대상, 자연 환경, 지리적 영역, 그리고 이들과 결부되어 정보와 콘텐츠의 배급을 담당하는 노동력의 결합을 미디어 인프라구조 연구의 지평으로 제시하면서 우체국에서의 우편물 분류 시스템, 전신주, 위성 안테나 등을 그 연구의 사례로 제시한다. 이와 같은 사례는 미디어 인프라구조 연구의 미디어 고고학적 차원을 안내하는 것을 넘어서, "우리가 디지털 시대에 살고 과정들이 점점 더 기술화하더라도 모든 인프라구조가 완전히 자동화되는 것은 아니며 모든 노동이 비물질적인 것은 아님"[30]을 감안해야 함을 시사한다.

이와 같은 방식으로 네트워크 개념과의 구별을 통한 이론화를 시도하면서 파크스는 에드워즈, 보커와 스타, 피터스와 마찬가지로 미디어 인프라구조가 시각화하기 어렵다는 점을 강조한다.[31] 이는 인프라구조라는 대상이 전통적인 영화미디어학 및 시각 연구가 정립한 시각성 및 시각화의 개념, 예를 들어 서구의 원근법을 지탱해 온 관찰자의 안정적 지평, 원근법이 구축해 온 이곳과 저곳, 전경과 후경, 형상 및 배경의 구별, 사진과 영화를 비롯한 기계적 장치의 기록 및 프레이밍이 구성해 온 가시성을 다시 질의하고 논제로 제기함을 시사한다. 즉, 미디어 인프라구조가 미디어 개념의 이해를 확장시키는 중요한 방식은 미디어 객체의 범위와 규모를 한정할 수 없는 비가시성, 복합성, 규모다. 네트워크로 연결된 가상화된 서버를 모태로 작동하는 클라우드 컴퓨팅이 이와 같은 국면을 예시한다. 클라우드는 보이지 않지만 네트워크 어딘가에 존재하는 CPU, 메모리, 디스크 등을 활용하는 것을 의미하는 개념이다. 이는 컴퓨터공학에서 말하는 가상화(virtualization), 즉 "물리적 네트워크를 구름 모양의 아이콘으로 바꾸든 데이터 저장매체로 가득 찬 물류창고를 '클라우드 드라이브'로 바꾸든 실제 사물을 논리적 대상으로 변환하는 기법"[32]의 결과다. 이와 같은 관점에서 보면 네트워크로서의 클라우드는 존재하는 물리적 네트워크의 기술적, 사회적, 문화적 가상화에서 파생된다. 즉, 클라우드 개념은 컴퓨터를 비롯한 연산미디어의 확산 이전에 존재했던 철로, 고속도로, 하수도, 텔레비전 신호 전송망 등의 연결망 인프라구조에 뿌리를 두고 있다. 그러나 클라우드의 비가시적 편재성이라는 속성은 연산화에 필요한 물질적, 물리적 객체와의 연결을 전제하고 데이터센터와 같은 구체적인 시설, 그리고 이 시설의 설치와 운영에 관계하는 장소와 자원, 인력의 배치를 포함한다. 가상화에 필요한 이와 같은 요소들이 클라우드 컴퓨팅에 대한 대중적 인식에서 망각되는 이유는 탈물질적이고 즉시적이며 직접적인 연결(사용자와 사용자, 사용자와 시스템, 서로 다른 하위 컴퓨팅 시스템)이라는 클라우드 컴퓨팅의 상상계 때문이다. 이와 같은 의미로서의 클라우드는 "데이터센터를 가동시키는 전자 장치의 운동, 이 장비를 부두에서 실어 내려야 하는 노동자들…[그리고] 서구 소비자가 찾을 걸로 기대하는 깨끗하고 잘 유지된 공동체를 생산하기 위해 페이스북과 같은 웹사이트 및 웹 2.0 포럼을 보이지 않게 관리하는 제3세계 노동자들을 은폐"[33]한다. 브래턴 또한 클라우드 층위의 구성을 테라포밍 프로젝트로 여기며 다음과 같이 말한다. "[클라우드 레이어는] 지하의 케이블 및 스위치와 상공의 위성들로 지구를 덮고 연산화와 데이터 저장, 그리고 이들에 의존하는 사회 관계를 중심화하는 동시에 탈중심화한다."[34]

즉, 클라우드 컴퓨팅은 미디어 인프라구조의 관점에서 볼 때 이중적이다. 클라우드 컴퓨팅은 개인 사용자는 물론 다양한 조직이 사용하고 교환하는 데이터의 흐름을 보이지 않게 관리하는 인프라구조로 파악된다. 그러나 이와 같은 인프라구조로서의 클라우드 컴퓨팅 또한 자연적 요소인 영토와 광물, 다양한 수준의 노동력, 그리고 데이터센터와 같은 시설 및 이에 포함되는 많은 기계 장치와 부품들로 구성되는 인프라구조를 포함한다. 이러한 이중적 실존, 즉 인프라구조가 되는 동시에 인프라구조를 포함하면서도 이를 비가시화하는 특성으로 인해 미디어 인프라구조 연구는 플랫폼 연구와 자연스럽게 연결된다. 데이터센터 화재로 촉발된 카카오 플랫폼의 마비 상태가 일깨우는 것이 플랫폼의 이중적 실존이기도 하다. 인프라구조 연구와 플랫폼 연구의 접속을 통해 우리는 카카오 플랫폼 마비 상태의 위기를 단순히 카카오사의 독과점적인 관행 및 데이터센터 관리 실패라는 관점으로만 단순화시켜서 볼 수 없음을 알 수 있다. 이 위기의 기원에는 이른바 '인프라구조의 플랫폼화(platformization of infrastructure)'와 '플랫폼의 인프라구조화(infrastructuralization of platform)' 모두가 작용한다.[35] 전자는 기존에 통신, 행정 등 다양한 기능으로 흩어져서 나름의 인프라구조 위에서 가동되었던 기능이 플랫폼 내로 통합되는 것을 의미하며, 이는 기존 인프라구조의 기능을 데이터화하고 프로그래밍을 가능하게 만들며 API를 통해 데이터의 순환과 앱 간의 연결적인 작동을 촉진하는 물질적·기술적 차원의 실천, 그리고 제도적이고 경제적인 차원에서의 탈규제와 같은 실천을 포함한다. 이는 플랫폼의 인프라구조화, 즉 플랫폼이 상거래와 문화 콘텐츠는 물론 행정기관 및 의료기관의 서비스까지 통합하면서 그 자체로 생활 영역 전반의 기저로 스며드는 과정을 동시에 수반한다. 이 두 과정을 심도 있게 살펴보기 위해서는 궁극적으로는 소프트웨어와 그 인프라구조를 둘러싼 법적, 제도적 차원뿐 아니라 그 내부의 중층적인 차원을 포괄하는 앱/인프라구조 스택(app/infrastructure stack)의 고찰이 요구된다. 하드웨어 수준에서는 스마트폰 등의 기기와 이를 구성하는 센서, 시스템 층위에서는 플랫폼 앱의 다양한 기능성을 뒷받침하는 안드로이드와 IOS 운영체제 및 프로그래밍 요소들, 네트워크 수준에서의 연결성과 데이터 흐름, 그리고 앱 내부에서 구현되는 서비스의 기능성이 여기에 해당된다.[36]

　미디어를 구성하는 물질적, 제도적, 기술적 기반의 요소들과 그 상호작용에 주목하는 미디어 인프라구조 연구의 접근은 제인 베넷이 들뢰즈와 가타리의 개념을 확장하면서 정식화한 이질적 배치체

(heterogeneous assemblage)의 관점으로도 설명될 수 있다. "이질적 배치체라는 용어가 행위성 개념에 시사하는 것은 그것이 전통적으로 가리키는 효율성 또는 효용성이 하나의 인간 신체나 인간의 노력으로(만) 생산되는 집합체 내에서 국지화되는 능력이기보다는 존재론적으로 이질적인 영역을 가로질러 분배된다는 데 있다."[37] 배치체 내에 배치되고 연결되는 요소들은 모든 인간적, 비인간적 요소들을 포괄한다. 후자의 요소에는 생명체는 물론 물질적, 기술적 객체들 또한 포함된다. 이 요소들은 불균등한 지형으로 배치되고, 각각의 속성들을 가졌음에도 불구하고 이것들이 서로 의존적으로 연결될 때 배치체가 가진 효과와 행위자로서의 역량이 현실화된다. 흥미롭게도 베넷은 이질적 배치체의 적절한 사례로 전기 송전선망을 제시한다. 전기 송전선망은 "인간과 인간의 (사회적, 법적, 언어적) 구성체를 포함하지만 전자, 나무, 바람, 불, 자기장과 같은 매우 활동적이고 강력한 비인간 또한 포함"한다. 이때 이 요소들은 "실제로 제휴하여 독특한 효과를 산출하기에 충분한 근접성과 협력 속에 남아 있으면서… 물질적 클러스터"[38]로서의 전기 송전선망을 구성한다. 베넷은 더 나아가 전자, 발전소, 전송선 등의 요소들을 식별하고 이것들이 미국과 캐나다를 잇는 에너지 위기를 초래한 상황을 분석한다.

전기 송전선망을 구성하는 다양한 행위자들, 그리고 이들 간의 관계 및 상호작용을 포착하는 베넷의 이질적 배치체 개념은 인프라구조를 확장된 미디어의 관점에서 파악하기 위한 중요한 토대를 제공한다. 이와 같은 관점은 미디어 인프라구조를 관계적인(relational) 것으로 규정하는 파크스와 스타로시엘스키의 견해로 더욱 분명히 뒷받침할 수 있다. 관계적 관점이란 미디어 인프라구조와 사용자와의 관계, 그리고 이 구조를 구성하는 체계를 요소들의 '겹침(layering)' 혹은 '묶음(bundling)'으로 보는 것을 말한다.[39] 이와 같은 관계적인 관점은 인프라구조에 대한 기존 연구들을 계승한 것이다. 보커와 스타의 경우 ICD를 정보 인프라구조로 규정하면서 이것을 구성하기 위한 질병 데이터의 수집 및 이기이빙에 동원되는 의학 및 약학 전문가들의 역할, 이 데이터의 전산화에 기여한 프로그래머, 펀치카드에서 현대적 컴퓨터에 이르는 기술적 요소들, 질병의 범주 구성에 관여하는 국가 및 WHO와 같은 보건 전문기관, 병원 및 보험회사, 그리고 이러한 범주에 의해 구성되고 관리되는 공동체 구성원의 위상을 일별했다. 분류 체계라는 무형의 모델에 관여하는 이 다양한 행위자들을 가시화하고 이들 간의 연관관계를 추적함으로써 보커와 스타는 미디어 인프라구조를 관계적인 관점으로 정의할 수 있는 근거를 마련한다. "ICD와 연관된 미디어는 ICD의 역사를 분배되는 정보의 관리를 위해 개발된 특별한 기술적 토대와 연관된 일군의 분류 원칙과 연결시킨다."[40]

인프라구조주의의 관점에서 볼 때 인프라구조는 거대한 동시에 눈에 띄지 않고, 많은 인터페이스와 결절을 가지는 동시에 하나의 거대한 실체로 형상화되기도 하며, 물질적인 요소와 비물질적인 요소(기능과 사용을 결정하는 담론과 규약, 제도와 지침 등) 모두를 포괄하고, 인력과 정보·재화를 시공간을 가로질러 이동시키고 배치하는 동시에 바로 이러한 인력과 정보·자원에 의해 유지되고 기능한다. 이와 같은 양가성의 복합적 면모들을 고려하면서 피터스는 인프라구조의 위기의 연관성을 다음과 같이 제시한다.

수백만 또는 수십억에 서비스를 제공하는 인프라구조는 일반적으로 수도꼭지, 가스 펌프, 전기 콘센트, 컴퓨터 터미널, 휴대전화, 공항 보안과 같은 인간 크기의 인터페이스에 나타난다. 훨씬 더 크고 거의 이해되지 않는 시스템에 대한 이러한 문(gate)은 우리 지식과 관심의 빙산의 일각이며 종종 질문이 중단되는 곳이다. 인프라구조는 언제나 기본 요소(날씨, 화재, 질병)의 위험을 줄이도록 설계되지만 그 과정에서 새로운 위험을 낳는다. 예를 들어 공중 보건 위험은 가장 전통적인 의미의 인프라구조와 관련될 수 있다. 전력선은 소아 백혈병의 위험을 증가시킨다. 인프라구조가 클수록 잠재적 파국도 커진다.[41]

이와 같은 진술을 통해 우리는 인프라구조와 위기의 관계를 위험의 관리 또는 그 관리의 실패라는 근대적인 관점에서 벗어나 생각해볼 수 있다. 위험의 관리라는 차원에서 보면 위기는 자연재해처럼 인프라구조 바깥에서 오거나 인프라구조 자체의 기능적인 실패 혹은 오작동에 기인한다. 이는 기술을 자연과 분리된 것으로, 기술을 자연의 불확실한 힘을 제어하고 자연으로부터 필요한 원천을 얻기 위한 대상으로 취급하는 세계관에 근거한다. 또한 이는 기술을 지속적인 유지와 개선을 통해 인간이 길들이고 그 작동 방식을 예측 가능한 것으로 간주하는 관념을 전제한다. 라킨이 말하듯 이와 같이 도구적 합리성에 근거한 인프라구조 관념은 인프라구조 자체에 내재되어 있고 그것이 실제로 구현되고 작동할 때 발생하는 비대칭성과 불균등성을 은폐한다. "미디어가 시간, 공간, 지각을 변화시키는 효과에 대한 대부분의 연구는 지저분하고 불연속적이고 빈곤한 인프라구조 연결들의 현실보다는 매끄럽게 효과적인 미디어 체계를 당연하게 여긴다."[42]

　이를 고려한다면 인프라구조와 위기와의 관계에 대한 포괄적인 설명은 인프라구조의 위기가 그것의 오작동이나 실패를 통해 가시화된다는 관점, 그리고 그것이 관리해야 할 외부로부터의 위험이 곧 위기의 본실이라는 관점에 국한되지 않는다. 이로부터 다음과 같이 정리할 수 있다. 먼저 오작동이나 실패에 한정되지 않는 유지와 수리에 내재적인 위기가 있다. 파크스와 스타로시엘스키가 말하듯 "미디어 인프라구조 연구는 노동, 유지와 수리를 고려해야 하는데 인프라구조 시스템의 작동이 바로 이런 실천에 의존하기 때문이다."[43] 나이절 스리프트와 스티븐 그레이엄에 따르면 수리와 유지가 인프라구조의 핵심임에도 불구하고 종종 무시되는 이유는 그것이 비가시적일 뿐 아니라 우리의 문화에서 고정적이고 안정적인 자리매김(fixed and stable emplacement)으로 지각되는 경향이 있기 때문이다. "정상화되고 당연하게 여겨지는 인프라구조 사용 문화는 도시의 '인프라구조'가 장소에 안정적으로 내장된 물질적이고 완전히 고정된 배치물이라는 널리 퍼진 가정을 유지하는데, 이 배치체는 구멍이 있고 불완전하며 이질적인 실체보다는 완전한 질서, 완전성, 내재성을 특징으로 한다."[44] 인프라구조의 수리 및 유지를 포함하여 인프라구조의 최적화된 작동에 작용하는 노동, 그리고 이 구조 속에서 흐름의 일부로 다루어지는 인간 및 이들에 대한 데이터를 고려한다면 인프라구조는 블랙박스적인 비가시성을 넘어선 '위태로운 성취(precarious achievement)'[45]이기도 하다. 오늘날 인력과 재화의 글로벌 이동을 관리하는 항만과 국경, 물류센터의 유지에 필수적이지만 잘 드러나지 않는 노동의 착취적인 국면이 가진 위기의 양상. 또한 이와 같은 노동이 지역적으로 불균등하게 분포되고 실행되는 방식이 미디어 인프라구조를 위기와 관련하여 살펴볼 때 주목해야 할 지점이다. 또한 이와 같은 인프라구조들이 현대적 도시와 산업화, 식민화의 물류 네트워크와 국경 관리를 연장함에도 불구하고 이것들이 데이터화와 플랫폼화에 의해 자동화되고 있다는 점 또한 이들을 미디어 인프라구조의 관점에서 살펴보아야 할 중요한 이유가 된다. 즉, 미디어 인프라구조 개념은 오늘날의 국경, 항만, 물류센터를 단지 흐름을 제어하는 고정된 물리적 게이트웨이라기보다는 인간, 물질, 시설, 데이터 네트워크, 스크린, 센서 등이 복합적으로 연결되고 연동되는 거대한 미디어 복합체로 설정한다.

둘째는 인프라구조의 설치와 작동이 이를 둘러싼 자연과 공동체에 미치는 위기로, 이동통신 통신망의 전자파나 핵원자로가 인간의 유전자 구조나 질병, 주변 생태계에 미치는 영향 등이 여기에 해당된다. 여기서의 위기는 인프라구조 자체가 사회 내에 내장되어 비가시적이라 하더라도 그것이 불균등하게 영향을 미치고 지각된다는 점과 연결된다. 즉, 송전탑 또는 핵원자로가 설치된 지역 주변의 주민에게 이들은 분명히 물리적, 지리적, 실존으로 현전하는 위협이고 그들의 삶의 조건에 직접적으로 영향을 미치는 것으로 간주되지만, 그 이외의 공동체 구성원에게는 그렇게 지각되지 않을 수 있다. 따라서 이와 같은 인프라구조는 서로 다른 인식 속에서 자리하고 정부와 기업 등의 행위자를 통해 상이하게 매개된다. 이와 같은 불균등성과 이질성 이외에도 송전탑과 기지국, 핵원자로의 위기는 방사선처럼 그것이 방출하는 요소의 비가시성에 근거한다. 인도의 방사선 인프라구조인 핵원자로와 기지국을 연구한 라훌 무케르지에 따르면 방사선과 연관된 정보통신 인프라구조가 초래하는 위기의 면모는 생물의 돌연변이나 인체에 미치는 발암 효과 등을 넘어선다. 위기의 차원은 물질적, 신체적일 뿐 아니라 인식론적이기도 하다. 즉, 이와 같은 기반시설에 내재된 위기는 항상적인 불확실성(uncertainty)의 발생 및 매개에서 비롯된 위기이기도 하다. 불확실성은 위험과는 구별될 필요가 있다. 위험은 과학적, 기술적으로 측정될 수 있고 예측 가능하다. 반면 불확실성은 알 수 없음(unknowability)과 관련되며 이는 정치적, 사회적으로 생산되고 굴절된다.[46] 원자로와 기지국 주변의 공동체 구성원에게 불확실성은 그것이 유지되는 한 지속적인 불안을 낳기에 제거의 대상이지만, 전문가와 정부, 관료에게는 이들을 존속시킬 수 있는 근거를 제공한다. 즉, 이와 같은 집단에게 불확실성은 '우리는 방사선의 가능한 위험을 충분히 인식하고 있지만 완전히 입증하거나 제거할 수는 없는 것이고, 대신 여러 노력을 통해 그 위험을 친환경적으로 줄이고자 한다'라는 내러티브를 뒷받침할 수 있다. 따라서 이와 같은 면을 고려한다면 인프라구조의 설치 및 작동이 미치는 위기는 활동가와 피해자, 전문가로 구성된 이해당사자들의 집합인 환경적 공중(environmental publics), 일반 대중, 그리고 인프라구조를 유지하는 전문가, 기업, 정부 기관에 의해 서로 다르게 인식되고 매개될 수 있으며, 미디어가 여기에 중요한 역할을 한다. 무케르지가 강조하듯 "미디어는 그 형태(트위터, 왓츠앱, 텔레비전)와 누가 그것을 제작하는가(국가, 기업, 활동가)에 따라 순환과 수용에 대한 그 자신의 불확실성을 운반한다."[47]

이와 같은 불확실성을 포함한 위기의 매개가 위기미디어의 중요한 역할이라는 점을 1부에서 이미 살펴보았기에, 그리고 국내에서도 밀양 송전탑 투쟁이나 원전과 관련된 지역 주민들의 투쟁과 관련된 이슈에서도 위기의 매개와 관련된 경합하는 미디어 실천의 양상을 살펴볼 수 있기에,[48] 이 장에서는 무케르지의 관점과 연속되는 동시에 구별되는 방식으로 데이터센터에 접근하고자 한다. 즉, 데이터센터를 그것이 발생시키는 전파의 불확실성이라는 관점에서 접근하기보다는, 그것이 실체적으로 자연과 환경에 어떤 위기를 발생시키고 있고 이와 같은 위기의 국면들이 빅테크 기업이 주도해 온 데이터화와 플랫폼화에 대한 인식을 어떻게 전환할 수 있는가를 중심적으로 살펴볼 것이다. 이는 국내에서 카카오톡 마비 상태로 대중적으로 인식의 대상이 된 데이터센터가 잠재적으로 원자로나 송전탑과 같은 인프라구조의 관점에서 이해될 필요가 있음을, 그리고 오늘날 데이터사회를 형성한 '인프라구조의 플랫폼화'와 '플랫폼의 인프라구조화'를 지탱하는 미디어 인프라구조로 데이터센터에 접근하고 그 효과를 분석할 필요가 있음을 강조하는 것이기도 하다.

국경, 항만, 물류창고

입국과 격리, 추방 등을 통해 이민자와 난민, 여행자를 분류하고 이들의 흐름을 통제하는 국경은 경계의 수립과 인력의 식별을 위한 인프라구조를 필요로 해왔다. 장벽, 검문소, 수용소와 같은 물리적 시설은 물론 입국자의 신원을 확인하고 조회할 수 있는 시각적, 문서적인 판독을 위한 장치 그리고 입국자 정보의 송수신을 위한 통신 장비 등이 여기에 해당될 것이다. 이것들은 모두 출입 인구를 관리하는 정치적, 법적 작동 방식의 물질적 차원을 구성한다.[49] 이와 같은 차원이 단지 물리적 객체나 시설로 환원되는 것은 아니다. 국경은 인프라구조의 이 모든 요소들을 원천으로 지리적인 경계선 혹은 점이지대를 가로질러 실행되면서, 우리(자국민)와 그들(잠재적 불법 체류자 또는 난민), 영토 내부와 외부를 구별한다. 이는 국경이 산드로 메자드라와 브렛 닐슨이 말한 '인식론적 장치(epistemological device)'의 일부임을 입증한다. "경계는 인지적 과정에 본질적이다. 사유의 운동을 구조화하는 분류법과 개념적 위계의 수립을 허용하기 때문이다."[50]

21세기에 유럽과 미국에서 본격적으로 구축되고 업데이트되어 온 디지털 국경들은 국경을 미디어 인프라구조로 인식하고 이 새로워진 경계의 지각적, 인식론적, 정치적 효과를 조사할 과제를 제기해 왔다. 검문소 및 격리 시설 같은 물리적, 건축적 시설의 증가 이외에도 유럽과 미국은 비자 신청자의 열 손가락 지문 채취와 얼굴 인식 기술로 수집된 데이터와 연동된 비자정보시스템(Visa Information System)을 구축했다. 2010년대 이후 디지털 국경은 두 가지 수준에서 업그레이드되어 왔다. 하나는 데이터 애널리틱스에 근거한 생체측정 국경(biometric border)의 강화다. 포스트 9·11 상황하의 테러 위험 관리 차원에서 미 국토안보부가 2006년 수립한 미국방문(U.S. Visitor and Immigrant Status Indicator Technology: US VISIT) 시스템, 그리고 유럽연합의 지원으로 2020년 개발된 프로젝트인 iBorderCTRL(Intelligent Portable Control System) 등을 예로 들 수 있다. 다른 하나는 국경을 탐사하고 감시하며 위험 요인을 포착하고 제어하는 인식(recognition)의 디지털 인프라구조 구축이다. 섀넌 매턴이 지적하듯 1기 트럼프 행정부는 불법이민자 강제 추방을 위한 물리적인 인프라구조뿐 아니라 인식의 디지털 인프라구조를 토대로 미국-멕시코 국경을 강화했다. "미국-멕시코 국경을 따라, 특히 입국심사장에서 인식은 여권 검색대, 차량 번호판 인식기, 얼굴 인식 소프트웨어, 드론 감시, 주간 및 적외선 카메라, 레이더 시스템 등을 포함하는 다수의 기술들로 매개된다. 관료들은 다시 '가상 벽'을 이야기하고 사기업들은 LIDAR 감시(자율주행 차량이 주변의 객체를 식별하고 추적하는 기술)를 시험하고 있다."[51] 유럽국경해안경비국(European Border and Coast Guard Agency, FRONTEX)이 지중해는 물론 유럽 대륙 내부를 가로질러 유입되는 난민의 모니터링을 위해 적외선 카메라, 위성, 드론 등을 배치해 온 과정 또한 이와 유사하다. 인식의 인프라구조는 "모든 것을 보는 하나의 눈 또는 이음매 없는 웹 대신 시스템들의 조합"으로 이는 유럽연합 가맹국 연안, 공해, 제3국 연안 등의 서로 다른 지역을 구분하면서도 이들을 포괄하는 것을 목표로 한다. 여기서의 "키워드는 '상호작동성(interoperatability)'이고, 이와 같은 모니터링의 목적은… 개입이 필요한가를 평가하기 위해 비상사태나 비정규적 국경 경계 '넘기와 같은 중대한 상황을 시각화하는 상황적 인식(situational awareness)을 창출하는 것이다."[52]

이처럼 외부의 모니터링을 위한 인식과 내부의 데이터 인식이 분기하는 동시에 합류하는 방식으로 구축되는 디지털 국경은 국경의 기술정치를 이루는 세 가지 차원인 물질성, 매개, 그리고 운동을 변화시켜 왔다.[53] 이를 통해 디지털 국경은 이동하는 주체에 행사되는 권력의 도구를 갱신하고, 신체의 물리적 이동은 물론 그가 남긴 생체 정보와 소셜 미디어 데이터까지 포함하는 네트워크로 국경의 개념을 개조하며, 데이터의 상관성과 유사성이 유입 인구의 포용과 배제를 결정하는 세계관으로서의 국경을 구체화한다. 얼굴 인식을 비롯한 생체측정 기술이 객관성과 신뢰성의 약속을 배반하고 여성, 유색인, 장애인을 차별적으로 인식한다는 연구는 6장에서 살펴본 바와 같이 잘 알려져 있다.[54] 이는 생체측정에 적용되는 알고리듬이 체니-리폴드가 말하는 '측정 가능한 유형'으로서의 인간 정체성을 인식하고 판별함으로써 기존의 규율적인 생명정치와는 구별되는 '소프트 생명정치'를 실행시키는 국면과 연결된다.[55] 소셜 미디어와 검색엔진에서 알고리듬이 데이터를 통해서 구성한 범주와 실제 인간 사이의 확률적인 일치(fit)를 연산함으로써 실행되는 소프트 생명정치는 루이즈 아무어의 '생체측정 경계(biometric border)' 개념이 가리키는 바이기도 하다. 입국자의 생체 데이터를 근거로 위험지수를 평가하고 입국자의 미래 행동을 예측하는 식으로 작동하는 디지털 국경은 "신체 자체가 사회적, 법적, 젠더적, 인종적 경계를 포함하는 여러 약호화된 경계들의 지속적인 가로지르기와 더불어 기입되고 이러한 가로지르기를 표시할 정도로 생명정치를 행사한다."[56]

데이터 관리 및 분석 기법의 발달과 연동된 생체측정 기술의 지속적인 발전은 인식의 개념을 넘어 국경 자체의 개념과 국경을 넘는 인간의 주체성을 재구성한다. 매튜 롱고가 말하듯 전방위적인 원격 감시와 여러 소스와 단계에서의 데이터 관리가 연동되는 디지털화된 국경은 국경 개념을 물리적인 장벽의 수직성보다는 여러 기술들이 결합된 다층적인 수평성을 띠는 것으로 전환했다. 이와 같

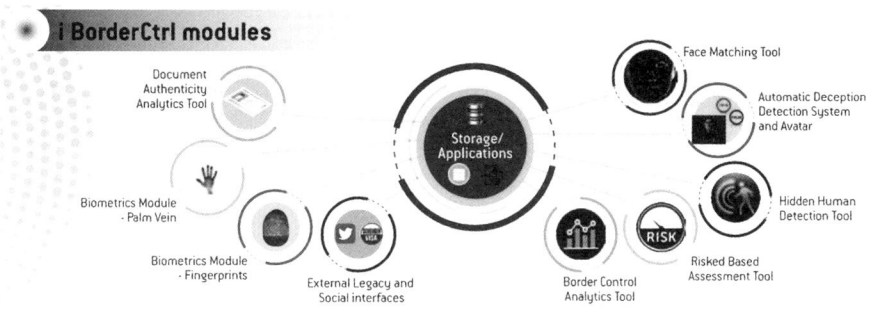

그림 7-5 iBorderCTRL 솔루션을 이루는 모듈들.
출처: https://www.iborderctrl.eu/Technical-Framework.

은 국경을 넘나드는 주체는 "개인이 더 이상 의미 있는 범주가 되지 못할 정도로 너무나 많은 데이터 포인트로 구성된 픽셀화된 주체"[57]가 된다. 이와 같은 다수의 데이터 포인트는 iBorderCTRL 솔루션을 구성하는 생체측정 모듈, 문서의 진위성을 판별하는 도구, 각종 운송 기구에 은닉한 불법 이민자를 탐색하는 도구, 인터뷰 과정에서 인터뷰 대상자의 목소리는 물론 비언어적인 몸짓과 표정 변화도 인식하는 자동 기만 탐지 시스템(Automatic Deception Detection System: ADDS)의 결합적인 작동과 호응한다. 이 솔루션은 여행자가 사전에 설치하여 정보를 입력하도록 설계된 여행자 사용자 앱(Traveler User Application: TUA)과 연동된다(그림 7-5).[58]

여행자에게는 입국 심사의 효율성과 속도를 높이고 국경 감시 관리자에게는 업무의 정확성과 효율성을 높인다는 명목으로 설계된 이와 같은 솔루션은 개인의 프로필을 인종, 국적, 성별, 종교 등의 추상화된 데이터로 환원하고 이를 수학적인 상관관계와 유사성에 따라 판단한다. 이와 같은 자동화된 의사 결정은 "사람으로서의 이민자를 '위험' 또는 '안전'과 같은 엄격한 이항대립의 한 범주 또는 다른 범주로 응축하고 그와 동시에 그들의 기원, 전기적인 서사 및 인생 내력을 의사 결정에 있어 부적절한 것으로 표현"[59]한다. 그런데 이러한 환원주의가 데이터 포인트의 다수성이 암시하듯 일차원적인 흐름으로 파악될 수 없다는 것이 중요하다. 클로디아 아라다우는 "변화하고 변화 가능한 외부 환경들을 위한 자본주의의 욕망을 받아들이는 환경"[60]을 창조하는 분산된 배치로서의 실험성(experimentality) 개념을 디지털 국경에 석용한다. 이를 통해 그는 이민자들의 불안정성이 잉여적인 데이터의 다층적인 관계들을 통해 "해체되는 동시에 재구성된다"[61]고 말한다. 인공지능 시스템을 통한 디지털 국경의 업그레이드는 이와 같은 불안정성을 심화한다. 인공지능 시스템은 입국자 데이터가 언제든지 훈련 데이터로 활용되고, 규칙 적용과 실행 중심의 기존 알고리즘과는 비교할 수 없을 정도의 많은 연산화 단계를 심층신경망 내부에 포함하기 때문이다. 아무어가 전망하듯 심층신경망의 확산으로 구체화되고 있는 '심층경계(deep border)'로서의 국경은 생체측정 패러다임에 변화를 가져온다. "심층경계는 생체 인식 데이터를 확장하고 분산시켜 더 이상 생체 인식 데이터가 주로 특징 그 자체와 연결되지 않고, 모든 데이터를 동등하게 렌더링하는 심층학습 모델에서 다양한 데이터 특징과 함께 모인다."[62] 이와 같은 변화는 물리적 국가 폭력의 패러다임으로 환원되지 않는 인종화되거나 식민화된 신체로서의 주체화를 심화하고, 국경이 관리하는 인구와 경계 자체를 특징, 함수(기능), 클러스터 등의 집합으로 재구성한다.

디지털 미디어 인프라구조로서의 국경은 오늘날의 물류 미디어 또는 글로벌 물류 체계를 미디어로 간주하는 관점에도 적용된다. 국경과 마찬가지로 다수의 창고와 항구, 교통망을 포함하는 물류 체계는 국경과 마찬가지로 "배제적 조치에 배치되는 것 못지않게 폭력적인 방식으로 사람 및 순환의 상이한 형태들을 선택하고 선별하는 포용(inclusion)의 장치"[63]이기 때문이다. 메자드라와 닐슨의 물류에 대한 정의는 물류 체계가 재화의 흐름을 제어하고 이에 포함되는 여러 지역들을 가로질러 구축되는 인공적 환경으로서의 인프라구조임을 함축한다. "물류는 커뮤니케이션, 교통, 그리고 경제적 효율성의 관심사 속에서 사람과 사물의 운동을 관리하는 것이다. 물류의 작동은 상이한 인구와 경계를 가로지르는 운동을 조율하고 조정하면서 이들을 형성하는 다양한 조건들을 고려한다. 그 목적은 차이를 제거하는 것이 아니라 이를 가로질러 작용하는 것이다. 간극, 불일치, 갈등과 조우, 그리고 경계는 장애물이 아니라 효율성을 산출하는 변수들로 파악된다."[64]

인프라구조로서의 물류 체계를 조사하는 것은 애나 칭이 말하는 '공급망 자본주의'의 세계적인 확산 및 이것이 야기하는 자원, 영토, 인구 및 노동력의 불균등한 식민화와 착취 방식을 파악하는 데도 긴요하다. 공급망 자본주의란 하청과 아웃소싱에 의해 운영되는 자본주의 체계를 말한다. 이 개념을 통해 칭은 두 가지 질문을 제기한다. 첫째는 "어떻게 우리가 전 지구적 자본주의의 이질성에 주목함을 포기하지 않고 이 자본주의의 거대함(즉 그것의 일반성과 규모)을 상상할 수 있는가"다. 다른 하나는 "자본주의 엘리트를 위해 고안된 새로운 조직문화 스타일과 주체성이 어떻게 보다 작은 작업장들로 이동하는가"[65]다. 결국 공급망 자본주의 개념은 글로벌 자본주의가 동일한 추상화, 추출, 순환의 논리를 확산시키는 과정뿐 아니라 이 확산의 과정이 지역과 계급, 성별 등의 사회적 변수 및 이 변수들이 포함하는 물질적 조건에 따라 이질적이고 불균등한 요소들을 산출함을 설명하고자 한다. 이렇게 볼 때 공급망 자본주의에 긴요한 인프라구조인 항만 및 물류창고 등은 바로 이와 같은 이질성과 불균등성의 층위들을 내재적으로 포함한 시스템으로 파악될 수 있다. 실제로 칭은 재고 관리의 연산적 자동화가 오늘날의 공급망 자본주의의 주요 동력이 되었고 이것이 기존의 물류 노동 방식을 변환시키면서 노동 조건 및 노동자의 실존에 복합적인 모순을 일으킬 수 있음을 월마트의 사례를 들어 지적한다. "월마트는 컴퓨터가 제품을 재고로 인식할 수 있도록 하는 흑백 막대인 범용 제품 코드(Universal Product Code: UPC)의 필수 사용을 개척했다. 재고의 가독성은 월마트가 제품을 만드는 데 사용되는 노동 및 환경 조건을 무시할 수 있음을 의미한다."[66]

물류 체계의 인프라구조가 글로벌 공급망 자본주의의 핵심적인 요소로 작동하고 그 과정에서 자원과 인력의 이동성을 관리하는 미디어로 기능한다는 점을 이해하기 위해 메자드라와 닐슨의 '자본 작동(operations of capital)' 개념을 간략히 살펴보는 것이 도움이 된다. 자본의 축적 및 순환을 위한 입력과 출력의 기능을 수행하는 체계를 뜻하는 작동 개념의 맥락은 20세기 후반부터 재화의 물리적 배급을 넘어 비즈니스 전체 영역을 통합하는 패러다임으로서의 '물류 혁명', 컴퓨터 기반 자동화를 포함한 기술적 혁명, 그리고 정보의 흐름에 입각한 전자 금융자본주의로의 전환 등이다. 그 결과 오늘날 글로벌 자본주의는 추출, 물류, 금융이라는 서로 연결된 세 가지 경제 활동 각각의 작동으로 설명될 수 있고, 이들 각각은 물론 이들 간의 원활한 연계를 가능하게 하는 인프라구조를 필요로 한다. "물류와 추출은 자본의 작동에 핵심적이다. 이는 알고리듬적인 거래를, 그리고 자본시장의 기반시설을 광물 상품의 지속적인 추출을 요구하는 전자 회로에 매립하는 것을 활성화하는 물류적인 조정의 형태에서 명백하다."[67] 이처럼 글로벌 자본주의가 요구하는 상호연결성, 효율성, 최적화, 호환성 등의 논리를 구현하더라도 메자드라와 닐슨의 '자본 작동' 개념은 기존의 자본주의 비판이 암묵적으로 상정했던 총체성으로서의 자본이라는 이미지가 결과적으로는 자본의 변증법적 운동을 은폐하거나 물화하는 한계를 극복할 것을 지향한다. 대신 이들이 고수하는 복수로서의 '작동' 개념은 자본이 사회적 관계를 설정하고 변경할 때 띠게 되는 역사적, 개념적 가변성, (금융, 물류, 원료 채굴과 같은) 서로 다른 영역을 전용할 때 발생하는 차이를 포함하는 자본의 변증법적인 특성, 그리고 이와 같은 과정에서 발생하는 틈새와 긴장을 표시한다. "우리에게 작동은 시작과 끝을 가진 과정이다. 반드시 물질적인 것을 낳을 필요 없는 무엇인가를 성취하는 과정, 그리고 가능성들에 영향을 미치고 반드시 예측 가능한 것은 아닌 다방면의 연결들을 수립하면서 다른 것들을 침해하는 과정이다."[68]

추출, 금융, 물류 모두에서 실행되는 작동은 주체들의 노동 및 활동을 포함하고,[69] 인간과 자연 모두를 동화하면서 환경 자체를 갱신하고 재구축한다. 이 과정에서 이 세 작동 각각은 물론 이들 간의 상호작동성을 뒷받침하는 물질과 기술, 인력, 규칙의 그물망이 구축된다. "작동은 특정한 자본주의 행위자와 물질적 상황을 항상 참조하면서 동시에 다른 행위자, 과정, 구조를 포함하는 작동들의 보다 넓은 그물망 내에 내장된다."[70] 여기서 작동 개념이 인프라구조의 구성과 기능을 파악하는 데 있어서 중요할 뿐 아니라, 흐름을 제어하고 환경을 조정하며 인간을 비롯한 다른 행위자를 포함하는 미디어로서 인프라구조를 파악할 수 있는 계기를 제공한다는 점을 알 수 있다.

　세 가지 작동 중 물류는 미디어로서의 인프라구조가 뚜렷이 현상되는 영역이다. 물류는 분산적이며 유동적인 정보의 흐름이 일차적인 금융, 그리고 물리적인 노동력과 획득 및 가공 대상으로서의 자연 요소가 일차적으로 두드러지는 추출 사이에 놓인다. 물류는 물질적인 것과 비물질적인 것, 육체노동과 자동화를 수반한 노동, 항만 및 도시와 같은 지리적인 요소와 이에 관여하는 법적·규칙적인 요소의 다층적인 겹침을 포함한다. '미디어로서의 물류' 또는 '물류 미디어' 개념은 물류와 미디어 간의 긴밀한 제휴 관계를 가리킨다. "미디어와 물류는 정보와 문화의 순환을 위한 조건을 결정한다. 이들은 재료들의 재고와 인프라구조의 연결망을 활성화한다. 이들은 신체, 객체, 환경 간의 인터페이스를 조율한다. … 글로벌 상품의 제조와 유통을 위한 자원의 조직화와 조정인 물류는… 소프트웨어와 데이터 인프라구조뿐 아니라 대량의 스크린, 커뮤니케이션 서비스, 문서작업에 의존한다."[71]

　항구 및 국경과 같은 전통적인 경계 영역뿐 아니라 도시까지도 최적화된 수송 및 보안 관리를 위해 계획하고 설계하는 글로벌 물류 시스템에서 소프트웨어는 21세기 이후 핵심적인 인프라구조 요소로 설치되고 가동되어 왔다. 오늘날 글로벌 물류기업은 물론 많은 기업들이 채택하고 있는 전사적 자원 관리(Enterprise Resource Planning: ERP) 시스템은 공급자에서 고객에 이르는 상품의 생산 및 운송 과정을 통합적으로 관리하며, 제품의 생산량과 전달 시기, 상품의 경로 추적, 재고량 등을 계획하고 제어하는 다양한 기능을 포함한다. 또한 핵심성과지표(Key Performance Indicator) 소프트웨어는 물류센터에서의 작업 단위인 집하, 적치, 포장, 출고에 적용되는 지표를 설정하고 운영한다. 이와 같은 소프트웨어 솔루션은 21세기 글로벌 공급망의 확장 및 가속화와 더불어 증설되거나 혁신된 무역항, 그리고 물류 이동과 거래의 활성화를 위해 제1세계는 물론 인도 등 제3세계 국가의 주요 거점에 마련되어 온 자유무역지대의 물리적인 인프라구조 내에도 설치되고 적용되어 왔다. 독일 기반의 소프트웨어 기업 SAP의 ERP는 화물 운송 및 물류 비즈니스의 전사적인 관리를 제공하는 솔루션으로 인사관리, 재무, 구매, 하역 및 통관 등을 통합 운영하는 플랫폼과 클라우드를 통합한다.[72] 이를 통해 ERP는 물류센터와 항만 등을 포괄하는 공급망의 실시간 관리는 물론 심층학습 기반의 물류 재고량 및 이동량 예측 또한 실행한다. 이와 같은 솔루션은 항만에서 상품과 컨테이너·크레인 등의 기계류, 인간을 결합적으로 조정하는 자체 소프트웨어 솔루션과 연동된다. 빅데이터 애널리틱스와 사물인터넷, 인공지능의 확장으로 2010년대 후반부터 개발되어 온 '스마트 항만' 패러다임은 항만의 인프라구조를 컴퓨터를 중심으로 재조정함은 물론 항만을 이루는 수질 및 대기질의 변화를 실시간적으로 측정하여 기존 수질 및 대기질의 학습 데이터에 근거한 심층학습을 토대로 최적화된 물류 이동을 예측하는 시스템을 지향한다.[73] 이와 같은 자동화된 인프라구조 패러다임은 코로나19 이후 세계적으로 더욱 빠르게 적용되었다. 격리, 거리두기, 봉쇄의 상황이 야기하는 공급망 병목현상을 해결하기 위해 블록체인과 사물인터넷 기술이 도입되었고, 로봇과 드론을 활용한 비대면 운송 방식이 실험되었으며, 셀프 서비스 상품수령 방식이 사용자에게도 적용되었다.[74] 이와 같은 일련의 변화들은 네드 로시터가 물류 미디어의 동시대적 경향으로 제시한 '소프트 인프라구조(soft infrastructure)' 개념에 상응한다. 소프트 인프라구조는 교통, 통신, 물류 보관, 항만 등의 인프라소 영역을 통합하는 글로벌 공급망이 소프트웨어를 중심으로 운영되고 제어되는 방식을 가리킨다. 이 인프라구조는 소프트웨어 플랫폼 및 코드의 알고리듬적인 아키텍처, 이를 물질화하는 교통 및 통신 인프라구조, 소프트웨어를 채택하거나 소프트웨어에 의해 변화되는 노동 분야, 그리고 인력과 금융·상품의 조직화와 경영을 위해 적용되는 거버넌스 및 프로토콜이라는 네 영역의 복합체다.[75]

소프트 인프라구조가 지향하는 물류 체계의 최적화와 항상성의 목표, 그리고 이를 위한 자연 자원, 인공적 환경, 노동력의 통합적인 관리는 이른바 '글로벌 공급망' 개념이 "모든 것이 경제적 가치로 설명되고 측정되고 이러한 가치를 부여받는 총체적 비전"[76]임을 일깨운다. 그러나 이러한 비전을 구체화한 소프트 인프라구조가 소프트웨어의 연산적인 층위로 환원되지 않는 요소들을 포함하기 때문에 이른바 물류의 악몽(logistical nightmare)이 완전히 해소될 수는 없다. "무질서한 노동자, 소프트웨어 결함, 고의적인 게으름, 사보타주 및 거부, 교통 체증, 재고 폭발, 세관 광신도, 기습 파업, 프로토콜 충돌 및 급증하는 표준"[77] 등으로 현실화되는 물류의 악몽은 글로벌 공급망이 지향하는 매끄러운 작동을 교란하면서 자본의 작동 내에 포함된 이질적인 요소들의 불균등한 경합과 마찰력을 드러낸다. 이와 같은 악몽의 원천들이 글로벌 공급망의 시점에서 설명된

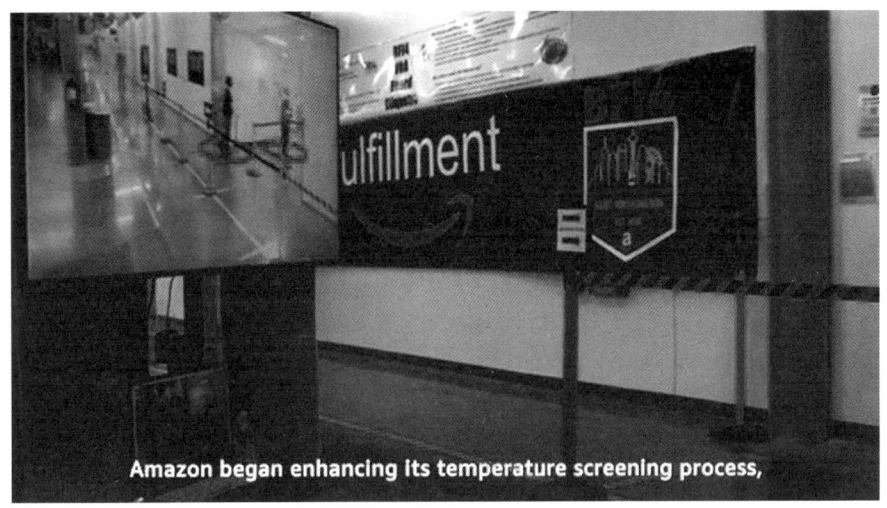

그림 7-6 아마존 물류센터의 열화상 카메라 통제 시스템.
출처: https://www.youtube.com/watch?v=8nKPC-WmLjU&t=272s.

다면, 여기에 다른 관점에서 추가되어야 할 또 다른 악몽은 자동화된 공급망을 구성하는 단위 내부에서, 특히 물류창고 내부에서 발생하고 확대되는—랏자라또적인 의미에서 '기계적 예속'으로 설명되어 온—노동의 변화라는 위기다.

2021년 1월 26일 아마존의 자체 클라우드 플랫폼인 아마존 웹서비스는 자신의 유튜브 계정에 아마존 주문 처리 센터(fulfillment center)의 가이드 투어 비디오를 공개했다.[78] 이 비디오에서 사용자가 움직이는 카메라의 시점을 따라 처음 마주치는 구역은 2020년 4월 이후 코로나19의 확산에 따라 설치된 온도 검사 시스템이다. 작업자를 포함한 모든 방문자는 이 과정에서 열화상 카메라로 추적되고 측정된다(그림 7-6). 이것은 주문 처리 센터에 설치된 많은 기계 및 부품, 가시적인 것과 비가시적인 것을 포함하는 자동화된 모든 요소들의 단지 일부에 지나지 않는다. 온도 검사 구역 통과 이후 이 비디오는 수송 트럭을 통해 배달된 상품을 적절한 창고에 하역하는 로봇과 노동자들을 보여준다. 기계와 인간이 긴밀히 얽힌 하역 작업은 주문 처리 센터의 가동을 조율하는 솔루션인 아마존 오로라(Amazon Aurora)로 관리된다(비디오는 이를 인포그래픽으로 시각화한다). 창고에 저장된 상품들은 AWS에 포함된 아마존 넵튠(Amazon Neptune)과 연동된다. 아마존 넵튠은 그래프 방식의 데이터베이스로 사용자의 주문 내역과 연관 상품 간의 관계와 같은 특정 데이터 간의 관계를 직관적으로 산출한다.[79] 이후 주문이 이루어지면 인공지능으로 작동하는 카메라와 스캐너의 머신 비전은 어떤 상품이 어떤 저장고에 있는가를 식별하여 소비자 주문의 수요를 충족한다. 비디오는 이와 같은 기계학습 모델 기반 상품 식별 및 분류 시스템의 향상을 위해 보다 많은 훈련 데이터가 공급된다는 점도 덧붙인다. 바코드를 읽을 수 있고 운영 소프트웨어로 제어되는 다수의 로봇들이 식별 및 분류가 완료된 상품들을 배달을 위해 이동시키고, 안전 장비를 착용한 제한된 인원의 노동자들이 이들과 함께 작업한다. 컨베이어 벨트로 옮겨진 상품에 필요한 박스나 봉투의 결정, 그리고 각 상품에 해당하는 주소와 수신자 이름을 포함한 라벨 부착 과정에도 효율성의 목표에 따라 심층학습 모델이 적용된다. 이와 같은 자동화에도 불구하고 인간 노동자는 포장 작업을 수행하기 위해 컨베이어 벨트와 주변 곳곳에 배치된다. 이 비디오가 주문 처리 센터의 총체적인 작동 방식을 설명하면서 강조하는 은유는 "노동자, AWS, 소프트웨어 및 기타 하이테크 구성 요소의 교향악(symphony)"이다. 인공지능이 조율하는 물류창고 작업 공정 혁신의 교향악은 2019년 쿠팡이 공개한 자사 물류창고 홍보영상에도 강조된 바 있다.[80] 앞으로의 논의가 드러내듯 이 교향악의 화음을 이루는 이상적인 조율의 몽타주는 물류창고 시스템 내에서 인간과 자동장치 간의 비대칭적인 관계에서 재생되는 불협화음을 소거한다.

정확성과 효율성의 이상을 위해 물적 토대와 알고리듬, 인간과 자동기계가 상호 연동되어 움직이는 시스템을 실현한 아마존 주문 처리 센터의 면모는 데보라 코웬이 2010년대 초 기술한 다음과 같은 변화를 완성하는 것처럼 보인다. "창고는 이제 일반적으로 '유통 센터'로 불린다. 이는 적시 생산의 맥락에서 창고의 목적이 재고의 저장에서 상품의 분류 및 재유통으로 변화한 데 따른 것이다. 유통 센터는 완전히 문자 그대로 사물을 계속해서 이동하게 한다. 유통 센터는 모든 커뮤니케이션 기술에 의지하여 그 재고와 순환을 관리한다. … 인간 노동과 인간 신체는 자동화된다. [물건의] 인출과 포장 같은 노동 집약적인 작업은 이제 컴퓨터 관리 음성 소프트웨어가 지도한다. 이것은 작은 휴대용 컴퓨터에 연결된 헤드셋을 통해 창고 노동자들의 미세한 움직임을 지시한다."[81] 코웬은 이러한 시스템의 구축에 소요되는 물질적, 비물질적 인프라구조의 겹침을 지적한다. 물질적 인프라구조는 물류센터의 건설은 물론 항구 등 영토의 관리 등을 말한다. 비물질적 인프라구조는 공급망의 전체 시스템을 시각적으로 재현함으로써 각 단계의 물류 이동은 물론 소요 시간과 노동량 등의 통합적 관리, 노동자 신체의 움직임을 데이터화하는 프로세스 매핑(과정 지도화)을 포함한다. 노동자들의 인증 증명서 프로그램 또한 비물질적 인프라구조로 기능한다. "물류 혁명 동안 일련의 새로운 기술들은 다양한 형태의 노동과 인프라구조로 이루어진 관국가적 운송수단 연계 통합의 가능성을 구성하는 데 있어 결정적이었다. … 이 기술은 더 나아가 노동자의 신체를 살아 움직이는 시스템의 '신체'에 맞추어 교정한다."[82]

　노동자의 신체를 교정하는 물류창고의 자동화는 플랫폼 노동을 비판적으로 접근하는 비평가 및 학자들의 주요한 표적이 되어 왔다. 센서, RFID, GPS 장치 등을 활용한 모니터링은 기존의 서비스 식종은 물론 아마존 메커니컬 터크와 넷플릭스의 영화 및 콘텐츠 태깅(tagging) 및 유튜브 등에서의 콘텐츠 조정 작업이 예시하는 크라우드 노동, 그리고 플랫폼 서비스로 통합되는 배달과 모빌리티 노동 등에 빠른 속도로 적용되어 왔다. 이처럼 여러 업계에서 노동자의 신체 및 노동 퍼포먼스와 연관된 데이터의 포획과 수집은 "기업 인력의 생산성을 마지막 한 방울까지 쥐어짜기 위한 값비싼 하이테크 노력, 직원을 정신적·정서적·신체적 한계까지 몰아붙이는 노력의 일부"[83]다. 데이터화가 여러 종류의 노동 모니터링을 복합적으로 가동시킨다는 점, 이 과정에서 여러 종류의 미디어 결합체가 구성되고 변주된다는 점이 여기에서 중요하다. 닉 콜드리와 울리세스 A. 메히아스에 따르면 오늘날 빅테크 기업의 데이터화와 플랫폼화가 확산시켜 온 노동자 감시 모델은 스마트 일정관리, 물류센터 등의 집중된 작업장에 적용되는 데이터 기반 노동자 미시관리(micromanagement), 프리랜서 노동자의 근무 시간과 퍼포먼스를 관리하는 원격 데스크톱 감시, 물류와 택시 서비스 노동자의 경로 추적 등에 활용되는 텔레마틱스(telematics), 그리고 착용 가능한 자기-측정 장치를 활용하는 신체 감시 등을 망라한다. 아마존 물류센터는 이 모델 중 다수를 실현하기 위한 데이터 감시 인프라구조를 확충해 왔다. 이는 물류센터 출입 노동자들의 움직임을 추적하기 위한 인공지능 기반의 감시 카메라인 디스턴트 어시스턴츠(Distant

Assistants), 노동자의 신체적 움직임을 기록하는 손목 밴드, 배달 노동자의 경로를 추천하고 감시하는 데 활용되는 내비게이션 소프트웨어 솔루션 등을 포함한다.[84] 이 모든 모델에서 데이터는 "생산의 물류 조직화를 용이하게 할 뿐만 아니라 노동자의 신체와 사회적 상호 작용을 모니터링, 평가 및 규제하여 생산성을 높이고 궁극적으로 이들을 더 필요하지 않게 만드는 핵심적인 경영 도구"[85]가 된다. 이와 같은 데이터 감시 모델들의 상용화는 기존 노동 및 서비스 산업의 경영 및 관리에 요구되는 방법론 및 도구의 소프트웨어화와 플랫폼화에 근거한다. 이와 같은 모델들 그 자체는 자동화된 기계와 이에 조응하는 인간 노동력 모두를 포함하여 재화와 서비스의 '흐름'을 관리하는 동시에 클라우드 플랫폼, 나아가 클라우드 제국(cloud empire)을 뒷받침하는 미디어 인프라구조다.

2021년 AWS 비디오가 예시하는 물류창고 시스템이 노동자의 신체를 통제하고 변환하는 미디어 인프라구조로 기능한다는 점은 이탈리아의 아마존 물류창고를 오랫동안 탐사한 알레산드로 델판티의 연구를 통해 알 수 있다. 입고되는 상품의 집하, 그리고 주문된 상품을 창고에서 고르는 선별 작업은 기계적 박탈(machinic dispossession)의 논리를 따른다. 기계적 박탈이란 "상품의 위치를 발생시키는 활동을 수행하는 주체로부터 창고와 관련된 지식을 분리하는"[86] 것, 즉 노동자의 작업을 자신이 수행하는 노동의 대상과 과정으로부터 기계적으로 소외시키면서 노동자의 주체성을 알고리듬으로 조율되는 최적화와 효율성의 리듬 속에 종속시키는 것을 가리킨다. 자동화된 로봇 이동 장치와 컨베이어 벨트, 수많은 선반과 보관함을 포함하는 집하 시스템은 개별 노동자가 알 수 없는 알고리듬으로 제어된다. 선별 과정에 관여하는 아마존의 클라우드 솔루션은 창고에 보관된 상품의 위치를 알고 해당 상품이 어떤 노동자에게 배치되는가를 결정한다. 이와 같은 시스템은 알고리듬적인 노동의 자동화에 대한 디스토피아적인 관점인 노동력의 소멸이 아니라 오히려 많은 노동자의 두입으로 뒷받침된다. 이때 노동자의 기계적 박탈은 심층학습 시스템으로 연산된 위치와 리듬에 따라 선반에 물건을 올리거나 내리는 식의 작업을 포함하는 노동의 단순화, 그리고 개별 노동자의 작업 데이터가 심층학습 시스템의 최적화 작업을 위한 학습 데이터로 활용되는 노동의 대상화라는 이중적인 결과를 낳는다.

2010년대 중반부터 이와 같은 이중적인 기계적 박탈이 물류창고 노동자들을 '아마봇(Amabot)'으로 만들 만큼 이들의 작업을 가속화하여 물리적, 정신적 한계상황까지 밀어붙인다는 비판이 지속적으로 제기되었음에도 불구하고[87] 아마존은 노동자들의 신체적, 인지적 자극을 줄이기보다는 오히려 이를 강화하거나 이를 노동자들이 견디게 만드는 방식으로 작업장 기술을 개발해 왔다. 예를 들어 2018년 아마존이 특허 출원한 증강현실 고글(augment reality goggle)은 물류창고 노동자들의 상품 선별과 이동을 용이하게 한다는 목표로 개발되었고, 노동자의 이동 방향 및 속도를 측정할 수 있는 데이터 수집 기능을 포함한다(그림 7-7). 따라서 이는 노동자에 대한 데이터 감시를 더욱 용이하게 만들 뿐 아니라 심층학습이 결정하고 적용하는 작업 리듬의 효율성에 부합하는 과정에서 노동자가 경험하게 되는 인지적 과잉을 정당화하거나 오히려 배가한다. "과도한 '인지 부하'는 작업자가 처리해야 하는 정보의 양을 줄이는 시각

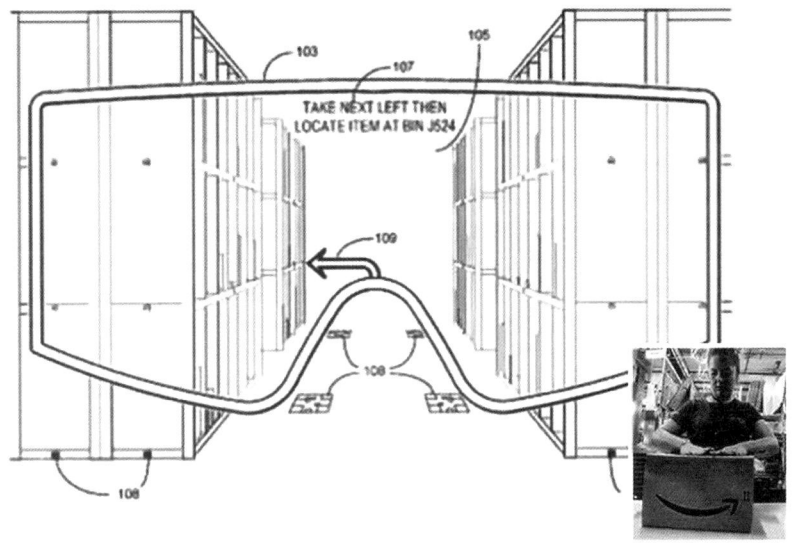

그림 7-7 아마존이 2018년 특허 출원한 물류창고 작업자용 AR 고글.
출처: https://patents.google.com/patent/US10055645B1/en.

적 또는 촉각적 센서와 같은 다양한 보조 장치로 해결해야 한다. 여기에는 검색할 상품을 가리키는 조명, 작업자가 착용한 팔찌의 진동 또는 증강 현실 고글을 통해 작업자의 시야에 겹쳐진 특정 선반까지의 최단 경로를 나타내는 화살표가 포함된다."[88] 이렇듯 다양한 장치들을 통한 인지적이고 지각적인 노동자 활동을 수반하는 물류창고에서의 노동은 하미드 엑비아와 보니 나르디가 말하는 헤테로메이션(heteromation)의 한 사례가 된다. 헤테로메이션이란 컴퓨터에 의한 노동의 자동화가 공장제 노동자의 육체노동과 같은 한정된 유형의 노동이 아니라 기존에는 노동의 범주에 포함되지 않았던 다양한 인지적, 정서적, 창작적 활동을 포함하는 것을 말한다. 이들에 따르면 헤테로메이션은 1970년대 이후 컴퓨터가 의사소통과 유희, 창작 및 소비의 도구로 개인화되면서 주체의 능력을 증강시키는 과정에 정착된 이후의 변화다. 이때 헤테로메이션은 "힘을 받은

(empowered) 사용자를 보다 주변적인 위치로 옮기면서 기계나 조직의 주변에서 적은 능력으로 기능하게끔 하는 것"[89]을 뜻한다.

델판티의 아마존 물류창고 분석은 물류창고를 미디어 인프라구조로 이해할 수 있는 근거는 물론 디지털 자동화가 노동에 미치는 영향에 대한 비판의 요지인 디지털 테일러주의(digital Taylorism)의 최전선에 해당하는 사례, 즉 디지털화된 경영 기법과 작업장 시스템의 개조가 산업자본주의 시대 테일러주의의 이상인 노동자의 신체적이고 정동적인 요소들의 기계적 예속을 증강시킨다는 비판에 부합하는 사례를 제공한다. 델판티가 기계적 박탈과 더불어 제시하는 증강된 횡포(augmented despotism) 개념은 공장제 노동 시기에 노동자들의 근무 시간과 작업 상황을 통제하는 중간 관리자의 역할이 기계학습 시스템의 도움을 받아 아마존 물류창고 매니저들에게로 이어지는 방식을 설명한다.[90] 그러나 테일러주의가 이와 같은 증강의 국면으로만 설명될 수 없다는 점 또한 염두에 두어야 한다. 델판티는 알고리듬에 근거한 물류창고의 관리가 플랫폼 노동의 다른 영역과 연동되어 있다는 점을 지적한다. "관리의 과제가 데이터 기반의 의사 결정에 근거한 소프트웨어 체제로 아웃소싱되는 것은 긱 경제(gig economy) 앱과 온라인 데이터 애널리틱스 플랫폼을 망라하는 디지털 기술 매개 노동의 공통 특징이다."[91] 이러한 공통적인 논리는 다른 한편으로 노동의 분화와 파편화를 수반한다. 모리츠 알텐리트가 크라우드 노동 및 플랫폼 기반 배달 노동 등의 사례를 통해 지적하듯 디지털 테일러주의는 감시와 측정, 표준화와 효율화를 구현하는 과정에서 플랫폼과 노동자 간의 불평등한 관계를 고착화하면서도 포드주의적인 의미에서의 등질적인 공장 노동자라는 주체화를 낳지 않는다. 그와 반대로 디지털 테일러주의는 "매우 다양한 상황과 사회적 성좌 및 장소에서의 매우 이질적인 노동력을 포함하는 것을 허용한다."[92] 이와 같은 맥락에서 볼 때 오늘날의 물류창고를 보다 큰 디지털 인프라구조화의 분화와 통합이라는 관점에서 읽을 수 있다. 즉, 물류창고에서의 알고리듬적인 경영과 통제는 디지털 플랫폼을 매개로 기존의 작업장과는 구별되었던 가정과 인터넷 카페, 이동을 위한 임시적 공간마저도 노동을 위한 장소로 흡수하는 과정이다. 즉, 데이터사회에서 노동의 미디어 인프라구조는 물류창고와 같은 집약적인 시설 및 인프라구조의 플랫폼을 통해 결합되고 제어되는 이질적인 장소 모두를 식민화한다.

노동자의 불안정한 주체화 이외에도 인프라구조로서의 물류창고는 환경 문제와 연루되어 왔고, 이는 코로나19 상황과 더불어 심화되어 왔다. 코로나19 위기에 대응하여 아마존은 급증하는 물류 수요의 신속한 충족을 위해 미국 전역에 물류창고를 대규모로 증설했다. 미국 환경정의를 위한 사람들의 모임(People's Collective for Environmental Justice)이 2021년 4월 발간한 보고서에 따르면,[93] 남캘리포니아에 구축된 450개 이상의 물류창고가 유해물질 오염도가 높은 지역에 설치되었을 뿐 아니라, 트럭 교통량 증가로 인해 이 지역에서의 기존 오염도를 심화시켰다. 또한 이 보고서는 물류창고로부터 0.5마일(800미터) 이내에 거주하는 주민 대부분이 유색인종임을 지적하며, 이와 같은 오염이 기존의 인종적, 계급적 차이에 따라 불균등하게 영향을 미치고 이와 같은 차이를 심화할 수 있다는 점을 경고한다.[94] 이와 같은 차이는 아마존 온라인 쇼핑을 가장 많이 이용하는 중상층 이상 계층이 거주하는 캘리포니아주 연안 지역이 물류창고 근접 지역과 달리 대기 오염도가 가장 낮다는 점으로 뒷받침된다. 새롭게 설치된 물류창고가 인근 지역의 고용 창출을 포함한 경제적 효과를 낳는다는 반론이 가능하지만, 이와 같은 고용이 코로나19 바이러스 감염 위험도 증대 및 자동화된 장시간 작업을 포함하는 착취적이며 불안정한 고용이라는 점 또한 배제할 수 없다. 이처럼 아마존 물류창고를 지탱하고 경영하는 데이터사회의 핵심이자 물류창고와 마찬가지로 행성적, 환경적인 관점에서 점검해야 할 또 다른 미디어 인프라구조가 바로 데이터센터다.

데이터센터

2012년 구글은 "인터넷이 사는 곳(Where the Internet Lives)"이라는 이름의 포토 갤러리를 선보였다. 이 갤러리는 건축 사진작가 코니주가 촬영한 구글 데이터센터 내부와 외부의 다양한 이미지들을 망라한다. 사용자는 구글 데이터센터 건물 외경은 물론 센터 내부의 주요 장소, 데이터 저장 장치와 서버 스택, 전선줄, 파이프 등을 포함한 기술적 하드웨어, 그리고 센터의 유지를 위해 활동하는 다양한 인력들의 작업 과정을 포착한 스냅숏과 이들의 포즈를 담은 초상 사진을 가상적으로 탐사할 수 있다. 코니 주가 촬영한 화려하고 윤기 있는 이미지는 구글이 이 갤러리를 공개하며 내건 모토인 '투명성(transparency)'의 이상을 시각적으로 강조한다(그림 7-8, 7-9). 즉, 구글에 따르면 이 포토 갤러리는 "우리의 데이터센터를 방문하고자 하는 수천 건의 요청에 화답"한 것으로 "대중을 데이터센터로 데려올 수 없기 때문에 데이터센터를 대중에게 데려가는 것"[95]이 좋다는 생각에 따라 공개된 것이었다. 이처럼 데이터센터의 이미지를 스펙터클한 외양으로 강조함으로써 자신의 투명성을 디스플레이하는 빅테크 기업의 전략은 구글에만 해당된 것이 아니었다. 2010년대 이후 애플과 페이스북이 유럽을 비롯한 세계 전역에 데이터센터를 건설하겠다는 계획의 발표는 데이터센터의 서버를 촬영한 신비롭고 스펙터클하게 보이는 사진을 동반해 왔다. 이와 같이 시각적으로 구성된 가시성은 빅테크 기업이 주도해 온 사회와 문화, 경험의 플랫폼화 또는 클라우드화에 대한 대중적 상상계의 특징인 비가시성(즉, 데이터와 클라우드는 보이지 않는 것이다)을 보충하기 위해 기능한다는 점에서 일종의 과잉가시성(hypervisibility)이다. 그런데 과잉가시성이 드러내는 것은 역설적으로 비가시성이다. 즉, 빅테크 그룹이 구축한 데이터센터의 이미지는 이들의 비즈니스에 소요되는 기계적·전자적·알고리듬적인 디자인, 에너지와 자원의 활용 등에 대해 우리에게 아무것도 알려주지 않는다. 따라서 이 사진의 궁극적인 효과는 "디지털 인프라구조를 분석할 때 우리가 기술하고자 하는 작동, 기술적 표준, 장치의 많은 것들이 숨겨지고 가두어지거나 공학적 용어로 '블랙박스화'된 채 남아 있다"[96]는 인식이다. 이와 같은 인식은 데이터센터를 미디어 인프라구조로서 파악할 수 있게 하는 여러 층위들을 탐사할 필요성을 뒷받침한다.

미디어 인프라구조의 데이터센터에는 연산미디어의 물질적 차원, 건축적 차원, 영토와 환경적 차원, 그리고 데이터센터의 설치 및 사용과 관련된 이해당사자를 포함하는 법적, 경제적, 제도적 차원이 결부된다. 물질적 차원은 네트워크와 연결된 수많은 서버, 데이터의 스위칭과 라우팅을 가능하게 하는 네트워크, 하드웨어와 소

프트웨어의 결합체로 이루어진 저장소, 서버와 네트워크·저장소를 연결하는 케이블 시스템, 이들 모두의 온도를 유지하고 과열을 방지하는 냉각 시스템, 컴퓨터 기반 구성 요소와 냉각 시스템 모두의 유지에 필수적인 전력 시스템, 그리고 건물 및 주요 시설 경비와 출입 보안은 물론 서버 자체의 통제를 위해 작동하는 보안 시스템을 포함한다. 클라우드 컴퓨팅은 이와 같은 이질적인 물질적 요소들의 다층적이고도 복잡한 결합으로 이루어져 있다. 이에 따라 데이터센터는 전력 공급 및 냉각 유지 과정에서 발생할 수 있는 가능한 내적인 실패 또는 리스크에 대응할 수 있도록 설계된다. "자신들의 데이터와 클라우드 서비스가 언제든지 이용가능하다는 것을 고객들에게 만족시키기 위해 데이터센터는 초-중복적(hyper-redundant)으로 계획된다. 즉, 한 시스템이 실패하면 이를 인지한 순간 사용자

그림 7-8, 9 사진작가 코니 주가 촬영한 구글 데이터센터 외경과 내부.
출처: https://www.google.com/about/datacenters/gallery.

의 경험에 지장을 주는 것을 방지하기 위해 다른 시스템이 이를 대
체할 준비가 되어 있다. ··· 데이터센터는 중복성의 러시아 인형이
다."[97] 건축적이고 영토적인 관점에서 볼 때 데이터센터의 전형적
인 모습은 겉으로는 견고한 가시성을 자랑하지만 용도는 정확히 알
수 없다는 점에서 군사시설로서의 벙커를 닮았다(그리고 미국의 데이
터센터 일부는 벙커를 포함한 과거 군사시설을 리모델링하여 마련되기도
했다). 텅 후이 후가 지적하듯 보안에 초점을 둔 데이터센터의 벙커
와 닮은 구조는 클라우드 컴퓨팅이 부각하는 비물질적이고 전방위
적인 데이터 순환이 영토적인 주권의 역설적인 행사에 근거하고 있
음을 입증한다. "이것이 바로 데이터센터의 역할이며 이는 손재주
와 유사할 수 있다. 데이터가 장소와 국경이 없으려면 데이터는 먼
저 변위되어야 한다. 클라우드가 탈중심화되려면 그 데이터는 먼저

중심화되어야 한다."[98]

　데이터센터의 미디어 인프라구조로서의 위상은 환경적인 차원에서 더욱 두드러진다. 케이블 시스템, 전력 시스템, 그리고 냉각 시스템의 가동이 핵심적이기 때문에 데이터센터는 데이터의 순환을 위한 인프라구조로 기능하는 동시에 수력 및 전력 인프라구조 또한 필요로 한다. 따라서 전형적인 대규모 데이터센터는 주요 인구 밀집지역에서 떨어진 곳에 위치하지만 충분한 전력과 수력을 공급받을 수 있고 인접 케이블 네트워크와 연결된 부지를 찾아야 한다. 전력과 수력의 수요를 축으로 존재하는 데이터센터의 특성은 이미 2010년대 초부터 알려졌다. 글로벌 환경단체 그린피스가 2011년 발간한 보고서 「당신의 데이터는 얼마나 더러운가?(How dirty is your data?)」에 따르면 인터넷 서버는 세계 전력 소비량의 1.5퍼센트를 소비한다.[99] 이를 고려할 때 데이터센터는 데이터가 "자신의 탈물질화된 공간과 그들이 점유하는 결정적으로 물리적인 빌딩 간의 경계에 존재한다"[100]는 점을 환기시킨다. 수력 및 전력 인프라구조 의존성, 그리고 많은 하드웨어와 가용 인력을 수용할 충분한 부지의 필요성은 데이터센터의 법적, 경제적, 제도적 차원과 연결된다. 전력과 수력을 낮은 가격으로 활용하기 위한 설치 기업의 노력, 이를 뒷받침하는 중앙정부 또는 지방정부의 지원 정책과 법적 근거 마련 등을 떠올릴 수 있다. 인프라구조로서의 데이터센터가 갖는 이와 같은 복합적 차원은 특정 지역이나 국가에만 국한되지 않는다. 데이터센터의 확산을 이끄는 글로벌 플랫폼 경제와 클라우드 혁명이 데이터의 유통과 교환을 다양한 규모로 가능하게 하는 복잡한 기술적-경제적-정치적-제도적 배치의 힘임을 염두에 둔다면, 데이터센터의 확산은 국가라는 행위자를 포함하면서도 국가 단위로만 환원될 수 없는 영토적인 실천을 포함한다. 예를 들어 2010년대 이후 데이터센터를 비롯한 데이터 저장 시설이 홍콩, 싱가포르, 타이완, 중국, 인도 및 한국에서 확산되어 온 방식은 정보경제의 지역적 허브로서 아시아가 갖는 지정학적, 경제적, 제도적, 인구적인 특정성과 불가분의 관계에 있다. 즉, 상대적으로 값싼 정보 노동력, IT 산업을 배양하기 위한 인프라구조 확충을 위한 정부와 지역 기업의 노력 등이 이와 같은 특정성을 이룬다. 이들은 주로 냉각과 관련된 기후적인 요인으로 아이슬란드와 노르웨이 등이 데이터센터 부지로 선택된 과정과는 구별된다.[101] 이와 같은 영토적인 실천의 가변성을 고려할 때 미디어 인프라구조로서의 데이터센터에 대한 이론은 물류센터의 경우와 유사하게 "(기술적 작동, 지리, 그리고 정치경제에 의한) 분화와 표준화라는 명백히 역설적인 상황을 포함해야 한다."[102] 즉, 연산 장치와 하드웨어, 네트워크 트래픽 조절을 위한 소프트웨어, 데이터의 저장 및 분석을 위한 알고리듬, 이들을 다루는 인력의 전문적 지식 등은 여러 데이터센터에 적용될 수 있다. 그러면서도 데이터센터가 지역에 설치되고 운영되는 방식은 그 지역의 지리적, 기상학적, 법적, 제도적, 경제적 변수에 영향을 받는다.

2021년 애리조나주 메사(Mesa)에서는 수백만 갤런의 물을 매일 소비한다는 이유로 데이터센터의 건설을 반대하는 운동이 진행되었다.[103] 이는 데이터센터가 냉각 타워나 자체 발전을 위해 직접적으로 또는 데이터센터에 전력을 공급하는 외부 발전 시설에서 간접적으로 소모하는 막대한 수자원 때문이다. 로런스 버클리 국립 연구소(Lawrence Berkeley National Laboratory)에서 발간한 2016년 보고서에 따르면 중간 규모의 데이터센터는 1,000가구의 가정이 1일 동안 사용할 수 있는 30만 갤런의 물을 소비하고, 미국 내 데이터센터의 연간 물 소비량은 산업 및 상업 분야 중 10위 안에 자리한다.[104] 2021년 기준으로 미국 내에 존재하는 약 2,600개의 데이터센터가 분포하는 주요 지역이 기후위기로 인해 가뭄에 시달려 온 댈러스, 샌프란시스코만 연안, 로스앤젤레스를 포함한다는 점을 감안하면,[105] 데이터센터가 물 부족 문제를 악화시킨다는 우려는 일정 부분 설득력을 얻는다. 수력의 막대한 소비는 곧 전력을 비롯한 에너지의 막대한 소비와 연결된다. 데이터센터의 지속적인 확장은 특정 지역을 넘어선 행성적인 차원에서의 에너지 소비 증가로 이어져 왔다. 이와 같은 확장의 동인은 초국적인 클라우드 산업의 확장이다. 데이터센터의 증설은 서버농장(server farm)의 확장, 이와 연결되어 함께 전력을 소비하는 수많은 단말기와 사물인터넷 장치의 증가, 플랫폼 경제하의 새로운 가치 교환 및 축적 모델인 암호화폐를 위한 전력 사용, 학습 데이터의 지속적인 공급을 통해 스스로의 모델을 갱신하는 심층학습 시스템이 사용하는 전력의 증가 등과 연결되며 연산미디어의 환경 영향 사슬(environmental impacts chain)을 구성한다. 이 사슬은 건축적, 지리적, 생태적 요소들을 포함하는 클라우드 컴퓨팅의 다층적이고도 복잡한 인프라구조와 연결된다.[106]

데이터센터가 수자원을 막대하게 소비하는 방식은 연산미디어의 인프라구조를 스타로시엘스키가 말하는 미디어의 온도 체제(thermal regime)와 관련하여 고려할 필요성을 제기한다. 미디어의 온도 체제란 "물질이 미디어가 될 때 온도가 근본적으로 영향을 미친다"는 점, 즉 "열기와 냉기가 물질이 특정한 형태를 유지하고 변화할 수 있는 능력을 변경한다"[107]는 점을 고려하여 미디어의 역사적, 기술적 변화에 접근하는 것을 말한다. 영화의 경우 대표적인 가연성 물질인 질산염 필름의 유지에 요구되는 냉각 시설 등의 인프라구조를 고려하는 것이 여기에 해당된다. 온도 체제의 관점에서 살펴볼 때 데이터센터의 수자원 소비는 데이터와 클라우드 컴퓨팅에 내재된 차가움과 뜨거움의 역설적 공존과 연결된다. 빅테크 기업들이 주도해 온 클라우드 컴퓨팅은 단말기와 저장 장치, 설치 장소라는 물리적, 공간적 제약으로부터 자유로운 데이터의 흐름이라는 대중적 상상계를 구축하고 강화해 왔다. 이와 같은 이미지로 재현되는 클라우드 컴퓨팅은 감각의 강렬한 자극과 몰입을 촉진하는 핫 미디어보다는 콜드 미디어로 지각된다. 즉, 인프라구조적 상상계의 관점에서 클라우드 컴퓨팅은 개별 사용자의 눈에 띄지 않고 고도의 물리적, 기술적 보안으로 유지되기에 물질적 세계의 열기와 혼란으로부터 자유로운 시스템이다. "클라우드 저장 및 클라우드-기반 앱들은 인터넷 망들의 혼돈을 정리하면서 단일한 인터넷이라는 세계적 비전을 낳는다. 이 비전은 메시지가 모든 장벽을 뚫고 필터를 거쳐 미끄러질 때 그 기저에 있는 것의 찰나적 인상을 제공할 뿐이다."[108] 그러나 클라우드 컴퓨팅을 기저에서 지탱하는 데이터센터는 많은 물리적 하드웨어와 물질적 구성성분, 환경적 자원을 필요로 할 뿐 아니라 그 과정에서 차가움과는 대비되는 열기를 산출한다. 데이터센터를 구성하는 무수히 많은 개별 서버들의 전력 소모 과정에서 발생하는 열기가 지속적으로 냉각되지 않으면 서킷 보드의 과열로 인한 화재의 위험에 노출된다. 따라서 데이터센터는 서버의 냉각을 위한 시스템을 필요로 하고 이는 서버 가동 이외의 추가적인 에너지 소모를 수반한다. 이와 같은 상황에 대응하여 데이터센터 설계 기업들은 항온항습기(Computer Room Air Conditioner: CRAC)와 냉복도차폐(cold aisle containment) 시스템의 기술적 향상을 도모해 왔으며, 빅테크 기업들은 에너지 소모 절감을 위해 기존의 중소규모 데이터센터를 하이퍼스케일(hyperscale) 데이터센터와 코로케이션(colocation) 데이터센터로 이전해 왔다. 그럼에도 불구하고 여전히 많은 중소규모 데이터센터는 에너지 효율이 떨어지는 팬 활용 방식의 기계적 냉각에 의존하고 있고, 데이터센터의 증가 및 다양화가 가속화되면서 "이제 클라우드는 항공 산업보다 더욱 커다란 탄소발자국을 남긴다."[109]

물과 데이터센터와의 관계는 전력과 냉각에 소요되는 수자원의 범주에만 한정되지 않는다. 데이터센터에서 수자원의 과도한 소비는 다량의 폐열(waste heat)을 낳는다는 점에서 환경 위기의 또 다른 징후가 된다. 이는 "전력 전자제품에 필요한 에너지는 전자기기 폐기물과 자주 연관되는 버려진 디지털 기기 더미와는 구별되는 오염 형태들로 이어진다"[110]는 제니퍼 가브리스의 주장과 호응한다. 이와 같은 환경적인 영향 이외에도 폐열은 대기 흐름을 교란함으로써 서버의 정상적 작동을 통한 안정적인 데이터 저장 및 순환을 내부로부터 위협하는 원인이 된다. 데이터센터 안과 밖 모두에 미치는 이와 같은 악영향을 줄이고 그 자체의 안정성을 높이기 위해 유럽과 미국의 데이터센터 설치 기업은 폐열을 주변 학교나 사무실, 가정의 난방 에너지로 활용할 수 있는 방안을 강구하고 실현해 왔다. 이는 곧 데이터센터가 난방, 수력, 전력과 같은 기존의 인프라구조와 얽히면서 이들을 대체하기도 한다는 점을 뜻한다. 결국 이와 같은 과정은 폐열이 단순히 버려야 할 폐기물로 취급되는 것을 넘어 데이터 산업이 제공하는 일종의 상품으로 변환된다는 것을 의미하는데, 율리아 벨코바는 이러한 변환의 결과로 재활용되는 폐열을 '연산화 트래픽 상품(computation traffic commodity)'이라 부른다. 이와 같은 상품의 등장은 데이터센터 산업의 환경적인 영향을 근본적으로 해결하는 것은 아니다. 폐열의 재활용은 친환경의 이름으로 행해진다 하더라도 결국 데이터센터 자체의 효율성을 높이기 위한 것이고, 데이터센터의 존재 조건인 에너지와 전력의 막대한 사용을 방지하는 것은 아니기 때문이다. 결국 컴퓨터화 트래픽 상품으로서의 폐열 활용은 데이터센터 자체의 개선보다는 이를 둘러싼 담론과 인식의 구조를 바꾸는 것에 그친다. 이를 통해 "데이터센터 운영자들은 세계 속 우리의 인식론적 방향을 바꾸는 강력한 행위자의 이미지보다는 지속 가능한, 화석연료에서 자유로운 미래를 위해 필요한 인프라구조의 공급자로서 문화적으로 다시 규정된다."[111]

수자원, 전력, 폐열, 그리고 서버에서 방출하는 소음과 같은 복합적인 환경 영향을 고려할 때 데이터센터는 클라우드 컴퓨팅과 빅데이터의 존재론이 프로토콜 및 알고리듬, 인공지능 모델만으로 환원되지 않음을 가리킨다. 또한 데이터센터를 실재론적 관점에서 볼 때도 그 물질적 구성 요소가 수많은 서버들과 저장 장치, 전선의 결합체만이 아님을 일깨운다. 유시 파리카의 표현을 빌자면 데이터센터에서 발생하는 폐열은 "더럽고 나쁜 물질의 유물론(materialism of dirt and bad matter)"[112]이 디지털 미디어의 존재와 작용, 그 효과를 살펴보고 분석할 때 요구된다는 점을 입증한다. 달리 말하면 이와 같은 부산 물질의 공존은 빅데이터를 생태학적 관점에서 보아야 한다는 점 또한 시사한다. 이때 생태학적 관점이란 인공적 시스템과 인간, 혹은 유기체와 환경 간의 상호의존성에 초점을 맞춘 전통적인 생태학적 접근보다는 자연과 문명, 물질과 비물질, 인간과 비인간 행위자가 이질적이고도 복합적인 방식으로 결부되고 영향을 미치는 체계와 상위 체계들을 포착하고 그 체계들의 작동 방식, 그리고 이 작동 과정에서 발생하거나 그 안에 내재된 모순 및 갈등을 분석하는 행성적 미디어의 관점이기도 하다. 이러한 관점 속에서 데이터센터 내부(종사자들)와 외부(지역 주민)의 인간, 데이터센터와 연결되거나 데이터센터로 인해 변형되는 전력·수력·에너지 등의 기존 인프라구조, 그리고 보다 넓은 지리적·환경적·산업적·제도적 힘들 간의 역학관계가 구체적으로 파악될 수 있다. 이를 고려한다면 데이터센터가 유지하는 클라우드는 결코 비물질적이거나 추상적인, 기반이 없는 듯 덧없이 존재하는 것이 아니다. 클라우드 네트워크를 지탱하는 지리적인 인프라구조는 지역적으로 특성화된 자본의 가치, 지역의 입지와 자원, 주변의 대기와 기후 등을 고려하여 다양한 규모와 포맷으로 다층적으로 설치되고 확산되어 왔다. 이 점은 연산미디어의 온도 체제 내에서 데이터센터가 분화되는 양상으로 설명된다. 냉각 문제를 해결하기 위해 데이터센터의 입지로 선택된 스칸디나비아 국가의 사례에서처럼 넓은 부지와 수력, 냉기를 제공할 수 있는 부지가 선호되었지만 이것이 데이터센터의 유일한 설치 방식은 아니다. 북미 지역 중 온도가 높은 지역에서는 오히려 데이터센터가 견딜 수 있는 온도 자체를 높이는 방향으로 설계가 이루어지기도 했으며, 싱가포르에서는 글로벌 데이터산업 기업을 유치하기 위해 에너지 소모가 적으면서도 높은 기온에도 효율성 있게 작동하는 냉각 시스템을 갖춘 '트로피컬 데이터센터'를 추진해 왔다.[113] 그런데 클라우드 컴퓨팅에 내재적인 열기에 대처하기 위한 데이터센터의 이와 같은 다변화는 해결책이라기보다는 일종의 순환반복에 가깝다. 스타로시엘스키가 지적하듯 "온도 미디어가 열기를 감지하고 개조하기 위해 더욱 네트워크화될수록, 거기에는 더욱 많은 열기와 더욱 많은 기후변화가 있게 되고, 그와 같은 미디어의 기술 또한 더욱 중요하게 된다."[114]

데이터센터는 또한 디지털 감시의 확산이 야기하는 프라이버시의 위기가 감시 카메라와 단말기로 환원되지 않는 거대한 물질적 지지체로 뒷받침되고 매개된다는 점을 일깨운다. 데이터센터의 정치적, 환경적, 산업적 차원에 대한 일련의 비판적 연구를 수행해 온 멜 호건은 유타주에 설치된 미국 국가안보국 데이터센터를 분석한다. 이 센터는 스노든이 기밀 자료를 언론에 폭로한 2013년에 말에 오픈했다. 따라서 이는 국가안보국이 세계 전역의 통신망을 대상으로 오랫동안 실행해 온 정보의 획득, 분석 및 저장 업무를 뒷받침한다는 의심을 불러일으켰다. 실제로 스노든은 2015년의 한 위성 연설에서 유타 데이터센터 건립 계획이 2002년 솔트레이크시티 동계 올림픽 당시에 '거대 데이터 저장소(Massive Data Repository)'라는 이름으로 처음 구상되었으며 이후 '임무 데이터 저장소(Mission Data Repository)'라는 이름으로 추진되었음을 밝힌 바 있다.[115] 여기서 중요한 것은 곳곳에서 생산되고 순환되는 빅데이터를 분당 20테라바이트로 수집하고 분석할 수 있는 슈퍼컴퓨터와 수집된 데이터를 저장할 수 있는 수많은 하드 드라이브만이 아니다. 다른 데이터센터처럼 유타주의 데이터센터 또한 이 모든 연산적인 하드웨어를 뒷받침할 수 있는 충분한 규모의 대지(즉 몇십 개의 축구장 크기와 맞먹는 땅), 이를 위한 부지를 제공할 수 있는 소규모의 농촌 도시, 그리고 이 하드웨어의 항상적인 가동과 데이터의 저장 및 백업에 필요한 전력을 요구했다. 즉, 비물질적이고 비가시적인 방식으로 작동하는 감시는 사실상 물질적이고 가시적인 토대를 필요로 하며, 가시적인 시각 기계와 단말기로 대표되는 감시는 이들의 규모를 초과하는 비가시적이고도 거대한 토대와 연결된다. 이와 같은 이중적인 역설에 더하여 호건은 "장소와 대지 사용, 그리고 데이터센터 기반시설 및 수자원 소비가 감시의 핵심을 형성하고 안내하는 서로 연동된 이슈"[116]임을 밝힌다.

지금까지 미디어 인프라구조로서의 데이터센터를 그것이 발생시키는 환경적인 위기라는 관점에서 살펴보았지만 이것이 데이터센터와 위기의 관계를 모두 포함하는 것은 아니다. 데이터센터가 팬데믹으로 인한 위기에 대처하는 과정에서 급속도로 증가했다는 점 또한 고려해야 하기 때문이다. 코로나19가 가져온 전 지구적인 봉쇄 상황으로 인해 기업과 사용자 영역 모두에서 인터넷 트래픽의 사용은 급속도로 증가했다. 콘텐츠 기업 클라우드플레어(Cloudflare)사가 2020년 발표한 연구에 따르면 미국, 캐나다, 영국, 프랑스, 스페인, 포르투갈 등 주요 국가의 2020년 4월 중순 인터넷 트래픽은 2019년 말에 비해 1.3~1.5배 증가했다.[117] 이 이외에도 팬데믹 상황에서의 네트워크 및 데이터 사용 통계는 다양한 방식으로 보고되어 왔다. 넷플릭스 구독 및 접속 시간의 극적인 증가 이외에도 마이크로소프트에 따르면 이탈리아에서 클라우드 서비스는 코로나19 유행 이전에 비해 775퍼센트 증가했고, 페이스북은 자사의 그룹 통화 비중이 1,000퍼센트 증가했다고 밝힌 바 있으며, 미국에서는 일과 시간 대역폭(bandwidth) 소비가 41퍼센트 증가했고 개별 사용자가 한 달에 460기가바이트의 데이터 트래픽을 소비한다는 통계가 발표된 바 있다. 글로벌 IT기업을 위시한 많은 민간 기업들은 물리적인 사업의 오퍼레이션을 가상 공간으로 이전하여 지속시키기 위해 대규모 서버 구축 및 시스템의 클라우드화에 주력해 왔다. 이와 같은 움직임은 봉쇄 상황에 따른 원격근무의 확대, 소셜 미디어 및 스트리밍 플랫폼의 이용 증가와 연동되어 진행되어 왔다. 기업 및 기관의 입장에서도 이와 같은 사용자 영역에서의 트래픽 증가는 네트워크의 유지 및 데이터 보안 확보에 요구되는 더 많은 기반시설 투자를 요한다는 점을 의미한다. 또한 줌, 구글 행아웃 미트(Google Hangouts Meet), 마이크로소프트 팀스(Microsoft Teams)처럼 원격근무에 필요한 연결성을 뒷받침해주는 소프트웨어의 활성화는 클라우드 데이터의 증가와 이를 저장할 수 있는 서버의 증설, 그리고 메인 네트워크의 과부하 또는 이상에 대비하기 위한 비상용 네트워크 구축의 필요성 또한 야기했다. 코로나19 위기 상황에서 이와 같은 필요성에 적극적으로 응답한 산업은 의료 산업이었다. 원격의료 서비스는 환자의 신체 정보를 수집하는 센서는 물론 수집된 데이터를 의료진에게 전달하기 위한 네트워크와 통신 기술, 그리고 사진 및 영상 자료의 압축, 전송, 압축해제 과정을 포함하는 원격판독 기술을 필요로 한다. 이에 따라 방대한 양의 질병 데이터를 저장하고 분석하여 환자에게 유용한 정보를 찾고 전달하는 클라우드 플랫폼이 원격의료 서비스의 효율적인 제공을 위한 인프라구조가 되었다.[118] 또한 데이터 공유와 저장을 위한 시스템은 사이버보안 위협에도 대비해야 한다. 보건서비스 IT 전문가 매튜 잭슨이 말하듯 "부서 사이에서 데이터를 이동할 때마다 당신은 데이터를 잠재적으로 노출하는 셈이다."[119]

이와 같이 개인과 기업, 공공 영역과 사적 영역을 아우르며 팬데믹 상황에서 생활과 비즈니스의 유지를 위해 폭발적으로 승가한 데이터 사용은 데이터센터 산업의 성장 또한 불러왔다. 2022년 테크나비오(Technavio)가 발표한 보고서는 2021년부터 2026년까지 데이터센터 산업이 6,116억 달러 규모로 증가할 것이며 북미에서만 2020년에 비해 35퍼센트 성장할 것이라고 예측한 바 있다.[120] 이 보고서는 코로나19 이후 5G 통신망의 유지 및 보급을 위한 멀티 클라우드 시스템 구축 및 네트워크의 업그레이드, 그리고 클라우드 서비스를 이용하는 클라이언트 단말기의 신속한 데이터 접속 및 관리에 필요한 가까운 무선 기지국을 요하는 에지 컴퓨팅(edge computing)의 확산이 데이터센터 산업의 성장을 이끌 것으로 전망한다. 물론 이와 같은 성장은 클라우드의 사용 증가에 따라 자연스럽게 증가하는 사이버보안 위협이라는 장애물의 극복을 수반한다. 데이터센터 산업의 성장은 데이터센터가 공공 서비스와 사적 비즈니스, 노동과 엔터테인먼트, 개인 간 통신 및 사회성의 유지에 필수적인, 또한 이와 같은 영역들 모두에 던져진 공통의 위기에 대처하고 그 위기를 관리하고 매개하는 가운데 생산하는 시청각적 신호의 순환에 필수적인 미디어 인프라구조임을 입증한다. 이러한 의미에서의 인프라구조는 위기의 원천을 넘어 위기의 해결을 위한 수단으로도 존재한다.

끝으로 한국 데이터센터의 생태계를 생각해 보자. 플랫폼 산업의 성장과 빠른 초고속 통신망 구축과 연동하여 데이터센터는 카카오 플랫폼 마비 사태가 일어나기 전까지 조용하게, 그러나 의미 있는 방식으로 우리의 세계 속에 정착해 왔다. 2022년《MIT 테크놀로지 리뷰》에 발표한 글에서 마이클 워터스는 데이터센터가 2010년대 이후 교외나 농촌 지역을 넘어 미국의 도심 곳곳에 다양한 모습으로 구축되어 왔다고 말한다.[121] 워터스가 말하는 도심의 데이터센터는 기존 데이터센터 건축의 원형인 벙커 모델과 다른 코로케이션 데이터센터로, 여러 회사의 데이터 서버를 한데 모은 상업용 건물로 존재하거나 기존의 빌딩 및 공장을 개조하여 마련되기도 한다. 과거 인쇄 공장을 재활용한 시카고의 데이터센터인 레이크사이드 테크놀로지 센터(Lakeside Technology Center)와는 달리,[122] 한국의 코로케이션 데이터센터와 기업의 자사 데이터센터는 부지 확보 후 건물을 신축하는 방식으로 용산, 판교 데이터밸리 등 IT산업 기업이 집중된 수도권을 중심으로 확산되어 왔다. 한국데이터센터연합회의 보고서에 따르면 2019년 당시 기업형 데이터센터와 코로케이션 데이터센터를 포함한 전국 데이터센터는 158개로 2014년 130개에 비해 21퍼센트, 2000년대 이전 50여 개에 비해서는 세 배 이상 증가했다.[123] 이는 2019년 초 5G 네트워크의 상용화를 포함한 무선통신 기술의 업그레이드 및 이에 따른 데이터 트래픽의 지속적인 증가에 발맞춘 것이었다. 또한 다른 국가와 마찬가지로 국내에서도 코로나19 이후 클라우드 사용량 및 데이터 트래픽이 폭증하면서 데이터센터는 이동통신 기업뿐 아니라 글로벌 IT 서비스 기업이 투자하고 구축하는 기반시설을 넘어 자사를 위해 활용하거나 타 기업들에 임대하는 산업의 일부로 주목받게 되었다.[124] 이와 같은 변화에 발맞추어 국내 관련 업계는 10만 개 이상의 서버를 갖추고 주로 구글,

아마존, 페이스북 등의 빅데이터 IT기업이 구축해 온 하이퍼스케일 데이터센터의 증설을 전망하고 있다.[125] 이와 같은 데이터센터는 초당 40기가바이트 이상의 초고속 네트워크 속도로 데이터를 처리할 수 있고 그만큼 더욱 많은 컴퓨터와 단말기를 연결시킴으로써 여러 클라이언트의 요구에 부응한다. 또한 운영체제, 메모리, 네트워크, 스토리지를 자동화된 모듈 형태로 설계함으로써 데이터 수급 상황에 따라 유동적으로 확장 및 축소가 가능하다.[126] 2010년대 이후 글로벌 데이터 기업의 아시아 지역 확장, 코로나19 이후의 폭발적인 데이터 수요, 그리고 4차 산업 혁명을 지원하는 경제 정책의 지원에 힘입어 현재 한국은 하이퍼스케일 데이터센터 설치를 위한 중요한 장소로 각광받고 있다. 네이버의 제2데이터센터가 들어설 예정인 세종시와 데이터센터 허브 구축을 과제로 내건 충주시의 사례가 입증하듯, 수도권 이외의 지자체 또한 대규모 데이터센터 유치를 활발히 추진해 왔다.

이와 같은 데이터센터의 확산은 해외의 사례와 유사하게 환경적인 영향에 주목할 필요성을 제기한다. 국내 데이터 업계에서는 데이터센터의 수도권 과밀 공급에 따른 부지 문제 이외에도 충분한 전력 공급을 위한 송전선로 및 변전로 설치 문제를 지적해 왔다. 이는 데이터센터의 증가에 따라 전력 소모 또한 빠른 속도로 증가할 것임을 뜻한다.[127] 무엇보다도 네이버 용인 데이터센터 건립 계획이 지역 주민들의 전자파 우려에 따른 강력한 반대로 2019년 취소되었고, 데이터센터 설립 계획이 알려진 김포시와 안양시 등에서도 지역 주민들의 우려가 유사한 방식으로 증폭되어 왔다. 이와 같은 우려를 의식하여 국내 빅테크 기업은 데이터센터의 친환경적인 요소를 강조해 왔는데, 이는 해외 빅테크 기업의 전략과 일맥상통한다. 구글은 재생 에너지 사용 계약을 확대하고 스마트 워터 시스템을 고안하여 수자원을 활용하고 있음을 선전해 왔다. 애플 또한 데이터센터를 100퍼센트 재사용 에너지로 사용하고 워킹 포레스트(working forest)를 통해 원자재 비용을 감소하고자 노력해 왔다. 다국적 데이터센터 기업 에퀴닉스(Equinix)는 지속 가능성을 고려한 글로벌 데이터센터 연결망 구축을 부각시켜 왔다. 국내 빅테크 기업 또한 예외가 아니다. 예를 들어 판교 NHN 데이터센터를 언론에 개방하면서 자신이 개발한 냉각 시스템에 대해 설명하는 관계자의 말을 들어보자.

> 4.45센티미터 높이의 서버 1대 전력량은 도시가구 1가정 전력량과 맞먹습니다. 서버 1대 탄소 배출량은 SUV 1대 배출량과 같습니다. 데이터센터에서 서버 3만 대를 돌리고 식히는 전기 소모량이 상당합니다. 데이터센터 탄소 배출량은 우주선, 비행기, 선박 다음으로 많습니다. 전기 소모를 줄일수록 탄소 배출량이 줄어들기 때문에 '그린(Green)'을 강조하고 있습니다. NHN은 간접기화 방식으로 매년 엄청난 에너지를 줄여왔습니다. 탄소배출량으로 환산하면 매년 소나무 1,600그루를 새롭게 심는 규모입니다.[128]

2013년 춘천 구봉산 자락에 준공된 네이버 데이터센터 '각' 또한 이와 같은 '그린 데이터센터'의 비전을 구체화했다(그림 7-10, 11, 12). 네이버는 자사의 데이터 서버 랙을 팔만대장경을 보관해 온 해인사의 장경각을 재해석한 '21세기 장경각'으로 명명하고 다음과 같이 설명한다. "14세기 장경각이 환기와 습도 조절에 숯과 횟가루 같은 천연 재료를 이용하고 외기를 끌어들여 내부 순환을 유도하는 등 다방면에 친환경 기술을 적용해 에너지 제로 건물이 된 것처럼, 장경각 프로젝트는 데이터센터를 자연 에너지만으로 운영할 수 있을 때까지 계속될 장기 프로젝트입니다."[129] 네이버는 이와 같은 모토에 따라 춘천 데이터센터의 외부 건물 중 절반 이상을 나무와 풀로 뒤덮었고, 재활용 자재를 건축에 활용했으며, 그 결과 국제적 친환경 건물 인증제도인 LEED(Leadership in Energy and Environmental Design)의 플래티늄 등급을 받았다고 말한다. 아울러 서버실에서 발생하는 폐열도 데이터센터 주변 도로의 눈을 녹이거나 본관 내부 온실동의 식물을 가꾸는 데 사용하며, 수자원 사용량 또한 빗물을 저장 후 정화하여 사용하는 방식으로 LEED의 기준에 비해 61퍼센트 절감했다고 덧붙인다. 네이버가 자체적으로 개발한 외기 냉각 시스템인 NAMU(Naver Air Membrane Unit)에는 "냉동기 사용을 줄이고, 이산화탄소 배출량을 줄이면 그만큼 많은 나무를 살릴 수 있다는 친환경적인 의지가 담긴 이름"[130]이라는 주석이 달린다.

여기서 문제는 네이버가 강조하고 데이터센터 각 춘천이 구현한 친환경 담론이 가진 한계들이다. 네이버의 친환경 담론은 글로벌 빅테크 기업이 구축해 온 환경적으로 지속 가능한 산업의 담론과 유사하다. 호건에 따르면 이 담론은 "한편으로는 허리케인을 비롯한 환경 재난에도 견딜 수 있는 데이터센터를 구축함으로써, 다른 한편으로는 빅데이터 과학이 에너지를 소모하면서도 산업과 인간을 위해 외견상 '깨끗한' 정보 생산을 하게끔 함으로써 자연에 대한 빅테크 기업의 지배를 보여준다."[131] 즉 이와 같은 담론에서 자연은

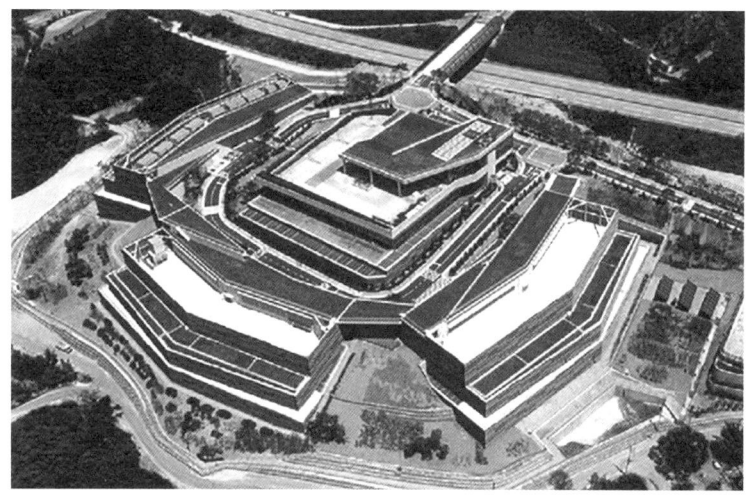

그림 7-10, 11, 12 네이버 데이터센터 '각' 춘천 외경, 서버 랙, 내부 정원.
출처: https://kwnews.co.kr/page/view/2023021212331988710.

인간의 노력과 빅테크 기업의 선한 자유의지로 개선이 가능한 대상으로 취급된다. 호건은 이런 점에서 빅테크 기업의 친환경 담론 및 실천이 기술과 자연 간의 복잡한 관계를 평면적으로 만들고 자연을 도구적, 대상적으로 취급하는 논리, 즉, "자연을 통제하고 시스템에서 상호 연결된 노드로 관리하며 무엇보다도 인간의 이익을 위해 살아남기 위해 인간의 개입을 요구하는 오랜 식민적 관념을 말한다"[132]고 지적한다. 실제로 네이버 데이터센터 각 춘천을 둘러싼 숲과 나무는 이 시설이 준공되기까지 구봉산 자연 환경이 파괴되었다는 점, 그리고 준공 이후 주변 대기와 태양열이 네이버의 클라우드 데이터 순환을 위해 지속적으로 추출되어 왔다는 점을 은폐한다. 실제로 폐열의 활용도 데이터센터 내부와 외부의 매우 제한적인 영역에서만 이루어질 뿐, 주변의 가정이나 시설로 연장되지 않는다는 점에서 폐쇄적이고 자족적이다. 오히려 이 센터에서의 자연 환경은 보다 넓은 의미에서 빅테크 기업이 자연적 요소부터 가치를 추출하는 과정, 즉 패트릭 브로디가 '기후 추출(climate extraction)'이라 부르는 과정을 보여준다. 기후 추출이란 "환경이 추출의 일차 원천이 되는 것을 중지하고, 자본이 시장을 통해 성장을 위한 자신의 상황을 생산하는 순환적인 역학 내부로 환경이 진입함"[133]을 뜻한다. 즉, 여기서 추출의 방식은 에너지나 원료와 같은 직접적인 원천의 추출을 넘어 자본의 가치 창출을 뒷받침하는 사회적 관계 내부로 자연을 포섭하는 것이다. 데이터센터 각을 둘러싼 자연 요소는 물론 서버 랙의 구성을 친환경적인 보관의 전통과 접목하는 '21세기 장경각' 또한 바로 이런 식으로 친환경적 기업으로서의 사회적 관계를 구축하기 위한 상징적 인공물이 된다.

더 나아가 이와 같은 친환경 기념물로서의 데이터센터 각 춘천이 미디어 인프라구조의 설립 및 활용에 관여하는 이해당사자들과의 관계 속에서 발생하는 모순들 또한 은폐한다는 점을 지적할 수 있다. 해당 데이터센터는 2004년 춘천 네이버연구소 설치를 위한 협약에서 출발했으며, 지역경제 활성화 및 일자리 창출의 약속을 대가로 네이버는 118억 원 규모의 세제 혜택과 법인세 감면 등의 혜택을 받았다. 비판자들에 따르면 이와 같은 약속은 '연구소 설치'가 아닌 데이터센터 설치로 귀결됨으로써 지켜지지 않았고, 시설은 지역 주민을 위한 휴식 공간과 회의실로 개방하겠다는 약속과 무관하게 "그들만의 캐슬이 되어 버렸다."[134] 이러한 서사는 페이스북이 2010년 노스캐롤라이나주 포레스트 시티(Forest City)에 두 번째 데이터 저장센터를 구축하면서 지역의 섬유산업을 대체할 글로벌 비즈니스 허브를 약속하고 세제 특별 혜택을 받았던 과정과 유사하다. 호건에 따르면 실제로 이와 같은 센터는 지역경제 활성화 및 지역 주민과의 공생을 위한 "통합적 시설보다는 폐쇄된 섬처럼 기능하는 것으로 보인다. 그러나 이 센터의 프로필 페이지가 제공하는 가상 투어는 이와 같은 인식과 모순을 일으킨다. 자신의 생태적인 인식, 지역 공동체 관여와 지역의 발전을 상찬하기 때문이다."[135] 이에 비추어볼 때 춘천 데이터센터 각의 사례는 글로벌 플랫폼 자본주의를 지탱하는 클라우드 인프라구조의 이질적이고도 불균등한 확장 양상, 그리고 그 과정에서 발생하는 비대칭성과 불안정성을 입증한다.

변혁적 인프라구조를 위하여

이 장에서는 국경, 항만, 물류센터와 같은 인프라구조 그리고 연산미디어와 플랫폼을 뒷받침하는 데이터센터를 미디어 인프라구조의 관점에서 살펴보고 이것들이 인간과 상품, 데이터의 흐름을 유지하고 조율하는 과정에서 낳는 위기의 양상들을 살펴보았다. 그 위기의 양상은 인간과 자연 모두에 미치는 불안정성이며, 이는 인프라구조의 이중적이고도 역설적인 존재 방식인 가시성과 비가시성, 물질성과 비물질성의 공존 및 겹침과 연결된다. 국경과 항만, 물류센터에서 여행자와 노동자의 박탈된 주체화는 기계와 시설을 넘어 인공지능의 알고리듬과 데이터의 흐름, 그리고 이와 결부된 관찰과 인식의 다양한 자동 장치들을 통해 실행된다. 이와 같은 국면을 인프라구조의 플랫폼화로 설명할 수 있다면 데이터센터는 클라우드 컴퓨팅으로 연결된 데이터사회에 필수적인 데이터의 지속적인 공급과 처리를 위해 수력과 전력, 에너지를 소모하면서 주변의 환경과 공동체를 변모시킨다는 점에서 플랫폼의 인프라구조화로 파악된다. 미디어 인프라구조의 프레임을 통해 "현대적 형태의 인공지능은 인공적이지도 않고 지능도 아니다"라는 크로퍼드의 주장은 더욱 구체적인 모습으로 인화된다. 행성적 연산은 인공지능 시스템 운영을 위한 반도체에 필수적인 리튬 등의 광물을 채취하는 노동자들의 노동은 물론 "메커니컬 터크 노동자들의 저임금 외주 노동, 일반 이용자의 자질구레한 무급 노동"[136]을 포함하기 때문에 인공적이지 않다. 분산되었으면서도 플랫폼 체제 내에 통합되는 노동자들은 이들만이 아니다. 물류 미디어로서의 소프트웨어가 실행하는 알고리듬적인 관리를 통해 자신의 신체와 움직임이 지속적으로 기록되는 가운데 가속화된 리듬으로 작업을 수행하는 공항, 국경, 항만 노동자들을 추가할 수 있다. 데이터센터는 플랫폼화를 통해 갱신되는 글로벌 공급망 자본주의를 유지하는 이와 같은 복합적인 추출의 대상에 자연 또한 포함된다는 점을 단언한다. 즉, 데이터센터는 지구가 "미디어 작동의 참된 플랫폼"[137]이라는 유시 파리카의 진단을 입증하는 방식으로 행성적 연산의 토대를 이룬다. 이처럼 미디어 인프라구조가 인간과 자연 모두에 미치는 영향들을 조명함으로써 이 장은 미디어 인프라구조에서 비롯되는 위기의 양상들을 근대의 인프라구조에 내재적인 기술적 결함이나 외부로부터의 위협을 포함하는 위험, 즉 인프라구조가 기능하기 위해 제어하고 최소화해야 하는 위험과는 구별되는 방식으로 이해할 필요가 있음을 밝혔다.

2021년 세상을 떠난 로런 벌랜트는 피터스와 유사한 방식으로 인프라구조를 "움직이는 세계에 우리를 묶어 주고 세계를 실제적으로 우리에게 묶어 주는 것"으로 정의하며 이를 구조와 구별한다. "인프라구조 분석은 우리가 흔히 '구조'라 부르는 것이 시간과 공간을 가로지르는 다루기 힘든 연속성이 아니라, 실제로는 거리를 두고 볼 때만 견고한 운동의 유형 속으로 힘과 가치가 수렴되는 것임을 파악하는 데 도움을 준다."[138] 이와 같은 관점에서 본다면 인프라구조는 세계를 유지하고 삶을 매개하는 체계로 그 자신을 구성하는 여러 운동들과 이들과 결부된 사용 방식들, 그리고 이와 같은 방식들의 결정에 결부되는 규범과 권력의 이질적인 배치체로 정의된다. 인프라구조의 실패나 파괴, 오작동이 미치는 영향이 입증하듯 이질적인 배치체로서의 인프라구조는 추상적인 것이 아니라 구체적이며, 기저에 있으면서도 존재의 신체와 정동에 밀접히 관련된다. 벌랜트가 보기에 인프라구조 자체의 회복탄력성과 이를 지속 가능하게 하는 수선은 인프라구조의 실패에서 비롯된 문제를 해결하는 것이 아니라 오히려 이를 재생산할 뿐이다. 인프라구조를 복원력과 수선의 관점에 가두는 관점은 사회적인 것을 구성하는 것이 무엇인가라는 질문을 휘발시키는 한계에 봉착한다. 현재의 경제적, 생태적, 사회적 위기는 인프라구조의 수렴적-분산적인 체계를 구성하는 이질적인 요소들과 힘들을, 그리고 이것들이 이루는 우리의 공통적이고 평범한 삶의 조건을 드러내는 계기를 제공한다. 이에 따라 벌랜트는 인프라구조를 '공유지(commons)'의 관점에서 사유할 것을 제안한다. "공유지는 망가진 세계, 그리고 변혁적 인프라구조(transformational infrastructure)의 생존 윤리를 인정하는 행동하는 개념이다. 이는 양가성 내부에서 타자성(alterity)의 공간들을 사용하는 것을 포함한다."[139] 이와 같은 공간을 포함한 공유지로서 벌랜트가 궁극적으로 제안하는 것은 신자유주의적인 사유화와 자유주의의 규범으로 인해 취약하고 배제되거나 주변화되는 존재들의 신체가 대안적 삶의 형태들을 수행적인 방식으로 생성하는 변혁적 인프라구조다. "항상 변화하는 세계를 형성하기 위해 변혁적 인프라구조를 창안하려는 사람들은 출현하는 것을 고정하기 위해 가능한 것보다 더 견고해 보이는 것을 찾는 경우가 많다."[140] 즉, 변혁적 인프라구조의 창안은 새로운 시설이나 영역의 모색이든 기존 시설이나 영토의 점유 및 개선이든 간에 겉으로 견고한 것 내부에 자리한 차이와 불균형, 불평등, 비대칭성의 발견에서 시작된다고 말할 수 있다.

국경과 물류창고, 데이터센터가 유토피아적인 기획으로서의 변혁적 인프라구조로 손쉽게 점유되거나 전용될 수는 없을 것이다. 그러나 이와 같이 견고함의 인상을 전시하는 인프라구조 내부에서 발견되는 인간적이고 자연적인 것과 기계적인 것의 얽힘, 보이는 장치들과 보이지 않는 알고리듬 및 프로토콜의 연결, 흐름을 지속시키기 위한 추출의 다양한 관계들, 지역적인 분화와 행성적인 통합의 변증법을 살펴보는 것은 인프라구조를 단지 우리의 세계에 내장된 눈에 띄지 않는 시설을 넘어 공유지로 사유하고 인프라구조가 낳는 위기들의 파악과 해결을 위한 출발점이 될 것이다. 미디어 인프라구조로서의 관점은 회복탄력성과 외부로부터의 위협이라는 이항대립 속에서 여과되는 인프라구조의 복합적, 역동적, 이질적 구성을 다수의 규모로 조망하기 위한 프레임이다.

3부

위기미디어와
예술

서론에서 나는 위기미디어의 개념화 및 탐사 과정에서 예술을 고찰할 두 가지 필요성을 제시했다. 하나는 기후위기를 비롯한 21세기 복합위기의 국면이 서사와 이미지를 포함한 기존의 예술적 형태에도 재현의 곤경이라는 문제를 제기하고, 이와 같은 위기와 연루된 전통적인 이미지 및 서사(예를 들어 능동적인 행위자로서의 자연 대신 길들임과 정복의 대상 또는 인간을 위협하는 타자로서 자연을 취급한 서구의 서사적 전통)에 대한 대안적 이미지 및 서사를 모색할 필요성을 제기한다는 것이었다. 다른 하나는 지구적 내전, 글로벌 자본주의의 모순과 불평등, 정보 기술의 역효과 등의 다양한 위기들을 예술적 담론, 실천, 경험의 주요한 의제로 수립해 온 21세기 동시대 미술의 전통 및 이 과정에서 중요한 예술적 언어로 부상한 다큐멘터리 형태들의 탐구와 갱신이었다. 3부를 이루는 세 개의 장에서 살펴볼 행성적 영화(planetary cinema)로서의 실험 다큐멘터리와 에세이 영화(8장), 생성형 인공지능이 시각 이미지의 진실 가치와 지식 형성의 전제를 근본적으로 동요시키는 방식을 비판적으로 조사하고 작업 과정에서 응용하는 무빙 이미지 미술(9장), 그리고 미디어 인프라구조를 탐사하는 예술적 프로젝트들(10장)은 복합위기와 예술의 근접 조우에서 파생했고, 주류 영화를 비롯한 관습적인 예술 형태와는 다른 방식으로 그 위기의 원인을 조사하고 그 위기의 효과를 감각할 수 있는 시청각적 경험을 구축한다. 이런 점에서 볼 때 이 세 개의 장에서 살펴볼 예술적 시도들은 1부에서 위기미디어의 첫 번째 국면으로 다루었던 '위기의 새로운 매개'를, '위기를 매개하고 감각하게 하는 모든 미디어 실천'의 여러 갈래들을 예시한다.

그러나 이와 같은 의도 이외에도 3부에서 다루게 될 여러 예술 작품과 프로젝트들은 2부에서 상세하게 살펴본 세 개의 '미디어를 넘어선 미디어'가 제기하는 다음과 같은 질문들에 응답한다. 만약 대기와 광물, 알고리듬, 데이터센터가 세계를 구성하고 세계와 인간에게 영향을 미치는 방식이 전통적인 매스미디어의 장치와 형태, 제도로 파악될 수 없다면 어떻게 이와 같은 것들의 매개와 그 효과를 감각하고 인식할 수 있는가? 비록 이 모든 것들이 전통적인 매스미디어 객체로 온전히 재현될 수 없더라도 그것들의 효과를 감각하고 인식하기 위해 여전히 우리에게 이미지와 소리 등이 필요하다면 그 이미지와 소리는 어떻게 '미디어를 넘어선 미디어'의 존재와 작동을 가리키고 탐구할 수 있는가? 이와 같은 이미지와 소리에 근거하여 구성된 미적 대상의 창조 행위가 예술이라면, 위기미디어 개념이 가리키는 매스미디어 미디어의 위기는 예술적 미디어의 위기와도 관련 있는 것이 아닌가?

이와 같은 질문들은 예술 일반의 역할에 대한 질문이기도 하다. 들뢰즈와 가타리는 철학, 과학, 예술의 관계를 성찰하면서 철학의 과제가 개념의 창조이고 과학의 대상이 명제로 제시되는 기능이라면 예술 작품은 감각의 블록(bloc of sensations), 지각(percept)과 정동(affect)의 혼합물이라고 규정한 바 있다. 이런 점에서 음악과 회화를 포함한 예술의 과제는 "색채와 소리에서 새로운 하모니, 새로운 조형적 또는 선율적 풍경, 그리고 그 풍경을 지구의 노래와 인류의 외침의 수준까지 끌어올리는 새로운 리듬의 성격을 추출하는 것"이고, 이는 "시각적이고 음향적인 블록을 구성하는 것"[1]이기도 하다. 즉, 예술은 인간의 본성, 인간이 창조한 문화, 인간을 둘러싼 자연에 철학 및 과학과 마찬가지로 개입할 수 있지만 그 개입의 결과는 감각의 블록이라는 독자적인 미적 형태로 귀결된다. 그렇다면 예술을 21세기 위기미디어의 맥락에서 논의할 근거는 충분하다. 철학적 개념 또는 과학적 기능을 환기하면서도 이들과는 형태와 본성상 구별되는 미적 대상 또는 경험을 구성함으로써 예술은 동시대의 복합 위기에 대한 감각의 블록을 제시한다. 3부에서 다루게 될 여러 예술 작품 및 프로젝트들은 그와 같은 감각의 다양한 블록들이다.

예술이 위기미디어의 관점에서 논의되어야 하는 또 다른 근거로는 위기의 미적 성격에서 찾을 수 있다. 4장에서 살펴본 행성적 미디어를 함께 구성하는 대기와 해양, 토지와 광물의 원소적인 차원들이 가진 행위성, 나아가 하이퍼객체의 능동적인 행위성을 포용한다면 그 행위성의 영향은 비록 손쉬운 재현을 벗어나더라도 미적인 자극으로 감지된다. 7장에서 살펴본 미디어 인프라구조의 존재와 작동 또한 디지털 시스템과 물리적 요소들, 자연적 요소들이 결부되어 일으키는 감각적 효과로 파악된다. 데이터센터의 소음과 주변 영토의 물질적 변화, 국경을 넘어가는 주체들이 일시적으로 대기실에 머무르거나 알고리듬적인 검색 시스템을 통과할 때의 체온 변화와 정신적 불안, 물류센터 내의 자동화된 물류 분류 시스템에서 소외된 노동자의 감각은 모두 미적인 경험이다. 이 경험들 중 어떤 것들은 기록과 재현의 작업을 거치지 않으면 덧없이 사라진다. 따라서 동시대 예술에서 행성적 미디어, 연산미디어, 미디어 인프라구조가 초래하는 위기들에 개입하는 작품과 프로젝트들은 그 위기들의 미적 경험을 특정한 시공간 내에서 특정한 감각으로 기록하고 번역한다.

예술이 위기미디어의 관점에서 논의되어야 하는 마지막 근거로는 예술에서의 매체 또한 매스미디어와 마찬가지로 전환점으로서의 위기에 직면해 왔다는 것이다. 지구적 추출, 생태계의 변동, 알고리듬적 폭력, 인프라구조의 작동은 위치와 관점에 따라 다면적으로 파악되며 가시성과 비가시성, 가청성과 비가청성의 손쉬운 구별을 지운다. 따라서 3부에서 논의하게 될 예술 작품과 프로젝트들은 비록 영화 또는 무빙 이미지 예술 작품의 형태를 띠더라도 가시적인 풍경 너머나 이면의 비가시적 영향으로, 들을 수 있는 음향 너머의 들을 수 없는 힘으로, 표면적으로는 단일해 보이는 사물을 지탱하는 기술과 문화·물질의 복합체로 관객의 성찰을 유도한다. 이와 같은 경향은 근대적인 예술을 지탱했던 매체 특정성(medium specificity)의 관념이 디지털 및 네트워크 기술뿐 아니라 21세기 복합위기의 성격에 의해서도 와해되고 있음을 뜻한다.[2] 즉, 오늘날의 복합위기가 특정한 주체와 집단, 특정한 사회적 시스템으로만 환원될 수 없는 다양한 기술적·제도적·물질적 요소들의 얽힘에서 비롯된다면, 이를 성찰하고 감각으로 번역하는 예술적 작업 또한 회화, 조각, 공연예술 등의 개별 매체예술에 설정된 표현과 경험에 구획될 수 없을 것이기 때문이다.

이와 같은 사정은 오늘날 무빙 이미지 미술, 혼합매체 설치미술, 또는 사운드 아트(sound art)라고 불리는 갤러리 내에서의 사운드 기반 프로젝트들을 망라하면서 음향이 기후위기, 다종정치(multispecies politics), 알고리듬으로 제어되는 사회기술적 시스템 등에 개입하는 예술적 시도들의 중요한 감각적 재료로 활용되어 온 이유이기도 하다. 음향은 진공 상태에서 존재할 수 없고, 프레임 및 벽과 같은 공간적 구획을 벗어나 확산적으로 진동하며, 음향의 원천과 음향이 퍼지는 공간 등의 복합적 관계들을 바탕으로 존재하기 때문이다. 음향의 이와 같은 관계적이고 복합적인 특성은 '미디어를 넘어선 미디어'로 2부에서 살펴본 세 결합체에도 적용된다. 음향이 "단순히 사물을 연결하는 데 그치지 않고 사물을 변화"시키고, "불평등하게, 때로는 잔인하게 몸과 물질을 이동"시키며, "세계에 새로운 관계를 가져오고, 패러다임을 바꾸고, 새로운 형식을 구축"[3]한다는 아냐 칸가이저의 주장은 3부에서 살펴볼 여러 예술 작품 및 프로젝트에도 적용될 수 있다. 이들은 행성적 미디어, 연산미디어, 미디어 인프라구조가 낳는 위기의 근원인 복합체적인 면모를 조사하고 그 위기가 자연 환경과 인간 사회에 미치는 영향을 감각으로 변환하며, 그러한 변환을 통해 위기를 인식할 수 있는 새로운 미적 형식들을 제안한다.

8장

행성적 영화, 지질형태적 생태-무빙-이미지

행성적 미디어로서의 영화

스위스 출신의 작가인 우르줄라 비에만은 인류세의 상황과 글로벌 공급망의 확대가 지구 내 여러 지역의 경제와 문화, 생태에 미치는 영향을 다큐멘터리와 에세이 영화를 통해 지속적으로 탐구해 왔다. 예를 들어 상영용 버전과 5채널 비디오 설치 작품으로 변주된 〈이집트의 화학(Egyptian Chemistry)〉(2012)은 나일강 주변의 수자원 채취 및 관리 시설과 관개 농업 현장, 사막 개발, 질산염 가공 공장 등을 조사한다. 여기서 화학은 지구의 물질적 요소를 넘어, 동시대 나일강 유역의 생태계를 변화시키고 강 주변 영토의 현실을 재조직하는 유기적, 사회적, 기술적 행위자들의 얽힘을 포착하는 방법론으로 배치된다. 이와 같은 방법론은 작품의 텍스트 층위에서는 농부와 건설 노동자, 공장 관리인 등의 인터뷰, 자원과 토질의 시간적

변화를 보여주는 데이터 시각화, 그리고 풍경의 기술적, 인위적 변화를 목격하고 기록하는 렌즈-기반 이미지의 삼각 구도 위에서 실행된다.

4장에서 살펴보았듯 이와 같은 행위자들의 얽힘은 지구를 행성적인 것으로 재편하는 동시에 지구의 변화를 행성적인 것으로 인식하고 감각할 것을 촉발한다. 비에만의 비디오 작업은 이와 같은 인식과 감각을 구축하는 시청각적 미디어 기반의 예술적 실천에 속한다. 〈심층 날씨(Deep Weather)〉(2013, 그림 8-1, 2)는 서로 떨어진 두 지역에 대한 기록과 성찰을 연결한다. 캐나다 북부 역청사(瀝靑沙, tar sand)의 풍경을 드론 촬영으로 조망한 쇼트들이 첫 번째 계열을 이룬다. 두 번째 계열은 방글라데시 삼각주 지역의 한 공동체를 기록한 영상으로, 주민들은 해수면의 지속적인 상승에 따른 수몰과 사이클론의 위기에 대처하기 위해 모래와 흙으로 제방을 만든다. 이 두 계열의 연결을 정당화하는 것은 티머시 모턴이 하이퍼객체로

그림 8-1, 2 〈심층 날씨〉(우르줄라 비에만, 2013) 스틸 사진. 작가 제공.

간주했던 지구 온난화의 광대한 규모와 심원한 시간성, 즉 인류세가 제기한 시공간의 행성적인 동요다. 캐나다 북부의 석유 자원 추출은 지역 환경의 오염과 주민들의 생활 세계 변화를 넘어 해수면 상승이라는 대규모의 사건으로 이어지고 멀리 떨어진 방글라데시의 공동체를 위협한다. 그와 같은 위협은 지구 온난화라는, 인간의 시간과 공존하면서도 그 시간으로 포획되지 않는 지질학적 시간성에 속한 비가시적 힘에서 비롯된다.

이와 같은 비가시적 힘, 그리고 그 힘의 연결로 파악되는 행성적인 것으로서의 지구를 영화와 무빙 이미지 작업은 어떻게 연구하고 표현하는가? 이러한 질문에 답하고자 비에만은 신유물론 및 사변적 실재론의 주장을 참조하며 〈심층 날씨〉에서 두 가지 전략을 추구한다. 하나는 "화석 및 광물 재료가 교환 가능한 상품으로 전환되기 위해서는 노동과 이주라는 사회적 역사와 지역 생태 및 소비되는 풍경의 자연사가 이루는 맥락이 모두 제거된다. 그들은 상품 교환의 동질화 시간을 경험한다. 따라서 물질을 그 다양한 역사에 다시 연결하고 원재료의 다루기 어려운 특성을 드러내는 것은 이러한 경향에 효과적인 미학적 개입이다."[1] 이와 같은 특성을 드러내기 위한 시각적, 기술적 전략은 항공 촬영의 활용이지만 이는 사진적인 기록이 해독 가능한 현실을 직접적으로 재현한다는 사언적 리얼리즘과는 다르다. 여기서의 리얼리즘은 지구 온난화를 낳는 비가시적 요소들인 화학적·기상학적 요소들의 행위성을 함축한 영토의 실재성을 드러내는 리얼리즘, 지구 온난화로 변동하는 세계를 공통적인 미적 경험과 관찰의 대상으로 구축하는 세계-건설(world-building)로서의 리얼리즘이다. 두 번째 전략은 캐나다의 이미지에서 방글라데시의 이미지로 갑작스럽게 전환하는 몽타주로, 이는 비가시적인 동시에 비논리적인 인과성을 수립하는 보이스오버 담론으로 뒷받침된다.

넓게 보면 비에만의 비디오 작품은 인류세의 위기에 반응하고 개입하는 다양한 매체와 재료, 형태의 예술 작품 및 예술 프로젝트를 포괄하는 동시대 미술의 생태적 전환(ecological turn)에 합류한다. 4장에서 살펴본 라투르와 바이벨의 전시 기획 〈크리티컬 존〉과 라투르가 공동 큐레이터로 참여했던 2020년 제12회 타이페이비엔날레를 비롯한 여러 대규모 그룹전이 이와 같은 경향을 대표해 왔다. 그런데 〈이집트의 화학〉과 〈심층 날씨〉는 생태적 전환이라는 커다란 흐름 속에서도 2010년대 이후 특히 눈에 띄는 어떤 하위 경향을 예시한다는 점에서 의미가 있다. 그 하위 경향은 비에만의 비디오 작품이 포함된 '월드 오브 매터(World of Matter)' 프로젝트를 통해서도 설명될 수 있다. 2013년 멀티미디어 플랫폼[2]의 설립과 더불어 구체화된 이

프로젝트는 나일강, 아마존 유역 밀림, 에티오피아 농경 지대, 인도 목화 농장 등에서의 노동력 및 자연 자원 추출과 생태계 변화, 토착 문화의 파괴 등을 조사하는 다양한 예술적 시도들과 연구 텍스트를 망라한다. 그런데 이 프로젝트의 주된 목적은 생태적 위기와 토착 문화의 파괴를 낳는 글로벌 자본주의와 식민주의의 포괄적인 힘을 식별하면서도 선언적인 형태의 액티비즘 담화로 귀결되지 않는다. 대신 이 프로젝트에 속한 작품들은 추출주의와 식민주의의 힘이 작용하는 지점과 그 힘에 대한 대안의 원천 모두를 물질 그리고 행성적인 것으로서의 지구에서 찾는다. T. J. 데모스에 따르면 '월드 오브 매터'는 "사물들이 인간의 의미, 의도성, 인과성과 독립된 채 자신의 순환성, 재생산 양식, 상호적으로 형성되는 화학반응을 갖는다"는 점을 의식하면서 "인간중심적 우선권 바깥에서 이들을 어떻게 추적하고 번역하고 이해할 수 있는가"[3]라는 질문에 답하고자 시도한다.

이러한 질문의 화급함은 인간발생적인 기후변화와 같은 사태가 비인간 자연과 인간과의 복합적인 얽힘에 대한 인식을 강화했다는 점에서 비롯된다. 이때 '월드 오브 매터'가 제안하는 '행성적 미학 (planetary aesthetics)'은 인간중심적 응시를 벗어나는 조망과 미적 경험을 물질에 대해 적용함으로써 행성적인 것으로서의 지구가 가진 양면성에 개입한다. 한편으로 이 프로젝트에 속한 작품들은 대규모 농업, 탄소 중심 산업, 글로벌 물류 체계, 광업 등 지구를 전체적인 차원에서 추출의 원천이자 계산 및 제어 가능한 영토로 재편하는 방식을 미학적-정치적으로 비평한다. 다른 한편으로는 이와 같은 행성성과는 다른 방식의 행성성, 즉 식민주의 및 추출주의와는 구별되는 행성성을 자연과 물질의 행위성과 연결성을 통해 발견하고 모색하는 것이다. 이때의 행성성은 "지질학적 시간의 속도와 분화된 정치적 공간에서 발생하는 과정에 의해 촉발된 타자성(otherness)에 대한 탈중심화된 관계"로 정의되고 "인간중심적 범주에서 비롯되지 않고 문화의 부정에 의해 구성되지노 않는 이타성(alterity)을 소환"⁴한다. 이렇게 볼 때 '월드 오브 매터'는 4장에서 살펴본 원소미디어 및 미디어자연 개념과 공명한다. 〈이집트의 화학〉과 〈심층날씨〉는 무빙 이미지 작품이 이 두 개념과 공명하는 행성적 미디어 형태로 자리함을 보여주는데, 비에만의 다음 서술이 이 점을 입증한다. "현재 진행 중인 심원한 생태적 변화로 인해 지질학적 시간 규모와 더불어 사유하고 세계를 가로질러 겉으로는 떨어진 것처럼 보이는 사건들을 연결하는 것이 긴요하게 되었다. 이 두 작품은 명시적으로 지구의 물리적, 화학적 조성에 참여한다. 이들은 동시대 서사의 저류를 이루면서 행성적 생태의 심원한 변화를 움직이게 하는 석유와 물이라는 두 원초적인 액체에 초점을 맞춘다."⁵

8장에서는 비에만의 작품처럼 지구의 원소적 차원과 물질적, 환경적, 지질학적 행위성을 탐구하는 영화 및 무빙 이미지 작품들을 생태영화 개념, 그중에서도 티아고 드 루카가 제안한 '행성적 영화(planetary cinema)'라는 용어를 응용하여 정의하고 그 형식적, 미학적 경향들을 살펴본다. 여기서 다룰 작품들은 4장에서 살펴보았던 생태영화 연구 중 비인간 자연을 인간중심적이지 않은 방식으로 다루는 영화의 형식적, 미학적 특징들을 식별하는 논의들과 호응한다. 예를 들어 폴라 윌로켓-매리콘디는 '환경주의 영화(environmentalist film)'에 대한 데이비드 잉그럼의 생태비평적인 정의를 받아들여 이를 생태영화와 구분한다. 잉그럼은 할리우드에서 제작되는 대중적 환경주의 영화가 인간과 자연의 관계를 환경 보호나 지속 가능성의 관점에서 다루더라도 이는 궁극적으로 문화의 인간중심적 에토스를 강화하는 것으로 귀결된다고 말한 바 있다. "할리우드 환경주의 영화는 황무지든 야생동물이든 비인간 자연에 대한 그들의 관심을 인간의 관계에 대한 사변을 위한 근거로 활용함으로써, 결과적으로 인간중심적이고 인간 본위의 이야기에 대한 할리우드의 상업적 관심에 그러한 관심이 순응하도록 만든다."[6] 이와 같은 환경주의 영화와는 달리 생태영화는 지구의 불안정한 상태에 대한 의식을 고양하고 그러한 상태를 바꿀 행동을 촉발한다. 이는 생태영화가 "대기권, 수권(hydrosphere), 암석권, 생물권"으로 이루어진 "생태권(ecosphere)"[7]으로서의 지구를 보여주고 탐구함으로써 "협소한 인간 중심적 세계관에서 지구-중심적, 생태중심적 관점으로의 전환"을 이끌기 때문이다. 잉그럼 및 윌로켓-매리콘디와 유사하게 스콧 맥도널드는 풍경을 영화적 지속의 형식과 미학으로 다룸으로써 관객에게 주의 깊은 관찰을 유도하는 피터 허튼, 제임스 베닝, 샤론 록하트 등의 실험영화를 생태영화로 분류하며, 이와 같은 영화가 "관습적 미디어 관람성에 대한 대안을 예시하고 환경적으로 보다 진보적인 마음가짐을 고양하도록 돕는 *새로운 종류의 영화 경험들을 제공*"[8]한다고 주장한다.

이 장에서 다룰 일련의 영화 및 무빙 이미지 작품들은 실험영화, 실험 다큐멘터리, 에세이 영화 등 극영화와 구별되는 영화적 실천 양식을 활용하여 "지구-중심적"인 세계관을 개방하고 촬영, 몽타주, 시청각적 담화의 기술적, 형식적, 미학적 요소들을 통해 "대기권, 수권, 암석권"으로서의 지구를 탐사한다. 이를 통해 이 작품들은 생태영화 연구 중 최근의 이론적 개입을 시도한 드 루카의 '행성적 영화' 개념과 공명한다. 드 루카는 19세기 말 이후 현재까지 이르는 다큐멘터리, 파노라마, 사진, 지구본, 아이맥스 영화, 구글맵 등 지구를 그 자제로 물리석이고 새현적인 실체로 다루는 영화 및 미디어를 행성성에 참여하는 것으로 간주한다. 이와 같은 영화 및 미디어 인공물에서 '지구(earth)'와 '행성(planet)' 개념은 "인간 위와 너머에 있는 물질성, 시간성, 과정들을 환기시킴으로써" 전 지구(globe) 또는 세계(world) 개념이 가진 "추상적이고 인간중심적인 함의에 부분적으로 저항"[9]한다. 이와 같은 관점을 연장하면서 이 장에서는 또한 행성적 영화에 속하는 영화 및 무빙 이미지 실천들이 지구의 영토와 원소들을 영화의 기술적, 미학적 차원으로 포용한다는 점에서 지질형태적(geomorphic)이라는 점을 강조한다. 이 용어를 제안한 에이드리안 이바키프는 찰스 샌더스 퍼스, 앙리 베르그송, 질 들뢰즈, 앨프리드 화이트헤드를 포괄하는 과정철학의 전통을 재해석함으로써, 세계 내의 주체와 객체가 생성의 과정 속에 함께 구성되는 것으로 간주한다. 이와 같은 세계와 존재의 내재적 모델 내에서 영화는 한편으로 인간과 유사한 방식으로 세계를 재현하고 주체와 사회의 양상을 반영하기 때문에 의인적(anthropomorphic)이지만, 다른 한편으로는 인간 이외의 다른 생명체가 지각하는 방식은 물론 인간이 그 생명체를 보고 느끼는 방식을 감각적으로 구성한다는 점에서 생명형태적(biomorphic)이며, 지구 내에 공간적, 영토적으로 존재하는 물질적 객체들의 세계를 보여주기 때문에 지질형태적이기도 하다.[10] 이와 같은 전제하에 이바키프는 영화의 존재론을 움직이는 이미지와 사운드의 순차적인 제시와 교체를 통해, (펠릭스 가타리를 따라) 세계에 대한 세 개의 생태학을 구성하는 것으로 규정한다. "(거의 틀림없이) 가장 종합적인 예술인 영화는 영화 밖 세상의 역동성에 가장 가까이 다가갈 수 있게 한다. 동시에 영화는 우리가 그 세계를 경험하는 방식을 형성하여 둘 다 더 큰 역동성을 띠게 하고, 그 결과 하이데거가 우리 시대에 살았다면 '세계 활동상의 시대(age of world motion picture)'라고 불렀을지도 모를 것을 낳는다."[11] 이와 같은 생태-존재론적인 관점에서 영화는 기록이나 재현을 넘어 세계 내에 존재하는 동시에 세계-만들기(world-making)를 수행하는 예술이자 미디어다.

이 장에서 다루는 작품들은 영토의 표면과 지층의 깊이들이 공존하는 지구, 인간발생적인 힘이 생태권에 광범위하게 적용되면서 지역 곳곳에 불균등한 효과를 만들어내는 지구, 가시적인 변화에 결부되는 비가시적인 원소와 힘을 포함한 지구를 이미지의 물질적이고 연결적인 본성을 통해 다루고 역사와 지질학적 시간성의 중첩 내에서 조망하기 때문에 행성적이다. 앞서 살펴본 〈이집트의 화학〉과 〈심층 날씨〉는 이런 의미에서 지구의 지질형태적 국면에 참여한다. 실제로 비에만은 물질과 흐름, 물리적·화학적 프로세스가 영화적 서사의 배경이 아니라 영화적 세계의 전면에 부상하는 상황에 반응하는 자신의 이미지 제작 실천을 지질형태적 비디오(geomorphic video)로 규정하며, "인간-지구 관계가 연약하고 복잡하고 시적이며 강렬하게 물질적인 세계의 형성"[12]으로 그러한 비디오의 목표를 밝힌 바 있다.

인류세의 풍경과 지질형태적 실험 다큐멘터리

이 장에서 다루는 지질형태적 영화 및 무빙 이미지 작품들은 인류세의 세계관과 시간 의식을 다룬 극영화와 동시대에 출현했다. 가장 폭넓게 보자면 인류세와 영화와의 관계는 영화가 인공적 세계와 환경을 탐구하거나 구성하고, 그 세계와 환경이 인간발생적인 자연적, 기상학적, 건축적 변동과 이로 인해 거주 가능성의 한계에 봉착한 인간과 사회를 포함한다는 점에서 긴밀하다. 제니퍼 페이가 말하듯 "영화는 익숙하고도 낯선 미적 효과로 인해 인류세와 닮았을 뿐만 아니라, 영화가 인공 세계의 제작을 장려하고 전적으로 인위적인 날씨를 시뮬레이션했다는 점에서 인류세의 미적 실천이기도 하다."[13] 그러나 21세기 이후의 맥락에서 볼 때 영화와 인류세는 주류 영화와 예술영화가 파국의 세계를 재현하거나 상상하는 방식을 중심으로 접속해 왔다.

라스 폰 트리에의 〈멜랑콜리아(Melancholia)〉(2011)는 인간이 없는 우주의 세계와 인간 세계를 병행하며 이 두 세계가 근접 조우하는 최후의 순간을 예비해 간다. 주인공 저스틴의 만성적 우울증은 멜로드라마적인 파토스이지만 그 정동의 원인은 결코 인간 세계 내 인물들 간의 심리적, 계급적 갈등이나 물질적, 사회적 동요에서 비롯되지 않는다. 정동은 인간 없는 세계, 즉 행성으로서의 지구가 갖는 시간성에 함축된 저 너머에 대한 설명할 수 없는 감각이다. 최후의 순간은 적어도 인간 세계의 관점에서는 세계의 종말이지만, 〈멜랑콜리아〉는 세계의 재난에 직면하여 그 위기를 돌파해 나가는 생존자들의 활동을 그리거나 대재앙 이후의 세계를 상상하는 SF 영화와는 구분된다. 프랑스 학자 페테르 센디의 다음과 같은 주장이 이 영화의 고유함을 잘 표현한다. "〈멜랑콜리아〉는 아마도 묵시록-영화(apocalypse-cinema)에 고유한 요구에 너무나 순수하고도 절대적으로 화답하는 유일한 영화였으며 아마도 앞으로도 영원히 그럴 것이다. 마지막 [종말의] 이미지가 모든 과거, 현재, 또는 미래의 이미지 중 마지막 이미지가 되어야 한다는 요구 말이다."[14] 컴퓨터 그래픽으로 형상화된 행성의 충돌로 초래된 총체적 파국 이후의 세계는 갑작스러운 암전과 침묵으로 채워지고, 이와 더불어 엔딩크레디트로 안내되는 영화의 끝은 세계의 끝과 등치된다. "멜랑콜리아 행성과의 충돌은 모든 사건과 시간 자체를 끝내는 사건이다. … 아무도 남지 않았고 세상의 종말에 대해 언급할 화면 밖의 목소리도 없다. 음 소거된 '현재(아무도 남지 않았고, 목소리도 없다)'를 제외하고는, 서술할 수 없는 것을 서술하는 언어 시제를 상상하는 것조차 불가능할 정도로 실시간이 사라진다."[15] 실시간의 소멸은 사변적 실재론의 차원에서는 인간적 시간의 소멸이자 인간이 상정한 세계상의 끝, 즉 레이 브라시에가 말하는 "절멸의 진실(truth of extinction)"과 호응한다. "태양의 절멸이 파국적이라면 이는 그것이 상관성의 접합을 해체하기(disarticulate) 때문이다."[16] 그러기에 〈멜랑콜리아〉에서의 행성 충돌은 다른 재난 영화 또는 SF에서의 재난 또는 파국의 표현처럼 시각적 스펙터클의 경이를 자아내지 않는다. 충돌은 행성적인 세계 그 자체의 사건으로, 인간을 위한 방식과는 무관한 사건으로 서사적으로 전개되고 시각적으로 현전한다. 이런 의미에서 스티븐 샤비로는 〈멜랑콜리아〉를 "낭만적 반-숭고(anti-sublime)"의 강력한 표현으로 간주한다. "우주적 소멸에 대한 폰 트리에의 시나리오는 숭고하지 않다. 그것이 너무나 결정적으로 문자 그대로이기 때문이다. 이 시나리오는 어떤 종류의 은유도 단락시키는 방식으로 작용한다."[17]

　예술영화 중 세계와 인간의 변화를 느린 지속을 담아내는 미학적 전략으로 담아내는 영화직 경향을 기리키는 슬로우 시네마(slow cinema)에 속하는 21세기 작품 일부가 인류세적인 관점에서 논의되었다. 벨라 타르의 〈토리노의 말(The Turin's Horse)〉(2011), 켈리 라이카트의 〈믹의 지름길(Meek's Cutoff)〉(2010) 등이 여기에 해당된다. 특히 〈토리노의 말〉은 아무런 구체화된 지정학적 정보 없는 척박한 대지에 한 마리 말과 함께 생존하는 부녀를 무거운 리듬의 30여 개의 롱 테이크로 포착함으로써 인류세영화의 대표작이 되었다. 등장인물과 세트가 최소화된 방식으로 건설된 이 작품의 영화적 세계는 생물권을 대표하는 말(이 말은 짐을 끌라는 아버지의 명령에 쉽게 순응하지 않는다), 그리고 세찬 바람과 황폐한 토양으로 대표되는 지질학적 지구로서의 자연을 전면에 놓는다. 그와 같은 세계 내에서 존재가 견디는 시간의 느린 지속, 그 존재의 정신적·육체적 피로가 감각의 대상이 된다. 모던 시네마의 시공간 건축술을 극단적으로 밀고 나간 슬로우 시네마의 미학적, 형식적 요소는 인류세의 상황을 재현의 차원을 넘어 시간성과 감각의 차원으로 확장한다. 슬로우 시네마가 맥도널드적 의미에서의 생태영화, 즉 상업적 영화와는 다른 종류의 미적 경험을 제공하는 영화가 되는 이유가 여기에 있다. "인류세적 종말의 불안이 생명의 지질학적·생물학적 차원을 통해 형성된다면, 이는 곧 영화의 특별한 시간성으로 가려진다. … 이는 시청자의 시간 인식을 왜곡하여 인내심을 요구하고 지각을 재훈련하고 지루함을 달래는 느린 참여 형태를 요구한다."[18] 〈토리노의 말〉에서의 황량한 대지와 유사하게 〈믹의 지름길〉에서의 오리건주 사막에서도 역사적 시간의 좌표와 역사적 공간과의 연결은 최대한도로 약화되고, 느린 리듬으로 포착되는 자연적 풍경은 강력한 행위자로서 인간의 시간을 초과하는 힘의 실체로 감각된다. "오리건 사막의 바위, 덤불과 관목, 먼지와 바람, 갈라진 땅, 황갈색의 건조한 단색 톤 등 매우 촉각적인 텍스처는 촉각적인 불쾌감과 외계와 같은 위협감을 선사한다. 이러한 황량한 이미지는 종말론적인 느낌을 주며, 시간 밖의 시간인 병충해와 폐허에 대한 생태학적 상상계를 불러일으킨다."[19] 궁극적으로 이 두 편의 영화에서 소수의 인물이 직면하고 생존하는 '인간 없는 세계'는 "모든 경험에서 독립적인 세계, 어떤 현행적 또는 잠재적 설명 이전의 세계… 본질적으로 규정하자면 관찰자 없는 세계… 즉 근본적으로 죽은 세계다."[20] 이런 의미에서 볼 때 슬로우 시네마에서 느린 지속으로 현전하는 현재는 인간 이전 및 이후라는 잠재적 시간성과 맞닿는다.

그러나 인류세의 상황에 참여하는 극영화는 지구의 행성적인 면모를 탐구하고 표현하는 과정에서 한 가지 구조적 한계에 대면한다. 〈토리노의 말〉, 〈믹의 지름길〉과 같은 예외적인 작품을 제외하면 이와 같은 극영화 대부분은 절멸에 직면한 세계를 다루건 그 이후의 세계를 다루건 간에 이미지를 서사의 논리 속에 회수한다. 이 과정에서 자연적 또는 인공적 경관은 서사가 전개하는 은유적 의미의 수단으로 채택되거나 서사를 점유한 인물의 관점으로 동화된다. 이와 같은 두 가지 특성으로 인해 인류세영화로 분류할 수 있는 극영화는 지구의 자연적 요소와 원소가 가진 비인간적 물질성과 행위성에 그 자체로 주목하기보다는 이들을 의인화하는 경향을 띠기도 한다. 또한 영화의 기술적, 미학적 역사가 한편으로는 관객 주체의 동일화를 초대하거나 인간의 시점을 연장하는 방식으로 기능했으면서도 다른 한편으로는 카메라의 자동기법과 시각효과를 통해 인간의 광학적 지각을 넘어서거나 인간을 넘어선 다른 행위자(동물 및 사물)의 응시를 대리적으로 취해 왔다는 점을 생각할 수 있다. 서사를 점유한 인물의 관점으로 자연적, 인공적 풍경을 소환하는 극영화 대부분은 부분적으로는 영화가 물질적 세계를 탐구하고 기록하는 과정에서 가동하는 비인간적인 응시를 활용할 수는 있지만 이를 작품 전체로 연장하지는 않는다. 따라서 인류세에 참여하는 영화 중 지구의 행성적인 조건, 그중에서도 이바키프가 말하는 지질형태적 차원을 다루는 데 더욱 의미가 있는 작품은 지구를 구성하는 자연적, 물질적, 인공적 요소와 이들 간의 얽힘 그 자체를 극영화의 세계-건설 논리와는 다른 방식으로 탐구 대상으로 삼는 작품, 이를 위해 영화 장치의 비인간적인 응시와 기록, 시공간 변환 기법을 배치하고 활용하는 작품이다. 이름가르드 엠멜하인스가 말하듯 실험영화와 실험적 다큐멘터리는 이미지를 "실시간 속의 여기와 지금"으로, "순수한 현전(sheer presence)"으로 다룸으로써 인류세가 시각성에 대해 제기하는 다음과 같은 인식에 더욱 적합하다.

인류세는 세계의 새로운 이미지가 아니라 시각성의 조건이 급격하게 변화하고 세계가 이미지로 변모하는 것을 의미하게 되었다. 이러한 발전은 현상학적 결과뿐만 아니라 인식론적 결과도 가져왔는데, 이제 이미지는 세계를 형성하는 데 참여하면서 새로운 종류의 지식을 구성하는 사유의 형식, 즉 시각적 커뮤니케이션에 기반을 두고 지각에 의존하며 광학적 정신의 발달을 요구하는 사유의 형식이 되었다.[21]

실험영화와 다큐멘터리에서 풍부하게 발달해 온 풍경 다큐멘터리(landscape documentary)라고 불릴 만한 전통은 21세기에 들어 이와 같은 변화에 화답하여 인류세의 조건에 직면한 세계에 참여하고 세계의 지질형태적인 차원에 대한 시각적 지식을 형성해 왔다. 많은 사례들 중에서도 맥도널드가 에코시네마의 전형으로 거론하는 베닝과 허튼의 실험 다큐멘터리는 자연적, 산업적 풍경의 물질성을 구조적인 프레이밍을 통해 포착한다. 관객의 주의력 있는 응시와 지속 시간의 경험을 촉진하는 이와 같은 기법을 통해 이들의 영화는 풍경 다큐멘터리가 지구의 변화에 생산적으로 개입할 수 있는 동시대의 미학적 전략을 선구했다.[22] 비록 동시대 예술영화의 맥락에서 주로 논의되었지만 압바스 키아로스타미의 〈파이브: 오즈에게 바침(Five: Dedicated to Ozu)〉(2003)은 움직이는 오리와 개, 밤의 늪지대에 뜬 보름달과 개구리와 새의 울음소리 등을 디지털 카메라로 장시간 기록한 다섯 개의 쇼트로 구성된다. 그중 첫 번째 쇼트는 한 나무토막이 파도에 휩쓸려 전진과 후진을 반복하다가 반으로 쪼개지는 사건을 담았다. 키아로스타미는 이 나무토막을 반으로 쪼개는 장치를 삽입한 것을 제외하고는, 제작 과정에서 인위적 개입을 최대한 자제하고 카메라가 자연적 객체와 생물의 움직임을 고정된 채로 기록하거나 자연적 현상에 따라 변화하는 객체(나무토막)에 동기화되어 움직이도록 구상했다. 이처럼 최대한 탈–인간 중심주의적인 작업에 대해 키아로스타미는 "협력할 수 있는 대지, 바람,

물, 뒷바람, 좋은 파도가 필요하다"[23]고 말한 바 있다. 이 모든 사례들에서 인간의 활동은 피사체의 차원은 물론 영화 제작의 차원에서도 최소화되고, 대신 카메라 렌즈의 작동과 기록의 지속, 편집을 포함한 사진적인 과정이 강조된다. 이와 같은 과정을 통해 현실화되는 시간의 지속과 피사체의 리듬은 지구를 구성하는 자연적, 인공적 요소들의 리듬으로 지각된다. 즉, 영화의 물질적, 구조적 차원은 물질들의 활동성, 연결성과 연합한다. 그런데 이러한 작품들은 풍경의 의미를 어떻게 구성하는가? 레오 골드스미스는 이와 같은 영화가 풍경을 다루는 방식에 있어서 극영화와 구별되는 지점을 행위를 위한 배경 대신 풍경에서 의미를 추출하는 작업으로 간주하며, 그 추출의 방식을 세 가지로 분류한다. 풍경 다큐멘터리는 풍경의 도상적인 재현이 환기하는 상징적 의미를 전달한다는 점에서 은유적인 차원을 갖지만, 이 이외에도 환유적, 현상학적인 차원으로 의미를 추출하고 표현한다. 환유적인 차원은 특정 풍경이 더 커다란 영역과 연결되거나 그 풍경의 지질학적, 지리적, 사회적 조건을 환기시키는 것을 뜻하며 현상학적인 차원이란 그 풍경에 대한 지속의 경험을 뜻한다.[24]

니콜라우스 가이어할터의 〈호모 사피엔스(Homo Sapience)〉(2016, 그림 8-3)는 아무런 보이스오버 코멘터리 없이 일정한 지속시간으로 풍경을 기록하는 고정 카메라 쇼트로만 이루어진 다큐멘터리다. 이 쇼트에 담긴 피사체 중 먼저 눈길을 사로잡는 것은 버려진 일련의 건축물과 인공적 구조물이다. 거리, 아파트, 병원, 사무실, 영화관, 상점, 학교, 놀이공원 등의 실내 및 실외 풍경이 인기척 없이, 적어도 시각적인 차원에서는 순수한 공허의 인상을 남기며 현전한

그림 8-3 〈호모 사피엔스〉(니콜라우스 가이어할터, 2016) 스틸 사진. 스크린 캡처.

다. 한때 인간이 거주했으나 어느 순간 사라진 듯한 건축물 및 구조
물들이 있는가 하면, 영화관의 텅 빈 객석, 부서진 무대, 녹슨 기기
만이 점유한 영사실처럼 인간의 부재 이후 오랫동안 방치된 폐허
로 채워진 풍경도 있다. 이와 같이 익숙하고도 낯선, 인간-없는-세
계의 잔여물을 둘러싸는 것은 바다, 눈, 비, 바람과 같은 자연의 요
소들, 폐허를 서서히 뒤덮으며 성장하는 이끼 및 계절의 변화 속에
서도 자리를 지키는 숲의 나무와 같은 식물들, 그리고 귀뚜라미 소
리 및 새의 울음소리와 같은 생명체의 사운드 경관이다. 결국 이 모
든 시청각적 요소를 종합하면 〈호모 사피엔스〉는 현재의 세계가 가
진 행성적인 면모의 세 가지 차원을 압축한다. 행성으로서의 지구
를 점유한 인간 문명, 인간과 상관적이지 않은 방식으로 순환하고
변화하는 자연의 영토적·기상학적·원소적인 구성물, 그리고 동식물
로 이루어진 생명 시스템이다. 가이어할터는 고정 카메라의 반복이
라는 미니멀한 형식 속에서도 이 세 차원의 균형 있는 병행과 공존

을 성취한다. 텅 비거나 황폐해진 건축물의 외부와 내부는 인간의 소멸을 철학적 사변의 대상을 넘어 물리적 실재로 증언하는 동시에 인간 문명의 역사를 함축한다. 따라서 지속하는 현재는 잠재적 과거를 향한 통로가 된다. 동식물은 한편으로는 이와 같은 인간의 실존과 독립적으로 존재하면서도 잔여적인 대시와 건축물을 점유함으로써 문명의 세계와 얽힌다. 그리고 이 두 개의 차원 모두를 감싸면서도 지구의 우주적, 지질학적 면모와 연결된 대기권과 암석권의 차원이 있다. 이 마지막 차원을 통해 〈호모 사피엔스〉의 지속하는 현재는 인류세 담론의 확산에 기여한 지질학자 얀 잘라시비에치가 말하는 '우리 이후'의 시간과 '우리 이전'의 시간으로 분기된다. 그 두 시간 속에서 인간의 문명은 그 문명이 상정한 지평을 넘어서는 방식으로 새롭게 감각된다. "인류가 남긴 유산은 앙코르와트의 폐허처럼 버려지고 정글에 의해 다시 매립된 후 수천 년이 지나면 자연으로 완전히 흡수되는 형태는 아닐 것이다. 그 유산은 인간 이전의 세계와 그 이후의 세계 사이의 전환점이자 문턱을 대표한다."[25]

　드 루카의 〈호모 사피엔스〉에 대한 분석은 사변적 실재론(speculative realism)이 영화의 리얼리즘(realism)을 통해 표현될 수 있는 방식을 이론적으로 설명한다. 이 설명은 사변적 실재론이 가정하는 세계, 즉 비인간 실체로서의 사물 또는 풍경이 그 자체로 존재할 뿐 아니라 자신의 시점(즉 비인간적 시각)을 가졌다는 점을 고정 카메라가 인간의 시점을 소환하는 방식과 어떻게 협상할 것인가라는 질문에 답하기를 지향한다. 이와 같은 질문은 원근법적인 조망을 일관되게 유지하는 고정 카메라의 이중적 효과에서 비롯된다. 한편으로 고정 카메라는 관객이 폐허와 같은 풍경에 동일화할 수 있는 유일한 응시지만, 다른 한편으로 그 응시는 어떤 인간의 시점으로도 체화되지 않는 방식으로 자연적인 요소들의 행위성, 그리고 버려진 인공적 요소들과 이 요소들이 관계적으로 얽히는 과정을 기록한다. 즉, 〈호모 사피엔스〉에서 인간이 관찰하고 감각할 수 있는 이미지는 궁극적으로 인간의 감각적, 의식적 상관성에서 벗어난 세계다. 드 루 카는 〈호모 사피엔스〉의 이와 같은 미학적, 인식론적 이중성이 존재론적 리얼리즘의 역량을 재발견하고 확장한 결과라고 주장한다. 즉, 이 영화는 카메라의 자동기법이 세계를 기술적인 수준에서 탈주관적으로 등록하는 방식을 영화적 세계의 본질로 여겼던 존재론적 리얼리즘에 대한 기존의 인본주의적·현상학적 설명을 넘어, 그와 같은 존재론이 사변적 실재론의 세계-지향적(world-oriented) 존재론과 공명하는 방식을 탐구한다. "앙드레 바쟁과 스탠리 카벨에게 있어서 그 자체의 이미지를 형성하는 것은 세계이며, 이는 우리가 세계를 그 자체의 실체로서 어떻게 보는가와 관련하여 중요한 결과를 갖는다. … 영화는 그것이 세계를 다른 방식으로 보게끔 하기보다는 그 세계가 비인간 실체인 카메라를 위해 그 나름의 관계로 스스로를 드러내게끔 하기 때문에 [사변적 실재론의 관점에서] 가치가 있다."[26]

그러나 이와 같은 설명의 한 가지 난점은 자연과 생물, 무기물을 포함한 사물이 인간의 의식과 독립적으로 존재하면서 현실화하는 활동성이 기입되고 미적으로 감각되는 방식을 강조하기 위해 카메라의 자동기법을 초월적이고 특권적인 자리에 놓는다는 데 있다. 즉, 이와 같은 설명이 충분히 고려하지 않는 국면은 사물로 충만한 지구가 인간에 의한 파괴 및 황폐화를 포함한 인간과의 다양한 얽힘을 통해 드러난다는 점, 그리고 그러한 얽힘의 양상이 인간이 동일화하는 눈과 유사한 지상의 시점만으로는 파악될 수 없는 규모와 움직임으로 전개된다는 점이다. 이 두 가지를 통해 인간과 지구의 다양한 얽힘을 포착하고 가시화하고 탐구하는 탈인간적인 영화적 기법과 기술적 장치가 그 지구의 변화에 조응히어 업데이트되어 왔음을 고려해야 함을 알 수 있다. 가이어할터가 〈지구(Earth)〉(2019, 그림 8-4)와 〈제자리에 없는 물질(Matter Out of Place)〉(2022)에서 지상의 고정된 카메라의 시점을 넘어 버즈-아이-뷰의 수직적 조망과 카메라의 운동성을 포함하는 이유는 〈호모 사피엔스〉에서 포착한 '인간-없는-세계'의 현재가 자원의 추출에 의존하는 산업적, 기술적 실천과 노동력에서 파생되기 때문이다. 캘리포니아 사막의 대규모 건설 현장, 스페인의 광산, 이탈리아의 채석장 등에서 제작된 〈지구〉는 해당 작업장에 종사하는 노동자들의 인터뷰와 함께 이들이 종사하는 추출 산업의 거대한 네트워크를 행성적인 규모로 재구성하고 그 산업이 지구에 미치는 커다란 환경적, 기술적 변화에 대한 다양한 관점을 배치한다. 이와 같은 복수의 관점에 호응하여 가이어할터는 수직적 조망의 시점과 움직이는 굴삭기 및 광산 트롤리에서의 시점을 고정 카메라의 자동기법과 혼용한다. 복합적인 카메라 시점은 〈제자리에 없는 물질〉에서 세계 곳곳에 부유하거나 매립되는 쓰레기의 수집 및 폐기의 경로를 행성적인 차원으로 가시화하고 지상과 수중, 제3세계와 제1세계 모두에서 다양한 방식으로 쓰레기를 청소하는 인간 행위자들의 활동을 기록하고 연결하는 데 활용된다.

　〈지구〉와 〈제자리에 없는 물질〉에서 가이어할터가 탐구하는 추

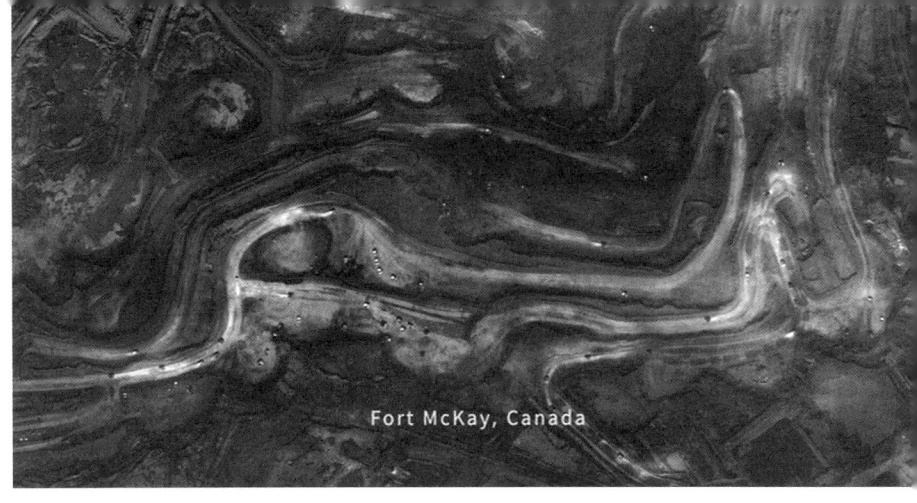

Fort McKay, Canada

그림 8-4 〈지구〉(니콜라우스 가이어할터, 2019) 스틸 사진. 스크린 캡처.

출 산업의 영향은 자오 리앙(Zhao Liang)의 다큐멘터리 〈베헤모스 (Behemoth)〉(2015)에서 지구의 지질학적, 물질적 차원을 넘어 인간의 육체적, 정신적 차원으로 증폭된다. 오프닝크레디트의 간자막에서 제시되는 창세기의 괴물 '베헤모스'는 중국과 몽골을 경유하여 전개되는 대규모 석탄 채굴을 이끄는 압도적인 에너지 산업이다. 성서적인 비유에도 불구하고 이 작품을 지배하는 이미지는 석탄 채굴 현장의 시각적 광대함만이 아니다. 가이어할터의 다큐멘터리와 구별되는 지점은 고정 카메라와 파노라마처럼 이동하는 카메라가 기입하는 광산 지상의 황폐화된 대지와 피어오르는 연기와 두터운 먼지, 광산 내부와 석탄이 연료로 투입되는 제철소의 극한적인 열기, 공장 지대를 무겁게 뒤덮은 매연과 오염된 땅이다. 이와 대조적으로 제시되는 몽골의 초록빛 초원은 여전히 남은 이상적이고 원초적인 자연이라기보다는 추출 산업의 무차별한 팽창에 직면한 위기의 지대로 제시된다. 추출 산업이 배출하는 오염원과 열기에 건강을 잃어가는 중국 이민 광부와 제철 노동자들의 모습이 일련의 클로즈업으로 프레이밍되면서 '느린 폭력'의 악순환을 구성한다. '느린 폭력'의 치명적인 결과를 초현실적인 목소리로 성찰하는 익명의 내레이터는 괴물을 바로 '우리'로 비유하고 현재의 세계를 절멸을 앞둔 세계로 바라본다. 이 목소리와 호응하는 또 다른 인물은 커다란 거울을 등에 진 채 몽골의 초원과 석탄 광산, 그리고 대규모로 개발되어 입주를 앞둔 텅 빈 아파트 단지를 떠도는 무명의 이주 노동자다. 이 두 자아는 "생태적 사유의 의식에 근본적인 변화를 요구하는 인류세의 거주 불가능하고 살아갈 수 없는 현실"[27]을, 인간과 대지를 향한 느린 폭력을 이끄는 추출 산업의 가속성과 규모를 목격한다. 이 작품에서 시각적으로 가장 창조적인 기법은 이미지 내의 미세한 균열이다. 깨어진 거울에 비친 이미지처럼 갈라진 이미지는 무명의 이주 노동자가 짊어지고 옮기는 거울과 연결된다. 이때 갈라진 이미지는 추출 산업으로 파편화된 대지의 이미지를 투영하는 것처럼 보인다. 그러나 이 틈새는 인류세의 풍경을 초월적인 카메라로 포착할 때 빠질 수 있는 스펙터클화의 위험, 즉 숭고의 인상을 전달함으로써 글로벌 화석자본주의가 지구에 미치는 중대한 영향을 시각적으로 소비 가능한 지식과 경험의 대상으로 변환하는 위험을 내재적으로 비판하는 것처럼 보인다. 골드스미스가 적절히 지적하듯 "이 틈새는 영화의 재현적 역량의 균열을 가리키며 이미지의 가변성을 등록하는데, 이는 추출 자본주의하의 지구의 변질로 연장된다."[28]

지질학적 영화 제작:
사샤 리트빈체바, 에밀리아 스카눌리터

작가이자 연구자인 사샤 리트빈체바는 인류세가 제기하는 지각 불가능성 또는 지각의 문턱에서 환경적 요소의 변화와 영향을 기록하고 탐구하는 실험 다큐멘터리를 추구해 왔다. 이런 맥락하에서 그가 작품과 글쓰기 모두를 통해 실천해 온 개념이 '지질학적 영화 제작(geological filmmaking)'이며, 이는 지오시네마(Geocinema), 뉴 미네랄 컬렉티브(New Mineral Collective) 등의 제작 집단이 수행해 온 신유물론 및 생태비평 지향적인 영화 작업과도 연합해 왔다. 아시아 바즈디리예바와 솔베이 수스의 협력 프로젝트인 지오시네마는 지구를 기술권으로 재편하는 전 지구적 커뮤니케이션 체계 및 이를 구성하는 물질적이고 인프라구조적인 요소들에 대한 조사를 지향해 왔다. 에밀리아 스카눌리터와 타냐 부스가 2012년 결성한 뉴 미네랄 컬렉티브는 지구의 표면과 상호작용하는 인간 활동의 본성과 그 활동이 지구와 인간의 신체 및 정동을 조율하는 방식에 대한 개입과 그 조율의 결과에 대한 성찰을 추구해 왔다. 리트빈체바가 말하듯 지질학적 영화 제작은 일차적으로 방사선, 석면 및 싱크홀과 같은 "특별한 비인간 실체에 직면한 두려움의 감각"에서 출발했으며, 인간의 지각과 인식을 초과하는 방식으로 존재하지만 인간에게 "가까이 있는 물질을 기술하는 실천적 도전을 통해" 그 물질에 대한 "새로운 지식을 산출하는 것"[29]을 목표한다.

리트빈체바는 지질학적 영화 제작을 이론화하기 위해 장 엡슈타인, 제르멘느 뒬락, 마야 데런 등의 전위영화 감독들이 전개한 영화적 매체 특정성 이념을 신유물론적인 관점으로 확장한다. 그중에서도 엡슈타인은 영화의 기계적 눈에 탑재된 비인간적 응시의 역량, 카메라의 운동과 편집을 통해 구현되는 시공간적 유동성과 가변성이 고전적인 세계관과 구별되는 방식으로 지구의 물질과 생명에 참여한다고 생각했다. "시네마토그래프가 드리내는 양과 질이 심원한 등가성은… 모든 종의 보편적 상대성 안에서 모든 형태의 근본적 통일성을, 그리고 모든 유형의 사물과 존재를 이끌어낸다."[30] 특히 그는 1920년대 중반 이탈리아 여행에서 목격한 에트나 활화산의 역동적인 힘에 이끌려 화산을 '위대한 배우'로 비유하면서도, 영화 장치가 자연의 의인화에 온전히 환원되지 않는 방식으로 자연의 활동성을 기술적으로 매개할 수 있음을 시사했다. "용암의 흐름에 발맞추어 노새 등에 올라타고 활화산 분화구를 향해 달리는 동안 나는 사물들에 자신의 영혼 대부분을 쏟아 부은 바로 당신, 리치오토 카누도를 생각했다. 당신은 영화가 자연의 모든 왕국을 하나의 질서, 가장 장엄한 생명력을 지닌 질서로 통합하는 방법을 처음으로 감지한 사람이라고 나는 생각한다."[31]

이에 주목하여 리트빈체바는 엡슈타인이 "영화를 화산과 마찬가지로 운동의 계속되는 흐름 내에서 형태들의 용해와 재구성에 참여하는 하나의 체계로 여긴다"[32]고 규정한다. 이는 우선 영화 장치를 인간의 지각을 초월하여 존재하고 변화하는 생명체와 물리적 현실에 내재하고 그에 참여하는 것으로, 그리고 그 장치가 기계적 촬영과 편집을 통해 생성하는 이미지로서의 영화적 객체를 이와 같은 비인간적 행위자를 포착하고 기록하는 시각적 인공물로 간주함을 뜻한다. 이론과 현장에서의 작업 모두에 적용되는 지질학적 영화 제작의 이와 같은 두 가지 전제를 구체화하고 확장하기 위해 리트빈체바는 도나 해러웨이의 '상황적 지식(situated knowledge)'과 캐런 바라드의 수행적 리얼리즘(agential realism)을 배치한다. 중립적이고 거리를 둔 객관성이라는 근대적 과학의 인식론적 전제에 대항하는 '상황적 지식' 개념은 객관성이 권력과 결부된 부분성을 포함함을, 그리고 그 부분성은 객관성을 사회적으로 구성하는 관찰과 기록의 기술적 장치에 내재되어 있음을 단언한다.[33] '상황적 지식' 개념이 물질적, 환경적 행위자의 활동성과 그 변화는 물론 이들에 대한 지식의 생산 과정에 관여하는 다층적 맥락과 힘을 고려할 것을 주문한다면, 바라드의 수행적 리얼리즘 개념은 지질학적 영화 제작이 상정하는 영화 장치와 영화 이미지의 존재론 및 영화적 지식의 생산을 지구의 원소적인 차원에 내재적인 것으로, 지구의 변화 과정에 얽힌 것으로 정립하는 토대를 마련한다. "우리를 우리가 단순히 반영할 뿐인 세계 위 또는 바깥에 우리를 위치시키는 재현주의와는 달리 수행적 설명은 사유, 관찰, 이론화를 우리가 존재하는 세계에 참여하고 그 일부가 되는 실천으로 이해할 것을 고수한다."[34]

리트빈체바의 〈석면(Asbestos)〉(2016, 그림 8-5, 6)은 독성 물질로 잘 알려진 석면의 비가시성을 세심하게 다룬다. 그에게 석면의 비가시성은 방사능 물질의 비가시성과 그 효과의 장기적 지속, 생태계 내 종의 소멸 등 무빙 이미지 미디어를 비롯한 오늘날의 기술적 미디어가 탐구하고 참여해야 하는 환경적, 물질적 요소의 존재론적 난점을 대표한다. 광물에서 채취된 섬유 모양의 규산 화합물인 석면은 여러 물질적 요소들과 다채로운 방식으로 화합하는 동시에 오랫동안 지속된다. 따라서 석면은 안과 밖의 공간적 경계를 벗어나

고 인간의 수명을 벗어나는 심원한 시간적 프레임에 놓인다. 모턴이 말하는 하이퍼객체의 특성을 보유한 석면의 비가시성은 "생태적 위기가 제기하는 주요 미학적 도전 중 하나로, 그 위기는 자신의 분산된 공간적, 시간적 규모로 인해 비가시적이거나 인간의 지각 경험에 저항하는 수많은 과정을 응축한다."[35] 그러므로 지질학적 영화 제작의 과제는 석면이 대표하는 환경적 위기의 비가시성에 시각적으로 참여하는 방법, 이를 통해 본질적으로 인간의 감각과 의식에 포획되지 않는 객체를 감각하고 인식 가능하게 하는 방법을 모색하는 것이다. 이 과제에 대한 리트빈체바의 해결책은 다음과 같다. 석면의 독성을 낳는 물질은 렌즈의 광학적 가시성 자체를 벗어나지만 석면의 제작 및 유통, 감지에 작용하는 힘들을 시각적, 과정적으로 기록하고 이를 통해 독성 물질의 물질적 행위성을 가리키는 것은 가능하다. 이런 측면에서 볼 때 지질학적 영화 제작은 영화장치는 물론 지질학적 요소들의 관찰과 감지, 가시화에 작용하는 장

그림 8-5, 6 〈석면〉(사샤 리트빈체바, 2016) 스틸 사진. 작가 제공.

치들이 그 요소들의 가시성을 부분적이고 관계적인 방식으로 구성한다는 점을 전제한다. "영화 이미지는 카메라 앞에 자리한 객체에서 반사되는 빛의 인상을 통해서만이 아니라, 촬영 중과 촬영 이후 기록 표면에 영향을 미치는 모든 물질적 힘들을 통해 구성된다. 이런 식으로 영화는 인간의 눈에 비가시적인 사물들에 다다르는 능력을 가지는데, 이는 잠재적으로 생태 위기의 지각 불가능한 국면들을 포함한다."[36] 이는 바라드의 장치에 대한 다음과 같은 견해를 영화 제작에 적용한 것이기도 하다. "장치는 고전물리학이 인식하는 것보다 실험적 실천에 더욱 능동적이고 긴밀한 역할을 한다. 장치는 수동적인 관찰 도구가 아니다. 오히려 장치는 현상의 산물(이자 일부)이다."[37]

〈석면〉에서 지질학적 요소로서의 석면이 가진 행위성에 참여하면서 석면의 비가시성을 다루는 제작 방식은 두 가지로 나타난다. 첫째는 석면의 부분적인 가시화에 관여하는 다양한 장치들의 기록을 병치하는 전략이다. 이와 같은 맥락에서는 두 가지의 기록영상이 활용된다. 하나는 건축물에서 석면을 제거하는 작업자들의 몸에 부착한 고프로 카메라로 기록된 비디오 이미지로, 여기에 병치되는 한 과학자의 목소리는 석면의 독성 효과를 없애기 위해서는 빌딩에서 석면을 세서해야 하는 것이지만 모든 빌딩은 그 자체로 구조가 독특하기 때문에 매우 어렵다는 점을 설명한다. 따라서 작업자의 행위와 결부된 이미지의 운동은 석면이 건축물의 고체적인 측면과 대기의 기체적인 측면 모두를 넘나들며 비가시적으로 존재하고 작용한다는 점을 역설적으로 강화한다. 곧이어 삽입된 두 번째 기록영상에서 이 설명은 1980년대의 교육용 기록영화 비디오테이프에서 추출한 목소리임이 드러난다. 이후 과학자는 암 유발을 비롯한 석면의 부작용을 인간은 호흡 이후 30~40년 동안은 자각하지 못한다는 점을 강조한다. 석면의 치명적인 위험성과 그 물질의 비가시성이라는 문제를 제기하는 이와 같은 과학적 담론은 전자파 측정기와 특수 현미경을 동원한 실험의 이미지를 수반한다. 즉, 석면의 행위성은 이와 같은 과학적 도구들의 능동적 역할을 통해 입증되지만, 그 도구는 결코 석면 바깥에서 보고 작동하지 않는다. 대신 석면을 구성하는 물질적, 화학적 요소들의 다양한 위상과 결부되면서 부분적으로 가시성을 구축한다.

〈석면〉에 적용된 두 번째 제작 방식은 석면의 행위성에 관여하는 커다란 사회기술적 구조를 가시화하는 것이다. 리트빈체바가 촬영한 이미지는 '아스베스토스'로 불리던 캐나다 퀘벡주 남동부 석면 광산 마을인 발-데-수르세(Val-des-Sources)의 경관을 담는다. 지금은 텅 비었지만 석면 광산을 중심으로 형성되었던 마을의 풍경은 물론 폐허가 된 광산의 풍경과 가동을 멈춘 일련의 중장비가 고정 쇼트로 제시된다. 이와 같은 미학적 선택에 대해 리트빈체바는 다음과 같이 말한다. "석면의 역사가 가진 흔적들이 자리한 무게감, 그리고 석면 그 자체의 지역화된 특이성을 강조하기 위해 나는 삼각대로만 촬영하기로 했다. 고정 쇼트는 이것이 여기다(this is here)라고 말하는 한 시도다."[38] 가이어할터의 지질학적 실험 다큐멘터리와 유사한 이 고정 쇼트의 관조적인 응시는 석면 제거 작업에 투입된 종사자들의 움직이는 고프로 쇼트와 대비된다. 이미지의 미학적 차원에서 대비되는 이 둘은 지질학적 원소를 둘러싼 두 가지 추출 산업이 이루는 순환적 생태계를 구성한다. "땅으로부터의 추출과 벽으로부터의 추출, 이 두 가지 추출의 논리를 영화적으로 추적하고 그것이 신체와 공간에 미친, 그리고 앞으로도 미칠 영향을 추적하는 것은 무엇을 촬영할 것인가라는 첫 번째 질문과 어떻게 촬영할 것인가라는 형식적인 질문에 대한 출발점을 제공할 수 있다."[39]

지질학적, 경제적, 기술적 힘들의 얽힘으로 생태적 위기를 고찰하는 리트빈체바의 지질학적 영화 제작은 대니얼 만과 공동 감독한 작품 〈살라리움(Salarium)〉(2017, 그림 8-7)에서 반복된다. 이 영화에서 사회적 배우로 등장하는 지질학자 엘리 라즈가 설명하듯, 'Salarium'이라는 라틴어는 소금(salt)은 물론 과거 화폐로 통용되었던 소금으로 지급되는 월급(salary), 그리고 그 월급을 받았던 군인(soldier)의 어원적 기원을 이룬다. 이 기원에 착안하여 리트빈체바는 가자 지구 서쪽 사해 인근에 발생해 온 싱크홀에 작용한 지질학적, 경제적, 군사적 힘을 탐사한다. 따라서 〈석면〉과 유사하게도 〈살라리움〉의 주된 관심사는 싱크홀 그 자체보다는 경관의 변동에 기여

그림 8-7 〈살라리움〉(사샤 리트빈체바, 대니얼 만, 2017) 스틸 사진. 작가 제공.

한 두 가지 행위자, 즉 다양한 인간적 행위자와 지구물리적 행위자의 긴밀한 중첩 양상이다. 먼저 라즈의 발언을 빌려 〈살라리움〉은 싱크홀이 인간이 자연에 미친 행성적인 차원의 영향이 국지적으로 표명된 현상임을 밝힌다. 라즈는 싱크홀이 20세기 중후반부터 생겨나고 증가해 왔으며, 이는 해수면의 침하로 소금을 포함하지 않은 물이 사해 인근 지역에 유입되면서 지하의 소금층을 조금씩 용해시켜 왔기 때문이라고 설명한다. 이와 같은 설명은 다른 한편으로 싱크홀이 인간의 인식 너머에 존재하는 지질학적 변동(여기서는 고대부터 현재까지 두텁게 누적되어 온 소금층)에 기원하면서 대지의 표면은 물론 그 대지의 거주 가능성에 영향을 미치기 때문에 그 자체로 능동적 행위자이기도 하다는 점을 암시한다. "여기서 지질학적인 것은 옛 철학이 상정한 비활성의 이상적 대상과는 거리가 멀다. 싱크홀은 단순히 안정된 매장지에 대한 인간 활동의 정적인 결과만이 아니라, 자연문화 환경의 지속적인 변화의 산물이자 생산자다."[40]

〈살라리움〉에서 지질학적 영화 제작은 자연과 환경적 행위자를 가시화하는 행성적 차원의 전지적, 포괄적 대규모 응시에 함축된 제국주의적 재현 및 세계관에 대한 비판과 결부된다. 리트빈체바가 단언하듯 "풍경에 영화 제작으로 관여하는 것은 어디에도 없는 신의 눈으로 본 조망이 추동하는 시각성에 대항하고, 세계를 아는 *상황적이고 체화된 방식*에의 헌신을 유지하는 시각적 언어의 개발을 향해 작업하는 것이다."[41] 이와 같은 언어를 실험하기 위해 리트빈체바는 두 가지로 움직이는 카메라 촬영 방식을 동원한다. 싱크홀의 분포를 따라가고 그 표면을 스캐닝하는 핸드헬드 촬영은 지구의 표면 및 그 하층의 지질학적 힘과 결부된 움직이는 이미지를 낳는다. 또한 사해 지역의 인구와 자원 관리를 위해 작동하는 군사적 통치술을 형상화하기 위한 개념적 인물로 캐스팅된 세 명의 비전문 배우가 군복을 벗고 사해에서 수영을 즐기는 장면에서 카메라는 수중과 수면을 넘나들며 인체, 풍경, 소금물, 소금 결정체 모두를 담아낸다. 상황적이고 체화된 시각적 지식을 구축하기 위한 이와 같은 두 가지 촬영 방식은 지구의 원소인 소금이 대지와 물, 고체적인 것과 유체적인 것, 지질학적인 것과 인간적인 것을 엮는다는 점을 고려한 선택이다. 〈석면〉과 마찬가지로 소금의 지질형태적인 차원은 이의 추출과 순환에 관여하는 산업적, 기술적 힘들의 풍경에 놓인다. 이스라엘군이 경계하는 대규모 공장 지대를 자동차를 탑승한 상태에서 촬영한 일련의 쇼트들은 사해 접경 지역의 환경 변화에 작용해 온 제국주의적 지정학과 추출 산업의 면모를 드러낸다.

리트빈체바의 지질학적 영화 제작은 스카눌리터의 60분 다큐멘터리 〈매장(Burial)〉(2022)과도 공명한다. 이 작품의 조사 대상은 1983년 준공 당시 가장 강력한 원자력 발전소였으나 최근에 가동이 중단되어 해체 과정을 앞둔 리투아니아의 이그날리나 원자력 발전소(Ignalina Nuclear Power Plant: INPP)다. 그러나 〈매장〉의 궁극적인 탐구 대상은 한편으로는 이 발전소에서 산출된 핵에너지의 역사적 기원, 그리고 다른 한편으로는 핵에너지의 생성 및 지속에 함축된 심층 시간, 즉 발전소의 수명과 인간의 수명 모두를 초월하는 지질학적 시간이다. 이와 같은 이중적 방향 중 핵에너지의 심원한 원소적인 차원을 탐사하기 위해 〈매장〉의 도입부에서 자막은 우라늄의 생성 연도가 66억 년 전임을 알린다. 뒤이어 현미경과 같은 카메라의 움직임은 하나의 금속 조각처럼 보이는 물질을 확대한다. 이어 카메라는 수직적 운동을 통해 그 물질에서 1950년대 소련이 운영했던 폴란드의 비밀 우라늄 광산으로 관객을 안내한다. 이와 같은 도입부는 INPP가 체르노빌의 자매 발전소로 기능했다는 핵에너지의 냉전적인 기원을 넘어, 20세기 중반 이후 현재까지 지속되어 온 핵위기와 방사능 오염에 내재된 지질학적 시간성에 대한 감각과 사유를 촉발한다. 즉, 〈매장〉이 우라늄을 광물학적 물질로 제시하고 탐구한다면, 이는 그 물질이 함축한 "다양한 시간적 규모가 우리가 심층 시간, 심층 공간의 일부로 기술적으로 확장된 것을 이해하기 위해 사용하는 모든 분석 프레임워크에 근본적인 질문을 제기한다"[42]는 점을 의식한 결과다. 그 결과 〈매장〉의 사운드스케이프는 시각 이미지의 표면이 전시하는 우라늄과 핵에너지의 비가시성을 보충하면서 '심층 시간, 심층 공간'을 환기하기 위해 다층적인 잡음, 기계적인 것과 자연적인 것이 뒤섞인 앰비언트 사운드를 포용한다.

뒤이어 카메라가 포착하는 INPP의 내부는 이와 같은 이중적 시간성, 즉 냉전의 역사와 지질학적 시간성이라는 두 시간적 좌표의 교차점에서 지각된다. 그 교차점은 수평적 응시와 수직적 응시의 교차로 변주된다. 수평적 응시는 INPP를 운영해 온 텅 빈 통제실의 다양한 계기판을 향한다. 이와 함께 원자로의 주요 시설들을 해체하는 노동자들의 작업은 종종 버즈-아이-뷰로 포착된다. 우라늄의 농축부터 원자로의 냉각에 이르는 발전소의 구조는 단일한 응시로 파악될 수 없고, 따라서 다양한 시점에서의 개별적인 관찰과 그 관찰로 이루어진 쇼트들의 논리적 연결을 요구한다. 이와 같은 연결을 통해 핵에너지 생성에 요구되는 복합적인 인프라구조의 면모가 시각적으로 구축된다. 그 에너지의 발생과 잔존은 인프라구조의 시각적 광대함을 넘어서는 또 다른 시간적 규모와 연결된다. 이 점을 드러내기 위해 〈매장〉은 프랑스의 한 지역 500미터 지하에 있는 우라늄 및 핵에너지 연구 시설로 이동한다. 이 시설의 내부에 진입하기 위해 카메라가 거쳐 가는 어둡고 긴 콘크리트 복도는 기술의 역사적 지층은 물론 그 이면에 놓여 있지만 비가시적인 광물학적 지층 또한 암시한다. 핵융합과 관련된 일련의 인프라구조 이미지가 이를 둘러싼 황량한 자연적 풍경의 이미지와 연결될 때, 〈매장〉은 인간의 시간 의식을 초월한 핵에너지의 지질학적 선조성은 물론 방사능과 핵폐기물의 느리지만 장기적인 지속으로 관심의 영역을 확장한다. 즉, 〈매장〉은 핵에너지의 생성과 폐기 및 이의 기술적, 군사적 작동이 이루어지는 지하 광산 및 발전소를 비롯한 지구 공간의 시각화에서 출발하여 지구의 원소적, 물질적 차원에 함축된 시간의 다층적인 면모에 도달한다. 그 다층성의 특징은 역사와 지질학적 시간의 겹침은 물론, 핵융합이 낳는 지구의 가속적인 변화와 그 폐기물이 가진 위험의 장기적이고 느린 지속 모두이기도 하다.

파리카가 말하듯 미디어자연에서 "느림과 가속화는 복잡한 방식으로 얽힌다."[43]

지질학적, 원소적 에세이 영화: 오톨리스 그룹, 최찬숙, 데보라 스트라트맨

다큐멘터리 영화가 풍경의 이미지를 넘어 담화와 아카이브 자료를 포함할 때 그 결과물은 에세이 영화 형식을 띠게 된다. 20세기 후반부터 본격적으로 발달한 에세이 영화는 다큐멘터리 영화와 실험영화의 경계를 넘나들고 이 두 영화 제작 양식의 주제적, 기술적, 미학적 요소들을 복합적으로 배치하고 뒤섞으며 특정한 주제에 대한 작가 또는 감독의 사유와 성찰을 전개하는 유동적인 장르로 뿌리내려 왔다. 21세기 들어 세계와 역사, 문화라는 범주의 다층성과 혼종성에 대한 인식의 증가, 그리고 제작·배급·상영에 이르는 디지털 기술의 보급, 그리고 인터넷과 미술관을 포함하여 비표준적 무빙 이미지 형태를 포용하는 플랫폼의 확산 등이 에세이 영화의 세계적 확산에 기여해 왔다.[44]

영화적 구성 요소들의 내적 이질성과 이들 사이의 관계를 구축하는 몽타주의 연합적인 논리, 작가의 주체성과 성찰성이 에세이 영화의 주요 특징으로 설명되어 왔다면, 지구의 지질학적 또는 원소적 차원에 참여하는 영화는 이들과 어떻게 관련되는가? 노라 알터의 설명에서 이 질문에 답할 수 있는 실마리를 찾을 수 있다. "에세이 영화는 복잡한 몽타주 배열을 기반으로 고도로 층화된(layered) 텍스트로 구성된다. 여기에는 여러 쇼트와 시퀀스의 중첩, 이중노출, 병렬 프레임을 가질 수 있는 이미지 트랙이 포함된다. 또한 스크린 전체에 직접 쓰인 단어, 간자막 또는 이미지 프레임 외부의 구도 해설 등의 형태를 취할 수 있는 텍스트층(stratum)이 포함되는 경우가 많다."[45] 여기서 '층화된', '층'과 같은 용어는 에세이 영화의 미학적 이질성을 일차적으로 가리키지만 암석권을 포함하여 지구를 구성하는 여러 권역들, 그리고 지구 내부의 다층적인 지질학적 힘과 그 표면의 대기적, 기상학적 요소를 가리킬 수도 있다. 또한 에세이 영화가 재료와 담화 구축의 차원에서 자주 포함하는 이질적인 시간성은 행성으로서의 지구를 구성하는 인간의 역사적 시간성들과 지질학적 시간을 포함하는 방식으로 구체화될 수도 있다. 즉, 에세이 영화가 텍스트의 조직 및 시간과 공간 접합의 차원에서 다루고 활성화하는 겹침과 층의 면모는 지구의 지질형태적인 차원을 이루는 비인간 행위자는 물론 이와 결부된 신화적, 역사적 상상력과 제도적, 인식론적 힘을 포용하고 성찰하는 데 유용하다. 이와 같은 방식으로 에세이 영화는 성찰의 대상은 물론 성찰의 형식에 있어서도 지질학적인 동시에 원소적일 수 있다.

　작가이자 큐레이터, 이론가인 코도 에슌과 안잘리카 사가가 2002년 결성한 컬렉티브인 오톨리스 그룹(The Otolith Group)의 에세이 영화 중 일부는 지구의 행성적인 국면을 구성하는 지질학적 힘과 이를 둘러싼 인간의 제도적, 기술적 절차 간의 관계를 성찰함으로써 인류세에 대한 대안적 지식과 보기 방식을 모색해 왔다. 2011년 3월에 발생한 도호쿠 대지진의 여파를 탐구한 〈래디언트(The Radiant)〉(2012)에서는 실험실을 넘어 자연 환경과 인공적 환경에 스며든 방사선의 영향력을 조사한다. 이 여파의 중심은 쓰나미로 초래된 후쿠시마 다이치 원전의 피해가 대지, 대기, 바다에 미친 영향이다. 인명과 재산, 환경 파괴에 대한 뉴스 보도 화면을 과학자, 활동가, 후쿠시마 지역 주민, 예술가 등과의 인터뷰와 중첩시키면서 이 작품은 다이치 원전의 건설과 관련된 1966년에서 1971년까지의 기록영화를 통해 핵개발과 관련된 전후 과거의 유토피아를 조사하고 나아가 방사능의 잔존이 지구의 미래에 작용하는 방식 또한 성찰한다.

〈래디언트〉의 가장 지배적인 이미지는 원전에서 수십 킬로미터 반경에 있는 마을과 자연 환경의 텅 빈 풍경이다(그림 8-8). 원전 가동 중지 이후 대피 명령에 따라 인간의 활동이 증발된 이 풍경 이미지 안에는 오직 새 소리와 벌레 소리, 그리고 기계의 이미지를 청각적으로 환기시키는 효과음만이 들린다. 오염 지대의 버려진 마을에는 방사능 측정을 자원한 소수의 노년층 거주자만이 남아 있다는 점이 입증하듯, 이 마을은 과학자들의 방사능 검출 활동과 방사능 오염에 대응하는 활동가들을 위한 일종의 실험실로만 기능할 뿐이다. 이와 같은 세계는 인류세 담론 이후 예술과 비평 영역 모두에서 제기되고 상상되어 온 멸종 이후의 또는 인간-없는 세계이기도 하다. 이와 같은 포스트-인간중심적 세계가 제기하는 성찰의 과제는 한편으로는 자연적 요소의 행위성이고 다른 한편으로는 방사능의 비인간적 행위성이다. 그러나 이러한 두 가지 행위성을 탐구하고 시각화하는 오톨리스 그룹의 유물론은 인간의 감지와 의식을 벗어난 물질과 자연에 대한 유물론적 관점뿐 아니라 핵개발의 역사와 관련된 유물론적 관점 또한 소환한다. 이런 의미에서 작가들은 1960년대 이후 일본의 핵시설 개발과 관련된 기록영화 푸티지, 그

그림 8-8 〈래디언트〉(오톨리스 그룹, 2012) 스틸 사진. 작가 제공.

리고 재난 관리를 위해 데이터 시각화 장비를 동원하여 지진파를 관측하고 예측하는 일본 지질학자들과 기상학자들을 기록한 이미지를 이 작품의 비중 있는 구성 요소로 취급한다. 데모스가 지적하듯 〈래디언트〉는 "현재의 지정학을 역사화되고 정치화된 사변적 실재론과 결합"[46]한다.

두 유물론의 이와 같은 접합 과정에서 〈래디언트〉가 탐구하는 주제 중 하나는 인간중심주의적 조건을 벗어난 세계와 그 세계를 구성하는 객체로서의 방사능을 시각화하는 방법에 대한 질문이다. 이 작품의 한 시퀀스에서 원전 인근의 농촌 마을을 촬영한 흑백 이미지는 후쿠시마 원자로에서 방출된 방사능의 전자기적 발광을 기록할 수 있는 적외선 특수 카메라로 촬영되었다. 따라서 이 장면에서의 가시성은 사실상 인간의 시각은 물론 표준 카메라의 광학적 가시성을 넘어서는 가시성, 즉 비가시성의 가시성이다. 이 역설은 이와 같은 특수 카메라에는 일반 카메라와는 달리 적외선의 기록을 방지하는 필터가 없다는 사실을 작가들이 발견했기 때문이다. 이

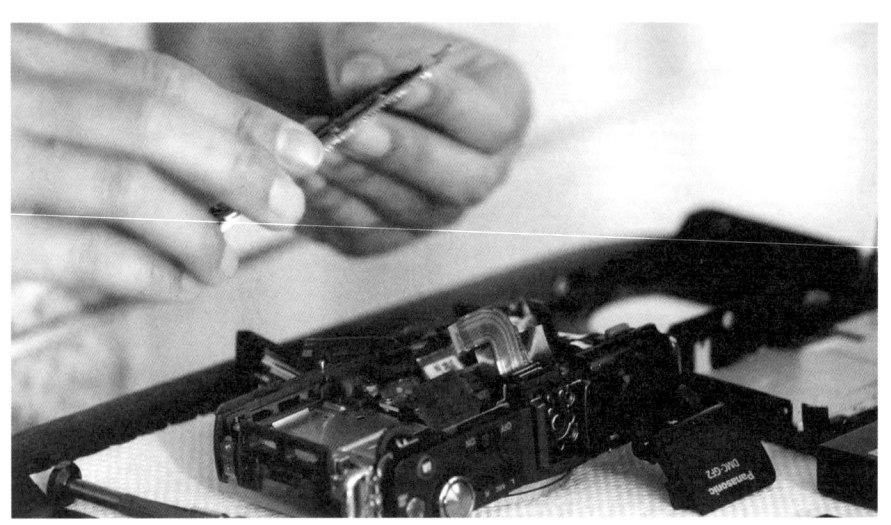

후 작가들은 한 여성 과학자를 초대하여 상용 카메라를 해부하고 변경하여 적외선을 기록할 수 있게끔 하는 과정을 작품에 포함시킨다(그림 8-9, 10). 이는 하이퍼객체로서의 방사능이 가시성을 포함한 미학의 문제를 제기한다는 점, 또한 방사능이 비인간적 행위자로 구성되기 위해서는 인간의 지각으로 연장되지 않는 광학 장치의 매개가 필요하다는 점을 예시한다. 이는 방사능 유출과 지진의 위협으로 황폐화된 지구의 면모를 탐사하는 작품의 전반적 흐름에서 일시적으로 벗어나는 여담적인(digressive) 시퀀스로 존재한다. 하지만 이 시퀀스는 영화 장치의 사진화학적 토대를 방사능이라는 미세 물질과 결부되는 '수행적 리얼리즘'의 관점에서 성찰하고, 카메라의 가시성을 지구의 광학적, 물질적 요소를 포함하는 것으로 다룬다는 점에서 가장 지질형태적이다.

　지구의 지질형태적인 요소와 그 행위성이 제기하는 기술적 가시성의 문제에 대한 오톨리스 그룹의 성찰은 〈지구 영매(Medium

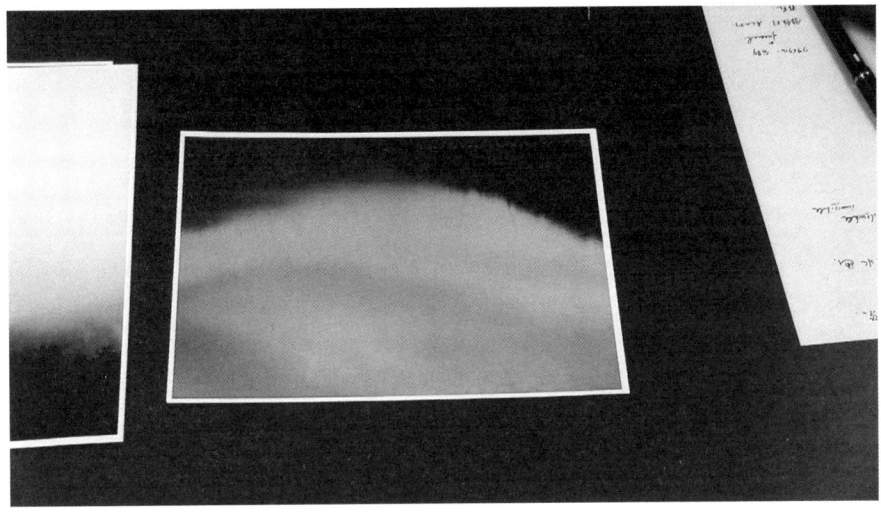

그림 8-9, 10 〈래디언트〉(오톨리스 그룹, 2012) 스틸 사진. 작가 제공.

Earth)〉(2013)에서 남부캘리포니아의 사막과 암반 이미지로 이어진
다. 단층계에 기록된 지진파로만 어렴풋이 가시화될 수 있는 지질
학적 변동의 오랜 역사는 인간의 삶과 세계에 영향을 미치고 인간
중심적 세계관에 의문을 제기해 온 비인간적 행위자의 역사이기도
하다. 인간의 시간과 지질학적 시간 간의 얽힘을 표현한다는 점에
서 〈지구 영매〉는 〈매장〉과 합류한다. 그러나 〈매장〉과는 달리 이
작품은 자신의 역사를 가진 지구의 행위성을 더욱 중요하게 취급한
다. 이 점은 이 작품의 문을 여는 동시에 지배적인 이미지가 지면에
갈라진 틈새라는 점에서 드러난다. 이 틈새는 지진 등의 지구물리
적 변화를 낳는 단층의 존재와 연결되고, 지구 표층에서는 비가시
적인 지질학적 힘의 지표가 된다. 그 힘을 일깨우기 위해 〈지구 영
매〉의 카메라는 남캘리포니아 유카탄 밸리와 조슈아 트리 공원 일
대의 황량한 사막과 산맥을 광활한 응시로 포착한 후, 대지의 표면
을 문자 그대로 스캔하는 듯한 패닝과 클로즈업을 통해 고속도로

의 틈새, 토양과 암석 표면의 기묘한 모양과 갈라짐을 탐사한다(그림 8-11). 〈지구 영매〉의 내레이션은 이 표면과 틈새 이면의 실체를 드러내기보다는, 바로 이 비가시적인 힘의 원천인 지구의 관점에서 본 세계를 사변적으로 성찰한다. 이와 같은 담화는 "바람이 암석을 풍화시키고 돌에 글씨를 쓰는 방식"을 살펴보며 "광물 생명체와 지각 단층의 관점에서 이미지를 구성하고 음향을 기록하는"[47] 것을 목표했던 오톨리스 그룹의 기획에서 비롯된다. 이와 같은 맥락에서 볼 때 이 영화에서 "파노라마 쇼트의 대부분은 모든 것을 아우르는 경험의 선결 조건으로 종종 파악되는 거리를 불가능하게 하고, 대신 지구의 인간을-넘어선 역사를 개방하고 그에 접근하는 방식으로 지구의 촉지적(haptic) 이미지를 우리에게 준다."[48]

눈으로 만지는 것과 같은 이와 같은 감각은 지구의 지질형태적 차원을 탐구하는 에세이 영화의 인식론적, 미학적 문제와 연결된다. 대지와 암석의 이미지는 지구의 지질학적 변동을 직접적으로 가시화하는 것은 아니기 때문이다. 따라서 〈지구 영매〉의 시각적 이미지가 환기하는 촉지적 감각은 한편으로는 카메라의 지표적인 기록성이 가진 역량을 긍정하면서도 다른 한편으로는 그 한계를 인정하는 것이기도 하다. 보이스오버 담화가 이와 같은 이중성에 호응한다. "소리, 나의 징후들, 냄새, 그것들은 파동의 형태로 계속 돌아온다" 등의 내레이션은 시각적 이미지의 인식적, 미학적 한계를 보충하면서 그 이미지를 지구의 원소적인 차원에서 읽을 수 있는 통로를 개방한다. 오톨리스 그룹은 이와 같은 독해의 가능성을 다음과 같이 시사한다. "행성의 숨겨진 내부 지층을 환기하고자 하는 욕망은 지구의 표면에 대한 형태학적 해석에 자리를 내준다."[49]

그림 8-11 〈지구 영매〉(오톨리스 그룹, 2013) 스틸 사진. 작가 제공.

지구의 원소적인 차원은 카메라의 광학적 접근만으로는 파악될 수 없다. 이때 지질형태적 에세이 영화는 카메라를 지구에 내재적인 것으로 상정하고, 카메라가 구성하는 시각성의 한계와 대안적 시각성의 잠재력 모두를 탐구할 필요가 있다. 이처럼 외재성을 회피하는 카메라는 자연과 분리된 인간의 관점을 연장하여 지구의 깊이를 탐사하고 지구에 대한 총체적인 시각적 지식을 구축하고자 하는 자연 다큐멘터리의 시각적 욕망에 대한 비판적 성찰의 계기를 마련한다. 골드스미스가 〈지구 영매〉에서의 카메라의 응시를 '추출적 관점(extractive view)'에 대한 대안으로 본 이유가 여기에 있다.[50]

한국 작가 최찬숙의 비디오 에세이 설치 작품인 〈큐빗 투 아담(qbit to adam)〉(2021)에서 대지와 지구에 대한 탐구는 "과연 우리는 어디까지 '몸'이라고 정의할 수 있을까"[51]라는 질문에서 파생되었다는 점에서 신유물론의 기획을 환기시킨다. 이 작품에서 인간 육체는 대지와 금속, 무기물, 디지털 아바타와 접속한다. 그런 점에서 최찬숙의 몸에 대한 질문은 스테이시 얼라이모가 말하는 횡단–신체성(trans-corporeality) 개념과 호응한다. 얼라이모에 따르면 횡단–신체성은 "인간 신체, 비인간 피조물, 생태적 시스템, 화학적 행위자 등을 포함한 다른 행위자의 종종 예측 불가하고 원하지 않은 작용들을 인징하는 움직이는 공간을 개방한나."[52] 이러한 공산이 다른 장소들 간의 이동이라는 횡단을 포함하기 때문에 신체에 대한 질문이 대지의 지정학적, 역사적, 지형학적 변동에 대한 질문으로 연장되는 것은 자연스럽다. 암석과 금속의 지질학적 층위에 대한 탐사 또한 대지에 대한 성찰에 자연스럽게 중첩된다. 이와 같은 중첩을 탐구하고 구현하는 데 있어 에세이 영화의 구성적, 형식적 이질성은 효과적으로 활용된다.

〈큐빗 투 아담〉에서 자연사와 인간사 모두를 내포한 대지의 구성성분인 암석은 다양한 담화를 체화하며 세계관을 확장하고 변신한다. 3차원 컴퓨터 애니메이션으로 렌더링된 암석은 우선 4채널로 구성된 이 작품에서 유일하게 다른 장소에 독립적으로 배치된 스크린에 현전한다. 그러나 작품이 진행될수록 그 암석은 다른 세 개의 스크린으로 월경하면서 칠레 북부 아타카마 사막의 역사와 현재, 그리고 인간 신체와 접속한다. 작품의 초반에 등장하는 코퍼맨(Copper Man)은 이와 같은 접속의 시작점으로 기능한다. 1899년 칠레 북부 한 고대 광산에서 발견된 한 미라는 신체가 초록빛 구리로 변성되었기 때문에 '코퍼맨'이라 불리게 되었다. "몸과 땅의 경계가 구분되지 않기"에 코퍼맨의 몸은 "돌이자 광산"이라고 말하는 내레이션은 코퍼맨을 횡단–신체성의 흥미로운 체화로 규정한다. 코퍼맨은 한편으로는 인간사와 독립적으로 진행된 지질학적 시간에서 파생된다. 즉, 그것은 마누엘 데란다가 말한 지질학적 변화, 즉 생명을 구성하는 물질과 에너지의 갑작스러운 무기물화(mineralization)와 호응한다. "그것은 생물학적 피조물의 창발을 위한 기층으로 기능했던 무기물의 세계가 스스로를 다시 언명하는 것과 같은데, 이는 지질학이 지구 진화의 원시적 단계 뒤에 남기는커녕 부드러운 젤라틴의 새로운 존재들과 완전히 공존했다는 점을 확인한다."[53] 코퍼맨이 화면에서 사라진 이후 검은 화면에 부유하는 암석은 무기물이 육안으로는 파악될 수 없는 에너지와 전자기파를 방출한다는 점을 밝힌다. 여기에서 암석의 이미지는 빛의 스펙트럼 이미지로 변모하는데, 이는 무기물로서의 암석을 유기체로서의 신체와 동일한 존재론적 지평 및 행위적 역량을 가진 것으로 파악하는 신유물론의 관점을 상연하면서 신체의 정의와 경계에 대한 질문을 심화한다.

이와 같은 질문에 근거하여 〈큐빗 투 아담〉은 생명을 구성하는 무기물의 자연사를 식민적인 자본주의 이후의 인간을 지질학적 변동의 행위자로 재인식하는 역사 인식으로 변위시킨다. 붉은 필터로 처리된 아타카마 사막의 황량한 풍경을 보여주고 그곳에 자리한 폐광산을 화학 물질로 오염된 죽음의 땅으로 소개할 때, 암석은 본격적으로 대지 위를 부유한다. 칠레 광산 노동자의 죽음과 땅의 소유(공유지에서 사적 소유로의 전환) 문제로 사유의 지평을 넓힐 때, 암석은 신체의 피부와 같은 입체로 변모하고, 접히고 펼쳐지면서 고원으로 굴곡진 사막과도 같은 영토를 이룬다. 이것이 대지의 변위, 대지와 신체의 얽힘과 그 얽힘의 배제에 대한 성찰("나의 몸과 땅, 나의 몸과 타자의 몸, 땅과 몸의 관계에서 생겨나는 장소성과 다양한 노동의 형태와 같이 개인의 소유로 직결되기 어려운 수천의 많은 관계들이 생략되었다")을 전개하는 암석의 역량이라면, 또 다른 역량은 지구의 지질학적 층위와 미디어 기술의 구성적 층위가 수렴하는 광물 및 금속으로서의 암석이 가진 역량이다. 그 역량에 대한 성찰은 1984년 사이버스페이스의 탄생 이후 새로운 땅과 신체(텍스트, 이모티콘, 아바타)의 발명이 반도체 게기판처럼 렌더링된 세계지도와 중첩될 때, 세계 각국에서 아타카마 사막에 설치한 66개의 위성 안테나 이미지로 이어질 때, 그리고 데이터센터의 어둡고도 차가운 이미지와 데이터의 사멸성에 대한 언급으로 도약할 때 구체화된다. 이처럼 암석과 광물을 오늘날의 디지털 세계와 신체를 구성하는 원소이자 인프라구조로, 즉 미디어적 물질(mediatic matter)[54]로 취급함으로써 〈큐빗 투 아담〉은 신유물론적인 관점을 파리카가 말하는 미디어자연, 즉 기술적 미디어를 근원적으로 구성하는 지구물리적, 지질학적 자연의 수준으로 업그레이드한다.

최찬숙은 〈큐빗 투 아담〉에서 이런 식으로 인간사와 자연사를 매개하는 데 있어서 드론 촬영과 CGI라는 두 가지 기술적-미학적 요소를 활용하고, 이들은 물리적 지시체와 인간 응시의 연장이라는 두 가지 한계를 넘어서는 방식으로 횡단-신체성과 변위를 시각화한다. 드론 카메라의 수직적인 조망이 보여주는 아타카마 사막의 황량함과 시각적 경이는 인류세의 영향을 지구 곳곳을 방문하며 촬영한 에드워드 버틴스키의 사진이 항공 촬영을 통해 담아 낸 그 풍경을 떠올리게 한다(2장에서 다룬 다큐멘터리 〈인류세: 인간의 시대〉가 예시하듯 실제로 그는 아타카마 사막의 리튬 광산을 촬영했다). 대규모의 화석연료 채굴과 기후변화가 초래한 지구의 변화를 수직성의 조망으로 촬영한 버틴스키의 사진은 경이와 공포 모두를 자아내면서 인류세에 대한 미적 감각을 고양하는 데 기여했다. 그러나 다른 한편으로 버틴스키의 항공 촬영 사진은 "환경 윤리가 제거된 기술적이고 심지어 지질학적인 지배의 도착적인 시각적 아름다움을 스펙터클하게 극화한다"[55]는 데모스의 비판을 받기도 했다. 이처럼 오늘날 인류세 또는 생태적 위기를 다루는 시각 미디어 작업에서 드론 촬영의 수직적 시각이 갖는 미학적, 정치적 함의는 논쟁의 대상이다. 하지만 2장에서 밝힌 바와 같이, 대지와 그 위의 행위자를 목표물이자 시각적 객체로 환원하는 수직적 지배의 환상이 드론 촬영의 유일한 효과는 아니다. 즉, 인간의 응시로부터 벗어난 드론의 탈체화된 응시는 익숙한 세계를 낯설게 보게끔 함으로써 그 세계에 대한 갱신된 관점을 구축할 수 있는 토대를 마련할 수도 있다. 〈큐빗 투 아담〉에서 드론 카메라가 번역하는 이동과 변위의 경험은 가시적인 영토의 포괄적 재현을 넘어선다. CGI로 렌더링된 암석과 결부된 칠레의 풍경은 사막으로, 광산으로, 광물로, 나아가 인간의 피부로 변화하기 때문이다. 따라서 이 작품에서 드론의 시각성은 인간과 탈상관적인 초월성과 유동성을 유지하면서도 인간중심적인 시각을 연장하지 않는다. 대신 그 시각성은 한편으로는 풍경을 낯설게 만듦으로써 대지와 암석의 행위적 역량에 대한 갱신된 감각을 고양하고, 다른 한편으로는 지구의 지질형태적 차원에 오랫동안 관여해 온 추출적인 경제 및 기술에 대한 인식을 견인한다.[56] 궁극적으로 지질형태적 비디오 에세이로서의 〈큐빗 투 아담〉은 세계를 비인간적인 응시로 기록하면서도 인간의 동일화를 요구하는 탈체현적 카메라, 그리고 카메라의 가시성 속에 수렴되지 않는 객체와 지구로 이루어진 세계-만들기를 수행하는 컴퓨터 그래픽의 분업으로 완성된다.

데보라 스트라트맨의 〈마지막 것들(Last Things)〉(2023)에서 지구의 지질형태적 차원에 성찰은 신유물론과 인류세 담론을 경유하여 실험영화의 기법과 방법론으로 전개된다. 광물과 운석에 대한 탐구는 임식과 지층, 자기력 등의 시질학석 형성 과정, 이와 같은 과정과 연결된 비인간중심적 시간관에 대한 시청각적 사유를 이끈다. 두 명의 여성 내레이터가 인류세가 제기하는 두 가지 시간성, 즉 인간 '이전'의 시기와 인간 '이후'의 시기를 대표한다. 로렌스대학교 교수인 지질학자는 광물과 운석이 수십억 년 전의 태양계 및 지구 형성 과정에서 비롯되었음을 밝히면서, 암석은 인간의 의식이라는 관점에서는 기억하지 않지만 인간의 의식 없이도 인간의 시간 규모를 넘어서는 과거를 기억한다는 점을 강조한다. 또 다른 내레이터인 프랑스 여성 영화감독 발레리 마사디앙은 로제 카유와, 클라리시 리스펙토르, 린 마굴리스 등의 글쓰기를 참조하면서 한편으로는 석탄기 이전의 지구에 대한 이야기를, 다른 한편으로는 방사능과 기후 대재앙 이후에 살아남은 인간에 대한 사변적 성찰을 전개한다. 여기에서 마사디앙의 담화는 지질학적 시간의 미래가 인간의 시간이 절멸했음을 뜻하는 일종의 비-시간성임을 암시한다. 인간의 시간 프레임을 초월하며 분기하는 과거와 미래 사이에는 "인간은 생명의 엄청난 파괴자가 되었다", "미묘한 에너지와 모호한 그 자체로 노예가 된 것처럼 보였다" 등의 내레이션이 밝히듯 인간에 의한 지구의 변동이 놓인다. 〈마지막 것들〉이 행성적 영화인 궁극적인 이유는 이처럼 지질학적 시간의 양쪽 괄호 안에 인간의 역사가 삽입되기 때문이다.

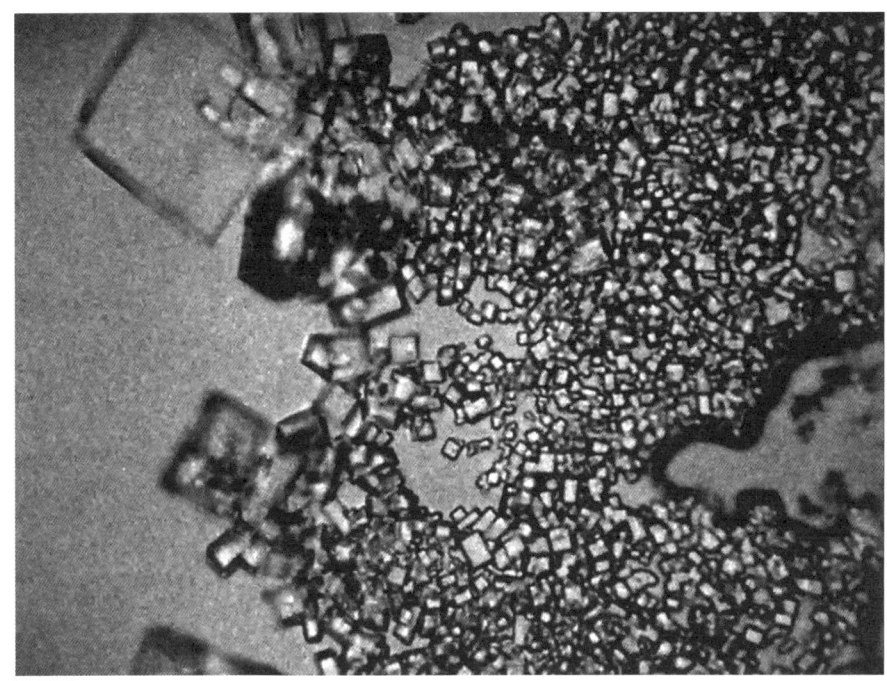

그림 8-12 〈마지막 것들〉(데보라 스트라트맨, 2023) 스틸 사진. 작가 제공.

이처럼 다양한 시간 축을 포괄하는 지질학적 행위자를 다루기 위해 스트라트맨은 바위와 석회 동굴 등을 포함하는 풍경의 이미지 이외에도 탐사선에서 관측한 화성의 표면을 기록한 미 항공우주국 기록영상 이미지, 그리고 지질학자의 실험실과 자연사박물관 등에서 촬영하거나 획득한 광물 입자와 결정체의 현미경적인 이미지를 배치한다(그림 8-12). 특히 이 작품에서 가장 지배적인 광물의 이미지는 영화의 물질적 지지체인 셀룰로이드의 변형과 접속하며 지구의 지질학적, 원소적인 차원을 인간중심적 시각을 최소화한 촬영과 화학적 기법으로 탐구한 실험영화의 유물론적 전통과 합류한다. 현미경으로만 관찰할 수 있는 광물 결정체의 역동적인 움직임은 한편으로는 지구의 비인간적 행위성에 대한 신유물론의 관심과 공명하면서도 다른 한편으로는 인간중심적 재현을 벗어난다. 이와 같은 광물의 이중적인 면모에서 인간 이전의 과거와 인간 이후의 미래에 대한 담화가 파생된다. 따라서 〈마지막 것들〉은 본질적으로 인간의 시간을 초과하는 지질형태적 힘을 다루는 영화 제작이 "영화 매체의 한세와 인간의 상상력의 한계를 동시에 다루는 방식"[57]이기도 함을 입증한다. 그 한계에 대한 인식은 광물과 금속의 분자적인 운동을 이미지의 물질성에 비인간적인 방식으로 기입하면서도 지구 자체를 이질적인 이미지와 담화의 배치로 재구성하는 작품 전체의 조직 방식으로 이어진다. 이와 같은 방식은 데란다의 다음과 같은 존재론적 설명을 영화적으로 체화한다. "바위와 바람, 세균과 단어는 모두 이 역동적인 물질적 실재의 다른 표현, 즉 이 단일한 물질-에너지가 자신을 표현하는 상이한 방식을 대표한다."[58]

결론

이 장에서 다룬 지질형태적 영화와 무빙 이미지 작품들은 지구의 행성적인 면모를 실험적인 촬영과 편집, 담화를 통해 탐구하면서 지구의 물질적 행위성에 대한 감각을 갱신한다. 이를 통해 대지와 광물, 암석과 자원에 얽힌 기술적, 지정학적, 사회적 힘을 드러내면서 그러한 행위성을 포착해 온 표준적인 인간중심적 응시와 지식 구성 방식에 대한 대안을 모색한다. 이와 같은 지향성을 통해 제시되는 지구는 지질학적 시간성과 인간의 역사가 교차하는 행성으로, 공통의 전체로 파악되면서도 다수의 카메라 배치와 이질적 이미지 재료, 복수의 담화와 사운드 경관을 포함하는 일종의 결합체로 건축된다. 이질성과 연결의 이와 같은 공존은 이바키프가 영화의 지질형태적인 면모를 설명하는 방식과 호응한다. "영화는 세계의 단절된 조각, 즉 큐비즘과 같은 배치 안에 함께 묶일 수 있는 부분, 이미지, 단상들을 보여준다는 점에서 세계의 분절화 또는 파편화를 낳는다."[59] 이 장에서 다룬 감독과 작가들은 카메라와 이미지를 한편으로는 지구에 내재적인 객체로 간주하고 다른 한편으로는 지구의 고체적, 액체적, 기체적 요소를 탐구하고 가시화하는 도구로 다룸으로써 인간중심적인 전제와 다른 방식으로 존재하고 작동하는 미디어로 영화를 재창안한다. 이것은 완전히 새로운 형태의 영화를 낳기보다는 21세기의 생태적 위기와 그 위기의 기원인 지구의 행위성이 영화 장치와 이미지의 비인간적 면모에 대한 인식과 응용을 촉발했다는 점에서 영화의 물질적, 존재론적 전환이다. 비가시성을 인정하면서도 가시성의 한계를 시험하는 풍경의 영화부터 지질학적 시간성과 인간의 역사를 교차시키는 복합적 담화를 전개하는 에세이 영화에 이르기까지 무빙 이미지는 움직이는 지구의 과거와 그 불안정한 현재에 참여하면서 위기미디어의 한 양상을 예시하고 있다.

9장

포스트-재현 체제와 예술

계산 사진과 포스트-재현 체제

히토 슈타이얼의 『스크린의 추방자들』에 수록된 글 중 동시대 디지털 시각 장치와 이미지를 논의하는 「자유낙하: 수직 원근법에 대한 사고 실험」, 「빈곤한 이미지(poor image)를 옹호하며」, 「당신이나 나 같은 어떤 것」, 「지구의 스팸: 재현에서 후퇴하기」, 「컷! 재생산과 재조합」은 하나의 전제를 공유한다. 그 전제는 오늘날의 시각문화가 형성하는 응시, 세계상, 이미지 소비와 순환의 경제 등이 근대적인 시각 체제의 미학적, 기술적 가정들을 넘어섰다는 것으로 슈타이얼은 이를 '포스트-재현(post-representation)'이라는 키워드로 설명한다. 한 인터뷰에서 슈타이얼은 포스트-재현 국면이 뜻하는 바를 다음과 같이 설명한 바 있다. 사진을 예로 들자면 재현적 양식이란 지시체가 사진 이미지의 외부에 미리 존재하고 카메라를 비롯한 광학적 장치들이 그 지시체와의 지표적 연결(indexical link)을 보증한다는 가정들을 전제한다. 그러나 슈타이얼에 따르면 핸드폰 카메라는 재현적 양식을 벗어나는 장치다. 핸드폰 카메라는 사용자가 렌즈를 통해 보는 것뿐만 아니라, 사용자가 촬영하고 저장하거나 소셜 미디어에 업로드한 사진들의 데이터를 바탕으로 자동적 알고리듬에 따라 이미지를 수정하고 조작하고 생산하기 때문이다. 즉, 이 카메라는 "당신이 이미 촬영한 사진들이나 당신과 네트워크로 연결된 사진들을 통해" 피사체를 바라본다. 그 결과 우리는 핸드폰 사진에서 우리가 원하는 것이라기보다는 "그 핸드폰이 우리에 대해 안다고 생각하는 것"[1]을 보게 된다.

슈타이얼이 포스트-재현 체제의 증거로 제시하는 이와 같은 사례는 이른바 계산 사진(computational photography)이라 불리는 실천에 속한다. 스마트폰 카메라에 장착된 컴퓨터화 기반 이미지 포착과 처리 기법을 뜻하는 계산 사진은 필름 카메라의 광학적 프로세스와 구별된다는 점에서 1990년대 이후 사진의 디지털화가 마련한 포스트-사진(post-photography) 조건에 속한다. 하지만 계산 사진은 사용자가 이미지를 보기 전에 스마트폰 내에서 실행되는 이미지 프로세싱을 뜻하기 때문에 포토숍과 같은 별도의 소프트웨어를 활용하여 이미 촬영된 이미지의 색채와 밝기 등을 제어하고 변조하는 디지털 조작(digital manipulation)과는 구별된다.[2] 계산 사진이 포스트-재현 체제를 도입하는 결정적인 방식은 이미지의 존재, 이미지의 생성과 처리, 이미지의 순환이 이전의 재현 체제와 두 가지 측면에서 결별하기 때문이다. 먼저 계산 사진에서 사진 이미지는 프레임 내에 물리적으로 고정된 이미지도 아니고 단지 디지털 파일로만 볼 수도 없다. 계산 사진에서 이미지는 데이터로 존재한다. 더욱 정확히 말하면 이미지는 메타데이터, 즉 이미지와 독립적으로 저장되는 정보(사진의 촬영 시기, 장소, 카메라 기종, 온라인에서의 조회 수, 사진의 의미와 검색을 위한 태그)를 포함한 데이터로도 존재한다. 스마트폰의 내장 알고리듬과 검색엔진 등이 사진을 자동적으로 읽을 수 있는 이유가 바로 이 메타데이터의 본성 때문이다. 메타데이터로서의 사진 이미지는 독립적으로 존재하지 않고 네트워크 속에서 플랫폼을 통해 인식되고 유통되고 굴절된다는 점에서, 다양한 사용자들의 디지털 기기에서 업로드되는 이미지들과 접속한다는 점에서 네트워크화된 이미지(networked image)다. 이미지의 네트워크화는 페이스북, 인스타그램, 유튜브 등의 정지 이미지 및 동영상 데이터베이스가 너무나도 거대하고 복잡하여 인간의 관찰과 측정을 넘어서는 상황, 이미지의 수집·분석·처리가 인간이 파악할 수 없는 속도와 스케일로 자동적으로 이루어지는 상황과 연결된다. 이와 같은 상황들이 낳는 새로운 이미지 생태계를 숀 커빗은 대규모 이미지(mass image)라 부르며 이 생태계의 첫 번째 도전을 비가시성으로 규정한다.[3] 대규모 이미지라는 네트워크화된 이미지 생태계 내에서 개별 이미지는 데이터의 수학적 가치에 따라 다른 이미지와 관계를 맺고 알고리듬의 계산에 따라 잠정적으로 의미를 부여받는다는 점에서 불완전하고 비결정적이다. 대니얼 루빈스타인과 카트리나 슬루이스가 말하듯, 네트워크 환경은 사진을 "지표성 또는 재현을 통해서가 아니라 데이터의 집적과 위상 배체를 통해 의미를 낳는 일종의 불안정한 표면으로"[4] 수립한다.

계산 사진이 사진적인 재현 체제와 단절하는 두 번째 방식은 기계적 시각의 새로운 국면이다. 넓게 보면 이는 물론 재현적 미디어와의 완전한 단절은 아니다. 조안나 질린스카에 따르면 사진은 19세기부터 본래적으로 비인간 사진(nonhuman photography)의 영역을 포함했다.[5] 아날로그 미디어로서의 사진과 영화는 인간의 눈으로 환원될 수 없는 기계적 시각을 통해 인간의 눈으로 관찰하기 어려운 물리적 현실을 드러내거나, 인간의 눈과는 다른 방식으로 그 현실의 단면을 보게끔 촉진했기 때문이다. 이와 같은 기계적 시각은 장 엡슈타인, 지가 베르토프, 지크프리트 크라카우어 등 많은 이들이 20세기의 모더니티를 구성하는 동시에 모더니티의 세계를 포착하고 가시화하는 미디어로 사진과 영화의 중요성을 강조한 이유이기도 하다.[6] 2장에서 살펴보았듯 이와 같은 자동화된 기계적 시각은 드론과 위성 사진 등의 탈인간적인 수직적 조망으로 연결되고, 이와 같은 조망은 인간을 세계의 중심으로 상정했던 원근법적 재현 체계의 수평적 조망을 교란해 왔다. 그러나 계산 사진과 연결된 네트워크화된 이미지의 생태계는 사진화학적 미디어의 기계적 시각으로 환원되지 않는 시각적 지각과 인식의 장을 개방한다. 이와 같은 단절의 양상은 네트워크화된 이미지 생태계 내에서 기계적 시각의 미디어가 더 이상 카메라의 연장으로 환원되지 않는다는 점을 고려할 때 분명하게 드러난다. 계산 사진의 자동적인 기계적 시각은 트레버 패글렌의 표현을 빌리면 '보는 기계(seeing machine)'에 속한다.

> 보는 기계는 사진에 대한 확장적인 정의다. 인간이 기술을 사용하여 세계를 '보는' 방식뿐만 아니라 기계가 다른 기계를 위해 세계를 보는 무수한 방식을 포괄하기 위한 것이다. 기계는 뷰파인더 카메라, 감광

성 필름 및 인화지와 같은 친숙한 사진 장치와 범주를 포함하지만 그 범위를 훨씬 뛰어넘는다. 여기에는 아이폰부터 공항 보안용 후방 산란 영상 장치, 지구의 저궤도 전자광학 정찰 위성, 슈퍼마켓 계산대의 QR코드 리더, 국경 검문소의 얼굴 인식 감시 카메라, 민영화된 자동 번호판 인식 시스템 네트워크, 군용 광역 공중 감시 시스템, 구글의 스트리트 뷰 차량에 탑재된 카메라에 이르기까지 모든 것이 포함될 수 있다.[7]

보는 기계가 포스트-재현 체제를 도입하는 방식은 사진 미디어의 변경된 존재론에만 국한되지 않는다. 포스트-재현 체제의 심원한 위기는 이미지와 그 이미지를 생산하고 매개하는 미디어의 존재 방식에 내재한 위기, 그리고 이미지에 대한 지식 및 이미지를 통한 지식과 연결되는 인식론적 위기 또한 포함된다. 패글렌의 '보는 기계' 개념은 동시대 사진 연구에서 사라 켐버가 제시한 편재적 사진(ubiquitous photography) 개념과 상응한다. 5장과 6장에서 살펴본 것처럼 연산미디어가 주체의 감각과 의식은 물론 세계의 사회문화적, 물질적, 환경적 차원을 근본적으로 재편하는 유비쿼터스 컴퓨팅(ubiquitous computing)으로 확장해 왔다면 이와 같은 사정은 사진 이미지와 사진적 미디어에도 적용된다. 켐버에 따르면 오늘날 사진은 이제 가상현실, 증강현실 등으로 전송되고 경험되는 이미지, 얼굴 인식 시스템 등을 포괄하면서 유비쿼터스 사진(ubiquitous photography)으로 확장했다. 이와 같은 변화의 의미는 사진 미디어가 더 이상 아날로그 사진의 디지털화나 기존에 인증된 디지털 사진 미디어(디지털 카메라와 같이)라는 관점만으로는 포착되지 않는다는 것이다. 공학과 사이버네틱스, 건축과 법의학, 경제학에서 적용되는 기술과학적 기법과 형태들이 전통적인 사진의 영역과 점점 긴밀히 결부되어 왔기 때문이다. 이런 관점에서 볼 때 유비쿼터스 사진 개념은 "사진이 이제 네트워크화되고 분산되고 내장되고 비가시적인 컴퓨팅이라는 산업 주도의 하향식 비전에 등록됨"을, "지속적인 매체로서의 사진보다 사진 코드, 관습 및 의식에 훨씬 더 많이 투자되고 있음"[8]을 뜻한다. 유비쿼터스 사진으로의 전환 속에서 데이터로서의 이미지는 더 이상 세계의 회화적 재현이나 세계의 광학적 흔적만으로는 존재하지 않는다. 앤드루 듀들리가 말하듯 컴퓨터와 네트워크 기반의 사진적 도구들은 "기계적인 눈에 의존하던 시각 중심의 세계관이 데이터와 신호의 작동에 의해 전복되는, 시각-그-이상(more than visual)이자 비재현적인 것이 결정하는 시대로 접어들었음을 시사한다."[9] 앤서니 매코스커와 로언 윌켄이 지적하듯 기계적 지능으로 작동하는 자동화된 시각이 불안과 취약함을 환기하는 이유는 그로 인해 "보기 또는 시각에 대한 자족적인 인간중심적 개념이 갖는 특권을 더 이상 주장할 수 없기"[10] 때문이다. 이들에 따르면 '보는 기계'의 확산은 인간의 지각을 연장하거나 보완하는 광학적 카메라의 의식과는 구별되는 새로운 종류의 카메라 의식(camera consciousness)을 낳는다. 드론, 자율 주행 차량, 얼굴 인식 시스템 등으로 분산되는 동시에 연결된 이와 같은 카메라 의식은 한편으로는 가시성과 인식의 새로운 영역을 구성하지만, 다른 한편으로는 기존의 가시성과 인식에 대한 인식적, 사회적, 문화적 가정을 근본적으로 교란한다.

　슈타이얼은 계산 사진이 휴대폰이라는 기기를 넘어 전통적인 사진 모델을 초월하는 포스트-재현 체제를 대표하는 두 가지 방식(즉 네트워크화된 환경 내에서 데이터로서의 존재와 광학적 카메라를 넘어선 '보는 기계'로서의 장치)을 다음과 같이 간파한다. "계산 사진은 제어 로봇 공학, 객체 인식, 기계학습 테크놀로지를 연결시킨다. 따라서 당신이 스마트폰으로 사진을 한 장 찍는다면… 그 사진은 예기치 못한 것을 보여줄 수 있는데, 왜냐하면 그것이 교통 규제, 의료 데이터베이스, 페이스북의 사진 갤러리, 신용 카드 데이터, 지도들, 그 외 원하는 무엇이든 여러 다양한 데이터베이스들을 교차 참조했을 것이기 때문이다."[11] 계산 사진이 대표하는 이와 같은 두 가지 국면은 슈타이얼에게 복합적인 위기의 원인이다. 한편으로는 정치적 위기가 있다. 즉, 슈타이얼에게 '포스트-재현'은 재현을 넘어 대의제의 문제가 된다. 포스트-대의 정치(post-representational politics)를 대표하는 봇(bot) 부대는 사회 계약에 근거한 국가 시스템이 몰락하고 "남은 것이라곤 치안의 대상인 관계 메타데이터, 이모티콘, 장악당한 해시태그의 집합뿐인 상황"[12]에 창궐하여 선동과 음모론을 유포하고, 여론전과 정보전에 투입되어 왔다. 오늘날 이와 같은 포스트-진실의 정치적 지형을 이끌어온 행위자는 오바마, 트럼프, 푸틴, 젤렌스키 등의 잘 알려진 서구 정치적 지도자를 넘어 튀르키예와 방글라데시, 인도네시아 등에서의 선거전에 활용되어 온 딥페이크(deepfake)다. 포스트-재현 체제 내에서 알고리듬으로 생성되고 인식되고 판독되는 이미지들의 효과는 사진 이미지와 오랫동안 결부된 진실 주장을 교란하는 데만 국한되지 않는다. 다양하게 서로 얽힌 '보는 기계'는 자신의 논리에 따라 이미지를 인식하고 분석하고 처리함으로써 주체성을 지탱하던 기존의 성적, 인종적, 젠더적,

계급적 범주를 재구성하고 나아가 사회적인 것을 재조직한다. 이와 같은 재조직의 방식 중에는 인공지능을 통해 수집되고 분석된 데이터를 활용한 자동화된 타격을 적극적으로 활용한 이스라엘의 사례처럼 세계를 전장으로, 그 세계를 점유한 주체 자체를 목표물로 설정하는 방식 또한 포함된다. 이런 점에서 슈타이얼의 다음과 같은 언급은 6장에서 살펴본 알고리듬적 통치성이 시각적으로 구현되는 방식을 가리킨다. "광파와 전파가 보이지 않는 모든 공간에 스며든 것이며, 모든 생명이 패턴으로 변형되어 어떤 인간이든 그것을 지각하려면 번역을 거쳐야 하는 것이다. 또 다시 이미지가 사회적 현실을 창조하기 위한 모델이 된 것이다."[13]

포스트-재현 체제의 출현은 사회적 영역에서 이미지의 기능적인 활용에만 그치지 않는다. 알고리듬과 기계학습으로 가동되는 계산 사진은 기존에 미적인 관조의 대상으로 취급되었던 이미지, 예술적 미디어 실천과 관련된 이미지에도 중대한 영향을 미쳐 왔다. 2010년대 중후반부터 본격적으로 나타났고 2020년대 이후 사용자 영역까지 포괄적으로 확산된 생성형 인공지능(generative AI)이 이와 같은 영향의 주요 동인이다. 미드저니(Midjourney), 스테이블 디퓨전(Stable Diffusion), 달리 3(DALL·E 3) 등의 텍스트-to-이미지 생성 모델은 사진사실적 이미지는 물론 재현적인 것과 초현실적인 것, 추상적인 것 모두를 포함하는 회화 이미지의 전통에 속하는 이미지를 프롬프트에 따라 자동적으로 합성한다. 런웨이(Runway)사는 생성형 인공지능의 기능을 이미지의 색감과 부피감 등을 제어할 수 있는 필터로 활용하는 서비스(Gen-1)와 텍스트-to-비디오 및 이미지-to-비디오 기능을 제공하는 서비스(Gen-2) 등을 선보여 왔다. 오픈AI에서

2024년 초 출시한 텍스트-to-비디오 생성 모델인 소라(Sora)는 컨티뉴이티 오류 및 물리적 현실에서는 불가능한 움직임과 같은 글리치(glitch)들에도 불구하고 게리 마커스와 같은 베테랑 컴퓨터 공학자들마저도 놀라게 할 만한 사실성을 갖춘 동영상을 프롬프트에 따라 주조한다. "만들어진 비디오의 질은 스펙터클하다. 많은 비디오들이 영화적이다. 이들은 모두 고화질이고 사실인 것처럼 보인다."[14] 소라의 사례는 생성형 인공지능이 "사회적 현실을 창조하기 위한 모델"을 넘어 "물리적 세계의 일반 목적용 시뮬레이터를 향한 모델"[15]을 향해 진화하고 있음을 예시한다는 점에서, 그리고 그와 같은 진화가 회화와 사진, 영화의 사실주의적 이미지를 흡수하는 방식으로 이루어지고 있다는 점에서 중요하다.

이 장에서는 슈타이얼과 패글렌을 중심으로 '보는 기계'들의 지배와 유비쿼터스 사진으로의 이행을 특징으로 하는 포스트-재현 체제가 가져오는 다양한 위기들에 반응하는 동시대의 예술적 시도들을 살펴본다. 슈타이얼은 대상과 이미지가 분리되고, 이미지의 투명한 재현에 대한 신념이 디지털 시각 장치와 네트워크의 비인간적 자동성 속으로 흡수되는 포스트-재현의 국면들을 오늘날 시각 문화의 도처에서 감지하고 이를 글과 비디오 에세이 작품으로 논평해 왔다. 그와 같은 국면들은 대의제의 붕괴를 보충하는 자동화된 메시지와 봇의 확산으로 예시되는 정치의 위기, 정보자본주의 유동화에 종속되는 인간 노동의 위기, 예측 시스템에 근거한 자연의 인공적 제어가 낳는 세계상의 위기 등이다. 슈타이얼의 무빙 이미지 작품에서 복합적이고 뒤얽힌 이 위기들은 전통적 재현 패러다임의 동요와 불가분의 것으로 표현된다. 그리고 이와 같은 불가분성은 작품의 형식 차원에서 모션 캡처 기법, 가상현실, 심층학습, 3차원 컴퓨터 그래픽, 디지털 아바타 등 유비쿼터스 사진에 속할 만한 것들의 적극적인 활용으로 이어져 왔다.

이 장 마지막 절에서는 슈타이얼과 패글렌 이외에도 포스트-재현 체제가 가져온 두 가지 위기를 비평하는 동시에 이와 같은 체제가 제공한 기술적, 미학적 조건을 바탕으로 대안적인 시각성을 모색하는 작가들의 작품 또한 살펴볼 것이다. 첫 번째 위기는 얼굴인식 테크놀로지의 편향적이거나 감시적인 활용이 입증하듯 데이터로서의 이미지가 지식과 권력의 작동을 실행하는 도구로 복무하는 것이며, 두 번째 위기는 재현적 이미지에 전통적으로 부여된 인식론적 가치인 진실 가치의 동요다. 이와 같은 위기를 인식하면서 그 위기에 대응하는 예술적 시도를 살펴보기 전에 이 장에서는 컴퓨터 기반의 자동적 시각이 심화해 온 포스트-재현 체제의 국면을 재현적 체제에서 이미지의 존재론 및 인식적 기능과 비교하여 보다 입체적으로 이론화하기 위해 컴퓨터 비전에서 초기 심층학습 기반 이미지 분류 및 객체 인식 모델, 생성형 인공지능으로 이어지는 발전의 궤적을 따라갈 것이다. 이와 같은 과정을 통해 이 장은 계산 사진 또는 유비쿼터스 사진을 기존의 사진적인 재현 패러다임과의 급진적인 단절로 간주해 온 지금까지의 견해와 어느 정도 변별적인 수정주의적 관점을 제시한다. 이에 따르면 생성형 인공지능을 사진화학적 미디어와 구별하는 데 기여하는 기술적(수학적, 연산적) 특정성은 사진화학적 미디어와 구별되는 동시에 이중적인 의미에서 연속적이기도 한 위기를 낳는다. 즉, 생성형 인공지능은 한편으로는 사진을 인간과 세계의 감지와 측정, 인간과 세계에 대한 지식 구성, 사회의 작동 및 권력의 실행을 위한 도구로 활용하는 과정에서 제작된 이미지의 전통을 계승한다. 다른 한편으로 그것은 그전에는 도구적인 것이 아니라 예술적인 재현에 속했던 이미지들을 알고리듬적, 수학적 논리를 통해 매개함으로써 그 이미지에 전례 없는 불안정성과 우발성을 야기한다.

히토 슈타이얼의 디지털 무빙 이미지 미술: 포스트–재현 체제의 위기를 비평하기

「자유낙하」에서 슈타이얼은 대량 살상 및 영공의 통치술이 예시하듯 근대적 시각의 지평의 동요를 야기하는 시각적 수직성의 확산이 '지배의 환상'을 실현하는 방식을 비판한다.[16] 그러나 2장에서 살펴보았듯, 위로부터의 응시는 인간 감각의 연장으로 환원되지 않고 자동적으로 대상을 추적하고 포착하는 드론 카메라와 같은 시각 기계들, 그리고 이러한 기계들의 작동과 이미지의 조작을 자동적으로 수행하는 소프트웨어 알고리듬으로 분산된다는 점에서 "탈체화되고 원격 조종된 응시"[17]이기도 하다. 이와 같은 응시는 〈안 보여주기: 빌어먹게 유익하고 교육적인 .mov 파일(How Not To be Seen: A Fucking Didactic Educational .MOV File)〉(2013, 이하 '안 보여주기'로 줄임)에서 기술적, 수행적 성찰의 대상이 된다. 이 작품의 1장 '카메라에 대해 어떻게 비가시적일 수 있는가(How to Make Something Invisible for the Camera)'에서 슈타이얼은 카메라의 초점을 잡는 데 사용하는 숫자와 선들이 그려진 검은 패널을 제시하고, 이 패널을 가상의 목표물로 설정한다. 이 목표물은 공터에 둘러싸여 패널과 동일한 사각형 안에 프레임-내-프레임으로 자리하고, 수직적인 줌아웃은 이 목표물을 둘러싼 경관을 넘어 지구 전체를 포괄하는 조망을 제시한다. 이 장면에 부가된 내레이션인 "해상도가 가시성을 결정한다"는 디지털 시각 체제를 규정하는 수직성의 지배가 디지털 이미지의 물질적 층위 및 디지털 시각 장치의 기술적 층위와 밀접히 연관되어 있음을 밝힌다. 이어지는 2장 '육안으로 어떻게 비가시적일 수 있는가(How to Be Invisible in Plain Sight)'에서는 바로 이 목표물의 이미지가 실제 캘리포니아에서 촬영된 풍경이라는 점과 동등하다는 것을 가리키는 무인 항공기 촬영 장면을 포함하고, 이 장면은 저해상도로 변환된 목표물의 이미지와 사각 패널(프레임-내-프레임) 안에서 병치된다. 즉, 애초에 설정된 목표물이 픽셀 단위에서 조작 가능한 이미지라면 그 이미지와 실제 풍경은 존재론적으로 동일하다.

포스트-재현 체제의 또 다른 국면은 이미지 일반이 사진과 영화 이미지를 디스포지티프(dispositif)의 차원에서 구성하는 한 가지 주요 요소인 프레임의 경계도 넘어선다는 것이다. 슈타이얼은 몰입적 3차원 가상현실이 사회와 문화에 활발하게 적용되는 현상을 논평한 렉처 퍼포먼스 〈버블 비전(Bubble Vision)〉(2018)에서 가상현실 시각의 비인간적 차원을 강조한다. 여기에서 그는 페이스북의 창립자 마크 저커버그의 아바타가 소개하는 페이스북 VR 플랫폼 비디오를 보여준다. 스크린-기반 미디어를 구성하는 프레임의 구속에서 벗어난 이와 같은 360도 비디오는 사용자에게 모든 방향으로 가상의 장소를 볼 수 있고 그 공간 내에 현전하는 경험을 제공한다. 그러나 "당신이 실제로 당신의 몸과 더불어 장면 안에 거주하는 것"과 같은 느낌을 주는 가상현실의 경험은 사용자에게 역설적이다. "360도 비디오 안에서 당신은 구체의 세계(spherical universe)와도 같은 장면의 중심에 있으면서도 다른 한편으로는 그 장면에서 부재(missing)"하기 때문이다. 한편으로는 체화의 경험을 강렬하게 구현하면서도 다른 한편으로 그렇게 체화된 시각은 인간의 지각 범위를 벗어난 보이지 않는 알고리듬, 또는 "비가시적 시스템, 자동화, 또는 로봇으로 대체된 세계에 인간을 적용시키는 훈련 공식(training scheme)"[18]에 종속된다. 3차원적 시각성의 버블은 수직적 시각과 마찬가지로 오늘날의 기업과 건축, 엔터테인먼트에서 활발히 확산되고 있다. 그러나 슈타이얼은 이 버블의 증식을 지탱하는 군사적, 정치적 차원에 대한 논평을 잊지 않는데 이것은 3채널 비디오 설치 작품 〈타워(Tower)〉(2015)에서 이미 시각화된 바 있다. 여기에서 서구 유럽 대기업들의 의뢰를 받아 부동산(콘도) 모델, 비상 제어 시스템 등을 위한 3차원 그래픽 건축 시뮬레이션을 제작하는 러시아 전문가는 자신의 작업이 구소련 붕괴 전 전투기와 우주선 생산에 활용되었으며 자신의 회사가 1990년대 이후 각종 내전과 관련된 군사 시뮬레이션을 제작하는 과정에서 설립되었다고 말한다. 이와 더불어 관객이 보게 되는 이미지는 탱크, 무너진 건물의 잔해, 피난민의 텐트 등으로 식별되는 왜곡된 3차원 디지털 객체들이다.

버블 시각을 구성하는 알고리듬의 비인간적 측면에 대한 슈타이얼의 통찰은 심층학습과 머신 비전(machine vision)에 대한 최근의 관심으로 연장된다. 패글렌을 다시금 환기하자면, 머신 비전을 비롯한 컴퓨터 기반 이미지 제작 시스템은 컴퓨터 프로세싱과 네트워킹으로 연결된 스마트 객체와 센서의 시각과 더불어 그 자체로 '보는 기계'로 간주되어야 한다. 이들이 생성하고 유통하는 이미지는 인간의 지각과 판독보다는 다른 기계들의 인식과 판독 과정에 활용된다는 점에서 인간 중심의 사진 개념, 나아가 이 사진에 전제된 이미지와 인간적 시각과의 호응 또한 와해시킨다.[19] 슈타이얼 또한 인간의 눈을 진제하지 않은 이미지의 자동회기 오늘날의 가장 중요한 현상임을 뚜렷이 인식해 왔다. "이해할 수 있는 어떤 것도 볼 수 없다는 것이 새로운 표준이다. 정보는 인간 감각으로 취할 수 없는 일군의 신호로서 지나간다. … 시각은 중요성을 상실하고 필터링, 해독, 패턴 인식(pattern recognition)으로 대체된다."[20] 인공지능을 이미지와 사운드 실험에 예술적으로 활용해 온 프로그래머 쥘 라플라스와의 협력으로 제작된 〈이것이 미래다(This Is the Future)〉(2019)는 식물의 성장을 초고속으로 촬영한 이미지를 활용한다. 이 이미지는 1980년대부터 개발되어 오늘날 컴퓨터 기반 비디오 이미지의 압축과 재생에 정착된 프레임-사이 예측 알고리듬(inter-frame prediction algorithm)을 따라 변형된다. 이러한 변형을 거쳐 왜곡과 재구성을 반복하는 사이키델릭한 꽃과 나무의 이미지는 인간중심주의적 세계관 내에 온전히 포섭되지 않는 자연, 즉 인간이 알 수 없는 인공지능의 예측 불가능하고도 모호한 이미지 인식으로 매개된 자연을 보여준다. 이와 같은 예측 불가능성과 모호성은 화려한 네온사인과 간판으로 가득한 도쿄의 밤거리를 촬영한 화면, 그리고 미래 예측에 대한 인간의 오래된 열망이 반영된 스톤헨지를 촬영한 영상에도 시각적으로 반영된다. 자연과 문명, 유기체와 인공물 모두에 적용되는 예측 불가능성과 모호함은 한편으로는 인간이 인식 가능하지만 다른 한편으로는 인간의 시각적 지각을 벗어난 데이터화된 세계의 불안정한 면모를 드러내는 것이다.[21] 이 점은 슈타이얼이 구글 리서치 랩의 신경망 연구 결과를 논의하는 방식을 환기시킨다. 심층학습 기법을 구성하는 신경망은 무수히 많은 데이터화된 이미지들의 종류와 시각적 신호를 인간의 파악을 넘어선 속도로 처리하고 이를 바탕으로 그 이미지들을 판독한다. 그 판독의 결과 생성하는 출력 이미지들은 인간의 인식을 넘어서는 심층적인 연산적 차원을 기입한다. 익숙함과 그로테스크함, 추상과 형상이 기이하게 공존하는 것이다. "신경망들은 가장자리, 형태 그리고 다수의 객체와 동물을 분간하도록 훈련되고 뒤이어 순수한 잡음에 적용되었다. 그 결과 인공 신경망이 '인식한' 것은 대부분 눈꺼풀이 없고, 의식적인 패턴 과잉 식별을 거슬리게 보여주며 끊임없이 청중을 감시하는, 몸에서 분리된 무지개색의 프랙털 눈 덩어리였다."[22]

〈이것이 미래다〉에서 알고리즘 기반의 이미지 생성은 이미지의 전통적인 시간성에도 중대한 영향을 미친다. 관객의 지각을 혼란스럽게 만드는 유동하는 자연과 도시의 이미지에 관여하는 압축 알고리즘은 이전의 비디오 프레임을 근거로 그다음에 관찰자가 보게 될 이미지를 산출한다. 이 작업은 인공지능의 언어를 쓰자면 예측적 (predictive)이다. 이와 같은 압축 알고리즘의 프로세스가 초당 24프레임이라는 인간이 표준적으로 지각 가능한 속도를 넘어 작동할 때 과거, 현재, 미래가 프레임 단위로 중첩되면서 유동하는 이미지가 만들어진다. 이처럼 사이키델릭한 이미지의 황홀경은 디지털 글리치 (digital glitch) 작가들이 디지털 압축 동영상 파일의 물질성을 드러내고 그 예측 불가능한 효과를 탐구하는 과정에서 선보인 바 있다.[23] 〈이것이 미래다〉가 디지털 글리치 작업과 구별되는 지점은 더 이상

이처럼 왜곡된 이미지가 코드와 알고리듬의 물질성을 드러내는 목적으로만 활용되지 않는다는 것이다. 이 작품의 이미지들은 인공지능이 예측하는 자연과 문명의 미래적 모델로 제시되기 때문이다. 그리고 그 모델은 알고리듬의 기존 이미지 인식을 수반한다는 점에서 과거 또한 비인간적 직용으로 흡수한다. 즉, 〈이것이 미래냐〉의 시간성은 디지털 객체로서의 이미지가 형성하는 시간성으로, 카메라 앞에 존재했던 세계의 과거를 관객의 현재로 전달한 결과가 아니다. 육 후이의 설명을 빌리자면 〈이것이 미래다〉의 세계는 디지털 객체가 제기하는 시간성의 인식론적 변화와 호응하는 것으로 볼 수 있다. 즉, 인간의 시간성을 구성하는 미래의 예측(protention)과 과거의 기억(retention)은 "디지털 객체에 의해 주어진 관계, 즉 우리가 남긴 사진, 비디오, 위치 정보의 흔적들에 달리게 된다. 지향(orientation)은 바로 다음의 지금이나 근미래의 경험을 열기 위한 관계들을 분석하고 생산하는 알고리듬적인 과정이 된다."[24]

결국 이 점은 알고리듬과 인공지능 시대의 디지털 이미지가 사진과 영화의 재현적 전제와 본격적인 어떤 단절을 표시한다는 점을 뜻한다. 이 단절은 단지 '보는 기계'가 인간의 응시를 긴요하지 않은 것으로 만들거나 대체한다는 것만이 아니다. 더욱 심오하게는 사진적 미디어에서도 이미지와 인간 지각 간의 관계를 뒷받침하던 일종의 상관주의적(correlationist) 전제가 오늘날 디지털 이미지에는 온전히 적용되지 않는다는 것, 6장에서 언급한 덴슨의 개념을 빌리자면 이미지가 '탈상관적 이미지'가 되었다는 것이다.[25] 〈오늘날의 로봇(Robots Today)〉(2016)에서 아이폰의 음성인식 기능인 시리(Siri)의 매개로 암시되는 '보는 기계'의 시각은 튀르키예군의 공격으로 파괴된 쿠르드족 거주 도시 디야르바키르의 풍경을 보여준다. 3차원 렌더링과 와이프(wipe) 기법, 색보정 작업, 렌즈 플레어(lens flair) 효과 등을 거쳐 제시되는 이 풍경은 이 도시의 과거와 현재에 대한 사실적 기록으로만 간주하기에는 지나치게 왜곡된 색채와 인공적인 모습을 띠고 있다. 과거의 화려했던 이슬람 과학의 전통, 그리고 튀르키예-쿠르드족 갈등의 현재 모두가 컴퓨터의 이미지 처리 기법에 종속되고 변환될 때 "더 이상 인간이 접근할 수 없는 시간의 차원"이 부가된다. 그 차원 속에서 현재는 "마치 미래를 비워 내어 결코 존재하지 않은 과거가 되풀이되는 판본을 유지함으로써 구성되는 것처럼 느껴진다."[26] 〈오늘날의 로봇〉에 시각적으로 기입된 익숙한 낯섦(uncanniness)의 흔적들은 전통적인 재현 체제의 이미지가 약속했던 현실과 역사의 시간성을 인공지능 기반 이미지 기법이 급격하게 대체하고 있는 상황을 분열적으로 드러낸다.

비디오게임 튜토리얼 사용자 지침서 영상의 외형을 취하면서도 제작 과정 영상, 뉴스 단편 유튜브에 업로드된 댄스 클립, 일본 애니메이션 풍의 캐릭터, 세계적으로 진행되는 시위 영상을 조밀하게 뒤섞은 〈태양의 공장(Factory of the Sun)〉(2015)은 데이터의 지속적인 순환이 정치적, 경제적, 역사적 차원을 근본적으로 재편하고 있음을 나타낸다. 물질과 데이터 흐름, 자연과 인공성의 경계가 와해된 가상의 세계 속에서 세 명의 주요 인물이 등장한다. 내레이터이자 게임 프로그래머 율리아는 1인칭 슈팅 게임을 수행하면서 모션 캡처 스튜디오에서 비디오게임 제작을 지도한다. 유튜브에서 자신의 댄스 영상을 바이럴 비디오로서 유행시킨 율리아의 동생은 그녀의 스튜디오에서 전자 센서가 부착된 모션 캡처 수트를 입고 춤 동작을 "강요된 노동(forced labor)"으로 수행한다. "이것은 게임이 아니다. 이것은 현실이다"라는 제목이나 "토털 캡처를 위해서는 A 버튼을 누르시오"라는 자막은 그의 신체적 동작이 디지털 가상 캐릭터로 변환되고 육체적 노동이 디지털 가상 노동과 구별 불가능하게 되는 상황을 나타낸다. 퍼포머들의 아바타와 3D 합성 캐릭터가 공존하는 가상 세계의 흐름은 "초광속 가속화에 맞서는 전 지구적 소요"라는 긴급 속보 자막과 더불어 시위 장면을 보여주는 뉴스 푸티지에 의해 간헐적으로 중단되는데, 이 과정에서 독일은행의 대변인이 등장하여 시위대를 향한 드론 선제 타격의 필요성을 주장한다. 그런데 이러한 뉴스의 흐름은 봇 뉴스(Bot News)임이 자막을 통해 드러난다. 즉 이 일련의 뉴스 흐름은 독일은행 대변인으로 상징되는 정보의 기업적 통제와 이에 대항하여 정치적 메시지를 알고리즘에 따라 자동 생산 유포하는 봇 뉴스의 경쟁이라는 양가적 상황과 연결된다. 후자의 상황은 슈타이얼이 X(구 트위터)에서 활동하는 정치적 봇 군대(bot army)를 "페이스북 군대, 당신의 저비용 개인화된 군중, 디지털 용병"이라고 규정한 바를 환기시킨다.

〈소셜심(SocialSim)〉(2020)은 정치의 디지털화라는 〈태양의 공장〉의 한 측면을 연장하면서 팬데믹 이후의 혼란스러운 사회와 인공지능에 의해 급격히 변화하는 미술관 및 예술 작품의 위상까지도 조밀하게 시각화한다. "행동과학에서 자주 활용되는 행위자-기반 모델을 말하는 소셜 시뮬레이션"[27]에서 영감을 받은 이 작품은 두 가지 모습을 주로 보여준다. 하나는 팬데믹 이후 급격하게 확산되어 온 대중 소요와 이를 진압하는 경찰과 군인들의 폭력성을 묘사한 이미지다. 공권력을 체화한 이 주체들의 디지털 아바타는 자신들의 폭력적 행위를 춤으로 표현하면서도 광속의 빛으로 변화하기를 반복한다. 슈타이얼이 "사회적 안무(social choreography)"라 불렀던 이와 같은 안무의 신체적 움직임과 그 속도 및 방향은 2020년 각종 시위 현장에서 사용된 최루가스의 양과 부상자 및 사망자, 실종자 수 등의 데이터에 따라 달라진다. 이러한 디지털 아바타가 오늘날의 가상 미술관 곳곳에 포진해 있는 모습에서 관객은 오늘날의 포스트-재현 정치가 예술의 영역에도 예술 작품 및 관객의 치안과 안전 관리라는 차원에서 긴밀히 작동하고 있음을 알게 된다. 슈타이얼이 한 인터뷰에서 가상현실 시각화 기술과 인공지능의 알고리듬에 근거한 예술 작품 평가 시스템이 예술 작품과 예술 시장에 미치는 영향을 두고 말한 다음과 같은 언급이 〈소셜심〉의 가상현실 미술관, 자동적으로 생성되고 변형하는 예술 작품, 그리고 이러한 작품의 실시간 경매 시스템에 반영되어 있다. "메가 아트 페어에는 기업 크기의 갤러리들만이 남고, 부스는 봇 관리인과 멍청한 인공지능에 의해 운영되며, 따라서 판매자가 사람들과 실제로 말하고 시장이 인간 상호작용에 의해 창조되는 종류의 전통시장(bazaar)을 제거한다."[28] 이처럼 이미지와 환경, 주체가 동일시되는 광장과 미술관, 정치와 예술 모두를 제어하는 것은 소셜 시뮬레이션을 구축하고 변형하는 신경망 네트워크의 심층학습이다. 그 작동 방식은 이 작품의 도입부에 재현적 이미지를 넘어선 파동과 프랙털의 형태로 제시된다.

이처럼 이미지와 데이터가 주체와 세계, 인공물과 자연적 환경을 근본적으로 다시 프로그래밍하고 있는 상황에 대한 정치적 개입은 인공지능을 비롯한 연산미디어가 약속하는 유토피아적 전망에 대한 비판으로부터 시작된다. 그러한 전망 중 일부는 인공지능이 인간의 노동을 대체한다는 시나리오, 또는 그것이 인간의 지성 또는 창작력과 유사하거나 이를 넘어서기도 할 것이라는 시나리오, 그리고 그것이 기후변화 등 세계의 변동을 합리적으로 예측하고 모델링할 것이라는 시나리오다. 이와 같은 시나리오에 대한 대항으로 슈타이얼이 최근의 작업과 연관하여 제시하는 키워드가 '인공 우둔함(artificial stupidity)'이다. 인공지능의 '지능(intelligence)'을 '우둔함'으로 대체한 이 개념은 심층학습의 인식 및 예측 프로세스가 매우 단순하고 편향된 사회적 가치에 근거하며, 그런 관계로 그 가치는 자본 및 정치적 권력과 긴밀히 연관되어 있다는 것이다. "스마트폰은 당신의 외모를 깨끗하게 한다. 그것은 그 외모를 임의로 깨끗하게 하는 것이 아니라 그 안에 프로그래밍된 인종주의적인 미의 표준에 따라 그렇게 한다. … 인공 우둔함은 어디에나 있다."[29] 이 점은 인공지능이 "기술적 행위이자 사회적 행위요, 제도이자 토대요, 정치이자 문화"로서 "사회관계와 세계에 대한 이해를 반영하는 동시에 생산"[30]하기 때문에 결코 인공적이지만은 않다는 케이트 크로퍼드의 주장과 공명한다. 그렇다면 〈소셜심〉에서 폭력 진압에 동원되는 경찰과 군인들의 기계적인 몸짓이 무엇을 비판하는가, 다시 말해 이 아바타들이 어떤 패턴 인식과 예측을 근거로 움직이는가가 드러난다. 슈타이얼은 또한 인공 우둔함이 챗봇과 같은 정치의 영역뿐 아니라 인공지능으로 열광하는 동시대의 미술계에도 만연해 있음을 다음과 같이 지적하기도 한다. "우리는 파울 클레나 마크 로스코, 그리고 우리가 미술사를 통해 아는 모든 종류의 추상화처럼 보이는 추상적 컴퓨터 패턴을 보게 된다. 유일한 차이는 오늘날의 과학적 사유에서 이것들이 현실의 재현물로 지각되는 반면, 미술사에서는 다른 종류의 추상들에 대한 매우 조심스러운 이해 방식이 있다는 것이다."[31] 이처럼 인공지능의 심층학습에 근거한 시각적 표현들을 기계의 사실적인 표현이자 새로운 예술 작품으로 과장하는 오늘날 미술관의 모습이 〈소셜심〉에 풍자되어 있다.

생성형 인공지능의 포스트–재현적 기원: 컴퓨터 비전, 데이터집합, 심층신경망

미드저니, 스테이블 디퓨전, 달리 3 등 오늘날 우리에게 잘 알려진 이미지 합성용 생성형 인공지능의 기원을 살펴보기 위해서는 기계학습 이외에도 컴퓨터 비전(computer vision), 이미지 인식, 이미지 분류와 같은 개념을 생각해야 한다. 이와 같은 모델의 이미지 생성 방식은 인터넷에 존재하는 엄청난 규모의 디지털화된 사진 또는 그림 이미지에서 비롯되기 때문이다. 이 거대 규모의 이미지가 새로운 출력 이미지를 위한 재료가 되기 위해서는 그 이미지가 어떤 지시체를 포함하고 색채, 밝기 등의 시각적 요소는 무엇인가라는 정보를 획득해야 한다. 컴퓨터 비전은 현실 세계 내에서 카메라와 전자 센서, 기타 광학 기구로 기록할 수 있는 시각적 데이터는 물론 데이터로서의 시각 이미지를 분석하고 처리하는 기법으로서 제2차 세계대전 이후 인공지능 및 컴퓨터 시스템의 한 응용 분야로 연구되어 왔다. 이와 같은 역사는 컴퓨터 비전이 "디지털 이미지의 창조보다는 그 이미지에 대한 분석에 의존"[32]했다는 점에서 컴퓨터 그래픽과 오랫동안 구별되어 발달해 온 실천임을 드러낸다. 21세기에 들어 컴퓨터 비전이 오늘날과 같은 과학적, 정치적, 사회적 파급력을 가지게 된 기원에는 두 가지 과제의 해결 과정이 있다. 첫째, 그 무수한 양과 규모의 이미지를 컴퓨터가 어떻게 연산할 수 있게 할 것인가. 둘째, 이를 가능하게 하는 수학적 방법은 어떻게 구축될 수 있는가. 첫 번째는 데이터집합의 문제와, 두 번째는 기계학습 모델의 문제와 연결된다. 오늘날 우리가 활용하는 생성형 인공지능을 미디어로 설명한다면, 이는 이 모델을 활용하는 사용자 인터페이스를 넘어선 데이터집합과 기계학습 모델의 다층적이고도 역동적인 결합으로 정립해야 함을 뜻한다.

6장에서 살펴보았듯 스탠퍼드대학교의 페이-페이 리 교수 연구진이 2009년 개발한 이미지넷은 2010년대 이후 기계학습 모델의 활발한 실험 및 적용에 기폭제 역할을 했고, 오늘날 생성형 인공지능 모델이 활용하는 데이터집합의 선구이기도 하다. 이미지넷의 목표는 웹 2.0시대에 폭증하게 된 이미지 데이터를 알고리듬이 검색하고 인식하고 분류할 수 있도록 대규모의 이미지 데이터베이스를 구축하는 것이었다. 이를 위해 연구진은 320만여 개의 디지털화된 사진 이미지를 수집하고, 이를 영어 단어의 의미론적 관계에 대한 기존 데이터베이스인 워드넷(WordNet)의 범주에 따라 분류했다. 아울러 수집된 이미지 중 정확한 데이터집합에 포함될 수 있는 이미지를 선별하기 위해 아마존 메커니컬 터크를 통해 후보 이미지와 그에 상응하는 워드넷 구문집합을 제공하고, 해당 이미지가 구문집합의 의미에 상응하는가를 판별하면서 레이블링 작업을 수행하도록 주문했다.[33] 물론 동일한 구문집합에 포함될 수 있으면서도 크기와 배경 등이 매우 다양한 다수의 이미지를 대표할 수 있는 평균 이미지를 측정하고 획득하기 위한 연산 프로세스 또한 적용되었다.

이 과정에서 이미지넷 연구진이 적용한 가정은 다음과 같았다. 첫째, 기존의 컴퓨터 비전에 활용되어 온 객체인식(object recognition) 알고리듬이 자동차 및 얼굴과 같은 한정된 이미지의 데이터집합을 훈련 데이터로 활용한 반면, 이미지넷은 워드넷의 의미 분류 및 위계에 상응하는 모든 이미지를 포함한다는 점에서 데이터집합의 다양성과 풍부함을 충족할 수 있다. 둘째, 비록 레이블링 데이터 작업자의 편향(즉 어떤 이미지를 어떤 의미에 분류할 것인가에 대한)으로부터 자유롭지 않지만, 여러 작업자 및 전문가, 알고리듬이 결합된 분류 검증 시스템의 적용 및 업그레이드와 더불어 이미지넷은 더욱 다양한 대규모의 이미지를 포함함으로써 더욱 정확해질 것이다.[34] 셋째, 이미지넷에 포함되는 후보 이미지들은 유명인이나 정치인 등의 프로필 사진일 수도 있지만, 플리커(Flickr)를 비롯한 사진 공유 플랫폼이나 웹사이트에서 얻을 수 있는 이미지가 예시하듯 자연스러운 배경에서 대부분의 사람들이 공통적으로 볼 법한 일상적 장면의 이미지를 포함해야 한다. 니콜라스 말레베와 카트리나 슬루이스가 밝히듯, 이와 같은 가정에는 사진 제작 및 사진 이미지의 수용에 작용하는 복합적인 사회문화적 요인들을 소거한 채, 카메라의 기계적 기록을 세계와 주체에 대한 객관성의 척도로 취급하는 19세기 이후의 '도구적 리얼리즘(instrumental realism)'이 깔려 있다.[35] 또한 이들보다 앞서 크로퍼드가 패글렌과의 협동 작업을 통해 입증했듯, 이미지넷을 비롯하여 기계학습의 훈련 데이터로 활용되는 이미지 데이터베이스를 구성하는 분류 체계(이미지넷의 경우에는 이미지들이 포함되고 계통적으로 분류되는 '구문집합')는 결코 중립적인 것이 아니라 분류의 대상이 되는 인간과 사물, 집단, 직업, 계급, 성향 등에 대한 인식적 권력을 반영하며 이 데이터베이스는 성소수자와 유색인종 등에 대한 편향적인 가치를 포함한다.[36] 이와 같은 편향성은 한편으로는 인간의 특정한 시각적 속성이 인간의 성격과 정체성을 반영한다는 의심스러운 경험주의적 가정을 고착시키고, 다른 한편으로는 이미지와 그 이미지의 지시체, 그리고 그 이미지를 묘사하고 분류하는 데 적용되는 레이블 간의 관계가 본질적이고 자명하다는 마찬가지로 문제적인 가정에 근거한다.

이와 같은 연구들이 비판적으로 밝히는 데이터집합의 인식적인 가정은 이를 학습함으로써 작동하는 2010년대 이후 심층학습에도 일정 부분 적용된다. 이미지넷을 비롯한 데이터집합은 얼굴 인식 및 객체 인식을 위한 신경망 모델의 개발 및 수정에 활용되었고, 2012년 이후 본격화된 심층학습 패러다임으로의 전환을 이끈 인프라구조가 되었다. 이미지넷은 1990년대 후반 다차원의 시각적 요소를 포함한 얼굴 인식을 위해 고안된 합성곱 신경망(CNN)의 광범위한 적용을 촉진했다. CNN은 훈련 데이터로서의 이미지를 공급받는 입력층과 그 이미지와 관련된 출력층 사이에 무수히 많은 은닉층이 놓인 아키텍처를 따른다. 은닉층은 무수히 많은 활성화 함수로 이루어지는데, 여기에서 입력 데이터로서의 이미지는 시각적 패턴(이미지에 포함된 객체의 모양, 밝기, 색채 등)을 포함한 픽셀로, 나아가 수학적 연산을 통해 처리되는 벡터로 변환된다. 신경망은 이 벡터를 연산하면서 입력 이미지와 훈련 데이터 이미지에서 추출한 특징들의 유사성에 따른 통계학적 모델을 산출하고 조정하며, 이 모델이 띠는 패턴을 새로운 데이터에 적용하여 출력 이미지를 낳는다. 파스퀴넬리와 욜러가 정식화한 정신경(nooscope) 모델이 제안하듯, 기계학습은 이른바 인공지능이라는 용어가 강조하는 인지나 지성의 구체화보다는 데이터의 훈련을 통한 패턴의 추출, 그 데이터의 분류를 포함하는 인식, 예측을 통한 모델의 생성과 변경으로 보아야 한다.[37] 즉, 기계학습 바탕의 모델에서 이미지의 지각 및 그 이미지가 구축하는 지식은 수많은 이미지들로 이루어진 데이터집합에서 시각적 특징을 신경망이 연산 가능한 요소로 추출하는 수학적 추상화, 그리고 분류와 예측이라는 자동화된 통계학적 프로세스를 거친 결과다. 오늘날의 자율주행 자동차 시스템에서 알 수 있듯 도로 위의 다양한 객체들을 식별하는 분류 과정과 이를 바탕으로 미래의 경로를 제시하는 예측 과정은 자동차 및 도로와 관련된 대규모 이미지 데이터집합의 학습과 연산을 전제한다.

심층학습의 이와 같은 발전 과정에서 2014년 이안 굿펠로우 등이 제시한 적대적 생성신경망(GAN)은 오늘날 생성형 인공지능으로의 전환을 예고한 결정적인 선구자로 등장했다. GAN에 대한 가장 보편적인 설명 두 가지는 다음과 같다. 첫째, GAN은 입력 데이터 이미지를 통해 다수의 이미지를 생성하는 생성자(generator)와 그 이미지들이 출력 데이터와 호응하는가를 통계적으로 연산하고 분류하는 판별자(discriminator)라는 두 개의 모델이 서로를 강화하는 방식으로(즉 강화학습 방식으로) 작동한다는 것이다. 둘째, 이와 같은 방식으로 작동함으로써 GAN은 이전의 컴퓨터 비전 심층학습 모델보다 훨씬 사실적인 이미지를 얻을 수 있다는 것이다. 이 모델이 이른바 딥페이크의 생성 및 유행을 촉진했다는 것은 잘 알려져 있다. 그러나 좀 더 나아가자면 GAN이 오늘날의 생성형 인공지능을 예고했던 세 가지 방식을 식별할 수 있다. 첫째는 연산화된 통계학적 방법의 향상으로, 이를 통해 보다 많은 벡터화된 시각 정보가 포함된 고차원의 확률분포를 다룰 수 있게 되었고, 레이블 처리되지 않은 다수의 이미지에서 생성 이미지의 통계적 모델을 일반화할 수 있는 가능성을 확대했다. 둘째, GAN과 그 후속 모델을 통해 텍스트와 이미지, 또는 이미지와 이미지 간의 연결을 포함하는 데이터의 처리와 산출이 용이하게 되었다. 마지막으로 이와 같은 역량으로 인해 GAN과 그 유사 모델을 통해 저화질 이미지에서 고화질 이미지를 생성하거나 하나의 이미지에서 다른 이미지로 변환할 수 있게 되었는데, 이를 통해 GAN 기반 모델의 응용 범위는 기존 컴퓨터 비전의 객체 인식 또는 얼굴 인식을 넘어 과학과 의학의 영역(예를 들어 MRI 이미지, 천체망원경 이미지를 인간이 식별 가능하게 재구성하는 것), 그리고 예술의 영역으로 확대되어 왔다. 오픈AI에 합류한 굿펠로우는 2016년 출간한 GAN에 대한 튜토리얼 논문에서 GAN의 미래 활용 방식을 이렇게 전망했다. "GAN은 사용자의 상상력 속 개략적인 장면에 호응하는 사실적 이미지를 창조하도록 사용자를 돕는 상호작용적 프로그램을 창출하는 데 사용될 수 있다."[38]

생성형 인공지능과 확률론적 이미지 생성의 복잡성

지금까지 생성형 인공지능에 대한 비판적인 설명은 데이터집합을 구성하는 이미지와 텍스트의 자동화된 스크랩과 인지적 노동 과정, 그리고 이러한 과정으로 구성된 데이터집합에서 이미지와 텍스트를 생성하는 데 적용되는 수학적 프로세스의 확률론적 속성을 부각시켜 왔다. 이 두 가지 관점은 생성형 인공지능이 데이터집합 모델에 있어서 이전 기계학습 모델로 데이터의 효율적인 분류와 예측을 위해 활용되는 판별형 인공지능(discriminative AI)의 연속임을 강조한다. 생성형 인공지능을 구성하는 거대언어모델의 방법론적 혁신으로 부각되어 온 두 가지 요소는 데이터의 규모, 그리고 모델의 훈련에 적용되는 학습 데이터 획득의 방식이었다. 이미지넷 구축 당시 다루었던 백만 단위의 이미지 데이터에 비해 거대언어모델에 기반한 오픈AI의 달리 2와 달리 3는 수십억 단위의 이미지를 학습 데이터로 활용한다. 이처럼 기하급수적으로 증가한 규모의 경제는 데이터집합의 구성 방식 덕택이기도 했다. 다수의 이미지를 워드넷의 의미 분류와 연결하기 위해 알고리듬 이외에도 다수의 미세노동자가 작업에 투여되었던 이미지넷의 사례와는 다르게, 달리 2를 이루는 클립(Contrastive Language-Images Pre-training: CLIP)은 캡션이 붙은 이미지를 인터넷에서 직접적으로 스크랩하여 사전 훈련된 모델이다.[39]

그러나 데이터 규모와 데이터 큐레이션 파이프라인의 혁신이라는 두 가지 차이에도 불구하고 생성형 인공지능이 이전의 판별형 심층학습 모델에 적용된 이미지 인식의 한계와 문제점을 완전히 극복한 것은 아니다. 지도학습에서 비지도학습으로의 이행, 그리고 사전훈련 모델의 범용성이라는 혁신에도 불구하고 훈련 데이터는 여전히 이와 같은 인공지능의 중요한 자원이기 때문이다. 따라서 크로퍼드와 패글렌이 이미지넷을 비롯한 벤치마크 데이터집합에 대한 조사를 바탕으로 제시한 다음과 같은 주장은 생성형 인공지능의 확산과 더불어 사용자 인터페이스와 대중적 공론장의 표면으로 부상할 수 있었다. "동시대 컴퓨터 비전과 인공지능에서 보편적으로 사용되는 라벨이 붙은 이미지의 학습 집합은 이미지의 본질, 라벨, 분류, 표현에 대한 근거가 없고 불안정한 인식적, 형이상학적 가정을 기반으로 구축된다. 또한 이러한 인식적, 형이상학적 가정은 사람들을 억압과 인송 과학의 도구로 시각적으로 평가하고 분류했던 역사적 접근 방식을 떠올리게 한다."[40] 2022년 스탠퍼드 인터넷 관측소(Stanford Internet Observatory: SIO)는 스테이블 디퓨전의 학습에 활용되는 58억 개의 이미지-텍스트 쌍을 가진 대규모 데이터집합 라이온-5B(LAION-5B)에서 아동 성 학대 자료(Child Sexual Abuse Material: CSAM)로 알려진 수백 개의 이미지를 확인했다.[41] 블룸버그통신은 2023년 스테이블 디퓨전을 활용하여 직업 및 범죄와 관련하여 생성한 5,100여 개 이미지의 성적, 인종적, 젠더적, 직업적 편향과 이를 강화하는 스테레오타입의 문제를 폭로한 바 있다(그림 9-1).[42] 이와 같은 사례들은 라이온-5B의 하위 데이터집합인 라이온-400M(LAION-400M)에 인종적 폄하, 강간, 포르노그래피에 해당하는 이미지-텍스트 쌍을 발견한 2021년의 연구를 입증한다.[43] 거대언어모델의 학습에 활용되는 라이온-5B와 같은 대규모 데이터집합은 이미지와 단어의 조합을 구성하기 위해 미세노동이 투여된 이미지넷과는 달리 인터넷에서 자동적으로 수집된 이미지 및 텍스트 데이터를 포함하기 때문에 한편으로는 더욱 탈인간적이고(인간의 노동과 큐레이션 과정이 생략되기 때문에), 다른 한편으로는 이미지를 통한 역사적 지식 및 관행의 실행을 심화한다. 이와 같은 대규모 데이터집합이 "인간이 세계를 보는 방식보다는 검색엔진이 세계를 보는 방식에 대한 것을 포함한다"[44]는 점은 생성형 인공지능

그림 9-1 스테이블 디퓨전이 생성한 직업적, 인종적 스테레오타입 이미지.
출처: https://www.bloomberg.com/graphics/2023-generative-ai-bias.

의 이미지 생태계를 계산 사진과 '대규모 이미지'의 연속으로 간주
할 수 있는 한 가지 근거가 된다.

생성형 인공지능의 훈련 데이터 차원에 내재된 이와 같은 인식
과 권력의 문제는 생성형 인공지능 모델을 작동시키고 이전의 심층
학습 모델을 계승한 수학적 프로세스와 관련된다. 대규모 인공지능
모델이 가장 단순하게는 학습된 대규모 데이터집합의 압축된 표현
으로 볼 수 있다면, 여기에서 중요한 조사의 대상은 "훈련 데이터집
합에 무엇이 포함되어 있는지"뿐 아니라 "신경망의 가중치 내에서
무엇이 압축되어야 하는지"[45]다. 2021년 언어학자 에밀리 벤더와
컴퓨터과학자 팀닛 게브루 등이 거대언어모델의 한계를 지적하면
서 제시한 확률론적 앵무새(stochastic parrot)라는 유명한 비유는 대
규모의 텍스트 데이터로 사전 학습된 이와 같은 모델로 생성된 텍
스트가 하나의 단어나 문장 다음에 올 수 있는 단어나 문장을 통계
적인 분포에 따라 예측할 수 있음을 가리킨다.[46] 그 예측의 결과로
얻게 되는 텍스트는 구문론적으로는 인간의 담화와 유사하더라도,

그 모델에는 인간의 언어 습득 및 활용에 적용되는 경험과 지성, 맥락이 결여되어 있기에 성적, 인종적, 정치적 편향에 취약하다는 것이다.

과학소설가 테드 창은 생성형 인공지능을 '응용 통계(applied statistics)'라 부르는 것이 온당하다고 단언하면서, 빅테크 기업을 비롯한 인공지능의 열광자들이 이렇게 부르기를 주저하는 이유는 이 명칭이 기술의 산업적, 상업적 가치라는 면에서 그렇게 매력적이지 않기 때문이라고 덧붙인다.[47] 새로운 미디어가 이전 미디어의 재현적 관습을 전용하고 통합하는 방식을 재매개(remediation) 개념으로 이론화한 바 있는 제이 데이비드 볼터는 생성형 인공지능이 사진, 드로잉, 회화 등 기존 미디어에 구성적으로 의존한다는 점에서 '알고리듬적 재매개/리믹스'라 볼 수 있다고 말한다.[48] 무엇보다도 슈타이얼은 생성형 인공지능의 이미지 산출 방식을 '확률론적 합성/렌더링(statistical compositing/rendering)'으로 요약하고 이를 경유한 이미지를 '평균 이미지(mean image)'로 부른다. 여기서 'mean'이라는 단어는 '의미하다(즉 생성형 인공지능로 얻은 이미지는 사회에서 이미지가 갖는 의미와 관련된다)', '평균(통계적인 평균값)', '저열하다' 모두를 포함한 중의적 의미로, 슈타이얼이 이 개념을 통해 강조하는 것은 생성형 인공지능의 이미지가 심층학습 모델의 자동적인 연산 결과만으로 볼 수가 없다는 것이다. 즉, 이와 같은 이미지의 기원이 되는 훈련 데이터 이미지의 수학적 벡터는 인터넷에서 순환하는 수많은 이미지들에 내재된 사회적 패턴(예를 들면 어떤 인종과 특정 직업 집단이 이미지를 통해 열등하게 재현되는가)을 잠재적으로 반영하기 때문에 "데이터 포퓰리즘의 예측 가능한 산물"[49]이다. 창과 슈타이얼은 생성형 인공지능 모델이 데이터집합의 수학적 연산을 통해 사용자의 프롬프트와 유사한 이미지 요소의 패턴을 인식하고 텍스트의 수학적 정보와 가장 근사하게 일차하는 통계적 분포를 찾아 이를 통해 프롬프트가 뜻하는 이미지와 유사한 이미지를 예측한다는 점을 강조한다. 이와 같은 관점에서 볼 때 생성형 인공지능은 물론 기존의 심층 신경망을 가동하는 확률론적 프로세스는 데이터의 구성과 활용에 작용하는 비대칭적 권력과 모순을 한편으로는 통계학적 상관관계의 힘(즉 통계적으로 가장 근사한 데이터들의 분포가 지식과 의사결정의 객관적 근거가 된다)으로 은폐하는 동시에, 사용자의 손에서 자유로이 제작되고 유통될 수 있는 재현물의 형식으로 심화하는 것으로 파악된다.

나는 데이터집합과 확률론적 프로세스라는 두 가지 차원에서 생성형 인공지능이 이미지 인식 및 얼굴 인식 기능을 포괄하는 기존의 판별용 심층학습 모델과 연속적이라는 점을 단언하면서, 그러한 두 가지 연속성이 초래하는 모순에 대한 비판적인 견해에도 동의한다. 그런데 GAN 이후의 생성형 인공지능 모델의 이미지 생성 과정이 훈련 데이터의 시각적, 텍스트적 요소를 단순히 재생산 또는 복제하는 것이 아니라는 점을 인식하는 것이 중요하다. 생성형 인공지능 텍스트의 번역과 연구에 주력해 온 이계성은 창과 슈타이얼의 견해가 "LLM이 생성 가능한 출력값의 범위가 훈련 데이터의 총합과 꼭 동일하지는 않다는 비교적 단순한 측면을 편리하게 간과하는 듯하다"[50]라고 설득력 있게 지적한다. 거대언어모델이 기존의 심층학습 모델과 다른 점은 훈련 데이터의 사전학습이라는 방법론 이상으로, 훈련받지 않은 과제를 수행하거나 훈련 데이터에 포함되지 않은 텍스트 또는 이미지 결과물을 산출하는 능력이다. 그리고 그와 같은 능력의 기원인 확률론적 프로세스가 단어 또는 문장 간의 상관관계를 어떻게 구축하는가를 인간의 지각과 인식 내에서 설명하는 과제는 여전히 해결되지 않았다.[51]

챗GPT와 같은 텍스트 생성 모델에 적용되는 이와 같은 딜레마는 이미지 생성 모델에도 적용된다. 즉, 여기서 문제는 데이터집합에서 출력 데이터에 이르는 과정을 과연 리믹스 또는 합성의 용어로 설명할 수 있을 것인가이다. 리믹스가 콜라주라고 한다면 콜라주를 이루는 개별 이미지들을 알아볼 수 있어야 한다. 이는 서로 다른 객체와 재현 체계를 가진 이미지 레이어를 동일 프레임 내에 중첩함으로써 하나의 이미지를 획득하는 범용한 시각효과 기법인 디지털 합성(digital compositing)의 경우에도 마찬가지다(이 점을 알기 위해서는 유튜브에서 잘 알려진 블록버스터 영화의 제작 과정 영상을 보는 것으로 충분하다). 그런데 생성형 인공지능을 경유한 이미지에서는 그 이미지를 구성하는 부분들은 물론 그 부분들을 결합시키는 기법이 식별되지 않는다. 예를 들어 GAN을 비롯한 생성형 인공지능을 활용하여 A라는 인물과 유사한 이미지를 만드는 과제를 수행해 보자. 이때 A와 유사한 인물은 데이터집합에 속한 다른 인물 사진 데이터들의 특정한 특징들을 조합한 결과인가, 아니면 A와 유사한 인물에 대한 가상의 모델을 형성한 결과인가. 생성형 인공지능 모델을 통한 이미지 생성은 부분들의 조합으로 이미지를 얻는 것이라고 엄밀하게 단정할 수 없다. 즉, '합성'이라 하더라도 합성에 포함되는 얼굴의 개별적 특징들이 어디까지인가를 식별할 수 없고, 그러한 합성을 이루는 코드 또한 마찬가지다. 굳이 말하자면 생성형 인공지능의 이미지 합성은 특정 객체의 이미지에 대한 확률분포를 통해 생성되는 전체론적인 게슈탈트(Gestalt)에 보다 가깝다. 이와 같은 방법은 훈련 데이터를 이루는 수많은 얼굴 사진을 분석하여 얼굴의 주요한 특징만을 추출하는 주성분분석(principal component analysis: PCA)과 유사하다는 점에서, 고유얼굴(eigenface)을 예측하는 판별형 인공지능의 심층학습 기법과 연결된다. 이와 같은 유사성에도 불구하고 생성형 인공지능 모델의 이미지 생성 과정은 결코 훈련 데이터의 직접적인 반영 또는 모방이 아니다. 생성형 인공지능에서 훈련 데이터 이미지는 인코딩을 통해 압축되고 수학적 벡터로 변환된 후, 이 벡터들이 놓이는 n차원의 잠재 공간을 거쳐, 디코더를 통해 노이즈로서의 데이터를 이미지로 재구성하는 과정을 겪는다.[52] 이와 같은 확산 모델(diffusion model)에서 본래의 훈련 데이터 이미지가 압축과 손실을 겪고 수학적 함수들의 복합적 연산을 통해 고화질의 이미지로 변환되는 과정에는 많은 가변성과 인식 불가능성이 자리한다.

이와 같은 점을 고려한다면 다음을 알 수 있다. 생성형 인공지능 모델에서 데이터집합의 학습부터 출력 데이터의 생성에 이르는 과정은 결코 온전히 결정론적이지 않으며, 결괏값이 콜라주 또는 사실주의적 디지털 합성과 유사하더라도 그 과정은 비선형적이고 복잡하다. 즉, 생성형 인공지능에 근거한 이미지 생성은 프롬프트의 명령에 따라 특정한 규칙을 통해 특정 이미지를 낳는 결정론적 모델을 따르지 않는다. 예를 들어 GAN을 이용하여 인물 사진과 유사하지만 사실은 존재하지 않는 인물의 이미지를 임의적으로 생성하는 thispersondoesnotexist(https://this-person-does-not-exist.com/en,

그림 9-2 thispersondoesnotexist에서 StyleGAN2를 통해
임의적으로 자동 생성된 존재하지 않는 인물 사진.

그림 9-2)의 경우 동일한 검색어를 입력해도 항상 다른 결과의 인물
사진이 생성된다는 것을 알 수 있다. 이처럼 설명 가능성 바깥에 있
는 수학적 프로세스의 창발성과 우발성을 고려하면 생성형 인공지
능은 도구이되 인간의 의도성과 도구적 합리성의 관점에서만 볼 수
있는 도구가 아님을 알게 된다. 수학적인 방법론에 내재된 귀납적
실증성이 그것이 기대하는 객관성을 벗어나는 초현실적·마술적·우
발적 효과까지 산출한다는 것, 이것이 생성형 인공지능 모델이 이
전의 판별형 인공지능 모델과 구별되는 중요한 한 가지 차원이다.
결국 생성형 인공지능이 낳는 양가적인 효과인 기존 미디어의 재현
적, 의미론적 관습의 재생산과 이를 넘어서는 익숙하지만 낯선, 우
발적인 인공물의 산출은 데이터집합 결정론(즉 데이터집합의 편향과

모순이 생성형 인공지능이 낳는 인공물의 모순을 일차적으로 결정한다)만으로는 설명될 수 없다. 이 기계적/도식적 결정론은 생성형 인공지능을 구성하는 모델 및 데이터의 역동적 변환과 재구성에 내재된 복잡성을 평면화하고 '도구주의(instrumentalism)'를 '도구(instrument)'와 혼동한 결과인 '자판기'라는 설득력 없는 비유로 반사되고, '훈련되지 않을 권리'를 인공지능의 추출주의에 대한 유일한 대안으로 상정하는 네오러다이즘으로 산개된다.

작동 이미지와 수리마술적 미디어: 포스트–재현 체제의 심화

그렇다면 생성형 인공지능을 미디어로 어떻게 정의할 수 있는가. 그리고 미디어로서의 생성형 인공지능은 어떻게 포스트–재현 체제를 심화하는가. 생성형 인공지능의 익숙하면서도 낯선 면모는 단순히 인간의 문화에 축적되어 왔고 인간이 인식할 수 있는 이미지와 텍스트의 산출로만 설명될 수 없다. 생성형 인공지능은 거대 규모 데이터집합과 컴퓨팅 인프라구조(GPU와 데이터센터, 클라우드 컴퓨팅을 포함한)로 작동하는 모델, 이 모델을 구성하는 다수의 수학적 함수들인 알고리듬으로 구성된 심층 신경망이라는 물리적, 가상적, 인간적, 비인간적 행위자들의 다층적이고도 정교한 결합이라는 점에서 5장과 6장에서 살펴본 연산미디어의 최전선에 속한다. 기계학습의 계보에서 이미지넷의 사례는 미디어로서의 인공지능이 "데이터의 축적 자체가 목적이 되는 것"이며 "노동과 비인간화된 자원을 가진 집단 주체의 생산과 관련됨"[53]을 일깨운다. 거대언어모델이 웹에서 자동 탐색(크롤링: crawling)하여 수집된 데이터의 저장소인 커먼크롤(Common Crawl)이나 라이온-5B에 의존한다는 점, 그리고 말뭉치의 유해성을 완화하기 위해 케냐의 노동자들을 시간당 2달러에 고용한 오픈AI의 유명한 미세노동 착취 사례가 이와 같은 일깨움을 뒷받침한다. 오늘날 생성형 인공지능에도 적용되는 연산미디어로서 기계학습의 기존 특징은 소셜 미디어와 스트리밍 미디어에서의 추천 알고리듬이 입증하듯, 인간이 미디어 객체로 경험하는 결과물의 차원보다는 인간과 사회의 가치와 지식, 관계를 심층적으로 구성하고 조율하는 매개자로서 존재하고 작동했다는 점이다.

생성형 인공지능의 기원이 이미지 내의 객체 인식이나 얼굴 인식처럼 다양한 사회적 기능을 수행하는 장치들을 구성하는 컴퓨터 비전의 탐구에서 파생되었다는 점이 이를 입증한다. 오늘날 컴퓨터 비전은 인간의 지각과 의식을 확률론적 함수들로 이루어진 신경망으로 번역하고자 했던 1940년대 이후 컴퓨터 공학의 이상을 실현했다. 이와 같은 이상을 실험했던 개척자 중 한 명인 프랭크 로젠블렛이 1958년 제안한 퍼셉트론(Perceptron)은 물리적 환경의 시각적, 청각적 자극을 수학적 벡터로 변환한 입력값을 통계적으로 측정하여 특징을 추출하고 이에 가중치를 부여하여 출력값을 예측하는 신경망이었다.[54] 파스퀴넬리가 말하듯 퍼셉트론은 인간의 지각과 인식을 기계적으로 변환하고 제어하는 문화기법으로서의 인공지능 발달에서 다음과 같은 이유로 인해 결정적이었다. "그것은 그림의 장이 2차원의 수적 행렬로 디지털화되는 과정뿐 아니라 그 장이 다수의 차원을 가진 통계적 행렬로 벡터화되는 과정을 수반한다. 이와 같은 방법으로 인해 인간의 이미지 인식 능력은 벡터 공간 내의 수학적 최적화 문제로 번역되고 환원되었다."[55]

이와 같은 요소들로 인해 생성형 인공지능을 통한 이미지 제작은 카메라와 대상 간의 인과적 관계에 근거한 전통적인 사진화학적 미디어 이미지와도 다르고, 인간의 수작업 또는 인지적 작업을 자동화한 기능들을 포함한 소프트웨어를 활용한 이미지 제작은 물론 자연 현상이나 유기체의 운동과 특징을 수학적 모델링을 통해 시뮬레이션하는 과정을 수반하는 컴퓨터 그래픽과도 구별된다. 컴퓨터 비전의 탐구를 뒷받침한 가정은 인간의 시각적 지각과 이미지의 시각적 특징이 컴퓨터가 연산 가능한 수학화된 특징들로 변환 및 추출될 수 있고, 그 특징을 이루는 벡터들의 수학적 분포와 유사도에 의해 이미지의 패턴을 인식하고 예측할 수 있다는 것이었다. 이와 같은 프로세스를 위한 학습 자료로 제공되는 데이터집합 내의 이미지는 전통적인 미적 가치로 판별되고 인간의 눈으로 음미되는 것이 아니라 다른 기계를 위해 활용되고 그 기계에 의해 해독되고 처리된다는 점에서 작동 이미지(operational image)에 속한다. 하룬 파로키의 설치 작품이 탐구하고 언급한 작동 이미지란 사진과 영화 이미지의 미적 위상과는 무관하게 기계와 사회적 제도의 특정 기능이나 도구적 목적으로 활용되는 이미지, 이를 위해 그 기계와 사회적 제도의 원리를 내면화한 이미지를 말한다. 작동 이미지에 대한 파로키의 언급을 좀 더 따라가 보면 이의 두 가지 함의를 추출할 수 있다. "기계적 로봇이 처음에는 공장 노동자들을 자신의 모델로 삼았다가 얼마 후 이들을 능가하거나 대치하듯, 감각적 장치도 인간 눈의 작업을 대신하는 것을 뜻한다. … 나는 이러한 이미지를 '작동 이미지'라 불렀다. 현실을 재현하려고 시도하지 않으며 기술적 작동의 일부가 되는 이미지 말이다."[56] 이러한 정의가 가리키는 작동 이미지의 첫 번째 함의는 사진과 영화에 대한 인간중심적 가정이 지탱했던 시각-기계 사이의 결연 관계가 단절되었다는 것, 둘째는 이러한 이미지가 그것을 생산하고 순환하는 기계나 소프트웨어의 일부인 한 자율직으로 직동한다는 것이다. 후자의 함의에 대해 피로키는 다음과 같이 덧붙이기도 한다. "컴퓨터는 이미지를 처리할 수 있다. 그러나 컴퓨터는 자신이 처리하는 이미지 내에서 읽어내는 것을 확인하거나 변조하기 위해 어떤 이미지도 필요로 하지 않는다."[57]

작동 이미지는 지침에 따라 움직이며 행동을 촉발하는 방식으로 인간의 주체성, 인간이 세계를 파악하는 방식, 그리고 세계 자체의 조직을 재구성한다. "제조업에서의 품질 제어 시스템부터 도시의 자동 번호판 해독기(Automated License Plate Readers: ALPR)에 이르기까지, 슈퍼마켓과 마트의 리테일 동작 추적 시스템부터 군사용 드론의 자동화된 패턴 인식 시스템에 이르기까지 이미지는 대규모의 질서로 세계에 작동하고 있다."[58] 하지만 CCTV 카메라 이미지가 그러하듯 작동 이미지가 인간 관찰자를 언제나 필요로 하는 것은 아니다. 패글렌은 이 점을 다음과 같이 명료하게 설명한다. "인간의 시각문화는 시각의 특수한 사례, 규칙의 예외가 되었다. 압도적으로 다수의 이미지가 지금은 기계에 의해 다른 기계를 위해 제작되고, 인간은 그 루프(loop) 내에 거의 존재하지 않는다."[59] 즉, 오늘날의 시각문화에서 점점 더 지배적으로 자리하는 이미지는 기계-대-기계의 회로 속에서 제작되고 순환되는 이미지, 정확히는 데이터로서의 이미지다. 이와 같은 이미지 다수는 인간의 시각 기관과는 다른 방식으로 수집되고 인식되며, 비가시적(invisible)일뿐더러 비시각적(invisual)이기도 하다. 비시각성(invisuality) 개념을 제안한 에이드리언 매켄지와 애나 문스터가 환기하듯, 오늘날 컴퓨터 연산 장치와 플랫폼이 대규모의 이미지를 인식하고 측정하고 처리하는 방식은 시각적 정보를 수학적 데이터와 다이어그램으로 변환하는 과정을 수반한다.[60] 즉, 환경과 객체를 관찰하고 감지함으로써 이에 대한 데이터를 생산하고 순환하는 과정은 광학적 도구를 여전히 필요로 하지만, 관찰과 감지의 작동은 물론 이 데이터를 다루는 시스템의 시각은 가시성의 척도로 설명되지 않는 기계적, 연산적 작동을 따른다. 유시 파리카가 말하듯 오늘날 행성적인 차원에서 대지의 측정과 환경의 관리, 물류 체계의 작동, 데이터의 대규모 처리 모두에 적용되는 "비시각적 문화는 이미지가 오늘날의 플랫폼 문화에서 존속하더라도 그것은 광학적이거나 경험적 의미에서의 시각적 이미지로 나타나지 않음을 뜻한다."[61]

작동 이미지의 관점에서 볼 때 생성형 인공지능의 등장은 무엇을 말하는가? 생성형 인공지능은 프롬프트를 통한 자연어 처리에도 불구하고 궁극적으로는 복잡하고 다층적인 수학적 프로세스에 근거한다는 점에서, 그리고 실제로 모델이 수학적으로 처리하는 대상이 기존의 시각적 요소가 아닌 비시각적 요소로서의 벡터라는 점에서 이미지 제작 과정을 전반적으로 작동화(operationalize)한다. 따라서 한편으로는 이미지를 인간과 자연에 대한 측정과 데이터 수집, 그를 통한 증거와 지식의 구성에 활용했던 도구적 이미지(instrumental image)의 전통을 계승한다.[62] 사진을 자연의 법칙을 입증하는 객관적 자료로 활용하기 시작한 19세기 자연과학의 전통,

그리고 인간의 생물학적, 인종적, 성적 차이와 생리적 성향을 사진으로 기록하여 인간의 사회적 정체성을 분류하고 관리하기 시작한 법의학과 신경의학, 통계학의 실천이 이와 같은 전통에 속한다. 이와 같은 역사적 선례에서 사진 이미지는 단순히 외부의 세계를 기계적으로 재현한 결과를 넘어 사회와 인간, 자연 자체를 관찰과 측정, 분류 및 제어가 가능한 대상으로 재구성했다. 사진 이미지의 이와 같은 인식적 가치는 20세기 후반과 21세기 초에 걸친 컴퓨터 비전의 발달 속에서 자동적, 계산적, 예측적인 방식으로 계승되었다. 그 결과 오늘날 우리를 둘러싼 '유비쿼터스 사진' 또는 '보는 기계'의 생태계는 생체측정 기법과 결부된 얼굴 인식, 알고리듬 기반의 객체 인식, 대규모로 추출되고 유통되는 이미지들의 자동적 인식을 통해 가동되고 있다. 생성형 인공지능은 이와 같은 생태계에 출현한 새로운 미디어로서, 작동 이미지의 전통을 연장함은 물론 기존의 얼굴 인식이나 이미지 인식을 위해 가공된 데이터집합을 넘어선 모든 종류의 이미지를 자신의 학습과 연산을 위한 작동 이미지로 동화하고 있다.

다른 한편으로 이와 같은 과정의 귀결은 작동 이미지의 본래 정의를 초월하기도 한다. 생성형 인공지능이 학습하고 산출하는 이미지는 파로키가 사진과 영화의 미적 가치 및 관조적 관람성이 부재하다고 정의한 작동 이미지와 동일하지 않다. 즉, 그 이미지는 기존의 회화와 사진, 삽화 등 인간이 재현적인 미디어로 생산하고 인간의 시각적 지식과 사고를 형성했으며 미적 가치가 있는 것으로 간주된 이미지를 포함한다. 우리가 생성하고 유통해 온 어떤 종류의 이미지도 스크랩과 추출, 학습 대상이 될 수 있다는 점에서 한편으로는 탈인간적이고 연산적인 작동화 과정 내에 있지만, 생성형 인공지능이 낳는 이미지는 기존의 재현 및 형상화 내에 포함되면서도 기존에 재현 또는 형상에 적용되어 온 논리와 가치, 예를 들면 이미지와 지시체가 갖는 인과적 지표성의 논리와 그 논리가 보증해 온 진실 주장의 가치를 교란시키는 종류의 이미지다. 오늘날 정치적 영역을 넘어, 정지 이미지와 무빙 이미지 모두에서 산출되고 유통되는 딥페이크는 이미지의 시각적 요소들이 낳는 현실 효과와 이미지가 의미론적으로 가리키는 지시체의 관점에서는 사실적이지만 현실에 존재하는 지시체의 관점에서는 유효하지 않다. 그럼에도 불구하고 딥페이크가 진실 주장의 차원에서 작용한다면 이는 딥페이크의 의미가 일종의 '우둔한 의미(dumb meaning)'이기 때문이다. "[우둔한 의미]가 '우둔하다면' 그것은 거대언어모델이 기호들 간의 잠재적 상관관계를 포착하면서도 그 기호가 실제로 어떤 것을 지칭하는지를 '알지' 못하기 때문이다."[63] 우둔한 의미 개념이 가리키는 바는 생성형 인공지능이 CNN과 같은 기존의 판별형 심층학습 모델과 구별되는 방식, 또는 생성형 인공지능이 기존의 작동 이미지를 넘어서는 방식이다. 즉, 기존에는 인간이 볼 수도 없었고 인간이 보는 것으로 상정되지 않았던 이미지를 처리하던 컴퓨터 기반 시스템이 이제는 인간에게 보기를 촉발하는 미적 이미지를 낳는다. 이와 같은 역설적인 효과는 수학적인 방법에 근거하면서도 이를 뒷받침해 온 도구적인 합리성을 넘어서는, 슈타이얼의 표현을 빌리자면 '유사–마술적(quasi-magical)' 효과다.

이와 같은 역설을 고려하여 나는 생성형 인공지능을 수학(mathematics)과 마술적 효과의 합성어인(또는 'mathematical'에서 t를 g로 바꾼) '수리마술적(mathemagical)' 미디어로 규정한다. 수리마술적 미디어가 초래하는 위기의 두 가지 양상은 다음과 같다. 첫째, 기존의 얼굴 인식, 객체 인식, 이미지 인식을 포함하는 작동 이미지의 부정적 효과인 시각적 감시의 일상화와 정체성의 알고리듬적인 왜곡 및 통제와 같은 위기의 지속이다. 둘째, 이미지 제작과 유동의 수학석, 연산적 작동화가 기존의 미적 기준과 가치를 환기시키면서도 이를 미묘하게 벗어나는 방식으로 모든 기존 미디어 이미지의 존재 근거와 인식적 가치를 유동화하고 교란한다는 것이다. 이와 같은 유동화와 교란의 양상은 물론 인간이 온전히 파악하기 힘든 기계의 이미지 처리 방식에서 파생된 익숙하고도 낯선 이미지의 출현을 포함한다. 이러한 이중적인 위기의 관점에서 생성형 인공지능은 포스트–재현 체제를 심화한다. 재현 체제는 어떤 측면들에서 연속되지만 다른 한편으로는 연산미디어의 새로운 기술적 논리 내에서 교란된다는 점에서 불연속적이다.

패글렌의 사진 및 영상 작업은 바로 수리마술적 미디어로서의 생성형 인공지능이 제기하는 이와 같은 두 가지 위기를 시각화한다. 2017년 패글렌은 현악 4중주단 크로노스 콰르텟(Kronos Quartet)과 함께 〈시각 기계(Sight Machine)〉(그림 9–3)라는 시청각적 공연 프로젝트를 선보였다. 객체 인식 및 자율주행 차량에 활용되는 컴퓨터 비전 소프트웨어와 연결된 다수의 카메라가 이들의 공연을 감지했고 그 데이터는 공연 영상에 실시간으로 중첩되었다. 컴퓨터 비전이 감지를 통해 산출하는 이미지는 인간의 눈으로 직접 볼 수 없는 비가시적인 것이었으며 오직 소프트웨어와 연결된 다른 장치들, 즉 '보는 기계'들만이 읽을 수 있는 것이었다. 그 이미지의 최종적인 시

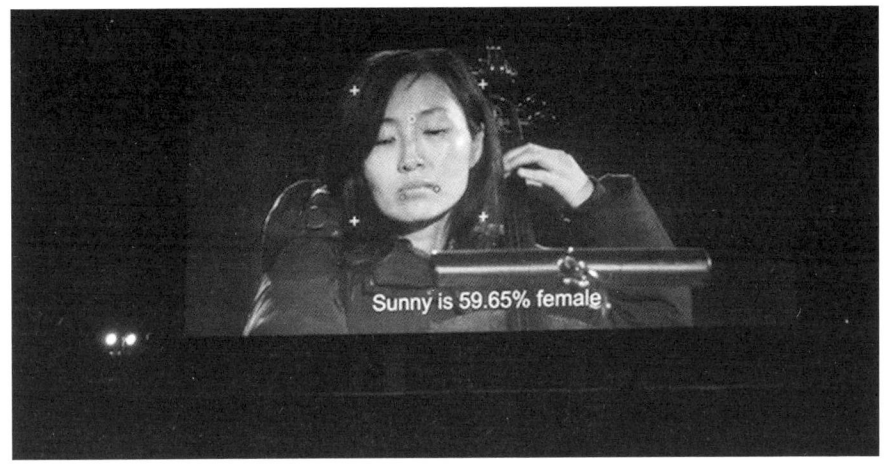

그림 9-3 〈시각 기계〉(트레버 패글렌, 2017) 퍼포먼스 스틸 사진.
출처: https://www.artforum.com/columns/trevor-paglen-talks-about-surveillance-
ai-and-his-new-work-235025.

각화 방식은 공연자의 신체를 둘러싼 추상적인 선이었고, 여기에
는 '74% 두려움', '0.01% 혐오'처럼 공연자의 감정을 수치적으로 환
산한 데이터 자막이 추가되었다. 이처럼 수치화된 감정은 얼굴 인
식을 감정 탐지와 인식으로 업그레이드한 심층학습 기반 컴퓨터 비
전의 역학에 호응하는 것으로, 특정한 감정을 드러낸다고 판단된
얼굴 사진들의 사전학습을 통해 예측된 것이었다. 이와 같은 기제
의 실시간적인 시각화를 통해 〈시각 기계〉는 작동 이미지로서의 얼
굴 데이터집합에 근거한 감정 인식 도구의 두 가지 함의를 드러낸
다. 한편으로는 감정 인식 도구가 사진 자료를 인간적인 특징의 측
정 및 통제 가능한 증거로 활용했던 "과거의 골상학"과 연결된다는
점을, 다른 한편으로는 그 도구가 "사람들의 내적 마음 상태를 직접
측정하기보다는 얼굴 사진들 사이에서 물리적 성격의 상관관계를
통계적으로 최적화할 뿐"[64]임을 드러낸다.

　생성형 인공지능의 수학적 프로세스가 컴퓨터 이전 미디어에서
컴퓨터 미디어로 이어지는 작동 이미지의 도구적인 인간 인식 및

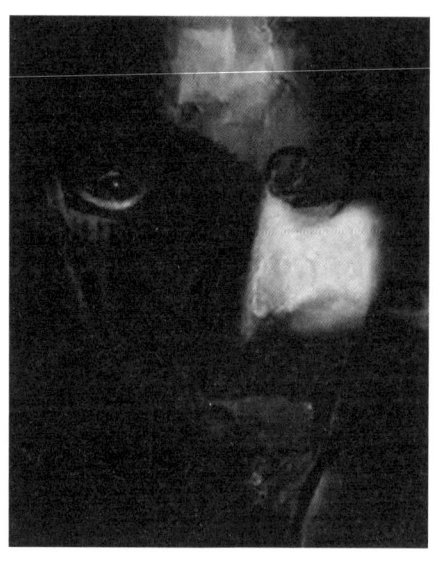

그림 9-4 〈Vampire(Corpus: Monsters of Capitalism)〉(패글렌, 2017).
적대적 진화 환각. 작가 제공.

제어를 연장하는 방식에 관여하는 작업이 〈시각 기계〉라면, 패글렌
의 〈환각(Hallucinations)〉 연작(2017, 그림 9-4)은 바로 그 수학적 프
로세스의 마술적 효과를 탐구한다. 이 연작을 위해 패글렌은 문학,
철학, 민속학, 역사 등에 기록된 비이성적인(irrational) 것들의 말뭉
치로 이루어진 훈련 집합을 만들고 심층신경망이 이를 학습하여 사
물을 인식하도록 조율했다. 예를 들어 프로이트의『꿈의 해석』에 나
오는 정신분석학적 상징이나 점성학에서 불길한 일의 전조에 해당
하는 현상 같은 것들이었다. 뒤이어 패글렌은 두 번째 신경망 네트
워크를 배치하고 두 개의 네트워크가 GAN과 동일한 방식으로 이
미지를 생성하게끔 했다. 즉, 말뭉치를 학습한 첫 번째 모델은 특정
물체를 구별하는 판별자가, 두 번째 인공지능은 이미지를 생성하는

생성자가 되는 것이다. 이들의 이미지 산출 방식을 패글렌은 다음과 같이 설명한다. "생성자가 판별자를 확실하게 '속일 수 있는' 이미지를 만드는 방법을 배울 때까지 수천 또는 수백만 번을 왔다 갔다 한다. 이 과정에서 나오는 이미지를 환각이라고 한다. 두 인공지능은 현실에 존재하는 지시체는 없는 완전히 합성된 이미지를 함께 만들어낸다. 이 이미지는 두 인공지능이 보도록 학습된 사물의 예라고 믿는 이미지이기도 하다."[65] 이처럼 인간의 시각은 물론 카메라의 시각도 부재한 심층신경망의 시선으로 생성된 이미지는 살바도르 달리, 프랜시스 베이컨, H. R. 기거 등의 초현실주의 회화에 가깝다. 하지만 이 이미지가 '뱀파이어', '죽음' 등의 단어와 연결될 때 관객은 과연 그 이미지가 단어를 적절히 환기하는가를 질의하게 된다. 그 이미지에는 뱀파이어나 죽음을 직접적으로 재현하는 형상이 없지만, 그 형상이 뱀파이어나 죽음에서 인간이 떠올리는 시각적 인상과 완전히 다르다라고 말할 수도 없기 때문이다. 따라서 〈환각〉 연작에서 패글렌이 생성형 인공지능의 마술적인 역량을 통해 제기하는 질문은 단순히 생성형 인공지능이 보는 방식만이 아니다. 생성형 인공지능의 수학적 프로세스가 이미지를 인식하는 방식은 바로 인간이 이미지를 인식하는 방식, 이미지를 통해 세계와 감정을 표현해 온 방식 자체를 의문의 대상으로 설정한다. 포스트-재현 체제의 또 다른 결과는 바로 인간의 시각적 사고와 인간의 재현적 이미지 자체에 내재된 한계를 드러내고 이들의 절대성과 자명성을 해체하는 것이다.

포스트-규율적 감시와 대항시각성

끝으로 포스트-재현 체제의 중요한 결과인 데이터 감시에 개입하는 몇몇 작가들의 예술적 작업을 살펴보자. 6장에서 살펴본 마크 안드레예비치는 자동화된 데이터 수집 및 프로세싱이 현대적 감시 패러다임과 단절하는 양상에 주목한다. 즉, 데이터 수집 및 프로세싱으로 이루어지는 디지털 감시는 패놉티콘으로 대표되는 특정한 응시를 개별 주체가 내면화함으로써 작동하는 현대적 감시 패러다임에 의존하지 않는다. 현대적 감시 패러다임이 단일 시선으로 수렴되는 총체적 가시성의 지평만으로도 충분했다면 수많은 렌즈와 스크린, 센서들의 연결을 통해 자동화된 감시는 데이터 포획, 조율, 시각화에 관여하는 이질적인 장치들의 복합적인 배치로 이루어지기 때문에 중심과 주변, 감시자와 피감시자, 모니터링되는 것과 그렇지 않은 것 간의 구별을 넘어선다. 따라서 안드레예비치는 자동화되고 편재적인 디지털 감시사회에서는 "감시되는 공간과 그렇지 않은 공간 사이의 경계를 그릴 수 있는 어떤 공간적, 기능적 근거도 없음"[66]을 주장하면서, 이러한 사회의 특징으로 작동주의(감시는 항구적이고도 선제적인 방식으로 작동한다), 환경주의(스마트 환경의 사례에서 보듯 정보 공간과 플랫폼은 물론 모든 물리적 공간도 자동화된 데이터 수집과 처리, 전송에 맞게 조율된다), 프레임없음(데이터 수집과 처리는 어떤 정보가 적합한가를 판단하는 데 적용되었던 인간의 인지적 프레임을 넘어선다)을 식별한다. 이 세 가지 특징이 '보는 기계' 또는 '유비쿼터스 사진'과 공명한다는 점을 고려한다면, 오늘날 이를 활용하는 예술적 실천의 첨예한 정치적, 문화적 개입 대상 중 하나는 바로 자동화된 데이터 감시의 포스트-규율적(post-disciplinary)인 차원이다.

자동화된 데이터 감시의 작동주의와 환경주의, 프레임없음은 유비쿼터스 사진의 시각성을 고려할 때 더욱 분명하게 입증된다. 데이터와 연산미디어로 확장된 사진의 영역이 구성하는 시각성에는 두 가지 함의가 있다. 첫째, 기계들이 분산적으로 연결되며 서로를 위해 시각적 데이터를 생산하고 교환하기 때문에 개별 이미지보다는 다수 이미지의 순환과 기계의 연결을 조직하는 정치적, 경제적, 물질적 차원을 간파하는 것이 중요하다. 파시 발리아호가 말하듯 "이미지는 홀로 작용하지 않고, 이미지의 작동과 정치는 주어진 순간에 사회적 장을 형성하는 보다 커다란 배치체의 일부로 여겨질 때만 의미가 있기 때문이다."[67] 둘째, 보는 기계의 응시와 이미지 제작이 '다른 기계를 위한' 것이라면, 이 기계의 작동으로 구성되는 세계상과 인간 정체성은 기존 세계상과 인간 정체성의 인본주의적 밑그림을 초과한다. 스티브 F. 앤더슨이 주장하듯 자동화된 감시 시스템하에서 "인간은 기계나 데이터의 단순한 연장만이 아니라 인간성의 알고리듬이 실행되는 표면"[68]이 된다. 기존의 시각성을 이와 같이 초월하는 자동화된 데이터 감시는 사이버네틱 자본주의 또는 군사-엔터테인먼트 복합체의 권위를 보존하고 실행하면서 가시성과 비가시성의 지평을 동요시킨다. 그전에 가시화되지 않았던 영토와 신체의 디테일은 원격적으로 또는 미시적으로 전례 없이 가시화되면서 식별과 관리, 통제와 폭력의 대상이 된다. 총체적 투명성과 지배의 환영을 강화함으로써 자동화된 데이터 감시의 '보는 기계'는 영토를 이미지의 조합으로, 신체를 정보의 집적으로 생산한다. 그러나 이러한 투명성과 지배의 환영은 신체와 영토의 구성에 관여하던 기존의 재현을 급진적으로 추상화하면서 이미지의 진리 가치를 동요시킨다. 즉, 비가시적이었던 것의 가시화는 가시적이었던 것의 비가시화 또한 수반한다.

오늘날의 연산미디어 기반 예술이 포스트-규율적 감시 체제의 이 새로운 시각성을 예술직으로 싱찰하고 조사하는 방식을 가리키기 위해 나는 니컬러스 미르조에프가 제안한 대항-시각성(countervisuality) 개념을 활용하고자 한다. 미르조에프는 자크 랑시에르의 불화 (dissensus) 개념을 연장하여 대항시각성을 "시각성과의 불화, 한 상황의 요소로서의 가시적인 것에 대한 논쟁, 어떤 시각적 요소가 공유되는 것에 속하는가에 대한 논쟁, 이러한 공유되는 것을 지정하고 주장하는 주체의 능력에 대한 논쟁"을 구성하기 위해 "보기의 권리를 주장하는 것"[69]으로 정의한다. 대항시각성의 계보는 제국주의적 시각 체제에 맞선 탈식민주의적 재현으로 소급되지만, 미르조에프에 있어 오늘날 대항시각성의 생산을 화급하게 요구하는 시각성은 삶의 모든 영역을 항구적으로 감시하는 권위의 영역, 즉 "죽음정치의 종합예술(Gesamtkunstwerk of necropolitics)"[70]을 작동시키는 '보는 기계'의 작동으로 형성된다. 오늘날 알고리듬과 인공지능에 개입하는 무빙 이미지 미디어 미술 작품이 대항시각성을 구축하는 두 가지 영역은 생체 인식 기법으로 조율되는 정체성의 영역, 그리고 정치적 테러와 관련된 진실의 판본이 구축되고 조작되는 도시 공간 또는 영토적 경계의 영역이다.

이은희의 2채널 비디오 〈콘트라스트 오브 유(Contrast of Yours)〉 (2017)는 자동화된 데이터 감시의 시각성을 구성하는 '보는 기계'가 인간 정체성의 가시성과 비가시성을 결정하고 분할하는 방식과 관련된 일련의 일화를 포함한다. 그 일화는 백인 동료의 안면을 자동 인식하고 추적할 수 있지만 자신의 얼굴은 알아보지 못하는 사무실 컴퓨터의 작동 방식을 시연하면서 휴렛패커드 컴퓨터를 인종주의자라고 주장하는 흑인 노동자 데시의 발언(이는 2009년 유튜브 비디오를 통해 널리 알려졌다), 사진 판독 시스템이 자신의 증명사진을 '눈이 감겨 있다'고 인식한다는 이유로 여권 재발급이 거부된 뉴질랜드 청년의 이야기, 사진의 태그가 '고릴라'라는 이유로 친구의 사진을 고릴라 사진으로 수집하고 분류한 구글 포토 라이브러리의 작동 방식을 비판하는 한 남자의 주장, 그리고 감시 카메라 비디오와 안면 인식 시스템으로 수집된 은행강도 용의자의 데이터와 자신의 데이터가 일치한다는 이유로 범인으로 몰린 스티브 테일리의 일화다. 이 모든 일화는 기업과 국가의 데이터 수집이 활용되는 양상에 대한 웬디 희경 전의 다음과 같은 비판과 호응한다. "표면상 무관한 상관관계를 발견함으로써 빅데이터는 기존의 불평등을 악화시키고 표면상 무해한 대리체의 사용으로 정당화되는 인종주의적, 차별적 실천으로 귀결된다. 이 대리체를 통해 인종, 계급, 섹슈얼리티, 젠더의 이른바 '거칠고'도 '낡은' 범주가 설명되지 않는 방식으로 설명된다."[71] 즉, 기업과 정부의 데이터 수집 및 관리는 이미 존재하는 행동을 강화하고 이미 사회적으로 구성된 타자를 선제적으로 조율하는 데 활용된다. 이러한 활용 과정에서 주체성의 어떤 국면은 불편하게 가시화되고 다른 국면은 비가시적인 존재로 배제된다. 〈콘트라스트 오브 유〉는 건조한 회색빛의 3차원 그래픽 공간(또는 이미지의 합성이 이루어지는 소프트웨어 공간)을 기존의 인본주의적 논리로는 '설명되지 않는' 보는 기계의 이러한 이중적 시각성을 증언하는 인물들을 위한 무대로 설계한다. 그 무대의 끝에는 불투명한 얼굴 사진이 자리하는데, 이는 슈타이얼이 〈안 보여주기〉에서 가시성이 디지털 시각 기계의 픽셀 해상도로 결정되는 상황에 대한 대안으로 제시한 비가시성의 정치를 연상시킨다. 보이지 않음과 인식되지 않음은 '보는 기계'의 자동화된 가시성과 인식이 인간의 정체성을 결정하는 방식을 성찰하기 위한 일종의 대항시각성으로 제안된다.

잭 블라스의 〈얼굴 무기화 세트(Facial Weaponization Suite)〉(2011~2014, 그림 9–5)는 생체 인식 기술이 인간 얼굴의 생리적 특징을 추상화하고 인간의 정체성을 선제적으로 규정하는 프로세스에 대한 성찰을 넘어 이를 정치적으로 전용하는 대항시각성을 모색한다. 워크숍에 참가한 사용자의 얼굴 데이터는 키넥트(Kinect)를 통해 추출되고 이는 사용자 얼굴의 3D 모델로 연장된다. 소프트웨어에서 합성되어 무정형의 추상적 형태로 귀결되는 개별 마스크는 사용자의 인종적, 성적 정체성에 따라 다양한 색채와 형태로 변주될 수 있다. 분홍색 무정형 마스크는 퀴어 정체성을, 검은색 무정형 마스크는 흑인 정체성을 나타낸다. 이 마스크는 워크숍에 참가하고 이를 착용하는 시민의 정체성을 시각화하지만, 무정형의 추상적 형태는 생체 인식 기법으로 포착되지 않는다. 블라스는 생체 인식 기술이 작동 이미지의 역사적 전통에 속함을 인식한다. 즉, 알퐁스 베르티옹의 범죄자 식별용 초상사진이나 프랜시스 골턴의 합성 초상사진(composite portraiture)과 같은 근대적 감시 체제에서의 사진 활용, 즉 인간의 생리적 특징을 가시화하고 이를 바탕으로 주체성을 유형화하고 조율하는 생명정치적인 권력의 작동과 연장선상에 있음을 염두에 둔 것이다.[72] 중요한 점은 오늘날의 알고리듬적 안면 인식 기

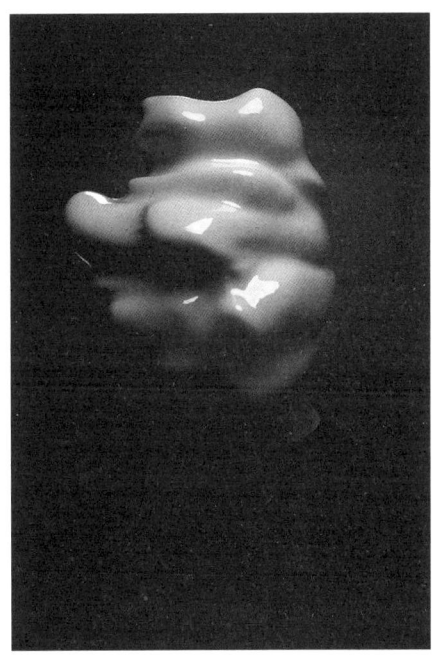

그림 9-5 〈얼굴 무기화 세트〉(잭 블라스, 2011~2014) 스틸 사진. 작가 제공.

법이 인간의 생리적 특징을 전례 없이 추상화함으로써 정체성을 결
정하는 시각성을 극단적으로 이중화한다는 것이다. 즉, 합법화된
시민권적 주체의 인증과 잠재적인 범죄자 및 테러리스트의 식별을
위해서는 추상화된 얼굴 데이터가 극단적인 가시성으로 연장되는
반면, 퀴어 정체성을 비롯한 마이너리티 정치의 영역에서는 개별
주체의 얼굴을 지우거나 식별 불가능한 대상으로 남긴다.

블라스의 작업 기법은 신자유주의적 통치와 상업적 마케팅, 안
전 관리 산업에서 주체의 신체적 데이터를 수집하고 식별하는 얼굴
인식 기법에만 국한되지 않는다. 이 작업의 제작 과정과 관련된 기

록영상을 살펴보면 얼굴 인식 기법이 2000년대 이후 할리우드 영화에서 널리 활용되고 업그레이드되어 온 제작 기법과 등가적임을 알 수 있다. 그 기법은 보통 모션 캡처, 퍼포먼스 캡처, 나아가 제임스 카메론이 〈아바타〉(2009)에 적용하고 이름붙인 기법으로는 감정 캡처(emotion capture)에 해당하는 바로 그것이다. 이 기법에 따라 배우는 센서가 부착된 특수한 수트나 마스크를 착용하고, 배우의 동작은 물론 미세한 표정 변화도 데이터로 변환되어 포스트프로덕션 과정에서 가상 배우 또는 캐릭터의 모델에 통합된다. 이런 관점에서 보면 〈얼굴 무기화 세트〉에 적용된 블라스의 기법은 할리우드의 포스트프로덕션 과정을 전용했다는 점에서 '포스트-포스트프로덕션'이라 할 만하다. 그러나 블라스의 작업이 생산하는 다양한 마스크는 모션 캡처와 컴퓨터 애니메이션의 결합으로 제작되는 가상 캐릭터의 스펙터클한 가치로부터 면제된다. 대신 그것은 성적, 인종적, 정치적 소수자의 얼굴을 지워버리고 생체 인식 기법으로 추출된 얼굴 데이터가 판독할 수 없는 무정형성을 일종의 대항가시성으로 전환한다. 이러한 가시성은 "신체와 환경의 암호화되고, 과잉적이고, 기이한 집단적 스타일을 창조함으로써 오늘날 부상하는 신자유주의적 감시와 정체성 표준화에 기술적, 전 지구적인 규모로 저항하는 반-규범성과 반-표준화의 정치적, 미학적 실천"[73]이 된다. 그리고 이러한 실천은 생체 인식 기법의 시각성이 분할하는 가시성과 비가시성의 위계에 대항하여 '보는 기계'를 전용하는 정보 불투명성(informatic opacity)의 생산을 지향한다. 블라스가 말하듯 공적 영역에서 마스크를 쓴 소수자의 수행적인 행위로 체화되는 "정보 불투명성은 국가와 그 정체성 정치에 저항하는 소중한 수단"으로, "통제하고 억압하기 위해 재현과 가시성을 광대하게 활용하는 한 사례인 포획의 테크놀로지에 접근하며 따라서 국가의 재현이 제공하는 평등, 권리, 포용의 허위 약속을 거부한다."[74]

에얄 와이즈먼의 주도로 활동해 온 리서치 에이전시인 포렌식 아키텍처(Forensic Architecture)는 국경 지대에서의 포격 및 화학 공격, 암살, 테러, 이주 및 토지 소유권 분쟁 등을 둘러싼 모호하거나 조작되는 증거를 조사하고 재구성하는 작업을 해왔다. 여기서 법의학, 과학수사, 법정의 뜻을 모두 포괄하는 '포렌식'은 라틴어의 '포렌시스(forensis)'에서 온 용어로 이는 토론이 이루어지는 공공의 장소인 '포럼(forum)'에 속해 있음을 뜻한다. 이러한 어원을 참조하면서 와이즈먼은 포렌식을 오늘날의 전쟁과 폭력, 인권 문제의 영역에서 작용하는 국가와 기업의 행위, 나아가 이러한 행위에 결부되는 신체와 물질, 공간과 영토, 이 모든 것들의 재현을 조사하는 비판적 실천에 작동하는 개념으로 제안한다. 와이즈먼에 따르면 이러한 조사 작업은 "조사의 장소인 필드(field)"와 "그 조사의 결과가 제시되고 경쟁을 벌이는 포럼"[75]에 개입하는 것이다. 이때의 필드는 갈등이 형성되는 역동적인 힘의 장이며 포럼은 사건의 장소, 그 사건과 관련된 사물과 증거의 해석, 그리고 대중의 집합으로 이루어진 합성적 장치다. 따라서 필드와 포럼에 개입한다는 것은 디지털 장치의 시각성을 통해 변화되는 건축의 개념과 접속한다. 이때 건축은 행위와 목격, 증언에 관여하는 사람들, 환경, 증거를 형성하는 다양한 인공물 간의 복잡한 관계로 구성되는 표면이 된다. 이와 같은 표면의 구성에 결정적으로 기여하는 자료는 지리공간적 데이터, 지도, 원격 감시 데이터, 인공위성 이미지 등을 포함한다.[76] 따라서 건축의 이와 같은 면모는 안드레예비치가 포스트-규율적인 자동화된 데이터 감시의 특징으로 지적한 작동주의, 환경주의, 프레임없음과 모두 호응한다. 피해자와 가해자, 권력과 그 희생자 간의 사회적 관계가 이 자료의 증거 능력과 해석적 관점을 결정하기 때문에 영도의 건축적 면모는 정치적인 중요성을 갖는다. 이 정치적 공간에 개입하고 그 공간에서 벌어진 폭력과 억압의 과정을 재구성하기 위해 포렌식 아키텍처는 데이터 수집, 사진측량(photogrammatry: 한 장소의 표면을 촬영한 서로 다른 사진 간의 거리를 측정하고 연결함으로써 그 장소에 대한 3차원 모델의 지도를 제작하는 기법), 패턴 분석, 원격감지, 지오태깅(geotagging)과 같은 요소들, 즉 패글렌이 확장된 사진의 원천으로 예시한 '보는 기계'들을 복합적으로 활용해 왔다. 이는 자동화된 데이터 감시에 배치되는 바로 그 장치와 기법을 전용하고 한편으로는 이것들에 내재된 이미지의 조작가능성과 불투명성을 폭로하기 위해, 다른 한편으로는 그 이미지의 가변성을 장소와 사건에 대한 대항시각성을 구성하기 위해 역동적으로 활용한다는 점을 뜻한다.[77]

〈움 알-히란에서의 살인(Killing in Umm Al-Hiran)〉(2019, 그림 9-6)은 2017년 1월 베두인 마을에서의 이스라엘 경찰 습격에서 발생한 살해 사건을 재조사한다. 경찰 한 명과 지역 주민 한 명의 희생을 두고 이스라엘 경찰 당국과 네타냐후 총리는 경찰이 테러 공격으로 살해되었으며, 자동차를 몰고 경찰을 향해 접근하다 살해된 지역 주민은 이슬람 테러 운동 조직에 소속되어 있다는 성명을 발표했고 그 증거로 사건 당시 경찰 헬기에서 촬영한 적외선 카메라 영상을 공개했다. 포렌식 아키텍처는 이 설명에 문제를 제기하기 위해 이스

그림 9-6 〈움 알-히란에서의 살인〉(포렌식 아키텍처, 2019) 스틸 사진. 작가 제공.

라엘/팔레스타인 국경 지역에서 중점적으로 활동해 온 사진기자 집단인 액티브스틸스(Activestills)가 촬영한 동영상과 사진을 시간 순서대로 다시 배열한다. 이 과정에서 동영상과 사진의 촬영 시간 및 장소가 기입된 메타데이터를 활용하고, 경찰이 공개한 영상에는 없었던 현장의 사운드트랙 녹음 파일을 동기화하며, 경찰이 공개한 영상을 다시 재생하여 희생자의 차량이 총격 직전 천천히 움직이고 있었고 차량의 갑작스러운 가속은 경찰의 총격 때문으로 보인다는 가설을 제시한다. 그리고 그 가설을 뒷받침하기 위해 지역 활동가 및 거주민과 협력하여 사건 현장의 언덕에서 직접 차를 몰아보는 재연을 수행함으로써 사건 당시 차량의 가속이 의도하지 않은 것이었음을 입증한다. 액티비즘과 재연, 시청각적 증거 조사의 결합을 바탕으로 포렌식 아키텍처는 최종적으로 사진측량과 지상 측정 기법을 활용하여 액티브스틸스의 사진과 비디오를 이어붙임으로써 현장의 상황을 가상의 3D 모델로 재구성한다. 이 모델을 현장 녹음 사운드와 동기화한 결과 당시 희생자가 경찰의 명령에 따라 차 문을 연 이후에도 사격이 있었음이 드러난다. 이 일련의 과정은 와이즈먼이 포렌식 아키텍처의 많은 프로젝트에서 적용한 다음과 같은 방법론과 호응한다. "사건을 재구성하기 위해 우리는 각 이미지의 시간과 위치를 찾아야 했고 이 이미지를 하나의 모델에 놓아야 했다. 그러고 나서 우리는 한 이미지에서 다른 이미지로 움직이면서 무슨 일이 있었는가를 이미지들 간의 관계로 재구성하기 위해 그 모델을 항해적 도구이자 광학적 장치로 활용했다."[78]

궁극적으로 〈움 알-히란에서의 살인〉에서 사건을 재구성하기 위해 활용된 '보는 기계'들의 응시와 알고리듬은 감시를 작동하는 권력의 시각성을, 그 시각성이 형성하는 가시성과 비가시성의 조합을 드러낸다. 이를 통해 이 작업은 이스라엘 당국이 공개한 비디오가 "살인을 위해 활용되는 고해상도 이미지와 살인을 모니터링할 때 활용되는 저해상도 간의 시각적 스펙트럼"에 놓임을, 그리고 그 스펙트럼이 "그 살인을 부인하는 자들이 활용하는 바로 그 공간"[79]임을 입증한다. 이를 입증하기 위해 포렌식 아키텍처가 예시하는 일종의 대항-과학수사(counterforensics)는 "시각, 신호, 지식에의 접근에 작용하는 구조적 불평등의 조건에 참여하고 탐지 가능성의 문턱 가까이와 이면에서 작동하는 방식을 발견하는"[80] 실천임을 입증해 왔다. 이 실천은 데이터 감시를 포함하는 포스트인터넷 조건하의 무빙 이미지 예술이 현실을 레이어의 중첩으로 표현하는 것을 넘어 그 레이어의 세부와 바깥, 이면을 바로 그 레이어를 구성하는 이미지와 데이터, 장치의 창조적인 배치를 통해 바라보는 것을 목표할 필요가 있음을 입증한다는 점에서 대항시각성의 중요한 사례가 된다.

10장

미디어 인프라구조와 예술

    21세기의 예술은 동시대 인프라구조가 재현에 제기하는 문제에 미학적으로 대처하면서 그 인프라구조가 지구와 인간의 존재에 미치는 심원하고도 복합적인 영향들에 정치적으로 개입해 왔다. 현대적 사회의 형성을 뒷받침하고 오늘날 더욱 거대하고도 복잡한 양상으로 확장하는 인프라구조를 미디어로 이해한다는 것은 그것이 수행하는 신호와 자원, 인력의 매개 기능을 인식한다는 것, 그리고 그와 같은 기능이 미디어 객체의 한정성, 가시성, 인간중심적 규모를 전제하는 기존의 미디어로는 충분히 파악될 수 없다는 것을 시사한다. 이와 같은 시사점은 인프라구조에 개입하는 예술에도 적용된다. 니콜 스타로시엘스키가 강조하듯 인프라구조를 특징짓는 비인간적 규모와 비가시성은 그것을 구성하는 자연적, 물리적, 제도적 요소들의 부분적인 가시성들을 포함한다. "나는 우리가 인프라구조를 물질적 체계로 간주할 것을 제안하는데, 이 체계의 가시성은 세계적 커뮤니케이션의 매끄럽고 효과적인 장을 유지하기 위해 지속적으로 구축되어야 한다."[1] 그가 깊이 있게 연구한 해저 케이블을 예로 들자면, 도시와 대륙 간의 원활한 원격 통신을 전제하는 케이블의 비가시성은 통신 기업들이 케이블의 매설, 유지 및 보호를 위해 사용하는 시각적 차트와 철소망, 경고 표지판 등을 수반한다. 즉, 이와 같은 가시적인 요소들에 주목한다는 것은 인프라구조의 비가시성이 존재론적으로 고정된 것이라기보다는 인프라구조에 관여하거나 그 구조에 의해 영향을 받는 집단적, 개인적 행위자들과 자연적, 물질적 환경을 포함하는 역사적인 것임을 뜻한다. 그렇기 때문에 인프라구조의 구성적 복잡성과 비가시성, 비인간적 규모는 부분적인 가시성을 통해 탐구될 수 있고, 이 과정에서 그와 같은 속성들이 비가시적인 것으로 취급하는 힘들과 영향들을 드러낼 수 있다.

이 장에서 살펴볼 다양한 예술적 시도들은 가시성과 비가시성의 다층적인 접합을 특징으로 하는 인프라구조의 복합적인 구성과 다면적인 매개 양상에 주목한다. 그런 가운데 국경과 항만, 데이터센터 등을 포괄하는 인프라구조가 인간 주체성과 지구의 생태를 심원하고도 포괄적인 방식으로 동요시키는 위기의 면모들을 드러낸다. 그 위기는 지구의 표면과 대기를 데이터의 지속적인 수집과 처리를 통한 제어와 예측의 대상이자 전 지구적 물류의 원활한 순환을 위한 공간으로 변환하는 물질적, 제도적, 기술적 작동 그리고 인간의 존재와 이동성 및 자연 환경의 추출적인 관리와 전용을 포괄한다.

행성적 미디어 인프라구조: 이미지와 작동으로서의 지구

지오시네마 컬렉티브에 속한 아시아 바즈디리예바와 솔베이 수스의 〈지구 만들기(Making of Earths)〉(2020)는 8장에서 살펴본 '행성적 영화'에 속하면서도 지구를 행성적 차원은 물론 지역적인 차원에서도 재편하는 미디어 인프라구조의 기술적, 지정학적 범주를 조사한다. 이 작품의 조사 대상은 중국이 2010년대 초부터 중앙아시아와 동남아시아까지 포괄하며 야심차게 추진해 온 디지털 일대일로 구상(Digital Belt and Road Initiative)이다. 이와 같은 구상은 '디지털 지구'와 이를 뒷받침하는 지구 시스템 과학, 정보과학 및 컴퓨팅 인프라구조 기술에 대한 중국의 오랜 정책적 투자에서 파생되었다. 중국 정부의 지원을 받은 중국과학아카데미는 빅 어스 데이터(Big Earth Data)와 클라우드 서비스 플랫폼 관련 기술 개발에 주력해 왔는데, 이는 이것들이 "국가의 거시 수준 결정과 주요 과학적 발견을 지원할 국가의 주요 과학기술적 빅데이터 인프라구조"[2]로 활용될 수 있다는 전망 때문이었다. 이것은 물론 과학기술의 영역에만 한정되는 것은 아니다. 인구와 시장의 예측 불가능한 변화와 기후위기에 직면하여 데이터의 국경을 넘나드는 활용을 주창한 디지털 일대일로 구상은 지구의 생태적, 지정학적 차원을 포함하여 세계 자체를 재구성하는 것이었다. 바즈디리예바와 솔베이가 말하듯 "미래의 보호를 위해 과거의 기후를 연구하는 요구하에 디지털 일대일로 네트워크는 데이터와 정보의 훨씬 유동적인 국제적 교환을 뒷받침할 수 있는 상위의 목표를 형성할 것이라고 주장되었다."[3] 중국 영토와 인접 국가를 가로질러 데이터센터와 케이블, 슈퍼컴퓨터 등 컴퓨터의 인프라구조를 개선하는 것 이외에도 디지털 일대일로 구상은 위성 데이터의 송수신을 위한 위성 기지국의 건설, 그리고 빅어스 데이터가 대상으로 포괄하는 자원의 개발 및 관리를 원활하게 하기 위한 도로와 철도의 개선 사업 등을 포괄해 왔다. 디지털 일대일로 구상이 미디어 인프라구조의 관점에서 논의될 수 있는 이유가 여기에 있다.

〈지구 만들기〉에서 바즈디리예바와 솔베이는 디지털 일대일로를 구성하는 다양한 규모의 이미지 제작 기술, 그리고 이를 둘러싼 물질적, 지정학적 요소들을 탐사함으로써 미디어 인프라구조를 구성하는 다양한 규모와 다층적인 차원을 가시화한다. 개기일식을 관측하고 미래의 개기일식을 예측하는 것을 목표했던 18세기 타이 시암 왕국의 천문학 및 기상학의 실천을 소개하는 간자막을 위성 기지국의 이미지 및 개기일식의 이미지와 병치하며 디지털 일대일로 구상의 역사적 기원을 소개하고, 농촌 곳곳에 매설된 송신탑과 산간 지역 및 광산 지역에 건설된 도로의 이미지를 미래적인 사운드트랙과 함께 집적함으로써 디지털 일대일로 구상의 물질적, 영토적인 차원에 주목한다. 두 작가가 가장 주목하여 조사하는 대상은 2012년 중국과학아카데미가 설립한 원격 감지 및 디지털 지구 연구소(Institute of Remote Sensing and Digital Earth)다. 이 연구소 소속으로 디지털 일대일로 구상에 참여하며 빅데이터 실무자 그룹을 이끄는 리 구오칭 교수는 제작진과의 인터뷰에서 위성으로부터 수신하는 데이터는 신호일 뿐이며, 이것이 의미 있는 데이터로 기능하기 위해서는 신호를 시각화하여 그림으로 변환하는 다양한 기술과 이를 지식으로 인증하는 정부 기관의 역할이 요구된다고 말한다. 즉, 디지털 지구 제작에 관여하는 미디어 인프라구조는 분산된 행위자, 관찰 기술, 시각화 기법을 포함한다. 이에 조응하여 바즈디리예바와 솔베이는 디지털 지구 이미지를 생성하는 연구소의 다양한 분과들을 명시한 다이어그램을 보여주고, 2015년 제3회 디지털 일대일로 구상 컨퍼런스 기록 장면을 거쳐 미래의 지구 기온을 예측한 디지털 지구 시뮬레이션 이미지와 디지털 그래픽으로 처리된 중국 영토 표면의 위성사진들을 빠른 속도로 제시한다. 그리고 중국의 산간 지역을 담은 사진적 이미지 위에 '지도 객체', '지도제작 과정', '세계 객체'의 3요소가 포함된 또 다른 다이어그램을 중첩시켜 디지털 지구의 제작이 세계의 공간적 재현을 넘어 세계의 객체와 풍경을 창조하고 변경하는 역할까지도 수행한다는 점을 강조한다(그림 10-1). 미디어 인프라구조에서 파생된 디지털 지구 이미지가 세계를 행성적인 규모의 데이터 흐름 및 이와 연동된 영토와 인력, 물류의 흐름으로 재구성한다는 점은 〈지구 만들기〉와 관련된 바즈디리예바와 솔베이의 다음과 같은 진술로도 입증된다. "희토류 원소는 고체 광물에서 액체 상태의 디지털 회로로 변화한다. 지역의 위성 이미지는 광물을 채굴하는 노동자로부터 반사 신호를 전송하는 기계에 이르는 주기적인 반복을 통해 그 자체의 변화로 피드백된다."[4] 이를 입증하듯 〈지구 만들기〉의 후반부는 대규모의 토지 개간 및 광물 채취 현장을 기록한 이미지에서 출발하여 고속도로 위를 질주하는 차량에서 촬영된 일련의 가속화된 이미지들을 거쳐 360도의 궤적을 그리며 공중을 향하는 응시로 수렴된다. 이는 기계적 응시와 이미지 데이터가 미디어 인프라구조로서의 디지털 일대일로 구상이 함축한 관찰, 측정, 물류 이동의 기능을 실현한다는 점, 그리고 이와 같은 실현 과정 속에

그림 10-1 〈지구 만들기〉(아시아 바즈디리예바·솔베이 수스, 2020) 스틸 사진. 작가 제공.

서 대지와 대기, 지구의 수평적 차원과 수직적 차원 모두가 변화한
다는 점을 미학적으로 표현한다. 유시 파리카가 이 작품에 대해 설
명하듯 "작동 미학(operational aesthetic)은 기후 및 환경 과학, 지구 관
측과 같은 다양한 종류의 과학 현장에 초점을 맞추고 있지만 그 계
보는 여전히 자체의 존재 조건과 관련하여 명확하게 드러난다. 이
경우에는 데이터와 물류에 관한 것이다."[5]

스페인의 작가-연구자 아벨라르도 길-푸르니에가 파리카와 협
업하여 제작한 2채널 비디오 에세이 〈씨앗, 이미지, 땅(Seed, Image,
Ground)〉(2020)은 씨앗 투하(seed bombing) 기법을 소개하는 홍보 영
상을 조사하고 재구성한다. 씨앗 투하는 박테리아에 의해 자연 분
해되는 용기에 담긴 씨앗과 흙을 항공기나 드론 등을 통해 공중에
서 뿌리는 기법으로 농업은 물론 삼림 보전을 비롯한 환경 회복의
목적으로도 개발되고 활용되어 왔다. 오늘날 이와 같은 기법은 파
종의 기계적 자동화를 넘어 식물의 성장을 미시적으로 관찰하는 미
세한 카메라와 원격 센서, 그리고 이들이 기록한 데이터의 심층학

습을 바탕으로 식물의 성장을 예측하여 시각화하는 시뮬레이션 시스템과 연결된다. 컴퓨터 항공 촬영과 드론 카메라가 지구의 표면을 감각하고 기록하는 방식 또한 씨앗 투하 기법에 핵심적이다. 따라서 〈씨앗, 이미지, 땅〉이 개입하고 성찰하는 주제는 농업 기술의 혁신 자체보다는 이와 같은 혁신을 낳으면서 지구를 재구성하는 미디어 기술의 복합체, 그리고 이 복합체가 생산하고 유통하는 이미지들의 인식론적, 기능적 가치다. 4장의 논의를 염두에 두자면 씨앗 투하는 지구를 행성적 표면(planetary surface)으로 재구성하는 것이고,[6] 그 재구성 과정에 핵심적인 것은 대지의 표면과 식물의 표면 모두를 지상과 공중을 아우르며 관찰하고 이로부터 시각적 데이터를 추출하는 행성적 미디어 인프라구조다. 〈씨앗, 이미지, 땅〉은 이와 같은 인프라구조의 역사적 계보를 이미지와 더불어 성찰한다. 한편으로는 19세기 후반부터 20세기를 경유하며 식물의 생장 과정을 실험실에서 타임-랩스(time-lapse) 기법으로 근접하여 기록한 기록영화의 역사가, 다른 한편으로는 제1차 세계대전과 제2차 세계대전을 거치면서 목표물의 식별과 정밀 타격을 위해 배치된 시각 기계들이 주도한 항공 촬영의 역사가 배치된다. 외부의 대상을 감지함으로써 시각적 데이터를 생산하는 기계적 응시와 그 데이터를 포함한 도구적 이미지의 활용은 과학과 군사의 오래된 공모 관계를 입증하고, 그 관계 속에서 식물과 대지는 동일한 목적의 객체로 취급된다.

〈씨앗, 이미지, 땅〉은 기술적인 원격 관측과 측정이 영공은 물론 대지의 표면에 적용되는 미디어 인프라구조의 일부임을 입증한다. 이 작품에서 수집되고 재배열되는 가운데 성찰의 대상이 되는 이미지는 지구를 기술적으로 제어하고 관리하고 개조하는 복합적인 기계들의 작동 방식을 연장한 '작동 이미지'에 속한다. 씨앗 파종 작업 과정에서 대지의 자동적 관찰과 기록을 수행하는 항공기와 드론에서 촬영된 이미지, 그리고 라이다(LIDAR) 기법으로 상이한 색채로 시각화된 대지의 3차원 그래픽 이미지는 파리카가 말하듯 "표적화, 분석, 비교, 추적, 탐사, 추출, 포착, 투사, 예측, 측정, 수량화"를 포함하는 "잠재적 행동들의 목록과 더불어 상이한 물질적 표면과 사건들을 실행하고 프로그래밍하는 작동적 인프라구조의 일부다."[7] 여기서 알 수 있는 것은 렌즈-기반의 이미지 기록과 컴퓨터 그래픽에 의한 이미지 합성이 기술적인 차이에도 불구하고 동일한 기능과 도구성 속에 편입된다는 것이다. 원격 감지와 데이터 기반 이미지 합성은 지구를 디지털 지구로 변환할 뿐 아니라 그 지구를 구성하는 생물권에도 영향을 미친다. 이를 입증하듯 이 작품은 "모든 식물 표면은 일종의 이미지로 작동하고 모든 풍경은 네트워크 화면으로 작동할 것이다"[8]라고 주장한다. 이와 같은 주장을 뒷받침하기 위해 길-푸르니에와 파리카는 성장의 이미지(image of growth)를 이미지의 성장(growth of image)과 연결시킨다. 즉, 실험실에서의 식물 관찰과 공중에서의 씨앗 투하가 농작물의 성장을 기록하는 이미지 제작으로 이어지듯, 그와 같은 이미지는 렌즈 기반의 기록뿐 아니라 작물의 미래 성장과 농지의 변화에 대한 디지털 시뮬레이션을 포괄하는 방식으로 성장한다. 이와 같은 성장 과정에서 이미지는 대지의 기록에만 머물지 않고 대지를 새로운 방식으로 개조한다. 즉 디지털 시뮬레이션은 대지의 원격 감지를 통해 스캔된 데이터를 기반으로 한 추상화의 결과지만, 씨앗 투하를 포함한 정밀화된 농업 기술

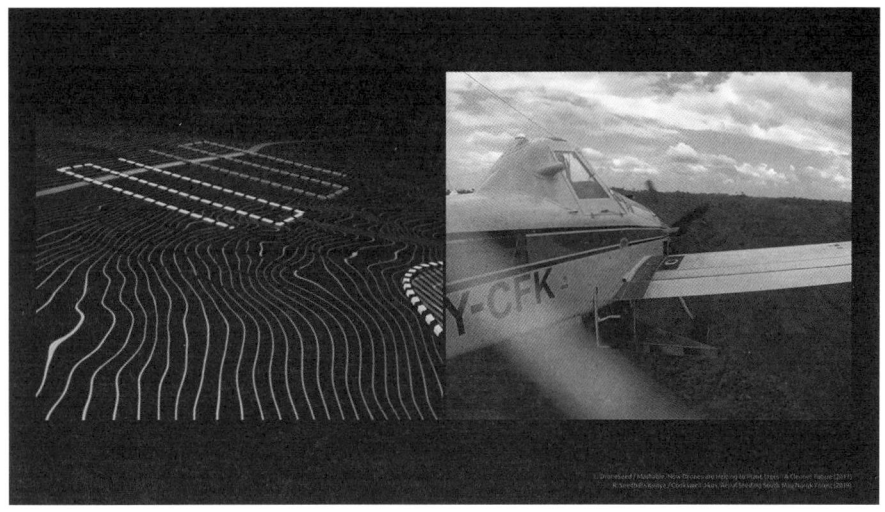

그림 10-2 〈씨앗, 이미지, 땅〉(아벨라르도 길-푸르니에·유시 파리카, 2020) 스틸 사진. 작가 제공.

을 통해 토지의 물질적이고 생물학적인 차원에 영향을 미친다는 점에서 지구를 구체적으로 변경한다. 추상과 구체성, 물질성과 비물질성, 공중과 지면을 넘나들며 대지의 관리와 변경에 활용되는 이미지와 기계들의 연결망으로 이루어진 미디어 인프라구조를 강조하기 위해 길-푸르니에와 파리카는 항공기 또는 드론과 라이다 스캔 이미지를 병치한다(그림 10-2).

컨테이너화 또는 물류: 글로벌 인프라구조의 시공간

지구적 물류 시스템이 자연과 건축적 환경, 인간을 매개하고 이들을 재편하는 방식 또한 인프라구조적 예술의 성찰 대상이 되어 왔다. 사진작가이자 이론가인 앨런 세쿨라가 영화학자 노엘 버치와 공동 작업한 에세이 영화 〈잊혀진 공간(The Forgotten Space)〉(2010)에서 컨테이너는 동시대 자본주의의 순환 시스템을 시간과 공간을 가로질러 가동하는 물리적 객체다. 마크 레빈슨과 알렉산더 클로제가 밝혔듯 1950년대 후반 미국 해운 회사들이 개발한 컨테이너는 1960년대에 전 세계적 표준이 되었고, 동시대 물류 시스템의 근간이자 전 지구적 자본주의의 상징이다.[9] 이를 전제하면서도 세쿨라와 버치는 〈잊혀진 공간〉에서 컨테이너를 수출 및 수입 품목을 보관하는 용기를 넘어 물류, 수송, 항만 시스템을 바꾸고 기술과 노동력의 재배치를 촉발하는 매개체로 다룬다. 세쿨라의 표현을 빌리면 컨테이너의 이와 같은 매개적 기능은 '컨테이너화(containerization)'로 설명될 수 있다.

> 컨테이너화는 적재 및 하역 시간을 단축하고 글로벌 이동 시 물동량을 크게 증가시킴으로써 주변부와 중심부를 새로운 방식으로 연결하여, 과거 중심지에 뿌리를 둔 산업이 저렴한 노동력을 찾아 불안정하고 유목민화되는 것을 가능하게 한다. 선박이 트럭이나 기차와 점점 더 구별되지 않게 되고 바닷길이 고속도로와 구분이 없어지면서 공장은 선박과 같은 이동성을 갖게 된다. 따라서 육상 생산의 새로운 유동성은 해상 이동의 일상화 및 정착에 기반을 두게 된다. 다양한 종점 간 셔틀의 끊임없는 규칙성 외에는 예측할 수 있는 것은 아무것도 없다. 이러한 역사적 변화는 육지의 고정성과 바다의 유동성 사이의 '고전적' 관계를 뒤집는다.[10]

버치와 세쿨라가 〈잊혀진 공간〉에서 취하는 에세이 영화의 탈중심적이고도 파편화된 재현 전략은 컨테이너화의 상이하지만 서로 연결된 효과들을 포착하고 성찰하기 위해 활용된다. 빌바오와 로테르담, 로스앤젤레스와 홍콩이라는 네 개의 항구 도시와 그 주변 지역을 탐사하는 이 작품은 "글로벌 생산-유통 시스템의 결과로 항구와 배후지 간의 연결이 더욱 중요해졌다는 점"을 인식하면서 "어디에나 있고 이동 가능하며 익명으로 처리되어 내용물이 보이지 않는 상자"[11]로서의 컨테이너가 가진 양가성에 주목한다. 한편으로 이 작품에서 해양을 횡단하고 항구에 정박한 컨테이너는 커다란 선박과 더불어 압도적인 물리적 실체로 현전한다. 하지만 컨테이너의 이와 같은 물질성이 동전의 양면처럼 가진 내용물의 비가시성은 공급망 자본주의의 지속적인 순환과 연결에 내재된 비가시화 또는 추상화의 논리와 상응한다. 알베르토 토스카노와 제프 킨클은 컨테이너의 이와 같은 양가성을 다음과 같이 식별한다. "컨테이너화는 노동(살아 있는 것과 죽은 것), 자본(고정 및 변동), 법률, 정치, 에너지 및 지리의 복잡한 집합을 뜻하는 약어라는 사실을 알려준다. 컨테이너는 표준화, 동질성, 모듈화, 대체 가능성, 효율성 등 정치적으로나 미학적으로 중요한 여러 특징을 통해 무역과 생산의 규모, 속도, 범위를 가속화하기 때문에 자본주의 세계화의 출현에 중요한 요소로 널리 받아들여지고 있다. 그러나 생산의 사회적 관계와 지리적 결정 요인의 측면에서 볼 때, 이는 항구와 선박 노동의 황폐화, 새로운 시공간적 위치에서 운송 및 생산 센터의 이탈, 도시의 사회생활에서 항구의 분리, 탈물질화, 그리고 상업과 산업 모두에 영향을 미치는 일종의 급진적인 불투명성 또는 비가시성을 의미하기도 한다."[12] 이런 맥락에서 볼 때 〈잊혀진 공간〉에서 버치와 세쿨라가 주목하는 '잊혀진 것'은 거대화된 물류 시스템에 속하면서도 물류의 이동 과정에서 보이지 않는 것으로 취급되는 바다만을 가리키지 않는다. 버치와 세쿨라의 카메라는 선박에서 휴식을 취하거나 여가 시간을 보내는 임시 노동자, 홍콩의 경제 성장이 제공한 기회를 찾아 이주했지만 휴일에는 자신의 공간을 갖지 못한 채 거리에서 시간을 보내야 하는 필리핀 가사도우미, 불안정한 삶을 살아가는 항만 노동자 등 컨테이너가 야기한 거시적 변화에 종속된 다양한 주체들의 모습과 목소리를 담는다. 즉, 겉으로 부관해 보이는 주체와 공간들이 컨테이너화로 인한 항구의 공간적 변화, 경제적 시스템의 변화, 노동 패턴의 변화라는 관점으로 연결된다. 이를 통해 세쿨라와 버치는 컨테이너화를 둘러싼 추상성과 구체성, 지역적인 것과 세계적인 것의 협상을 작품의 내용과 형식에 반영한다. 에리카 발솜이 지적하듯 〈잊혀진 공간〉은 "매우 드물게 조망되는 글로벌 순환의 물질적 조건을 형상화하며 그와 같은 순간의 생각할 수 없는 대규모와 주변화된 경험의 특별함 사이를 매개"[13]한다.

스웨덴 작가 에리카 망누손과 다니엘 안데르손의 프로젝트 〈물류(Logistics)〉(2012)는 컨테이너와 해양의 얽힘이 이루는 물류의 미디어 인프라구조를 세쿨라와 버치와는 다른 기술적, 미학적 전략으로 다룬다. 중국에서 제조되어 스웨덴으로 수출되는 만보기를 실은 컨테이너의 이동을 목적지→출발지로 이어지는 역순으로 기록한 이 프로젝트는 '22일 21시간 12분간'의 물류 여정의 실시간적 기록 및 상영으로 이루어졌다. 스웨덴 중부의 한 창고에서 출발하는 트럭 차창에서 바라본 시점으로 시작하는 영상은 예테보리, 독일 브레머하펜, 네덜란드 로테르담, 스페인 말라가를 거쳐 중국 선전시의 항구와 그 외곽 도시 바오안에 위치한 만보기 제조 공장에 도착하며 끝난다. 그 사이에서 볼 수 있는 풍경은 〈잊혀진 공간〉을 지배하는 컨테이너 이미지, 즉 컨테이너들을 하역한 선상에서 바다를 향해 바라본 무인

그림 10-3 〈물류〉(에리카 망누손, 다니엘 안데르손, 2012) 스틸 사진.
출처: https://youtu.be/wsqKmNJVIKE?si=M7MwXKpr94ypJqZD.

시점 쇼트(그림 10-3)다. 그리고 컨테이너가 다음 목적지로의 이동
을 기다리며 대기 중인 항구에서 촬영된 고정 카메라 쇼트도 있다.
이와 같은 여정 전체를 실시간으로 기록하기 위해서는 카메라의 특
별한 선택이 필요했다. 작가들은 화물의 이동과 대기를 하루 종일,
나아가 오랜 시간 동안 메모리카드의 교체 없이 HD로 기록할 수 있
는 디지털 카메라를 물색했고 여러 번의 시행착오를 거쳤다. 마침
내 14일간 연속으로 기록할 수 있는 카메라를 선택했더라도 이것이
작동하기 위해서는 트럭과 선박, 창고에 알맞은 방식으로 설치되어
야 했고, 작가들이 메모리카드를 교체하고 데이터를 백업하는 과정
을 수반했다. 즉, 〈물류〉에서 볼 수 있는 글로벌 물류의 기록은 주제
이자 탐구 대상을 넘어, 영화 장치 및 제작 과정 자체를 물류적인 프
로세스에 맞게 개조한 과정의 결과다. 그 과정에는 항만을 구성하는
기계와 공간의 물질적인 요소, 데이터의 저장과 이동을 구성하는 하
드웨어의 기술적인 요소가 관여했다. 즉, 글로벌 물류를 미디어 인

프라구조로 보기 위해서는 영화 장치의 인프라구조적인 재구성이 필요했다.

이와 같은 인프라구조적인 접근을 통해 실현된 〈물류〉는 공급망 자본주의를 구성하는 인프라구조의 복잡성을 〈잊혀진 공간〉과는 반대의 관점으로 보여준다. 〈잊혀진 공간〉이 동시대 자본주의의 인프라구조인 글로벌 물류 시스템을 구성하면서도 비가시화되거나 추상화되는 물리적 공간과 노동력에 주목한다면, 〈물류〉는 두 가지 방식으로 그 시스템의 비인간적 면모를 강조한다. 첫 번째 면모는 비인간적 응시다. 감시 카메라 이미지를 연상시키는 이 작품의 비디오 기록이 인간의 시점을 상정하지 않는 카메라의 자동화된 작동을 그 자체로 드러낸다는 점이 이와 같은 응시를 강조한다. 이와 같은 자동화된 응시와 기록은 컨테이너의 선적과 하역을 결정하는 컴퓨터화된 항만 시스템의 비인간적 자동성을 환기시킨다. 레빈슨이 동시대의 자동화된 항만에 대해 말하듯 컴퓨터는 "컨테이너를 하역할 순서를 결정하여 선박을 불안정하게 만들지 않고 프로세스를 가속화한다. 컨테이너 크레인과 야드 내 장비의 동작은 모두 사전에 프로그래밍되어 있다."[14] 글로벌 물류 시스템의 두 번째 비인간적 면모는 이 프로젝트가 기록하고 상영하는 시간의 비인간성이다. 카일 스타인이 설명하듯 〈물류〉는 글로벌 물류 시스템을 "지도와 같은 추상이 아니라 시간의 구체적인 경과를 통해 접근한다. 이 작품은 계산적 지식 대신 체화된 경험을 갖고 전체를 파악할 수 없는 관객의 무능을 노출한다."[15] 흥미롭게도 이 경험은 사실상 미디어 인프라구조로의 물류 시스템에 내재된, 그리고 그에 조응하여 물류적인 방식으로 재구성된 영화 장치가 구축하는 비인간적 응시의 경험이기도 하다. 어떤 관객도 이 프로젝트가 실시간으로 포괄하는 수십 일간의 시간을 관람을 위해 점유할 수 없기 때문이다. 물류를 구성하는 하역과 운송의 시간은 인간이 비워진 시간이자 인간의 시간 프레임으로는 너무나 긴 시간이고, 그 시간은 관람자에게는 지루함과 느림으로 지각된다. 지루함과 느림은 인프라구조의 비인간적 시간이 역설적으로 제공하는 인간적인 경험이다. 그 경험은 인프라구조의 비인간적 시간이 글로벌 공급망의 가속화된 연속성을 구성하는 보이지 않는 시간임을 일깨운다.

인프라구조의 폭력, 인프라구조적 야만주의

지구의 시공간을 인간의 총체적인 파악을 넘어서는 규모로 가시성과 비가시성을 넘나들며 재편하는 미디어 인프라구조는 7장에서 살펴보았듯 자연과 인간 주체성 모두에 심원한 영향을 미쳐 왔다. 이른바 인프라구조의 폭력(infrastructural violence)이라 부를 수 있는 이와 같은 영향은 환경오염과 수질 오염, 에너지 과소비와 같은 지구의 영토적인 차원은 물론 국경과 물류센터의 사례가 입증하듯 인간의 인지적, 육체적 노동력과 인간의 이동성을 제어하고 관리하는 생명정치의 차원에서도 찾아볼 수 있다. 마이클 트루셀로가 인프라구조적 야만주의(infrastructural brutalism)라 부른 이러한 상황은 산업자본주의와 식민주의에 그 기원을 둔다. "인프라구조적 야만주의는 산업자본주의하에서 대부분의 억압 시스템을 위한 기호-물질적(semio-material) 지지체를 제공한다. 산업화된 사회에서 삶을 지탱하는 '중요한' 인프라구조는 또한 죽음정치적(necropolitical) 집합체, 죽음에 이르는 소유권 박탈, 구조적 억압을 낳는다."[16] 글로벌 정보 자본주의로의 이행과 함께 등장한 컴퓨터 네트워크 기반의 미디어 인프라구조는 산업자본주의 시대 인프라구조의 물질적, 지정학적 한계를 극복하며 지구와 인간을 인력과 재화의 지속적인 순환, 연결성, 확장의 논리 속에 통합해 왔다. 이와 같은 통합 과정은 역설적으로 지구의 황폐화, 공동체의 와해, 인간 주체성의 파편화와 원자화를 심화해 왔다. '죽음정치' 개념을 제안한 아실 음벰베가 말하듯, 공간을 급격하게 변동하는 물질적, 기술적 인프라구조는 한편으로는 "모든 종류의 자원과 광물의 에너지 소모적인 추출, 그리고 다양한 질서의 연소 과정의 가속화"[17]를 추동하는 야만주의를, 다른 한편으로는 오늘날 남반구뿐 아니라 북반구의 정치적 접경지대와 인종적, 종족적 소수자 집단에서도 작동하는 야만주의를 활성화한다. "이러한 야만주의 체제는 의도적으로 살 수 없게 만든 공간들의 극심한 균열, 끊임없이 절단 위협을 받는 신체들의 강렬한 균열에 근거한다. 그 신체들은 종종 잔해 아래, 즉 모든 종류의 황폐화, 버려짐, 한마디로 일반적인 절개(dissection)에 종속된 환경들의 불안정한 틈새와 균열 속에서 텅 비워진 채 살아가도록 강제된다."[18]

2023년 서울미디어아트비엔날레에 소개된 바 있는 펨커 헤러흐라번의 단채널 비디오 설치 작품 〈먼지가 부유할 때의 전주곡(Prelude to: When the Dust Unsettles)〉(2022)은 콩고민주공화국 마노노 지역을 둘러싼 인프라구조적 야만주의를 탐구한다. 이 지역은 리튬의 대규모 매장 사실이 보고된 이후 글로벌 광업 기업들의 집중적인 조사 대상이 되었다는 점에서 4장에서 마르틴 아르볼레다의 논의와 함께 살펴본 '행성적 광산'이 되었다. '행성적 광산' 개념에서 핵심은 1980년대 이후 남반구의 광산업에 적용된 기술적 혁신이 컴퓨터화와 로보틱스로 추진된 4차 산업을 통해 업데이트되면서 광산이 디지털과 물리적인 것을 가로지르는 인프라구조 네트워크하에 통합되고 관리되었다는 점이다. 따라서 행성적 광산은 광물이 매장된 것으로 추정되는 지역에 대한 심층학습 기반의 사전 조사와 예측 모델링, 인력과 자동화가 복합적으로 맞물린 통합적인 채굴 및 운반 시스템, 그리고 획득된 광물의 물류적인 이동을 담당하는 글로벌 공급망을 포괄하는 복합적인 작동의 일부다. 이를 염두에 두며 아르볼레다는 행성적 광산이 지구의 전체 지리적 경관을 횡단하면서 "제조와 추출, 쓰레기와 자원, 생물학 기반 산업과 그렇지 않은 산업 간의 경계를 와해"[19]한다고 말한 바 있다.

헤레흐라번의 작품은 아르볼레다가 지적한 행성적 광산의 이와 같은 인프라구조적인 면모를 인식하며 추출의 새로운 지리를 구성하는 기법인 디지털 트윈(digital twin)을 직접적으로 활용한다. 2000년대 초 제품 주기 관리를 위한 모델로서 제안되었고 2010년대 이후부터 도로와 같은 물리적 공간을 대상으로 본격적으로 발달한 디지털 트윈은 "실시간 예측, 최적화, 모니터링, 제어, 향상된 의사 결정을 위해 데이터와 시뮬레이터를 통해 구현되는 물리적 자산의 가상적 재현"[20]으로 정의된다. 오늘날 제조 공정의 혁신과 도시 계획, 광산업, 물류 산업 등에 활발히 도입되고 있는 디지털 트윈은 컴퓨터화, 통신, 제어 기술의 긴밀한 결합으로 물리적 세계와 가상적 세계를 통합하는 시스템이다. 여기서 핵심적인 것은 시뮬레이션이 통합하는 물리적 공간이 과거에 존재하는 공간뿐 아니라 미래에 존재하게 될 공간을 포함한다는 데 있다. 이를 염두에 두며 헤레흐라번은 마노노 개발 계획의 75퍼센트 지분을 차지한 호주의 광물 기업 AVZ(AVZ Minerals)가 구현한 디지털 트윈 영상을 3차원적인 곡면을 가진 바닥에 영사한다.[21] 이는 디지털 트윈이 물리적 공간과 긴밀하게 연결되어 있다는 존재론적 특성은 물론, 가상적으로 구현된 디지털 광산이 물리적 공간인 마노노 시익의 현재 및 미래와 연결되는 이중적인 방식을 가시화하기 위한 전략이다. 이 작품에 대한 다음의 소개가 이와 같은 이중성을 반영한다. "이른바 디지털 트윈은 채굴 과정의 많은 시뮬레이션을 보여줌으로써 정치가와 투자자들에게 이들의 잠재적 이윤을 설득시키기 위해 활용된다. 물리적 영향, 풍경의 오염과 독성, 노동자와 지역 인구에 대한 사회적, 물리적 착취는 그 안에서 찾기 힘들다."[22] 디지털 트윈이 영사되는 표면의 3차원적 물성은 초정밀 디지털 렌더링 기법으로 재현된 디지털 광산의 미래 모습이 글로벌 공급망 및 추출 경제의 추상화에 기여한다는 점을 환기시킨다. 여기서 추상화의 대상은 디지털 트윈을 구성하는 데이터의 처리 과정에서 재현되지 않는 것, 즉 리튬의 추출에 따른 공동체 경관의 환경 오염과 광산 내에 여전히 잔존하는 물리적 노동의 위험 등이다. 디지털 트윈을 작동하는 물류적, 추출적 인프라구조가 추상화하는 풍경과 신체, 목소리는 "파국의 소리는 무음 처리되었다(The sound of catastrophe muted)"와 같은 자막을 동반한 갱도 내 흑백 이미지와 같은 장면들로 표현되고, 이는 자동적으로 제어되는 디지털 트윈의 이상적인 광산 시뮬레이션과 대조된다.

영국의 작가이자 연구자 수전 슈플리가 포렌식 아키텍처와의 협업을 통해 제작한 프로젝트 〈냉기의 사례들(Cold Cases)〉(2021~2022, 그림 10-4)은 냉기의 활용을 포함한 온도의 관리가 인권, 사회 정의,

그림 10-4 〈냉기의 사례들〉(수전 슈플리, 포렌식 아키텍처, 2021~2022) 스틸 사진. 작가 제공.

환경 정의의 정치와 긴밀히 연결되어 있음을 입증하는 세 개의 비디오 조사 리포트다. 이 세 개의 사례는 토착민을 차가운 구금 관리소에 억류함으로써 동사하게끔 만든 캐나다의 치안 시스템, 노스다코타주 인디언 보호구역 원주민들의 수자원 착취 반대 투쟁에 살수차를 활용한 미국 공권력, 그리고 불법 이민자들을 차가운 상태로 구금하는 미국-멕시코 국경 수용소다. 이들 모두는 온도가 구조적 식민주의 및 인종주의와 연결되는 온도-정치(thermo-politics), 또는 스타로시엘스키가 말하는 온도 미디어의 정치(politics of thermal media)로 수렴된다. "환경이 점점 더 열 기술에 의해 매개되고 대규모 생태학적 변화가 점점 더 많은 지역에서 열 폭력(thermal violence)의 기회를 제공함에 따라 열 권리(thermal rights)에 대한 새로운 기준선과 더 복잡한 모델을 수립해야 할 필요성이 커지고 있다."[23] 〈냉기의 사례들〉은 열 폭력을 고발하고 열 권리를 주장하는 것을 넘어, 온도-정치가 국경 수용소의 사례가 입증하듯 감시 카메라와 모니터, 열 감지 센서가 복합적으로 작동하는 미디어 인프라구조로 뒷받침됨을 입증한다. 이와 같은 인프라구조적인 국면을 강조하기 위해 〈냉기의 사례들〉에 포함된 비디오들은 캐나다 내 주요 도시의 온도 변화를 가리키는 다이어그램, 국경 수용소 내부에서 열 감지를 위해 작동하는 디지털 시각화 이미지를 포함한다. 〈냉기의 사례들〉이 개입하는 온도-정치는 음벰베가 오늘날 야만주의 체제의 작동 방식으로 인간의 신체를 온도의 수준에서 포획하고 추출하는 메커니즘을 지적하는 것과 연동된다. 즉, 인간이 "생성하고 방출하는 열은 엔트로피에 완전히 버려지는 대신 다양한 추출 메커니즘을 통해 포획되고, 억제되고, '일'로 전환된다. 이것이 바로 야만주의를 열 정치의 한 형태로 정의하는 것이다. 그것은 특정 종류의 존재의 쇠약해진 신체, 에너지, 생명을 불의 작용, 즉 느린 연소에 종속시킨다."[24]

비판적 데이터센터 예술: 폭로, 배치체, 리믹스

데이터센터에 대한 예술적 개입은 2010년대부터 시작되었다. 비가시적이고 광대한 클라우드 컴퓨팅을 지탱하는 기술적, 물질적, 지질학적, 제도적 요소의 다층적 결합체인 데이터센터는 4장과 7장의 논의를 경유하면 환경으로서의 미디어이자 환경과 얽힌 미디어 인프라구조 모두이기도 하다. 그러기에 데이터센터는 한정된 미디어 객체를 넘어선 사회기술적 복합체이며, 물질과 인간이 구체적으로 얽힌 장소이며, 서로 다른 이해당사자들의 경합하는 인식과 지각을 반영한 상상계이기도 하다. 이는 데이터센터에 대한 예술적 접근이 다면적임을, 그러기에 사진, 영화, 넷 아트, 혼합매체 설치 등 다양한 미디어 구성체를 포함할 수 있음을 뜻한다. 이 모든 미디어 구성체를 포함하면서 데이터센터의 구성 및 기능, 영향에 대한 비판적 감수성과 이해를 촉발하는 2010년대 이후의 예술적 작품 및 실천을 '비판적 데이터센터 예술'이라는 경향으로 묶을 수 있다.

데이터센터 연구의 진전에 기여한 멜 호건은 비판적 데이터센터 예술의 형태와 전략을 '데이터센터 폭로(data center expose)'와 '데이터센터 배치체(data center assemblage)', '데이터센터 리믹스(data center remix)' 등으로 구분한다. 데이터센터 폭로란 케이블, 전선, 서버, 냉각장치 등 데이터센터를 이루는 구성 요소와 이들의 결합 및 작동에 관여하는 논리를 드러내는 전략을 뜻한다. 데이터센터 배치체란 도표, 사진, 영상, 소리 등 다수의 미디어 객체들을 각각의 물질적, 미적 이질성을 보존하는 방식으로 배치함으로써 사회기술적 복합체로서의 데이터센터를 재연하고 탐구하는 작업을 포함한다. 데이터센터 리믹스는 데이터센터 배치체와 유사하지만 사운드나 이미지 등의 단일한 미디어로 이루어진 다수의 미디어 객체들을 혼합한다.[25]

7장을 시작하면서 논의했던 트레버 패글렌의 사진은 데이터센터 폭로의 경향에 속한다. 이와 같은 경향에서 정지 및 무빙 이미지는 데이터센터를 구성하는 개별 단위 또는 거대한 구조물의 순수한 물질성을 프레이밍하고 전면에 드러낸다. 스페인의 데이터센터들 내부에서 촬영된 비디오를 활용한 티모 아르날의 3채널 비디오 설치 작품 〈인터넷 기계(Internet Machine)〉(2014)는 서버 스택, 냉각기, 발전기 등 데이터센터 내부의 숨겨진 인프라구조 구성 요소를 전형적으로 드러낸다. 그러나 이 작품의 흥미로운 미적 경험은 정지 사진과 비디오 이미지 모두를 소프트웨어 기반 카메라 매핑 환경에서 처리한 아르날의 작업 과정과 긴밀히 연결된다. 이 환경은 세 대의 가상 카메라 운동을 합성함으로써 데이터센터 내부를 탐구하는 응시를 탈인간적 응시로 구성한다. 그와 같은 응시는 데이터센터 내부의 구성 요소와 이들 간의 상호작용이 인간의 시각적 능력과 가시성을 넘어선 범위에서 실행되고 있다는 점에 호응한다.

존 제라드의 연작 프로젝트 〈농장(Farm)〉(2015)에서 데이터센터의 가시화는 접근과 재구성의 문제 또한 포함한다. 작가는 자신의 작업을 위해 오클라호마주에 설치된 구글의 서버 농장에 접근하고자 했으나 구글은 이를 거부했다. 이에 따라 작가는 헬리콥터까지 대여하여 서버 농장을 구성하는 냉각기와 발전기의 외관을 촬영하고, 이 사진들을 게임 엔진을 통해 처리하여 서버 농장의 3차원 가상 모델을 구축했다. 그 결과 완성된 작품 중 하나인 〈농장〉(Pryor Creek, Oklahoma)(2015, 그림 10-5)은 간헐적으로 선회하는 26분간의 단일 수평 트래킹 쇼트로 이루어져 있다. 햇빛과 그림자의 변화를 포함한 서버 농장 외관의 풍경은 실제 사진과 유사해 보이나, 이와 같은 풍경의 변화와 카메라 운동은 모두 소프트웨어 알고리듬으로 처리된 것이다. 따라서 "훈련된 눈이라면 파사드의 다양한 측면을 읽을 수 있지만, 구글이 아무리 숨기고 싶어도 평범한 구글 스트리트 뷰보다 더 투명하지 않다"[26]는 이 작품에 대한 한 비평은 데이터센터 폭로 예술이 겨냥하는 중요한 역설과 공명한다. 그 역설은 데이터센터 폭로 예술이 드러내고자 하는 데이터센터의 심원한 면모란 가시성 그 자체가 아니라 그 가시성 이면에 있는 물질적, 기술적, 제도적 차원들의 비가시성이라는 역설이다.

커크 고든의 〈클라우드의 무게(The Weight of the Cloud)〉(2019)는

그림 10-5 〈농장〉(Pryor Creek, Oklahoma)(존 제라드, 2015) 스틸 사진. 작가 제공.

설명적 다큐멘터리와 탐사 저널리즘을 예술로서의 지도 제작 실천과 결합한 일종의 에세이 영화로, 워싱턴주와 오리건주를 관통하는 컬럼비아강 하류를 따라 건립된 구글과 페이스북, 아마존 소유 데이터센터의 증가에 반응하여 제작되었다. 이와 같은 반응의 모티프는 클라우드 컴퓨팅의 외견상 비물질성을 구성하는 광물 추출과 서버 농장, 해저 케이블 등의 물질적이고 물리적인 네트워크, 즉 미디어 인프라구조다. 이와 같은 요소들의 가시화를 위해 고든은 이 작품을 시간축과 공간축이 교차되는 컬럼비아강 하류의 지도처럼 구성한다. 시간적으로는 서버의 냉각이 용이한 기후 조건과 강의 수력을 활용하기 위한 빅테크 기업의 데이터센터 건설이 이루어지는 하류에서 컬럼비아강 인근을 중심으로 진행된 오래된 수렵 및 채집, 재개발, 연어 생태계 변동, 관개 사업의 역사적 상류로 거슬러 올라간다. 동시대 디지털 네트워크의 저류를 구성하는 토착민과 개척자들의 문화기법은 컬럼비아강 하류를 문화지리적 관점에서 재구성한다. 이때 산업, 기술, 생태학의 얽힘을 가시화하는 시기별 지도들이 데이터센터와 댐의 분포, 연어의 이동 경로와 개체 수 등을 드러내는 방식으로 이와 같은 관점을 뒷받침한다. 연어의 경로와 개체 수를 나타내는 지도는 데이터센터의 증가로 인해 폐사한 연어들의 이미지와 키누 위에서 연어 보호를 촉구하는 환경주의자들의 시위 이미지와 병치된다. 이는 미디어 인프라구조의 데이터센터가 생태계는 물론 이해관계가 다른 인간과 제도에 상이하게, 그러나 서로 연관된 방식으로 감각되고 영향을 미친다는 점을 예시한다.

　　데이터센터 연구자이기도 한 제인 그리핀 탤리 쿠퍼가 주도한 〈연금술적 인프라구조: 아이슬란드에서 블록체인 만들기(Alchemical Infrastructures: Making Blockchain in Iceland)〉(2020)는 블록체인을 "인프라구조, 사회 시스템, 정치 제도, 욕망의 결합 과정, 즉 새로운 화폐의 미래를 찾기 위해 의도적으로 결합된 연금술"[27]로 간주한다. 이와 같은 가정은 비트코인 채굴이 정보 금융 자본주의의 새로운 기법이지만, 그 기법은 대규모 데이터의 연산적인 처리에 필요한 데이터센터의 환경적, 지정학적, 제도적 수준에서 작동한다는 점을 시사한다. 비트코인 채굴이 데이터센터의 작동에 긴요한 에너지와 수력의 지속적인 추출을 수반하듯 말이다. 데이터센터가 가진 사회기술적 복합체로서의 면모를 탐구하기 위해 〈연금술적 인프라구조〉의 전시는 다양한 미디어와 감각을 포괄했다.[28] 암호화폐 채굴을 시연하는 서버와 기기들의 네트워크가 구현되었고, 아이슬란드에 암호화폐 산업이 도입된 배경에 대한 지리적, 자연적, 제도적 맥락을 소개하는 다이어그램이 전시되었으며 아이슬란드의 데이터센터에 종사하는 인력들의 사진이 인터뷰의 인용과 함께 포함되었다.

아울러 현장에서 녹음된 사운드 또한 청취 가능했다. 이 사운드스케이프는 관광객의 수다 소리, 구조물 및 시설 유지보수 소리, 에너지 산업의 기계 소리, 데이터센터에서 끊임없이 들리는 윙윙거리는 소리 등 이질적인 소리들로 구성된다. 그리고 이 모든 음향들은 파도, 강물, 증기 배출구, 땅속 깊은 곳에서 끓어오르는 진흙 등 주변의 자연 소리와 함께 때로는 구분할 수 없을 정도로 뒤섞인다. 이를 통해 이 사운드스케이프는 블록체인 산업이 인간과 기계, 자연과 비-자연의 복잡한 관계를 매개로 아이슬란드의 현실을 재구성하고 있음을 청각적으로 번역한다. 이 전시의 마지막 작품인 VR 다큐멘터리는 아이슬란드의 자연 환경과 발전소, 데이터센터를 동일한 몰입적 공간으로 통합함으로써 이들 모두가 관객의 현전 속에 긴밀하게 얽힌 것으로 경험될 수 있도록 촉진한다.

데이터센터 리믹스를 예시하는 작가로서 맷 파커는 사운드와 비디오 작업을 통해 데이터센터 내부와 외부를 복합적으로 탐사해 왔다. 6.1 멀티채널 사운드 시스템과 12대의 LED 프로젝터, 어도비 애프터이펙트(Adobe After Effects) 등을 활용한 〈클라우드는 공기와 물보다 가볍다(The Cloud Is Lighter than the Air and Water)〉(2014)는 영국의 데이터센터에서 녹음한 사운드를 어둠 속의 광선을 포함한 시청각적 환경으로 변환한다. 이와 동일한 사운드를 원재료로 활용한 싱글채널 비디오 〈실내 난기류(Turbulence in the Chamber)〉(2014, 그림 10-6)는 모노크롬 색채를 띠며 간헐적으로 진동하는 서버 스택의 이미지와 주기적으로 윙윙거리는 기계적인 잡음을 병치하여 클라우드 컴퓨팅의 내부 작동 방식을 해석한다. 여섯 개의 에피소드로 이루어진 단편 다큐멘터리 영화의 모음인 〈사람들의 클라우드(The

그림 10-6 〈실내 난기류〉(맷 파커, 2014) 스틸 사진.
출처: https://vimeo.com/101347346.

People's Cloud〉〉(2020)는 메가구조로서의 인터넷을 이루는 컴퓨터 기술의 역사, 오늘날의 인터넷 문화를 추동하는 규모화의 명령, 해저 케이블의 역사, 데이터센터의 지리적·환경적 분포 등을 기술자, 공학자, 작가 등의 견해를 통해 탐구하면서 클라우드의 복합적인 의미와 존재 양식에 대한 시청각적 담화들을 제시한다.

결론

지금까지 살펴본 예술적 프로젝트와 작품들은 인프라구조가 그것이 야기하는 위기의 차원에서 중대할(critical) 뿐 아니라 구성 및 작동의 차원에서도 기존의 매스미디어나 안정적 객체 지향의 미디어와 결정적으로 구별된다는 점에서 '미디어-크리티컬'하다는 점을 드러낸다. 인프라구조의 비가시성과 비인간적 규모는 다수의 요소들을 포함하는, 서로 연결되어 있지만 부분적인 가시성들을 포함한다. 따라서 이 장에서 다룬 작품과 프로젝트는 비록 영화와 무빙 이미지, 사진을 포괄하는 미디어 실천에 속하더라도 한정된 형식적 특징으로 수렴되지 않는다. 중국의 디지털 일대일로 구상이 디지털 지구뿐 아니라 고속도로와 철도, 위성 기지국의 건설을 수반하고 그 자체도 위성 데이터의 가시화를 위한 대규모의 데이터 분석과 디지털 그래픽 프로세스를 필요로 하듯, 미디어 인프라구조는 한정된 미디어 객체들의 고정된 집합으로 설명될 수 없다. 이 장에서 살펴본 예술적 프로젝트와 작품들의 형식적, 미학적 다양성은 미디어 인프라구조의 이와 같은 가변성과 복잡성 그리고 그것의 설립과 운영에 관여하는 개인과 집단, 제도와 자연의 다수성에 조응한다. 〈지구 만들기〉와 〈잊혀진 공간〉이 예시하듯 하나의 작품 안에서도 관찰자적 기록과 시적 표현, 인터뷰, 그래픽적인 요소들을 포괄하고 데이터센터의 구성과 그 효과를 가시화하는 사진적인 작업 또한 부분적인 가시성들의 결합으로 이루어진다. 이와 같은 양상은 미디어 인프라구조의 존재와 작동, 효과에 개입하는 예술의 전략 또한 단일 매체의 특정성에 구획되지 않고 인프라구조의 속성들을 체화하는 방식으로 전환해 왔음을 입증한다. 이 장에서 개괄한 예술적 실천들을 동시대 예술의 인프라구조적 전환을 예시하는 것을 넘어 인프라구조적 예술(infrastructural art)을 모색하는 기획의 출력물로 간주할 만한 이유가 여기에 있다.

에필로그

위기미디어, 또는 미디어의 확장

1.

이 책은 21세기 미디어로서의 위기미디어 개념을 제시하고 그 개념의 세 가지 함의를 다음과 같이 주장했다. 첫째, 위기미디어는 위기의 매개와 위기에의 대응에 관여하는 모든 종류의 기술적, 물질적, 사회문화적 실천을 가리키며 그 실천에는 새로운 디지털 및 연산미디어의 인식적, 감각적 역량을 활용한 실천은 물론 기존의 매스미디어가 상정하는 하향식 전파 모델 및 송신자-수신자의 위계에 포섭되지 않는 실천 또한 포함된다. 둘째, 위기미디어는 미디어 구성체가 위기의 기원일 뿐 아니라 그 위기에 대처할 수 있는 가능성을 마련한다는 점에서 양가적이며, 그 양가성은 미디어에 구조적으로 내장되어 있음을 가리킨다. 셋째, 위기미디어는 연산미디어의 작동 방식, 그리고 행성적 미디어와 미디어 인프라구조의 확산에 따른 기술과 자연의 얽힘이 산업자본주의 시기의 매스미디어와 근본적으로 구별되는 인식론적, 존재론적 전환을 촉발한다는 점에서 '미디어-크리티컬'하다.

　이 책은 21세기에 인류가 직면한 위기들인 기후위기, 공급망 위기, 진 지구적 내진과 시위의 증기, 글로벌 자본주의의 불평등, 알고리듬 통치성의 실행에 따른 감시의 일상화와 새로운 노동의 착취, 생태계의 파괴 등이 위기미디어의 세 가지 함의와 어떻게 결부되는가를 밝혔다. 이와 같은 작업은 21세기 사회가 정치적, 문화적, 인식론적, 존재론적 차원에서 위태로운 사회라는 규정에서 출발한 것이었다. 하지만 이와 같은 규정을 촉발한 모든 위기가 21세기에 새롭게 출현한 것은 아니다. 이 모든 위기의 징후는 1990년대에 이미 식별되었고, 이러한 징후를 감지하며 세계와 사유를 새롭게 정립할 필요성 또한 마찬가지였다. 브뤼노 라투르가 오존층의 구멍 확대로 인한 환경적 동요를 정치와 과학에 제기된 중대한 위기로 인식하고 그 위기의 성격을 자연과 문화의 하이브리드로 규정하면서 그 위기의 원인을 근대가 수립한 인간과 비인간 존재의 분리로 식별한『우리는 결코 근대인이었던 적이 없다』를 출간한 시기는 1991년이었다.[1] 프랑스에서 기술권의 전 지구적인 확장과 이로 인한 근대적 세계의 인식론적, 존재론적 균열을 간파한 사상가는 라투르만이 아니었다. 이 무렵 미셸 세르는 과학과 기술, 산업의 혁명으로 시작된 자연과의 근대적 관계가 인간의 거주 가능성을 지구적인 차원으로 확대했지만, 세계를 소유와 지배의 대상으로 환원하면서 자연과 문화 모두를 침식해 왔다고 비판한 바 있다. "상상할 수 있는 위험에 날씨를 노출시키는 물질적, 기술적, 산업적 오염이 있다면, 시간을 위험에 빠뜨리는 보이지 않는 두 번째 오염, 즉 우리가 지구와 인류, 사물 그 자체의 수호자인 장기적 사유에 가한 문화적 오염도 존재한다."[2] 이와 같은 이중적인 위기에 직면하여 세르는 자연과의 근대적 계약을 대체하면서도 과학과 기술이 생산적으로 기여할 수 있는 새로운 자연계약(natural contract)을 제안한다. 자연계약은 지구를 객체의 관점이 아니라 "총체성을 가진 세계의 관점"에서 고려함을 뜻하고, 그 관점 내에서 "관계들의 연결망은 전체 지구를 통일"[3]한다. 4장에서 살펴본 행성으로서의 지구라는 개념을 선취한 것처럼 보이는 세르의 통찰을 비슷한 시기에 공유한 또 다른 사상가는 에드가 모랭이었다. 1492년 콜럼버스의 아메리카 대륙 발견을 행성적 시대(Planetary Era)의 시작으로 여기는 모랭은 20세기 후반 폭발적 인구 증가, 수질 및 대기 오염의 심화, 발칸 반도의 내전을 비롯한 국지적 위기의 발발, 기술과학의 통제되지 않은 발달을 복합위기로 규정했다. "기술과학의 문제는 현재 그것에 의존하는 문명 전체에 달려 있다. 그것은 고립적으로 다룰 수 없고 행성 내 지역에 따라 여러 각도에서 보아야 한다. … 넓은 관점에서 보면 인간권(anthroposphere)의 위기와 생물권(biosphere)의 위기는 과거, 현재, 미래의 위기처럼 상호간에 연루되어 있다."[4] 모랭에게 있어서 이 위기들의 중첩과 얽힘은 인식의 전환을 촉발한다는 점에서 기회이기도 하다. 모랭에 따르면 20세기 후반 천체물리학, 지구과학, 생물학, 고생물학의 발전은 생명, 인간, 지구에 대한 기존의 가정들을 전복하면서 행성적 의식(planetary consciousness)의 부상을 향한 길을 열었다. 행성적 의식은 기술과학의 급속한 발전이 부과하는 파편적, 환원적 사유의 지배에 대항하여 인간권과 생물권, 지역과 지역이 서로 연결된 행성으로서의 지구라는 조건을 파악하는 의식이다. "우리는 단절되고 구획된 것을 다시 연결하고, 통일성을 인정하면서 다양성을 존중하며, 상호 의존성을 분별하려는 종류의 사유가 필요하다. … 연구 대상을 고립시키는 대신 그 대상이 문화적, 사회적, 경제적, 정치적, 자연적 환경과 맺는 자율-생태-조직적(auto-eco-organizational) 관계 속에서, 그리고 이를 통해 그 대상을 고려하는 생태학적 사유가 필요하다."[5]

이와 같은 맥락에서 볼 때 이 책이 제시하고 전개한 위기미디어 개념은 1990년대에 이미 제기된 논제들인 위기들의 복합성, 그 위기들의 행성적인 조건, 그리고 그 위기들에의 대응을 위한 행성적 의식을 미디어의 존재론과 인식론에 대한 질문으로 전환한 결과다. 그와 같은 전환에 따르면 미디어는 기존의 미디어 생태학이 설정한 가정, 즉 인간의 지각과 이해, 행동을 규정하는 환경으로만 설명될 수는 없다. 이니스, 매클루언, 포스트먼 등이 수립한 전통에서 발달한 미디어 생태학은 인간의 사유와 정서, 행위에 영향을 미치는 복잡한 커뮤니케이션 체계로서의 미디어라는 중요한 교훈에도 불구하고 미디어의 범주를 신문, 영화, 라디오, 텔레비전과 같은 기존의 매스미디어로 한정했으며, 미디어를 인간 감각의 연장으로 보는 인간중심주의적 가정을 벗어나지 못했기 때문이다.[6] 그러나 이 책의 2부에서 분류하고 상세하게 설명한 행성적 미디어, 연산미디어, 미디어 인프라구조는 전통적인 매스미디어의 장치와 객체를 넘어서는 방식으로 존재하고 작동하면서 환경, 사회적 관계, 주체성에 심원하고도 폭넓은 방식으로 영향을 미쳐 왔다.

따라서 위기미디어의 철학적 함의는 기존 미디어 생태학의 가정을 넘어선다. 오히려 '미디어를 넘어선 미디어'인 행성적 미디어, 연산미디어, 미디어 인프라구조가 작동하는 환경, 사회, 주체라는 세 영역은 펠릭스 가타리가 정보자본주의와 환경 위기의 초기 확산 과정을 목격하면서 식별한 세 개의 생태학(three ecologies)과 일치한다. 가타리는 세르 및 모랭과 유사하게 "데이터 처리 및 로봇 공학 혁명, 유전 공학의 급속한 발전, 시장의 세계화 이후 인간의 노동력이나 자연의 서식지는 불과 수십 년 전과 같지 않을 것"[7]임을 인식했다. 그에 따르면 후기-산업 자본주의, 또는 통합 세계 자본주의(Integrated World Capitalism)는 지구의 기술공학적 변동으로 인한 생태적인 불균형을, 매스미디어의 수동적인 소비에 따른 가정 공동체의 파괴와 노동계급의 약화를, 기계적 노동의 확산에 따른 육체와 정신의 예속을 촉진해 왔다. 이와 같은 위기들의 중첩에 직면한 행성 위에서의 삶을 갱신하기 위한 윤리적, 정치적 기획으로 그가 제안하는 생태철학(ecosophy)은 주체성, 사회, 자연 환경의 재창안을 다음과 같이 제안한다.

> 세 개의 생태학에 공통적으로 적용되는 원리는 다음과 같다: 우리와 대면하는 각각의 실존적 영토는 그 자체로 폐쇄된 즉자적인 것(en-soi)이 아니라 위태롭고, 유한하며, 유한화되고, 단수적이고, 단수화되고, 층화되고, 치명적인 반복으로 분기되거나 인간의 프로젝트에 의해 '거주 가능'하게 만드는 실천으로부터 과정적으로 개방될 수 있는 대자적인(pour-soi) 것으로 주어진다는 점이다.[8]

여기에서 가타리가 제안하는 생태철학의 특징인 '즉자적인 것'에서 '대자적인 것'으로의 전환은 주체성, 사회, 자연 환경 각각이 비결정적이고 불안정하다는 점을 넘어 이들 각각의 변동이 서로 맞물려 있음을 가리킨다. 이와 같은 연결적인 사유는 미디어에 대한 가타리의 대안적인 입장과 접속한다. 가타리가 포스트-미디어(post-media)로 보는 상황이 그것이다. "사회 생태화을 위한 필수적인 프로그램의 요점은 매스미디어 시대에서 미디어의 재특성화(resingularization)를 이끌 수 있는 다양한 주체 집단이 미디어를 재전용하는 포스트-미디어 시대로 자본주의 사회가 전환하도록 장려하는 것이다."[9] 가타리는 커뮤니케이션 및 정보 기술이 통합 세계 자본주의의 위기를 가속화하기도 하지만, 다른 한편으로 매스미디어에 의한 주체의 수동적인 예속을 극복하기 위한 주체화의 새로운 실천에도 사용될 수 있다고 생각했다. "장비의 개인화와 소형화", 그리고 "네트워킹을 통한 데이터 뱅크의 연결"을 가능하게 하는 이와 같은 기술은 "대화와 집단적 상호작용성의 혁신적인 형태"를 제공하고 세계에 대한 "가장 놀라운 관점을 제공"[10]할 수 있기 때문이다.

이 책의 1부에서 21세기의 다양한 위기를 매개하기 위해 활용되는 미디어 형태로 살펴본 데이터 시각화, 드론 비디오, 그리고 시민들이 제작하고 유통하는 버내큘러 온라인 비디오는 위기의 상황에서 가용 가능한 모든 기술과 전략을 동원하는 위기미디어의 첫 번째 국면을 입증한다. 그런 가운데 이 미디어 형태는 공통의 위기에 직면한 주체들 또는 서로 다른 위기들의 연결성에 대한 감각을 일깨움으로써 가타리가 말하는 세 개의 생태학에 참여한다. 이처럼 주체, 정치, 자연 환경을 구성하고 이들 각각에 대한 감각은 물론 이들의 연결성에 대한 감각을 일깨우는 위기미디어의 형태 및 실천은 '미디어를 넘어선 미디어'가 구성하는 새로운 세계의 모습과 그 세계에 주어진 위기들에 대한 인식 또한 유도한다.

2.

이 책에서 제시하고 전개한 위기미디어의 세 가지 국면은 미디어의 확장 또는 확장미디어(expanded media)라는 개념으로 수렴된다. 여기서의 확장이 매클루언이 말하는 '인간의 확장(extension of man)'으로서의 미디어와는 다르다는 점은 분명하다. 확장미디어 개념이 제시하는 확장은 우선적으로는 기존에 매스미디어 개념이 인준한 미디어 장치와도 다르다. 또한 21세기 학제 간 인문학의 '비인간적 전환'에 호응하여 2부에서 심도 있게 논의한 '미디어를 넘어선 미디어'의 국면들이 입증하듯, 미디어의 확장은 근대적 인간중심주의가 상정한 미디어 개념의 한계와 초월을 함축한다. 행성적 미디어 개념은 광물과 대기를 비롯한 자연의 원소들이 가진 행위성, 그 원소들의 추출과 제어에 관여하는 기술적 시스템의 행위성을 통해 지구를 미디어들의 얽힘으로 인한 불안정성과 변화의 권역인 행성으로 인식할 것을 유도한다. 연산미디어의 존재와 작동 방식은 인간의 의식과 감각, 사회적 정체성이 인간의 인식을 넘어선 알고리듬과 신경망의 자동성과 구별 불가능할 만큼 긴밀히 결부되어 있음을 일깨운다. 미디어 인프라구조는 인간과 영토의 관리, 자원과 에너지의 순환이 인간을 넘어선 규모로 기술과 자연의 복합적인 맞물림을 통해 결정된다는 점을 입증한다.

이때 확장미디어 개념은 '미디어를 넘어선 미디어'의 이 세 가지 형성체가 특정한 기술적 인공물이나 특정한 제도로만 환원될 수 없고 표준적인 매스미디어의 미디어 객체와 장치를 넘어선다는 점을 단언한다. 이와 같은 특징들은 나의 두 번째 책 『다큐멘터리의 확장영역: 뉴 미디어와 21세기 다큐멘터리(*Documentary's Expanded Fields: New Media and the Twenty First-Century Documentary*)』(2022)에서 진 영블러드와 로절린드 크라우스의 영감을 받아 확장 개념을 활용한 방식이기도 하다. 영블러드는 1960년대 영화 이미지, 장치, 관객의 전통적인 경계를 문제 삼고 이를 초월하는 일련의 비표준적인 영화적 실천을 '확장영화(expanded cinema)'로 규정했다. 이 용어를 제안하며 영블러드는 이와 같은 비표준적인 실천이 당시 초기 전자 및 디지털 미디어의 심오한 영향에서 파생되고 반영된 것임을 보여주었다. 영블러드에게 비디오카메라와 신서사이저, 텔레비전, 아날로그 컴퓨터, 다중영사 환경 등 당시의 다양한 기술 및 예술적 혁신은 (드라마의 전제조건과 같은) 영화적 구성 요소의 위계를 흔들고 영화의 형식과 미학적 경계를 확대하는 것 이상의 역할을 했다. 이러한 혁신을 바탕으로 구축된 비표준적 영화 형태는 궁극적으로 전자 및 사이버네틱 기술에 의해 재구성되는 새로운 세계, 지각 및 의식에 호응하는 것이었다. 정보와 이미지의 폭발적 증가를 촉발하는 글로벌 통신 네트워크, 다양한 지각 경험의 결합으로서의 공감각, 인간의 의식을 마음 밖으로, 자연과 건축 환경으로 확장하는 새로운 생태학적 사유의 부상이 그와 같은 새로운 세계의 면모였다. "인간은 환경에 의해 영향을 받으며 현대인에게 있어 '환경'은 바로 상호미디어 연결망(intermedia network)이다. … 상호미디어 연결망은 우리의 환경이자 사회적 유기체의 메시지를 전달하는 서비스 환경이다. 그것은 삶의 의미를 확립하고 인간과 인간, 인간과 사회 사이를 매개하는 채널을 창출한다."[11]

두 번째 '확장'이라는 개념은 크라우스의 '확장영역(expanded field)'이라는 개념과 연결된다. 이 개념은 포스트모더니즘의 상황 속에서 예술의 실천이 특정 매체가 아니라 "사진, 책, 벽의 선, 거울, 조각 등 어떤 매체든 사용될 수 있는 일련의 문화적 용어에 대한 논리적 작동"[12]과 관련하여 정의되는 방식을 설명한다. 예를 들어 1960년대 후반부터 조각은 돌이나 나무로 만들어 갤러리 벽에 전시되는 3차원의 조형적 실체뿐만 아니라 풍경 속의 기념비, 실내외 공간의 건축적 설정, 사진 기록 및 퍼포먼스와 같은 기타 활동도 포함하게 되었다. 크라우스에 따르면 확장영역은 "모더니스트 범주의 조각을 지탱하는 일련의 대립을 문제화하는 것"[13]에 기반을 둔다는 점에서도 중요하다. 모더니즘 조각의 실천은 건축과 풍경이라는 두 가지 종류의 대립에 기반을 두었다. 따라서 포스트모던 조각은 전통적 조각으로 간주되지 않았던 건축, 풍경, 그리고 그에 상응하는 재료와 기록(사진), 활동(퍼포먼스)을 포괄함으로써 조각의 개념을 확장했다. 따라서 '확장영역'이라는 용어는 포스트모던 예술이 매체의 단일성을 고수하기보다는 매체 내 여러 가지 형식적 가능성에 대한 탐구로, 그리고 기존의 특정 예술에 속해 있지 않았던 다양한 매체와 형태의 사용으로 개방되는 방식을 뜻한다. 또한 확장영역의 새로운 조각적 관행이 화이트 큐브와 같은 전통적인 조각이 아닌 다른 장소에서 출현하고 확산될 수 있다는 점 또한 시사한다. 그 결과 전통적인 조각의 근간이 되는 물질적, 기술적 위계가 해체되고 조각과 조각이 아닌 것 사이의 경계가 와해되었다.

『다큐멘터리의 확장영역』에서 나는 영블러드와 크라우스가 제안한 확장 개념을 두 가지 방식으로 확장했다. 첫째, 영블러드의 사유에 따라 나는 이미지의 제작 및 후반 작업을 위한 디지털 기술과 VR 인터페이스, 갤러리, 비디오 공유 서비스, 인터랙티브 웹사이트와 같은 비-극장 체험 플랫폼의 영향을 받은 21세기의 새로운 다큐멘터리 실천과 인공물이 표준적인 영화의 형태, 장소, 관람 방식을 넘어 전통적인 다큐멘터리 영화의 양식을 재구성하는 방식을 탐사했다. 둘째, 크라우스의 아이디어를 심화하여 나는 새로운 디지털 기술과 플랫폼이 전통적인 다큐멘터리 영화의 개념들인 이미지·시각·장치·기억·행동주의를 재구성하는 방식, 그 과정 속에서 전통적인 다큐멘터리 영화를 지탱한 이분법인 실사 이미지 대 조작된 이미지, 인간중심주의적 시선 대 비인간적 시선, 영화관과 비-영화관 공간, 전문가와 비전문가 등의 구분을 넘어서고 재편하는 방식을 설명했다.[14] 이 책에서 제안하는 확장미디어 개념은 영블러드와 크라우스가 시사한 확장 개념을 다큐멘터리 영화의 미디어를 넘어 미디어 일반, 미디어와 위기와의 관계로 확장한 것이기도 하다. 이전 작업에서 제시했던 확장다큐멘터리(expanded documentary) 개념이 가리키는 새로운 다큐멘터리 실천들은 21세기 세계 곳곳에서 전면화된 다중위기에 대한 반응이기도 했다. 이때 확장다큐멘터리 개념은 사람, 영화적 현실, 설명적 또는 설득적 담론의 조율로 구성된 제한된 시청각적 표현보다 더 다양한 미디어 인공물과 기술을 다큐멘터리라는 개념 안에 포괄할 것을 제안하고 그 다양한 위기들이 다큐멘터리의 정의와 경계를 포함해 다큐멘터리의 형식과 미디어를 변화시키고 있음을 주장한다. 이를 연장한 확장미디어 개념은

21세기의 다양한 위기들이 다큐멘터리 영화라는 미디어 형태를 넘어 미디어 일반에도 심원한 영향을 미쳐 왔다는 점을 단언한다.

확장미디어 개념은 라투르의 서술을 빌리자면 미디어의 존재와 작동 방식을 근대화(modernizing)와 대립하는 생태화(ecologize)의 관점으로 재고하는 기획이기도 하다. 생태화를 확장미디어의 관점에서 말하자면 영블러드적인 의미에서는 근대적 미디어 개념에서는 표준적이지 않았던 행위자·매개자·실천을 포함하는 것이고, 크라우스적인 의미에서는 근대적 미디어 기술이 상정한 이분법을 넘어서는 것이다. 생태화는 거대한 생태적 위기로 인해 인류에게 사건으로서 부상한 가이아로서의 지구가 대표하듯, 근대인이 상정한 "자연과 사회의 근본적인 구별"을 재고할 것을, 대신 "자연의 질서와 사회의 질서를 혼합할 존재들의 훨씬 더 많은 얽힘을 고려"[15]할 것을 요청하기 때문이다. 라투르는 이와 같은 존재론적인 수정이 근대와는 다른 좌표계(coordinate)를 구성하는 인식적(epistemic)인 수정, 그리고 이에 호응하는 대상 및 개념의 재구성 작업을 수반한다는 점을 다음과 같이 시사한다. "재기술(redescription) 작업은 꽤 흔히 마주치지만 근대성이 제공한 틀 안에서 편안한 공간을 항상 발견하지는 못했던 다른 가치들에 더 많은 공간을 내어줄 수 있게 해준다는 점에서 가치 있는 일이다. … 이제 근대화가 아니라 생태화의 문제라면, 좀 더 풍요로운 생태계 안에서 더 많은 수의 가치가 공동 거주하도록 할 수도 있을 것이다."[16] 이런 맥락에서 볼 때 확장미디어 개념은 21세기의 복합위기에 대응하는 미디어 개념의 재기술 작업에 따른 산물이다.

3.

이 책을 마무리하며 서론과 1부에서 제시했던 동시대 위기의 양상인 코로나바이러스 팬데믹 상황으로 돌아가 보자. 팬데믹의 위기가 봉쇄령과 사회적 거리두기와 같은 비상사태를 야기하며 영화와 텔레비전 프로그램 제작 등 기존 미디어의 정상적인 운영을 유예시켰고, 이에 따라 기존의 다큐멘터리 미디어 형태에서 주변적인 것으로 취급되었던 미디어 형태와 기법들이 디지털 및 네트워크 기술에 힘입어 바이러스에 대한 감각을 형성하고 매개했다. 데이터 시각화는 렌즈 기반 이미지를 대신하여 바이러스의 비가시성과 불확실성을 가시화하면서 개인과 집단의 정동을 형성했고, 인간이 조종하는 카메라를 대신한 드론 카메라의 비인간적인 수직적 응시가 봉쇄 상황 속의 도시가 처한 행성적 조건을 조망했으며, 필수 노동자부터 환자에 이르는 다양한 시민들이 제작한 버내큘러 온라인 비디오가 고립 속에서 공통성과 연결성의 감각을 구축했다. 줌과 같은 온라인 컨퍼런스 플랫폼이 기존 매스미디어에 근거를 마련한 장소성과 접촉성의 상실을 보충하며 메시지와 전송 기능을 원격으로 재매개했고 가정 환경과 사무실을 미디어 공간으로 재편했다. 이 모두는 위기미디어의 첫 번째 국면인 위기의 매개를 위한 확장미디어의 사례들이다.

그러나 코로나19 비상사태 속에서 미디어의 확장은 '미디어를 넘어선 미디어'에도 적용되었다. 바이러스를 수집하고 연구하는 실험실, 환자를 다루는 병원 내 인력과 시설, 공기와 호흡, 공간의 환기, 마스크와 진단 키트를 포함한 도구, 감염자를 비롯한 인간 주체의 데이터를 수집하고 처리하고 유통하는 모바일 및 컴퓨터 미디어 시스템은 각각 자신의 행위성을 가진 매개자로 기능하면서 다양한 방식으로 연결되고 중첩되었다. 이런 관점에서 코로나19에 배치되고 활용된 인식과 권력의 기법은 데이터 시각화, 감염과 봉쇄 및 보건 정책의 현황을 보도하는 미디어를 넘어선 확장된 미디어 개념을 요구한다. 이는 동물과 무생물, 데이터와 사회적 공간을 포함한 모든 비인간 행위자를 코로나19의 정치적, 문화적, 감각적, 정동적, 심리적 효과에 구성적인 것으로 간주하는 사회적–기술적–물질적 조망과 호응한다. 데버러 럽턴에 따르면 이와 같은 조망은 '인간을–넘어선 분석(more-than-human analysis)'으로, 이는 "코로나19 위험의 개념과 경험 및 관행을 인간과 비인간 행위자의 집합체로 개념화할 수 있으며, 지속적으로 모였다가 흩어지면서 행동 능력을 열거나 닫는 정서적 힘을 생성"하고, "코로나19 재난과 그 파국적 상황을 발생시키는 데 함께 작용하는 다양한 힘을 밝힐 수 있다."[17]

인간을–넘어선 분석의 필요성은 1장에서 언급한 비슈누프리야 고시가 말하는 '전염병 미디어'가 뒷받침한다. 전염병 미디어란 인간이 전염병의 근원인 미생물 및 동물 숙주와 맺는 다종(multispecies)의 관계를 관찰하고 기록하고 저장하고 변경하고 제어하는 데 활용되는 과학적, 의학적, 기술적 실천을 말한다. 생물학적인 의미에서의 생명과 사회적인 의미에서의 생명 모두를 인식하고 관리한다는 점에서 지식과 권력의 문제를 제기하는 전염병 미디어는 실험실과 병원에서 다루어지는 미생물과 인간 육체, 이들에게 적용되는 도구와 기기, 그 도구와 기기를 활용하는 전문가들의 지식과 프로토콜 등을 행위자로 포함한다. 따라서 이때의 미디어는 전염병의 위기를 전파하는 뉴스 미디어나 이를 상상적인 서사로 치환하는 영화 및 문학 텍스트의 범위를 넘어선다. 즉, 전염병 미디어 개념은 기존의 미디어 장치 및 인공물의 범위를 넘어, 복합적이고 맞물린 매개의 행위자와 과정을 고려하면서 미디어의 경계를 확장하려는 요청에 호응한다. "재현적 형태를 넘어 매개의 과정들을 세밀하게 살펴보는 것은 장치와 기기 또는 기술적 미디어(인쇄, 사진 화학, 전자 미디어) 이상의 조사를… 물리적 과정, 즉 변별적인 행위성을 가지고 서로를 변형하는 '사물들'… 간의 상호작용을 이해하는 것을 요구한다."[18] 전염병 미디어 개념의 맥락에서 보았을 때, 코로나19 팬데믹은 다른 전염병과 마찬가지로 공기와 물을 포함한 자연적 원소가 가진 행위성의 긴요함을, 동물 숙주와 바이러스에 대한 인식적 가치의 구성에 필요한 생명기술적 장치와 과정의 중요성을, 미생물·자연 환경 및 다른 인간과의 관계 속에서 물리적이고 정서적인 변화를 체감하는 횡단신체성을 일깨웠다. 코로나19의 확산과 그 대응에 결부된 행위자와 과정들을 행성적 미디어의 관점에서 살펴볼 수 있는 이유가 바로 여기에 있다.

코로나19의 위기를 사회기술적인 조망의 틀 내에서 바라보아야 할 또 다른 이유는 연산미디어와 미디어 인프라구조가 바이러스에 대한 인식 및 인구의 통제에 미친 양가적인 영향 때문이다. 서론에서 밝힌 바대로 네트워크와 알고리듬에 의한 자동화된 인간과 환경 감지, 그리고 확진자 데이터 수집 및 분석은 이미 그전부터 사회의 조직과 개인의 정체성 수준에 스며든 데이터 감시의 강화, 그리고 21세기의 환경과 생명의 불확실성에 대처하는 긍정적 생명정치의 가능성이라는 양가적 결과를 낳았다. 한국에서 검사의 의무화와 GPS 및 앱 기반 사용자 데이터 수집, 소셜 미디어 데이터 분석은 서구 국가에 비해 신속한 바이러스 추적과 인구 제어로 이어졌지만, 2020년 5월 초기 유행 당시 이태원 퀴어 커뮤니티에 대한 호모포비아적인 통제가 입증하듯 기존의 사회적 차별을 강화하는 계기가 되기도 했다(그리고 이와 같은 통제는 물론 퀴어 구성원들의 행동주의적 대응 또한 유발했다).[19] 미디어를 개별적인 기기, 제도화된 장치, 재현적인 텍스트나 메시지의 틀에서 살펴보는 분석으로는 이와 같은 양가성에 내재된 사회적인 것과 기술적인 것의 다층적인 결합, 그리고 그와 같은 결합을 통해서 매개되는 신체와 정동의 유동성을 충분히 포착하고 이해하기 어렵다. 코로나19의 데이터 감시에 적용된 연산미디어는 감지 장치, 대규모의 데이터 수집과 알고리듬적 분석, 다수의 데이터 생성 및 전송 기기, 능동적 행위와 수동적인 예속화 사이에서 진동하는 다수의 사용자가 얽힌 결합체다. 그리고 이 결합체를 뒷받침하는 데이터 감시의 인프라구조는 물질과 환경, 기술과 제도, 상이한 사용자를 포함하면서 개별적인 장치와 기기를 넘어선 규모와 깊이로 바이러스에 대한 지식 및 위기의 감각을 형성하는 데 관여했다. 연산미디어와 미디어 인프라구조가 코로나19 위기의 매개 및 대응에 참여한 이와 같은 두 가지 방식은 기존의 매스미디어로 매개되는 위기라는 관점의 초월을 요구하고, 나아가 기존의 매스미디어 기반 미디어 개념과의 단절을 표시하는 미디어 개념, 즉 확장미디어 개념의 설치와 구동을 요청한다.

코로나19의 위기는 끝난 것처럼 보인다. 하지만 여전히 다양한 방식으로 지속되거나 분출하는 복합위기에 직면하여 위태로움과 불확실성이 만연한 현재, 위기미디어 개념이 궁극적으로 단언하는 미디어의 확장은, 피터스의 주장을 재연하자면 세계의 "중간 (middle)"에 있는 기술적·비기술적 존재들을 미디어로 간주하고 이들의 활동과 매개 과정에 주목하는 것을, 이를 통해 행성으로서의 지구 속에서 "인간의 조건"과 "비인간 조건을 성찰하는 것을"[20]을 시급한 과제로 제시한다. 이와 같은 과제를 수행하면서 이 책에서 결론적으로 제시하는 확장미디어 개념은 위기미디어 개념을 구성하는 '위기'와 '미디어'에 대한 다음 두 가지의 서로 연결된 포괄적 주장으로 수렴된다.

첫째, 확장미디어 개념은 인간의 의식과 정서, 활동의 산물인 언어화되고 코드화된 메시지를 소통하는 채널이나 용기로서의 미디어, 그리고 그러한 산물의 일부인 예술 작품의 효과를 낳는 물리적, 기술적 실체로서의 미디어를 넘어선 미디어 개념을 단언하고 심화한다. 이와 같은 미디어 개념은 피터스가 말하는 인간과 세계 사이에 놓인 '중간'으로서의 미디어, 인간의 사유와 지각·감각을 포함하는 생명/삶의 형태이자 일반적 환경으로서의 미디어를 뜻한다. 미디어를 삶의 형태이자 일반적 환경으로 간주한다면, 미디어는 인간과 세계의 조건을 구성하는 자연적, 물리적, 기술적 매개체들과 이들 간의 다양한 얽힘과 관계들이 만드는 결합체의 수준을 포괄한다. 1부에서 살펴본 데이터 시각화, 드론 카메라, 버내큘러 온라인 비디오는 이와 같은 결합체의 일부로 존재하고 작동하며 지상에서, 공중에서, 그리고 컴퓨터에 근거한 연산화와 시각화의 수준에서 정치적, 군사적, 생태적 위기의 상황들을 매개하면서 우리의 환경을 구성한다. 마크 핸슨과 W. J. T 미첼이 설명하듯, 매개를 포함하는 의미로서의 미디어이자 생명/삶을 위한 환경으로서의 미디어 개념은 "인간화의 조건"을 가리키며 이는 음성언어, 몸짓, 문자언어, 인쇄술 등 기억의 외재화를 위한 규칙과 인공물을 포함하지만 전통적인 인간주의를 재확인하는 것으로 귀결되지 않는다. 오히려 이와 같은 개념은 "새, 벌, 비버가 일종의 자연적 건축물을 만들고 동물이 서로 간에, 그리고 우리와 소통한다는 점을 고려할 때 인간이 형이상학적으로 다른 생명 형태와 구별된다는 가정을 문제 삼는다."[21] 이런 관점에서 볼 때 알고리듬과 네트워크, 플랫폼은 인간 의식과 지각의 연장만으로 설명될 수 없으며, 내부의 많은 기술적 매개자들과 외부의 자연적 매개자(데이터센터에 쓰이는 수자원과 토지, 그리고 그래픽 처리 장치의 원재료로 활용되는 광물 등)들이 맺는 복잡하고도 모순적인 관계들로 오늘날 우리의 주체성, 사회성, 문화를 규정하고 조율하는 환경이다. 또한 공기청정기 및 에어컨 등 인간이 만든 인공물이 대기의 상태를 제어하는 과정에서 일어나는 대기 온도의 질적 변화는 그 자체로 인간의 감각과 의식에 영향을 미친다. 이처럼 자연적, 기술적 매개자들과 이들이 이루는 결합체들을 미디어의 관점에서 고려하는 확장미디어 개념은 매스미디어를 중심으로 구성되어 온 미디어 연구를 넘어, 오늘날 지구와 인간의 조건을 철학, 과학, 미학, 인류학, 사회학, 환경인문학을 횡단하는 학제 간 연구인 영화미디어학(cinema and media studies)의 틀로 성찰하기 위한 지식의 토대를 마련한다. 매클루언의 교훈을 현재의 상황에 맞게 각색하여 "미디어가 우리의 상황을 결정하기보다는 미디어가 우리의 상황 자체라고 말해야 할지 모른다"[22]고 규정한 핸슨과 미첼의 말을 염두에 둔다면, 확장미디어 개념은 특정 분과를 넘어선 중요한 존재론적 함의를 갖는다.

둘째, 확장미디어 개념은 21세기 복합위기의 특정성을 보다 분명하게 설명한다. 이 책에서 미디어의 관점에서 다룬 기후위기, 정치적 소요, 글로벌 자본주의의 위기, 알고리듬적 자동화의 위기, 환경 파괴의 위기 등은 한편으로는 21세기에 동시적으로 맞물려 발생한 혼란과 불안정성이지만, 다른 한편으로는 20세기 이후의 자본주의, 지구 시스템, 정치적 지형, 기술적 발전에 따른 모순이 장기적으로 축적되어 발생한 격동의 결과이기도 하다. 이와 같은 이중적인 면모를 띤 행성적 규모의 복합위기를 "세계-지구 시스템을 이루는 다수의 하위-시스템을 가로질러 펼쳐지는 결정적인 전환과 격동의 장기적 단계"로 규정하는 마이클 J. 앨버트는 그 위기의 특징을 "복잡한 피드백 루프, 흐릿해진 경계, 누적 효과, 상호적인 증폭"[23]으로 요약한다. 이 책에서 설명하고 탐사해 온 위기미디어의 주요 국면들인 '구조적 양가성'과 '미디어를 넘어선 미디어'는 앨버트가 말하는 행성적 복합위기의 주요 특징인 '흐릿해진 경계', '상호적인 증폭', '복잡한 피드백 루프'에 부합한다. 행성적 규모로 설치되어 작동하는 연산미디어는 다수의 기술적 하위 시스템을 포괄하는 방식으로 존재하고 작동한다. 또한 연산미디어의 구조적 양가성인 위기에의 대처라는 긍정적 효과와 위기의 발생이라는 부정적 효과는 서로를 강화하는 방식으로 표출되어 왔다. 따라서 복합위기에 대처하기 위해서는 어느 하나의 위기를 고립적으로 다룰 수는 없으며, 맞물린 위기들을 이루는 구성적 요인들과 이들 간의 관계를 파악하는 시스템적인 사유와 관찰이 요구된다. 이 책은 이러한 요청에 화답하면서 행성적 복합위기가 미디어 개념의 결정적인 전환 또한 가져온다는 점을 주장한다. 확장미디어 개념은 그와 같은 전환에 호응한다. 미디어를 근본적 매개의 수준에서 다시 사유하면서 미디어의 존재와 작동을 매스미디어 장치와 제도, 인공물을 넘어선 기술적, 자연적 매개체들의 다양한 결연으로 확장할 때, 개별 위기를 구성하는 복합적인 요인들은 물론 그 위기들 간의 관계 또한 보다 입체적인 지형도로 제작될 수 있다. 그 지형도 위에는 위태로운 지구와 인간이 자리하지만, 이들의 가능한 미래들에 대한 상상은 그 위태로운 상황을 이루는 조건들의 복잡성 자체와 대면하고 이들을 연결하는 작업에서 출발할 수 있다. 이 책은 그런 작업을 위한 초학제적인 종합의 한 시도다.

초출 일람

이 책의 1부를 이루는 세 개의 장과 9장은 아래의 기존 출간 연구를 수정 보완 및 확장한 것이다.

1장

Jihoon Kim, *Documentary's Expanded Fields: New Media and the Twenty-First-Century Documentary*(New York: Oxford University Press, 2022), 33~46, 236~241.

2장

Kim, *Documentary's Expanded Fields*, 64~84, 244~247; 「드론 카메라와 고프로 (GoPro): 탈체현적 디지털 카메라와 다큐멘터리의 확장」, 《현대영화연구》 13권 4호 (2017), 129~170쪽.

3장

Kim, *Documentary's Expanded Fields*, 241~244; 「정치적 공유지의 아카이브: 온라인 민족지 컴필레이션」, 《문학과 영상》 20권 3호(2019), 491~524쪽.

9장

「2010년대 중반 이후 히토 슈타이얼의 디지털 이미지와 컴퓨터 기반 테크놀로지: 존재론, 유물론, 정치」, 국립현대미술관 편, 『히토 슈타이얼: 데이터의 바다』, 국립현대미술관, 2022, 201~215쪽; 「수리마술적(mathemagical) 미디어: 생성형 AI를 미디어로 사유하기」, 키노 씨네필 편집부 편, 『키노 씨네필』, 플레인, 2024, 338~347쪽; 「데이터 감시 시대, 무빙 이미지의 대항시각성」, 《아트인컬처》 2019년 6월 호, 148~155쪽.

주

서론

1 Jonathan Crary, *Scorched Earth: Beyond the Digital Age to a Post-capitalist World*(New York: Verso, 2022), 60.

2 Bishnupriya Ghosh and Bhaskar Sarkar, "Media and Risk: An Introduction," in *The Routledge Companion to Media and Risk*, eds. Bishnupriya Ghosh and Bhaskar Sarkar (New York: Routledge, 2020).

3 Yuk Hui, "One Hundred Years of Crisis," *e-flux Journal* 108(2020), https://www. e-flux.com/journal/108/326411/one-hundred-years-of-crisis/.

4 이 책에서 나는 '매체(medium)'보다는 '미디어(media)'라는 용어를 사용할 것이다. 이 때의 미디어는 주로 예술적 표현을 위한 물리적, 기술적 지지체로 간주되는 매체의 복수형보다는 신호와 메시지, 효과를 생성하고 전송하는 기술적인 인공물 또는 이를 포함한 복합적 구성물을 뜻한다. 이와 같은 정의는 이 책에서 고려하는 기술적 미디어, 즉 사진과 영화 등의 사진화학적(photochemical) 미디어 이후의 미디어 시스템을 활용한 예술에서 미디어가 갖는 위상을 고려한 것이다. 즉, 사진과 영화, 나아가 디지털 및 네트워크 미디어를 활용한 예술은 그 미디어가 가진 커뮤니케이션 도구로서의 속성에 대한 탐구와 변용을 전제로 한다. 따라서 예술적 '매체'와 사회기술적 '미디어'를 온전히 구별하는 것은 불가능하다. 이에 대해서는 나의 「매체를 넘어선 매체: 로잘린드 크라우스의 '포스트-매체' 담론」, 《미학》 82권 1호(2016), 73~115쪽을 참조.

5 예를 들어 신성한 것과 물질적인 것 사이에서 진동하며 보존의 대상 또는 경이의 원천으로 묘사되거나 성찰된 근대적 **자연(Nature)** 개념은 20세기 말 이후부터 지금

까지의 생태비평에서 비판의 대상이 되어 왔다. 그 이유는 근대적 **자연** 개념이 자연의 요소들이 가진 자율적 역량과 그 요소들이 인간과 맺는 다양하고도 복잡한 관계를 포함한 생태적인 차원을 인식하지 못하게 하는 이미지로 작용했기 때문이다. 티머시 모턴이 말하듯 "모든 혼란스럽고 이념적인 강렬함 속에서 **자연**은 아이러니하게도 윤리와 과학을 포함한 지구 및 그 생명체와의 올바른 관계를 방해한다"[Timothy Morton, *Ecology without Nature: Rethinking Environmental Aesthetics*(Cambridge, MA: Harvard University Press, 2007), 2]. 이 책의 4장에서 나는 지구의 자연적 요소들을 인간에게 영향을 받으면서 또한 심원한 영향을 미치기도 한다는 점에서 인간과 동등한 지평에 있는 미디어 구성 요소로 다룬다.

6 Richard Grusin, "Introduction," in *The Nonhuman Turn*, ed. Richard Grusin(Minneapolis, MN: University of Minnesota Press, 2015), viii~ix.

7 Timothy L. Sellnow and Matthew W. Seeger, *Theorizing Crisis Communication*(Oxford, UK: Wiley-Blackwell, 2013), 2.

8 이와 같은 분류는 다음을 참조. Matthew Seeger, Timothy L. Sellnow and Robert R. Ulmer, *Communication and Organizational Crisis*(Westport, CT: Praeger, 2003); Timothy Coombs, *Ongoing Crisis Communication*(Thousand Oaks, CA: Sage, 2010).

9 다음을 참조. Coombs, *Ongoing Crisis Communication*; Alan Jay Zalemba, *Crisis Communcation: Theory and Practice*(New York: Routledge, 2010).

10 뉴스 제작자의 조직 내 커뮤니케이션의 관점에서 9·11 테러의 프레이밍 효과를 분석하는 연구로는 다음을 참조. Eva Karin-Olsson, "Defining Crisis News Events," *Nordicom Review* 31(2010): 87~101.

11 테오도르 W. 아도르노, 막스 호르크하이머, 『계몽의 변증법』, 김유동 옮김, 문학과지성사, 2011; Guy Debord, *The Society of the Spectacle*, trans. Ken Knabb(Berkeley, CA: Bureau of Public Secrets, 2014). 장치 이론의 핵심적인 글들은 다음을 참조. 이윤영 옮김 및 편집, 『사유 속의 영화: 영화이론 선집』, 문학과지성사, 2011.

12 Debord, *The Society of the Spectacle*, 2.

13 여기서의 '물질적인 것'이란 예를 들어 텔레비전 미디어를 구성하는 수상기와 회로판, 음극선관, LED 패널처럼 미디어의 메시지 전송과 관람성을 밑바탕에서 뒷받침하는 물질적인 요소를 뜻한다. 따라서 이러한 관점에서의 '물질적인 것'은 매스미디어의 이면에 존재하고 매스미디어 메시지의 효과를 결정하면서도 메시지의 이면으로 물러나는 비가시성을 띤다. 이와 같은 의미에서의 물질적인 것은 이 책에서 다루게 되는 행위성을 가지고 매개적인 작용을 실행하는 지질학적, 환경적, 인공적 요소를 포함하는 물질과 구별된다.

14 Daniel Dayan and Elihu Katz, *Media Events: The Live Broadcasting of History*(Cambridge, MA: Harvard University Press, 1992), 212.

15 Douglas Kellner, *Media Spectacle and the Crisis of Democracy: Terrorism, War, and Election Battles*(New York: Routledge, 2005).

16 이와 같은 인식을 공유한 연구들의 모음으로는 다음을 참조. Geoff King(ed.), *The Spectacle of the Real: From Hollywood to 'Reality' TV and Beyond*(Bristol, UK: Intellect, 2005).

17 Kellner, *Media Spectacle*(New York: Routledge, 2003), 16.

18 김용찬, 『포스트매스미디어: 연관성 위기에서 초위기로』, 컬처룩, 2023, 51쪽.

19 Lewis Mumford, *Technics and Civilization*(London: Routledge and Kegan Paul, 1934), 6. 국역본『기술과 문명』, 문종만 옮김, 책세상, 2013.

20 Marshall McLuhan and Eric McLuhan, *Laws of Media: The New Science*(Toronto: University of Toronto Press, 1992), 226.

21 이와 같은 전통에서의 매개의 정의에 대해서는 다음을 참조. Raymond Williams, *Keywords: A Vocabulary of Culture and Society*, revised edition(New York: Oxford University Press, 1983), 204~207. 국역본 『키워드』, 김성기 · 유리 옮김, 민음사, 2010.

22 John Guillory, "Genesis of the Media Concept," *Critical Inquiry* 36(2010): 354.

23 미디어와 매개 개념을 둘러싼 이와 같은 어원론적 복합성에 대한 논의는 다음을 참조. W.J.T. Mitchell and Mark B.N. Hansen(eds.), *Critical Terms for Media Studies*(Chicago, IL: University of Chicago Press, 2010), vii~xx.

24 Jeffrey Scott Marchand, "Non-human Agency," in *Posthuman Glossary*, eds. Rosi Braidotti and Maria Hlavajova(New York: Bloomsbury, 2018), 293.

25 Richard Grusin, "Radical Mediation," *Critical Inquiry* 42(2015): 126.

26 Bruno Latour, *Reassembling the Social: An Introduction to Actor-Network-Theory*(New York: Oxford University Press, 2005), 39.

27 다음에서 인용. Yves Citton. "Entretien avec Bruno Latour : Les médias sont-ils un mode d'existence?", ina global.fr, February 2014: 147.

28 Sarah Kember and Joanna Zylinska, *Life after New Media: Mediation as a Vital Process*(Cambridge, MA: MIT Press, 2012), xv.

29 Grusin, "Radical Mediation," 146.

30 Lisa Parks and Janet Walker, "Disaster Media: Bending the Curve of Ecological Disruption and Moving toward Social Justice," *Media + Environment* 2.1(2020), https://doi.org/10.1525/001c.13474.

31 Laliv Melamed and Philipp Dominik Keidl, "Pandemic Media: Introduction," in *Pandemic Media: Preliminary Notes Toward an Inventory*, eds. Philipp Dominik Keidl, Laliv Melamed, Vinzenz Hediger, and Antonio Somaini(Frankfurt, Germany: Meson Press, 2020), 12.

32 Paul Frosh and Myria Georgiou, "Covid-19: The Cultural Construction of a Global Crisis," *International Journal of Cultural Studies* 25.3/4(2022): 235.

33 Alexandra Juhasz and Alisa Lebow, "Beyond Story: An Online, Community-Based Manifesto," *World Records* 2(2019), https://worldrecordsjournal.org/beyond-story-

an–online–community–based–manifesto.

34 발터 베냐민, 『기술복제시대의 예술작품, 사진의 작은 역사 외』, 최성만 옮김, 길, 2007.

35 Siegfried Kracauer, *The Mass Ornament: Weimar Essays*, trans. and ed. Thomas Y. Levin(Cambridge, MA: Harvard University Press, 1995).

36 Miriam Bratu Hansen, *Cinema and Experience: Siegfried Kracauer, Walter Benjamin, and Theodor W. Adorno*(Berkeley, CA: University of California Press, 2012).

37 Hui, "For a Planetary Thinking," *e-flux journal* 114(2020), https://www.e–flux. com/journal/114/366703/for–a–planetary–thinking/. 국역본 육 후이, 「전 지구적 사유를 위하여」, 조형준 옮김, http://www.busanbiennale2022.org/learn/journal/1/ for–a–planetary–thinking. '전 지구적' 대신 '행성적'이라는 역어로 수정한 이유는 다음과 같다. 첫째, 이 글에서 '행성적 조건'의 국면으로 제시하는 동시에 '행성적 사유'와 대비되는 것으로 제시되는 'globalization'이 이미 미디어/문화 연구에서 '전 지구화', '세계화' 등으로 오랫동안 통용되어 와서 혼동을 줄 여지가 크다는 점이다. 둘째는 이 글에서 주장하는 '다양성'이 위기와 기술의 전 지구적 확산을 넘어 지구를 '행성 바깥(우주적/기상학적 관점)' 또는 '행성 내부(지질학적 관점)'로 보는 것 또한 포함하기 때문에, 여전히 인간중심주의적인 뉘앙스가 있는 '전 지구적'이라는 용어 보다는 '행성적'이라는 용어가 더 적합하다.

38 Ibid(번역 일부 수정).

39 Gilles Deleuze, "Postscript on Control Societies," *October* 59(1992): 3~7.

40 육 후이가 시몽동의 변조 개념을 고찰하기 위해 참조하는 텍스트는 다음을 참조. *L'individuation à la lumière des notions de forme et d'information*(Éditions Jerôme Millon, 2005). 영문판은 *Individuation in Light of Notions of Form and Information*, trans. Taylor Adkins(Minneapolis, MN: University of Minnesota Press, 2020).

41 Hui, "Modulation after Control," *New Formations* 84/85(2015): 86.

42 Benjamin H. Bratton, *The Revenge of the Real: Politics for a Post-pandemic World*(New York: Verso, 2021), 2.

43 Ibid., 23.

44 아마도 아감벤의 견해가 팬데믹에 대응하는 기술의 활용을 '부정적 생명정치'의 연 장이라는 관점으로 평가하는 한 사례가 될 수 있다. 이에 대해서는 다음을 참조. *Where Are We Now?: The Epidemic as Politics*, trans. Valeria Dani(Lanham, ML: Rowman & Littlefield, 2021). 국역본 『저항할 권리: 우리는 어디쯤에 있는가』, 박문 정 옮김, 효형출판, 2022.

45 Bratton, *The Revenge of the Real*, 27.

46 트럼프의 포퓰리즘적 코로나바이러스 대응이 갖는 정치적인 함의에 대한 설명 은 다음을 참조. Kenneth M. Rogers, "Performing Crisis? Trump, Populism and

the GOP in the Age of COVID−19," *Government and Opposition*(2022), DOI: https://doi.org/10.1017/gov.2022.30. 미국 이외의 영국, 러시아, 벨라루스 등에서의 포퓰리즘적인 코로나바이러스 대응에 대해서는 다음을 참조. Nils Ringe and Lucio Rennó(eds.), *Populists and the Pandemic: How Populists Around the World Responded to COVID-19*(New York: Routledge, 2022).

47 Marc Tuters and Peter Knight, "A toxic cocktail of misinformation," *The Atlantic*, June 11, 2020, https://theconversation.com/four−experts−investigate−how−the−5g−coronavirus−conspiracy−theory−began−139137.

48 Jack Goodman and Flora Carmichael, "Coronavirus: 5G and microchip conspiracies around the world," *BBC News*, June 27, 2020, https://www.bbc.com/news/53191523.

49 Bratton, *The Revenge of the Real*, 43.

50 Ibid., 23.

51 Ibid., 33.

52 Ibid., 40.

53 Bratton, *The Stack: On Software and Sovereignty*(Cambridge. MA: MIT Press, 2015), 5.

54 사회적 사실로서의 양가성 개념은 다음을 참조. Ciara Kierans and Kristen Bell, "Cultivating Ambivalence: Some Methodological Considerations for Anthropology," *HAU: Journal of Ethnographic Theory* 7(2017): 23−44.

55 Taina Bucher, "Bad Guys and Bag Ladies: On the Politics of Polemics and the Promise of Ambivalence," *Social Media + Society*, July-September 2019, https://doi.org/10.1177/2056305119856705.

56 Stijn De Cauwer, "Introduction: Resistance in Times of Crisis," in *Critical Theory at a Crossroads: Conversations on Resistance in Times of Crisis*, ed. Stijn De Cauwer(New York: Columbia University Press, 2018), xiv.

57 Reinhart Koselleck, "Crisis," trans. Michaela W. Richter, *Journal of the History of Ideas* 67.2(2006): 371~372.

58 Milton Friedman, *Capitalism and Freedom*(Chicago, IL: University of Chicago Press, 1962). ix.

59 Naomi Klien, *The Shock Doctrine: The Rise of Disaster Capitalism*(London: Picador, 2007).

60 Dario Gentili, *The Age of Precarity: Endless Crisis as an Art of Government,* trans. Stefania Porcelli(New York: Verso, 2021), 10~11.

61 Ulrich Beck, *Risk Society: Towards a New Modernity*, trans. Mark Ritter(London: Sage, 1992), 14.

62 Fredric Jameson, *Postmodernism or the Cultural Logic of Late Capitalism*(Durham, NC: Duke University Press, 1991). 국역본 『포스트모더니즘, 혹은 후기 자본주의의 문화 논리』, 임경규 옮김, 문학과지성사, 2022.

63 Zygmunt Bauman, *Liquid Modernity*(London: Polity, 1999).

64 Bauman, *In Search of Politics*(London: Polity, 1999), 154.

65 Bauman, *Liquid Times: Living in an Age of Uncertainty*(London: Polity, 2007), 11.

66 Bauman and David Lyon, *Liquid Surveillance: A Conversation*(Cambirdge, UK: Polity, 2013.)

67 Zygmunt Bauman and Carlo Bordoni, *State of Crisis*(London: Polity, 2014), 49.

68 Mary Ann Doane, "Information, Crisis, Catastrophe," in *Logics of Television: Essays in Critical Criticism*, ed. Patricia Mellencamp(Bloomington, IN: Indiana University Press, 1990), 222.

69 Wendy Hui Kyong Chun, "Crisis, Crisis, Crisis, or Sovereignty and Networks," *Theory, Culture & Society* 28.6(2011): 95.

70 Mark B.N. Hansen, *Feed-Forward: On the Future of Twenty-First-Century Media*(Chicago, IL: University of Chicago Press, 2015), 4~5.

71 Alexander R. Galloway and Eugene Thacker, *The Exploit: A Theory of Networks*(Minneapolis, MN: University of Minnesota Press, 2007), 157.

72 John Durham Peters, *The Marvelous Clouds: Toward a Philosophy of Elemental Media*(Chicago, IL: University of Chicago Press, 2015), 2. 국역본 『자연과 미디어』, 이희은 옮김, 컬처룩, 2018, 13쪽, 번역 일부 수정.

73 이때 '기교'를 가리키는 'craft'의 또 다른 뜻이 항공기(aircraft), 우주선(spacecraft)을 포함한다는 점이 피터스의 미디어 이론을 이해하는 데 매우 중요하다.

74 Peters, *The Marvelous Clouds*, 2(국역본 14쪽).

75 Ibid., 101~102(국역본 153~154쪽, 번역 일부 수정).

76 이와 같은 은유의 서사가 고대와 근대를 경유하여 변주되어 온 방식에 대해서는 다음을 참조. 한스 블루멘베르크, 『난파선과 구경꾼』, 조형준 옮김, 새물결, 2021.

77 Peters, *The Marvelous Clouds.*, 104(국역본 156쪽).

78 De Cauwer, "Introduction," xvi.

79 Nick Couldry and Andreas Hepp, *The Mediated Construction of Reality*(London: Polity, 2016), 7. 헵의 다음 단독 저서도 함께 참조. *Deep Mediatization*(New York: Routledge, 2019).

80 다음을 참조. Santhosh Kumar Putta and Bissie Anderson, "Deep Mediatization during COVID-19: An Interview with Professor Andreas Hepp, University of Bremen," *Networking Knowledge* 14.1(2021): 125.

81 Grusin, "Introduction," viii-ix.

82 Jane Bennett, *Vibrant Matter: A Political Ecology of Things*(Durham, NC: Duke University Press, 2010). 국역본 『생동하는 물질』, 문성재 옮김, 현실문화, 2020.

83 Bruno Latour, *Pandora's Hope: Essays on the Reality of Science Studies*(Cambridge, MA: Harvard University Press, 1999), 183. 국역본 『판도라의 희망』, 장하원, 홍성욱 옮김, 휴머니스트, 2018.

84 Karen Barad, *Meeting the Universe Halfway: Quantum Physics and the Entanglement of Matter and Meaning*(Durham, NC: Duke University Press, 2007). 이 책에서 위기미디어와 관련하여 고찰하는 미디어의 물질적 요소들은 기존 매스미디어의 구성 요소뿐 아니라 알고리듬과 같은 연산미디어의 보이지 않고 다면적이며 유동적인 구성 요소, 그리고 빛의 파동이나 대기 중 입자와 같은 물리적인 구성 요소, 광물 및 대기와 같은 지구의 환경적 요소를 모두 포함한다. 나는 이 책에서 위기미디어 복합체를 구성하는 이와 같은 물질적 요소들을 사회기술적인 관점에서 고려하면서도 미디어와 기술에 대한 사회 구성주의의 관점, 즉 미디어와 기술의 효과는 이를 고안하고 배치하고 활용하는 사회에 의해 전적으로 결정된다는 관점과는 일정 부분 거리를 둘 것이다. 이는 위기미디어 복합체의 효과가 이를 구성하거나 이에 연루되는 물질적 요소들의 행위성에서 파생된다는 점, 그리고 그 효과는 때로 언어와 투명한 재현의 그물망을 벗어나는 감각과 진동으로 지각된다는 점을 고려한 것이다. 바라드에 따르면 물질의 수행적인 면에 주목하는 행위자적 실재론은 "묘사와 현실의 호응(즉 묘사가 자연 또는 문화를 반영하는가?)이라는 문제에서 실천, 행위, 작용의 문제로 이동"하는 것을 지향하며, 이를 통해 "물질이 세계의 생성에 대한 능동적 참여자로서 마땅히 누려야 할 권리를 허용한다"(135~136).

85 Levi R. Bryant, *Onto-Cartography: An Ontology of Machines and Media* (Edinburgh, UK: Edinburgh University Press, 2014), 34. 국역본 『존재의 지도: 기계와 매체의 존재론』, 김효진 옮김, 갈무리, 2020. 브라이언트의 이와 같은 정의에 일차적으로 영향을 미친 학자가 비디오게임을 비롯한 연산미디어의 존재와 기능을 작동 개념으로 설명한 이언 보고스트임을 염두에 둘 필요가 있다. "작동은 하나 이상의 입력을 취하여 이에 변형을 수행하는 기본 과정이다. 작동은 무엇인가가 목적을 가진 행동을 실행하는 수단이다"(Ian Bogost, *Unit Operations: An Approach to Videogame Criticism*[Cambridge, MA: MIT Press, 2006], 6).

86 Ibid., 113~114.

87 Ibid., 35.

88 Ibid., 99.

89 Ibid., 123.

90 국내에서도 신유물론 및 객체-지향 철학에 대한 역사유물론 관점에서의 비판이 제기되어 왔다. 이에 대해서는 다음을 참조. 신현우, 「새로운 역사적 유물론을 위한 신유물론의 '역사적' 읽기」, 《문화과학》 107호(2021), 101~125쪽; 김성윤, 「신유물론적 문화론은 가능한가, 그리고 적절한가? : 역사유물론과 문화정치의 관점에서」, 《문화과학》 107호, 146~163쪽.

91 Nicole Starosielski, "The Elements of Media Studies," *Media + Environment* 1.1(2019), https://doi.org/10.1525/001c.10780.

92 McLuhan, *The Medium is the Message*(Corte Madera, CA: Gingko Press, 1967), 26.

93 McLuhan, *Understanding Media: The Extensions of Man*(Cambridge. MA: MIT Press, 1994), 98. 국역본 『미디어의 이해: 인간의 확장』, 김상호 옮김, 커뮤니케이

선북스, 2012.

94 Dipesh Chakrabarty, *The Climate of History in a Planetary Age*(Chicago, IL: University of Chicago Press, 2021), 4. 국역본 『행성 시대 역사의 기후』, 이신철 옮김, 에코리브르, 2023.

95 일례로 다음을 참조. Scott Fulton III, "How Much Is Netflix Really Contributing to Climate Change?," February 3, 2020, https://www.datacenterknowledge.com/energy/how-much-netflix-really-contributing-climate-change.

96 Elizabeth M. DeLoughrey, *Allegories of the Anthropocene*(Durham, NC: Duke University Press, 2019), 3.

97 Amitav Ghosh, *The Great Derangement: Climate Change and the Unthinkable*(New York: Penguin Books, 2016). 국역본 『대혼란의 시대』, 김홍옥 옮김, 에코리브르, 2021.

98 Rob Nixon, *Slow Violence and the Environmentalism of the Poor*(Cambridge, MA: Harvard University Press, 2011), 2. 국역본 『느린 폭력과 빈자의 환경주의』, 김홍옥 옮김, 에코리브르, 2020.

99 Tom Holert, "The Apparition of the Documentary," in *Documentary Now!: Contemporary Strategies in Photography, Film, and the Visual Arts*, eds. Frits Gierstberg et al.(Rotterdam, the Netherlands: NAi Publishers, 2005), 160.

100 Maria Lind and Hito Steyerl, "Introduction: Reconsidering the Documentary and Contemporary Art," in *The Greenroom*: Reconsidering the Documentary and Contemporary Art #1, eds. Maria Lind and Hito Steyerl(Berlin: Sternberg Press, 2008), 14, 16.

101 Jan Verwoert, "Research and Display: Transformations of the Documentary Practice in Recent Art," in *The Greenroom*, 206.

102 Félix Guattari, *The Three Ecologies*, trans. Ian Pindar and Paul Sutton(New Brunswick, NJ: Athelon Press, 2000), 28.

1부

1 Deborah Lupton and Karen Willis, "COVID Society: Introducton to the Book," in *The COVID-19 Crisis: Social Perspectives*, eds. Deborah Lupton and Karen Willis(New York: Routledge, 2021), 4.

2 디지털 지구를 미디어의 관점에서 다루는 보다 상세한 논의는 이 책의 4장을 참조.

3 J. D. Schnepf, "Flood from Above: Disaster Mediation and Drone Humanitarianism," *Media + Environment* 2.1(2020), https://doi.org/10.1525/001c.13466.

4 만 교수의 연구에 대한 본인의 자세한 논의는 다음을 참조. Michael E. Mann, *The Hockey Stick and the Climate Wars: Dispatches from the Front Lines*(New York: Columbia University Press, 2012).

5 Chun, *Discriminating Data: Correlation, Neighborhoods, and the New Politics of Recognition*(Cambridge, MA: MIT Press, 2021), 137.

6 Caren Kaplan, "Everyday Militarisms: Drones and the Blurring of the Civilian-Military Divide During COVID-19," in *Drone Aesthetics: War, Culture, Ecology*, eds. Beryl Pong and Michael Richardson(London: Open Humanities Press, 2024), 98~114.

7 Michael Richardson, "Drone Cultures: Encounters with Everyday Militarisms," *Continuum* 34(2020): 2.

1장

1 Bruno Latour and Steve Woolgar, *Laboratory Life: The Construction of Scientific Facts*(Princeton, NJ: Princeton University Press, 1986), 53. 국역본 『실험실 생활』, 이상원 옮김, 한울, 2019.

2 Latour, *Science in Action: How to Follow Scientists and Engineers through Society*(Cambridge, MA: Harvard University Press, 1987), 53.

3 Joshua Malitsky, "Science and Documentary: Unity, Indexicality, Reality," *Journal of Visual Culture* 11.3(2012): 247.

4 José van Dijck, "Picturing Science: The Science Documentary as Multimedia Spectacle," *International Journal of Cultural Studies* 9.1(2006): 11.

5 Edward Tufte, *Beautiful Evidence*(Cheshire, CT: Graphics Press, 2006), 9.

6 Ben Shneiderman, "Information Visualization," in *Readings in Information Visualization: Using Vision to Think*, eds. Stuart K. Card, Jock Mackinlay, and Ben Shneiderman(San Francisco, CA: Morgan Kaufmann, 1999), 1.

7 Lev Manovich, "What Is Visualization," *Visual Studies* 26.1(2011): 38.

8 Kris Fallon, *Where Truth Lies: Digital Culture and Documentary Media after 9/11*(Berkeley, CA: University of California Press, 2019), 119.

9 Brian Winston, "The Documentary Film as Scientific Inscription," in *Theorizing Documentary*, ed. Michael Renov(New York: Routledge, 1993), 37.

10 Latour, *Science in Action*, 64.

11 Bill Nichols, *Representing Reality: Issues and Concepts in Documentary*(Bloomington, IN: Indiana University Press, 1991), 35.

12 Nichols, *Introduction to Documentary*, 2nd ed.(Bloomington, IN: Indiana University Press, 2001), 107.

13 Lisa Gitelman and Virginia Jackson, "Introduction," in *"Raw Data" Is an Oxymoron*, eds. Lisa Gitelman and Virginia Jackson(Cambridge, MA: MIT Press, 2013), 12.

14 van Dijck, "Picturing Science," 11.

15 Sean Cubitt, "Everybody Knows This Is Nowhere: Data Visualization and Ecocriticism," in *Ecocinema Theory and Practice*, eds. Stephen Rust, Salma Monani,

and Sean Cubitt(New York: Routledge, 2013), 282.

16 이 작품 및 유튜브에서의 유통 방식에 대한 상세한 논의는 다음을 참조. Shuqin
    Cui, "Chai Jing's *Under the Dome*: A Multimedia Documentary in the Digital Age,"
    Journal of Chinese Cinemas 11.1(2017): 30~45.

17 Nichols, *Representing Reality*, 232.

18 Tess Takahashi, "Data Visualization as Documentary Form: The Murmur of Digital
    Magnitude," *Discourse* 39.3(2017): 393.

19 Alexander R. Galloway, *The Interface Effect*(London: Polity, 2012), 82.

20 Ibid., 85.

21 Ibid. 웬디 희경 전 또한 컴퓨터가 모든 것을 투명하게 표현할 수 있다는 관념은 컴
    퓨터의 물질성과 작동 과정이 재현적 패러다임에서는 비가시적이라는 점을 보상하
    는 제스처로 본다. "우리의 기계들이 점점 우리 없이 읽고 쓸 때, 보는 것이 결코 아
    는 것을 보증하지 않을 만큼 그 기계가 점점 더 읽을 수 없게 될 때, 이른바 사용자
    로서의 우리는 더욱 많이 보고, 더욱 많이 읽도록 권유받는다"(Chun, *Programmed
    Visions: Software and Memory*[Cambridge. MA: MIT Press, 2012], 2012, 17).

22 Lev Manovich, "Data Visualization as New Abstraction and Anti-sublime"
    (2002), unpublished manuscript, http://manovich.net/index.php/projects/data-
    visualisation-as-new-abstraction-and-anti-sublime.

23 Manovich, "What Is Visualization," 38.

24 Thomas Elsaesser, "Cinema in the Realm of the Digital: Foundational Approaches," in
    The Oxford Handbook of Sound and Image in Digital Media, eds. Carol Vernallis,
    Amy Herzog, and John Richardson(New York: Oxford University Press, 2013), 34.

25 Anthony McCosker and Rowan Wilken, "Rethinking Big Data as Visual Knowledge:
    The Sublime and the Diagrammatic in Data Visualization," *Visual Studies*
    29.2(2014): 160.

26 Ibid., 159.

27 Manovich, "Data Visualization as New Abstraction and Anti-sublime."

28 Michael Renov, "Toward a Poetics of Documentary," in *Theorizing Documentary*,
    25-35.

29 John Corner, "Performing the Real: Documentary Diversions," *Television & New
    Media* 3.3(2002): 265.

30 Nichols, *Introduction to Documentary*, 138.

31 Takahashi, "Data Visualization, Loops, and the Taming of Big Data: Wind Map,"
    Flow Journal, September 19, 2016, https://www.flowjournal.org/2016/09/wind-
    map.

32 Fernanda Viégas and Martin Wattenberg, "Artist Statement: Wind Map," http://
    hint.fm/about.

33 Ibid.

34 Fallon, "Data Visualization and Documentary's (In)visible Frontiers," in *Documentary across Disciplines*, eds. Erika Balsom and Hila Peleg(Cambridge. MA: MIT Press, 2016), 306.

35 Ibid., 307.

36 Nerea Cavallo, "The Affective Mesh: Air Components 3D Visualizations as a Research and Communication Tool," *Parsons Journal for Information Mapping* 4.2(2012): 6.

37 이 전시에 대한 자세한 정보는 다음을 참조. https://distanceunknown.migration.mit.edu.

38 해당 플랫폼은 다음을 참조. https://centralamerican.migration.mit.edu/motivations.

39 Paul N. Edwards, *A Vast Machine: Computer Models, Climate Data, and the Politics of Global Warming*(Cambridge, MA: MIT Press, 2010), 321.

40 T. J. Demos, *Against the Anthropocene: Visual Culture and Environment Today*(Berlin: Sternberg Press, 2017), 16~17.

41 Nicholas Mirzoeff, "Visualizing the Anthropocene," *Public Culture* 26.2(2014): 217.

42 이 프로젝트에 대한 정보는 다음을 참조. https://www.territorialagency.com/oceans.

43 Fallon, "Data Visualization," 299.

44 Jin Wu, Weiyi Cai, Derek Watkins, and James Glanz, "How the Virus Got Out," *New York Times*, March 22, 2020, https://www.nytimes.com/interactive/2020/03/22/world/coronavirus-spread.html.

45 Stephen Gossett, "Coronavirus Data Visualization Charts Are Everywhere, but Are They Good?," *builtin.com*, April 19, 2020, https://builtin.com/data-science/data-visualization-lessons-pandemic.

46 Harry Stevens, "Why Outbreaks Like Coronavirus Spread Exponentially, and How to Flatten the Curve,'" *Washington Post*, March 14, 2020, https://www.washingtonpost.com/graphics/2020/world/corona-simulator.

47 Grant Sanderson, "Simulating an Epidemic," March 27, 2020, https://www.youtube.com/watch?v=gxAaO2rsdIs.

48 Nextstrain, "Genomic Epidemiology of Novel Coronavirus: Global Subsampling," https://nextstrain.org/ncov/global.

49 Heather Houser, "The Aesthetics of Environmental Visualizations: More Than Information Ecstasy?," *Public Culture* 26.2(2014): 330.

50 Johanna Drucker, "Humanities Approaches to Graphical Display," *Digital Humanities Quarterly* 5.1(2011), https://www.digitalhumanities.org/dhq/vol/5/1/000091/000091.html.

51 Bishnupriya Ghosh, *The Virus Touch: Theorizing Epidemic Media*(Durham, NC: Duke University Press, 2023). '전염병 미디어' 개념은 에필로그에서 다시 다룬다.

52 Tony P. Sampson and Jussi Parikka, "The Operational Loops of a Pandemic," *Cultural Politics* 17.1(2021): 56.

2장

1 David Pierce, "The Crazy New Camera Tech That Made Planet Earth 2 Possible," *Wired*, March 26, 2017, https://www.wired.com/2017/03/crazy-new-camera-tech-made-planet-earth-2-possible.

2 뉴욕시 드론영화제는 2015년에 창립되었다. 영화제에 대한 정보 및 역대 수상작 영상은 https://randy-slavin.squarespace.com/welcome에서 찾을 수 있다.

3 Zachary Kallenborn, "InfoSwarms: Drone Swarms and Information Warfare," *The US Army War College Quarterly* 52.2(2022): 88.

4 Yuval Abraham, "'A mass assassination factory': Inside Israel's calculated bombing of Gaza," *+972 Magazine*, November 30, 2023, https://www.972mag.com/mass-assassination-factory-israel-calculated-bombing-gaza.

5 John Grierson, "Flaherty," in *Grierson on Documentary*, ed. Forsyth Hardy(Berkeley, CA: University of California Press, 1966), 141.

6 Dziga Vertov, *Kino-Eye: The Writings of Dziga Vertov*, ed. Annette Michelson(Berkeley, CA: University of California Press, 1984), 14~15.

7 Nichols, *Representing Reality*, 38~40.

8 Winston, "Introduction: The Filmed Documentary," in *The Documentary Film Book*, ed. Brian Winston(London: Palgrave Macmillan, 2013), 9.

9 Anna Grimshaw and Amanda Ravetz, *Observational Cinema: Anthropology, Film, and the Exploration of Social Life*(Bloomington, IN: Indiana University Press, 2009), 115.

10 Ibid., 48.

11 William Rothman, "Eternal Vérités: Cinema-Vérité and the Classical Cinema," in *The I of the Camera: Essays in Film Criticism, History and Aesthetics,* 2nd edition(Cambridge. UK: Cambridge University Press, 2004), 295.

12 Jean Rouch, "The Camera and Man," in *Ciné-Ethnography*, trans. and ed. Steven Feld(Minneapolis, MN: University of Minnesota Press, 2003), 38.

13 Steven Feld, "Editor's Introduction," in *Ciné-Ethnography*, 15.

14 Rouch, "On the Vissicitudes of the Self," in *Ciné-Ethnography*, 99.

15 Rouch, "Ciné-Anthropology: Jean Rouch with Enrico Fulchignoni," in *Ciné-Ethnography*, 150.

16 Michael Renov, *The Subject of Documentary*(Minneapolis, MN: University of Minnesota Press, 2004), 176.

17 Michael Albright, "The Visible Camera: Hand-held Camera Movement and Cinematographic Embodiment in Autobiographical Documentary," *Spectator* 31.1(2011): 34.

18 Ohad Landesman, "Reality Bytes: Reclaiming the Real in Digital Documentary," PhD

dissertation, Department of Cinema Studies, New York University, 2013, 186.

19   이러한 작품들에 대한 분석은 다음을 참조. Christina M. Smith, "Gaze in the Military: Authorial Agency and Cinematic Spectatorship in 'Drone Documentaries' from Iraq," *Continuum* 30.1(2016): 89~99.

20   Vivian Sobchack, *The Address of the Eye: A Phenomenology of Film Experience*(Princeton, NJ: Princeton University Press, 1992), 184.

21   Sobchack, ""The Active Eye"(Revisited): Toward a Phenomenology of Cinematic Movement," *Stidia Phenomenologica* XVI(2016): 73.

22   Ibid., 86.

23   Grégoire Chamayou, *A Theory of the Drone*, trans. Janet Lloyd(New York: The New Press, 2013), 38~39.

24   이러한 주장을 전개한 비릴리오의 주요 저서로는 *War and Cinema: The Logistics of Perception*, trans. Patrick Camiller(London: Verso, 1989), *The Vision Machine*, trans. Julie Rose(London: BFI Publishing, 1994) 등을, 전장에서의 지각의 병참술과 가속화에 집중한 저서로는 *Strategy of Deception*, trans. Chris Turner(London: Verso, 2000), *Desert Screen: War at the Speed of Light*, trans. Michael Degener(London: Continuum, 2002) 등을 참조하라.

25   Hito Steyerl, *The Wretched of the Screen*(Berlin: Sternberg Press, 2012), 24. 국역본 『스크린의 추방자들』, 김실비 옮김, 김지훈 감수, 워크룸프레스, 2018, 31, 33쪽.

26   Pasi Väliaho, *Biopolitical Screens: Image, Power, and the Neoliberal Brain*(Cambridge, MA: MIT Press, 2014), 53.

27   John Johnston, "Machinic Vision," *Critical Inquiry* 26(1999): 27.

28   Roger Stahl, "What the Drone Saw: The Cultural Optics of the Unmanned War," *Australian Journal of International Affairs* 67.5(2013): 663.

29   Kathrin Maurer, "Visual Power: The Scopic Regime of Military Drone Operations," *Media, War & Conflict* 10.2(2017): 141~151.

30   Derek Gregory, "From a View to a Kill: Drones and Late Modern War," *Theory, Culture & Society* 28.7/8(2011): 196.

31   Richardson, "Drone Trauma: Violent Mediation and Remote Warfare," *Media, Culture & Society* 45.1(2023): 211.

32   Jeremy Parker and Joshua Reeves, *Killer Apps : War, Media, Machine*(Durham, NC: Duke University Press, 2020), 8.

33   Brian Massumi, *Ontopower: War, Powers, and the State of Perception*(Durham, NC: Duke University Press, 2015), 5. 국역본 『존재권력』, 최성희, 김지영 옮김, 갈무리, 2021, 39쪽.

34   Ibid., 70(국역본 121쪽, 번역 일부 수정).

35   Isabelle Khurshudyan, Mary Ilyushina, and Kostiantyn Khudov, "Russia and Ukraine are fighting the first full-scale drone war," *Washington Post*, December 2, 2022,

https://www.washingtonpost.com/world/2022/12/02/drones-russia-ukraine-air-war.

36 PBS NewsHour, "How drone warfare has transformed the battle between Ukraine and Russia," December 14, 2023, https://www.youtube.com/watch?v=uuQwjbCAFlE.

37 Dominika Kunertova, "Drones have boots: Learning from Russia's war in Ukraine," *Contemporary Security Policy* 44.4(2023): 581.

38 Yulia Lattynina, "The world's first drone war is happening in Ukraine," *The Hill*, December 14, 2023, https://thehill.com/opinion/international/4360793-the-worlds-first-drone-war-is-happening-in-ukraine.

39 Alex Horton and Serhii Korolchuk, "In Ukraine, explosive DIY drones give an intimate view of killing," *Washington Post*, October 4, 2023, https://www.washingtonpost.com/world/2023/10/04/fpv-drone-ukraine-russia.

40 William Merrin and Andrew Hoskins, "Tweet fast and kill things: digital war," *Digital War* 1(2020): 190.

41 Michael J. Shapiro, *The Cinematic Political: Film Composition as Political Theory*(New York: Routledge, 2019), 88.

42 Eric Hynes, "Where Eagles Dare," *Film Comment* 54.4(2018): 50.

43 Cubitt, "Everybody Knows This Is Nowhere," 280.

44 Steyerl, *The Wretched of the Screen*, 24(국역본 31쪽).

45 Väliaho, "The Light of God: Notes on the Visual Economy of Drones," *Necsus: European Journal of Media Studies*, Autumn 2014, https://necsus-ejms.org/light-god-notes-visual-economy-drones.

46 Stahl, "What the Drone Saw."

47 Caren Kaplan, "Drone-O-Rama: Troubling the Temporal and Spatial Logics of Distance Warfare," in *Life in the Age of Drone Warfare*, eds. Lisa Parks and Caren Kaplan(Durham, NC: Duke University Press, 2017), 164.

48 Lisa Parks, "Vertical Mediation and the U.S. Drone War in the Horn of Africa," in Parks and Kaplan, *Life in the Age of Drone Warfare*, 146.

49 Samuel Fernández-Pichel, "(De)humanising Images and Cinematic Heterotopias: Drone Warfare in Film," *European Journal of English Studies* 22.2(2018): 200.

50 Kris Paulsen, *Here/There: Telepresence, Touch, and Art at the Interface*(Cambridge, MA: MIT Press, 2017), 160.

51 Demos, "Migrant World: On Ai Weiwei's *Human Flow*," *Bomb Magazine*, July 27, 2018, https://bombmagazine.org/articles/2018/07/27/migrant-world-on-ai-weiweis-human-flow.

52 Georges Didi-Huberman, "From a Vantage Point," *Eurozine*, October 12, 2018, https://www.eurozine.com/high-vantage-point.

53 다음에서 인용. Jon Wiener, "Ai Weiwei on the Refugee Crisis: 'People Have Been

Forced into a State of Movement,'" *The Nation*, October 13, 2017, https://www.
thenation.com/article/archive/ai-weiwei-on-the-refugee-crisis-people-have-
been-forced-into-a-state-of-movement.

54 다음에서 인용. Helen Mackreath, "Interview with Basma Alsharif," *White Review*
25(2018), https://www.thewhitereview.org/feature/interview-basma-alsharif.

55 다음에서 인용. Justin Smith, "*Ouroboros* and the Cycle of Violence: An Interview
with Basma Alsharif," *Senses of Cinema* 85(2017), https://www.sensesofcinema.
com/2017/feature-articles/basma-alsharif-interview.

56 다음에서 인용. Stephen Saito, "Interview: Jennifer Baichwal, Nicholas de Pencier and
Edward Burtynsky on Going to the Ends of the Earth for *Anthropocene: The Human
Epoch*," September 27, 2019, https://moveablefest.com/jennifer-baichwal-ed-
burtynsky-nicolas-de-pencier-anthropocene.

57 Selmin Kara, "Anthropocinema: Cinema in the Age of Mass Extinctions," in *Post-
cinema: Theorizing 21st-Century Film*, eds. Shane Denson and Julia Leyda(Falmer:
REFRAME Books, 2016), 753.

58 Vice, "Ghost Town: Flyovers of Cities on COVID-19 Lockdown," March 31, 2020,
https://www.youtube.com/watch?v=3PttvhYlV2Q.

59 Caren Kaplan and Patricia R. Zimmerman, "Coronavirus Drone Genres: Spectacles
of Distance and Melancholia," *Film Quarterly* online, April 30, 2020, https://
filmquarterly.org/2020/04/30/coronavirus-drone-genres-spectacles-of-distance-
and-melancholia.

60 Renov, "Toward a Poetics of Documentary," 35.

61 Nichols, *Introduction to Documentary*, 103.

62 Elizabeth Cowie, *Recording Reality, Desiring the Real*(Minneapolis, MN: University
of Minnesota Press, 2012), 156.

63 Kaplan and Zimmerman, "Coronavirus Drone Genres."

64 Ibid.

65 Ada Akerman, ""Covid-Dronism": Pandemic Visions from Above," in *Pandemic
Media*, 168~169.

66 Ole. B. Jensen, "Thinking with the Drone: Visual Lessons in Aerial and Volumetric
Thinking," *Visual Studies*, 35.5(2020): 426.

67 Thomas Stubblefield, *Drone Art: The Everywhere War as Medium*(Berkeley, CA:
University of California Press, 2020), 3.

68 Maurer, *The Sensorium of the Drone and Communities*(Cambridge, MA: MIT
Press, 2023), 108~109.

69 Ibid., 117.

70 Richardson, *Nonhuman Witnessing: Ecology after the End of the World*(Durham,
NC: Duke University Press, 2024), 6.

71　Ibid., 16.

72　Storyful, "Drone Shows Thousands Filling Hong Kong Streets," September 30, 2014, https://www.youtube.com/watch?v=Q919bQOThvM.

73　Anthony McCosker, "Drone Vision, Zones of Protest, and the New Camera Consciousness," *Media Fields Journal* 9(2015): 12.

3장

1　Joshua Green and Gene Burgess, *YouTube: Online Video and Participatory Culture*(London: Polity, 2009), 13. 국역본 『유튜브, 온라인 매체와 참여 문화』, 권재웅, 노광우 옮김, 한울, 2023.

2　Channel 4, "Life in Lockdown Wuhan: The Coronavirus Epicentre Two Months into the Pandemic," March 14, 2020, https://www.youtube.com/watch?v=yyucJekT87E&t=393s.

3　*New York Times*, "'People Are Dying': Battling Coronavirus inside a N.Y.C. Hospital," March 26, 2020, https://www.youtube.com/watch?v=bE68xVXf8Kw&list=WL&index=7&t=7s.

4　이정환의 유튜브 채널 주소는 다음과 같다. https://www.youtube.com/channel/UC1kjA_UaFP70EUjq61H_siA.

5　Renov, *The Subject of Documentary*, 200.

6　Alisa Lebow, "Introduction," in *The Cinema of Me: The Self and Subjectivity in First Person Documentary*, ed. Alisa Lebow(New York: Wallflower Press, 2012), 4.

7　DW Documentary, "Coronavirus in China," March 18, 2020, https://www.youtube.com/watch?v=3K3fy5eKeuM&t=1148s.

8　Peter Dahlgren, *Media and Political Engagement: Citizens, Communication, and Democracy*(New York: Cambridge University Press, 2009); Joss Hands, @ *Is for Activism: Dissent, Resistance and Rebellion in a Digital Culture*(London: Pluto Press, 2011); Manuel Castells, *Networks of Outrage and Hope: Social Movements in the Internet Age*(London: Polity, 2012). 국역본 『분노와 희망의 네트워크』, 김양욱 옮김, 한울, 2015; Paolo Gerbaudo, *Tweets and the Streets: Social Media and Contemporary Activism*(London: Pluto Press, 2012); Matt Ratto and Megan Boler, eds., *DIY Citizenship: Critical Making and Social Media*(Cambridge, MA: MIT Press, 2014); Henry Jenkins, Mizuko Ito, and danah boyd, *Participatory Culture in a Networked Era: A Conversation on Youth, Learning, Commerce, and Politics*(Lanham, MD: Rowman & Littlefield, 2015); Graham Meikle(ed.), *The Routledge Companion to Media and Activism*(New York: Routledge, 2018).

9　Castells, "Communication, Power and Counter-power in the Network Society," *International Journal of Communication* 1(2007): 248~249.

10 Castells, *Networks of Outrage and Hope*, 28.

11 W. Lance Bennet and Alexandra Segerberg, "The Logic of Connective Action: Digital Media and the Personalization of Contentious Politics," *Information, Communication & Society* 15.5(2012): 753.

12 Gerbaudo, *Tweets and the Streets*, 123.

13 Chun, *Updating to Remain the Same: Habitual New Media*(Cambridge, MA: MIT PRess, 2016), 173.

14 Leo Goldsmith "Fragmented Screens: Found Footage and Image Circulation," PhD dissertation, Department of Cinema Studies, New York University, 2018. 239.

15 Jay Leyda. *Films Beget Films: A Study of the Compilation Film*(New York: Hill and Wang, 1964), 9.

16 Goldsmith, "Fragmented Screens," 233.

17 Peter Snowdon, "The Revolution Will Be Uploaded: Vernacular Video and the Arab Spring," *Culture Unbound* 6(2014): 402. 이와 같은 측면에 대한 스노든의 보다 상세한 논의는 다음을 참조. *The People Are Not an Image: Vernacular Video after the Arab Spring*(New York: Verso, 2020).

18 Kari Andén-Papadopoulos, "Citizen Camera-Witnessing: Embodied Political Dissent in the Age of 'Mediated Mass Self-communication,'" *New Media & Society* 16.5(2014): 756.

19 Andén-Papadopoulos, "Media Witnessing and the 'Crowd-Sourced Video Revolution,'" *Visual Communication* 12.3(2013): 342.

20 Kate Horsfield, "Busting the Tube: A Brief History of Video Art," in *Feedback: The Video Data Bank Catalog of Video Art and Artist Interviews*, eds. Kate Horsfield and Lucas Hilderbrand(Philadelphia: Temple University Press, 2006), 3.

21 히토 슈타이얼, 「빈곤한 이미지를 옹호하며」, 『스크린의 추방자들』, 41쪽.

22 슈타이얼, 「당신이나 나 같은 사물」, 『스크린의 추방자들』, 72쪽.

23 Burgess and Green, *YouTube*, 56.

24 Henry Jenkins, "YouTube and the Vaudeville Aesthetic." *Confessions of an Aca-Fan*, November 19. 2006. http://henryjenkins.org/blog/2006/11/youtube_and_the_vaudeville_aes.html.

25 Henry Jenkins, Sam Ford, and Joshua Green. *Spreadable Media: Creating Value and Meaning in a Networked Culture*(New York: NYU Press, 2013), 2.

26 Andrew Ross, *Nice Work If You Can Get It: Life and Labor in Precarious Times*(New York: NYU Press, 2009), 10.

27 Judith Butler, *Precarious Life: The Powers of Mourning and Violence*(New York: Verso, 2006), 20.

28 Mark Deuze, *Media Life*(London: Polity, 2012).

29 Manovich, "The Practice of Everyday (Media) Life: From Mass Consumption to Mass

Cultural Production?", *Critical Inquiry* 35(2009): 325.

30　Mark Andrejevic, "Exploiting YouTube: Contradictions of User-Generated Labor," in *The YouTube Reader*. eds. Pelle Snickars and Patrick Vonderau(Stockholm: National Library of Sweden, 2009), 419.

31　Burgess and Green, "The Entrepreneurial Vlogger: Participatory Culture Beyond the Professional-Amateur Divide," in *The YouTube Reader*, 91.

32　Siva Vaidhyanathan, *The Googlization of Everything And Why We Should Worry*(Berkeley, CA: University of California Press, 2012), 36.

33　José van Dijck, *The Culture of Connectivity: A Cultural History of Social Media*(New York: Oxford University Press, 2013), 115~127.

34　Tarleton Gillespie, "The Politics of 'Platforms'", *New Media & Society* 12.3(2010): 358.

35　van Dijck, "Users Like You?: Theorizing Agency in User-generated Content," *Media, Culture & Society* 31:1(2009): 55.

36　다음에서 인용. Becca Voelcker, "Interview: Shengze Zhu," *Film Comment*, February 1, 2019, https://www.filmcomment.com/blog/interview-shengze-zhu.

37　Alexandra Juhasz, "Documentary on YouTube: The Failure of the Direct Cinema of the Slogan," in *Rethinking Documentary: New Perspectives, New Practices*, eds. Thomas Austin and Wilma de Jong(New York: Open University Press, 2008), 306.

38　정부가 검열하는 미디어에 대한 대안으로 소셜 미디어를 이와 같이 활용해 온 방식에 대해서는 다음을 참조. Castells, *Networks of Outrage and Hope*; Gerbaudo, *Twitter and the Streets*; Raul Arif, "Social Movements, YouTube and Political Activism in Authoritarian Countries: A Comparative Analysis of Political Change in Pakistan, Tunisia & Egypt," PhD dissertation, Department of Mass Communication, University of Iowa, 2014.

39　시리아 시민 저널리즘의 성장에 대해서는 다음을 참조. Melissa Wall and Sahar El Zahed, "Syrian Citizen Journalism: A Pop-Up News Ecology in an Authoritarian Space," *Digital Journalism* 3.5(2015): 720~736.

40　Nicolas Mirzoeff, *The Appearance of Black Lives Matter*(Miami, FL: Name Publications, 2017), 90.

41　Zeynep Tufecki, *Twitter and Tear Gas: The Power and Fragility of Networked Protest*(New Haven, CT: Yale University Press, 2017), 147.

42　이에 대해서는 다음을 참조. Dork Zabuyan, *The Insistence of Struggle: Images, Uprisings, Counterrevolutions*, trans. Stefan Tarnowski(Barcelona: IF Publications, 2019), 104.

43　Chris Robé, *Breaking the Spell: A History of Anarchist Filmmakers, Videotape Guerrillas, and Digital Ninjas*(Oakland, CA: PM Press, 2017), 345.

44　Sam Gregory, "The Participatory Panopticon and Human Rights: WITNESS's

Experience Supporting Video Advocacy and Future Possibilities," in *Sensible Politics: The Visual Culture of Nongovernmental Activism*, eds. Meg McLagan and Yates McKee(New York: Zone Books, 2012), 518.

45 Gregory, "Cameras Everywhere: Ubiquitous Video Documentation of Human Rights, New Forms of Video Advocacy, and Considerations of Safety, Security, Dignity and Consent," *Journal of Human Rights Practice* 2(2010): 201.

46 Adi Kuntsman and Rebecca L. Stein, "Digital Suspicion, Politics, and the Middle East," *Critical Inquiry*, 2011, https://criticalinquiry.uchicago.edu/digital_suspicion_politics_and_the_middle_east.

47 Donatella Della Ratta, "The Unbearable Lightness of the Image: Unfinished Thoughts on Filming in Contemporary Syria," *Middle East Journal of Culture and Communication* 10.2/3(2017): 121.

48 Sherry Turkle, *Alone Together: Why We Expect More from Technology and Less from Each Other*(New York: Basic Books, 2011), 19. 국역본 『외로워지는 사람들』, 이은주 옮김, 청림출판, 2012.

49 Patricia Lange, "Publicly Private and Privately Public: Social Networking on YouTube," *Journal of Computer-mediated Communication* 13.1(2007): 361.

50 Andrew Keen, *Digital Vertigo: How Today's Online Social Revolution Is Dividing, Diminishing, and Disorienting Us*(New York: St. Martin's Press, 2012), 119.

51 Geert Lovink, *Social Media Abyss: Critical Internet Cultures and the Force of Negation*(London: Polity, 2016), 16.

52 Jodi Dean, "Communicative Capitalism: Circulation and the Foreclosure of Politics," *Cultural Politics* 1.1(2005): 51~73.

53 Dean, *Blog Theory: Feedback and Capture in the Circuits of Drive*(London: Polity, 2010). 95.

54 Ibid., 96.

55 Bernard Stiegler, *What Makes Life Worth Living: On Pharmacology*, trans. Daniel Ross(London: Polity, 2013), 84~85.

56 Yuk Hui and Harry Halpin, "Collective Individuation: The Future of the Social Web," in *Unlike Us Reader: Social Media Monopolies and Their Alternatives*. eds. Geert Lovink and Miriam Rasch(Amsterdam: Institute of Network Cultures, 2013), 112.

57 Ibid., 111.

58 다음에서 인용. Natalie Bookchin and Blake Stimson, "Out in Public: Natalie Bookchin in Conversation with Blake Stimson," in *Video Vortex Reader II: Moving Images beyond YouTube*, eds. Geert Lovink and Rachel Somers Miles(Amsterdam: Institute of Network Cultures, 2011), 308.

59 April Durham, "Networked Bodies in Cyberspace: Orchestrating the Trans-Subjective in the Video Artworks of Natalie Bookchin," *Art Journal* 72.3(2013): 78.

60 이 세 작품은 〈증거(Testament)〉라는 비디오 설치 작품 시리즈로 묶여 왔다.

61 Zoë Druick, "Small Effects from Big Causes: The Dialogic Documentary Practice of Natalie Bookchin," *Camera Obscura* 92(2016): 19.

62 북친 스스로도 이 점을 분명히 한 바 있다. "내가 편집과 컴필레이션을 통해 하고자 했던 것은 이 개별적 발화자들을 물리적 공간에서 공적 신체로서의 형태를 취하는 집단으로 다시 상상하는 것이다"("Out in Public," 308).

63 Catherine Russell, *Archivelogy: Walter Benjamin and Archival Film Practices*(Durham, NC: Duke University Press, 2018), 125.

64 다음에서 인용. Scott MacDonald, "Dominic Gagnon," in *The Sublimity of Document: Cinema as Diorama*(New York: Oxford University Press, 2019), 272.

65 다음에서 청취. "관객과의 대화: 도미닉 가뇽," 국립현대미술관 MMCA필름앤비디오, 2019년 11월 9일.

66 다음에서 인용. MacDonald, "Dominic Gagnon," 271.

67 슈타이얼, 「컷! 재생산과 재조합」, 『스크린의 추방자들』, 240쪽.

2부

1 Jennifer Gabrys, *Program Earth: Environmental Sensing Technology and the Making of a Computational Planet*(Minneapolis, MN: University of Minnesota Press, 2016).

2 이 두 시간성의 겹침에 대한 논의로는 다음을 참조. Jakko Kemper, "Deep Time and Microtime: Anthropocene Temporalities and Silicon Valley's Longtermist Scope," *Theory, Culture & Society* 41.6(2024): 21~36.

3 Simon Lindgren, *Critical Theory of AI*(London: Polity, 2023), 37.

4 Taina Bucher, *If… Then : Algorithmic Power and Politics*(New York: Oxford University Press, 2018), 38.

5 Grusin, "Radical Mediation," 137.

6 AI 공급망 자본주의에 대해서는 다음을 참조. Ana Valdivia, "The supply chain capitalism of AI: a call to (re)think algorithmic harms and resistance through environmental lens," *Information, Communication & Society*(2024), https://doi.org/10.1080/1369118X.2024.2420021.

7 Michael J. Albert, *Navigating the Polycrisis: Mapping the Futures of Capitalism and the Earth*(Cambridge, MA: MIT Press, 2024), 53.

4장

1 Marshall Mcluhan, *Media Research: Technology, Art, Communication*, ed. Michael A. Moos(New York: Routledge, 1997), 114.

2 Chakravarty, "The Climate of History: Four Theses," *Critical Inquiry* 35(2009): 219.

3   Chakravarty, "Anthropocene Time," *History and Theory* 57.1(2018): 9.

4   Timothy Clark, *Ecocriticism on the Edge: The Anthropocene as a Threshold Concept*(New York: Bloomsbury, 2015), 75.

5   Eva Horn and Hannes Bergthaller, *The Anthropocene: Key Issues for the Humanities*(New York: Routledge, 2020), 71.

6   Ghosh, *The Great Derangement*, 63(국역본 89쪽, 번역 일부 수정).

7   Ibid., 75(국역본 104쪽, 번역 일부 수정).

8   Clive Hamilton, *Defiant Earth: The Fate of Humans in the Anthropocene*(Crows Nest, Australia: Allen & Unwin, 2017), 51. 국역본 『인류세』, 정서진 옮김, 이상북스, 2018.

9   기욤 피트롱, 『'좋아요'는 어떻게 지구를 파괴하는가』, 양영란 옮김, 갈라파고스, 2023. 18쪽.

10 Bryant, *Onto-Cartography*, 34.

11 Gayatri Chakravarty Spivak, *Death of a Discipline*(New York: Columbia University Press, 2003), 73.

12 Chakravarty, *The Climate of History in a Planetary Age*, 3~4.

13 Horn and Bergthaller, *The Anthropocene*, 21.

14 Chakravarty, *One Planet, Many Worlds: The Climate Parallax*(Waltham, MA: Brandeis University Press, 2023), 4. 국역본 『하나의 행성, 서로 다른 세계』, 이신철 옮김, 에코리브르, 2024.

15 Chakravarty, *The Climate of History in a Planetary Age*, 7~8.

16 Chakravarty, *One Planet, Many Worlds*, 5.

17 Mirzoeff, "Visualizing the Anthropocene," 215.

18 Levi Bryant, Nick Srnicek and Graham Harman, "Towards a Speculative Philosophy," in eds. Levi Bryant, Nick Srnicek and Graham Harman(Melbourne, Australia: re.press, 2011), 3.

19 Diana Coole and Samantha Frost, "Introducing the New Materialisms," in eds. Diana Coole and Samantha Frost(Durham, NC: Duke University Press, 2010), 3, 5. 국역본 『신유물론 패러다임』, 박준영, 김종갑 옮김, 그린비, 2023.

20 Timothy Morton, "Poisoned Ground: Art and Philosophy in the Time of Hyperobjects," *symploke* 21.1/2(2013): 42.

21 따라서 하이퍼객체 개념을 처음 제안하면서 모턴은 "구별되는 것처럼 보이는 두 가지 것인 인간 사회와 자연(Nature)이 동일한 것의 다른 두 각도"임을 단언한다(Morton, *The Ecological Thought* [Cambridge, MA: Harvard University Press, 2010,] 133).

22 Morton, *Hyperobjects: Philosophy and Ecology after the End of the World*(Minneapolis, MN: University of Minnesota Press, 2013), 1. 국역본 『하이퍼객체: 세계의 끝 이후의 철학과 생태학』, 김지연 옮김, 현실문화, 2024.

23 Ibid.

24 Ibid., 86.

25 Ibid., 15.

26 Ibid., 41.

27 Ibid., 77.

28 Ibid., 78.

29 Morton, *Realist Magic: Objects, Ontology, Causality*(London: Open Humanities Press, 2013), 19~20. 국역본 『실재론적 마술』, 안호성 옮김, 갈무리, 2023.

30 Ibid., 57.

31 Bennett, *Vibrant Matter*, 111.

32 Stacy Alaimo, *Exposed: Environmental Politics and Pleasures in Posthuman Times* (Minneapolis, MN: University of Minnesota Press, 2016), 5. 국역본 『노출: 포스트휴먼 시대 환경 정치학과 쾌락』, 김명주 외 옮김, 충남대학교출판문화원, 2023.

33 Eduardo Kohn, *How Forests Think: Toward an Anthropology beyond the Human*(Berkeley, CA: University of California Press, 2013), 83~84. 국역본 『숲은 생각한다』, 차은정 옮김, 사월의책, 2018.

34 Eduardo Viveiros de Castro, *The Relative Nature: Essays on Indigenous Conceptual Worlds*(Chicago, IL: HAU Books, 2015), 225.

35 Donna J. Haraway, *Staying with the Trouble: Making Kin in the Chthuluscene* (Minnesota, MN: University of Minnesota Press, 2016), 111. 국역본 『트러블과 함께하기』, 최유미 옮김, 마농지, 2021.

36 Ibid., 22.

37 Haraway, *When Species Meet*(Minneapolis, MN: University of Minnesota Press, 2008), 263. 국역본 『종과 종이 만날 때』, 최유미 옮김, 갈무리, 2022.

38 Tim Ingold, "Earth, Sky, Wind, and Weather," *Journal of the Royal Anthropological Institute* 13(2007): S20.

39 Peters, *The Marvelous Clouds*, 380(국역본 508~509쪽, 번역 일부 수정).

40 Ibid., 117(국역본 175쪽, 번역 일부 수정).

41 Ibid., 122(국역본 180쪽).

42 Ibid., 121(국역본, 179~180쪽, 번역 일부 수정).

43 Peter Sloterdijk, *Terror from the Air*, trans. Amy Patton and Steve Corcoran(Cambridge, MA: MIT Press, 2009), 84.

44 Eva Horn, "Air as Medium," *Grey Room* 73(2018): 8.

45 Ibid., 21~22.

46 Janine Randerson, *Weather as Medium: Toward a Meteorological Art*(Cambridge. MA: MIT Press, 2018), xviii.

47 Yuriko Furuhata, *Climatic Media: Experiments in Atmospheric Control*(Durham, NC: Duke University Press, 2022), 3~4.

48 Ibid., 8.

49 Bernhard Siegert, *Cultural Techniques: Grids, Filters, Doors, and Other Articulations of the Real*, trans. Geoffrey Winthrop-Young(New York: Fordham University Press, 2015).

50 Furuhata, *Climatic Media*, 23.

51 Starosielski, "The Elements of Media Studies," 2.

52 Melody Jue, *Wild Blue Media: Thinking through Seawater*(Durham, NC: Duke University Press, 2020), 3~4.

53 Starosielski, "The Elements of Media Studies." 2.

54 Stephen Rust and Salma Monami, "Introduction: Cuts to Dissolves-Defining and Situatiing Ecocinema Studies," in *Ecocinema Theory and Practice*, eds. Stephen Rust, Salma Monami, and Sean Cubitt(New York: Routeldge, 2013), 2.

55 Ibid.

56 Rust, Monami, and Cubitt, "Introduction: Ecologies of Media," in *Ecomedia: Key Issues*, eds. Rust, Monami, and Cubitt(New York: Routledge, 2016), 5.

57 Rust, Monami, and Cubitt, "Cut to Green: Tracking the Growth of Ecocinema Studies," in *Ecocinema Theory and Practice 2*, eds. Rust, Monami, and Cubitt(New York: Routledge, 2023), 2.

58 Nadia Bozak, *The Cinematic Footprint: Lights, Camera, Natural Resources*(New Brunswick, NJ: Rutgers University Press, 2012), 11.

59 Laura U. Marks et al., "Streaming Media's Environmental Impact," *Media+Environment* 2.1(2020), https://doi.org/10.1525/001c.17242.

60 Cubitt, *Finite Media : Environmental Implications of Digital Technologies*(Durham, NC: Duke University Press, 2017), 14.

61 이와 같은 물질성에 주목하는 연구로는 다음을 참조. Matthew Fuller, *Media Ecologies: Materialist Energies in Art and Technoculture*(Cambridge. MA: MIT Press, 2007); Tarleton *Gillespie*, Pablo J. Boczkowski, Kirsten A. Foot(eds.), *Media Technologies: Essays on Communication, Materiality, and Society*(Cambridge. MA: MIT Press, 2014).

62 Cubitt, *Finite Media*, 3~4.

63 해러웨이의 '자연문화' 개념에 대해서는 다음을 참조. Donna J. Haraway, *The Companion Species Manifesto: Dogs, People, and Significant Otherness*(Chicago. IL: Prickly Paradigm Press, 2003).

64 Jussi Parikka, "New Materialism as Media Theory: Medianatures and Dirty Matter," *Communication and Critical/Cultural Studies* 9.1(2012): 97.

65 Parikka, "Medianatures: The Materiality of Information Technology and Electronic Waste," in *Medianatures: The Materiality of Information Technology and Electronic Waste*, ed. Jussi Parikka(London: Open Humanities Press, 2011), 3.

66 Gabrys, *Digital Rubbish: A Natural History of Electronics*(Ann Arbor, MI: University of Michigan Press, 2011), 5.

67 Parikka, "New Materialism as Media Theory," 98.

68 Alaimo, *Exposed*, 138.

69 Heather Davis, *Plastic Matter*(Durham, NC: Duke University Press, 2022), 71.

70 Ibid., 87.

71 Stephanie LeMenager, *Living Oil: Petroleum Culture in the American Century*(New York: Oxford University Press, 2014), 45.

72 Ibid., 76.

73 Andreas Malm, *Fossil Capital: The Rise of Steam Power and the Roots of Global Warming*(New York: Verso, 2016), 305. 국역본『화석 자본』, 위대현 옮김, 두번째 테제, 2023.

74 Jason W. Moore, *Capitalism in the Web of Life : Ecology and the Accumulation of Capital*(New York: Verso, 2015), 71(강조는 원저자). 국역본『생명의 그물 속 자본주의』, 김효진 옮김, 갈무리, 2020.

75 Ibid., 82.

76 Kathlyn Yusoff, *A Billion Black Anthropocenes or None*(Minneapolis, MN: University of Minnesota Press, 2018), 14.

77 Macarena Gómez-Barris, *The Extractive Zone: Social Ecologies and Decolonial Perspectives*(Durham, NC: Duke University Press, 2017), xvi.

78 Ibid., 5.

79 Martin Arboleda, *Planetary Mine: Territories of Extraction under Late Capitalism*(New York: Verso, 2020), 52.

80 Priya Jaikumar and Lee Grieveson, "Media and Extraction: A Brief Research Manifesto," *Journal of Environmental Media* 3.2(2022): 199.

81 Will Steffen, Paul J. Crutzen, and John R. McNeill, "The Anthropocene: Are Humans Now Overwhelming the Great Forces of Nature?", *Ambio* 36.8(2007): 616.

82 Siegfried Zielinski, *Deep Time of the Media: Toward an Archaeology of Hearing and Seeing by Technical Means*, trans. Gloria Custance(Cambridge, MA: MIT Press, 2006), 7.

83 Parikka, *A Geology of Media*(Minneapolis, MN: University of Minnesota Press, 2015), 44. 국역본『미디어의 지질학』, 심효원 옮김, 현실문화, 2025.

84 Parikka, *A Slow, Contemporary Violence: Damaged Environments of Technological Culture*(Berlin: Sternberg Press, 2016), 18.

85 Parikka, *A Geology of Media*, 98.

86 Ibid., 12.

87 Bratton, "Planetary Sapience," June 17, 2021, https://www.noemamag.com/planetary-sapience.

88 Al Gore, "The Digital Earth: Understanding Our Planet in the 21st Century," *The Australian Surveyor* 43.2(1998): 89.

89 Geoffrey Boulton, "The Challenges of the Big Earth Data," *Big Earth Data* 2.1(2018): 3.

90 우주 개발로 가능해진 지구의 이미지에 관한 하이데거와 아렌트 각각의 성찰에 대해서는 다음을 참조. "Only a God Can Save Us Now," *Spiegel*, September 23, 1966; 한나 아렌트, 『인간의 조건』, 이진우 옮김, 한길사, 2019.

91 Ursula K. Heise, *Sense of Place and Sense of Planet: The Environmental Imagination of the Global*(New York: Oxford University Press, 2008), 22~23.

92 Ibid., 20.

93 Shelia Jasanoff, "Image and Imagination: The Formation of Global Environmental Consciousness," in *Changing the Atmosphere: Expert Knowledge and Environmental Governance*, eds. Clark A Miller and Paul N. Edwards(Cambridge, MA: MIT Press, 2001): 335.

94 Stefan Helmreich, "From Spaceship Earth to Google Ocean: Planetary Icons, Indexes, and Infrastructures," *Social Research* 78.4(2011): 1216.

95 NASA, "History of the Blue Marble," October 13, 2005, https://earthobservatory. nasa.gov/features/BlueMarble/BlueMarble_history.php.

96 Virilio, *Open Sky*, trans. Julie Rose(New York: Verso, 1997), 12.

97 다음에서 인용. Kate Maddalena and Chris Russill, "Is the Earth an Optical Medium?: An Interview with Chris Russill," *International Journal of Communication* 10(2016): 3188.

98 James Lovelock and Andrew J. Watson, "Biological homeostasis of the global environment: the parable of Daisyworld," *Telleus* 35B.4(1983): 284~289.

99 Edwards, *A Vast Machine*, vx.

100 Gabrys, "Practicing, materialising and contesting environmental data," *Big Data & Society*, July-December 2016, DOI: 10.1177/2053951716673391.

101 Gabrys, *Program Earth*, 11~12.

102 Ibid., 16.

103 Gabrys, "Ocean Sensing and Navigating the End of This World," *e-flux Journal* 101(2019), https://www.e-flux.com/journal/101/272633/ocean-sensing-and-navigating-the-end-of-this-world.

104 '세계 부유체 프로그램'의 활동에 대한 자세한 내용은 홈페이지(https://www. aoml.noaa.gov/global-drifter-program)를 참조.

105 Cubitt, "Three Geomedia," *Ctrl-Z* 7(2017), http://www.ctrl-z.net.au/articles/ issue-7/cubitt-three-geomedia.

106 Bratton, *The Terraforming*(Moskow, Russia: Strelka Press, 2019), 7.

107 Stewart Brand, Michael Schellenberger et al., "An Ecomodernist Manifesto," April

2015, http://www.ecomodernism.org/s/An-Ecomodernist-Manifesto.pdf, 6.

108 Demos, *Against the Anthropocene*, 49.

109 Arboleda, *Planetary Mine*, 43.

110 Orit Halpern and Robert Mitchell, *The Smartness Mandate*(Cambridge, MA: MIT Press, 2023), xiv.

111 Huawei, "Huawei | Intelligent Mines: Safer, Smarter," November 9, 2022, https://www.youtube.com/watch?v=iczYxj84oYY&t=167.

112 Gabrys, "Becoming Planetary," in *Accumulation: The Art, Architecture, and Media of Climate Change*, eds. Nick Axel, Nikolaus Hirsch, Daniel A. Barber, and Anton Vidokle(Minneapolis, MN: University of Minnesota Press, 2022), 135.

113 Bratton, *The Terraforming*, 48.

114 다음에서 인용. Nils Gilman, "A New Philosophy Of Planetary Computation: An Interview with Benjamin H. Bratton," October 5, 2022, https://www.noemamag.com/a-new-philosophy-of-planetary-computation.

115 Alexandra Arènes, Bruno Latour, and Jérôme Gaillardet, "Giving depth to the surface: An exercise in the Gaia-graphy of critical zones," *The Anthropocene Review* 5.2(2018): 124.

116 Bruno Latour, "Seven Objections against Landing on Earth," in *Critical Zones: The Science and Politics of Landing on Earth*, eds. Bruno Latour and Peter Weibel(Cambridge, MA: MIT Press, 2020), 2.

117 Latour, *Down to Earth: Politics in the New Climatic Regime*, trans. Catherine Porter(London: Polity, 2018), 8, 42.

118 Bruno Latour and Timothy M. Lenton, "Extending the Domain of Freedom, or Why Gaia Is So Hard to Understand," *Critical Inquiry* 45(2019): 674(강조는 원저자).

119 Ibid., 675.

120 Jonathan Gray, "The Datafication of Forests? From the Wood Wide Web to the Internet of Trees," in *Critical Zones*, 185.

121 Bennett, *Vibrant Matter*, 108.

5장

1 Friedrich A. Kittler, "Number and Numeral," trans. Geoffrey Winthrop-Young, *Theory, Culture & Society* 23.7/8(2006): 58.

2 Galloway, *The Interface Effect*, 69.

3 Chris Anderson, "The End of Theory: The Data Deluge Makes the Scientific Method Obsolete," *Wired*, June 23, 2008, https://www.wired.com/2008/06/pb-theory.

4 Ibid.

5 Ibid.

6 David M. Berry, "The Computational Turn: Thinking about the Digital Humanities," *Culture Machine* 12(2011): 2.

7 N. Katherine Hayles, *My Mother Was a Computer: Digital Subjects and Literary Texts*(Chicago, IL: University of Chicago Press, 2005), 3. 국역본 『내 어머니는 컴퓨터였다: 디지털 주체와 문학 텍스트』, 이경란, 송은주 옮김, 커뮤니케이션북스, 2025.

8 Ibid., 27.

9 David Golumbia, *The Cultural Logic of Computation*(Cambridge, MA: Harvard University Press, 2009), 8.

10 Lucas D. Introna and Helen Nissenbaum, "Shaping the Web: Why the Politics of Search Engines Matters," *The Information Society* 16.3(2000): 169~185. 이 논문은 2000년 해당 저널에 출간되었으나 1997년에 투고되었고 1990년대 후반의 월드와이드웹 환경을 다루었다.

11 이 비디오는 다음 주소에서 볼 수 있다. wzamen01, "HP Computers are racist," December 11, 2009, https://www.youtube.com/watch?v=t4DT3tQqgRM.

12 United Nations, "UN Women ad series reveals widespread sexism," October 21, 2013, https://www.unwomen.org/en/news/stories/2013/10/women-should-ads.

13 단행본 길이의 잘 알려진 연구로는 다음을 참조. Safia Umoja Noble, *Algorithms of Oppression: How Search Engines Reinforce Racism*(New York: New York University Press, 2018). 국역본 『구글은 어떻게 여성을 차별하는가』, 노윤기 옮김, 한스미디어, 2019; Ruha Benjamin, *Race After Technology: Abolitionist Tools for the New Jim Code*(London: Polity, 2019); Caroline Criado Perez, *Invisible Women: Data Bias in a World Designed for Men*(New York: Abraham Press, 2019).

14 다음을 참조. Christian Fuchs, *Digital Labor and Karl Marx*(New York; Routledge, 2014); *Social Media: A Critical Introduction*(London: Sage, 2014); *Culture and Economy in the Age of Social Media*(New York: Routledge, 2015).

15 예를 들어 《문화과학》에 수록된 논문 중에는 다음을 참조. 이광석, 「자본주의 종착역으로서 '플랫폼 자본주의'에 관한 비판적 소묘」, 《문화과학》 92호(2017), 18~47쪽; 김상민, 「플랫폼 위에 놓인 자본주의 이후의 삶」, 《문화과학》 92호(2017), 120~145쪽; 백욱인, 「인공지능 시대의 기계들과 인간들」, 《문화과학》 105호(2021), 27~52쪽; 신현우, 「인공지능은 잉여가치를 만들 수 있는가: 가변자본과 비인간 노동 행위자 사이 '신경망 분업'으로서 인공지능 읽기」, 《문화과학》 105호(2021), 77~102쪽.

16 Deleuze, "What is a dispositif?", in *Michel Foucault, Philosopher: Essays Translated from the French and German,* trans. Timothy J. Armstrong(New York, NY: Routledge, 1992), 159~168; Giorgio Agamben, *"What Is An Apparaus" and Other Essays*, trans. David Kishik and Stefan Pedatella(Stanford, CA: Stanford University Press, 2009). 국역본 『장치란 무엇인가? 장치학을 위한 서론』, 양창렬 옮김, 난장, 2010.

17 Franco 'Bifo' Berardi, *The Soul at Work: From Alienation to Autonomy*, trans. Jason

E. Smith(Cambridge, MA: MIT Press, 2009), 193.

18 Berardi, *After the Future,* eds. Gary Genosko and Nicholas Thoburn(Oakland, CA: AK Press, 2011), 141.

19 Deleuze, "Postscripts on the Society of Control," 5.

20 Maurizio Lazzarato, *Signs and Machines: Capitalism and the Production of Subjectivity*, trans. Joshua David Jordan(New York: Semiotext(e), 2014), 26. 국역본 『기호와 기계』, 신병현 · 심성보 옮김, 갈무리, 2017, 35~36쪽, 번역 일부 수정.

21 Ibid., 37(국역본 52쪽, 번역 일부 수정).

22 Tiziana Terranova, "Red Stack Attack!: Algorithms, Capital and the Automation of the Common," in *#Accelerate: The Accelerationist Reader*, eds. Robin Mackay and Armen Avanessian(Falmouth, UK: Urbanomic, 2014), 381.

23 Berardi, *After the Future*, 129~130.

24 이와 같은 관점을 보이는 연구로는 다음을 참조. Nick Dyer-Witherford, Atle Mikkola Kjøsen and James Steinhoff, *Inhuman Power: Artificial Intelligence and the Future of Capitalism*(London: Pluto Press, 2019).

25 Galloway, *The Interface Effect*, 54.

26 Seb Franklin, *Digitality as Cultural Logic*(Cambridge. MA: MIT Press, 2015), xix.

27 Nicholas Negroponte, *Being Digital*(London: Hodder and Stoughton, 1995), 71. 국역본 『디지털이다』, 백욱인 옮김, 커뮤니케이션북스, 1999.

28 Ibid., 11.

29 Lev Manovich, *The Language of New Media*(Cambridge, MA: MIT Press, 2001), 45~114. 국역본 『뉴 미디어의 언어』, 서정신 옮김, 커뮤니케이션북스, 2014.

30 Jay David Bolter and Richard Grusin, *Remediation: Understanding New Media*(Cambridge, MA: MIT Press, 2000). 국역본 『재매개』, 이재현 옮김, 커뮤니케이션북스, 2006.

31 Manovich, *Software Takes Command*(New York: Bloomsbury, 2013). 국역본 『소프트웨어가 명령한다』, 이재현 옮김, 커뮤니케이션북스, 2014.

32 Galloway, *The Interface Effect*. 22.

33 빅토르 마이어-쇤버거, 케네스 쿠키어, 『빅데이터가 만드는 세상』, 이지연 옮김, 21세기북스, 2013, 157쪽.

34 Steven Shaviro, *The Universe of Things: On Speculative Realism*(Minneapolis, MN: University of Minnesota Press, 2014), 43. 국역본 『사물들의 우주』, 안호성 옮김, 갈무리, 2021.

35 즉, 이는 상업과 정부 기관의 관점에서 볼 때 특정 주체보다는 '인구 전체 수준(population-level)'에서 수행되는 데이터 포착으로의 전환을 말한다(Mark Andrejevic, *Infoglut: How Too Much Information Is Changing the Way We Think and Know*[New York: Routledge, 2013], 75).

36 Rob Kitchin, "Big Data, New Epistemologies and Paradigm Shifts," *Big Data &*

Society, Apr−Jun 2014, DOI: 10.1177/2053951714528481.

37 Luca Clissa, "How Big Is Big Data in 2021?", Mar 2, 2022, https://towardsdatascience. com/how−big−are−big−data−in−2021−6dc09aff5ced.

38 Kitchin, *The Data Revolution: Big Data, Open Data, Data Infrastucture and Their Consequences*(London: Sage, 2014), chapter 4.

39 Louise Amoore and Volha Piotukh, "Life beyond big data: Governing with little analytics," *Economics and Society* 44.3(2015): 345.

40 danah boyd and Kate Crawford, "CRITICAL QUESTIONS FOR BIG DATA: Provocations for a cultural, technological, and scholarly phenomenon," *Information, Communication & Society* 15.5(2012): 663.

41 Ganaele Langlois, Joanna Redden, and Greg Elmer, "Introduction: Compromised Data—From Social Media to Big Data," in *Compromised Data: From Social Media to Big Data,* eds. Ganaele Langlois, Joanna Redden, and Greg Elmer(New York: Bloomsbury, 2015), 7.

42 Lazzarato, *Signs and Machines*, 88(국역본 128쪽, 번역 일부 수정).

43 Jonathan Beller, *The Message is Murder: Substrates of Computational Capital*(London: Pluto Press, 2018), 82.

44 Deborah Lupton, *The Quantified Self*(London: Polity, 2020); Phoebe V. Moore, *The Quantified Self in Precarity: Work, Technology and What Counts*(New York: Routledge, 2018).

45 Lupton, *The Quantified Self*, 102.

46 Lupton, *Data Selves: More-Than-Human Perspectives*(London: Sage, 2020), 6. '살아 있는 데이터'의 가장 대표적인 사례이자 생체측정 기술이 상대적으로 자발적으로 활용되면서도 주체의 생명과 삶을 재구성하는 기법인 자기기록(self-tracking)에 대한 입문적 논의는 다음을 참조. 김상민, 『디지털 자기기록의 문화와 기술』, 커뮤니케이션북스, 2016.

47 Thomas H. Cormen, Charles E. Leiserson, Ronald L. Rivest, and Clifford Stein, *Introduction to Algorithms*, 3rd ed.(Cambridge, MA: MIT Press, 2009), 5.

48 Adrian Mackenzie, "The Production of Prediction: What Does Machine Learning Want?", *European Journal of Cultural Studies* 18.4/5(2015): 432.

49 Bucher, *If... Then*, 39.

50 Chris Bleakley, *Poems That Solve Puzzles: The History and Science of Algorithms*(New York: Oxford University Press, 2020), 7.

51 Panos Luridas, *Algorithms*(Cambridge, MA: MIT Press, 2020). 19.

52 Nick Seaver, "Knowing Algorithm," DigitalSTS(2019): 419, https://digitalsts.net/ wp−content/uploads/2019/03/26_Knowing−Algorithms.pdf.

53 Tarleton Gillespie, "Algorithm," in *Digital Keywords: A Vocabulary of Information Society and Culture*, ed. Benjamin Peters(Princeton, NJ: Princeton University Press,

2016), 19.

54 Ibid., 22.

55 John Cherney-Lippold, *We Are Data: Algorithms and the Making of Our Digital Selves*(New York: NYU Press, 2017). 국역본 『우리는 데이터다』, 배현석 옮김, 한울, 2021.

56 Louise Amoore and Volha Piotukh(eds.), *Algorithmic Life: Calculative Devices in the Age of Big Data*(New York: Routledge, 2016).

57 Ted Striphas, "Algorithmic Culture," *European Journal of Cultural Studies* 18.4/5(2015): 395~412.

58 Cherney-Lippold, *We Are Data*, 32.

59 Ibid., 80.

60 Striphas, "Algorithmic Culture," 409.

61 Ed Finn, *What Algorithms Want: Imagination in the Age of Computing*(Cambridge, MA: MIT Press, 2017), 34. 국역본 『알고리즘이 욕망하는 것들』, 이로운 옮김, 한빛미디어, 2019, 62쪽, 번역 일부 수정.

62 Akos Lada, Meihong Wang, and Tak Yan, "How machine learning powers Facebook's News Feed ranking algorithm," https://engineering.fb.com/2021/01/26/ml-applications/news-feed-ranking.

63 시각 영역에서 적대적 생성 신경망과 관련된 많은 기술적 논문들이 있지만 서로 다른 신경망의 원리를 설명한 국내 연구로는 다음을 참조. 박평종, 「인공지능 기반 이미지 생성 알고리듬과 사진」, 『미학예술학연구』 62집(2021): 198~222쪽.

64 Sébastien Bubeck et al., "Sparks of Artical General Intelligence: Early experiments with GPT-4"(2023), https://arxiv.org/abs/2303.12712v5.

65 Justin Joque, *Revolutionary Mathematics: Artificial Intelligence, Statistics and the Logic of Capitalism*(New York: Verso, 2021). 45. 국역본 『혁명을 위한 수학』, 고유경 옮김, 장미와동백, 2002, 67쪽.

66 Jenna Burrell, "How the machine 'thinks': Understanding opacity in machine learning algorithms," *Big Data & Society*, Jan-Jun 2016, DOI: 10.1177/2053951715622512.

67 Peter Domingos, "A Few Useful Things to Know About Machine Learning," *Communications of the ACM* 55.10(2012): 79.

68 Yann LeCun, Yoshua Bengio, Geoffrey Hinton, "Deep Learning," *Nature* 521(May 2015): 436.

69 Matteo Pasquinelli, "How a Machine Learns and Fails: A Grammar of Error For Artificial Intelligence," *Spheres: Journal for Digital Culture* 5(2019): 13.

70 Ibid., 11.

71 Matteo Pasquinelli and Vladan Joler, "The Nooscope Manifested: Artificial Intelligence as Instrument of Knowledge Extractivism," *AI & Society* 36(2021): 1273.

72 Adrian Mackenzie, *Machine Learners: Archaeology of a Data Practice*(Cambridge,

MA: MIT Press, 2017), 80.

73 Joque, *Revolutionary Mathematics*, 140(국역본 226쪽, 번역 일부 수정).

74 Fenwick McKelvey and Joshua Neves, "Introduction: optimization and its discontents," *Review of Communication* 21.2(2021): 104.

75 Chun, *Programmed Visions*, 19.

76 Ibid., 49~54.

77 Anne Helmond, "The Platformization of the Web: Making Web Data Platform Ready," *Social Media + Society* 1.2(2015), https://doi.org/10.1177/2056305115603080.

78 Tarleton Gillespie, "The Politics of 'Platforms'", *New Media & Society* 12.3(2010): 350.

79 Nick Srnicek, *Platform Capitalism*(London: Polity, 2016), 46~47. 국역본 『플랫폼 자본주의』, 심성보 옮김, 킹콩북, 2020, 53쪽, 번역 일부 수정.

80 이광석, 「자본주의 종착역으로서 '플랫폼 자본주의'에 관한 비판적 소묘」, 《문화과학》 92호(2017), 33~34쪽.

81 Srnicek, *Platform Capitalism*, 88(국역본 91쪽).

82 Ibid., 95(국역본 105쪽).

83 van Dijck, *The Culture of Connectivity*, 28~29.

84 José van Dijck, Thomas Poell, Martijn de Waal, *The Platform Society: Public Values in a Connected World*(New York: Oxford University Press, 2018), 34.

85 Ibid.

86 van Dijck, *The Culture of Connectivity*, 31.

87 Yuanbo Qiu, "The Openness of Open Application Programming Interfaces," *Information, Society & Culture* 20.11(2017): 1720.

88 Anne Helmond et al., "API Governance: The Case of Facebook's Evolution," *Social Media + Society*, Apr-Jun 2022, https://doi.org/10.1177/20563051221086228.

89 Robert Bodle, "Regimes of Sharing: Open APIs, Interoperatability, and Facebook," *Information, Communication & Society*, 14.3(2011): 332.

90 Bucher, "Objects of Intense Feeling: The Case of Twitter APIs," *Computational Culture* 3(2013), http://computationalculture.net/objects-of-intense-feeling-the-case-of-the-twitter-api.

91 David B. Nieborg and Anne Helmond, "The political economy of Facebook's platformization in the mobile ecosystem: Facebook Messenger as a platform instance," *Media, Culture & Society* 41.2(2019): 202.

92 van Dijck, *The Culture of Connectivity*, 65.

93 Qiu, "The openness of Open Application Programming Interfaces," 1730.

94 Helmond et al., "API Governance."

95 Anja Beckmann, "Internet profiling: The economy of data intraoperability on Facebook and Google," *MedieKultur* 55(2013): 76~82.

96 Bodle, "Regimes of Sharing," 321.

97 Johan Ugander et al., "The Anatomy of the Facebook Social Graph"(2011), https://arxiv.org/abs/1111.4503.

98 Jeff Dunne, "Introducing FBLearner Flow: Facebook's AI backbone," May 9, 2016, https://engineering.fb.com/2016/05/09/core-data/introducing-fblearner-flow-facebook-s-ai-backbone.

99 Mackenzie, "From API to AI: platforms and their opacities," *Information, Communication & Society*, 22.13(2019): 1990.

100 Hui, *On the Existence of Digital Objects*(Minneapolis, MN: University of Minnesota Press, 2016), 50. 국역본 『디지털적 대상의 존재에 대하여』, 조형준, 이철규, 임완철 옮김, 새물결, 2021, 125쪽, 번역 일부 수정.

101 Ibid., 52(국역본 129쪽, 번역 일부 수정).

102 Ibid., 72(국역본 160쪽, 번역 일부 수정).

103 ibid., 161(국역본 302쪽, 번역 일부 수정).

104 Ibid., 170(국역본 316쪽, 번역 일부 수정).

105 이들의 비평적 작업은 학술지 논문 이외에도 다음의 웹사이트로도 공개되었다. Kate Crawford and Vladan Joler, "Anatomy of an AI System"(2018), https://anatomyof.ai/; Joler and Pasquinelli, "The Nooscope Manifested," https://nooscope.ai/(국역본 「누스코프: 지식추출주의 도구로서의 AI」, .https://13thgwangjubiennale.org/ko/pasquinelli-joler/?fbclid=IwAR2qs-iYgBCFMNh934Ppkhv-_1tzmCBYZzRfPSLQCuOG017U2umiqlvBLTE); Joler, "New Extractivism: An Assemblage of Concepts and Allegories"(2020), https://extractivism.online.

106 Joler, "New Extractivism."

107 Kate Crawford, *Atlas of AI: Power, Politics, and the Planetary Costs of Artifical Intelligence*(New Haven, CT: Yale University Press, 2021), 69. 국역본 『AI 지도책』, 노승영 옮김, 소소의책, 2022, 85쪽.

108 Joler, "New Extractivism." 또한 *Atlas of AI*, chapter 2(국역본 67~106쪽)도 참조.

109 Mackenzie, "From API to AI," 2003.

110 Joler and Pasquinelli, "The Nooscope Manifested."

111 Crawford, *Atlas of AI*, 59(국역본 73쪽).

112 Joler, "New Extractivism."

113 Joler and Pasquinelli, "The Nooscope Manifested."

114 Alexander Campolo and Kate Crawford, "Enchanted Determinism: Power without Responsibility in Artificial Intelligence," *Engaging Science, Technology, and Society* 6(2020), 1~19.

6장

1 Crawford and Joler, "Anatomy of an AI System."

2 Ian Bogost, "The Age of Social Media Is Ending," *The Atlantic*, November 12, 2022, https://www.theatlantic.com/technology/archive/2022/11/twitter-facebook-social-media-decline/672074.

3 예를 들어 다음을 참조. Eli Pariser, *The Filter Bubble: How the New Personalized Web Is Changing What We Read and How We Think*(New York: Penguin Books, 2011). 국역본『생각 조종자들』, 이현숙, 이정태 옮김, 알키, 2011; Siva Vaidhyanathan, *Antisocial Media: How Facebook Disconnects Us and Undermines Democracy*(New York: Oxford University Press, 2018). 국역본『페이스북은 어떻게 우리를 단절시키고 민주주의를 훼손하는가』, 홍권희 옮김, 아라크네, 2020.

4 Harold Innis, *The Bias of Communication*(Toronto: University of Toronto Press, 1964/1951). 국역본『커뮤니케이션 편향』, 이호규 옮김, 커뮤니케이션북스, 2018.

5 Andrejevic, *Automated Media*(New York: Routledge, 2020), 26. 국역본『미디어 알고리즘의 욕망』, 이희은 옮김, 컬처룩, 2021, 62쪽.

6 Ibid., 148(국역본 296~297쪽, 번역 일부 수정).

7 Geoffrey C. Bowker and Susan Leigh Star, *Sorting Things Out: Classification and Its Consequences*(Cambridge, MA: MIT Press, 2000). 국역본『사물의 분류』, 주은우 옮김, 현실문화, 2005.

8 AI의 이 두 패러다임에 대한 유용한 설명으로는 다음을 참조. H. R. Ekbia, *Artificial Dreams: The Quest for Non-Biological Intelligence*(Cambridge, UK: Cambridge University Press, 2008).

9 Joque, *Revolutionary Mathematics*, 50(국역본 75쪽, 번역 일부 수정).

10 John D. Kelleher, *Deep Learning*(Cambridge. MA: MIT Press, 2019), 19.

11 Jonathan Roberge and Michael Castelle, "Toward an End-to-End Sociology of 21st-Century Machine Learning," in *The Cultural Life of Machine Learning An Incursion into Critical AI Studies*, eds. Jonathan Roberge and Michael Castelle(Cham, Switzerland: Palgrave Macmillan, 2021), 7.

12 Kelleher, *Deep Learning*, 33~34.

13 boyd and Crawford, "CRITICAL QUESTIONS FOR BIG DATA."

14 Andrejevic, *Infoglut*, 286.

15 Andrejevic, *Automated Media*, 30(국역본 81쪽).

16 Ibid., 31~32.(국역본 84쪽, 번역 일부 수정).

17 Ian Hacking, *The Taming of Chance*(Cambridge, UK: Cambridge University Press, 1990), 3. 국역본『우연을 길들이다』, 정혜경 옮김, 바다, 2012.

18 Hui, "Algorithmic Catastrophe: A Revenge of Contingency," *Parrhesia* 23(2015): 132.

19 자크 데리다의 그라마톨로지 개념에 대한 해석에서 파생된 스티글레르의 그램화 개념과 이에 근거한 미디어의 역사 및 시간 개념의 변화는 다음을 참조. Bernard Stiegler, *Technics and Time 2: Disorientation*, trans. Stephen Barker(Stanford, CA:

Stanford University Press, 2009).

20 이와 같은 과정에 대한 포괄적인 논의는 다음을 참조. Stiegler, *Technics and Time 3: Cinematic Time and the Question of Malaise*, trans. Stephen Barker(Stanford, CA: Stanford University Press, 2011).

21 Stiegler, "The Proletarianization of Sensibility," *Boundary 2* 44.1(2017): 6.

22 Stiegler, *Automatic Society Vol. 1: The Future of Work*, trans. Daniel Ross(London: Polity, 2016), 60. 국역본 『자동화사회 1: 알고리듬 인문학과 노동의 미래』, 김지현, 박성우, 조형준 옮김, 새물결, 2019, 196쪽, 강조는 원저자. 이 책의 주요 개념 및 주장에 대한 스티글레르 자신의 간결한 요약은 다음을 참조. Stiegler, "Automatic society, Londres février 2015," *Journal of Visual Art Practice* 15.2/3(2016): 192~203.

23 Ibid., 32(국역본 135~137쪽, 강조는 원저자, 번역 일부 수정).

24 Jameson, *Postmodernism, or the Cultural Logic of Late Capitalism*; Richard Dienst, *Still Life in Real Time: Theory after Television*(Durham, NC: Duke University Press, 1994).

25 Jameson, "The End of Temporality," *Critical Inquiry* 23(2003): 78.

26 Jonathan Crary, *24/7: Late Capitalism and the Ends of Sleep*(New York: Verso, 2013, 40). 국역본 『24/7 잠의 종말』, 김성호 옮김, 문학동네, 2014, 57쪽, 번역 일부 수정.

27 Ibid. 44(국역본 63쪽).

28 Andrejevic, *Automated Media*, 77(국역본 155~156쪽, 번역 일부 수정).

29 Grusin, *Premediation: Affect and Mediality after 9/11*(New York: Palgrave Macmillan, 2010), 46.

30 David Lyon, "Surveillance, Snowden, and Big Data: Capacities, Consequences, Critique," *Big Data & Society* 1.2(2014), https://doi.org/10.1177/2053951714541861.

31 George Leopold, "CIA Embraces Cloudrea Data Hub," February 16, 2015, https://www.enterpriseai.news/2015/02/26/cia-embraces-cloudera-data-hub.

32 Recorded Future, "White Paper: The Security Intelligence Graph," https://go.recordedfuture.com/hubfs/white-papers/security-intelligence-graph.pdf.

33 Hansen, *Feed-forward*, 212.

34 Ibid., 221.

35 Sun Ha Hong, "Predictions without Futures," *History and Theory* 61.3(2022): 381.

36 Ibid.

37 Hui, "Problems of Temporality in the Digital Era," in *Media Infrastructures and the Politics of Digital Time: Essays on Hardwired Temporalities*, eds. Axel Volmar and Kyle Stine(Amsterdam: Amsterdam University Press, 2021), 80.

38 Ibid.

39 Wolfgang Ernst, "Existing in Discrete States: On the Techno-Aesthetics of

Algorithmic Being-in-Time," *Theory, Culture & Society* 38.7/8(2021): 26.

40　Ibid.

41　Crawford, *Atlas of AI*, 78~79(국역본 96~97쪽). 스패너에 대한 보다 상세한 분석은 다음을 참조. Brian House, "Synchronising Uncertainty: Google's Spanner and Cartographic Time," in *Executing Practices*, eds. Helen Pritchard, Eric Snodgrass, and Magda Tyżlik-Carver(Ann Arbor, MI: Open Humanities Press, 2018), 117~126.

42　Ibid., 82(국역본 99쪽, 번역 일부 수정).

43　Antoinette Rouvroy and Thomas Berns, "Algorithmic Governmentality and Prospects for Emancipation," *Réseaux* 2013/1(No. 177): 167. 알고리듬적 통치성에 관한 국내의 연구로는 다음을 참조. 김홍중, 「플랫폼의 사회이론: 플랫폼 자본주의와 알고리듬 통치성을 중심으로」, 《사회와 이론》 41호(2022), 7~48쪽.

44　Stiegler, *Automatic Society*, 110(국역본 298쪽).

45　Rouvroy and Bern, "Algorithmic Governmentality," 168.

46　Ibid., 169.

47　Ibid., 170.

48　Rouvroy, "The End(s) of Critique: Data-behaviourism vs. Due-process," in *Privacy, Due Process and the Computational Turn: The Philosophy of Law Meets the Philosophy of Technology*, eds. Mireille Hildebrandt and Katja De Vries(New York: Routledge, 2013), 145.

49　Rouvroy and Stiegler, "The Digital Regime of Truth: From the Algorithmic Governmentality to a New Rule of Law," *LA DELEUZIANA: ONLINE JOURNAL OF PHILOSOPHY* 3(2016): 15.

50　Rouvroy, "Algorithmic Governmentality," 171.

51　Ibid.

52　Kate Crawford and Tervor Paglen, "Excavating AI: The Politics of Images in Machine Learning Training Sets," *AI & Society* 36(2021): 1105~1116. 이 논문은 출간보다 앞선 2019년 공개된 다음 웹사이트에서도 볼 수 있다(https://excavating.ai).

53　Crawford, *Atlas of AI*, 98(국역본 117쪽, 번역 일부 수정).

54　이 두 개발 동기는 다음을 참조. https://www.image-net.org/about.php.

55　Crawford, *Atlas of AI*, 144~147(국역본 172~176쪽).

56　Ibid., 143(국역본 172쪽).

57　Ibid., 114(국역본 137쪽).

58　Chun, *Discriminating Data*, 16.

59　Ibid., 6.

60　Ibid., 66.

61　Michal Kosinski, David Stillwell, and Thore Graepel, "Private Traits and Attributes Are Predictable from Digital Records of Human Behavior," *Proceedings of the National Academy of Sciences* 110.15(2013): 5802~5805.

62 Ibid., 5805.

63 Vaidhyanathan, *Antisocial Media*, 154(국역본 213쪽).

64 코진스키가 인간의 성적 지향성을 예측하기 위해 심층 신경망을 활용하여 수행한 후속 연구는 우생학의 차별적인 인식론을 보다 분명히 보여준다. Michal Kosinski and Yilun Wang, "Deep Neural Networks Are More Accurate Than Humans at Detecting Sexual Orientation From Facial Images," *Journal of Personality and Social Psychology* 114.2(2018): 246~257.

65 Chun, *Discriminating Data*, 52.

66 이 연구는 다음을 참조. Paul Lazasfeld and Robert K. Merton "Friendship as Social Process: A Substantive and Methodological Analysis," in *Freedom and Control in Modern Society*, eds. Morroe Berger, Theodore Abel, and Charles Page(New York: Van Nostrand, 1954), 18~66.

67 Chun, *Discriminating Data*, 95.

68 Ibid., 158.

69 이와 같은 기법은 1990년대 후반에 개발되었다. 마이크로소프트사 연구진의 다음 연구를 참조. John S. Breese, David Heckerman, and Carl Kadie, "Empirical Analysis of Predictive Algorithms for Collaborative Filtering," *Proceedings of the 14th Conference on Uncertainty in Artificial Intelligence*(1998): 43~52.

70 Chun, *Discriminating Data*, 159.

71 이에 대해서는 다음을 참조. Matthew Hinman, "How Cambridge Analytica's Facebook targeting model really worked – according to the person who built it," *The Conversation*, March 30, 2018, https://theconversation.com/how-cambridge-analyticas-facebook-targeting-model-really-worked-according-to-the-person-who-built-it-94078; Elizabeth Gibney, "The scant science behind Cambridge Analytica's controversial marketing techniques," *Nature*, March 29, 2018, https://www.nature.com/articles/d41586-018-03880-4.

72 Chun, *Discriminating Data*, 165.

73 Roberge and Castelle, "Toward an End-to-End Sociology of 21st-Century Machine Learning," 6.

74 Crawford, *Atlas of AI*, 114(국역본 136쪽).

75 Andrejevic, *Automated Media*, 117(국역본 237쪽).

76 Ibid., 104(국역본 216쪽, 번역 일부 수정).

77 Tung-Hui Hu, *A Prehistory of the Cloud*(Cambridge, MA: MIT PRess, 2015), xxvi.

78 Ibid., xix.

79 van Dijck, "Datafication, Dataism and Dataveillance: Big Data between Scientific Paradigm and Ideology," *Surveillance and Society* 12.2(2014): 205.

80 Philip E. Agre, "Two Models of Privacy"(1994), in *The New Media Reader*, eds. Noah Wardrip-Fruin and Nick Montfort(Cambridge, MA: MIT Press, 2003), 745.

81 Vaidhyanathan, *Antisocial Media*, 67(국역본 105~106쪽, 번역 일부 수정).

82 Frank Pasquale, *The Black Box Society: The Secret Algorithms That Control Money and Information*(Cambridge. MA: Harvard University Press, 2015. 6. 국역본 『블랙박스 사회』, 이시은 옮김, 안티고네, 2016, 15~16쪽.

83 Mike Annany, "The Curious Connection Between Apps for Gay Men and Sex Offenders," *The Atlantic*, April 15, 2011, https://www.theatlantic.com/technology/archive/2011/04/the-curious-connection-between-apps-for-gay-men-and-sex-offenders/237340.

84 Seaver, "Knowing Algorithms," 417.

85 Noble, *Algorithms of Oppression*, 10.

86 Burrell, "How the machine 'thinks'".

87 Shane Denson, *Discorrelated Images*(Durham, NC: Duke University Press, 2021), 22.

88 Ibid., 89.

89 Pasquinelli, "Anomaly Detection: The Mathematization of the Abnormal in the Metadata Society," catalogue essay for Transmediale 2015, https://www.academia.edu/10369819/Anomaly_Detection_The_Mathematization_of_the_Abnormal_in_the_Metadata_Society.

90 Bthihaj Ajana, *Governing through Biometrics: The Bopolitics of Identity*(New York: Palgrave Macmillan, 2013), 45. 이와 관련하여 다음 연구도 함께 읽을 수 있다. David Beer, *Metric Power*(New York: Palgrave Macmillan, 2016).

91 Hansen, *Feed-Forward*, 24.

92 Galloway, *Protocol: How Control Exists after Decentralization*(Cambridge, MA: MIT Press, 2004); Tiziana Terranova, *Network Culture: Politics for the Information Age*(London: Pluto Press, 2004); Anna Munster, *An Aesthesia of Networks: Conjunctive Experience in Art and Technology*(Cambridge. MA: MIT Press, 2013).

93 Galloway and Thacker, *The Exploit*, 32.

94 Bratton, *The Stack*, xviii.

95 Bucher, "Want to Be on the Top?: Algorithmic Power and the Threat of Invisibility," *New Media & Society* 14.7(2012): 1171.

96 Scott Lash, "Power after Hegemony: Cultural Studies in Mutation?", *Theory, Culture & Society* 24.3(2007): 71.

97 Beer, "Power through the Algorithm?: Participatory Web Cultures and the Technological Unconscious," *New Media & Society* 11.6(2009): 996.

98 Chun, *Control and Freedom: Power and Paranoia in the Age of Fiber Optics*(Cambridge, MA: MIT Press, 2006).

99 Chun, *Updating to Remain the Same*, 54.

100 Galloway, "The Poverty of Philosophy: Realism and Post-Fordism," *Critical Inquiry* 39(2013): 358.

101 Ibid., 361.

102 Norbert Wiener, *Cybernetics, or Control and Communication in the Animal and the Machine*, 2nd edition[Cambridge, MA: MIT Press, 1961(1948)], xiii. 국역본 『사이버네틱스: 동물과 기계의 제어와 커뮤니케이션』, 김재영 옮김, 읻다, 2023.

103 Luciana Parisi, "Recursive Philosophy and Negative Machines," *Critical Inquiry* 48.2(2022): 323~324.

104 Bernard Dionysius Geoghegan, "An Ecology of Operations: Vigilance, Radar, and the Birth of the Computer Screen," *Representations* 147(2019): 59.

105 Ibid., 60.

106 Chun, *Discriminating Data*, 2.

107 Louise Amoore, *Cloud Ethics: Algorithms and the Attributes of Ourselves and Others*(Durham, NC: Duke University Press, 2020), 71.

108 Crawford and Annany, "Seeing without Knowing: Limitations of the Transparency Ideal and Its Application to Algorithmic Accountability," *New Media & Society* 20.3(2018): 974.

109 Crawford and Joler, "Anatomy of an AI System."

110 Crawford, *Atlas of AI*, 18~19(국역본 29쪽, 번역 일부 수정).

7장

1 Trevor Paglen, "Overhead: New Photos of the NSA and Other Top Intelligence Agencies Revealed," February 10, 2014, https://creativetimereports.org/2014/02/10/overhead-new-photos-of-the-nsa-and-other-top-intelligence-agencies-revealed-trevor-paglen/?utm_source=Creative+Time+Reports&utm_campaign=2d4d41c04a-CTRNewsletter_13_2014_02_192_19_2014&utm_medium=email&utm_term=0_c48e761beb-2d4d41c04a-70201753.

2 패글렌의 '보는 기계' 개념은 이 책의 9장을 참조.

3 Paglen, "Overhead".

4 다음에서 인용. Catherine Chapman, "The Surveillance Artist Turning Landscape Photography Inside Out," *Vice*, September 1, 2016, https://www.vice.com/en/article/nz4pg8/trevor-paglen-landscape-photography-machine-vision.

5 Hal Foster, "Real Fictions: Alternatives to Alternative Facts," *Artforum*, April 2017, https://www.artforum.com/print/201704/real-fictions-alternatives-to-alternative-facts-67192.

6 Hu, *A Prehistory of the Cloud*.

7 Jean-Chrisophe Plantin and Aswin Punathambekar, "Digital media infrastructures:

pipes, platforms, and politics," *Media, Culture & Society* 41.2(2019): 166.

8   Bowker and Star, *Sorting Things Out*, 319, 289.

9   Susan Leigh Star, "The Ethnography of Infrastructure," *American Behavioral Scientist* 43(1999): 381.

10 Ibid., 382.

11 Brian Larkin, "The Poetics and Politics of Infrastructure," *Annual Review of Anthropology* 24(2013): 329.

12 Edwards, "Infrastructure and Modernity: Force, Time, and Social Organization in the History of Sociotechnical Systems," in *Modernity and Technology*, eds. Thomas J. Misa, Philip Brey, and Andrew Feenberg(Cambridge, MA: MIT Press, 2003), 186.

13 Ibid., 189.

14 이와 같은 분리는 라투르가 '근대인의 합의(modernist settlement)'라 말했던 것이다. 이에 대해서는 다음을 참조. *Pandora's Hope*, 13~14.

15 Ibid., 219~221.

16 Peters, "Infrastructuralism: Media as Traffic between Nature and Culture," in *Traffic: Media as Infrastructures and Cultural Practices*, eds. Marion Näser-Lather and Christoph Neubert(Boston, MA: Brill/Rodopi, 2015). 46.

17 Ibid. 또한 『자연과 미디어』 64쪽도 참조.

18 히토 슈타이얼, 「데이터의 바다: 아포페니아와 패턴 (오)인식」, 『면세 미술: 지구 내전 시대의 미술』, 문혜진, 김홍기 옮김, 워크룸프레스, 55~73쪽.

19 Crawford, *Atlas of AI*, 48~49(국역본 62쪽).

20 Peters, "Infrastructuralism," 32.

21 Peters, *The Marvelous Clouds*, 37(국역본 70쪽, 번역 일부 수정).

22 Neil Postman, *Technopoly: The Surrender of Culture to Technology*(New York: Vintage, 1993), 18. 국역본 『테크노폴리: 기술에 정복당한 오늘의 문화』, 김균 옮김, 민음사, 2001.

23 이 세 가지 테제의 요약은 다음을 참조. Heise, "Unnatural Ecologies: The Metaphor of the Environment in Media Theory," *Configurations* 10.1(2002): 195.

24 Lisa Parks and Nicole Starosiekski, "Introduction," in *Signal Traffic: Critical Studies of Media Infrastructures*, eds. Lisa Parks and Nicole Starosieksli(Urbana, IL: University of Illinois Press, 2015), 1.

25 Parks, *Cultures in Orbit: Satellites and the Televisual*(Durham, NC: Duke University Press, 2015).

26 Parks, "Earth Observation and Signal Territories: Studying U.S. Broadcast Infrastructure through Historical Network Maps, Google Earth, and Fieldwork," *Canadian Journal of Communication* 38(2013): 285~307.

27 Starosielski, *The Undersea Network*(Durham, NC: Duke University Press, 2015), 11.

28 Parks, ""Stuff You Can Kick": Toward a Theory of Media Infrastructure," in

Between Humanities and the Digital, eds. David Theo Goldberg and Patrik Svensson(Cambridge, MA: MIT Press, 2015), 355.

29 Ibid.

30 Ibid., 370.

31 Ibid., 356.

32 Hu, *A Prehistory of the Cloud*, x.

33 Ibid., xii.

34 Bratton, *The Stack*, 115~116.

35 이 두 개념에 대해서는 다음을 참조. Jean-Christophe Plantin, Carl Lagoze, Paul N. Edwards, and Christian Sandvig, "Infrastructure studies meet platform studies in the age of Google and Facebook," *New Media & Society* 20.1(2018): 293~310.

36 Carolin Gerlitz, Anne Helmond, David B. Nieborg, and Fernando N. van der Vlist, "Apps and Infrastructures — a Research Agenda," *Computational Culture* 7(2019), http://computationalculture.net/apps-and-infrastructures-a-research-agenda.

37 Bennett, *Vibrant Matter*, 23.

38 Ibid., 24.

39 Parks and Starosielski, "Introduction," 9.

40 Bowker and Star, *Sorting Things Out*, 132.

41 Peters, "Infrastructuralism," 41.

42 Larkin, "Degraded Images, Distorted Sounds: Nigerian Video and the Infrastructure of Piracy," *Public Culture* 16.4(2004): 292.

43 Parks and Starosielski, "Introduction," 12.

44 Stephen Graham and Nigel Thrift, "Out of Order: Understanding Repair and Maintenance," *Theory, Culture & Society* 24.3(2007): 10.

45 Graham, "When Infrastructure Fails," in *Disrupted Cities: When Infrastructure Fails*, ed. Stephen Graham(New York: Routledge, 2010), 10.

46 Rahul Mukherjee, *Radiant Infrastructures: Media, Environment, and Cultures of Uncertainty*(Durham, NC: Duke University Pres, 2020), 24.

47 Ibid. 27.

48 예를 들어 밀양 송전탑 투쟁의 경우 지역 주민들의 투쟁을 '님비' 프레임이나 외부 세력의 '선동' 프레임에 가두는 친기업적 보수 언론, 그리고 이에 대항하여 지역 주민들의 목소리와 연대를 강조하는 액티비즘적 다큐멘터리 실천[예를 들어 박배일이 참여하는 제작집단 오지필름의 〈밀양전〉(2013) 및 〈밀양 아리랑〉(2015)과 같은 작품]이 공존하고 경합한 양상을 생각해볼 수 있다.

49 Koen Leurs and Philipp Seuferling, "Migration and the Deep Time of Media Infrastructures," *Communication, Culture and Critique* 15(2022): 291.

50 Sandro Mezzadra and Brett Neilson, *Border as Method, or the Multiplication of Labor*(Durham, NC: Duke University Press, 2013), 16. 국역본 『방법으로서의 경계』.

남청수 옮김, 갈무리, 2021.

51 Shannon Mattern, "All Eyes on the Border," *Places Journal*, September 2018. https://doi.org/10.22269/180925.

52 Huub Dijstelbloem, *Borders as Infrastructure: The Technopolitics of Border Control*(Cambridge, MA: MIT Press, 2022), 45.

53 Ibid., 13.

54 Noble, *Algorithms of Oppression*; Kelly A. Gates, *Our Biometric Future: Facial Recognition Technology and the Culture of Surveillance*(New York: NYU Press, 2011); Shoshana Amielle Magnet, *When Biometrics Fail: Gender, Race, and the Technology of Identity*(Durham: Duke University Press, 2011).

55 Cherney-Lippold, *We Are Data*.

56 Amoore, "Biometric borders: Governing mobilities in the war on terror," *Political Geography* 25(2006): 337.

57 Matthew Longo, *The Politics of Borders; Sovereignty, Security, and the Citizen after 9/11*(New York: Cambridge University Press, 2018), 224.

58 각 구성 요소의 설명은 다음을 참조. https://www.iborderctrl.eu/Technical-Framework.

59 Lille Chouliaraki and Myria Georgiou, *The Digital Border: Migration, Technology, Power*(New York: NYU Press, 2022), 34.

60 Michelle Murphy, *The Economization of Life*(Durham, NC: Duke University Press, 2017), 84.

61 Claudia Aradau, "Experimentality, Surplus Data and the Politics of Debilitation in Borderzones," *Geopolitics* 27.1(2022): 34.

62 Amoore, "The Deep Border," *Political Geography*, November 2021, https://doi.org/10.1016/j.polgeo.2021.102547.

63 Mezzadra and Neilson, *Border as Method*, 7.

64 Ibid., 206.

65 Anna L. Tsing, "Supply Chains and the Human Condition," *Rethinking Marxism* 19.2(2009): 150.

66 Tsing, *The Mushroom at the End of the World: On the Possibility of Life in Capitalist Ruins*(Princeton, NJ: Princeton University Press, 2015), 64. 국역본 『세계 끝의 버섯』, 노고운 옮김, 현실문화, 2023.

67 Mezzadra and Neilson, "Extraction, Logistics, Finance: Global Crisis and the Politics of Operations," *Radical Philosophy* 178(2013): 14.

68 Mezzadra and Neilson, *Operations of Capital*(Durham, NC: Duke University Press, 2019), 67.

69 여기에는 비물질노동 및 인지자본주의 개념이 시사하듯 산업자본주의 패러다임에서 노동으로 간주되지 않았던 활동, 말하자면 크레리가 '24/7 체제'라고 말할 때 가

리키는 정보와의 지속적인 접속을 위한 활동도 포함된다.

70 Mezzadra and Neilson, *Operations of Capital*, 70.

71 Matthew Hockenberry, Nicole Starosielski, and Susan Zieger, "Introduction: The Logistics of Media," in *Assembly Codes: The Logistics of Media*, eds. Matthew Hockenberry, Nicole Starosielski, and Susan Zieger(Durham, NC: Duke University Press, 2021), 1.

72 SAP의 물류 통합 관리 솔루션에 대한 설명은 다음을 참조. https://www.sap.com/products/scm/supply-chain-logistics.html.

73 스마트 항만의 비전은 다음 비즈니스 보고서를 참조. Andrea Gómez, "Smart ports in smart cities: big data, IoT and AI for sustainable and resilient environments," https://business-reporter.co.uk/technology/smart-ports-in-smart-cities-big-data-iot-and-ai-for-sustainable-and-resilient-environments.

74 이에 대한 상세한 논의는 다음을 참조. Weiquian Lin, "Automated infrastructure: COVID-19 and the shifting geographies of supply chain capitalism," *Progress in Human Geography* 26.2(2022): 463~483.

75 Ned Rossiter, *Software, Infrastructure, Labor: A Media Theory of Logistical Nightmares*(New York: Routledge, 2016), 19.

76 Brett Neilson and Ned Rossiter, "Still Waiting, Still Moving: On Labour, Logistics and Maritime Industries," in *Stillness in a Mobile World*, eds. David Bissell and Gillian Fuller(New York: Routledge, 2010), 78.

77 Rossiter, *Software, Infrastructure, Labor*, 26.

78 Amazon Web Service, "Amazon Fulfillment Center Tour with AWS," January 26, 2021, https://www.youtube.com/watch?v=8nKPC-WmLjU&t=272s.

79 Shannon Bond, "Amazon introduces computer vision into warehouses," *Financial Times*, July 2, 2019, https://www.ft.com/content/ce0a7828-97bd-11e9-8cfb-30c211dcd229.

80 쿠팡 뉴스룸, "인공지능이 만드는 놀라운 혁신, 쿠팡이니까 가능합니다", 2019년 11월 5일, https://www.youtube.com/watch?v=r7bDUYosNRQ&t=28s.

81 Deborah Cowen, *The Deadly Life of Logistics: Mapping Violence in Global Trade*(Minneapolis, MN: University of Minnesota Press, 2014), 111. 국역본 『로지스틱스: 전 지구적 물류의 치명적 폭력과 죽음의 삶』, 권범철 옮김, 갈무리, 2017, 170~171쪽.

82 Ibid., 113(국역본 173쪽).

83 Esther Kaplan, "The Spy Who Fired Me," *Harper's Magazine*, March 2015, https://harpers.org/archive/2015/03/the-spy-who-fired-me.

84 Daniel A. Hanley and Sally Hubbard, "Eyes Everywhere: Amazon's Surveillance Infrastructure and Revitalizing Worker Power"(Washington DC: Open Markets Institute, 2020), http://dx.doi.org/10.2139/ssrn.4089862.

85 Nick Couldry and Ulises A. Mejias, *The Costs of Connection: How Data Is Colonizing Human Life and Appropriating It for Capitalism*(Stanford, CA: Stanford University Press, 2019), 66.

86 Alessandro Delfanti, "Machinic dispossession and augmented despotism: Digital work in an Amazon warehouse," *New Media & Society* 23.1(2021): 46.

87 Annie Zaleski, "We are all 'Amabots' now: Jeff Bezos just perfected the 'burn and churn' philosophy that's sucking American workers dry," *Salon.com*, August 18, 2015, https://www.salon.com/2015/08/18/we_are_all_ambots_now_jeff_bezos_just_perfected_the_burn_and_churn_philosophy_thats_sucking_american_workers_dry.

88 Delfanti, *The Warehouse: Workers and Robots at Amazon*(London: Pluto Press, 2021), 141.

89 Hamid R. Ekbia and Bonnie Nardi, *Heteromation, and Other Stories of Computing and Capitalism*(Cambridge, MA: MIT Press, 2017), 24.

90 Delfanti, "Machinic dispossession and augmented despotism," 48~51.

91 Delfanti, *The Warehouse*, 144.

92 Moritz Altenried, "The platform as factory: Crowdwork and the hidden labour behind artificial intelligence," *Capital & Class* 44.2(2020): 152. 알텐리트의 일련의 연구는 다음 책으로 연장되었다: *The Digital Factory: The Human Labor of Automation*(Chicago, IL: University of Chicago Press, 2022). 국역본 『디지털 팩토리』, 권오성, 오민규 옮김, 숨쉬는책공장, 2023.

93 Ivette Torres and Dan Klooster, "Warehouses, Pollution, and Social Disparities," People's Collective for Environmental Justice, April 2021, https://earthjustice.org/sites/default/files/files/warehouse_research_report_4.15.2021.pdf.

94 Sam Levin, "Amazon's warehouse boom linked to health hazards in America's most polluted region," *Guardian*, April 15, 2021, https://www.theguardian.com/technology/2021/apr/15/amazon-warehouse-boom-inland-empire-pollution.

95 다음에서 인용. Rich Miller, "Google Brings You Its Mighty Data Centers," October 17, 2012, https://www.datacenterknowledge.com/archives/2012/10/17/google-reveals-its-data-centers.

96 Jennifer Holt and Patrick Vonderau, ""Where the Internet Lives": Data Centers as Cloud Infrastructure," in *Signal Traffic*, 74.

97 Stephen Gonzales Monserrate, "The staggering ecological impacts of computation and the cloud," February 14, 2022, https://computing.mit.edu/news/the-staggering-ecological-impacts-of-computation-and-the-cloud.

98 Hui, *A Prehistory of Cloud*, 79.

99 Greenpeace. "How Dirty Is Your Data?" April 20. 2011, http://www.greenpeace.org/international/en/publications/reports/How-dirty-is-your-data.

100   Hui, *A Prehistory of Cloud*, 81.

101   이에 대한 상세한 설명은 다음을 참조. Rossiter, "Imperial Infrastructures and Asia beyond Asia: Data Centres, State Formation and the Territoriality of Logistical Media," *Fibreculture Journal* 29(2017), https://twentynine.fibreculturejournal. org/fcj-220-imperial-infrastructures-and-asia-beyond-asia-data-centres-state-formation-and-the-territoriality-of-logistical-media.

102   Rossiter, *Software, Infrastructure, Labor*, 147.

103   ABC15Arizona, "Data centers consume millions of gallons of Arizona water daily," July 1, 2021, https://www.youtube.com/watch?v=Anu5E4jbnkI.

104   Arman Shehabi et al., "United States Data Center Energy Usage Report," Lawrence Berkeley National Library, 2016, 27~28.

105   다음에서 인용. Michael Copley, "Data Centers, Backbone of the Digital Economy, Face Water Scarcity and Climate Risk," August 30, 2022, https://www.kqed.org/science/1980170/data-centers-backbone-of-the-digital-economy-face-water-scarcity-and-climate-risk.

106   Kathlyn Furlong, "Geographies of infrastructure II: Concrete, cloud and layered (in) visibilities," *Progress in Human Geography* 45.1(2021): 190~198.

107   Starosielski, *Media Hot and Cold*(Durham, NC: Duke University Press, 2021), 18.

108   Hui, *A Prehistory of Clouds*, 89.

109   Monseratte, "The Cloud Is Material: On the Environmental Impacts of Computation and Data Storage," Jan 28, 2022, https://doi.org/10.21428/2c646de5.031d4553.

110   Gabrys, "Powering the Digital: From Energy Ecologies to Electronic Environmentalism," in *Media and the Ecological Crisis*, eds. Richard Maxwell, Jon Raundalen, and Nina Lager Vestberg(New York: Routledge, 2014), 4.

111   Julia Velkova, "Data that warms: Waste heat, infrastructural convergence and the computation traffic commodity," *Big Data & Society*, Jul-Dec 2016, DOI: 10.1177/2053951716684144.

112   Parikka, "New Materialism as Media Theory," 99.

113   Anon, "NUS and NTU launch first-of-its-kind tropical data centre testbed." NUSNews, June 16, 2021, "https://news.nus.edu.sg/nus-and-ntu-launch-first-of-its-kind-tropical-data-centre-testbed.

114   Starosielski, *Media Hot and Cold*, 212.

115   다음에서 인용. Nate Carlisle, "Edward Snowden talks about NSA's Utah Data Center and more in Park City digital address," *The Salt Lake Tribune*, December 7, 2015, https://archive.sltrib.com/article.php?id=3270149&itype=CMSID.

116   Mél Hogan, "Data Flows and Water Woes: The Uta Data Center," *Big Data & Society* 2.2(2015), https://doi.org/10.1177%2F2053951715592429.

117   John Graham-Cumming, "Internet performance during the COVID-19 emergency,"

April 24, 2020, https://blog.cloudflare.com/recent-trends-in-internet-traffic.

118 원격의료 솔루션을 위한 이와 같은 요건에 대해서는 다음을 참조. 정용 외, 『원격의료 실현을 위한 국내 과학기술의 현황과 극복과제』, 한국과학기술한림원, 2021.

119 다음에서 인용. John Edwards, "COVID-19 stresses healthcare data storage resources," *techtarget.com*, September 23, 2020, https://www.techtarget.com/searchstorage/feature/COVID-19-stresses-healthcare-data-storage-resources.

120 Anon, "Data Center Market – 35% of Growth to Originate from North America," May 20, 2022, https://finance.yahoo.com/news/data-center-market-35-growth-083000542.html.

121 Michael Waters, "Energy-hungry data centers are quietly moving into cities," *MIT Technology Review*, June 22, 2022, https://www.technologyreview.com/2022/06/22/1053889/city-server-farms-energy.

122 이와 같은 유형의 도시형 데이터센터에 대한 연구는 다음을 참조. Graham Picken, "'The global assemblage of digital flow': Critical data studies and the infrastructures of computing," *Progress in Human Geography* 42.2(2018): 225~243.

123 Korean Data Center Council, "Korean Data Center Market 2020-2023," May 2020, https://www.digitalcentre.technology/wp-content/uploads/2020/06/KDCC-report.pdf.

124 김지선, 「AI · 클라우드 시대 급부상한 '데이터센터'」, 《전자신문》, 2021년 3월 16일, https://www.etnews.com/20210316000104.

125 한국데이터센터연합회 등 관련 기관들의 보고서를 참조하면 2022년 9월 기준으로 국내에서 이와 같은 요구사항을 충족하는 하이퍼스케일 데이터센터는 없는 것으로 파악된다. 그러나 글로벌 디지털 기반시설 제공 기업인 에퀴닉스코리아는 2022년 3월 하이퍼스케일 전용 엑스스케일(xScale™) 데이터센터 착공 계획을 발표했다.

126 세빌스코리아, 「한국 데이터센터 시장」(2020), https://pdf.savills.asia/asia-pacific-research/korea-research/korea-sub-market-briefing/2020-04-27-q1-korea-dc-(ko)-final.pdf.

127 김지선, 변상근, 「서울 · 수도권 '데이터센터 과밀화'… "전력수급 대책 필요"」, 《전자신문》, 2021년 4월 19일, https://www.etnews.com/20210419000215.

128 다음에서 인용. 김지완, 「"벼락 5번 맞아도…" 판교 NHN 데이터센터 가보니」, 《뉴스핌》, 2020년 1월 22일, https://www.newspim.com/news/view/20200120001447.

129 네이버 데이터센터 버추얼 투어 홈페이지에서 발췌, https://datacenter.ncloud.com/about/2/1.

130 같은 페이지.

131 Hogan, "Big Data Ecologies," *ephemera* 18.3(2018): 633.

132 Ibid., 635.

133 Patrick Brodie, "Climate extraction and supply chains of data," *Media, Culture &*

Society 42.7/8(2020): 1103.

134 박정민, 「네이버 춘천 데이터센터, 그들만의 캐슬」, 《노컷뉴스》 2019년 5월 19일, https://www.nocutnews.co.kr/news/5150834.

135 Hogan, "Facebook Data Storage Centers as the Archive's Underbelly," *Television & New Media* 16.1(2015): 12.

136 Crawford, *Atlas of AI*, 69(국역본 85쪽).

137 Parikka, "Earth Volumes, Operationalized," in *Rare Earth*, eds. Boris Ondreička and Nadim Samman(Berlin: Sternberg Press, 2016), 123.

138 Lauren Berlant, "The Commons: Infrastructure for Troubling Times," *Environment and Planning D: Society and Space* 34.3(2016): 394.

139 Ibid., 399.

140 Berlant, *On the Inconvenience of Other People*(Durham, NC: Duke University Press, 2022), 116.

3부

1 Gilles Deleuze and Félix Guattari, *What Is Philosophy?*, trans. Hugh Tomlinson and Graham Burchell III(New York: Columbia University Press, 1991), 176. 국역본 『철학이란 무엇인가』, 이정임, 윤정임 옮김, 현대미학사, 1999.

2 동시대 미술 영역에서 매체 특정성의 와해와 그 이후의 패러다임에 대한 비판적 검토는 나의 *Between Film, Video, and the Digital: Hybrid Moving Images in the Post-media Age*(New York: Bloomsbury, 2016) 중 서론을 참조.

3 Anja Kanngeiser, "Geopolitics and the Anthropocene: Five Propositions for Sound," *GeoHumanities* 1.1(2015): 81.

8장

1 Ursula Biemann, "Deep Water," *intervalla* 3(2015): 12

2 https://worldofmatter.net.

3 Demos, *Decolonizing Nature: Contemporary Art and the Politics of Ecology*(Berlin: Sternberg Press, 2016), 217.

4 Krista Geneviève Lynes, "Introduction: Planetary Aesthetics," in *World of Matter*, ed. Inke Arns(Berlin: Sternberg Press, 2015), 112.

5 Biemann, "Geochemistry & Other Planetary Perspectives," in *Art in the Anthropocene: Encounters Among Aesthetics, Politics, Environments and Epistemologies*, eds. Heather Davis and Etienne Turpin(London: Open Humanities Press, 2015), 117~118.

6 David Ingram, *Green Screen: Enviornmentalism and Hollywood Cinema*(Exeter: University of Exeter Press, 2000). 10.

7   Paula Willoquet-Maricondi, "Shifting Paradigms: From Environmentalist Films to Ecocinema," in *Framing the World: Explorations in Ecocriticism and Film*, ed. Paula Willoquet-Maricondi(Charlottesville, NC: University of Virginia Press, 2010), 46.

8   MacDonald, "The Ecocinema Experience," in *Ecocinema Theory and Practice*, 20(강조는 원저자).

9   Tiago de Luca, *Planetary Cinema: Film, Media, and the Earth*(Amsterdam: Amsterdam University Press, 2021), 26.

10 Adrian Ivakhiv, *Ecologies of the Moving Image: Cinema, Affect, Nature*(Waterloo, Canada: Wilfrid Laurier University Press, 2013), 9~27.

11 Ivakhiv, "An Ecophilosophy of the Moving Image: Cinema as Anthrobiogeomorphic Machine," in *Ecocinema Theory and Practice*, 92.

12 Biemann, "Geomorphic Video," in *Natura: Environmental Aesthetics after Landscape*, eds. Jens Andermann, Lisa Blackmore, and Dayron Carrillo Morell(Berlin: Diaphanes, 2018), 31.

13 Jennifer Fay, *Inhospitable World: Cinema in the Time of the Anthropocene*(New York: Oxford University Press, 2018), 4.

14 Peter Szendy, *Apocalypse Cinema: 2012 and Other Ends of the World*, trans. Will Bishop(New York: Fordham University Press, 2015), 2.

15 Déborah Danowski and Eduardo Viveiros de Castro, *The Ends of the World*, trans. Rodrigo Guimaraes Nunes(London: Wiley-Blackwell, 2016), 37.

16 Ray Brassier, *Nihil Unbound: Enlightenment and Extinction*(New York: Palgrave Macmillan, 2007), 224.

17 Steven Shaviro, "*Melancholia*, or, the Romantic Anti-sublime," *Sequence* 1.1(2012): 42.

18 Franklin Ginn, "When Horses Won't Eat: Apocalypse and the Anthropocene," *Annals of the Association of American Geographers* 105.2(2015): 356.

19 Elena Gorfinkel, "Exhausted Drift: Austerity, Dispossession and the Politics of Slow in Kelly Reichardt's *Meek's Cutoff*," in *Slow Cinema*, eds. Tiago de Luca and Nuno Barradas Jorge(Edinburgh: Edinburgh University Press, 2016), 129.

20 Danowski and de Castro, *The Ends of the World*, 31.

21 Irmgard Emmelhainz, "Conditions of Visuality Under the Anthropocene and Images of the Anthropocene to Come," *e-flux journal* 63(2015), https://www.e-flux.com/journal/63/60882/conditions-of-visuality-under-the-anthropocene-and-images-of-the-anthropocene-to-come.

22 베닝의 구조적 풍경 영화가 가진 생태학적, 정치적 함의에 대한 연구로는 다음을 참조. Nikolaj Lübecker and Daniele Rugo(eds.), *James Benning's Environments: Politics, Ecology, Duration*(Edinburgh, UK: Edinburgh University Press, 2018).

23 다음에서 인용. Haridas B, "Kiarostami on Making of *Five*," June 18, 2008, https://

www.youtube.com/watch?v=xu9cbCJKLs8&list=WL&index=1&t=169s. 이 영화의 탈-인간중심주의적 제작 시스템 및 미학에 대한 탁월한 분석은 다음을 참조. Justin Remes, "The Sleeping Spectator: Non-human Aesthetics in Abbas Kiarostam's *Five: Dedicated to Ozu*," in *Slow Cinema*, 231~243.

24 Goldsmith, "Theories of the Earth: Surface and Extraction in the Landscape Film," *World Records* 5(2018): 5.

25 Jan Zalasiewicz, *The Earth After Us What Legacy Will Humans Leave in the Rocks?*(New York: Oxford University Press, 2008), 125.

26 de Luca, "The End of the World Viewed, or The Wind in the Things: On Nikolaus Geyrhalter's *Homo Sapiens*," *Discourse* 41.1(2019): 135~136.

27 Patricia Pisters, "Canary in a Coal Mine: Carbon Cinema and Three Ecologies of Energy," *Media Theory* 6.2(2022): 150.

28 Goldsmith, "Theories of the Earth," 8.

29 Sasha Litvintseva, *Geological Filmmaking*(London: Open Humanities Press, 2022), 31.

30 Jean Epstein, *The Intelligence of a Machine*, trans. Christophe Wall-Romana(Minneapolis, MN: Univocal, 2014), 72.

31 Epstein, "The Cinema Seen from Etna"(1926), in *Jean Epstein: Critical Essays and New Translations*, trans. and eds., Sarah Keller and Jason N. Paul(Amsterdam: Amsterdam University Press, 2012), 288~289.

32 Litvintseva, *Geological Filmmaking*, 25.

33 Haraway, "Situated Knowledges: The Science Question in Feminism and the Privilege of Partial Perspective." *Feminist Studies* 14.3(1988): 575~599.

34 Barad, *Meeting the Universe Halfway*, 133.

35 Litvintseva, *Geological Filmmaking*, 54.

36 Ibid., 59.

37 Barad, *Meeting the Universe Halfway*, 148.

38 Litvintseva, *Geological Filmmaking*, 81.

39 Ibid., 73.

40 Ibid., 122.

41 Ibid., 111(강조는 인용자).

42 Parikka, *A Geology of Media*, 131.

43 Ibid., 132.

44 이에 대한 포괄적 설명으로는 다음을 참조. Thomas Elsaesser, "The Essay Film: From Film Festival Favorite to Flexible Commodity Form?," in *Essays on the Essay Film*, eds. Nora M. Alter and Timothy Corrigan(New York: Columbia University Press, 2017), 240~259.

45 Nora M. Alter, *The Essay Film after Fact and Fiction*(New York: Columbia

University Press, 2018), 25.

46 Demos, *Decolonizing Nature*, 251.

47 다음에서 인용. https://www.neroeditions.com/primal-screen-decolonizing-cinematography.

48 de Luca, *Planetary Cinema*, 81.

49 다음에서 인용. https://otolithgroup.org/work/medium-earth.

50 Goldsmith, "Theories of the Earth," 9.

51 다음에서 인용. 정송, 「국립현대미술관이 2021년 주목한 작가, 최찬숙」, 《노블레스닷컴》, 2022년 3월 9일, https://www.noblesse.com/home/news/magazine/detail.php?no=11681.

52 Alaimo, *Bodily Nature: Science, Environment, and the Material Self*(Minneapolis, MN: University of Minnesota Press, 2010), 3.

53 Manuel De Landa, *A Thousand Years of Nonlinear History*(New York: Zone Books, 2000), 26.

54 Parikka, *A Geology of Media*, 103.

55 Demos, *Against the Anthropocene*, 64.

56 이와 같은 감각과 인식은 최찬숙이 이전의 작품 〈Black Air〉(2019)와 관련하여 제시한 자신의 작업에 대한 진술과 공명한다. "이주자가 창조하는 혼종적 정체성은 인간적 세계관 및 비인간적 세계관과 긴밀히 결부된다. 오늘날의 이주는 정착할 수 없이 장소에서 장소로 떠돌고, 공기 중에 부유하며, 정착하고 소유하는 그와 같은 경험을 수반한다. 정신적이고 물리적인 변위, 그리고 이와 같은 변위를 위한 기층으로서의 대지는 포괄적이고 유기적인 방식으로 정의되어야 한다." 다음에서 인용. *Black Air*, exhibition catalogue, Sirene-Goldrausch, 7 November 2020 – 10 January 2021(Berlin, Goldrausch Künstlerinnenprojekt, 2020), unpaginated.

57 Michael Sicinski, "Aether/Ore: Post-Humanism in Deborah Stratman's *Last Things*," *Cinema Scope* 94(Spring 2023): 28.

58 de Landa, *A Thousand Years of Nonlinear History*, 21.

59 Ivakhiv, *Ecologies of the Moving Image*, 74.

9장

1 Marvin Jordan, "Hito Steyerl: Politics of Post-Representation," *DIS Magazine*(2014), online at http://dismagazine.com/disillusioned-2/62143/hito-steyerl-politics-of-post-representation.

2 Sy Tappel, "Google's lens: computational photography and platform capitalism," *Media, Culture & Society* 43.2(2021): 237.

3 Cubitt, *Anecdotal Evidence: Ecocritique from Hollywood to the Mass Image*(New York: Oxford University Press, 2020), 228.

4   Daniel Rubinstein & Katrina Sluis, "Concerning the undecidability of the digital image," *Photographies* 9.1(2013): 156.

5   Joanna Zylinska, *Nonhuman Photography*(Cambridge, MA: MIT Press, 2017).

6   다음을 참조. Epsten, *The Intelligence of a Machine*; Dziga Vertov, *Kino-eye: The Writings of Dziga Vertov*, trans. Kevin O'Brien(Berkeley, CA: University of California Press, 1985); 지크프리트 크라카우어, 『영화의 이론: 물리적 현실의 구원』, 김태환, 이경진 옮김, 문학과지성사, 2024.

7   Paglen, "Seeing Machines," March 13, 2014, https://www.fotomuseum.ch/en/2014/03/13/seeing-machines.

8   Sarah Kember, "Ubiquitous Photography," *Philosophy of Photography* 3.2(2012): 337.

9   Andrew Dewdley, "The Politics of the Networked Image: Representation and Reproduction," in *The Networked Image in Post-digital Culture*, eds. Andrew Dewdney and Katrina Sluis(New York: Routledge, 2023), 24.

10 Anthony McCosker and Rowan Wilken, *Automating Vision: The Social Impact of the New Camera Consciousness*(New York: Routledge, 2020), 3.

11 슈타이얼, 「대리 정치: 신호와 잡음」, 『면세 미술』, 39쪽.

12 위의 글, 47쪽.

13 슈타이얼, 「메디아: 이미지의 자율성」, 『면세 미술』, 82쪽(번역 일부 수정).

14 Gary Marcus, "Sora's Surreal Physics," February 16, 2024, https://garymarcus.substack.com/p/soras-surreal-physics?utm_campaign=post&utm_medium=web&fbclid=IwAR0QuCKnHHbZ6zXIW_5OlSHPNREvYMrRyBqQYJWdT9_pAd_1IaoaS631M30.

15 OpenAI, "Video generation models as world simulators," https://openai.com/research/video-generation-models-as-world-simulators#ref-3-0.

16 슈타이얼, 「자유낙하」, 『스크린의 추방자들』, 33~34쪽.

17 위의 글, 31쪽.

18 이 부분의 인용문은 다음을 참조. Steyerl, "Bubble Vision" Penny Stamps Distinguished Speakers Series, February 15, 2018, https://www.youtube.com/watch?v=T1Qhy0_PCjs.

19 Paglen, "Seeing Machines."

20 슈타이얼, 「데이터의 바다: 아포페니아와 패턴 (오)인식」, 『면세 미술』, 56쪽.

21 슈타이얼, 「메디아」, 83쪽.

22 슈타이얼, 「데이터의 바다」, 65~66쪽.

23 이와 같은 경향의 작가들에 대한 연구로는 나의 *Between Film, Video, and the Digital*, 2장을 참조.

24 Hui, *On the Existence of Digital Objects*, 221~222.

25 Denson, *Discorrelated Images*.

26 슈타이얼, 「사람들을 죽이는 방법: 디자인의 문제」, 『면세 미술』, 23쪽.

27 Ayham Ghraowi, "Dance Dance Rebellion," in *Hito Steyerl: I Will Survive*, eds. Florian Ebner et al. (Leipzig, Germany: Spector Books, 2021), 16.

28 다음에서 인용. Hito Steyerl, Ana Janevski and Roxana Marcoci, "Conversation: Hito Steyerl with Ana Janevski and Roxana Marcoci," June 20, 2018, https://post.moma. org/conversation−hito−steyerl−with−ana−janevski−and−roxana−marcoci.

29 다음에서 인용. Hito Steyerl and Trevor Paglen, "The Autonomy of Images, or We Always Knew Images Can Kill, But Now Their Fingers Are on the Triggers," in *Hito Steyerl: I Will Survive*, 245.

30 크로퍼드, 『AI 지도책』, 18쪽.

31 다음에서 인용. Hans Ulrich Obrist, "Making the Invisible Visible: Art Meets AI," lecture "New Experiments in Art and Technology" at the Saas Fee Academy in 2018, https://www.goethe.de/prj/k40/en/kun/ooo.html.

32 James E. Dobson, *The Birth of Computer Vision* (Minneapolis, MN: University of Minnesota Press, 2023), 30.

33 Fei-Fei Li et al., "ImageNet: A Large-Scale Hierarchical Image Database," *2009 IEEE Conference on Computer Vision and Pattern Recognition*, 251.

34 예를 들어 페이-페이 리와 연구진의 다음과 같은 서술이 이와 같은 가정을 입증한다. "구글 이미지 검색엔진은 주로 사람들의 개인 웹사이트에서 찾은 이미지를 반환하며, 대부분 스냅샷 카메라로 촬영한 이미지다. 사진을 찍을 때 누구나 편향이 있겠지만, 출처를 알 수 없는 다양한 이미지가 많으면 이러한 편향을 평균화하는 데 도움이 될 것으로 생각된다"(Fei-Fei Li et al., "What do we perceive in a glance of a real-world scene?," *Journal of Vision* 7.1(2007): 5).

35 Nicolas Malevé and Katrina Sluis, "The Photographic Pipeline of Machine Vision; or, Machine Vision's Latent Photographic Theory," *Critical AI* 1.1/2(2023), https://doi. org/10.1215/2834703X−10734066.

36 Crawford and Paglen, "Excavating AI." 이 연구는 크로퍼드의 『AI 지도책』 4장에 통합되었다.

37 Pasquinelli and Joler, "The Nooscope manifested."

38 Ian Goodfellow, "NIPS 2016 Tutorial: Generative Adversarial Networks"(2016), https://doi.org/10.48550/arXiv.1701.00160: 5.

39 클립 모델의 기술적 세부사항은 다음을 참조. Aditya Ramesh et al., "Hierarchical Text-Conditional Image Generation with CLIP Latents"(2022), https://doi. org/10.48550/arXiv.2204.06125.

40 Crawford and Paglen, "Excavating AI."

41 David Thiel, "Investigation Finds AI Image Generation Models Trained on Child Abuse," December 20, 2023, https://cyber.fsi.stanford.edu/news/investigation− finds−ai−image−generation−models−trained−child−abuse.

42 Leonardo Nicoletti and Diana Bass, "Humans Are Biased. Generative AI Is Even Worse," *Bloomberg*, June 9, 2023, https://www.bloomberg.com/graphics/2023-generative-ai-bias.

43 Abeba Birhane et al., "Multimodal datasets: misogyny, pornography, and malignant stereotypes"(2021), https://doi.org/10.48550/arXiv.2110.01963.

44 Christo Buschek and Jer Thorp, "Models All the Way Down"(2024), https://knowingmachines.org/models-all-the-way.

45 Birhane et al., "Multimodal datasets."

46 Emily M. Bender, Timnit Gebru et al., "On the Dangers of Stochastic Parrots: Can Language Models Be Too Big?", *FAccT '21: Proceedings of the 2021 ACM Conference on Fairness, Accountability, and Transparency*, 610–623.

47 다음을 참조. Madhumita Murgia, "Sci-fi writer Ted Chiang: 'The machines we have now are not conscious,'" *Financial Times*, June 2, 2023, https://www.ft.com/content/c1f6d948-3dde-405f-924c-09cc0dcf8c84.

48 Jay David Bolter, "AI Generative Art as Algorithmic Remediation," *Image: The Interdisciplinary Journal of Image Sciences* 37.1(2023): 195~206.

49 Steyerl, "Mean Images," *New Left Review* 140/141(2023): 84.

50 이계성, 「인공적 원본: 합성 텍스트와 번역적 가변성」, *SeMa Coral*, 2023년 8월 17일, http://semacoral.org/features/kyesunglee-the-artificial-original-synthetic-text-and-translational-transformativity-kr.

51 바로 이와 같은 알 수 없음은 물론 생성형 인공지능을 초지능(superintelligence) 또는 인공 일반지성(artificial general intelligence: AGI)으로 간주하는 신화적 의인화 관념을 강화하는 데 기여하기도 한다.

52 데이터 과학과 심층학습에서 잠재공간의 정의와 속성에 대한 개론적 설명은 다음을 참조. Erik Tiu, "Understanding Latent Space in Machine Learning," February 4, 2020, https://towardsdatascience.com/understanding-latent-space-in-machine-learning-de5a7c687d8d.

53 Emily Denton et al., "On the genealogy of machine learning datasets: A critical history of ImageNet," *Big Data & Society*, July-December 2021, DOI: 10.1177/20539517211035955.

54 Frank Rosenblatt, "The Perceptron—a perceiving and recognizing automaton"(1957), *Report 85-460-1. Cornell Aeronautical Laboratory*.

55 Pasquinelli, *The Eye of the Master: A Social History of Artificial Intelligence*(New York: Verso, 2023), 195.

56 Harun Farocki, "Le point de vue de la guerre," *Trafic*, no. 50(2004): 449.

57 Farocki, "Phantom Images," *Public*, 29(2004): 21.

58 Paglen, "Operational Images," *e-flux journal* 59(2014), https://www.e-flux.com/journal/59/61130/operational-images.

59 Paglen, "Invisible Images(Your Pictures Are Looking at You)," *The New Inquiry*, December 8, 2016, https://thenewinquiry.com/invisible-images-your-pictures-are-looking-at-you.

60 Adrian Mackenzie and Anna Munster, "Platform Seeing: Image Ensembles and Their Invisualities," *Theory, Culture & Society* 36.5(2019): 3~22.

61 Parikka, *Operational Images: From the Visual to the Invisual*(Minneapolis, MN: University of Minnesota Press, 2023), 22.

62 '도구적 이미지' 개념에 대해서는 다음을 참조. Allan Sekula, "The Instrumental Image: Steichen at War," *Artforum* 14.1(1975): 26~35.

63 Hannes Bajohr, "Dumb Meaning: Machine Learning and Artificial Semantics," *Image: The Interdisciplinary Journal of Image Sciences* 37.1(2023): 63.

64 크로퍼드, 『AI 지도책』, 211쪽.

65 Paglen, "Project Description: Hallucinations"(2020), https://paglen.studio/2020/04/09/hallucinations.

66 Andrejevic, "Automating Surveillance," *Surveillance & Society* 19.1/2(2019): 12.

67 Väliaho, *Biopolitical Screens*, 25.

68 Steve F. Anderson, *Technologies of Vision: The War between Data and Images*(Cambridge, MA: MIT Press, 2017), 136.

69 Mirzoeff, *The Right to Look: A Counterhistory of Visuality*(Durham, NC: Duke University Press, 2011), 24.

70 Ibid., 34.

71 Chun, *Updating to Remain the Same*, 53.

72 이 점에 대해서는 다음을 참조. Zach Blas, ""A Cage of Information," or What is a Biometric Diagram," in *Documentary across Disciplines*, 83.

73 Blas, "Escaping the Face: Biometric Facial Recognition and the Facial Weaponization Suite," *Media-N: Journal of the New Media Caucus* 9.2(2013), http://median.newmediacaucus.org/caa-conference-edition-2013/escaping-the-face-biometric-facial-recognition-and-the-facial-weaponization-suite.

74 Blas, "Informatic Opacity," *The Journal of Aesthetics and Protest* 9(2014), https://www.joaap.org/issue9/zachblas.html.

75 Eyal Weizman, "Introduction: Forensis," in *Forensis: The Architecture of Public Truth*, eds. Anselm Franke and Eyal Weizman(Berlin: Sternberg Press, 2014), 9.

76 Weizman, "Forensic Architecture: Notes from Fields and Forums," *contingent* 4.4(2015): 82.

77 포렌식 아키텍처의 작업에 대한 상세한 논의는 나의 다음 연구를 참조. 「포렌식 아키텍처와 디지털 시대 다큐멘터리 작업: 하이브리드 액티비즘, 다큐멘터리 불확정성, 대항시각성」, 《현대미술학 논문집》 23권 2호(2019), 175~207쪽; *Documentary's Expanded Fields: New Media and the Twenty-First-Century*

Documentary(New York: Oxford University Press, 2022), chapter 1.

78 다음에서 인용. Yve-Alain Bois et al., "On Forensic Architecture: A Conversation with
    Eyal Weizman," *October* 156(2016): 125.

79 Weizman, *Forensic Architecture: Violence at the Threshold of Detectability*(New
    York: Zone Books, 2017), 30.

80 Ibid.

10장

1   Starosielski, "'Warning: Do Not Dig': Negotiating the Visibility of Critical
    Infrastructures," *Journal of Visual Culture* 11.1(2012): 41.

2   Huadong Guo, "Big Earth Data: A New Frontier in Earth and Information Sciences,"
    Big Earth Data 1.1/2(2017): 14.

3   Asia Bazdyrieva and Solveig Suess, "The Future Forecast," *e-flux journal*, February
    2020, https://www.e-flux.com/architecture/new-silk-roads/313108/the-future-
    forecast.

4   Ibid.

5   Parikka, *Operational Images*, 162.

6   '행성적 표면'의 구축과 관련된 이와 관련된 길-푸르니에와 파리카의 이론
    적 설명은 다음을 참조. *Living Surfaces: Images, Plants, and Environmental
    Media*(Cambridge, MA: MIT Press, 2024).

7   Parikka, *Operational Images*, 96.

8   Gil-Fournier and Parikka, "An ecoaesthetic of vegetal surfaces: on *Seed, Image,
    Ground* as soft montage," *Journal of Visual Art Practice*, 20.1/2(2021): 27.

9   Marc Levinson, *The Box: How the Shipping Container Made the World Smaller
    and the World Economy Bigger*(Princeton, NJ: Princeton University Press, 2006);
    Alexander Klose, *The Container Principle: How a Box Changes the Way We
    Think*(Cambridge, MA: MIT Press, 2015).

10 Sekula, "Dismal Science Part I (excerpt)," in *A Film About the Sea: Notes on Allan
    Sekula and Noël Burch's* The Forgotten Space, ed. Jerry White(Halifax, Canada:
    Centre for European Studies, 2012), 12.

11 Sekula and Burch, "Notes for a Fillm," July 10, 2010, http://www.theforgottenspace.
    net/static/notes.html.

12 Alberto Toscano and Jeff Kinkle, *Cartographies of the Absolute*(New York: Zone
    Books, 2015), 196.

13 Erika Balsom, *An Oceanic Feeling: Cinema and the Sea*(New Plymouth, New
    Zealand: Govett-Brewster Art Gallery, 2018), 71. 국역본 『대양의 느낌』, 손효정 옮
    김, 현실문화, 2024.

14　Levinson, *The Box*, 6.

15　Kyle Stine, "Nonhuman Cinema and the Logistical Sublime," *October* 177(2021): 123.

16　Michael Trusello, *Infrastructural Brutalism: Art and the Necropolitics of Infrastructure*(Cambridge, MA: MIT Press, 2020), 18~19.

17　Achille Mbembe, *Brutalism*, trans. Steven Corcoran(Durham, NC: Duke University Press, 2024), 31.

18　Ibid., 92.

19　Arboleda, *Planetary Mines*, 5.

20　Arman Hazrathosseini and Ali Moradi Afrapoli, "The Advent of Digital Twins in Surface Mining," *Resources Policy* 80(2023), https://doi.org/10.1016/j.resourpol.2022.103155.

21　AVZ의 마노노 개발 계획에 대한 내용은 다음을 참조. https://avzminerals.com.au/manono-mine.

22　다음에서 인용. "Project Description: *Prelude to: When the Dust Unsettles*," http://femkeherregraven.net/prelude-to-when-the-dust-unsettles.

23　Starosielski, *Media Hot and Cold*, 223.

24　Mbembe, *Brutalism*, 19.

25　Hogan, ""Environmental Media" in the Cloud: The Making of Critical Data Center Art," *New Media and Society* 25.2(2023): 384~404.

26　Adam Kleinman, "John Gerrard's Farm," e-flux.com, March 18, 2015, https://www.e-flux.com/criticism/237033/john-gerrard-s-farm.

27　Zane Griffin Talley Cooper et al., "Alchemical Infrastructures: Making Blockchain in Iceland," https://4sonline.org/alchemical_infrastructures.php.

28　해당 전시는 온라인으로도 체험 가능하다. https://www.alchemicalinfrastructures.com/exhibit.

에필로그

1　Latour, *We Have Never Been Modern*, trans. Catherine Porter(Cambridge, MA: Harvard University Press, 1993/1991), 1~12. 국역본 『우리는 결코 근대인이었던 적이 없다』, 홍철기 옮김, 갈무리, 2009.

2　Michel Serres, *The Natural Contract*, trans. Elizabeth MacArthur and William Paulson(Ann Arbor, MI: University of Michigan Press, 1995/1992), 31.

3　Ibid., 46.

4　Edgar Morin and Anne Brigitte Kern, *Homeland Earth: A Manifesto for the New Millennium*, trans. Sean M. Kelly and Roger LaPointe(Cresskill, NJ: Hampton Press INC., 1999/1993), 73. 국역본 『지구는 우리의 조국』, 이재형 옮김, 문예출판사,

1996.

5   Ibid., 130~131.

6   미디어 생태학의 전통에 대한 개괄은 다음을 참조. Casey Man Kong Lum(ed.), *Perspectives on Culture, Technology And Communication: The Media Ecology Tradition*(Cresskill, NJ: Hampton Press INC., 2005).

7   Félix Guattari, *The Three Ecologies*, trans. Ian Pindar and Paul Sutton(New Brunswick, NJ: Athlone Press, 2000), 42. 국역본『세 가지 생태학』, 윤수종 옮김, 동문선, 2003.

8   Ibid., 53.

9   Ibid., 61.

10 Guattari, "Postmodern Deadlock and Post-Media Transition," in *Soft Subversions: Texts and Interviews 1977-1985*, ed. Sylvere Lotringer, trans. Chet Wiener and Emily Wittman(Los Angeles, CA: Semiotext(e), 2007), 299.

11 Gene Youngblood, *Expanded Cinema*(New York: E. P. Dutton, 1970), 54.

12 Rosalind E. Krauss, "Sculpture in the Expanded Field," *October* 8(1979): 42.

13 Ibid., 38.

14 Kim, *Documentary's Expanded Fields*.

15 라투르,『존재양식의 탐구: 근대인의 인류학』, 황장진 옮김, 사월의책, 2023, 31~32쪽.

16 위의 책, 33쪽(번역 일부 수정).

17 Deborah Lupton, *Covid Socieities: Theorising the Coronavirus Crisis*(New York: Routledge, 2022), 130.

18 Ghosh, *The Virus Touch*, 11.

19 코로나19 당시 모바일 데이터 수집에 의한 한국 정보의 기술적 거버넌스에 대해서는 다음을 참조. Youngrim Kim, "Tracking bodies in question: telecom companies, mobile data, and surveillance platforms in South Korea's epidemic governance," *Information, Communication & Society* 25.12(2022): 1717~1734. 코로나19 시기의 데이터 감시가 호모포비아를 강화한 방식에 대해서는 다음을 참조. Wonkeun Chun et al., "Pandemic Surveillance and Homophobia in South Korea," September 23, 2021, https://items.ssrc.org/covid-19-and-the-social-sciences/covid-19-fieldnotes/pandemic-surveillance-and-homophobia-in-south-korea/

20 피터스,『자연과 미디어』, 38쪽(번역 일부 수정).

21 Hansen and Mitchell, *Critical Terms for Media Studies*, xiv.

22 Ibid., xxii.

23 Albert, *Navigating the Polycrisis*, 19, 2.

감사의 말

한국어로 출간하는 첫 연구서인 이 책은 우연과 필연의 합성물이다. 2021년 풀브라이트 방문학자로 컬럼비아대학교에 머무르며 코로나19의 여파가 공공 방역과 일상생활에 여전히 진동하던 시기에 대우재단 학술연구지원사업 공모를 접하게 되었다. 이른바 '문사철'로 쉽게 분류될 수 있는 고전적 연구를 지원하는 사업으로 알고 있던 그해 지원사업의 공모 주제는 "민주주의의 위기, 시장의 위기, 인간 존엄과 가치의 위기, 사회 양극화의 위기, 생태학적 위기, 기후 재난의 위기, 예술의 위기, 그 외 위기를 통해 비판적 성찰과 담론을 논하는 연구"였다. 이것이 기억할 만한 지나침으로 감지하고 수집한 입력값이었다면, 그에 따른 출력값은 연구의 모델과 사전학습에 따른 필연의 결과였다. 뉴욕에서 마무리한 두 번째 책『다큐멘터리의 확장영역: 뉴 미디어와 21세기 다큐멘터리』(Oxford University Press, 2022)에서 나는 새로운 디지털 및 네트워크 미디어와 영화관 및 텔레비전 이외의 장소에서 다양한 형태로 생성되고 확산되는 논픽션 미디어 실천 양식이 21세기의 서로 뒤얽힌 복합위기에 대한 반응임을 주장했다. 그러기에 '위기'와 '전환'의 섬네일이 부각된 공모 주제는 '문사철' 바깥의 연구자인 나에게도 유혹적으로 다가왔다. 그해 말 논저 지원 분야에 선정된 이후 3년 반 이상의 시간이 소요되었고, 이 책의 1부 중 1장과 2장은 『다큐멘터리의 확장영역』 중 일부를 한국어로 수정 보완했지만 2부 전체를 포함한 대부분의 원고는 새로 작업했다. 대우재단의 공모와 심사 과정에서 학술운영위원회를 비롯한 학술사업팀 관계자분들이 보내주신 관심과 격려, 그리고 두텁고 고유명사도 적지 않은 원고의 세심한 검토와 교열, 디자인에 힘써 주신 아카넷 출판사 여러 관계자 분들의 노고 덕택에 그 오랜 시간이 이 책의 행간과 물성으로 응결될 수 있었다.

이 책은 2010년대 후반부터 지금까지의 연구 궤적과 타임라인에서 생성되었다. 『다큐멘터리의 확장영역』을 쓰면서 나는 포스트-시네마 조건하에서 영화의 변모하는 형태와 기능에 대한 오랜 탐색이 미디어 일반에 대한 질문으로 자연스럽게 확장되고 있음을 깨달았다. 이 책은 그 질문에 대한 잠정적인 답을 지식과 개념으로 제시하면서 그에 수렴되는 다양한 자연적 대상과 기술적 인공물 및 시스템의 네트워크를 구축하고자 했지만, 또 다른 미래의 연구 과제와 질문을 행간과 여백에 남겼다. 발생기의(nascent) 미디어인 생성형 인공지능의 역사적 은닉층과 수학적-연산적 새로움이 사진과 영화의 존재와 전제를 변형적으로 계승하는 동시에 동요시키는 방식을 어떻게 설명할 것인가? 이 책에서 제시하는 위기미디어 개념에 중요한 실마리를 제공한 학자 중 하나인 브뤼노 라투르의 많은 저작을 미디어 이론의 관점으로 어떻게 다시 쓸 수 있는가? 이 책의 여러 곳에 배치한 '작동/오퍼레이션' 개념은 기술과 예술, 영화관과 미술관을 가로지르며 다양하게 모색되어 온 21세기 영화의 갱신과 변이를 어떻게 매핑할 수 있는가? 이와 같은 질문들이 이 책이 제기하고 답하고자 했던 '위기'와 '미디어'의 관계에 대한 사유로 되먹임되며 하나둘씩 출력될 수 있기를 바란다.

이와 같은 개인적인 의의 이외에도 이 책은 영화와 인접 미디어를 연구하고 그 미학적, 기술적, 문화적, 예술적 함의에 대한 지식을 생산하는 학제간 인문예술학인 영화미디어학(cinema and media studies)을 예시하고 체화하고자 한 첫 이론적 실천이다. 그래서 이 책은 영화학을 '예술체육학'의 하위 학제로 분류하는 한국연구재단 학술표준분류를 벗어나고, 영화관에서의 표준적인 극영화를 중심으로 한 영화의 미학·역사·형태·기술을 다룬다는 국내 영화학의 가정에 순응하지 않으며, '미디어'라는 대상을 접할 때 사회과학으로서의 언론학에 속한다는 국내 학술장의 통념에도 도전한다. 무빙 이미지를 포함하여 우리를 둘러싸고 존재하는 다양한 미디어 객체들과 매개자들이 인간과 세계에 제기하는 인식론적, 존재론적 문제들을 탐구하기 위해 국내 인문예술학이 취해야 할 지향점을 이 책이 조금이나마 제시하고 있기를 바란다.

다른 한편으로 이 책은 "우리는 예술로서의 영화와 이에 대한 비평이 인문학(humanities)의 한 분야임을 강조"한 1968년 북미영화학회(Society for Cinema Studies, 2002년부터 북미영화미디어학회[Society for Cinema and Media Studies]) 정책보고서의 정신과 공명하며, "영화학에 대한 탄탄한 교육을 받았음에도 영화학을 넘어 가능한 한 멀리 나아가려는 명백한 욕망"(릭 올트먼[Rick Altman], 2009)을 전개하며 인접 인문예술학 및 비판적 사회과학 학제를 포용하고 그 학제에도 영향력을 확대해 온 21세기 영화미디어학의 기획과 호응한다. 그와 같은 욕망은 이 책이 시사하듯, 영화와 미디어의 위상 및 개념이 급진적으로 변모해 온 동시대의 불안정하고 불확실한 상황에 대한 화급하고도 거리를 둔 개입 및 성찰의 필요성 때문이다. 다양한 방식으로 풍부하고 깊이 있게 그러한 개입 및 성찰을 전개해 온 학자들의 통찰력 있는 사유들과 이 책을 나란히 놓기에는 부끄럽고, 논평과 비판 모두에 열려 있다.

처음으로 출간하는 한국어 연구서이기에, 영문 연구서에서는 하지 못한 감사 인사를 뒤늦게나마 여러 선후배와 동료들께 마음 깊이 전하고자 한다. 학부 영화전공 주임교수인 나에게 전공의 원활한 운영을 위한 진심 어린 조언과 격려를 해 주시고 연구자로서의 나를 여러모로 배려해 주신 영화제작 교수이신 이현승, 민환기 교수님께 먼저—그리고 처음으로 격식을 갖추어—감사드린다. 첨단영상대학원 영화영상이론전공 문재철 교수님께는 선배 교수님으로서 충분한 존경심을 표하지 못한 데 대한 죄송한 마음과 오랜 감사의 마음을 함께 드린다. 오랫동안 꿈꾸고 준비하여 금년 3월 설립한 중앙대학교 영화미디어학센터(cau-ccms.com)의 취지에 흔쾌히 동의해 주시고 객원연구원과 외부자문위원으로 참여해 주신 여러 선생님들께도 다시 한번 감사의 말씀을 드린다. 선도적인 연구와 교육으로 분주한 가운데 뜻을 같이해주신 선생님들 덕분에 출발점에서 큰 힘을 얻었다. 이 책의 작업 과정에서 첨단영상대학원 영화영상이론전공에서 2학기에 걸쳐 "위기미디어" 세미나 수업을 진행했는데, 그 수업에 발제와 토론으로 참여해 준 전공 대학원생들 또한이 책의 의미 있는 블록이 되어 주었다. 그중에서도 미디어 인프라구조, 생태영화, 비판적 코드 연구, 미디어와 지도제작, 한국영화사 등의 연구 영역에서 각자의 학업을 수행하면서 센터의 보조연구원 및 홍보팀원으로서 센터 운영에 함께 노력하고 있는 백동엽(색인목록 작업에 애써 주었다), 김영빈, 김유나, 서동민, 송은지, 김지나, 이소연 원우와 전공 연구실에서 오랫동안 지적 중심 역할을 하며 이론가로서의 역량을 연마해 온 박사과정 수료생 김용진에게 특히 애정 어린 감사의 인사를 전한다. 어려운 상황 속에서도 개인 연구와 센터 운영을 병행할 수 있었던 이유는 전적으로 이들에 대한 믿음과 학문적 연대 때문이기도 하다.

끝으로 가족에게 감사의 말을 전한다. 혼자의 몸으로 자아가 강한 우리 남매를 키우시고 이제야 노년의 육체를 한탄하시면서도 새로운 도전에 대한 꿈을 잃지 않으시는 멋진 어머니(전영옥), 자애롭게 나와 아내를 격려해 주시는 장인 장모님(이기종, 강연민), 두 딸과 함께 전쟁과 같은 일상 속에서도 활기 있게 커리어를 키워 나가며 미국에 정착해 살고 있는 동생(김예지)은 늘 감사하는 대상이자 지지자들이다. 무엇보다도 2006년 이후 뉴욕과 싱가포르, 서울과 낯선 여행지들에서 각자와 공동의 위기들을 함께 극복하고, 때로는 여러 생산적 위기들을 질문으로 제기하면서 연구자이자 생활인으로서의 보람을 함께 축적해 온, 스크린 안과 밖의 움직이고 지속하는 세계를 함께 감각하고 관찰하고 사유해 온 동반자인 아내 이선주의 존재가 없었다면 이 책의 출간은 불가능했을 것이다.

2025년 8월 김지훈

찾아보기

이 책은 대우재단의 지원을 받아 연구 및 출간되었습니다.

위기미디어
위태로운 21세기 사회와 미디어의 확장

대우학술총서 652

1판 1쇄 찍음 | 2025년 8월 29일
1판 1쇄 펴냄 | 2025년 9월 19일

지은이 | 김지훈
펴낸이 | 김정호

책임편집 | 박수용
디자인 | THISCOVER, 이대응

펴낸곳 | 아카넷
출판등록 | 2000년 1월 24일(제406-2000-000012호)
주소 | 10881 경기도 파주시 회동길 445-3
전화 | 031-955-9510 (편집) · 031-955-9514 (주문)
팩시밀리 | 031-955-9519
www.acanet.co.kr

ⓒ김지훈, 2025

Printed in Paju, Korea.

ISBN 978-89-5733-997-8 94300
ISBN 978-89-89103-00-4 (세트)